课　题　组

组　长：孟东方

成　员：（按姓氏笔画为序）

马玉姣　王　军　王资博　龙冠雨　匡渝渝

朱勋春　刘　波　孙友林　李广稷　李思雨

李　科　李　赓　杨　涛　吴舒婷　何　瑶

张　艺　张守新　陈　灿　陈　沉　孟　翔

贺　佳　翟长淼

大学校长工作理论与实践
构建大学校长学探索

（上）

孟东方　等著

人民出版社

目　录

上　卷

下 卷

绪　论

习近平总书记指出“建设教育强国，龙头是高等教育”[①]。在中华民族伟大复兴战略全局与世界百年未有之大变局相互交织、加速演进的历史当下，高等教育支撑引领中国式现代化的核心功能愈发凸显，“走出一条建设中国特色、世界一流大学新路”日益成为时代潮流、强国根基与人民愿景。

现在呈现于读者眼前的这本书，是我研究目光聚焦于大学治理的关键主体，即对大学校长及其相关问题所进行的专门性、系统性的学科建构探索。本书在全面分析大学校长学构建的客观必要性、现实可能性、未来可行性的现实基础之上，立足构建思路、研究对象、理论体系、内在规律、研究方法、现实意义，对大学校长学的科学性展开系统剖析，进而遵循“什么样的人能成为大学校长—大学校长应该致力于发展什么样的大学—大学校长怎样发展大学”的研究逻辑，对大学校长学进行研究框架的建构。

探索构建大学校长学的逻辑结构如下页图。

本书是我在高等教育领域探索和教研四十载，对大学治理的

---

① 《习近平在中共中央政治局第五次集体学习时强调　加快建设教育强国为中华民族伟大复兴提供有力支撑》，《人民日报》2023 年 5 月 30 日。

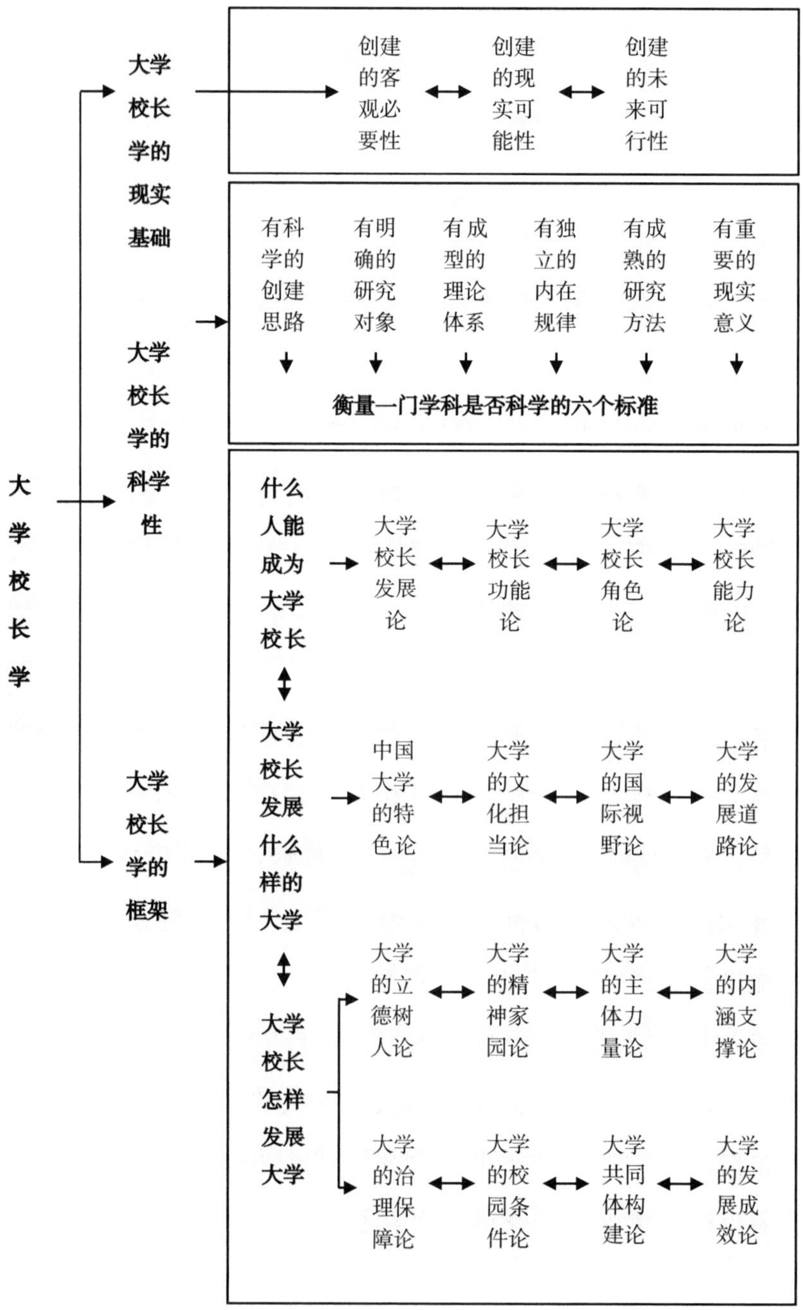

图 0-1　构建大学校长学探索的结构示意图

一系列问题着力实践、深入思考、持续积淀、总结凝练所得，是我的学术梦想与职业生涯彼此照见、相互印证、辩证统一的结晶。总之，本书是用心执着研究之作、是用力实践积淀之作、是用智理论探索之作、是用情育人传承之作，凝结着我和团队的智慧与心血，升华着我的梦想与理念。

一、执着研究之作——用始终热烈的一颗挚爱教育之心投入钻研

发自内心的热爱是教育工作者的立身之本，我的职业与学术生涯，是基于“干一行、知一行、研一行”的行动逻辑，逐渐沉淀起“爱一行”的深刻情感的完整过程。自 1985 年 7 月从西南师范学院（今西南大学）毕业以来，我一直在大学从事教学、科研和管理工作，即便其间经历了从重庆青年干部管理学院到重庆社会科学院任副院长（重庆市人民政府发展研究中心副主任兼秘书长）、再到重庆市社会科学界联合会任副主席兼秘书长（重庆发展研究院院长）等不同岗位，我仍兼职带硕士生、博士生，始终心系学生、身连大学，我的职业生涯从未离开大学的科研学术，从未离开大学的教书育人，亦从未离开大学的学科建设。奋楫笃行，忠诚于党和人民的高等教育事业而“干一行”，成为我职业生涯最鲜亮的底色。

随着在大学任教、任职时间的持续累积，“三位一体”的职业经历使我对于教育的认知，对于大学育人、科研、管理的理解逐渐拓展、深化。第一，作为一名大学教师，我一直担任马克思主义理论相关课程的讲授，自 2003 年起在重庆师范大学担任硕士生导师，自 2010 年起先后在西南大学、重庆大学担任博士生导师，持

续的教书育人实践让我对大学教育的运行有着深切的体会与全面的把握。第二，作为一名科研工作者，我的研究视野主要聚焦于马克思主义理论和高等教育领域，对于大学共青团工作、辅导员工作、大学生工作、大学工作等问题展开了深入、系统探究，形成了一批研究成果，对于大学办学治校相关问题的分析、经验的总结、规律的揭示，得到了学术界同仁的高度肯定。第三，作为一名大学管理者，我先后在渝州大学（现重庆工商大学前身之一）校团委、重庆青年干部管理学院、重庆工商大学任职，并于 2018 年 12 月起担任重庆师范大学校长，在大学管理岗位上的历练，让我对于大学办学治校的认识、理解不断丰富、拓展和深化。矢志不渝，坚定于对高等教育本质规律的持续体认而“知一行”，成为我职业生涯最执着的追求。

卡尔·马克思曾指出：“在科学上没有平坦的大道，只有不畏劳苦沿着陡峭山路攀登的人，才有希望达到光辉的顶点。”[①]“在科学的入口处，正像在地狱的入口处一样，必须提出这样的要求：‘这里必须根绝一切犹豫，这里任何怯懦都无济于事。’”[②]科学研究既是对真理的不懈叩问，更是对个人专业素养和身心素质的持续考验。学术生涯中，我始终保持着对真理的求解，对学术的敬畏，紧扣职业发展开展学术实践，持续拓展、深化对于高等教育的理论探索，这其中既有对于大学共青团、辅导员、大学生等具体工作的学术探究，也有对于学科建设、发展的理性审思，更有对于大学办学治校、治理实践的理论剖解。孜孜以求，沉迷于对高等教育和大学

① 《资本论》，人民出版社 2018 年版，第 24 页。

② 《马克思恩格斯全集》第 2 卷，人民出版社 2009 年版，第 594 页。

治理的学术探索而“研一行”，成为我职业生涯最执着的坚守。

在干一行、知一行、研一行的相互映照下，我对于教育事业的感情日益加深，对于教书育人的感悟愈发积累，对于大学治理的理解更为深刻，对于事业的热烈情感促使我不断探索前行，将职业实践中的所知、所感、所悟不断倾注于理论探索之途。因此，这本书既是我在大学管理岗位上持续实践和长期思考之所得，更是我以无限热爱投身高等教育与大学治理之所获。赤忱一片，衷情于对教书育人和办学治校的全心投入而“爱一行”，成为我职业生涯最真挚的初心。

二、实践积淀之作——用承前启后的多岗履职尽责之力精雕细琢

实践的不断发展是推动理论探索持续走向深化的根源。大学校长及其相关问题作为高等教育的重要组成部分，对于其本质与规律的探究，伴随着人类高等教育实践的发展而逐渐走向深入。当前，从学科建设的角度，对大学校长及其相关问题进行系统理论建构，创立大学校长学的条件已经成熟，这是世界高等教育实践、中国大学治理实践发展的必然结果，同时也是我在投身、融入大学办学治校实践中持续积累、沉淀的宝贵结晶。

大学校长与大学教育几乎同时出现，对于大学校长及其相关问题的学术探索，基本上贯穿了世界高等教育发展的全过程，其对于现代高等教育发展的重要性不断凸显，在大学治理中角色、职能、功能等持续演进、拓展和丰富。同时，在历史进程与时代潮流的统一中，中国高等教育自晚清肇始，在与民族命运的同频共振中，走

过百年岁月。新中国成立以来，尤其是中国特色社会主义进入新时代以来，中国共产党带领人民扎根中华沃土，聚焦时代前沿，逐步探索出一条具有中国特色，富有世界眼光的高等教育发展之路。这其中，一系列中国风格鲜明的高等教育理念、概念的提出，深刻反映出我国高等教育发展，在遵循世界高等教育发展一般规律的基础之上，更加聚焦自身特殊规律的认识、挖掘与凝练。党委领导下的校长负责制成为中国高等教育的制度创造，是在高等教育领域坚持“以我为主、融通中外”的集中反映。由此，大学校长对于现代大学的战略价值日益凸显，人类社会的高等教育实践以及中国的高等教育探索，都为专门的大学校长学问、学术体系的构建奠定了坚实的实践基础。

作为系统聚焦大学校长问题的专门学问，这本书的出现绝非偶然，它是世界与中国高等教育发展的宏观语境，与我的职业生涯发展微观场景相互交织、辩证统一的必然结果。当前，高等教育发展的一般规律演进，与中国高等教育发展的特殊规律探索，都愈发凸显出大学校长的战略价值和重要地位，并为专门的大学校长学问体系的产生奠定了坚实的实践基础。作为一名中国高等教育事业的从业者，对大学的认识与思考，伴随着我在大学不同岗位上的实践历练而逐渐拓展、深化，这支撑起我在成为大学校长后，从大学校长的主体意识出发反观自身，进而完成对于大学校长学学问、学科体系建构的系统思考。

三、理论探索之作——用锲而不舍地开拓学科新域之智萃炼精华

对于科研的热情，对于理论的专注，是我职业生涯的主基调。在大学任教的所见、所闻、所感，在大学任职的所思、所为、所得，成为推动我开展科学研究、深化理论探索的重要助力。正是在一步接着一步的扎实累积，一个问题接着一个问题的有效解决中，我逐渐积淀起对于高等教育和大学治理的系统性、学理化认知，逐步地将大学校长学的学科定位、内涵外延、体系边界、系统架构等问题厘清。可以说，这本书是我学术生涯的集大成之作，是我满怀激情投身学术、追逐理论的心血结晶，映射出我对于理论探索的热烈情感、坚定决心与无悔付出。

这本书作为理论探索与实践经验的结合之作，是我数十年来扎根大学、探索大学的结晶。1985 年 7 月毕业后，我进入大学工作，以一名大学教师的身份，开始认识大学、理解大学和融入大学。我以共青团工作的视角切入，在与青年大学生的频繁、密切接触中，我逐渐深化对于大学生工作的认识，于 1996 年出版个人专著《大学生工作学探索》。书中对于系统的大学生工作学科体系的思考与建构，开国内学术界相关领域探索之先。

伴随着中国高等教育事业的发展，以及在大学的历练，我将理论探索的目光聚焦于更为宏大的“大学工作”之上，开始思考大学工作学科体系的系统建构问题。我立足学术界现有理论研究基础，借鉴各国大学工作的经验、做法，对有中国特色的大学工作学展开学科体系建构，形成了涵盖大学工作价值论、发展论、主体论、内

容论、组织论、环境论、规律论、方法论、质量论、评估论、机制论、系统论等多方面、多角度内容的整体、有机探讨。2016 年人民出版社出版孟东方等著《大学工作学》，有效填补了当时学术界研究的空白与短板，得到了同行专家的高度肯定。

随后，我在高等教育、大学治理、文化发展等领域持续推进理论探索实践，形成了一系列的研究成果，但心中仍有所系、所盼，想要在《大学生工作学探索》与《大学工作学》的基础上，以更为专业的视角、更为系统的建构，以及更为深入的探究，填补当前学术界关于大学校长问题的系统性研究空白，构建专门聚焦大学校长问题的学科体系，进而升华“大学三学”。由此，我充分结合在大学领导岗位上的不断历练，将高等教育发展、大学办学治校的一般规律与自我探索紧密结合，立足学术界现有研究基础，创造性思考、创新性发问，最终构建起大学校长学探索的理论框架，又经过与以我的学生为主的团队成员长达五年多的分析、架构、撰写、修改、打磨，最终使这本凝结着个人热爱、职业历练、团队智慧的学术著作呈现于读者面前。

本书作为理论探索之作，是我信仰科学、追逐科学的结果。科学性是开展学术研究的根本原则，凝结于创立大学校长学的理论探索与实践总结基础之上，从信仰科学的基本立场出发，最终以其充分科学性的彰显为落脚。第一，本书的科学性，在于其指导思想的科学。大学校长学以中国高等教育事业为空间场域，坚持以马克思主义为根本指导思想，自觉坚守无产阶级立场，以服务社会主义建设为价值旨归。大学校长学坚持以马克思主义中国化时代化的理论成果为引领，特别是坚持以习近平新时代中国特色社会主义思想作为行动指南，自觉贯彻这一重要思想的立场、观点和方法，同时以习近平总书记关于教育的重要论述为指引，推进对于当代中国高等教育、大学治理等问题的系统认知，进而形成对于大学校长问题的系统化、体系化、学科化探讨。第二，本书的科学性，在于其学科标准的科学。学科标准是支撑学科构建的核心，学科标准的科学性，对于学科构建的合理性，具有根本上的决定作用。在探索大学校长学的过程中，我们坚持以衡量学科科学性的六大标准为依托，即科学的构建思路、明确的研究对象、成型的理论体系、独立的内在规律、成熟的研究方法、重要的现实意义，充分论证了大学校长学的科学性。第三，本书的科学性，在于其体系建构的科学。完整系统的学术逻辑体系，是构建大学校长学的基本前提，更是充分彰显其科学性的现实根基。为此，大学校长学总体上遵循“什么人能成为大学校长、大学校长发展什么样的大学、大学校长怎样发展大学”这一根本逻辑，并在向下的逻辑展开中：以大学校长的发展论、功能论、角色论、能力论支撑“什么人能成为大学校长”，以中国大学的特色论、文化担当论、国际视野论、发展道路论支撑“大学校长发展什么样的大学”，以大学的立德树人论、精神家园论、主体力量论、内涵支撑论、治理保障论、校园条件论、共同体构建论、发展成效论支撑“大学校长怎样发展大学”，从而建构起完整、科学的学科研究体系。

四、育人传承之作——用无怨无悔的满腔育人育才之情抒写人生

一路走来，我开展科学研究的人生历程，也是我与学生为主组

建的团队成员相识、相知、相交、相扶的过程。面对一个又一个接踵而至的现实问题、学术课题、科研难题，我们坚守初心、彼此信任，他们中有我的同行、同事、学生，很多学生也一路成长，成为了我的同行、同事。随着时间的推移和我职业的发展，这个团队的构成也有着动态的变化，但始终不变的仍然是它的凝聚力、战斗力和深厚情谊。作为团队的领军人，我愈发深刻地意识到，我在工作中、学术上能做的很有限，但与团队成员们在一起，我似乎无所不能。

回顾本书创作的整个过程，从我进行整体构思开始，就得到了团队成员的大力支持和鼓励，而在将构思转化为研究框架的过程中，团队成员集体探讨、各抒己见，全书框架几经修改、逐步优化，映射出团队成员探索真知的执着。本书研究框架确定后，各章作者积极开展相关研究，有序推进书稿撰写，研究团队始终各司其职、各尽其能，以审慎、负责的研究态度，克服工作、生活上的诸多困难、不便，充分保证了本书研究的整体推进。书稿形成后，团队成员又反复修改，以产出学术精品为原则，不辞辛劳、字斟句酌。

所以，本书能够最终问世，根本上是团队协作之功，每位团队成员都对其满怀热情、投入激情、奉献感情，才使得本书成为一部充分彰显人文底蕴、初心坚守和集体心血的学术作品。

第一章　大学校长学概论

习近平总书记强调，要“扎根中国大地办大学，走出一条建设中国特色、世界一流大学的新路”[①]。党的二十大报告指出，要充分发挥教育的“基础性、战略性支撑”[②]作用，“深入实施科教兴国战略”[③]，“加快建设教育强国”[④]。随着以中国式现代化全面推进中华民族伟大复兴历史新征程的开启，教育的发展尤其是高等教育事业的高质量推进，成为强党兴国的重中之重，而大学校长作为大学工作开展的领导力量与关键构成，肩负为党育人、为国育才，建设中国特色世界一流大学的重要使命。

从学理层面充分探索大学校长成长发展的内在规律，仔细梳理

① 《习近平在中国人民大学考察时强调　坚持党的领导传承红色基因扎根中国大地　走出一条建设中国特色世界一流大学新路》，《人民日报》2022 年 4 月 26 日。

② 习近平：《高举中国特色社会主义伟大旗帜　为全面建设社会主义现代化国家而团结奋斗——在中国共产党第二十次全国代表大会上的报告》，人民出版社 2022 年版，第 33 页。

③ 习近平：《高举中国特色社会主义伟大旗帜　为全面建设社会主义现代化国家而团结奋斗——在中国共产党第二十次全国代表大会上的报告》，人民出版社 2022 年版，第 33 页。

④ 习近平：《高举中国特色社会主义伟大旗帜　为全面建设社会主义现代化国家而团结奋斗——在中国共产党第二十次全国代表大会上的报告》，人民出版社 2022 年版，第 33 页。

大学校长形成演进的历史脉络，深刻剖解大学校长塑造培养的内在机理等问题，进而在对“什么人能成为大学校长、大学校长发展什么样的大学、大学校长怎样发展大学”这一根本问题的系统回应中，构建起大学校长学，成为当前中国高等教育发展的现实必需，更是以高水平大学建设助力强国伟业的题中之义。

大学校长学概论作为开篇，旨在为全书提供提纲挈领的整体描绘。第一，在问题的提出中，对大学校长学的问题定位、内涵外延展开探究，并在此基础上梳理、分析学界现有研究情况。第二，在现实基础中，对构建大学校长学的客观必要性、现实可能性以及未来可行性展开论证。第三，在核心任务中，对大学校长学的学科体系、学术体系、话语体系问题展开探讨。

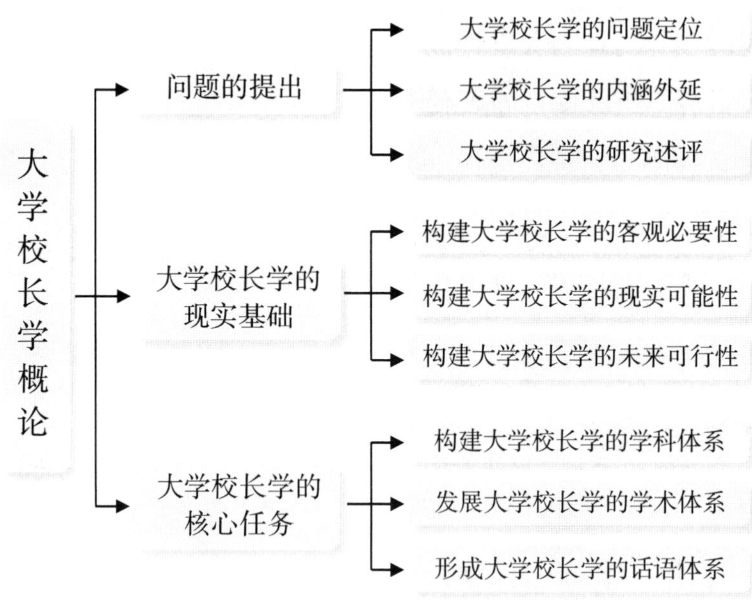

图 1-1　大学校长学概论结构

第一节　问题的提出

作为系统性的学问，大学校长学的生成是实践发展的客观要求，是理论成熟的时代结晶。就实践发展而言，大学校长在大学办学治校，国家高等教育发展进程中所具有的重要影响力，使得大学校长的自身发展问题和推动大学发展问题日益得到重视。就理论深化而言，学术界在持续推进中国高等教育理论探索的进程中，对于大学校长的理论认识不断拓展、深化，其理论基础、内涵外延、核心范畴、历史演进、实践发展等学术成果持续积累，使得大学校长学的体系化、系统性构建具有了坚实的基础。可见，在理论与实践的辩证统一中，大学校长学应运而生。

一、大学校长学的问题定位

2022年4月25日，习近平总书记在中国人民大学考察时强调，哲学社会科学工作者要做到方向明、主义真、学问高、德行正，自觉以回答中国之问、世界之问、人民之问、时代之问为学术己任，以彰显中国之路、中国之治、中国之理为思想追求。[①] 合理的问题必然有其产生、发展的时空场域，对问题进行准确定位，是分析剖解科学问题的基本前提。就大学校长学的建构而言，其体现了“聆听时代的声音，回应时代的呼唤，认真研究解决重大而紧迫的问

① 《习近平在中国人民大学考察时强调　坚持党的领导传承红色基因扎根中国大地　走出一条建设中国特色世界一流大学新路》，《人民日报》2022年4月26日。

题，才能真正把握住历史脉络、找到发展规律，推动理论创新”①。

（一）高等教育理论与实践的重要内容

习近平总书记指出：“建设教育强国，龙头是高等教育。”②当前，实现中华民族伟大复兴战略全局与世界百年未有之大变局相互交织、加速演进，党和人民事业发展进程中，世界局势波谲云诡，发展形势风起云涌，国家间的竞争愈发激烈，教育尤其是高等教育在综合国力较量中的重要地位日益凸显，世界高等教育的理论突破与实践发展进入快速推进时期。随着党的二十大召开，以中国式现代化全面推进中华民族伟大复兴，全面建设社会主义现代化国家成为新时代新征程上，党领导人民的奋斗目标。“党和国家事业发展对高等教育的需要，对科学知识和优秀人才的需要，比以往任何时候都更为迫切”③。

2023 年 3 月 23 日，教育部召开新闻发布会介绍“我国推进建设全球规模最大的高等教育体系，2022 年，高等教育在学总规模达到 4655 万人，毛入学率达到 59.6%，比上年提高 1.8 个百分点，普及化水平进一步巩固提升”④。我国高等教育进入世界公认的普及化阶段。随着我国高等教育事业由快速发展向高质量发展稳步转

① 习近平：《论党的宣传思想工作》，中央文献出版社 2020 年版，第 225 页。

② 《习近平在中共中央政治局第五次集体学习时强调 加快建设教育强国 为中华民族伟大复兴提供有力支撑》，《人民日报》2023 年 5 月 30 日。

③ 《习近平在清华大学考察时强调 坚持中国特色世界一流大学建设目标方向 为服务国家富强民族复兴人民幸福贡献力量》，《人民日报》2021 年 4 月 20 日。

④ 《2022 年我国高等教育在学总规模达到 4655 万人》，教育部，见 http://www.moe.gov.cn/fbh/live/2023/55167/mtbd/202303/t20230323_1052382.html?ivk_sa=1023197a。

型，学术界对于我国高等教育发展规律的理论探索进一步深化，具有中国特色的高等教育理论体系不断发展完善，在中国高等教育理论与实践的同频共振中，对大学校长的专门研究瓜熟蒂落，这既是由大学校长群体在中国高等教育体系中的重要地位所决定，更是由大学校长在大学办学治校和实际运行中的关键角色所决定。目前，中国高等教育的发展，已然从实践与理论两个维度，对大学校长问题的专门研究提出了现实要求。

（二）大学内部治理的关键构成

从管理走向治理，本质上反映的是大学办学治校实践科学化水平的持续提升，体现出大学主体对于办学治校各方面要素、资源等相互之间的系统关联的认识进一步深化。同时，“唯物辩证法认为外因是变化的条件，内因是变化的根据，外因通过内因而起作用”①，在大学治理的实践进程中，以“大学内部利益相关者之间各种权力的分配、制约和利益实现的制度规定、体制安排和机制设计，集中体现大学管理的结构、运行及其规制的主要特征和基本要求”②为表现形态的内部治理体系，成为影响和制约大学整体治理水平提升的关键所在。因此，在建立稳定的内部治理体系结构，理顺内部治理各类关系，优化内部治理体制机制等，进而在实现大学内部治理高水准运行的基础上，促进大学内部治理与外部治理的同频共振，成为现代大学治理的客观要求，在这一过程中，大学校长则以其重要角色属性，对大学内部治理的过程进行宏观把握与微观

---

① 《毛泽东选集》第一卷，人民出版社 1991 年版，第 302 页。

② 顾海良：《完善内部治理结构　建设现代大学制度》，《中国高等教育》2010 年第 Z3 期。

操控。由此可见，大学校长的能力素质、思维格局等在很大程度上影响和决定着大学内部治理的有序、高效和科学开展，以大学校长为研究对象，对其成长发展、历史演进、实践锻炼等问题展开系统学理探究的大学校长学，自然成为大学内部治理学理探索的关键构成。

（三）大学校长专业化发展的专门学问

专业化是社会生产力发展到一定阶段的必然产物。所谓专业化发展，指的是特定主体在一定时期内，通过一系列相关的学习和工作实践，逐渐符合专业标准、成为专门职业并获得相应专业地位的过程。由此可见，随着社会生产力的持续发展，高等教育既是社会分工的产物，同时还积极参与到社会分工的发展之中，为社会训练、培养高级专业人才。而在这一过程之中，大学校长本身也将随着社会分工的发展，不断走向专业化的发展道路。特别是在社会变革加速，对于高质量高等教育的需求急剧增加的现实背景之下，大学校长以愈发专业化的姿态投入实际工作已经成为必然要求。因此作为大学校长专业化发展的学理支撑，大学校长学的构建与发展业已成为理论与现实发展的必然。

二、大学校长学的内涵外延

建构专门化、系统性的学科理论，前提在于明确其是什么，有什么等核心问题。具体到大学校长学的体系建构，必须首先解决大学校长学的内涵是什么、外延有什么，以及大学校长学包含哪些核心范畴，从而形成对于大学校长学的清晰把握。

（一）大学校长学的内涵

大学校长学是一门应时代而生的学科。它以马克思主义特别是习近平新时代中国特色社会主义思想为指导，科学回答当前在中国特色社会主义高等教育发展道路上“什么人能成为大学校长、大学校长发展什么样的大学、大学校长怎样发展大学”这一重大理论与实践问题。

从学科构建视角来看，大学校长学是一门以大学校长这一特殊群体为研究对象，以其发展大学为研究内容，通过对大学校长工作现象、大学发展趋势和大学治理运行机制等进行研究，从而揭示大学工作规律、大学校长成长规律、大学校长与大学工作互动规律，进而形成最佳的工作班子、最妥的工作方法、最优的工作效率、最好的工作成果的一门学科。它是以马克思主义特别是习近平新时代中国特色社会主义思想为指导，以教育管理学与领导科学等为基础学科，以大学工作学、高等教育管理学等为主干学科，以系统科学等为研究方法，融合自然科学、社会科学、人文科学等多学科理论的交叉性学科群。

在学科体系上，大学校长学的基本体系由其内涵（含义、标志与意义）、结构（目标、要素、过程与成效）、系统（基础系统、理论系统与实践系统）等有机组成。其内涵集中体现在其具有专门研究领域、科学研究方法、特有研究概念的标志；其外延体现在提升大学校长队伍工作水平、提升所在大学立德树人水准、充分激发其争创一流和办出特色的动力与活力、构筑科学学科体系实践方法、助推实现新时代教育强国总目标等方面的具体现实意义。

1. 大学校长学的含义

由大学管理走向大学治理，是现代大学发展的关键一步，标志着高等教育主体对于大学发展内在规律的认识与把握达到了一个新的阶段，同时也意味着治理体系的完善、治理能力的增强将成为办学治校的重中之重。同时，习近平总书记强调“要坚持和完善党委领导下的校长负责制，不断改革和完善高校体制机制”①。党委领导下的校长负责制是中国特色社会主义大学的根本制度保证，是确保我国大学办学育人正确发展方向的基本前提。可见，不管从现代大学治理的角度，还是从中国大学的根本制度保证的角度，大学校长都在其中肩负了极为重要的角色使命。大学校长学本质上既是推进大学治理体系和治理能力现代化的综合科学，更是坚持和完善高等学校党委领导下的校长负责制的理论展开，从而为高等教育的发展提供重要的学科支撑。它主要彰显了“大学”“大学校长”特别是它之所以为“学”的科学蕴含。

第一，“大学”的含义。在大学校长学的含义中，首要突出彰显了“大学”这一核心概念的科学蕴含。据现代汉语辞典所载，“大学”指“实施高等教育学校的一种，包括综合大学、专科大学和学院”②。一方面，大学是承载大学校长学存在的环境与平台，没有大学这一平台，大学校长工作就没有目标。大学校长工作的主要载体就是大学，而现代大学不仅是一个社会孕育高素质人才的教育阵

① 《坚持立德树人思想引领　加强改进高校党建工作》，《光明日报》2014年12月30日。

② 社科院语言研究所词典编辑室编：《现代汉语辞典》，商务印书馆2005年版，第257页。

地，还是一个国家研发科学技术的创新平台，更是一个民族实现文化传承的关键桥梁和载体。它为大学校长工作营造了环境，这种环境主要包括硬环境、软环境以及活环境等多个方面，具体来说，硬环境是指包括自然资源环境、经济建设环境、科学技术环境、基础设施环境、校园安全环境等在内的客观物质环境。软环境是指包括政策法规环境、制度建设环境、社会舆论环境、网络信息环境等在内的主观精神环境。活环境是指包括人才培养环境、人际交往环境、实践活动环境等在内的联结主客体之间的环境。另一方面，大学校长的工作目标就是发展大学这一载体与其提供的环境。构建和运用大学校长学，能增强大学工作者特别是大学管理者的责任，提高其工作效率，拓展其工作方法，并进一步推动大学的发展，最终实现整个社会、民族、国家层面上大学的高质量发展，充分激发其争创一流和办出特色的动力与活力，提升我国的文化软实力，最终有助于实现科技强国、人才强国、文化强国等一系列现代化强国目标。

第二，“大学校长”的含义。在大学校长学的含义中，重点突出彰显了“大学校长”这一重要概念的科学蕴含。大学校长是大学校长学研究的重要客体，大学校长工作则是大学校长学的重要研究对象，大学校长学的构建是围绕大学校长这一群体展开的。大学校长作为一个群体，具有相对独立的特征。作为代表一所学校的领军者，大学校长是一所大学文化底蕴和历史沿革的旗帜与符号。在当代中国，大学校长要以为党育人、为国育才为使命，扎根中国、融通中外，立足时代、面向未来，从立德树人、文化强校、队伍塑造、内涵提升、内部治理、功能配套、合力激发、成效彰显等方面推进大学发展，努力建设彰显中国特色、充满文化特质、富于国际视野、注重质量效益的大学。

第三，“大学校长学”的含义。在大学校长学的含义中，关键突出彰显了“学”作为一门科学学科概念的蕴含。从学科构建视角来看，大学校长学是一门以大学校长这一群体为对象，以其行使高等教育法等规定的各项职权，全面负责教学、科研、行政管理工作为内容。① 通过对相关现象、发展趋势和运行机制进行研究，从而揭示大学校长在大学工作之中的成长成才规律、大学校长办学兴校过程中的基本规律、大学校长办学兴校与大学发展互动的成效规律，进而有助于促进其建强学校班子、优化办学兴校流程、完善办学兴校方法、提升办学兴校成效的学科。

2. 大学校长学的标志

大学校长学已经具有了作为一门独立学科存在的标志。具体来说，大学校长学已经成为专门研究领域，具有了科学研究方法，形成了特有研究概念。

第一，大学校长学成为专门研究领域。从学术体系构建角度来看，研究领域是研究对象的上位概念，主要指研究对象的范围集合。研究领域的确定决定了某一项研究的具体方向以及该研究的具体课题，因此具有非常重要的地位。具体来看，大学校长学具有既与其他学科相联系，又与其他学科具有本质区别的研究领域，它是一门以大学校长的领导、管理、教学、科研以及组织等方面工作为研究领域的学科。即旨在通过对大学校长相关工作的现象、发展趋

① 《关于坚持和完善普通高等学校党委领导下的校长负责制的实施意见》，《中国教育报》2014 年 10 月 16 日。

势和运行机制进行深入研究，从而揭示这一特殊群体在高等学校领导、管理、教学、科研以及组织等方面工作中的客观规律，进而提高其工作效率的学科。以学科属性视角进行分析，这门学科是一门以教育管理学与领导科学等为基础学科，以大学工作学、高等教育管理学等为主干学科，以系统科学等为方法论，借鉴与利用自然科学、社会科学、人文科学等多学科理论的交叉性学科。它本身也是一门对大学校长日常工作实践进行理论指导的系统科学，其内容涵盖多个分支学科，其研究领域涉及面广。在此研究领域中的各个方面的研究对象集合都可和其他部分相互区别开来，都能形成相对独立的分支学科，如大学校长领导学、大学校长教学学、大学校长科研学、大学校长管理学、大学校长组织学等。

第二，大学校长学具有了科学研究方法。研究方法是进行一项课题研究所必要的工具和手段，没有科学的、独特的研究方法，一门学科就只能依附于其他学科而无法独立。具体来说，大学校长学研究方法包括基本研究方法、综合研究方法和交叉研究方法。一是基本研究方法主要指哲学的研究方法和一般的研究方法，前者主要包括历史分析法、比较分析法、建构主义分析法等特殊定性研究方法，后者主要包括问卷调查法、访谈法、咨询法等一般定量研究方法。二是综合研究方法主要指研究该学科要采用从各个角度、各个方面，运用各种理论、知识和方法、方式进行多维综合，科学研究和解释其中的各种现象，从而深刻揭示工作规律的方法。三是交叉研究方法主要是基于交叉学科基础上运用的，用于灵活解决大学校长工作中遇见的实际问题，主要包括系统研究法与自然科学、社会科学和人文科学相结合的方法等。

第三，大学校长学形成了特有研究概念。马克思主义哲学认为，人们在认识的过程中，把所感觉到的事物共同特点抽象出来，加以概括的结果，就是概念。概念反映事物一般的、本质的特征。而研究概念则是一门学科根据研究的需要，对研究对象所抽象出的一般的、本质的特征。大学校长学成立的一大标志是它形成了特有的研究概念。例如大学校长学的概念、大学校长功能论的概念、大学校长角色论的概念、大学校长能力论的概念、大学的特色论的概念、大学的文化担当论的概念、大学的国际视野论的概念、大学的发展道路论的概念、大学的立德树人论的概念、大学的精神家园论的概念、大学的主体力量论的概念、大学的内涵支撑论的概念、大学的治理保障论的概念、大学的校园条件论的概念、大学的共同体构建论的概念、大学发展的成效论的概念等。

3. 大学校长学的意义

任何一门学科的构建，其最终目的都是用于实践、指导实践的，体现了构建学科的理论与实践相互统一、相互融合的特点，也就是功能与价值、理论意义与现实意义的统一。任何一种理论、方法的产生都不能脱离实践，离不开实践的支撑，最终都要回归到实践中来。所以，判断构建一门学科是否科学、是否合理，还要考虑到其是否是面向实践的需要，能不能解决实际问题，与实践相结合，具不具备重要的现实效应。大学校长学因其研究内容的科学性、思想性、应用性与指导性相结合而呈现出了较大的价值性，因此已经产生和正在产生积极的现实效应，其思想指引行动、目标决定过程、历史影响逻辑、理论指导实践，在新时代加强和创新大学领导、促进大学内涵式建设和跨越式发展发挥积极功效。

具体来说，其意义在于提升大学校长队伍工作水平、提升所在大学立德树人水准、充分激发其争创一流和办出特色的动力与活力、构筑科学学科体系实践方法、助推实现新时代教育强国总目标。

第一，提升大学校长队伍工作水平是研究大学校长学的出发点。研究大学校长学的出发点是提升大学校长队伍工作水平，这也是构建大学校长学最直接的意义。通过构建大学校长学，深化大学领导队伍对大学校长工作的复杂性和艰巨性的认识，将促使大学校长这一群体更加勤奋地钻研业务、提高素质，掌握更加科学的工作方法。努力使自身思想水平和工作能力适应大学工作发展的需要。大学校长学强调理论研究对现实的指导性，其现实效应主要体现在对大学校长工作水平的提升和对大学校长队伍工作精细化、专业化、专家化发展上。大学校长学的现实意义在于，根据中国大学校长队伍发展的历史源流，以及国内外相关教育、管理工作方面的经验，对大学校长工作系统进行理论与实践相结合的科学构建，并将“以人为本”的理念贯穿始终，对大学校长个体和队伍的成长发展进行提升，从而有利于达到科学引导大学校长群体工作实践，提升大学校长工作实效性的效果。

第二，提升所在大学立德树人水准是研究大学校长学的着眼点。研究大学校长学的着眼点是提升立德树人水准，这也是构建大学校长学的重要意义。习近平总书记指出：“高校立身之本在于立德树人。”[①] 现代大学是培养和造就高素质的创造性人才的摇篮，是

① 《习近平谈治国理政》第二卷，外文出版社2017年版，第377页。

落实人才强国战略、人力资源强国战略的前沿阵地。[①]说到底，大学的根本任务是培养人才，是为社会主义现代化建设培养接班人。我国高等学校不仅要为学生传授知识与技能，培养学生的知识素养。更为重要的是要将立德树人作为最根本的任务，培养学生的道德素养，教会学生如何立人。大学的根本任务是培养人才，是为社会主义现代化建设培养接班人。因此，大学应牢记立德树人的历史使命，以大学生为主体，着力培养德智体美劳全面发展的社会主义建设者和接班人；以大学教师为先导，努力造就一支德高业精、素质过硬、专业性强的大学教师队伍[②]。而大学校长队伍作为大学教师队伍中的领军者团体，其教学、科研、管理、服务、社会实践等工作能力，尤其是引领与管理德育能力，在一定程度上影响并决定了各大高等学校立德育人水平。因此，构建大学校长学的着眼点在于，其能够协助大学校长队伍科学规划高等学校德育工作安排，提升其德育工作能力。

第三，充分激发其争创一流和办出特色的动力与活力是研究大学校长学的着力点。研究大学校长学的着力点是加快世界一流大学建设进度，这也是构建大学校长学的世界意义。正如习近平总书记指出："只有培养出一流人才的高校，才能够成为世界一流大学。办好我国高校，办出世界一流大学，必须牢牢抓住全面提高人才培养能力这个核心点，并以此来带动高校其他工作。"[③]这表明我国高

① 孟东方等：《大学工作学》，人民出版社2016年版，第14页。

② 孟东方、李天凤：《创建大学工作学，拓展高等教育研究的新视域》，《西南大学学报（社会科学版）》2013年第5期。

③ 《习近平谈治国理政》第二卷，外文出版社2017年版，第377页。

等教育事业的发展将承担一系列新的任务和使命。在此背景之下，大学校长作为高等教育机构的领导者，不仅是建设教育强国和实现教育现代化的重要影响因素，而且关系到整个教育事业的成败得失。因此，有必要从整体学科搭设视角出发，对大学校长学这一研究该特殊群体行为、内容、规律的系统科学提出构建设想，以回答当前在中国特色社会主义高等教育发展道路上“领导什么样的大学工作、怎样领导大学工作”这一时代课题。

第四，构筑科学学科体系实践方法是研究大学校长学的突破点。研究大学校长学的突破点是构筑科学学科体系实践方法，这也是构建大学校长学的实践意义。方法是人们在认识世界和改造世界的过程中，为达到预期的目的所采用的手段与方式的总和。大学工作方法是大学工作者为完成大学工作，在开展大学工作过程中所采用的一切方式、办法、手段等的总和。大学工作的方法，依据其主体和对象的不同，产生了学习方法、教育方法、科研方法、管理方法以及其他具体方法。而方法比方法论更具体。[①]方法论是关于方法的原理，是关于方法的理论或学说。[②]研究大学校长学，一大重点就是研究大学校长的科学系统工作方法，形成大学校长工作方法论，协助我国大学校长队伍开展各项工作，并提供理论与实践指南。

第五，助推实现新时代教育强国总目标是研究大学校长学的落脚点。研究人学校长学的落脚点是助推新时代教育强国总目标，这也是构建大学校长学的未来意义。党的十九届五中全会通过的《中

① 孟东方等:《大学工作学》，人民出版社 2016 年版，第 310—311 页。
② 孟东方等:《高校辅导员学》，人民出版社 2019 年版，第 60 页。

共中央关于制定国民经济和社会发展第十四个五年规划和二〇三五年远景目标的建议》指出，到2035年，我国要“基本实现国家治理体系和治理能力现代化，人民平等参与、平等发展权利得到充分保障，基本建成法治国家、法治政府、法治社会；建成文化强国、教育强国、人才强国、体育强国、健康中国，国民素质和社会文明程度达到新高度，国家文化软实力显著增强”①。建设教育强国是全面建设社会主义现代化强国的必然选择，也是新时代中国教育的新使命。新使命要求新作为，在此阶段之中，布局好实施教育强国战略的顶层设计重要性愈发凸显，尤其是其中的一些重要步骤与措施对于整个战略目标推进与落实的关键性不断加深。因此，有必要狠抓落实这些步骤与措施，从全局、全面、系统的角度深入考量实施教育强国战略的关键。其中，大学校长学就是重要学理支撑，今后，在建设世界一流大学和世界一流学科的道路上，大学校长对于一所大学的重要性更加凸显。而大学校长学是在大学校长这一特殊群体的工作实践中产生并发展起来的，经过对大量大学校长工作长期积累实践的研究经验上加之科学的抽象，才上升到理论，逐步形成自己的学科理论体系，因此具有重要的地位与作用。

（二）大学校长学的外延

大学校长学在外延上，它的基本体系由其结构（目标、要素、过程与成效）、系统（基础系统、理论系统与实践系统）等有机组成，具体体现为理论框架与核心范畴。大学校长学的外延体现在其

---

① 《中共中央关于制定国民经济和社会发展第十四个五年规划和二〇三五年远景目标的建议辅导读本》，人民出版社2020年版，第31页。

理论框架之上的相关理论集合。任何一项研究所取得的理论成果，为解决实际问题，都需要满足预期目标、构成要素、实现过程以及实际成效四方面的条件。大学校长学的理论框架也围绕着四方面展开。

第一，大学校长学的预期目标。开展任何一项研究，必不可少的核心要素就是预期目标。有正确预期目标的指引，一门学科的研究发展就不会偏向。大学校长学是一门系统科学，就内在地、天然地要求助力实现大学校长群体在相关工作中整合与协调各方面的具体目标，克服工作过程中的障碍，协调各种体制机制，实现大学领导系统、管理系统、教学系统和科研系统的有效运行，从总体优化上去推进大学工作、大学建设的发展和进步。

第二，大学校长学的构成要素。构成要素是研究内容的初步抽象，任何一项研究的内容都需要构成要素支撑。课题组认为，大学校长学的构成要素就是大学校长工作系统以及机制内的各构成要素。大学校长工作的各个组成部分乃至要素既统一于大学校长工作这个整体之中，又各自在不同的领域发挥作用，它们之间既相互联系又相互作用，并且要素会发挥各自的功能与优点，实现优势互补，构成大学校长工作的机制与系统。具体来说，大学校长学的构成要素包括主体要素（大学校长队伍）、客体要素（大学校长工作内容）、目标要素（大学校长工作的目标）等。

第三，大学校长学的实现过程。实现过程就是由实践上升为理论，理论进一步指导实践的过程，大学校长学较为明显地体现了这一过程。一方面，大学校长学是在大学校长这一特殊群体的工作实践中产生并发展起来的，经过对大量大学校长工作长期积累实践的研究经验上加之科学的抽象，才上升到理论，逐步形成自己的学科理论体系，体现了实践的基础性与支撑性；另一方面，大学校长学一经成立，便可以在理论上指导、引导、协助中国大学校长这一群体更好地开展引领工作，提升大学校长工作水平、丰富大学校长工作方法、优化大学校长工作艺术，夯实高水平大学的内涵支撑体系，增强综合实力。

第四，大学校长学的实际成效。任何一门学科的理论只是为最终的效果规划了蓝图，其指导的实践，最终的效果还会存在质量高低不一的情况，且随着时间推移还会发生变化，因此需要对实际成效进行评价反馈，进一步指导实践，调整行动，以利于最终目标的达成。实践是认知的源泉、动力。在大学校长学研究中，研究大学工作实践与大学工作主体之间的关系，研究如何做好“两个飞跃”的工作，如何贯穿实践检验真理的标准，如何遵循“实践、认识，再实践、再认识，循环往复、以至无穷”的辩证的规律，从而进一步促进大学校长工作理论更趋于完善，大学校长工作的实践更加深入，大学校长工作的成效更加显著。①

（三）大学校长学的范畴

在厘清大学校长学内涵与外延的基础上，有必要对大学校长学的核心范畴加以确定。大学校长学主要有三个方面的核心范畴，即基本原则是坚持特色一流、基本观点是立德树人、基本方法是科学系统。

---

① 参见孟东方等：《大学工作学》，人民出版社2016年版，第31页。

1. 坚持特色一流是大学校长学的基本原则

大学校长学的一大研究重点是大学校长学工作体系，其中一个重要任务在于研究这一工作体系的结构方式，并通过结构来认识这个复杂系统的存在方式、功能特性和运行机理。大学校长学所具有的系统结构不同于以往的单纯强调大学校长个人发展的“粗放式”的发展系统结构，它突出“坚持特色一流”的基本原则。其题中之义是“坚持特色一流，扎根中国大地，深化内涵发展，彰显优势特色，积极探索中国特色社会主义大学建设之路。瞄准世界一流，培养一流人才、产出一流成果”①。它强调大学的特色、大学的文化担当、大学的国际视野、大学的发展道路、大学的立德树人、大学的精神家园、大学的主体力量、大学的内涵支撑、大学的治理保障、大学的校园条件、大学的共同体构建、大学发展的成效等要素的相互作用与共同发展。同时，大学校长学所要搭设的系统结构具有很强的稳定性，在强大外力影响下，其系统结构也会发展演化，其演化速度取决于外力的强度。使大学校长工作系统具有特定的功能，就是要坚持特色一流的基本原则，促进各领域的高质量发展。

2. 立德树人是大学校长学的基本观点

大学校长学以强化大学为党育人、为国育才的学理支撑为使命，应大学落实立德树人根本任务而生。现代大学是培养和造就高素质的创造性人才的摇篮，是落实人才强国战略的前沿阵地。说到底，大学的根本任务是培养人才，是为社会主义现代化建设培养接班人。因此，大学应落实立德树人的根本任务，以大学生为主

① 《教育部　财政部　国家发展改革委关于深入推进世界一流大学和一流学科建设的若干意见》，《中华人民共和国教育部公报》2022 年第 6 期。

体，着力培养德智体美劳全面发展的社会主义建设者和接班人；以大学教师为先导，努力造就一支德高业精、素质过硬、专业性强的大学教师队伍，[①] 而其中的领军队伍就是各大高等学校的校长。大学教育的人才培养和师资队伍建设需求，为大学校长学提出了要求，即将立德树人作为根本任务，提高教学、科研、管理、服务、社会实践等大学工作在育人中的作用。

3. 科学系统是大学校长学的基本方法

大学校长学在坚持马克思主义基本原理与中国特色社会主义理论体系为指导理论这一基本前提下，还需要坚持以系统科学的理论作为基本的方法论指引学科构建。科学系统方法主要来源于系统科学理论，它是研究大学校长学的基本理论。它要求把研究对象作为一个有机整体来加以考察，系统的性质包括整体性、目的性、关联性、层次性和动态性等。科学系统方法旨在从全局出发，研究某一系统的各个组成部分的相互联系，综合考虑各种因素，寻求最优方案、策略和方法，以达到最佳的效果。而大学校长工作体系正是一个复杂的系统，因此该方法具有不可替代的功能与价值。

三、大学校长学的研究述评

伴随着高等教育的发展，与大学校长相关的问题始终是学术界关注和聚焦的重点、热点话题。学者们立足具体的时代背景，形成并逐渐积累起丰富的研究成果，这为大学校长学的学科体系建构奠定了坚实的基础。

---

① 参见孟东方等：《大学工作学》，人民出版社 2016 年版，第 14—15 页。

（一）研究的现状

在专题研究成果方面，目前学界对于大学校长学的专题研究成果，仅见孟东方发表于《中国教育科学（中英文）》2022年第3期的学术论文《大学校长学：新时代高等教育发展下的新学科》，孟东方在文中，立足大学校长学构建的时代背景、理论体系、基本问题，对大学校长学学科体系进行了论述，建构起大学校长学的研究框架。在学术论文方面，在中国知网以“大学校长”为关键词进行主题检索，得到3364条检索结果，其中北大核心及以上学术期刊成果为831篇，与本选题直接相关的成果达500余篇。在学术专著方面，通过国家图书馆、超星电子图书馆等途径，以“大学校长”为关键词进行主题检索，得到86条检索结果，包括《大学校长的教育思想和实践》（李钟善，1989）、《大学校长的教育理念与治校》（眭依凡，2001）、《大学校长遴选：理念与务实》（黄俊杰，2006）、《中国近代大学校长研究》（程斯辉，2010）、《大学校长治理能力提升机理》（王飞，2023）等。在学位论文方面，在中国知网以“大学校长”为关键词进行题名检索，得到13篇博士学位论文检索记录，以及102篇硕士学位论文检索记录。基于对现有研究成果的梳理、分析，学界目前对于大学校长相关问题的研究，主要坚持了理论、历史、比较、实践四个方面的研究逻辑，具体梳理如下。

1. 在理论维度上对大学校长问题展开的研究

从理论上对大学校长相关问题展开持续追问，是学术界聚焦的重点研究维度。学者们立足于具体的现实环境，对大学校长的角色定位、主要特征、素质构成等问题进行了探讨。

第一，关于大学校长角色定位的研究。对于大学校长在当今世界高等教育发展进程中，以及大学办学治校的过程中应当具有怎样的角色定位，学者们基于多元的研究视角，进行了较为深入的探讨。有的学者立足高等教育治理体系完善的视角，认为大学校长应在强化决策执行者角色意识的基础上，承担更多公共责任，并在大学发展的不同阶段扮演好经营型、教育家型、管理型、政治家型和大师型五种角色①。有的学者立足全球化视角，指出当前中国大学校长的角色定位体现在六个方面，即发展规划的制定者、学术领域的权威、教育方面的专家、行政事务的决策者、出色的社会活动家、政治方向的把握者②。有的学者立足大学协同治理视角，认为大学校长应当是治理架构变革的推进者、内部利益协同的促进者、内部信任沟通的维护者③。有的学者立足高等学校战略管理视角，认为大学校长具有构建者、规划者、分析者、引导者、跟进者、学习者和旁观者七种角色④。还有学者基于类型学的研究视角，在实证分析的基础上，认为大学校长具有内部领导型、教育专长型、学术专长型、活动专长型、教育影响型、学术影响型、全面领导型七种角色类型⑤。

第二，关于大学校长主要特征的研究。作为大学办学治校关键

① 毛建青：《高等教育治理体系中大学校长的角色定位研究》，《高校教育管理》2016 年第 6 期。

② 陈艳：《全球化时代中国大学校长的角色、素质与科学选拔》，《江苏社会科学》2011 年第 5 期。

③ 缪文卿：《大学校长在大学协同治理中的角色定位》，《西南交通大学学报（社会科学版）》2018 年第 3 期。

④ 杨延东：《大学校长在高校战略管理中的角色定位和角色转换》，《高等教育研究》2007 年第 6 期。

⑤ 靳天宇、王拓、刘惠琴：《大学校长角色类型与变迁趋势》，《中国高教研究》2023 年第 1 期。

主体，大学校长的主要特征也是学者们探讨的重要问题。有学者基于对大学校长职业化发展历史变迁的梳理，认为大学校长的本质特征管理专业化、职业规范化、角色多元化与职业市场化四个方面①。有的学者立足大学的不从层次，探讨大学校长的特征问题，如莫玉婉聚焦了“985 工程”大学，并从性别年龄、学术经历、工作经历等方面进行了大学校长的特征分析②。牛维麟聚焦了世界一流大学校长，指出这一群体具有完善的人格魅力、扎实的教育理论、卓越的管理能力、突出的创新能力、良好的社会关系五个方面的特征③。尹航基于性别、籍贯、任职年龄、教育背景、任职年限等维度，对 34 位我国知名大学校长的个人特征进行了实证分析④。

第三，关于大学校长素质构成的研究。大学校长的素质构成问题，既是决定什么人能够成为大学校长的关键，更是决定如何做好大学校长的基础，为此学者们也围绕此问题展开了探讨。有的学者对一流大学的素质问题进行了专题探讨，认为一流大学校长应当具有教育家、管理者、创新力、学者、活动家五个方面的素质⑤。有的学者认为，大学校长的素质表现是内隐人格素质与外显行为素质的综合，表现在学者气质、人格特征、关怀行为、结构行为、决策

① 王丛漫、邹宏美：《大学校长职业化历史变迁及其本质特征》，《河北学刊》2015 年第 5 期。

② 莫玉婉：《“985 工程”大学校长的身份特征、素质能力及遴选方式》，《国家行政学院学报》2013 年第 12 期。

③ 牛维麟：《世界一流大学校长特征及其启示》，《中国高等教育》2003 年第 22 期。

④ 尹航：《我国知名大学校长个人特征研究》，《湖南大学学报（社会科学版）》2018 年第 5 期。

⑤ 牛维麟：《一流大学校长素质谈》，《中国高等教育》2004 年第 24 期。

行为五个方面[①]。有的学者对“985 工程”大学校长的素质能力进行了分析，认为其具有“国际化”的背景、大学管理经验、卓越的学术成就、积极的创新应变四个方面的素质[②]。有的学者则认为全球化时代对大学校长的综合素质提出了新的挑战，其应当具有高学历与扎实的教育科学知识，高学术水平、领导能力、经营能力、社会活动能力与改革创新能力，高思想境界与精神境界等素质[③]。还有学者专门探讨了工科大学校长的素质问题，认为其在具备大学校长一般素质的基础上，还需要具备战略家的胸怀、企业家的韬略、科学家的水平[④]。

2. 在历史维度上对大学校长问题展开的研究

大学校长经历了持续发展的历史进程。从历史的维度上对于大学校长相关问题展开探讨，也是学界聚焦的重要研究领域。

第一，关于近代以来大学校长相关问题的研究。学者们聚焦近代以来，围绕大学校长问题展开了多角度、多层次的研究。纪宝成、李立国探讨了近代以来大学校长对中国教育传统的认识问题[⑤]，靳宇倡、刘钰分析了近代中国大学校长的教育理念与大学核心价值观之间的辩证关系[⑥]，刘汉韬、冯文全研究了中国近代大

---

① 许晓东:《大学校长素质研究》,《高等教育研究》1993 年第 4 期。

② 莫玉婉:《“985 工程”大学校长的身份特征、素质能力及遴选方式》,《国家行政学院学报》2013 年第 12 期。

③ 陈艳:《全球化时代中国大学校长的角色、素质与科学选拔》,《江苏社会科学》2011 年第 5 期。

④ 王祥林:《谈工科大学校长素质》,《理论界》1998 年第 3 期。

⑤ 纪宝成、李立国:《近代大学校长和教育家对中国教育传统的认识》,《清华大学教育研究》2006 年第 4 期。

⑥ 靳宇倡、刘钰:《近代中国大学校长的教育理念与大学的核心价值观》,《清华大学教育研究》2006 年第 S1 期。

学校长在大学经营中的管理理念[①]，吴立保立足大学校长视角对中国近代大学本土化的历史经验进行了总结[②]，王建华基于大学校长视角对中国近代大学的形成与发展展开了分析[③]，肖卫兵、周川探讨了中国近代国立大学校长的法律地位[④]，以及管理权限问题[⑤]，程斯辉、李汉学研究了中国近代著名大学校长的教育质量观问题[⑥]。

第二，关于民国时期大学校长相关问题的研究。贾小壮探讨了民国前期大学校长群体的教育改革问题[⑦]，王运来分析了民国著名大学校长的办学之道[⑧]，李汉学研究了民国时期著名大学校长的教育质量观[⑨]，李忠、樊一搏探究了民国时期著名大学校长的教育学素养问题[⑩]，申国昌、白静倩探讨了民国时期大学校长教育交往与

① 刘汉韬、冯文全：《论中国近代大学校长在大学经营中的管理理念与实践智慧》，《大学教育科学》2008年第1期。

② 吴立保：《中国近代大学本土化的历史经验——基于大学校长视角》，《江苏高教》2010年第1期。

③ 王建华：《中国近代大学的形成与发展——大学校长的视角》，《清华大学教育研究》2000年第4期。

④ 肖卫兵、周川：《中国近代国立大学校长的法律地位探析》，《现代大学教育》2012年第3期。

⑤ 肖卫兵：《中国近代大学校长的管理权限与产生机制》，《复旦教育论坛》2012年第5期。

⑥ 程斯辉、李汉学：《中国近代著名大学校长的教育质量观探析》，《大学教育科学》2018年第1期。

⑦ 贾小壮：《试论民国前期大学校长群体的教育改革》，《社会科学战线》2013年第6期。

⑧ 王运来：《民国著名大学校长办学之道撷要》，《现代大学教育》2015年第3期。

⑨ 李汉学：《民国时期著名大学校长的教育质量观》，《高教发展与评估》2019年第2期。

⑩ 李忠、樊一搏：《民国时期著名大学校长的教育学素养问题》，《高等教育研究》2017年第7期。

中国高等教育早期现代化之间的关系问题[①]，王一然、郭婧研究了民国初期大学校长制度的创建问题[②]。还有一些学者探讨了具体历史时期具体大学的相关问题，如王洪才探讨了西南联大的成功与大学校长角色定位的关系[③]，宋秋蓉探讨了南开大学校长张伯苓的公共精神[④]等。

第三，关于新中国成立后大学校长相关问题的研究。新中国的成立标志着中国共产党领导人民探索建设高等教育的伟大实践进入了崭新阶段，一些学者也将研究目光聚焦于此。如张正峰、刘晶对新中国成立初期重点大学校长的群体特征进行了分析[⑤]，王飞、王运来对新中国的大学校长职业发展模式进行了探讨[⑥]，陈运超则聚焦于改革开放 30 年的历史跨度，对其间我国大学校长角色与制度的变迁进行了梳理与反思[⑦]。

3. 在比较维度上对大学校长问题展开的研究

现代大学制度发源于欧洲，其后在欧美得到进一步发展。大学

---

① 申国昌、白静倩：《民国时期大学校长教育交往与中国高等教育早期现代化》，《现代大学教育》2023 年第 2 期。

② 王一然、郭婧：《民国初期大学校长制度的创建——以“壬子学制”“壬戌学制”颁布实施为背景的考察》，《国家教育行政学院学报》2021 年第 8 期。

③ 王洪才：《西南联大的成功与大学校长角色定位》，《社会科学战线》2013 年第 11 期。

④ 宋秋蓉：《私立时期南开大学校长张伯苓公共精神的研究》，《江苏高教》2012 年第 4 期。

⑤ 张正峰、刘晶：《新中国成立初期重点大学校长群体特征分析》，《教育与教学研究》2023 年第 1 期。

⑥ 王飞、王运来：《新中国的大学校长职业发展模式：基于政府话语的分析》，《现代教育管理》2018 年第 5 期。

⑦ 陈运超：《改革开放 30 年来我国大学校长角色与制度的变迁与反思》，《复旦教育论坛》2009 年第 1 期。

校长是现代大学制度中的重要构成部分。学者们在聚焦中国高等教育发展以及大学校长相关问题的同时，也重点关注了“他山之石”。

一方面，关于国外大学校长具体问题的研究。学者们对于国外大学校长相关问题的研究，涉及其大学校长的角色定位、体制机制、职业发展等多个方面。一是关于国外大学校长角色定位的研究。有的学者对美国大学校长的角色定位进行了研究，认为美国大学校长角色多重，强调领导者角色，私立大学比公立大学更强调校长的筹款者角色，大学校长承担的工作职责偏向首席执行官角色[①]。有的学者分析了美国大学校长角色的嬗变及其动力，指出其嬗变是内外因素共同作用的结果[②]。还有学者对英国大学校长的角色定位问题进行了探讨，如吴志功、徐蕾基于英国剑桥大学、里丁大学等著名学府大学校长关于自身角色和职能的理解和论述，分析了英国大学校长角色和职能演变[③]。朱镜人探讨了英国大学校长的角色演变问题[④]。还有学者探讨了日本国立大学校长角色的历史演变问题[⑤]。二是关于国外大学校长相关体制机制的研究。有的学者探讨了国外大学校长的选拔制度，如李联明分析了美国大学校长

① 毛建青、邢丽娜：《美国大学校长的角色定位》，《高教发展与评估》2018年第3期。

② 金守杰、王运来：《美国大学校长角色的嬗变及其动力——兼论中国大学校长领导制度建设》，《现代教育管理》2011年第8期。

③ 吴志功、徐蕾：《英国大学校长角色和职能考察及启示》，《比较教育研究》2005年第10期。

④ 朱镜人：《英国大学校长的角色演变、特点及职业阶梯》，《外国教育研究》2006年第2期。

⑤ 郭丽：《日本国立大学校长角色的历史演变述论》，《比较教育研究》2007年第7期。

的遴选制度，及其考核指标体系构建问题①。马怀德探讨了欧洲大学校长的选拔制度与治理结构问题②。有的学者研究了美国大学校长的权力制衡制度③。还有学者立足退出的基本流程、退出的主要形式、退出后的去向、退出后的保障四个维度，分析了美国公立大学校长的退出机制问题④。三是关于国外大学校长职业化发展的研究。如栾兆云以美国哈佛大学为例，聚焦了美国大学校长职业化发展问题⑤。姜朝晖着重探讨了美国大学校长职业发展的困惑，认为其主要面临遴选机制、多重角色、个人自由和职业风险四个方面的困惑，并进行了对策思考⑥。

另一方面，关于中外大学校长问题的对比研究。学者们对于中外大学校长在培训模式、队伍建设、教育背景等方面的问题展开了对比研究。如史莉芳探讨了中外大学校长的培训模式⑦。栾兆云探讨了中美两国大学校长队伍建设的比较问题⑧。徐文分析了中

① 李联明：《美国大学校长遴选与考核指标体系构建及价值借鉴》，《国家教育行政学院学报》2008 年第 6 期。

② 马怀德：《欧洲大学校长选拔制度与治理结构》，《教育研究》2011 年第 2 期。

③ 李巧针：《探析美国大学校长的权力制衡制度》，《高教探索》2008 年第 1 期。

④ 冯倬琳、睦祯：《美国公立大学校长的退出机制》，《中国高等教育》2014 年第 24 期。

⑤ 栾兆云：《美国大学校长职业化发展及其启示——以哈佛大学为例》，《高教探索》2008 年第 1 期。

⑥ 姜朝晖：《美国大学校长职业发展的困惑、对策及启示》，《高校教育管理》2012 年第 3 期。

⑦ 史莉芳：《关于中外大学校长培训模式的思考》，《国家教育行政学院学报》2009 年第 8 期。

⑧ 栾兆云：《中美大学校长队伍建设比较及其启示》，《大学教育科学》2008 年第 1 期。

美大学校长教育背景的比较问题[①]。毛建青等从人口学特征、教育背景、职业路径、履职实践四个方面，研究了中美大学校长职业特征的比较问题[②]。刘秀丽、张君辉探讨了中外大学校长任期比较问题[③]。

4. 在实践维度上对大学校长问题展开的研究

在学界现有的研究成果中，学者们立足实践维度，对大学校长如何办学治校等问题进行了学术思考，主要包含了大学校长能力发挥、机制建设以及评价反馈等问题。

第一，关于大学校长能力发挥问题的研究。大学校长在办学治校的实践层面，如何将自身的相关能力有效发挥，对大学的发展起着重要的影响作用，学者们对此开展了较为深入的探讨。一些学者对大学校长领导力的有效发挥进行了分析，马龙海认为大学校长领导力的有效发挥，需要建立在其领导力的体系构建之上，大学校长领导力体系是由前瞻力、执行力、培育力和开发力四个维度组成[④]。闫拓时认为，当代大学校长领导力的提升，需要拓展视野，提升人文素养，增强管理能力[⑤]。吴康宁强调，影响大学校长领导力发挥的重要现实困境，在于当代大学校长面临着多重角色

① 徐文：《中美大学校长教育背景的比较研究》，《清华大学教育研究》2004 年第 6 期。

② 毛建青、侯笑春、张凤娟、宣勇：《中美大学校长职业特征的比较研究》，《江苏高教》2020 年第 7 期。

③ 刘秀丽、张君辉：《中外大学校长任期比较研究及其启示》，《外国教育研究》2007 年第 12 期。

④ 马龙海：《大学校长领导力体系构建的探索性分析》，《国家教育行政学院学报》2010 年第 11 期。

⑤ 闫拓时：《当代中国大学校长领导力研究初探》，《国家教育行政学院学报》2010 年第 3 期。

困扰[①]。张玥对大学校长的领导力实现问题进行了分析并提出了相应建设思路[②]。还有学者对大学校长执行力的优化进行了探讨，如董险峰分析了研究型大学校长执行力的模型建构问题[③]。还有学者对大学校长胜任力进行了探讨[④]。

第二，关于大学校长机制建设问题的研究。学者们也对大学校长办学治校实践层面的相关体制机制问题进行了探讨。一些学者关注了大学校长的遴选机制问题，如宣勇、郑莉从高等教育治理能力现代化的视角出发，分析了大学校长遴选制度的相关问题[⑤]。还有学者分析了大学校长的保障机制问题，认为需要强化行政服务的资源配置机制、基于大学文化的组织文化整合机制及大学共同治理的治理结构框架，以实现校长的有效治校[⑥]。

第三，关于大学校长评价反馈问题的研究。大学校长的工作开展应当如何评价，以什么样的标准来进行评价，也是学者们在实践层面所关注的问题之一。如有的学者从大学校长角色发展的影响因子分析出发，探讨了相关的评价问题，指出一级指标中角色实践是大学校长角色发展的最终落脚点；二级指标中，处于任职前奏期校

① 吴康宁：《角色困扰：影响大学校长领导力的重要原因》，《探索与争鸣》2015 年第 7 期。

② 张玥：《大学校长的任职期与领导力实现》，《国家教育行政学院学报》2011 年第 4 期。

③ 董险峰：《研究型大学校长执行力模型建构及其优化路径研究》，《国家教育行政学院学报》2012 年第 2 期。

④ 刘新军、许放：《我国行业特色型大学校长胜任力模型研究》，《国家教育行政学院学报》2013 年第 10 期。

⑤ 宣勇、郑莉：《大学校长遴选与高等教育治理能力的现代化》，《中国高教研究》2015 年第 8 期。

⑥ 陈金圣：《大学校长之法定权责、履职路径与保障机制》，《教育发展研究》2016 年第 23 期。

长的角色期待、领悟和实践其角色发展的关键阶段，离职期校长角色领悟的顶峰体验、角色实践的成熟度和传递性体现出中国大学校长角色发展的时代要求和国家使命①。还有学者分析了大学校长评价中的问题及对策②。

（二）研究的总结

通过对当前学术界关于大学校长相关问题研究情况的梳理，现就相关问题总结如下。

1. 研究的成果积累多，为本课题的研究奠定了坚实的基础

关于大学校长相关问题的探讨，伴随着人类高等教育的发展而来，具有漫长的学术研究史，而新中国对于高等教育的学术探讨，也自 20 世纪 50 年代开始一路发展至今，在中外学者的持续关注与大力研究下，关于大学校长相关问题的研究，已经积累起非常丰富的研究成果，这些研究成果涉及大学校长问题的多个方面，是具体时代环境下大学校长问题的学术结晶。特别是党的十八大以来，以习近平同志为核心的党中央高度重视，统筹推进建设教育强国的重大战略，提出了“建设中国特色、世界一流大学”的战略目标，使得学术界更加聚焦于对新时代高等教育发展相关学术问题的探讨，而新时代新征程上大学校长的相关问题，则成为高等教育发展问题域中的重点、热点话题，高质量的学术成果频频出现。可以看到，当前学术界对于大学校长相关问题的持续关注、深入探讨，为大学校

---

① 张玥、卢晓中：《我国大学校长角色发展的影响因子及评价研究》，《高教探索》2020 年第 12 期。

② 刘晶玉、任嵘嵘：《大学校长评价中存在的问题及对策研究》，《东北大学学报（社会科学版）》2011 年第 1 期。

长学的系统构建提供了坚实支撑。

2. 研究的学术视野广，但鲜见基于学科视野的研究成果

通过对学界现有研究成果的梳理，可以发现学界对于大学校长相关问题的探讨，不仅成果积累多，同时现有研究成果基于多样的学术视野，覆盖了理论、历史、比较、实践等多个研究维度，学者们立足时代特征、专业背景、政策走向等多重因素，推动了对于大学校长相关问题的学理认识不断走深、走广。但同时也应当注意到，目前学术界虽然对于大学校长相关问题的成果积累多、学术视野广，却鲜见基于大学校长学学科视野的研究成果。我国高等教育发展的紧迫需要，已经对大学校长的专业化问题提出了现实要求，同时学术界现有的学术积累，也使得构建专门的大学校长学科体系具有了充分的现实基础与可操作性。

3. 研究的学理挖掘深，但研究的整体性、系统性不足

学界现有研究成果从多个维度、多个视角展开对大学校长相关问题的研究，并且相关研究在具体问题的分析中，对于大学校长一系列问题的学理挖掘较为深入，持续提升了学界对于大学校长相关问题的认识水平。但是，学界现有研究成果多基于某个维度、某个视角、某个侧面的分析，使得对于大学校长相关问题的研究呈现出碎片化、零散化的现实问题，基于整体性逻辑，对于大学校长问题开展系统性的研究成果并不多见。

（三）研究的启示

通过对当前学术界研究成果的梳理、分析，基于对大学校长相关问题的研究总结，形成了对于大学校长问题研究的启示如下。

1. 构建大学校长学的理论与现实基础已经具备

就理论层面而言，学术界在对大学校长相关问题的持续探讨中，已经积累起非常丰富的研究成果，从理论、历史、比较、实践等多个维度，完成了对于大学校长相关问题内在学理的持续挖掘、探究，目前学术界对于大学校长问题的理论认识与积累，为构建大学校长学奠定了坚实的理论基础。同时，从当前党和国家的战略部署来看，深入实施科教兴国战略、人才强国战略与创新驱动发展战略，需要全面建设教育强国，发展高质量的高等教育，这也使得开展对于大学校长问题的专门研究，构建大学校长学具备了充分的现实基础。

2. 构建大学校长学需要遵循整体性、系统性的研究逻辑

构建大学校长学是一项系统工程，需要摆脱个别、具体问题研究的零散性、碎片化的思维方式，以整体性、系统性的研究逻辑，贯彻整个大学校长学学科体系的构建之中。大学校长要落实系统观念，强化目标管理，突出建设实效。大学校长学的构建需要有效回应“什么人能成为大学校长、大学校长发展什么样的大学、大学校长怎样发展大学”这一根本问题，而这也是构建大学校长学学科体系的根本逻辑遵循，围绕这一根本逻辑铺展次级逻辑，进而建构起相互联系、支撑的稳固学科体系。

3. 构建大学校长学需要持续回应中国现实、彰显中国特色

大学校长学的构建并非纯粹的理论建构，需要在这一学科体系的构建中，以开放的研究视野，持续回应中国高等教育发展，国家战略部署、党的治国理政、时代前进潮流等所提出的一系列现实课题，充分保持与中国现实的信息交互。大学校长要带动学校发挥优

势、办出特色。大学校长学的构建，是在当代中国场域下所开展学术实践，需要扎根中华文化沃土，描绘中国特色社会主义的根本底色，体现鲜明的中国风格，坚持特色一流的基本原则。

第二节　大学校长学的现实基础

大学校长学的提出与构建，是理论发展与实践发展的必然，在深刻的客观必要性、现实可能性与未来可行性基础之上，大学校长学具有了坚实基础。

一、构建大学校长学的客观必要性

构建专门的大学校长学，是客观环境运行发展的必然，其直接原因在于大学的建设和发展，内在原因在于更好落实为党育人、为国育才的使命，时代原因在于文化的交流与自主知识体系建构。

（一）大学的建设和发展是构建大学校长学的直接原因

高等教育事业的蓬勃发展，大学的产生、建设和发展，是大学校长学产生和形成的直接原因。特别是新时代新阶段，随着建设高质量教育体系，到2035年建成教育强国目标的明确提出，对于大学校长这一职业，其领导力量的能力、素质、责任要求势必进一步提高。大学校长作为主持大学各项事务的最高行政长官，在较大程度上决定着一所大学改革与发展的方向，需要熟悉规律、视野开阔、掌握政策、联系实际。要通过体制机制改革激发大学内生动力和活力。因此，构建大学校长学这一专门研究大学校长相关工作规律的学科，是在新的历史起点上继往开来创新大学校长领导工作、提升大学综合影响力的必行之施。

（二）更好为党育人、为国育才是构建大学校长学的内在原因

更好落实为党育人、为国育才的使命，是大学校长学产生和形成的内在原因。现代大学是培养和造就高素质的创造性人才的摇篮，是落实人才强国战略、人力资源强国战略的前沿阵地，突出人才培养的核心地位。高等教育要培养有道德、有理想、有社会责任感的时代新人。大学校长作为这项事业的领导者与带头人，在其中发挥着关键作用。其题中之义是，新时代优秀的大学校长更好落实为党育人、为国育才的使命，“具有心有大我、至诚报国的理想信念，言为士则、行为世范的道德情操，启智润心、因材施教的育人智慧，勤学笃行、求是创新的躬耕态度，乐教爱生、甘于奉献的仁爱之心，胸怀天下、以文化人的弘道追求，展现了中国特有的教育家精神”①。因此，构建大学校长学这一学科，是新时代大学校长牢记“国之大者”，更好落实为党育人、为国育才的使命的内在要求。

（三）文化的交流与自主知识体系建构是构建大学校长学的时代原因

当今时代，文化交流与自主知识体系建构成为必然要求，是大学校长学产生和形成的国际背景。在推进中国特色社会主义现代化尤其是教育强国进程中，大学不仅是高层次人才的培养皿，也是文化成果的创造平台，还是提升国家文化软实力、维护国家文化安全

① 《习近平致信全国优秀教师代表强调　大力弘扬教育家精神　为强国建设民族复兴伟业作出新的更大贡献》，《人民日报》2023年9月10日。

的桥头堡，其发展承载着中华民族伟大复兴的光荣梦想。大学校长作为代表一所学校的领军者，是这所大学文化底蕴和历史沿革的旗帜与符号。因此，构建大学校长学这一专门研究大学校长工作成效的学科，是推动教育工作、文化工作、人才工作、涉外工作等大学工作的优化，加快中国自主知识体系建构的必然要求。

二、构建大学校长学的现实可能性

系统构建大学校长学，是经济社会发展的现实必然。在当前世界高等教育发展的潮流引领下，中国社会发展提升的需要为构建大学校长学提供目标，人民美好生活的需求为构建大学校长学提供动力，大学办学条件的优化为构建大学校长学提供条件。

（一）社会发展提升的需要为构建大学校长学提供目标

从历史演进的视域来看，社会现实发展提升的需要为大学校长学提供目标。随着生产力的解放与发展，人类社会日趋科学化、现代化，与之相应的是人们的物质文化需求进一步提高，并且日益呈现出多样性与丰富性，大学的职能不断丰富与完善。① 现代大学不仅是一个社会孕育高素质人才的教育基地，还是一个国家研发科学技术的创新平台，更是一个民族实现文化传承的关键桥梁和载体。大学有力支撑了经济社会持续发展。而一所大学的发展离不开校长的作用。为认真总结经验，加强系统谋划。构建一个“科学、系统、务实”的大学校长学理论体系，以保证大学校长工作成为社会主义现代化建设的重要支撑，存在社会整体发展层面上的现实可能性。

---

① 史秋衡、李玟希：《我国大学职能内涵嬗变的多维分析》，《高等教育研究》2021 年第 4 期。

（二）人民美好生活的需求为构建大学校长学提供动力

从社会发展的视线来看，人们物质文化需求的不断提高，是催生大学校长学应运而生的最深厚的动力。随着社会的发展，人们生活水平的不断提高，物质文化的发展已经远远满足不了人们精神文化需求，人类对知识的渴求不断提升。党的十九大报告指出："我国社会主要矛盾已经转化为人民日益增长的美好生活需要和不平衡不充分的发展之间的矛盾。"①随着当代中国的教育科学研究进入了新时代，大学校长在高等教育事业乃至教育强国建设中作用独特，意义凸显，聚焦和深化大学校长相关研究大有可为。

（三）大学办学条件的优化为构建大学校长学提供条件

从学科构建与发展的视角来看，大学校长学是客观存在而非主观创设的学科，其发展成为一门学科绝非偶然，而是现实社会需要以及时代发展呼唤的产物，尤其是近年来高等学校办学条件的大幅优化为大学校长学提供了平台，也就提供了条件与环境。大学校长学是适应当代社会大学发展的需要而产生的，尤其是在大学校长与大学工作互动过程中发展的，具有其特定的理论形态和思想体系，将被全面、客观、具体地呈现。习近平总书记强调："我们要认真吸收世界上先进的办学治学经验，更要遵循教育规律，扎根中国大地办大学。"②因此，构建一个"科学、系统、务实"的大学校长学理论框架，展现大学校长工作的重要性，这在学科构建发展层面上具有现实可能性。

---

① 《习近平谈治国理政》第三卷，外文出版社 2020 年版，第 9 页。

② 习近平：《青年要自觉践行社会主义核心价值观——在北京大学师生座谈会上的讲话》，《人民日报》2014 年 5 月 5 日。

三、构建大学校长学的未来可行性

办好大学，事关国家发展、事关民族未来。从未来发展的角度来看，系统构建大学校长学既是未来一个历史时期内，理论研究视野拓展与走向深入的必然，同时也高度契合了大学校长主题发展诉求，以及党和国家发展战略方向，具有深刻的未来可行性。

（一）理论研究的推进奠定大学校长学科学发展

从理论上来看，目前我国学界对构建大学校长学有各方面的相关基础，学科构建呼之欲出。目前对于大学校长工作的实践访谈案例、个人成长和经验分享、领导能力与管理艺术等方面的素材非常丰富，但是大多仅针对单一工作对象中具体工作的经验和现象进行介绍，缺乏理论深度与升华。长期以来，许多官员、专家、学者、媒体等从不同的视角对该问题进行了思考和探讨，但系统性还不够。因此，在根据丰富经验的基础上，总结并提炼出系统的大学校长学，具有可行性。

（二）主体发展的诉求推动大学校长学快速发展

恩格斯指出：“社会一旦有技术上的需要，这种需要就会比十所大学更能把科学推向前进。”① 大学校长作为大学办学治校的关键、核心主体之一，其内在的发展诉求，成为实现大学校长学这一学科体系建构目标的强大推力和助力。具体来看，一方面，就个体发展需求而言，大学校长的个人成长发展需要专门的学科知识体系作为支撑。随着社会生产力水平的持续提升，社会分工的深化、细

① 《马克思恩格斯文集》第10卷，人民出版社2009年版，第668页。

化，对社会个体的专业素质、能力提出了愈发严格的要求。所以，当今时代高等教育的高质量发展，使得对于大学办学治校的有效组织、引领，对大学校长个体综合素质提出了更高要求，同时也为探究大学校长成长发展一般规律的学术研究活动提供了广阔空间。另一方面，就群体发展需求而言，大学校长群体的职业化、专业化需求需要专门学科理论体系。随着我国建设教育强国进程的持续深入推进，“建设中国特色、世界一流大学”成为我国高等教育发展的战略目标，这对大学校长群体更高水平的职业化、专业化提出了更为全面的要求。随着大学校长职业化、专业化进程的加速，对于系统性的大学校长学构建的需求则愈发迫切。由此可见，个体与群体层面的发展需求，都对大学校长学的系统构建提出了迫切需求，这也使得未来大学校长学拥有很大的探索、发展空间。

（三）强国建设的擘画期许大学校长学高质发展

新时代是一个伟大的时代，有着伟大的目标。从实践上来看，党和国家对大学的高度重视和殷切希望，特别是为实现我国从高等教育大国到高等教育强国的历史性跨越，其催生大学校长学的建构。随着到 2035 年“建成文化强国、教育强国、人才强国”①目标的明确提出，今后，在建设一流大学和一流学科的道路上，大学校长对于一所大学的重要性更加明显。我们要为强国建设和民族复兴培养造就更多的合格人才、创新人才。大学校长学是在大学校长这一特殊群体的工作实践中产生并发展起来的，经过对

① 《中共中央关于制定国民经济和社会发展第十四个五年规划和二〇三五年远景目标的建议辅导读本》，人民出版社 2020 年版，第 31 页。

大量大学校长工作长期积累实践的研究经验上加之科学的抽象，才上升到理论，逐步形成自己的学科理论体系。因此，在大量实践认识与再实践基础上，凝练并升华出完备的大学校长学，同样具有可行性。

第三节　大学校长学的核心任务

构建大学校长学，是建设一批世界一流高等学校的现实需求，是全面建设社会主义现代化教育强国的一大内容，是进一步充实中国特色社会主义理论的具体需要。党的十八大以来，中国特色社会主义发展进入新时代，教育强国在现代化强国系列目标中的优先地位进一步凸显。新的实践与理论的准备，及其学科体系自身发展的动力、学术体系不断优化的推力、话语体系不断拓展的张力，呼唤着大学校长工作理论的学科化。伟大的实践离不开科学的理论，理论发展是学科建设的直接承载方式，而学科建设将进一步提升理论建设的专业化和科学化水平，并且进一步优化完善学术体系和话语体系。伴随着高等教育事业的发展，对大学校长这一群体的研究，就其本身已应运而生为新兴的学科体系、学术体系、话语体系。① 因此，大学校长学的构建势必在学科体系、学术体系、话语体系这三个维度充实中国特色社会主义理论，为形成具有时代性、引领性、独特性的中国自主知识体系贡献力量。

① 参见孟东方等：《中国发展学》，人民出版社2021年版，第111页。

一、构建大学校长学的学科体系

与时俱进是马克思主义的理论品格，更是中国特色社会主义发展理论学科体系的内在属性。时代是思想之母，实践是理论之源。特别是在我们进行伟大斗争、建设伟大工程、推进伟大事业、实现伟大梦想的前行中，新的理论创新和实践创新将不断展现，应在坚持马克思主义学科建设的基本立场方法的基础上，不断完善创新中国特色社会主义理论，使其在学理性和系统性方面达到新的高度，使中国特色社会主义发展理论学科体系化实现新的飞跃。在新发展阶段，充实中国特色社会主义理论学科体系的主要课题是推进中国特色哲学社会科学学科体系建设，而构建大学校长学这一学科无疑是推进这一课题的一大努力。①

（一）构建以大学校长学本体论、客体论、内容论为主线的核心学科体系

构建大学校长学的学科体系，要先构建起以大学校长学本体论、客体论、内容论为内核的学科体系。这三大子学科体系对应大学校长学三大系统，支撑大学校长学的学科体系，并且由这三大核心学科体系，延伸出其他大学校长学体系，因此在整个学科体系中具有非常重要的地位。其中，大学校长学的本体论包括大学校长功能论、大学校长角色论、大学校长能力论三个组成部分，主要研究大学校长群体的主体功能与价值发挥；大学校长学的客体论包括中国大学的特色论、大学的文化担当论、大学的国际视野论、大学的

① 参见孟东方等：《中国发展学》，人民出版社 2021 年版，第 111 页。

发展道路论、大学的立德树人论、大学的精神家园论、大学的主体力量论七个组成部分，主要研究大学校长群体工作对象目标以及发展道路；大学校长学的内容论包括大学的内涵支撑论、大学的治理保障论、大学的校园条件论、大学共同体构建论、大学发展的成效论五个组成部分主要研究大学校长群体工作内容。

（二）构建以大学校长工作相关学科为辐射的综合学科体系

大学校长学是在大学校长这一特殊群体的工作实践中产生并发展起来的，经过对大量大学校长工作长期积累实践的研究经验上加之科学的抽象，才上升到理论，逐步形成自己的学科理论体系，它的主要研究对象就是大学校长工作，它的目标是形成指导大学校长工作的系统理论，它主要回答“什么人能成为大学校长、大学校长发展什么样的大学、大学校长怎样发展大学”这一事关新时代大学发展的理论与实践课题。它本身也是一门对大学校长日常工作实践进行理论指导，以增强工作的主动性、针对性、实效性的系统科学，其内容涵盖多个分支学科，可构成一个规模宏大、辐射广泛的学科群。在这个学科群中的各个组成部分都可和其他部分相互区别开来，都能形成独立的分支学科，如前文所提及的大学校长领导学、大学校长教学学、大学校长科研学、大学校长管理学、大学校长组织学等。

（三）构建以大学校长新型研究方法为拓展的交叉学科体系

交叉学科体系的方法是构建大学校长学的方法延伸。由于当代科学发展，文理渗透的趋势越来越显著，而自然科学和社会科学的交叉又形成新的热点，产生出不少新观点、新方法、新范畴、新结构、新理论、新技术和新学科。大学校长学所研究的各项规律本身是复杂的，其自身发展的复杂性，社会环境的复杂性，自然系统、经济系统的复杂性，各学科门类的复杂性，决定了其学科群的交叉性，要求开展多学科的综合研究。[①]从某种角度来说，大学校长学本身就是以系统科学、控制理论为方法论，借鉴与利用自然科学、社会科学、人文科学等多学科理论的交叉性学科，建设例如大学校长管理教育学、大学校长行政管理学、大学校长行政法学等在内的内生交叉学科，是构建起大学校长学学科体系的内在要求。

二、发展大学校长学的学术体系

学术体系是联结学科体系与话语体系的重要中间环节，一方面，学术体系的建设直接关系到学科体系，尤其是学科理论体系是否完善，正如“一个学科的一系列基本概念，把语言和思想连接起来，陈述本学科基本的理论内容，构成了表达本学科学术体系的话语体系”[②]。学科体系是话语体系的前提与基础。另一方面，学术体系也直接关系到话语体系的成立与否以及可信度高低，话语体系与学科体系和学术体系同样是不可分割的。即“学术体系是揭示本学科对象的本质和规律的成体系的理论和知识；话语体系是理论和知识的语词表达，是学术体系的表现形式和语言载体。”[③]学术体系需要话语体系表达出来，并且一方面要通过学术化的专业语言表达，另一方面则要通过大众化的民俗语言表达。构建大学校长学有利于

① 参见孟东方等：《中国发展学》，人民出版社 2021 年版，第 84 页。

② 田心铭：《学科体系、学术体系、话语体系的科学内涵与相互关系》，《光明日报》2020 年 5 月 15 日。

③ 田心铭：《学科体系、学术体系、话语体系的科学内涵与相互关系》，《光明日报》2020 年 5 月 15 日。

进一步推进我国学术体系的构建。原因在于，它的创立能够提升学术原创能力和水平。弘扬科学精神，坚守学术独立品德，强化实践基础，注重资源融通，不断推进知识创新、理论创新和方法创新，探索建立学术原创能力评价制度。注重基础理论的研究，汲取传统文化精华，瞄准学术研究前沿，力争在重点学科、关键问题上挖掘新材料、运用新方法、提出新观点、构建新理论，使中国特色社会主义理论体系的学术体系建设取得更大的突破性进展。

（一）发展大学校长学所特有的基本原理与基本范畴

发展大学校长学的学术体系，必须首先发展大学校长学所特有的基本原理与基本范畴。一方面，构建大学校长学必须要发展大学校长学的基本原理，如前文所提及的以大学校长学本体论、客体论、内容论为核心的相关理论原理；另一方面，构建大学校长学必须要发展大学校长学的基本范畴，大学工作学研究范畴涉及社会科学、人文科学、人的科学的诸多方面，甚至涉及自然科学的理论和规律等，经过长期的发展丰富，逐步积淀形成为一系列被大学校长群体普遍认同的工作范畴和命题。

（二）发展大学校长学所独有的学术命题与应用领域

发展大学校长学的学术体系，必须使大学校长学发展出独有的学术命题，发挥独特的应用价值。一方面，要发展大学校长学所独有的学术命题，“学术命题”是学术研究的指挥棒，是决定一项学术研究能否顺利展开、能否久立于历史洪流中、推动学科发展的最重要一环。[①] 具体来说，大学校长学的学术命题包括“什么人能成

---

① 王婷婷：《学术研究之“立”：学术命题》，中国社会科学网，2021 年 8 月 20 日。

为大学校长”“大学校长发展什么样的大学”“大学校长怎样发展大学”这三大命题以及延伸出的枝干问题，研究清楚这些问题就能把握住大学校长学的主干以及主要内容；另一方面，要明确大学校长学所应用的具体领域，构建大学校长学，旨在通过科学的研究方法，发现大学校长工作外部问题，深入研究分析实践中存在的问题，并提出切实可行的解决措施。其主旨在于构建大学校长科学工作系统，深入研究大学校长工作规律，坚持走以提高质量为核心的内涵式发展道路，以推动大学校长工作改革不断取得新成效。因此，大学校长学的基本应用领域就是大学校长的工作。

（三）发展大学校长学所专有的理论方法与实践标准

发展大学校长学的学术体系，必须发展大学校长学所专有的理论方法和实践标准。一方面，作为一门独立学科，大学校长学在构建时需要借鉴其他学科的理论方法，主要包括一般学科的理论方法（包括自然科学学科、社会科学学科、人文科学学科的理论方法）、主要学科的理论方法（即教育学、管理学等一级学科的理论方法）以及交叉学科和新兴学科的理论方法，用以研究大学校长学的基本问题，提供扎实的理论支撑。但是，大学校长学一经成立后，便会拥有专属于自身的研究方法，这也是它区别于其他学科的标志之一。另一方面，大学校长学也具有特殊的实践标准，由于大学校长学的研究对象——大学校长工作是一个开放性的科学系统，在这个系统中，大学校长学在某一高等学校实施的实际效果会被检测与反馈，在这一过程中就需要制定出独立的实践标准加以评测与控制。

三、形成大学校长学的话语体系

大学校长学的构建，有利于进一步加快我国学术体系和学科体系的话语体系构建。原因在于它以中国特色为统领，既能够推动高等学校工作的理论创新成果的学理转化，即将中国特色社会主义理论体系、党的理论创新最新成果切实转化为各学科的学理，转化为各学科的方法论；又能够通过合作与交流，创新对外话语表达方式，着力打造易于为国际社会所理解和接受的概念、范畴、表述，从根本上提高大学工作相关学科话语的国际化水平，从而提升学术话语权和影响力。①

（一）形成大学校长学的问题话语体系

大学校长学是中国特色哲学社会科学的重要组成部分，它的构建立足于中国实践，致力于解决中国问题。要增强大学校长学相关理论的实践性与时效性，切实提高我国高等教育的国际竞争力与话语权。大学校长学胸怀天下、扎根中国，是中国学科体系现代化的重要理论成果之一，贡献了中国智慧。它是一门以研究中国大学校长这一特殊群体为研究对象，以其领导、管理、教学、科研以及组织等方面工作为研究内容，通过对相关工作的现象、发展趋势和运行机制进行深入研究，从而揭示大学校长在领导、管理、教学以及科研、组织等方面工作中的客观规律的学科，体现出了明显的问题意识与中国气派。

① 参见孟东方等:《中国发展学》，人民出版社 2021 年版，第 113 页。

（二）形成大学校长学的方法话语体系

大学校长学是一门以研究大学校长这一特殊群体为研究对象，以其发展大学为研究内容，通过对大学校长工作现象、大学发展趋势和大学治理运行机制等进行研究，从而揭示大学工作规律、大学校长成长规律、大学校长与大学工作互动规律及其科学工作方法论的一门学科。它特别强调方法的系统性与科学性，开启办学治学的智慧之门、治校兴校的睿见之窗。

（三）形成大学校长学的理念话语体系

理念话语体系是最深沉的话语体系，马克思主义哲学认为，理念是人们思想观念的主观表达，这种表达往往是习惯性的、不经意的。正如“理念一变天地宽”，理念的形成和改变会极大地影响人们的思维方式与行为方式，大学校长学内在要求形成自身的理念话语体系。大学校长学的理念话语体系既体现中国大学的办学理念、办学方向、办学宗旨，又诠释大学师生的共同理想、信念和追求，集中反映“坚持特色一流”基本原则，鲜亮镌刻中国大学的良好品牌，生动表征中国大学校长的良好形象。

第二章　大学校长学的科学性

人类文明的探索，人类社会的进步，本质上是认识科学、掌握科学与运用科学的过程，通过持续提升人的主观世界与客观世界相契合的程度，不断发现客观世界运行规律，人类对于科学的认知与把握，通过诸多门类的学科、学问予以呈现，而随着探索世界的节奏愈益加快、程度愈发加深，人类社会的学问门类不断增多，学科体系持续拓展。其中，人类对于教育，尤其是高等教育的探索是我们追求科学真理实践的重要构成，而大学校长作为社会高等教育发展进程中的重要部分，对大学校长问题认识的拓展与深化，进而形成研究、阐释大学校长问题本质规律的专门学问，本身便构成了人类探索教育科学的重要实践构成。

大学校长学的科学性，旨在从大学校长学作为一门专题研究大学校长问题本质规律系统学问的角度，论证其存在和发展的现实合理性。因此，大学校长学首先从衡量学科科学性的标准问题着手，提出学科学科化的六大标准问题。其次从学科体系建构的问题着手，立足“什么人能成为大学校长”“大学校长发展什么样的大学”“大学校长怎样发展大学”的整体逻辑，介绍大学校长学的整体逻辑架构。最后从大学校长学与科学根基紧密契合的角度，从构建思路、研究对象、理论体系、内在规律、研究方法和现实意义六个方面，探究大学校长学的科学根基问题。

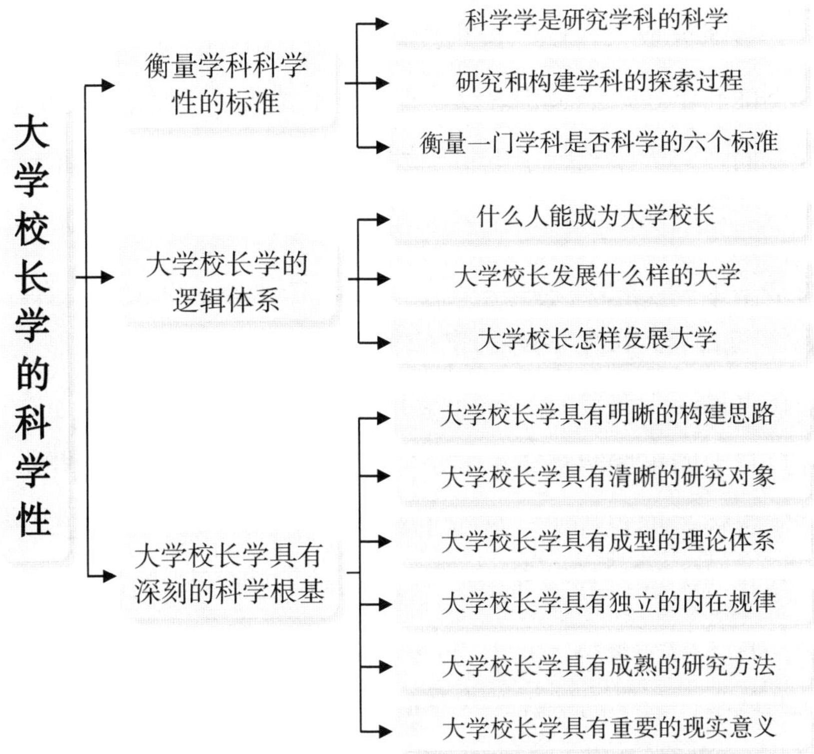

图 2–1　大学校长学的科学性结构

第一节　大学校长学研究概况

目前，大学校长以及与之相关的系列问题，对于大学办学治校和高等教育发展的重要价值，成为研究的“富矿”，形成了大量的学术研究成果。但是，目前学术界从学科建设的角度，对大学校长学科学性的直接研究成果还较少。

一、研究的现状

通过在中国知网进行相关主题检索，目前对于大学校长学科学性的直接研究成果，仅见孟东方在《大学校长学：新时代高等教育发展下的新学科》一文中，从产生的时代背景、理论体系及基本问题等方面，对大学校长学的科学性问题进行了探索性系统阐释。学界对于这一问题的研究，主要散现于对高等教育、大学治理等论题的研究之中。

（一）高等教育学研究中的探讨

在世界高等教育的发展进程中，大学校长以及相关问题始终是高等教育学的重要问题域。学者们在探究高等教育现象、规律，构建其学科体系的过程中，展现了对大学校长以及相关论题的思考。张楚廷在《高等教育学导论》一书中，论述了大学的起源与发展，高等教育学的基本范畴，大学的职能、功能和理念，大学的治理，大学的教学，大学的课程，大学的德育、美育和体育，大学机构的运行，大学行政管理，大学校长，大学改革等14个论题①，对大学校长在高等教育中的地位、作用等问题进行了探讨。龚放从专业化的角度，指出“现代大学已经呈现专业化，校长应该以‘治校为志业’”②，论证了大学校长的专业化发展问题。潘黎、姜海男在对近十年我国高等教育研究热点、热词的分析中，指出“大学文化、大学校长、大学理念、大学管理、学科专业与分类、社会捐赠对大学

① 张楚廷：《高等教育学导论》，人民出版社2010年版。

② 龚放：《以治校为志业：大学治理的新常态》，《高等教育研究》2015年第10期。

发展存在制约关系”①，进而从大学校长与大学发展的紧密关联中开展了研究。王建华指出“以大学校长为代表的一大批高等教育行政管理人员也是高等教育的实践研究者”②，认为大学校长本身是高等教育理论与实践辩证统一的关键结点，其科学性正蕴含于学科实践探索与理论发展的紧密结合之中。德国学者乌利希·泰希勒也表达了类似的观点，指出大学校长、大学的管理者是高等教育实践的重要反思者③。

（二）大学治理研究中的探讨

大学治理是通过有效治理结构的建立，基于科学的体制机制，汇集各方面资源以支撑大学办学治校良性运行的重要实践，大学校长在其中担负着关键角色。学者们在对大学治理问题的探究中，也对大学校长相关论题展开了一定的探讨。宣勇、钟伟军认为在我国大学治理现代化的进程中，“校长是中国特色大学治理结构中的核心行动者，其管理专业化水平在很大程度上决定着大学治理能力的现代化水平”④，并立足大学校长在大学治理结构中的核心地位，分析了大学校长管理专业化问题。张维迎立足大学利益的分析视角，认为在公立大学的利益结构中，出资人、教师、校长、院长、学生、校友以及所有纳税人等都是利益相关者，都与大学的

---

① 潘黎、姜海男：《近十年我国高等教育研究的热点领域与前言主题——基于三种高等教育学期刊的关键词共词分析》，《中国高等教育》2016年第22期。

② 王建华：《高等教育学的三重境界》，《江苏高教》2012年第6期。

③ 陈洪捷、施晓光、蒋凯：《国外高等教育学基本文献讲读》，北京大学出版社2014年版，第19页。

④ 宣勇、钟伟军：《论我国大学治理现代化进程中的校长管理专业化》，《高等教育研究》2014年第8期。

发展密切相关[①]。龚怡祖进一步指出，大学治理结构与"校长负责制"关系紧密，需要"通过有效的大学治理结构，使我国大学的本质功能、教育家精神和科学家创造力得到最大限度的释放"[②]。李立国在探讨大学治理主体向治理规则的转向问题中，认为"校长是学校的法定代表人，在学校党委领导下，贯彻党的教育方针，组织实施学校党委有关决议，行使高等教育法等规定的各项职权，全面负责教学、科研、行政管理工作"[③]，因此法律法规对高等学校治理主体的规定突破了行政权力与学术权力的分割与冲突。李福华、王颖、赵普光强调，在大学治理与大学管理的协同推进中，管理者队伍的专业化建设意义重大，认为"以校长为首的学校管理者把学校管理工作作为自己唯一的职业，集中精力搞好学校管理"[④]是校长专业化的发展方向。

（三）关于在大学工作中对大学校长学科学性的探讨

大学实际工作是大学校长办学治校的具体呈现，因此大学校长学的科学性深刻体现在大学实际工作的有效开展之中。目前，学者们在对大学具体工作的学术研究中，也对大学校长问题的科学性进行了一定程度的探讨。如孟东方在《大学生工作学探索》一书中，认为"大学生工作是一个系统"，要在坚持结构和层次性原则的基础上，确立"合"的理念，"无论是高等学校的党政工团，还是教师、

① 张维迎：《大学的逻辑》，北京大学出版社2004年版，第9页。

② 龚怡祖：《漫说大学治理结构》，《复旦教育论坛》2009年第3期。

③ 李立国：《大学治理：治理主体向治理规则的转向》，《江苏高教》2016年第1期。

④ 李福华、王颖、赵普光：《论大学治理与大学管理的协同推进》，《高等教育研究》2015年第4期。

干部、后勤人员都要思想一致、行动一致，努力做到认识、行动和效果都能‘合拍’”[①]，从而凸显出大学校长对于大学生工作的重要作用。孟东方在《大学工作学》一书中，对大学工作的主体进行了专门探讨，指出以校长为核心的大学管理者，是大学工作主体的关键构成，他们“在掌握高等教育发展形势、秉持现代大学理念、遵循高等教育发展规律、依法治校、在提升大学发展科学化水平中发挥重要作用”[②]；孟东方在《高校辅导员学》一书中，对高等学校辅导员工作成效评估的问题分析中，指出以大学校长为核心的领导团队，是高等学校内部评估主体的重要构成，是“帮助高校辅导员进行自我检查，进一步提高他们的综合素质，端正工作态度，改进教育内容和管理方式，进而提高高校教育质量”[③]的关键因素。还有学者聚焦大学文化建设工作，认为“深刻认识大学文化的科学内涵是当前正在深入进行的大学理念创新研究的一个重大理论问题正在引起高教界特别是大学校长、党委书记、专家学者和政府教育管理官员的广泛关注”[④]。有的学者则探讨了大学后勤建设问题，认为建设世界一流大学需要一流的后勤服务保障，大学校长在这一过程中肩负着重要的领导职责[⑤]。

---

① 孟东方：《大学生工作学探索》，西南师范大学出版社 1996 年版，第 402 页。

② 孟东方等：《大学工作学》，人民出版社 2016 年版，第 156 页。

③ 孟东方等：《高校辅导员学》，人民出版社 2019 年版，第 360 页。

④ 王翼生：《大学文化的科学内涵》，《高等教育研究》2005 年第 10 期。

⑤ 张凤昌、王艳：《建设世界一流大学需要一流的后勤服务保障》，《中国高等教育》2010 年第 23 期。

二、研究的评述

通过对当前学术界关于大学校长学科学性问题的研究现状的梳理，现总结如下。

（一）间接研究成果较多，但直接研究成果较少

大学校长及其问题是高等教育发展进程中的重要问题域，学者们对此进行了长期、深入的学术追问与理论探讨，积累起相对丰富的成果，为本课题的研究奠定了坚实的基础。但是，目前学界对于构建大学校长学的学术探讨成果仍然鲜见，对于大学校长及其相关问题作为一门学问、学科体系的科学性问题的探究，散见于学者们对于高等教育、大学治理、大学工作等相关问题的认识、分析过程之中，直接聚焦于大学校长学科学性的研究成果较少。

（二）理论应然研究成果较多，但基于长期办学治校实践的研究成果较少

在学术界现有的与大学校长学科学性问题相关的研究成果中，理论应然层面的研究成果占据较高比例。学者们基于对高等教育发展、大学办学治校的理论认知，对大学校长及其科学性的相关问题，开展了以理论推演为主，探讨其应然状态的学术追问。但是，大学办学治校实践的探索，对于论证和发展大学校长学科学性具有重要价值，而目前学术界立足大学办学治校实践，论证大学校长学科学性的研究成果仍然较少。

（三）微观分析较多，但系统阐释大学校长学科学性的成果较少

目前学术界对于大学校长学科学性的研究成果，散见于相关问

题的探讨，这也使得目前学术界的相关认识、分析呈现出较为显著的微观色彩，聚焦于从侧面、局部展开对于大学校长学科学性的论证。但是，对于一门学科的科学性的论证，应当是基于研究对象、思路、方法、理论、规律等多方面的综合、整体、系统论证。目前学术界对于大学校长学科学性问题进行宏观、系统论证的成果仍然较少。

三、研究的启示

通过对当前学术界研究成果的梳理、分析，基于对大学校长学科学性问题的研究总结，形成了对于大学校长科学性问题研究的启示如下。

（一）对于大学校长学科学性的直接研究刻不容缓

随着中华民族伟大复兴战略全局与世界百年未有之大变局相互交织、加速演进，建设教育强国，“建设中国特色、世界一流大学”的战略目标，更加凸显出大学校长在我国高等教育发展进程中的关键地位、重要功能与战略价值。同时，经过持续积累，学术界已经积淀起对于大学校长及其相关问题的丰富研究成果，为构建大学校长及其相关问题的学问、学科体系奠定了坚实根基。因此，从形势发展与理论积淀两个方面来看，构建专门的大学校长学，开展对于大学校长学科学性的专题研究已经刻不容缓。

（二）对于大学校长学科学性的研究应当充分立足办学治校的实践积累

鉴于目前学术界对于大学校长及其相关问题的研究主要基于理论推演与应然状态描摹的现实问题，本课题认为大学校长学的科学性的论证，应当充分展现出对于大学办学治校实践的观照，持续地将研究主体在大学办学治校实践过程中所形成的经验、做法等，深度融入理论研究。在理论与实践的相互印证中，完成对于大学校长学科学性的系统论证。

（三）对于大学校长学科学性的论证应当充分立足宏观、聚焦系统全面

课题组对于大学校长学科学性的论证，其主要目的在于实现对大学校长学研究的根本支撑，这就决定了对于大学校长学科学性的论证，不能简单停留于侧面、局部，必须立足宏观，对大学校长学的构建思路、研究对象、理论体系、内在规律、研究方法、现实意义等问题，进行整体、系统论证。

第二节　衡量学科科学性的标准

从学科演进而言，基于历史与现实的持续积累，构建大学校长学已经具备了深厚的学科根基，其在发展过程中已经形成了明确的学科标准、明晰的构建思路、清晰的研究对象、独立的内在规律以及成熟的研究方法。学科标准是判断学科构建、发展的重要指标，学科标准明确与否，直接决定了大学校长学能否以一门独立学科的姿态出现。

一、科学学是研究学科的科学

大学校长学具备作为科学学科的标准。对一门学科是否是科学的研究，是属于科学学研究的范畴。科学学家对 4000 门自然科学

进行研究后认为，一门学科是否科学要有三个条件：一是每门学科都有自己特定的研究对象，二是每门学科都是对不同物质层次的研究，三是每门学科都是对特定研究对象及其互相关系的研究①。因此，一门新学科是否能够成立，主要是看它是否具有科学性，而评判科学性的标准又是比对其有无具体的学科标准与条件。

二、研究和构建学科的探索过程

对于学科标准问题的研究，孟东方经过多年对学科建设研究的经验积累，逐步发展起一套科学完善的学科标准评判体系。这经历了一个从较少经验到较多经验、从较少成果到较多成果的动态发展的过程。长期以来，一直高度关注相关问题，积极致力于学科建构理论与实践的深入探索，并且取得了一些有影响力的研究成果。

孟东方自20世纪80年代初高等学校毕业起就开始马克思主义理论研究，从学科建设视角认识、研究、解读中国特色社会主义事业成为主要研究方向之一，随着对学科建设理论的认识和研究不断探索、深化和积累。在全国率先提出并构建了高等学校共青团工作学、大学生工作学、人生科学、大学工作学、重庆学、高校辅导员学、中国发展学、大学校长学等学科体系，填补了国内相关方面研究的空白。在20世纪80年代倡导建立高等学校共青团工作学，并在1990年9月由四川人民出版社出版了22万字独著——《高等学校共青团工作概览表》；在20世纪90年代倡导并建立了大学生工

① 参见徐纪敏：《科学学纲要》，湖南人民出版社1986年版，第20页。

作学的学科体系，并于1996年3月由西南师范大学出版社出版了38万字独著——《大学生工作学探索》。

孟东方在《大学生工作学探索》中认为，一门科学学科是否能够成立，需要满足以下四个方面的条件：第一，看有没有独立的或特有的研究对象；第二，看有没有完整的理论体系；第三，看有没有独特的研究规律；第四，看有没有成型的研究方法。形成了最初的“四要件”说。之所以有这种构建学科的标准，是基于在学科构建这一命题上进行了长期研究及实践，并不断持续深化。在1998年建立了人生科学理论体系，由重庆大学出版社出版了43万字专著《人生科学概论》；在2007年6月呼吁创建重庆学，于2019年出版35万字的《重庆学》。

2014年11月30日，孟东方的《创建中国发展学的初步思考》在《人民日报》理论版发表，得到了人民网、光明网、求是理论网、中国社会科学网、中国干部学习网、中央直属机关学习网、中国网、中国日报网、凤凰网、网易网、搜狐网、新浪网、人民论坛网、领导干部网和天津网等二十余家主流媒体的全文转载，并于2021年出版48万字的《中国发展学》。在书中，进一步优化了衡量一门科学学科是否能够成立的标准，在原有的基础上，增加了“有没有重大的现实意义”这一条件，进一步完善了对学科创建标准的认识，形成了后来的“五要素”说。这些成果的积淀为从整体上构建大学校长学奠定了基础、鼓舞了信心，也在对大学校长学的研究中进一步完善并深化了对科学学科标准评判体系的认识。

三、衡量一门学科是否科学的六个标准

学科是知识体系的系统化呈现，学科是探索的结果，也是一个动态化的形成过程。“第一，学科是一种基本范式，它由基本的学术准则和相对稳定的研究领域所决定；第二，学科是人为构建的结果，包括学科的知识构成、学科界线的划分、学科的认同和评估；第三，学科是动态生成的，学科要随时代的发展及时进行一定的调整，即拓展学术前沿并适应社会需要。”①

在构建学科过程中，构建思路对于学科科学性有重要影响。一门学科是否能够成立，主要有六个标准：有没有科学的构建思路；有没有明确的研究对象；有没有成型的理论体系；有没有独立的内在规律；有没有成熟的研究方法；有没有重要的现实意义。这是在“四要件”和“五要素”的基础上，更加完善的“六条件”说。从整体上看，大学校长学满足作为科学学科成立的这六个标准。

第三节　大学校长学的逻辑体系

完整系统的逻辑体系，是构建大学校长学的基本前提。课题组在对大学校长学的系统构建中，在剖解其科学性的基础之上，遵循“什么人能成为大学校长、大学校长发展什么样的大学、大学校长怎样发展大学”这一根本逻辑，搭建起大学校长学的研究体系。

① 胡仁东：《试论世界一流水平学科的生成机理》，《中国人民大学教育学刊》2013 年第 1 期。

一、什么人能成为大学校长

“什么人能成为大学校长”这一起始逻辑，主要聚焦于探究大学校长的主体素质问题，即基于大学校长的发展演进过程梳理，分析、探讨大学校长应当具有什么样的角色定位、综合能力、现实功能等问题。

（一）大学校长的发展

伴随着人类社会高等教育的发展历程，大学校长一路发展至今，在这一历史进程中，人们对于大学校长相关问题的认识持续积累、不断加深，逐渐形成以高等教育发展一般规律为根本引领，充分反映具体国别、历史文化实际情况的大学校长发展进程。对于大学校长学的研究，尤其是对于“什么人能成为大学校长”这一问题的追问，需要充分认识、把握大学校长的发展历程。因此，大学校长学首先聚焦大学校长的发展问题，以大学校长的发展论为主题，对中国大学校长与国外大学校长的发展史分别展开系统的梳理、分析，既整体描绘大学校长发展历程的图景，又细节刻画大学校长中国实践的特征形态，从而在中外大学校长发展历程的对比与把握中，明确大学校长发展的基本启示。

（二）大学校长的功能

大学校长的功能问题，是明确“什么人能成为大学校长”的重要支撑，特别是在当前我国高等教育由规模发展向质量发展转型的重要时期，形成对于大学校长的功能“何以具有”“何以形成”“何以体现”以及“何以发挥”等问题系统性研究和阐释，是大学校长学必须予以有效审视和回应的重要问题。因此，大学校长学对于大学校长功能问题的分析，主要从四个方面展开：第一，基于大学校长社会地位的形成、中国大学校长职能的完善以及大学校长工作职责的具体化，分析大学校长功能的生成依据。第二，基于党委领导下的校长负责制、大学章程等对于大学校长功能的规定，探讨大学章程规定下的大学校长功能。第三，从代表功能、规划功能、决策功能、组织功能、监督功能、保障功能六个方面着手，分析大学校长功能的主要体现。第四，聚焦实践层面，立足大学校长的引领作用、领导作用、管理作用、示范作用，以及“引领、领导、管理”与“示范”的辩证统一，分析大学校长功能的充分发挥。

（三）大学校长的角色

在发展现代大学的实践进程中，特别是建设中国特色世界一流大学的历史进程中，大学校长应当具备和体现什么样的角色素养，直接关系到大学办学治校的水平，更直接影响到我国建设教育强国的战略推进。因此，对大学校长的角色定位进行探讨，是大学校长学必须予以有效回应的问题，更是“什么人能成为大学校长”这一论题的重要构成。大学校长学聚焦于大学校长的角色论，从四个方面予以剖析：第一，立足坚定正确的政治方向、全面推进依法治校、对国之大者心中有数三个方面，探讨大学校长的“办学兴校政治家”的角色。第二，立足精神气质、专业品质、知识分子特质三个方面，探讨大学校长“办学兴校教育家”的角色。第三，立足抢抓发展机遇、建设高水平师资队伍、设计完善现代大学制度、有效利用教育资源四个方面，探讨大学校长“办学兴校实干家”的角色。第四，立足培育大学校长的开拓者意识、提高大学校长的开拓者修养、健全大学校长勇于开拓进取的制度体系三个方面，探讨大学校长“在发展中成为开拓者”的角色。

（四）大学校长的能力

综合能力是支撑大学校长实现办学治校各类具体目标的核心支撑。特别是在高等教育发展加快，我国高等教育既面临各方面风险挑战，又需要实现由规模发展向高质量发展转型的现实背景下，实践的需要对大学校长的综合能力提出了更高要求。因此，对于大学校长的能力问题的分析，是大学校长学的重要内容，更是理解“什么人能成为校长”的关键因素。因此，大学校长学从三个维度上，对大学校长能力论问题展开追问：第一，从大学校长强基固本能力维度出发，分析了大学校长的政治力、法治力和发展力。第二，从大学校长的关键运行能力出发，分析了大学校长的领导力、执行力、亲民力和创新力。第三，从大学校长的支撑保障能力出发，分析了大学校长的学习力、驾驭力和健康力。

二、大学校长发展什么样的大学

“发展什么样的大学”是大学校长学的逻辑展开，将研究视角聚焦于工作对象发展的应然状态，探讨大学校长的实践目的。大学校长学立足彰显中国特色、体现文化担当、培育国际视野、走好发展道路四个方面展开对这一问题的探究。

（一）彰显中国特色

扎根中国大地，建设中国特色、世界一流大学，是当代中国高等教育发展的基本逻辑。中国大学校长的所有办学治校的工作实践，均是围绕这一逻辑展开，旨在遵循世界高等教育发展一般规律的基础之上，充分认识、尊重中国高等教育发展的特殊性，彰显中国高等教育发展、中国大学建设的中国特色。大学校长学旨在充分明确中国的高等教育“何以独特”“有何独特”及“特色彰显”等问题：第一，从中国大学具有中国特色、中国大学发展历程、中国大学特色鲜明三个方面，探析中国大学的中国特色。第二，从突出彰显特色责任、全面彰显五大职能、在担当职能责任中实现特色发展三个方面，分析中国特色的大学职能责任。第三，从大学校长在大学特色发展中的担当、大学校长要建设有特色的大学、大学校长要引领大学实现特色发展三个方面，探讨大学校长引领中国大学特色发展。

（二）体现文化担当

大学是人类文化实践的结晶，同时在文化传承、创新和发展中扮演着重要角色。中国大学既是因中华优秀传统文化与中国革命、建设与改革交融而兴，更天然肩负有赓续中华文脉，培育践行社会主义核心价值观，引领社会主义先进文化的创新创造的重大使命。中国大学校长所要发展的大学，必须体现坚实的文化担当，践行“在新的起点上继续推动文化繁荣、建设文化强国、建设中华文明现代文明”[①] 的新时代新的文化使命。党的十八大以来，党和国家致力于建设具有中国特色、体现时代要求的大学文化，各类思想文化阵地建设和管理不断加强。大学校长学对于大学文化担当论的分析，主要从四个方面展开：第一，从大学文化概述、大学是培育社会主义先进文化的重要阵地、大学校长引领大学文化发展方向三个方面，探讨大学文化引领大学的发展方向问题。第二，从大学文化

① 《习近平在文化传承发展座谈会上强调　担负起新的文化使命　努力建设中华民族现代文明》，《人民日报》2023 年 6 月 3 日。

建设需要践行社会主义核心价值观、大学践行社会主义核心价值观的原则要求、大学校长推动社会主义核心价值观融入大学发展三个方面，探讨大学文化要践行社会主义核心价值观的问题。把社会主义核心价值观融入教育教学全过程。第三，从弘扬大学精神文化、完善大学制度文化、规范大学行为文化、建构大学物质文化、营造大学环境文化五个方面，探讨大学校长要健全大学文化体系的问题。第四，从大学文化软实力概述、大学文化软实力的作用、大学校长提升大学文化软实力三个方面，探讨大学校长要致力于提升文化软实力的问题。

（三）培育国际视野

高等教育既是人类文明发展的产物，更是推动人类文明向前迈进的关键一环。中国大学的发展既要立足中国，充分彰显中国高等教育发展的中国特色与中国风格，更要始终保持开放包容的姿态，以国际视野把握世界高等教育发展的新形势、新潮流，通过积极的对外交流合作，不断汲取国际经验，开展高水平人才联合培养和科学联合攻关。因此，具有全球视野、把握时代脉搏，成为大学校长办学治校的重要一环。大学校长学对大学国际视野论的探讨，主要从三个方面展开：第一，阐释大学国际视野的基础理论问题，从大学国际视野的理论概述、中西方大学国际化历程、大学国际化的价值三个方面进行分析。第二，树立大学国际化的主要内容，从大学发展理念战略的国际化、大学教师与学科的国际化、大学人才培养的国际化三个方面进行分析。第三，大学校长推动实现大学的国际化发展，从大学校长在党的领导下推动大学国际化、树立正确的国际办学理念、推动大学国际化发展的原则要求、推动构建大学国际化办学的新格局四个方面展开论述。换言之，大学肩负着国际交流合作的重要使命，大学校长要努力成为世界高等教育改革发展的参与者和推动者。

（四）走好发展道路

习近平总书记强调："方向决定道路，道路决定命运。"① 走好发展道路既是中国高等教育发展的客观要求，也是大学办学治校的理想状态，更是大学校长发展大学必须坚持的路径选择。大学校长在办学治校的过程中，需要始终保证大学的发展沿着科学的道路前进，因此走好发展道路构成了大学发展的题中之义。大学校长学对于大学走好发展道路的阐释，主要从三个方面展开：第一，立足科学发展之路、内涵发展之路、创新发展之路三个方面，对大学发展道路进行概述。第二，聚焦价值维度，分别展开对于走科学发展之路、走内涵发展之路、走创新发展之路的意义阐释。第三，定位实践维度，分别论析大学校长引导大学走好科学发展之路、走好内涵发展之路、走好创新发展之路的实践策略。要充分激发大学争创一流、办出特色的动力与活力。

三、大学校长怎样发展大学

"怎样发展大学"是大学校长学的逻辑落脚点，旨在深入分析大学校长在实践层面如何推动大学发展，实现大学各类资源的整合与运转，完成大学内部治理与外部治理的协调共进，应对大学系统运行过程中的各类问题等。大学校长学对于"大学校长怎样发展大

① 习近平：《在庆祝中国共产党成立95周年大会上的讲话》，人民出版社2016年版，第12页。

学”的回应，主要从以下八个方面展开。

（一）落实立德树人根本任务

大学立身之本在于立德树人。立德树人是大学的根本任务。为党育人、为国育才，培养德智体美劳全面发展的社会主义事业建设者和接班人，是大学各项工作的核心，其他各方面工作都必须围绕立德树人这一根本任务展开。因此，大学校长办学治校、发展大学，根本上也是服从服务于立德树人这一根本任务。所以，从实践层面探讨大学校长怎样发展大学这一问题，需要首先聚焦立德树人，探讨大学的立德树人论。大学校长学主要从四个方面展开探讨：第一，从高等教育根本任务之“立德”、高等教育根本目的之“树人”，坚持以学生为中心，办人民满意的大学三个方面，分析对教育初心和使命的坚守问题。第二，从坚持党对大学教育的全面领导、坚持社会主义高等教育的办学方向、坚持始终扎根中国大地办高等教育三个方面，分析全面落实党的教育方针问题。第三，从坚持以本为本，深化教育教学内涵提升；深化教学教育改革，推动质量标准提档升级；注重发展，构建现代化高质量大学教育教学体系三个方面，分析狠抓大学教育教学问题。第四，从立德树人机制的主要内容、立德树人机制的主要特征、大学校长推动立德树人机制不断运行优化三个方面，分析大学校长着力完善立德树人机制问题。

（二）涵养大学共有精神家园

大学既是社会精神文化资源的重要集聚地，更是精神文化产品的关键生产地，其在社会精神文化生产中的中转枢纽地位，使得对于大学精神文化涵育的水平提出了更高要求。尤其是在社会精神文化生活极为丰富的当下，思想文化多元多样、社会思潮风起云涌，如何更好地涵养大学精神家园，持续提升大学精神文化发展水平与质量，成为大学发展过程中的重要现实课题，也成为大学校长必须予以有效应对的重要问题。要形成推动社会进步、引领文明进程、各具特色的一流大学精神，把大学建设成为精神文明建设示范区和辐射源。大学校长学对大学精神家园论的探讨，主要从四个方面展开：第一，从大学办学理念的内涵、价值特征作用、新时代大学校长传承弘扬大学理念三个部分，探讨大学校长要坚持大学办学理念的问题。第二，从“立体式大思政”工作格局概述、框架设计、大学校长推动构建“立体式大思政”工作格局三个部分，探讨大学校长要构建“立体式大思政”工作格局的问题。第三，从“各美其美，美人之美，美美与共”的内涵、大学校园和谐文化氛围的特点与价值、构建“各美其美，美人之美，美美与共”氛围的措施三个部分，探讨大学校长要构建“各美其美，美人之美，美美与共”氛围的问题。第四，从弘扬“学气”、保持“静气”、锤炼“勇气”、涵养“大气”四个部分，探讨大学校长要涵养师生的“学气”“静气”“勇气”“大气”的问题。

（三）塑造凝聚大学主体力量

大学肩负着人才培养、科学研究、社会服务、文化传承创新、国际交流合作的重要使命，这也决定了大学是高素质、高技能人才的集聚地，且存在于大学空间场域中的各方面主体力量，如教师、学生、管理人员等，均肩负以自身的相关实践支撑、推进大学发展的重要责任。要形成教书育人、实践育人、科研育人、管理育人、服务育人长效机制。在这一过程中，大学校长作为大学各方面主体力量的关键组织者与引领者，需要在充分把握大学主体力量内涵、构成、关联的基础上，推动大学主体力量的有效凝聚。因此，大学校长学从四个方面展开大学主体力量论的探讨：第一，立足大学主体力量是支撑大学内部治理多方面力量的总和、大学主体力量之间存在着复杂的内在关联、大学主体力量的发挥是一个系统工程，探讨大学主体力量的理论内涵。第二，立足大学生、大学教师、大学管理者，探讨大学主体力量的基本构成。第三，立足“同群协作”关系、“多向互动”关系、“三元同构”关系，探讨大学主体力量的内在关联。第四，立足思想统一“凝聚”主体力量、发展完善“优化”主体力量、制度建设“激发”主体力量，探讨大学校长发挥主体力量的路径。

（四）构筑大学关键内涵支撑

当前，我国高等教育正在经历由规模效应向质量支撑效应的转型，这是国家经济社会发展的现实必然，同时也是高等教育发展的基本规律，使得内涵式发展成为我国高等教育的前进方向，同时也推动了对于“以什么来支撑大学内涵式发展”这一先决问题的思考与回应。同时，作为大学办学治校的关键引领，大学校长对于“以什么来支撑大学内涵式发展”问题的解答，将在很大程度上影响大学的发展方向、模式等问题。大学校长学对于此问题的探讨，主要从六个方面展开：第一，从大学内涵支撑的概念、特征及其重要性着手，对大学内涵支撑展开概述。第二，从学科、人才、科研三者联动的概念、辩证关系及其重要性着手，探讨大学的内涵支撑要求学科、人才、科研三者联动的问题。第三，从学科建设的角度探讨其对于大学的内涵支撑问题。第四，从人才培引的角度探讨其对于大学的内涵支撑问题。第五，从标志性科研成果群打造的角度探讨其对于大学的内涵支撑问题。第六，从具体实践的角度，探讨大学校长在大学的内涵支撑中的角色、大学校长引领学科建设、高端人才培引以及打造标志性科研成果群等问题。

（五）提高大学内部治理水平

内部治理是大学发展的关键支撑，大学发展的过程本质上也是大学持续规范内部运行机制与治理体系，不断提升大学的现代化发展水平的过程。同时，在大学内部治理与外部治理两者的辩证统一中，大学内部治理具有根本性，是决定大学办学治校水平的内在动因。因此，提高大学内部治理水平，是现代大学发展的应有之义，更是大学校长工作开展的重要内容。党的十八大以来，中国特色的大学治理创造了许多成功做法，积累了许多宝贵经验。大学校长学对于大学治理保障论的探讨，主要从三个方面展开：第一，探究依法治校是高等学校高质量发展的基本遵循问题，从依法治校是高等学校高质量发展的必然选择、高等学校依法治校的关键环节、高等学校依法治校的贯彻落实三个方面展开。第二，分析以现代化大学制度和治理体系推动治理保障工作问题，从现代化大学制度和治理体系的构建与完善、以现代化大学治理运行机制提供大学治理保障、大学校长推动大学治理保障工作的现代化。第三，聚焦构建现代化大学治理保障工作机制链的问题，从大学治理保障工作机制链概述、构建大学治理保障工作机制链的总体思路、大学校长要推动构建大学治理保障工作机制链三个方面展开。

（六）完善大学功能配套条件

大学的发展既需要思想文化层面的丰富、提升，同时也需要根据时代环境的发展变化，不断发展完善硬件基础，优化大学各方面的功能配套条件，从而在物质层面，为大学的发展提供符合时代要求，体现时代特色的硬件基础。因此，作为大学行政工作的组织者、领导人，大学校长在完善大学功能配套条件这一项工作中扮演着重要角色。大学校长学对于大学校园条件论的探讨，主要从三个方面展开：第一，从大学校园建设的范畴、重要性和作用三个方面，对大学校园条件问题进行概论。第二，对大学校园建设的原则、内容两个方面进行分析。第三，就大学校长在大学校园建设中的角色、引领大学校园建设的原则以及方法等问题进行探究。

（七）激发大学发展进步合力

大学的发展进步，是存在于大学空间场域内多种资源、力量相互汇聚、辩证联系、共同运动发展的结果，由此可见，多种力量资源共存在大学之内，其伴随着大学的发展而发展，形成了事实上的基于大学办学治校框架之上的共同体状态。因此，对于大学发展进步合力的探讨，本质上也就是对于大学共同体构建的探讨，能够打造好现代大学发展进程中的共同体，成为大学校长的重要工作。大学校长学对于大学共同体构建论的分析，主要从四个方面展开：第一，基于学习、教师、学术与大学发展共同体，探讨大学共同体的内涵。第二，基于对学习共同体、教师共同体、学术共同体、大学发展共同体的特征分析，探讨大学共同体的特征问题。第三，基于对学习共同体、教师共同体、学术共同体、大学发展共同体的作用认识，探讨大学共同体的作用。第四，探讨大学校长对于大学共同体的实践构建问题。

（八）彰显大学办学治校成效

成效是工作或者事业发展所获得的预期效果。大学办学治校的成效，既是大学发展状态、水平、质量等问题的直观呈现，更是评价大学校长工作开展情况的最根本标准。大学办学治校成效的彰显，需要依托于评价实践的有效开展，因此大学校长学对于大学发展成效论的探讨，主要从三个方面展开：第一，基于本科教学评价、学科建设评价、高端人才评价、科学研究评价，以及国外大学评价，探讨政府主导的大学评价问题。第二，基于国外大学社会评价的发展与体系、我国大学社会评价的发展与体系，探讨第三方机构主导的社会评价问题。第三，基于大学"名生""名师""名气"概述、打造"名生""名师""名气"的价值、大学"名生""名师""名气"的辩证关系、大学校长努力打造大学的"名生""名师""名气"，探讨大学校长以"三名"为标志提高大学的声誉性综合评价问题。总之，大学校长要致力于汇聚优质资源，培养一流人才，产出一流成果。

第四节　大学校长学具有深刻的科学根基

大学校长学的科学性，深刻体现在其具有明晰的构建思路、清晰的研究对象、成型的理论体系、独立的内在规律、成熟的研究方法和重要的现实意义，体现出深刻的整体性、系统性。

一、大学校长学具有明晰的构建思路

大学校长学是一门以马克思主义理论为指导、以系统科学方法

为遵循、以务求实效理念为关键、以开放发展观念为活力、以质量结合研究为依托的学科。

（一）大学校长学以马克思主义理论为指导

大学校长学是以马克思主义为指导思想，综合运用现代科学理论、学科知识，通过对当今中国大学校长工作现实问题各个方面的系统研究，试图揭示其中基本发展规律的学科。它鲜明凸显出马克思主义的真理性，毛泽东思想、邓小平理论、“三个代表”重要思想、科学发展观特别是习近平新时代中国特色社会主义思想的指导性，中国特色社会主义发展的实践性、创新性。它将伴随着中国式现代化事业的探索与发展而不断丰富、发展和完善。因此，大学校长学要在马克思主义特别是习近平新时代中国特色社会主义思想的引领下，构建中国特色大学校长学的学科体系、学术体系与话语体系。

（二）大学校长学以系统科学方法为遵循

一方面，在坚持马克思主义基本原理与中国特色社会主义理论体系为大学校长学理论根基这一基本前提下，还需要遵循系统科学方法建构大学校长学，即坚持以系统科学的理论审视大学校长学的体系，以系统科学的方法拓展大学校长学的研究，以系统科学的视野丰富大学校长学的内涵，将系统科学作为最基本的方法论指引大学校长学的构建。系统科学要求把研究对象作为一个有机整体来加以考察，系统的性质包括整体性、目的性、关联性、层次性和动态性等。以系统科学为基础的方法论，旨在从全局出发，研究某一系统的各个组成部分的相互联系，综合考虑各种因素，寻求最优方案、策略和方法，以达到最佳的效果。简言之，系统科学是以系统思想为中心、综合多门学科内容而形成的一个新的综合性科学门类，特别有助于推动课题组对大学校长工作系统的研究，成为重要学理支撑。

另一方面，科学性构建必须遵循规律，建构由自己的概念、范畴、命题、规律等构成的一套严谨的学理。系统性构建就要求对已有的关于大学校长的专门知识进行创造性转化和创新性管理，使之系统化、体系化、学科化。需以理性的学科形态，多方位地反映大学校长学的全貌。

（三）大学校长学以务求实效理念为关键

大学校长工作大到发展的全局问题，小到一项具体的工作，都要讲究工作方法和工作原则。只有树立科学的工作方法和工作原则，实事求是、务求实效，才能把发展的工作落到实处。大学校长工作就是一项特别追求务实的工作。大学校长作为学校的法定代表人，在学校党委领导下，贯彻党的教育方针，组织实施学校党委有关决议，行使高等教育法等规定的各项职权，全面负责教学、科研、行政管理工作，其涉及：系统地规划学校，特别是学校的办学目标及其实现目标的主要途径；形成并完善学习型组织，以促进教师的专业成长；合理配置学校资源，以保证一个安全和有效率的教育环境；建立起学校、家庭和社会之间的合作关系，改善学校外部环境；采取必要的措施，提高教学质量，以促进人才培养。

因此，一方面，大学校长学是对实践经验的概括和理论的升华，对大学工作中的学科资源要有效吸收；另一方面，大学校长学的建立健全，要体现问题导向，预期目标、实际运用、探索创新等都要抓实。

（四）大学校长学以开放发展观念为活力

一所大学发展的重要动力来自其开放度，正如“大学的开放是多方位的，其中教学内容，自身使命与教育对象的开放比较外显。而推动这种开放发展的动力机制则有文化因素的改变，利益因素的驱动与制度因素的变化。”[①] 开放发展是中国特色社会主义理论的重要品格之一，更是中国特色社会主义发展理论学科体系的内在属性。时代是思想之母，实践是理论之源。特别是在新时代进行伟大斗争、建设伟大工程、推进伟大事业、实现伟大梦想的前行中，新的理论创新和实践创新将不断展现，应在坚持马克思主义的立场观点方法的基础上，为建构中国自主的知识体系添砖加瓦。大学校长学作为建构中国自主的知识体系的新探索，也是一门科学的新式综合学科，以开放发展作为学科发展的内在活力。具体来说，当代中国的大学校长学，是随着时代发展而不断发展的开放的理论体系，它的形成直接得益于中国特色社会主义高等教育事业的繁荣发展和大学校长群体的工作进步。同时，大学校长学也是在观照世界大学演进趋势、借鉴国外有益经验的基础上不断发展的。因此，建构大学校长学，应坚持开放视域，促进文明交流。

（五）大学校长学以质量结合研究为依托

大学校长学要以质量结合研究为依托。大学校长学的重要目标是优化大学校长工作水平，提升大学校长工作效率，但是这种提升更注重“质”和“量”的各维度全面提升，是实现大学校长工作方法的飞跃。任何事物都同时具有质和量两个方面，是质和量的统一

① 李爱良：《大学开放发展的历史，动力与未来》，《湖南师范大学教育科学学报》2020 年第 3 期。

体，大学校长学需要从这两个维度出发全面提升大学校长工作水平和质量。

一方面，从“质”的角度来看，构建大学校长学，目的是在根本程度上改变理论界对于该领域缺失的现状，并且解决包括如何在新形势下加强和创新大学领导和管理工作、促进大学的跨越式发展和内涵式建设等方面的问题，实现“从无到有”质的飞跃。

另一方面，从“量”的角度来看，构建大学校长学，目的在于优化现有的一些工作方法与理论体系，例如大学校长群体在领导、管理、教学以及科研、组织等方面工作效率提升等问题，实现“从有到多”的增加。因此，构建大学校长学必须坚持质量结合的原则，要以质性和量化研究结合为依托。建构大学校长学，要重视质性研究和量化研究的整合。要充分运用量化测度工具，构建主观和客观评估指标体系及测评体系，实现科学评价，使论证更加立体化和可视化，提升结论的可信度。

二、大学校长学具有清晰的研究对象

大学校长学作为一门新兴学科，具有区别于其他学科的独立研究对象。从狭义上看，大学校长学的研究对象就是中国大学校长工作问题，具体来说，就是聚焦以全面建设社会主义教育强国为目标的高等学校发展背景下的大学校长工作问题。这一问题需要以大学校长这一特定群体为研究对象、以大学校长工作现象与规律为研究对象、以大学校长工作平台与环境为研究对象。对于研究对象的选择，也是孟东方在长期研究的经验积累中逐步确定起来的，其始终致力于大学工作理论与实践科学化这一课题的深入研究，并且取得了有一定质量的优秀成果。

孟东方在1996年、2016年和2019年分别出版了《大学生工作学探索》、《大学工作学》以及《高校辅导员学》三本著作，这三本著作都以高等教育工作为研究对象，分别以“大学生工作”“大学工作”“辅导员工作”为研究对象，构成了研究高等教育事业发展的要件。但是，孟东方并不满足于这种现状，在此基础上，立足于高等教育事业发展的实际，狠抓创新点，紧紧瞄准优化大学校长工作这一新时代中国高等学校发展之所需，进一步构建了大学校长学这一门综合学科，而创立这门学科，既是对中国高等教育发展规律的认识深化，更是我创立大学生工作学、大学工作学以及大学校长学，以无限的教育情怀推动构建“大学三学”的现实必然。

（一）大学校长学以大学校长这一特定群体为研究对象

大学校长学以大学校长这一特定群体为研究对象主体。从狭义来看，大学校长学的研究对象就是大学校长这一群体。大学校长这一概念可分为广义的、狭义的和特指的概念，广义上的大学校长指大学行政领导班子成员，包括校长与副校长；狭义上的大学校长则指一所大学的校长本人；特指是指在岗的大学校长。

（二）大学校长学以大学校长工作现象与规律为研究对象

大学校长学以大学校长工作现象与规律为研究对象内容。大学校长学研究对象的内容是大学校长这一群体所面临的大学工作现象及其办学兴校与大学发展互动的规律性等，主要包括大学领导现象、大学工作现象、大学校长与大学工作互动现象以及其规律性等。

（三）大学校长学以大学校长工作平台与环境为研究对象

大学校长学以大学校长工作平台与环境为研究对象客体。具体来看，大学校长学的研究对象的客体就是大学这一平台。在推进中国特色社会主义现代化尤其是教育强国进程中，要充分发挥大学人才荟萃、学科齐全、思想活跃、基础雄厚的优势。大学不仅是高层次人才的培养皿，也是文化成果的创造平台，还是提升国家文化软实力、维护国家文化安全的桥头堡，其发展承载着中华民族伟大复兴的光荣梦想。大学校长作为代表一所学校的领军者，是这所大学文化底蕴和历史沿革的旗帜与符号。因此，构建大学校长学这一专门研究大学校长工作成效的学科，必须关注大学这一校长工作所在地的环境与条件。

三、大学校长学具有成型的理论体系

从学科理论建构的视角来看，大学校长学是以马克思主义为指导思想，运用现代科学理论、学科知识，通过对大学校长这一群体从事大学工作特别是建设大学、发展大学全过程各方面的系统研究，揭示出相关工作中客观存在的基本规律的学科。它从理论、现实与实践上科学系统地回答了在中国特色社会主义高等教育发展道路上“什么人能成为大学校长、大学校长发展什么样的大学、大学校长怎样发展大学”这个根本问题。它的理论品质凸显了中国特色、拓展了国际视野、提升了高等学校工作的质量效益。

（一）大学校长学具有中国特色论意蕴

大学校长学具有鲜明的中国特色论意蕴。大学校长学是以马克思主义为指导思想，综合运用现代科学理论与学科知识，尤其是系统科学的相关理论知识，通过对当代大学校长工作优化问题进行各个层次的全面系统翔实研究，揭示出相关其中客观存在的基本规律的学科。它从理论上系统回答了“什么人能成为大学校长、大学校长发展什么样的大学、大学校长怎样发展大学”这一重大时代，具有成型的理论体系，其中最重要的是具有鲜明的中国特色意蕴。它涵盖宽广的研究领域，是通过运用马克思主义理论对中国高等学校理论与实践学科体系研究内容的不断深化和完善，属于建构中国自主的知识体系的新探索，为促进教育强国建设、中国高等教育事业的科学发展提供理论支撑。具体来说，构建大学校长学，彰显了中国特色社会主义理论自信、理论自强和理论自觉。

第一，大学校长学的构建彰显了中国特色社会主义理论自信，它主要有以下五大特点：一是从中国高等教育事业发展问题，尤其是大学校长队伍工作优化问题，出发研究相关现象，探讨发展规律，以规律切入实际解决问题，由此构建深入浅出的理论体系。二是运用系统科学的思维和目标管理的方法，使整体性研究和重点性研究相结合，由此出发，深化点面兼顾的理论构建。三是将学科构建与实证研究、应用研究统一起来，解决问题。四是要追求包括理论建设、学科建设、平台建设、团队建设联动发展。五是要综合强化理论创新、强化成果转化、强化经验推广、强化人才培养、强化社会影响。

第二，大学校长学的构建彰显了中国特色社会主义理论自强，党的十九届五中全会通过的《中共中央关于制定国民经济和社会发展第十四个五年规划和二〇三五年远景目标的建议》指出，要“激发人才创新活力。贯彻尊重劳动、尊重知识、尊重人才、尊重创造方针，深化人才发展体制机制改革，全方位培养、引进、用好人才。”① 加强大学校长学这一新式综合学科的理论建设，必然推动着人才的培养和人才发展体制机制的优化。一是构建大学校长学有利于优化创新型研究人才的培养。构建大学校长学一大目标是培养新兴高效管理人才，也就是优化校长队伍建设，这就需要以学科建设为导向，创新服务于经济社会科学发展的人才培养方式和方法。二是构建大学校长学有助于中国人才发展体制机制的优化。通过对大学校长成员结构的优化组合，对科研工作的有效组织与管理，培养良好的学术研究风气，以及充分发挥学科带头人的学术引领和指导作用等举措的实施，必将有利于形成结构合理、学风优良、研究力强、各有所专又相互协作的服务于经济社会科学发展的高层次人才发展体制机制。三是构建大学校长学的长期发展更在于推动新时代中国特色社会主义事业的发展，培养现代化建设急需的人才。这一新兴学科的成型及理论建设，必然密切适应经济社会发展需要。

第三，大学校长学的构建彰显了中国特色社会主义理论自觉，从大学校长学的内容来看，它以大学校长发展大学为研究内容，以大学校长工作现象、大学发展趋势和大学治理运行机制、大学工作规律、大学校长成长规律、大学校长与大学工作互动规律等为研究内容，研究如何形成最佳的工作班子、最妥的工作方法、最优的工作效率、最好的工作成果的一门学科，是一个结构严密层次分明的

① 《中共中央关于制定国民经济和社会发展第十四个五年规划和二〇三五年远景目标的建议辅导读本》，人民出版社2020年版，第50页。

理论系统。认识和拓展这样一个理论系统依然需要把握其研究对象的开放性等基本特征。从时间发展角度来看，大学校长工作的以上主要内容将随着时间的推移、实践的推动，其中各项目标、举措、方法、艺术等都将被不断赋予新的含义和新的要求。特别是在构建新发展格局的背景之下，它的构建会使我国高等教育发展这一系统将不断充实新的元素。这就要求人们应当树立开放性思维理念，以开放性思维方式来指导和研究大学校长群体发展活动，进一步加大改革开放的力度，不断深化与推进建设一批世界一流大学和世界一流学科的进程。因此，大学校长学理论体系的构建，一定要适应新时代高等教育事业发展的要求。这一点是中国特色社会主义理论自觉的生动体现。

（二）大学校长学具有国际视野论导向

大学校长学坚持胸怀天下。在政治多样化日益凸显的今天，高等教育国际化进程加速，随着文化多样性的进一步发展，一个国家的大学竞争力日益成为评判一国综合国力强弱的重要指标。随着经济全球化的不断深入，世界产业结构调整进一步加速，当今世界高精尖人才已经成为各国争夺的第一资源，人才的全球化流动进一步加快，我国作为发展中大国，迫切需要补充大量高层次人才来完成现代化产业结构转型升级，突破关键技术、实现自主研发，从而保持经济的高质量发展与提升国家核心竞争力，为建设社会主义现代化强国目标而服务，大学则是培养高层次国家人才的摇篮，具有非常重要的地位。综上所述，大学发展必须要迈向国际化，而大学校长群体在这一进程中扮演的是领军者的角色，他们的理念和决策会影响到一所大学的国际视野是否宽广，因此构建大学校长学必须要有明确的国际视野导向。

一方面，中国特色社会主义大学要坚持扎根中国、以我为主，并不代表关门办学，而是要加强教育的对外开放，融通中外，“提升外向型国际化发展水平”。[①] 既要聚焦学术前沿，又要奋起直追、迎头赶上。大学校长要推动大学更好面向国际最前沿，聚焦前瞻性的科学研究，发挥其在基础研究和学科交叉领域的天然优势。更要推动大学科学发展。大学校长要运用战略思维与方法，紧紧围绕高质量发展这一导向，谋划发展规划，并辅之以科学化执行措施为支撑，构建科学合理的大学发展格局，实现大学规划、建设与发展的良性互动和协调推进。还要全面提升大学核心竞争力。大学校长运用科学的领导方式与方法，正确处理自立自强与对外开放的关系，抓住机遇提升办学实力，进而为大学的发展壮大增添动力。

另一方面，中国特色社会主义大学要创造和用好有利的国际软环境、硬环境和活环境，统筹用好国内外两种资源。大学校长要有全球视野与格局，以更加开放的态度融入世界，领导大学走出去，让大学在广泛合作与深度交流中借鉴先进理念与经验，不断创新办学新模式，切实提升自身在国内外的教育知名度和影响力。要构建更加开放的国际人才、科研、科技等交流合作平台，尤其注重国际前沿和薄弱学科的建设与发展。要面向世界、勇于进取，为创造人类文明新形态作出应有贡献。

（三）大学校长学具有发展道路论目标

大学校长学具有强烈的发展道路要求。大学校长学既是一门具

① 李梅：《全球化新变局与高等教育国际化的中国道路》，《北京大学教育评论》2021 年第 1 期。

有创新性的学科，也是一个运行精密的科学体系，它从大学校长主体、大学校长工作内容以及大学校长工作的环境三方面展开论述，目标是要形成科学高效的大学校长工作理论体系以及与之配套的实践评价、控制、反馈标准。因此，对大学校长学所要形成的相关理论成果与实践指南，都要有非常严格的质量控制。构建大学校长学，必须坚持走科学发展和高质量发展之路、内涵发展之路、创新发展之路。

第一，走科学发展和高质量发展之路。发展应该是科学发展和高质量发展。① 中国特色社会主义大学科学发展的精髓要义是发展，核心是以师生为本。应结合大学发展实际，科学制定战略发展规划。高质量发展是在过往发展基础上的新超越。② 大学校长要始终遵循实事求是原则，制定符合大学发展实际的建设标准，扎实提高大学的硬质量和大学的软质量。大学硬质量是指在大学工作中看得见并且可以通过完善的质量标准进行判断的质量水平，如大学教学工作质量水平、大学科研工作质量水平、大学管理工作质量水平等等，是大学软质量的有形载体。大学软质量是指在大学工作中体现出来的质量意识、质量文化、质量精神，是大学硬质量的无形延伸，也是大学硬质量的集中体现。

第二，走内涵发展之路。要转变教育理念，紧紧围绕战略目标，以综合改革为抓手，走内涵式发展道路，在新的历史方位与起点上实现跨越式发展。一是锚定产出效益这个发展取向。要推动大

---

① 《习近平著作选读》第二卷，人民出版社 2023 年版，第 227 页。

② 刘国瑞：《新发展格局与高等教育高质量发展》，《清华大学教育研究》2021 年第 1 期。

学对社会、国家、民族、世界发展作出积极贡献。二是把握人才培养这个根本。深入推进大学人才培养质量评价体制机制，探索构建以能力建设为中心的人才培养制度，将能力建设贯穿于大学人才培养始终。要源源不断培养大批德才兼备的优秀人才。三是优化学科结构这个重要内容。注重扬长补短和展优相结合，做大做强优势学科，做精做优特色专业等。要扬长补短，整合弱势专业或学科，形成结构相对合理、优势较为突出、专业特色鲜明的学科体系。四是加强人才队伍这个关键。人才建设方面，更加注重本土培养，适当引才、理性引才。五是激活软实力建设这个内在动力。

第三，走创新发展之路。没有创新就没有提升，没有创新就缺乏根本的活力。中国特色社会主义大学要发展应顺应创新之势，依靠创新驱动。要勇于创新、敢于超越、力争一流。大学校长要不断解放思想，开动脑筋，激发创新。要让创新精神成为办学兴校的不竭动力。要坚持创新思维，创造性破解问题、化解矛盾，最大限度调动各方的积极性与创造性。要牢牢抓住创新这一根本动力，全面推进大学的理论创新、科技创新、制度创新、实践创新和文化创新。

四、大学校长学具有独立的内在规律

大学校长学具有独立于其他学科的内在规律。大学校长学既是研究大学校长在工作之中成才的规律的学科，又是研究大学校长领导大学工作本身的发展规律的学科，更是研究大学校长与大学工作互动的成效规律的学科。要以习近平新时代中国特色社会主义思想为指导，深入落实习近平总书记关于教育的重要论述和全国教育大会、中央人才工作会议、全国研究生教育会议精神，立足中华民族伟大复兴战略全局和世界百年未有之大变局，立足新发展阶段、贯彻新发展理念、服务构建新发展格局，全面贯彻党的教育方针，落实立德树人根本任务，不断深化对高等教育、大学校长工作的认识，不断将成功经验上升为学科理论。要深化规律性认识，从宏观角度思考大学校长工作系统与模式，做好顶层设计与系统思考和目标管理。要科学遵循和运用大学校长学的内在规律，实现大学校长这一特殊群体在相关工作中整合与协调各方面的具体目标，克服工作过程中的障碍，协调各种体制机制，要实现大学领导系统、大学工作系统的有效运行，从优化角度上去推进大学工作、大学建设的发展和进步。

（一）研究大学校长在工作中成才的规律

研究大学校长在工作中成才的规律。大学校长工作是对人的工作，大学校长工作学是关于人的科学。大学校长工作对象的规律，是从大学校长工作出发的关于大学校长本身的发展和成才的规律。人的活动是由主体、手段、目的和环境所构成的，前三个构成要素是人的活动系统，并与环境相互作用。大学校长群体通过工作输出自己创造的信息和能量，不断地改造着环境，从而有针对性的满足人的需要、社会发展需要以及党和国家发展需要。

第一，合理的素质结构和知识的不断积累更新是大学校长成功的基础。其包括较高的思想道德素质、科学文化素质、业务能力素质、身心健康素质，以及一定程度的知识积累和信息运用水平。

第二，善于选择目标是大学校长成长的动力。一个好的大学引领者往往有着正确的成长目标。而这种目标都符合现代社会发展以及大学改革的需要；能够将自己的价值观与实际工作相结合，协调好自我发展与工作的关系；可以在实际工作中找到突破口来解决问题；能够根据自我实际情况，取长补短。大学引领者要能将近期目标与长远目标相结合，自我目标与集体目标相联系，不断成长。

第三，变革观念和思维方式是大学校长成长的先导。大学引领者的管理行为是否理性、合适和高效，首先取决于管理干部的观念和思维。大学引领者在思维方式上，要树立立体思维、开放性思维、动态思维和定性定量相结合的思维。

（二）研究大学校长引领大学工作本身的发展规律

大学校长引领工作发展规律，就是在大学工作内在构成要素配置和组合作用的过程中反复出现，起着决定支配作用的本质联系及其发展趋势，在大学工作实践过程中所固有的、本质的、必然的联系。它影响和制约着大学工作的发展。探索和研究大学校长引领工作发展规律，是大学校长工作发展的必然趋势，系统地探索大学校长引领工作规律，有利于切实加强和改进他们引领大学工作水平与质量提高的进程，提升大学工作的科学性、预见性和有效性，开创大学工作新局面。具体来说，它包括大学工作中存在的教育规律、教学规律、科研规律以及管理规律。

第一，大学工作中的教育规律。它具体包括外部规律和内部规律，是大学校长工作学的重要研究内容之一。一方面，教育存在外部规律。教育是一种社会现象，它必然要受到社会的经济、政治、文化等其他社会现象的制约。教育受一定社会的经济、政治、文化的制约，但它不是消极地、被动地反映这些社会现象及其关系，而是积极主动地为一定社会的经济、政治、文化服务。另一方面，教育存在内部规律。在大学生的身心发展过程中，高等教育起着主导作用。我国社会主义的高等教育就是要通过德育、智育、体育等培养全面发展的大学生。大学生的身心发展遵循着顺序性规律、阶段性规律、不均衡性规律、个体差异性规律等一系列客观规律。这些规律制约着高等教育，要求高等教育要从大学生的身心发展的客观规律和其在某一特定阶段的身心发展特征出发，有的放矢地实施高等教育。

第二，大学工作中的教学规律。教学规律是教师队伍对学生传授知识过程中存在的规律，需要大学校长从宏观上准确把握。一是教师主导作用与学生主体作用相统一的规律。在教学中，教师的教主要依赖于学生的学，学生的学要靠教师的教，教与学是辩证统一的。教师是教学活动的领导者、组织者，是学生学习的指导者和学习质量的检查者，教师能够引导学生沿着社会所期望的方向发展，使学生成为社会所需要的人才。学生是有主动性积极性的人，能够能动地反映客观事物，其学习动机、兴趣、意志等都直接影响学习的效果，在学习中必须发挥学生的主体作用。二是掌握知识和发展智力相统一的规律。传授知识与发展智力这两个教学任务统一在同一个教学活动之中，知识是以表象、概念、定理、原理等形式反映客观世界的存在；智力是以观察、判断、推理、分析等思维的活动来认识客观世界。知识是发展智力的基础，知识为智力活动提供了广阔的领域。缺乏必要的知识积累，难以进行一定的判断、推理、分析、综合。发展智力又是掌握知识的重要条件，可以说，智力既是接受人类已有知识的工具，同时又是开发新知识的工具。三是传授知识与思想品德教育相统一的规律。在教学过程中，学生掌握文化科学知识和提高思想品德是相辅相成的统一体。

第三，大学工作中的科研规律。科学研究是大学的主要职能之一，也是大学校长工作极为重要的内容。深化对科研规律的认识，加强对科研规律的把握，是实现大学工作目标的一个重要途径。科研规律是指科学研究实践中的客观的、本质的必然联系。就能动探索和协同创新相统一的规律而言，协同创新是体现科研工作规律和特点的重要内容，尤其在基础研究和重大项目上更加强调协同创新的作用。就科学研究与人才培养相统一的规律而言，遵循科学研究与人才培养相统一就是遵循科学的研究规律。从根本上说，“教研结合，以研促教”能够实现教学与科研的全面发展。一方面，大学在进行人才培养的同时开展科学研究，实现知识的创造；另一方面，大学的科学研究和人才培养与教师的教和学生的学这一实践活动密切相关，以之带动全面提高学生的素质和提升教师的教育教学水平。因此，高等学校科研工作应始终坚持正确的政策导向，在科研组织、科技评价等各个方面不断推进人才培养和科学研究相互融合、相互互动。

第四，大学工作中的管理规律。大学管理工作是大学校长日常工作中的最主要的工作内容，具有类型多样性和层次多重性的特点。根据大学管理规律的实际作用，可以分为一般管理规律和特殊管理规律；依据大学管理规律的支配对象，可以分为微观教育管理规律、中观教育管理规律、宏观教育管理规律；大学工作的管理规律分为大学管理的目的和手段相统一规律、大学管理的自然属性和社会属性对立统一的规律等等。

就目的和手段相统一规律而言，目的和手段相统一规律的重要体现是目的与手段的科学性互动。大学工作的目的是科学的，其方法和手段也应该是科学的，大学工作坚持具体问题具体分析，因地、因时、因人而异，紧密结合实际，采取恰当的方法和手段，这样才能增强大学工作的吸引力和影响力，不仅从目标任务的主体层面明确要求，还要厘清具体工作的基本程序与流程，有效促进大学工作目的与手段的科学互动，从而形成规律性的发展趋势。目的与手段相适应集中体现在目标推进与手段运用之间实现科学、有效的衔接。就大学管理的自然属性和社会属性对立统一的规律而言，它的表现形态主要是大学管理的共性和个性的相对立统一。大学管理的共性与个性的统一，一方面，表现为共同的、有规律可循的管理方法、手段等；另一方面，表现为共性基础上的个性。大学管理既有世界性，又有民族性、区域性，同时还有大学的个性，是共性和个性的统一。

（三）研究大学校长与大学工作互动过程的成效规律

研究大学校长与大学工作互动过程的成效规律。具体来说，大学校长工作既是一种活动，更是一种实践过程。在这一实践过程中，存在着大学校长与大学校长工作内在要素之间一种相互作用、相互影响、相互促进的互动实践过程，并且其中存在着一定的客观规律。

大学校长工作的外部环境与大学工作之间的互动过程中存在的客观规律。大学校长工作外部环境不仅涉及经济、文化等宏观层面，更涉及社会现象、事件等微观层面。而如何把控大学校长工作外部环境对大学校长工作的影响便成了大学校长们面临的一项课题。探索大学校长工作外部规律，具体来说，就是要在坚持互动原则的基础上，积极探索大学校长工作内在要素与大学校长工作外部环境的双向沟通、交流、互动过程中的规律，从根本上促进大学校长工作内外部协调发展。

大学校长群体本身与大学工作互动过程存在的客观规律。一方面，就大学校长群体来看，大学校长是具有专业性的工作职业，具有特殊性的重要岗位，具有显示性的社会角色。早在革命战争年代，党的领导人就提出校长是大学办学的重要一环。大学校长能力素质问题，既是一个理论问题，也是一个实践问题。不同国家大学的校长，对其素质的要求不尽相同。2016 年底，《关于加强和改进新形势下高校思想政治工作的意见》明确了大学校长的“社会主义政治家、教育家标准”①。在全面建设社会主义现代化国家新征程中，大学校长是领导高等教育高水平高质量发展的关键力量，除了要求大学校长是“政治家”“教育家”外，大学校长还应是“实干家”，必须切实抓好各方面基础性建设和基础性工作，这对其综合素质的要求更高，能力素质要求更全面。

另一方面，就大学校长的工作来看，大学校长的工作集宏观、中观与微观于一体。宏观就是做好大学的顶层设计，抓好学校发展的重大问题；中观就是形成推动发展目标的思路和举措，推动各个阶段重点任务的落实；微观就是解决发展中的各种具体问题，提高工作的科学化精细化水平——贯穿始终的是实干精神、开拓创新精神和务实作风。要坚持实事求是，办学兴校措施要一切从实际出发，统筹人、财、物，把握质、量、度，处理好学校规模、质

① 《关于加强和改进新形势下高校思想政治工作的意见》，《人民日报》2017 年 2 月 28 日。

量、结构和效益的关系，确保大学持续健康发展。要有真抓实干的作风，强化责任担当，提升校风、改进教风、优化学风。要能立足“双循环”新发展格局，抓住改革发展机遇，因势而新、因事而变，不断满足人民群众对美好大学生活的新期待，为国家现代化建设作出更大的贡献。

五、大学校长学具有成熟的研究方法

大学校长学具有成体系的、成熟的研究方法。大学校长学研究方法包括基本方法、综合方法和交叉方法。其中，基本研究方法包括哲学的研究方法和一般的研究方法，前者主要包括历史分析法、比较研究法、结构主义分析法等特殊定性研究方法，后者主要包括问卷调查法、访谈法、咨询法等一般定量研究方法；综合研究方法主要指研究该学科要采用从各个角度、各个方面，运用各种理论、知识和方法、方式进行多维综合，科学研究和解释其中的各种现象，从而深刻揭示工作规律的方法；交叉研究方法主要是基于交叉学科基础上运用的，用于解决大学校长工作中遇见的实际问题，主要包括自然科学、社会科学、人的科学和新型学科相结合的方法等。除此之外，还可借鉴大数据的思维方式改进研究方法。①

（一）大学校长学的基本研究方法

基本研究方法是支撑大学校长学的基础方法，它们为大学校长学提供了“本源”。从当代科学发展看，随着研究经济社会的发展，研究对象的变化及其新特性的出现，促进了研究在广度和深度

① 孟志远、王夫艳：《大数据与教育研究的变革：可能与限度》，《高等教育研究》2021年第2期。

上的不断拓展，研究更广泛、更精细、更深入，因此，新的前沿科学不断涌现。大学校长学的构建和发展必须依托于基础学科体系的方法，这样才能有发展的基础。大学校长学相关联的基础学科，涉及高等教育、行政、管理、文化发展、科研、法治等各个领域的基础学科，具体包括教育学（尤其是高等教育学）、行政学、管理学、文化学、社会学、人学、法学等。从性质上看，基本研究方法可进一步细分为特殊定性研究方法与一般定量研究方法。

一方面，借鉴特殊定性研究方法。特殊定性研究方法是指在对大量的感性认识进行演绎逻辑和总结提升的基础上，对历史事实或客观事物质的内在规定性进行分析，试图得出其含义、特征、隐喻、象征的描述和理解的一套主观性较强的方法，更适用于相关概念的定义、内涵、特征的描述等方面的内容。其包括历史分析法、比较研究法、结构主义分析法等。

另一方面，借鉴一般定量研究方法。一般定量研究方法是指为了某一特定研究对象的总体统计结果，从而对数据进行量化处理、检验和分析，进而获得有意义的结论的一套追求客观数据得出精确感性认识的方法。其包括传统的定量研究方法和新兴的定量研究方法。

（二）大学校长学的综合研究方法

综合研究方法是充实大学校长学的主要方法。综合研究方法主要指研究该学科要采用整体的角度、全面的视角、各学科的理论、系统的知识从各角度各方面解释和研究学科内在现象，研究学科工作规律的方法。由于许多社会科学问题不仅呈现出系统性，在其实际运行过程中往往也呈现出现实性、开放性、动态性、复杂性与系统性的有机统一，因此最终呈现出综合性的特点，故在研究一个成体系的问题时，不仅要从宏观角度上整体把握系统，还要从其微观层面上有区别的分析把握其各个组成部分，最后再重组并构成有机整体。大学校长学在研究方法和路径上，充分利用现在综合研究方法去拓展研究的视角，利用多方面知识的集合，力求从不同的角度进行更深入的研究，从而有利于促进大学校长主体工作队伍建设、工作内容把握、工作环境改善的新认识，有利于解决高等学校发展过程中遭遇的新问题，推动高等教育事业取得新进步。

一方面，采用多维度研究方法。从学科的建设的基本属性出发来看，大学校长学具有多维度的研究方法来源。它所借鉴的研究方法，涉及的学科不仅包括认识论和方法论层面的哲学学科理论子体系，更包括中国特色社会主义高等学校发展理论和实践科学化要求本身相关的基础学科体系，其对象和范畴涉及教育、教学、科研、行政、管理、文化、生态和人的发展等各个方面，也就涉及中国特色社会主义教育学、管理学、科学学、行政学、文化学、生态学和人学等等，从而形成完整的综合研究方法体系。

另一方面，采用多层次研究方法。从学科建设的内在要求出发来看，大学校长学需要多层次的研究方法输出。它所要构建的研究方法，涉及的理论不仅包括有特色的、相对独立的大学校长学本身的研究方法外，更需要在学科内部延伸出一套成型的方法体系，如大学校长领导学的方法、大学校长科研学的方法、大学校长管理学的方法、大学校长行政学、大学校长组织学的方法、大学校长法学的方法、大学校长文化学的方法、大学校长环境建设学的方法等。

（三）大学校长学的交叉研究方法

交叉研究方法是发展大学校长学的重要方法。随着社会的进一步发展，在学科分科化与精细化的同时，也产生了学科相互渗透的现象，并且这一趋势也越来越明显，使对于一项问题的研究，不再限制于通过运用单一领域的知识来解决问题，而更多地运用跨学科的知识综合提出问题、分析问题、解决问题。在此基础之上，在原本相对孤立的学科之间，由于具有相同的研究对象，而在各自学科边缘交叉点上产生了交叉学科，交叉学科体现了科学向综合性发展的趋势。近年来，随着我国学科体系建设与国际学科发展接轨，交叉学科建设取得了实质性发展，这极大地促进了我国高等教育的教学质量和办学水平，据统计，当前交叉学科的数量已占总学科数量的 50%，交叉学科之所以发展如此迅速，在于其相较于单一学科，具有学科知识体系的整合性和多样性、学科知识体系的融合性、学科知识体系的拓展性和独立性三大特征，促进了社会科学知识向生产力的转化，加强了不同学科间的知识体系整合。①

交叉学科并不是两个学科的简单“杂交”，而是既有属于两个学科或多个学科中的内容，又有专属于自身，区别于原有学科的内容与方法，因此它既可以归属于原有学科门类之下，作为原有学科的子学科，又可以成为相对独立的新兴学科，在交叉学科内部就自然延伸出了交叉学科的研究方法。2020 年 12 月，国务院学位委员会、教育部印发《关于设置“交叉学科”门类、“集成电路科学

① 孟东方等：《构建学科的理论与实践》，科学出版社 2019 年版，第 32 页。

与工程”和“国家安全学”一级学科的通知》，新设置“交叉学科”门类，使其成为中国第14个学科门类，并且在该门类下新增两个一级学科，未来，势必会有更多的有重大现实意义的交叉学科加入此门类之下。由此可见，交叉研究方法越来越被视为一种常用方法而被应用于各项研究之中。而大学校长学这门学科则具有很强的交叉性，原因在于，它是由当代科学研究本身发展的交叉性、研究对象本身以及影响大学校长工作的因素和大学校长工作环境的复杂性所决定的。综上所述，大学校长学本身就是一门以教育管理学与领导科学为基础学科，以大学工作学、高等教育管理学为主干学科，以系统科学为研究方法，融合自然科学、人文社会科学等多学科理论的交叉性学科群。因此，对大学校长学的研究，应采用交叉学科研究方法，集自然科学、社会科学和人文科学等多方面的科学研究方法为一体，相互借鉴、交叉进行。

一方面，大学校长学的一般交叉研究方法。一般交叉研究方法是较为简单的学科交叉，通常是在不同学科部门或者一级学科之间进行交叉，主要是同时运用其中的不同方法对问题进行研究。例如自然科学与社会科学的交叉，教育学与管理学的交叉等。就大学校长学而言，它作为管理学、教育学、行政学、法学等不同学科知识体系融合的产物，其学科知识间相互融合、相互作用，形成了研究大学校长工作学科这一种覆盖面更广的学科知识体系。

另一方面，大学校长学的新兴交叉研究方法。交叉学科的产生拉近了不同学科门类之间的距离，在一定程度上丰富了独立学科内在的知识体系，使科学知识体系越来越成为有机的整体。交叉学科的发展实现了学科之间的知识联动，促进了社会科学知识向生产力的转化，加强了不同学科间的知识体系整合。①由交叉学科产生的研究方法多种多样，其中较为重要的一类就是有传统学科与新兴学科之间的交叉研究方法。就大学校长学而言，由于它本身就是一门交叉学科，因此它具有开放的方法论体系，会利用包含大学校长工作系统方法、区块链技术方法等新兴交叉学科的研究方法，这些方法往往较为综合与灵活，因此需要结合实际情况来进行运用。

六、大学校长学具有重要的现实意义

判断构建一门学科是否科学、是否合理，还要考虑到其是否是面向实践的需要，具不具备重要的现实效应。因此，有没有重大的现实意义，是衡量一门学科是否为独立学科的必要标准。大学校长学具有重要的现实意义，原因在于它是推进大学治理体系和治理能力现代化的综合科学，是坚持和完善高等学校党委领导下的校长负责制的理论展开，是高等教育发展的重要支撑学科。它通过对相关现象、发展趋势和运行机制进行研究，从而揭示大学校长在大学工作之中的成长成才规律、大学校长办学兴校过程中的基本规律、大学校长办学兴校与大学发展互动的成效规律，进而有助于促进其建强学校班子、优化办学兴校流程、完善办学兴校方法、提升办学兴校成效。具体来看，它能够提高大学工作水平与推进教育强国目标、落实立德树人战略并实现师生协同进步、开创新式学科体系以推动大学高质量发展。

---

① 孟东方等：《构建学科的理论与实践》，科学出版社2019年版，第32页。

（一）提高大学工作水平与推进教育强国目标

教育是对民族复兴具有决定性意义的事业。提高大学工作水平，推进教育强国目标，是构建大学校长学的出发点和起始点。目前，我国正处在全面建设社会主义现代化国家新征程中，已经迈入向第二个百年奋斗目标进军的时代，随着以中国式现代化全面推进强国建设、民族复兴伟业的战略擘画愈发清晰，以及“五位一体”总体布局的全面推进，培养时代新人的重要性和紧迫性日益凸显，大学作为培养人才的摇篮，显得特别重要，而大学校长作为一所大学的领导者，其决策会影响甚至决定一所大学的发展，因此构建大学校长学是适应经济、社会、文化发展实践的时代要求，是在深化、具体化上助力实现教育强国目标的客观需要。

（二）落实立德树人战略并实现师生协同进步

落实立德树人战略，实现师生协同进步，是构建大学校长学的着眼点和落脚点。立德树人是办好中国特色社会主义高等学校的立身之本。习近平总书记强调：“全国高等院校要走在教育改革前列，紧紧围绕立德树人的根本任务，加快构建充满活力、富有效率、更加开放、有利于学校科学发展的体制机制，当好教育改革排头兵。”[①] 大学校长作为一所大学的关键性人物，其工作能力和个人魅力会影响到一所大学立德树人这一根本任务的效果，因此建立大学校长学是落实立德树人这一根本任务的必然要求。

（三）开创新式学科体系以推动大学高质发展

开创新式学科体系，推动大学高质量发展，是构建大学校长学

---

① 习近平：《青年要自觉践行社会主义核心价值观——在北京大学师生座谈会上的讲话》，《人民日报》2014年5月5日。

的着力点和突破点。研究大学校长学、构建大学校长学，能进一步推动大学的高质量发展，助推整个社会、民族、国家层面上高等教育事业的发展，深化世界一流大学与世界一流学科建设，提升我国的文化软实力，最终有助于实现教育强国、科技强国、人才强国、文化强国等一系列现代化强国目标。着眼大学看校长、聚焦校长为大学，大学校长学奋力展现中国式现代化大学建设的新气象，致力于为建构中国自主的知识体系、为建设中华民族现代文明作出新贡献。

第三章　大学校长的发展论

马克思指出："我们仅仅知道一门唯一的科学，即历史科学。"①对于客观事物、社会问题的认识与反思，历史思维是我们把握其发展演进历程，在明了其"从何而来"的基础上，明确其"何以存在"，进而明晰其"如何发展"的重要思维工具。在大学校长学的总体逻辑架构中，大学校长的发展论是大学校长学的起始逻辑，即"什么人能成为大学校长"中的重要内容，旨在以历史演进视角为依托，全面审视大学校长发展演进的总体历史过程，在梳理大学校长这一人类社会高等教育发展重要产物"从何而来"的过程中，形成对于"什么人能成为大学校长"这一重要问题的回应，进而实现对现代高等教育发展中大学校长"何以存在""如何发展"等问题的把握。

对大学校长发展论的阐释，主要从三个方面展开：第一，聚集本域，探讨中国大学校长的发展史，梳理从晚清中国现代高等教育发端、中国大学校长萌芽，直至新时代中国推进现代化高等教育治理过程中，大学校长创新发展的历史演进过程。第二，着眼世界，

① 《马克思恩格斯文集》第1卷，人民出版社2009年版，第516页。

分析国外大学校长的发展史，梳理从中世纪国外大学校长产生，直至 21 世纪以来国外大学校长的发展进程。第三，立足中外大学校长发展的历史进程，总结探究其对于当代大学校长发展，特别是对于在建设“中国特色、世界一流”大学进程中，中国大学校长发展的启示。

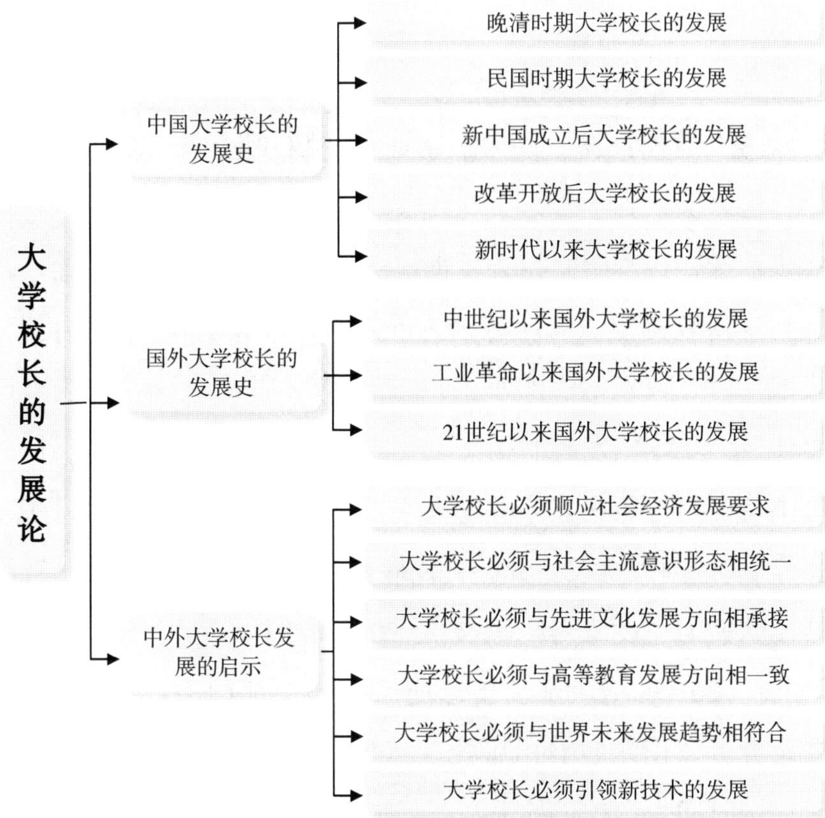

图 3-1　大学校长的发展论结构

第一节　研究的综述

大学校长的发展历程研究是大学校长学研究中的重要内容，立足于大学校长这一职业的发展历程，研究大学校长在大学发展过程之中角色的变化、职责的变化等问题得到了学术界的普遍关注，对于当前研究大学校长这一角色有着重要作用。

一、研究的现状

以“大学校长发展”为主题词在中国知网（CNKI）进行专业检索，可以检索到学术论文500余篇，通过研究内容和研究视角作进一步筛选，与本研究相关度较密切的学术论文有100余篇，其余论文与本研究侧重点有所区别。但是在以“大学校长职业化”“大学发展”“大学校长的角色”等主题的学术研究之中，可以查询到诸多涉及大学校长发展的相关研究成果。同时，在国家图书馆、超星图书等平台进行检索，关于大学校长发展的著作也较为丰富：例如，《当代中国大学校长领导力发展研究》（马龙海，2012），《高校领导团队能力建设研究》（马俊杰，2010），《中国近代大学校长研究》（程斯辉，2010），《大学校长与发展研究》（胡国铭，2005）等学术著作，此外，山东教育出版社在2003—2004年期间曾出版一系列关于民国时期大学校长的书籍，如《思想自由，兼容并包——北京大学校长蔡元培》《生斯长斯，吾爱吾庐——清华大学校长梅贻琦》等。总的来说，对于大学校长发展的相关研究较为丰富，可以从以下四个方面进行概括。

（一）关于大学校长职业化发展的研究

关于大学校长职业化发展的研究，即对于大学校长这一特殊群体，其身份因经济社会发展而逐步凸显出专业性的历史进程的相关研究。例如，王丛漫、邹宏美从17世纪以来大学校长职业化发展历程入手，认为大学校长职业化是社会和经济高度发展的产物，也是高等教育自身发展规律的必然。[①]刘玉静围绕70余所部属大学校长的专业化发展研究发现我国校长的专业化能力与国外著名大学校长的差距在不断缩小。[②]陈治亚认为大学校长的职业化趋势的深层次问题是现代大学制度的确立和大学内部治理结构的完善。[③]刘晶玉、娄成武、任嵘嵘通过对于我国部分高等学校进行调研，从人格魅力、人际关系等“软实力”层面和教育理念、管理能力等“硬实力”层面，将大学校长的胜任力分解为23个主要特征。[④]王飞提出大学校长的卓越发展要求自身职业取向要强、职业体验要深、职业能量要强。[⑤]

（二）关于大学校长遴选方式方法的研究

关于大学校长遴选方式方法的研究，即对于适用于大学校长这一特殊群体的任职标准、任用机制、选拔流程等判断其是否满足该

---

① 王丛漫、邹宏美：《大学校长职业化历史变迁及其本质特征》，《河北学刊》2015年第5期。

② 刘玉静：《大学校长专业化发展水平研究——基于75所部属大学校长的调查》，《教育发展研究》2012年第23期。

③ 陈治亚：《关于大学校长职业化的探究与思考》，《中国高等教育》2013年第2期。

④ 刘晶玉、娄成武、任嵘嵘：《大学校长胜任力模型研究》，《现代大学教育》2010年第4期。

⑤ 王飞：《大学校长卓越发展的理性逻辑》，《中国高等教育》2013年第20期。

岗位能力素质要求的方式方法的相关研究。例如，宣勇、郑莉从大学校长遴选与高等学校治理能力现代化的角度出发，分析了美国加利福尼亚大学校长任职标准和选举经验，并为我国大学校长的遴选程序提供借鉴。① 陈艳从选拔范围、任用机制、党政关系、任期制度以及分级分层分类选拔五个方面提出在全球化时代我国大学校长的科学选拔方式。② 王洪才提出高水平大学校长的选拔机制包括了大学校长的鉴别、选拔任用、评价和激励机制四个组成部分。③

（三）关于大学校长发展与社会互动的研究

关于大学校长发展与社会互动的研究，即对于大学校长这一特殊群体，在引领大学发展以及自身发展的同时，对社会发展进步产生影响力与推动力的相关研究。例如，赵敏从大学校长与国家教育权力系统的关系出发，认为大学校长在发展自身以及发展大学的过程之中，学术自由和大学自治是大学校长必须坚守的价值取向，同时围绕二者关系提出来一系列的改进措施。④ 贺国庆提出校长的治校理念和能力对大学的发展起着关键的作用，大学校长应该是教育家、学者、政治家已成为人们的共识，但大学校长还应该有宽阔的胸襟和民主的作风。⑤

---

① 宣勇、郑莉：《大学校长遴选与高等教育治理能力的现代化》，《中国高教研究》2015 年第 8 期。

② 陈艳：《全球化时代中国大学校长的角色、素质与科学选拔》，《江苏社会科学》2011 年第 5 期。

③ 王洪才：《高水平大学校长生成机制研究导论》，《国家教育行政学院学报》2005 年第 8 期。

④ 赵敏：《大学校长与国家教育权力系统的关系诠释》，《现代大学教育》2004 年第 1 期。

⑤ 贺国庆：《大学校长与大学发展》，《教育研究》2013 年第 3 期。

（四）国外关于大学校长发展的研究现状

国外学者对于大学校长发展的研究也较为丰富，美国学者迈克尔·D. 科恩、詹姆斯·G. 马奇所著的《大学校长的研究及其领导艺术：美国大学校长研究》，美国学者维斯特的《一流大学卓越校长：麻省理工学院与大学的作用》，美国学者杜德施达特的《舵手的视界——在变革时代领导美国大学》等著作之中，对于大学校长的发展历程以及大学校长如何实现自身发展都进行了较为详细的分析，并为我国大学校长的发展提供了学术借鉴。

二、研究的结论

国内外对于大学校长发展的研究较为丰富，已初步建立起关于大学校长发展的研究体系，并为本课题研究提供了丰富的理论支撑。国内外学者聚焦大学校长的职业化发展这一主题，提出了一系列关于提高大学校长职业化、专业化水平的措施、对策、建议。同时，在我国高等教育史领域的研究之中，对于近代以来我国大学校长的发展历程以及近现代历史上著名大学校长的办学风格、办学理念、办学成绩有了丰富研究，从大学发展的角度来分析大学校长的发展，为大学校长发展历程的研究厘清脉络、提供史料支持。此外，国内外学者采用同时期中外大学校长对比研究的方法，拓宽了大学校长发展的研究领域，对于大学校长发展的研究提供了更为科学的方法，让大学校长发展研究更加的清晰、明了，为后续的研究提供了较丰富的资料。

三、研究的启示

已有研究为本课题的研究提供的学术成果、研究方法，推动了本课题研究的发展。但是，在相关学术研究之中，在进入新时代以来，尤其是“十四五”规划明确提出建设教育强国、实现教育现代化2035年远景目标以来，关于大学校长发展与中国式现代化双向互动的关系研究相对较少。将大学校长个人的发展与职业化发展同所在大学的发展，乃至整个高等教育事业的发展结合起来的研究同样较少。目前关于大学校长发展的研究主要集中在如能力提升、专业化职业化发展等大学校长本体论方面的研究，而对于大学校长发展与外在环境的影响的相关研究则显匮乏。本课题将在中外大学校长发展历程的基础之上，围绕大学校长同经济、政治、文化、社会、国际等多个方面的关系来探究大学校长的发展问题。

第二节　中国大学校长的发展史

从大学产生以来，它就以不断满足社会发展需求为己任，在不同时期与政府、社会的互动中造就了具有鲜明民族、地域、国别特色的大学组织体系。中国大学校长是伴随着中国近代大学的产生与发展而逐步成熟的，其作为组织、统筹大学各项工作的关键主体，肩负着为国家、为民族培养所需人才的重要职责。因此，中国大学校长的发展与中国社会的历史演化相耦合。

一、晚清时期大学校长的发展

实现中华民族伟大复兴，是鸦片战争以来中国人民最伟大的梦想。[①] 社会诸多有识之士开始寻求不同的方式解决民族复兴问题。在这期间，不同阶级代表创建了一批大学，任命了一批官员担任为中华民族独立而英勇奋斗的“大学校长”，培养了一大批优秀的人才，成为近代中国高等教育事业的开端。

（一）晚清时期大学校长的萌芽

鸦片战争失败带来的民族危机激醒了清政府“昏睡”的头脑，清政府在危难中开始寻找自救道路，展开了洋务运动、戊戌变法等自救运动，把目标定为向西方学习先进的科学技术，把眼光定在了“培养人”上，试图探索以“师夷长技以制夷”为准则的振兴国脉之路，于艰难探索中在客观上孕育了中国大学校长的萌芽。

清末时期，清政府主办了专门培养技术人才的新式大学堂，初步达到了相当于现代高等专科教育的办学层次，选派了一批清政府官吏担任官学大臣、总教习、督办。1861 年 1 月，恭亲王奕䜣和文祥于为挽救清政府在外交中的劣势地位，奏请开办了清末第一所官办外语学校京师同文馆，以认识外国文字、通解外国语言为目的，不仅教育目标单一，而且是以总理衙门养成译员的附属机构存在的。[②] 并由美国传教士丁韪良担任第一任校长，为在短期内有效

① 习近平：《青年要自觉践行社会主义核心价值观——在北京大学师生座谈会上的讲话》，《人民日报》2014 年 5 月 5 日。

② 李华兴：《民国教育史》，上海教育出版社 1997 年版，第 38 页。

培养出翻译人才，丁韪良在职期间对学生管理严格，将学校考试分为月考、季考、岁考、大考，并将考试成绩严格划分为三等：取得优等成绩的学生保升官阶，取得次等成绩的学生留馆继续学习，取得劣等成绩的学生开除出馆，淘汰率曾达到85%。也正是在如此严格的教学管理下，京师同文馆培养出了中国第一批翻译人才，为蒲安臣使团和我国第一批驻外使馆输送了大量人才。1866年，为培养造船、驾驶等方面的人才，闽浙总督左宗棠、船政大臣沈葆桢在福州创办了福建船政学堂（也就是“求是堂艺局”），他们把西方自然科学、造船驾船技术引进课堂，聘请外籍人员教习、技术人员授课、专业人员兼课。同时，他们注重培养学生实践能力，增设航海、造船等实习环节，培养出了多位近代海军人才。福建船政学堂随之成为近代中国航海、海军高等教育的发源地，是晚清时期大学校长的萌芽。

（二）晚清时期大学校长的形成

1895年，北洋军师全军覆没、甲午中日战争惨败，给中华民族和晚清政府带来了沉重的打击，一批仁人志士在清政府的支持下进行“兴学救国”，创办了一批大学，选任了中国历史上第一位大学校长盛宣怀。在20世纪末长达20余年的时间里山西大学堂与京师大学堂、北洋大学堂等仅有的几所大学堂一起开创了中国近代大学教育的先河，[①] 为中国大学校长的形成奠定了基础。

1895年，盛宣怀草拟《拟设天津中西学堂章程禀》上呈清政府，禀奏光绪皇帝，认为筹设学堂、培育人才是国家自强的关键，

① 王李金：《山西大学堂对中国近代大学教育的贡献》，《高等教育研究》2003年第6期。

光绪随即批准。[1]由盛宣怀任总督办，美国传教士丁家立任总教习，建成了我国近代第一所新式大学——天津北洋西学学堂（1896年改名为北洋学堂）。盛宣怀作为洋务运动实业派的代表人物，任职期间坚持实业救国，根据中国社会发展所需，通过引进美国办学模式、教育模式，初步建立起了较为完善的教学科目和管理制度，成为我国第一位大学校长，被誉为“中国高等教育之父”。

战争形势的日趋复杂，使国人逐渐意识到仅向西方学习技术难以挽救中国，于是晚清维新变法提出医治“千数百岁之瘤疾”之良方在于革新教育、变科举、兴学堂等，并将其作为救国的重要任务开始大力执行。[2]在此背景下，戊戌变法针对维新派人士提出的发展科学文化，大力改革政治体制和教育制度等要求，经光绪帝批准，在我国建成了近代第一所政府建立的综合性大学——京师大学堂。“这是中国第一所正式以‘大学’为称的高等学府”[3]。在《总理各国事务衙门遵筹开办京师大学堂折》中描述道：“伏祈皇上简派大臣中之博通中外学术者一员，管理京师大学堂事务，即以节制各省所设之学堂。”[4]强调学堂作为全国最高学府和最高教育行政机关，要掌管各省学堂，所任校长要兼通中西文化。学堂最终选派孙家鼐任堂校长，[5]由许景澄任中学总教习，由美国传教士丁韪良任

---

① 北洋大学—天津大学校史编辑室：《北洋大学—天津大学校史资料选编（一）》，天津大学出版社1991年版，第20页。

② 杨东平：《艰难的日出：中国现代教育的20世纪》，文汇出版社2003年版，第10页。

③ 郝维龙：《高等教育史》，海南出版社2000年版，第4页。

④ 朱有：《总理各国事务衙门遵筹开办京师大学堂折（1898年7月3日）》，《中国近代学制史料》（第一辑下册），华东师范大学出版社1986年版，第638页。

⑤ 邵纯：《京师大学堂最初的校长》，《教育》2013年第4期。

西学总教习，形成了“中学为体，西学为用”的办学原则。1901 年，清政府颁发诏书，令“除京师大学堂切实整顿外，在各省所有书院于省城均设大学堂”[①]。1902 年 3 月，山西大学堂正式成立，十年间有谷如墉、杨熊祥、傅岳棻、解荣辂、渠本翘、胡钧 6 人任该校总理或监督之职，担负学校各项事务的责任。各位校长依据不同阶段学校发展的需要，积极从事建校、复校工作，建设新学科、筹备新学制，不断完善师资队伍等事宜，在招生、选派学生留学等工作中做了突出贡献，不断健全山西大学堂的学科布局，形成了初步具有现代社会意义上的“校长”专职与职权。

晚清时期，在救国图存的使命追求下，一大批仁人志士自觉思索中华民族落后的根源所在，并对落后的环节和内容进行变革，也在客观上推动了中国近代高等教育事业的发展。近代大学和大学校长以教育事业来挽救中国，其职能定位和使命担当在国家变革中不断凸显。

二、民国时期大学校长的发展

1912 年 1 月，时任中华民国临时政府教育总长的蔡元培通告各省各类学校迅速开学，并下发《普通教育暂行办法》，对教育进行统筹管理，将学堂改名为学校，监督、堂长更名为校长。这标志着传统的官学大臣、总教习、督办向大学校长实现了真正意义上的转型，“大学校长”一职正式诞生，在之后的三十多年的时间中，产生了一大批著名校长。

① 朱寿朋：《光绪朝东华录》（五），中华书局 1958 年版，第 4719 页。

（一）法律规章的制定规范了中国大学校长的选拔任用程序

1914 年 7 月，北洋政府教育部门在《直辖专门以上学校职员任用暂行规程》中明确规定："凡直辖学校校长，非专门以上学校毕业，不得充任。"① 这一规章直接规定大学校长的任命方式。1924 年，《国立大学校条例令》中再次规定："国立大学校设校长一人，总辖校务，由教育总长聘任之。"② 这时选任大学校长的主体角色变成教育总长，其职责是专管教育领域，选任方式由任命制变为聘任制。1929 年，国民政府颁布《大学组织法》，规定："国立大学校长由国民政府任命之。"③ 在 1934 年，国民政府对该法进行了修正。

（二）社会局势的变动影响了中国大学校长的治校办学目标

在内忧外患的局面下，民国时期的大学校长们，怀揣着教育救国的理想，肩负起救亡图存的重任，将办学目标定为"救国"，希望能够培养出拯救国家和民族的有用之才。

时任国立清华大学校长的罗家伦，希望建设一所兼容并蓄的大学，能肩负起民族文化建设的任务。为此，罗家伦校长提出了要建设"有机体的民族文化"的目标，要求这种民族文化既是民族精神的结晶，也是民族团结图存的基础。还有马相伯，坚信"耻莫大于亡国，战虽死亦犹生"，正是怀揣着一腔救国的热情，他创办了复旦大学。马相伯校长在任职期间常告诫学生"救国不忘读书，读书

① 潘懋元、刘海峰编：《中国近代教育史资料汇编·高等教育》，上海教育出版社 1993 年版，第 783 页。

② 中国第二历史档案馆：《北洋政府教育部·国立大学职员及薪俸规程校条例令》，《中华民国史档案资料汇编：第三辑（教育）》，江苏古籍出版社 1991 年版，第 174 页。

③ 中国第二历史档案馆：《国民政府教育部·大学组织法》，《中华民国史档案资料汇编：第五辑第一编（教育）》，江苏古籍出版社 1991 年版，第 172 页。

不忘救国”，培养了一批救国志士。

（三）文化观念的融合造就了中国大学校长的治校办学理念

蔡元培任北京大学校长时，明确了其治校理念是“兼容并包、思想自由”，“教育应立于政潮之外”。[①] 王星拱在担任武汉大学校长时，坚持以蔡元培的“独立”精神发展学校。他在公开声明中指出，大学作为高等学府，不应被国民党利用来搞政治、干扰学校秩序，大学作为高等学府是用来做学问的场所。在民国教育部密电要求解雇北平大学李达、沈志远等五名教授时，校长徐诵明坚决抵制。[②] 清华大学梅贻琦校长、燕京大学陆志韦校长等多位校长极力倡导要独立治校。

三、新中国成立后大学校长的发展

新中国成立后，举国上下百废待兴，各领域大规模学习苏联建设经验，实施高度集中的计划经济体制，在此背景下，我国建立起“苏式”特征鲜明的高等教育体系，大学校长成为政府直接管理大学的执行者，具有极强的政治性。

（一）社会主义改造赋予了中国大学校长的使命担当

1949年至1956年间，为巩固新生政权，实现对农业、手工业和资本主义工商业的改造，大学校长们面临的关键问题是把大学打造成为社会主义的政治、经济建设服务的平台。

这一时期，大学校长在职期间主要处理学校政治事务及日常教

① 张晓唯：《大家精要：蔡元培》，云南教育出版社2008年版，第28页。

② 杨春德、于炜武：《爱国重教功德永垂——纪念爱国教育家、病理学家徐诵明先生》，《休闲读品·天下》2012年第2期。

学监督管理事务，成为大学的第一行政负责人。1950 年，中央教育部下发通知，明确提出校长负责制，并要求所有学校都要将这一制度贯彻落实，其中大学校长作为大学主要代表，有着领导大学开展一切教学活动、科学研究、行政管理、组织政治学习的重要使命。同年 5 月，《各大行政区高等学校管理暂行办法》规定："除华北区高等学校由中央教育部直接领导外，各大行政区的高等学校暂由各大行政区教育部或文教部代表中央教育部领导。"① 同年 7 月，政务院政务会议通过《关于高等学校领导关系的决定》，宣布教育部是全国普通大学的领导部门，对国内所有普通高等院校负有领导责任。②

（二）高等教育改制塑造了中国大学校长的权责定位

依据"三大改造"完成后国家政治、经济建设的需要及建设高等学校的战略布局规划，中国大学领导管理体制也产生了相应的变化。

这一时期，强调学生应努力实现均衡发展，且只有德育、智育和体育都达标，才能在思想觉悟上、文化水平上等多个方面成为为社会主义做贡献的劳动者。1958 年，立足国内生产状况，针对大学教育的目的和宗旨，毛泽东提出了"教育为无产阶级政治服务，教育必须与生产劳动相结合"的办学方针。

自 20 世纪 60 年代初起，大学开始实行校务委员会负责制，形

① 李材栋、谭佛佑主编：《中国教育管理制度史》，江西教育出版社 1996 年版，第 650—655 页。

② 曲士培：《中国大学教育发展史》，北京大学出版社 2006 年版，第 431 页。

成了党委领导下的以校长为首的管理体制，大学校长依然作为大学第一行政负责人，但权力有所扩大。可见，这一时期的大学校长责任体现在处理学校与政府、其他社会组织机构的关系时，大学校长始终代表学校；在管理执行大学内部存在的事宜时，大学校长则是各类校务的“主持人”。

新中国成立后，党和政府致力于在各领域推进社会主义建设，在对大学的院系结构调整和大学管理的布局中，框定了大学校长选任和实际发展的指向，推动了无产阶级专政基础上的社会主义大学建设，为培养有利于社会主义教育事业的合格大学校长提供了重要基础。

四、改革开放后大学校长的发展

党的十一届三中全会召开后，高等教育事业和大学办学都在改革中蓬勃发展，大学校长的权责不断完善。邓小平明确指出：“经济工作是当前最大的政治，经济问题是压倒一切的政治问题。不只是当前，恐怕今后长期的工作重点都要放在经济工作上面。”[①]大学校长要推动大学培养符合现代化发展需要的人才，为改革开放和社会主义现代化建设提供智力支撑。

（一）管理体制转变推动了“党委领导下的校长负责制”完善

党和国家根据社会发展状况，对大学管理制度方面进行了改革。在理顺政府、学校和社会的关系的同时，党和政府对大学校长的任免、权力范围等方面进行改革，通过系列文件以及《高等教育

① 《邓小平文选》第二卷，人民出版社1994年版，第194页。

法》等系列法律的方式对大学校长进行管理。

1980 年，《关于加强高等学校领导班子建设的意见》和《关于高等学校领导干部管理工作的通知》两部文件对大学校长的管理和任免标准进行了具体规定，提出“今后任免专业人员担任校（院）长时，实行任免制”。同时，还规定重点大学校长由中央直接管理，非重点大学校长由部委党组管理。

1985 年《关于教育体制改革的决定》明确指出，教育是社会主义建设的重要问题，要求在全社会范围内提高教育的地位，鼓励各地政府积极办大学，大学校长地位随之提高。

1987 年 3 月，为推进干部制度改革，建设一支较好的大学校长队伍，国家教育委员会发布《关于高等学校各级领导干部任免的实施办法》、《高等学校校长任期制试行办法》和《关于改进和加强高等学校思想政治工作的决定》，专门建立了针对大学校长任免的政策规章办法，也更进一步强调了大学校长与教育家、大学发展与社会主义发展之间的密切关系，为提升大学校长素质和职业专业性指明了方向。

1998 年 8 月，第九届全国人民代表大会常务委员会第四次会议颁布《中华人民共和国高等教育法》提出实行“校长负责制”，并严格要求这一制度由中国共产党的高等学校基层委员会领导，也进一步明确了大学校长和高等学校党委之间的关系。在 2000 年的《关于深化高等学校人事制度改革的实施意见》中提出，“党委领导下的校长负责制”[①]既充分赋予校长依法用人的权力，又将

① 教育部政策研究与法治建设司：《中华人民共和国现行教育法规汇编》（1996—2001），高等教育出版社 2002 年版，第 138 页。

党管干部的原则充分运用治校管理中，强化了对校长一职的权力控制。

（二）经济体制转变促进了中国大学校长办校策略的转型

改革开放以来，随着社会主义市场经济体制逐步的完善发展，经济社会发展更具有活力。进入社会主义市场经济建设阶段，中国对大学体制的改革进一步深化。中国大学校长将大学教学与社会经济发展需要相结合，将教学与科研相结合，在提升生产力发展水平的同时为国家现代化建设增强了力量。

时任华中理工大学校长的朱九思提倡建设“研究型”大学，将大学构建成为具有研究能力的人才聚集地。朱九思在任期间建设了一批实验室、引进了一批实验设备，并着力建设具有高质量的教师学者队伍，基本满足了大学现代化发展的学校教学和科研工作需要。我国大学发展逐渐促进了科学研究，为经济社会的发展提供了新动力。

（三）政府职能转变明晰了大学校长权责职能的规范

伴随着社会主义市场经济体制逐渐完善，中国进入全面发展的新阶段，党和政府根据国内外形势发展变化，不断完善社会主义改革，进一步明晰了大学校长权责职能。

在多部法规政策中，明确了对大学校长进行评价和职责监管的基本准则和实施办法。2005 年 4 月，第十届全国人民代表大会常务委员会第十五次会议通过的《中华人民共和国公务员法》中，将大学校长列入国家公务员一并管理，规定了一系列大学校长的选任、考核办法。

2010 年，中共中央、国务院制定《国家中长期教育改革和发展规划纲要（2010—2020）》，提出鼓励校长积极探索实践，进一步落实和扩大办学自主权、完善治理结构、健全中国现代大学制度。特别是在高等学校实行“政校分开、管办分离”，在整个管理层面取消大学内部存在的行政级别以及行政化管理方式，克服了大学及大学领导者在职责中的行政化倾向，探索形成了“党委领导、校长负责、教授治学、民主管理”的运行机制。这不仅为大学管理治理结构找到了改革的突破口，更进一步完善了现代大学建设制度，拓展了大学校长任用办法。

2011 年 7 月，教育部颁布《高等学校章程制定暂行办法》，明文规定各大学章程“必须遵循高等教育法的规定，并在年限、途径、职责等方面阐明了学校负责人的产生与任命机制等内容。”

改革开放带来的思想开放、大学开放，使大学校长一职出现了新的特点和新的内容。在党和政府的支持与鼓舞下，大学校长在治校实践中大胆探索，不断创新教育思想、教育模式和教育方法，中国大学校长不仅在身份层面实现了向社会主义性质的教育家而转变，并从国家层面正式推动了大学校长群体身份由校内事务的管理者向学校经营者、社会活动家转变。

五、新时代以来大学校长的发展

中国特色社会主义进入新时代，中国在各个领域发生了历史性变革、取得了历史性成就，大学校长管理不断走向专业化。大学校长成为推进大学治理体系与治理能力现代化的关键力量。

（一）大学现代化治理促进中国大学校长遴选机制的完善

自进入新时代以来，高等学校数量不断增多、学生人数大量增加，给高等学校治理带来诸多新的挑战。一名大学校长是否能够胜任领导大学发展的重任，不仅取决于其卓越的领导才能，还取决于其高水平的综合能力。党和国家进一步健全了大学校长遴选机制。

党的十八届三中全会强调全面深化改革，内在要求加快对各类事业单位进行分类改革。这就为大学现代化治理促进中国大学校长遴选机制的完善创造了新条件。

（二）"双一流"建设对大学校长专业化发展提出新要求

大学校长专业化是高等教育现代化发展的需要。① 为健全和完善大学校长的任职资格与遴选标准，党和政府更加强调大学校长要具备学术性、职业性和专业性。

党的二十大报告指出："加强基础学科、新兴学科、交叉学科建设，加快建设中国特色、世界一流的大学和优势学科。"② 在此背景下，大学校长群体需要着力在发展目标、发展要求等方面做到深入贯彻落实这一重要精神。

回望近代一百多年来大学发展史和大学校长发展史，可以看出大学校长在很多方面是教育领域中最重要、最有影响力的职业群体，大学校长的有效领导是高等教育走向成功的关键因素。因此，要实现大学校长对大学建设与发展的高效领导，迫切需要大学校长不仅是政治家和教育家，而且更要兼具实干家的角色素养。

① 孟东方：《大学校长学：新时代高等教育发展下的新学科》，《中国教育科学（中英文）》2022年第3期。

② 习近平：《高举中国特色社会主义伟大旗帜　为全面建设社会主义现代化国家而团结奋斗——在中国共产党第二十次全国代表大会上的报告》，人民出版社2022年版，第34页。

第三节　国外大学校长的发展史

现代大学教育和大学校长的发源地是欧洲。欧洲的大学教育从诞生之初的宗教、教会管理逐步发展为政府型、研究型、综合型的现代化大学，并逐步在世界各地得到认同发展。相应地，国外大学校长的演进，呈现出办学发展历史与经济社会发展历史的统一。

一、中世纪以来国外大学校长的发展

中古时期的欧洲大学是严格意义上的现代大学之源，是当时社会政治、经济、文化进步的产物，为“现代大学的基本形式、基本结构”[①]提供了母版。大学校长伴随着欧洲中世纪大学的产生而逐渐发展起来，其产生与发展受到经济、政治和文化的深刻影响。

（一）宗教发展构成了国外大学校长产生的主体基础

出于宗教传播的需要，大学较早在基督教国家产生，大学校长一职随之诞生。从产生起，大学校长就具有公共契约的效力，由学生和教师从“同乡会”中根据资历高低推选教师来兼职担任校长，甚至出现校长由大学所在地的主教进行一种实质性或形式上的“任命”。[②]因此，中世纪欧洲大学校长职务设置与发展在一定程度上是围绕为宗教服务的。

11 世纪开始，意大利、法国和英国先后创立了大学，其大学

① 胡森主编:《国际教育百科全书》(教育管理卷)，教育科学出版社 1992 年版，第 289 页。

② 徐善伟、高天雨:《中世纪牛津大学校长职权初探》，《古代文明》2023 年第 17 期。

校长领导体制受选举方式的影响，一般分为“学生型大学校长”和“教师型大学校长”。产生于1088年的博洛尼亚大学，被誉为“世界大学之母”，是“学生型大学校长”制度的代表性大学。它的成立依照意大利各城市中长期且普遍存在的行会模式构成，校长由在校的山南人团体和山北人团体的学生群体中选举产生，其任期一般为两年①，这就避免了校长权力过分集中，其领导权威能够在最大限度上得到大学所有成员的认可，形成了最初意义上的“校长”。在任职期间，教师任选、学费额度、学时学制等教务工作均由校长决定，这一体制为西班牙、葡萄牙等国家的大学校长的任命提供了借鉴。

产生于1200年的巴黎大学是“教师型大学校长”制度的标志性大学。13世纪末，巴黎大学文学院院长出任校长一职，标志着“巴黎大学是学者掌管的大学”②。这为当时的英格兰、苏格兰、瑞典等欧洲大学校长制度提供了典范。

（二）西方国家政体奠基了其大学校长的政治职能

中世纪时期，欧洲各地区国王为了维护王朝的荣誉，纷纷致力于培养维护自己统治地位的教士和牧师，并组织和支持他们创办大学。大学校长则在国王与教会的双重属意下产生，既要听从教会的任命与安排，又要接受负责掌管国家教育的“教长”监督。

15世纪到16世纪，受宗教改革运动的影响，大学遭受惨重且巨大的冲击，部分大学由教会机构转变为皇家机构，一些教皇、教会的特许权由国王直接接管，国王对大学校长有着直接任命与完全

① 贺国庆:《大学校长与大学发展》,《教育研究》2013年第3期。

② 贺国庆:《大学校长与大学发展》,《教育研究》2013年第3期。

控制权。1534年英国颁布的《至尊法案》中严明规定，国王是教会的最高元首、拥有任命神职人员等特权。在德国，新旧教派的纷争、人文主义的影响，使德国大学的组织方式、行政管理等由地方学部监管，大学校长多为君主聘用。在法国，宗教改革逐渐淡化了教会赋予大学校长的神职权威，政府任命大学校长的特征鲜明显现。

17世纪到18世纪，大学发展受到资产阶级民主革命的影响，发生了一系列深刻的变革[①]。在17世纪，英国资产阶级最先发动民主革命，摧毁了封建专制制度并建立了资产阶级民主制度，大学校长在资产阶级的大学立足资产阶级发展壮大的需要，开始了一系列改革。对于德国而言，创建于1734年的哥廷根大学在这一时期得到了快速发展，并在18世纪已成为中欧主要的学术和科学中心之一[②]，其成就正是得益于第一任校长——冯·闵希豪生。他以深厚的“学者情怀”支持和鼓励著述丰硕的学者在大学内带领科学研究和学术著作出版，并给予大学教授以优厚的薪资待遇、崇高的社会地位而吸引了大批卓越学者在校内任教，为大学的构建专业、学术的教师队伍提供了各项支持。同时，他还高度注重哲学、历史、语言等人文学科，使哥廷根大学的人文主义研究取得多项殊荣，这一系列举措影响了多所大学建设，特别是在柏林大学中得到了高度重现。对美国而言，这一时期也正值“美国殖民地时期”，其人口构成以欧洲国家为多，以英国移民为主要。特别是在1630年以后，几乎每年都有上千名英国清教徒移

① 贺国庆：《大学校长与大学发展》，《教育研究》2013年第3期。
② 贺国庆：《大学校长与大学发展》，《教育研究》2013年第3期。

民北美[①]，他们为了保留下“旧世界”的文明，在新的土地上大力修建教堂和大学。其中，哈佛学院、耶鲁学院等九所大学参照剑桥大学、牛津大学而成立，其学校性质是传播宗教，教学任务多为解读圣经、传播宗教。在此影响下，校长多由教会中的牧师产生，有着鲜明的英国早期传统。换言之，这一时期，国外大学发展进程参差不齐，而大学校长的发展已经有了较为传统的形式。

宗教和政治之间多年纷争的结果是大学的宗教色彩、宗教功能逐渐削弱，相应的大学校长职位也逐渐显露出学术型、科学型、教育型的肇端，进一步加快了大学的发展。总体来看，以意大利、美国、英国、日本等为代表的国外大学校长的发展历程，一定程度上体现了大学与教会、政府之间关系的转变，与国家政治的分离，大学校长的产生逐渐脱离行政干预，其职责与角色也随之发生新的变化。

二、工业革命以来国外大学校长的发展

近代以来，大学校长的产生不再受到教会干预，在继承中世纪后期大学校长选举方式的基础上，更加民主化和精细化，其产生途径主要通过在大学学院院长中自选、大学董事会进行遴选以及政府任命，相应地，大学也有了高度自选权。从大学校长的权力来看，大学校长对大学发展有着更加至关重要的影响。

（一）工业革命的演进促进了大学校长多样态发展

第一次工业革命以来，生产力快速发展。世界经济格局发生巨大变化，各国对专业知识分子的需求也大大增加。同时，现代国家

① 陈学飞：《美国高等教育发展史》，四川大学出版社1989年版，第2页。

权力的日益壮大、世界自然科学不断发展，经济社会的繁荣发展和资本主义国家相对缓和稳定的国际关系为大学发展提供了空间。大学被赋予完成国家使命的要求。

19世纪初期，西方各国纷纷通过立法及经费资助等途径加强对大学的影响，大学校长的产生与发展程序也进一步得到了完善，由于“国家成为大学教育的资助机构，大学教育开始受到国家的控制，大学也最大程度地体现了国家的意识形态”①。

在德国，洪堡创办的柏林大学，成为德国大学在这一时期的标志性改革事件，也是近代大学诞生的重要标志。1810年，洪堡在职期间与施莱尔马赫等四人组建成立了委员会，专门负责起草《柏林大学临时章程》，对大学的组织结构、教师结构等在继承中世纪的基础上进一步优化，特别强调不设置教师的世袭头衔，各级教师内部也无等次之分，有效遏制了校内教师的地位争夺和优越感。同时，还提出了将学术自由、教学与研究相统一，作为大学办学必须遵守的重要原则。在洪堡的努力下，无数一流专家学者在柏林大学任教、进行科学研究，使大学内养成了“纯粹科学”的良好氛围，培养了学生科学的思维方式与自由品格，对德国乃至世界大学发展都产生了至关重要的深远影响这一变革，“从根本上改变了传统大学只是传授知识的观念、树立了‘传授知识与创造知识相统一’的现代大学理念。”②

---

① 单中惠主编：《外国大学教育问题史》，山东教育出版社2006年版，第325页。

② 胡国铭：《大学校长与大学发展研究》，华中科技大学出版社2004年版，第64页。

在美国，伴随着资本主义的蓬勃发展，这一时期美国进入了历史科学发展的新阶段，教育领域受到德国教育模式影响，美国大学校长在任期间也更加强调研究性，在大学学术上更加追求科学性。1869年，哈佛大学选任了只有35岁的化学家艾略特担任校长一职。他在任职的40年里对大学结构、教师队伍组织结构等进行深刻变革，使哈佛大学的实力实现了重要提升。他卓越的治校能力得到了世人的认可，被誉为“能人校长”。①

20世纪，经济社会发展进入了新阶段，对于科技人才的要求进一步提高，同时大学的职能逐步复杂化、多样化，社会的客观需要推动了大学管理模式的转型发展。大学管理权力逐渐呈现出上移趋势和集中化趋势，外部环境的变化促使大学校长这一职业发生根本变化。最突出的是大学“校长权力加大，在校长负责制上形成了与集体管理方式相结合的大学管理体制，一些国家的大学校长还具有国家公务员的职务身份”②。

在意大利，由于绝大多数大学教育经费来源于政府③，政府逐渐成为大学建设的重要支柱，大学校长的任命与发展在一定程度上取决于政府任命或支撑。

在美国，出于工业革命对专业技术的迫切需要，促使大学改变“重学轻术”的倾向，并要求大学提高服务社会的意识，在技术推广中培养更多合格的工人。1904年，威斯康星大学进一步革新大

---

① 滕大春：《美国教育史》，人民教育出版社1994年版，第521页。

② 王丛漫、邹宏美：《大学校长职业化历史变迁及其本质特征》，《河北学刊》2015年第35期。

③ ［加］约翰·范德格拉夫等编：《学术权力——七国高等教育管理体制比较》，王承绪等译，浙江教育出版社2006年版，第38页。

学教育理念，由万·亥斯提出每个州的大学应帮助政府向公民开展技术推广和函授教育。这在国家和政府层面，将大学与国家发展、人民生活紧密联系起来，赋予了大学新的使命。

（二）资本主义经济体制影响了大学校长职能演变

随着高等教育逐步开始了市场化发展。为更好的寻求社会支持，大学校长开始带领大学面向市场。

对于美国而言，其在大学设立以外行为主体的董事会，并将其作为学校的法定代表机构和最高治理权威。由于董事会绝大部分成员来自校外，主要职责是制定学校大政方针，并不具体干预学校的行政事务。校长作为董事会领导下的首席执行官，全面负责管理学校内外部事务，并向董事会负责。[①]

对于法国和德国而言，大学校长管理权限及校内管理程序逐渐规范化，各国校长权力多以立法形式确立下来。无论是法国颁布的《高等教育方向指导法》还是德国颁布的《高等教育总纲法》，都从政策上清晰界定了校长独立决策的权力和边界范围。在外部生存压力及内部管理与效率提升需要的共同促进下，大学校长的职权更多，地位更高，校内管理也更加程序化。如法国规定大学校长由理事会产生，需对理事会负责；德国大学校长则由校务委员会选出，通过评议会和咨询委员会行使权力并受其监督。

随着经济社会发展，大学的科研责任日益突出，选择学者型校长是顺应大学发展和时代需要的选择。在两次工业革命后，资本主义社会经济发展进入了一个新阶段。大学校长成为高等教育发展进

① 王丛漫、邹宏美：《大学校长职业化历史变迁及其本质特征》，《河北学刊》2015 年第 35 期。

程中举足轻重的一个因素，更多作为学校的实际管理者，肩负起了促进学校发展、学术研究的重任。

三、21 世纪以来国外大学校长的发展

21 世纪以来国外大学校长的发展，在经济全球化等的影响下出现了新变化。全球化趋势日益加深，推动大学校长工作不再局限于校内，不仅只对内需要处理大学内部运行，还不断延伸至校外，不断协调大学和地方、和企业、和社会之间的关系，在国际合作与分工日益完善的背景下，还需要引导大学积极参与国际交流，在国际竞争中促进学校发展，这样就要求大学校长必须具备国际视野。

从法国来看，2007 年颁布实施的《大学自由与责任法》和 2013 年颁布实施的《高等教育与研究法》掀起了国内大学教育体制的重大改革，以法规的形式给予大学更多自治权，进一步扩大了大学校长的责任与权力。

受经济、科技飞速发展的影响，公民对大学发展的期待更高，对大学校长提出了相应更高的要求。科学技术的发展促进了大学校长与政府、社会的密切联系。随着各国对学术研究的重视，以及大学职能、组织形式的调整和发展，要求大学校长能为大学发展提供广泛的学术领导。

纵观西方大学校长发展的历程，可以窥见，大学校长与大学发展之间有密不可分的紧密联系，即大学因大学校长而辉煌，大学校长因大学而成名。

第四节　中外大学校长发展的启示

纵观自高等教育和现代大学产生以来中外大学校长的身份、职能、责任变化，以及同政府、社会各方关系的演进，可以发现大学校长的发展是同经济社会发展相适应的过程，是在社会主流意识形态指导下弘扬优秀文化和人类文明的过程，是顺应高等教育事业发展和世界潮流发展趋势的过程。纵览古今中外大学校长的发展历程演化，可以获得诸多具有规律性的认识。

一、大学校长必须顺应社会经济发展要求

大学是促进经济社会发展的重要机构，始终为经济社会发展注入源源不断的动力和活力，提供智力支撑。大学校长作为经济社会发展的产物，与经济社会发展紧密相连。

（一）大学校长的发展受制于社会经济的发展

经济社会发展是生产力发展的必然结果，是不断满足人类生存和发展需要的前提和基础，更对人类社会发展的一切变化与动向有着至关重要的决定性意义。因此，经济社会发展也无一例外地影响着大学校长发展变革，并成为制约大学校长发展的关键因素。

经济社会的变革决定了大学校长管理体制的变革。就目前而言，各个国家大学教育入学率的动态变化情况，以及精英教育、大众教育及普及教育的阶段划分，在一定程度上反映出不同国家社会历史和现实的社会经济发展水平。大学从封闭走向开放、并从一国走向世界，大学校长的职能不断拓宽。高等教育已经成为推动经济发展的重要因素，社会发展也离不开大学校长的办学治校作用。

经济社会制度体制发展改革决定大学校长工作性质和目标。如美国政治上的高度分权的联邦体制决定其大学校长的分权管理体制，法国大学教育集权管理模式又是其政治上中央集权在大学校长中的具体体现。就我国而言，改革开放后 1985 年实施的《中共中央关于教育体制改革的决定》中指出："当前高等教育体制改革的关键，就是改变政府对高等学校统得过死的管理体制，在国家统一的教育方针和计划的指导下，扩大高等学校的办学自主权，加强高等学校同生产、科研和社会其他各方面的联系，使高等学校具有主动适应经济和社会发展需要的积极性和能力。"[①] 以普通的行政干部定义大学校长群体已经不能满足高等教育事业发展的需要。

（二）大学校长的发展离不开生产力的发展

生产力决定生产关系，生产关系是否科学，深刻影响着人类社会发展进程。教育的发展最基本的就是要受生产力和科学技术发展水平的制约。大学校长必须始终关注生产力发展状况，关注科技革命的趋势。教育发展的规模与速度、学校培养目标和培养规格、大学的专业设置和课程教材选用等都要受当前生产力发展水平的制约。

在过去生产力不发达的情况下，为充分利用有限资源，实现高等教育发展，大学校长依附于政府。随着生产力的发展，在市场经济的作用下，人才作为一种资源，也参与了市场配置。经济发展方式和经济水平的提高必然引起高等教育的变革发展。大学作为社会活动的组成部分，大学校长作为大学的关键主体，要顺应时代发展趋势，不断增强自身时代意识，促进经济社会场域中教育、科技、

① 萧宗六、贺乐凡主编：《中国教育行政学》，人民教育出版社 2006 年版，第 60—65 页。

人才的融合发展。

（三）大学校长的发展得益于社会分工的细化

新中国成立以来，中国共产党对经济体制进行了多次深刻变革，中国经济发展速度、综合国力和人民生活水平实现了前所未有的跃升，创造出了世界经济发展史上一个又一个的“中国奇迹”，大学作为社会中的一个单元，大学校长要推动大学不断为社会创造出丰富的财富。

经济全球化带来了社会分工的深入和细化，已经成为不可逆转的趋势，教育领域也融入进了社会分工之中。根据《服务贸易总协定》，“教育服务”是其中的重要部分。这要求大学校长积极拟定大学发展规划，更为充分考虑开放发展的需要，而这一切都需要大学校长有国际化视野、有国际化的办学理念，瞄准世界发展的需要。这也要求了大学校长要主动融入、顺应、推动经济全球化的发展。

二、大学校长必须与社会主流意识形态相统一

不同意识形态指导下的大学校长群体呈现出不同的发展逻辑，甚至在任选、职责、权力等方面有着截然不同的体制机制，大学校长应顺应国家意志和维护国家利益。

（一）社会主流意识形态影响大学校长的角色定位

一个稳定、和谐、充满活力的政治环境，能够充分调动起大学校长的工作激情和热情，同时也能最大限度发挥大学校长的作用。建立具有“党委领导、校长行政、教授治学、民主管理”的特征[①]

① 张增泰：《关于建立现代大学制度的思考》，《工会理论研究》2005 年第 2 期。

及“开放性、民族性、国际性、适应性等的特性”[①]的大学体制，成为我国转变大学校长角色的动能之一。这就要求大学校长厘清大学与社会，大学校长与大学的关系，提高高等学校内部管理效率等。

（二）社会主流意识形态影响大学校长的管理模式

我国实行人民代表大会制度的政体，实行中国共产党领导的多党合作和政治协商制度、民族区域自治制度、基层群众自治制度等基本政治制度，巩固和发展最广泛的爱国统一战线，形成了全面、广泛、有机衔接的人民当家作主的制度体系，构建了多样、畅通、有序的民主渠道。[②]在这背景下，大学的管理体制形成了党委领导下的校长负责制，同时伴随着民主、法治的发展，教代会、团代会、学代会等各类代表大会在大学治理中的地位和作用逐步提高。要实现高等教育现代化，大学校长在这过程中有着重要地位。大学校长要推动大学治理体系和治理能力的现代化，在全面深化改革的重大战略背景下，在党委领导下，群策群力，推动大学深化改革，以改革提升活力、以改革促进发展。

（三）社会主流意识形态影响大学校长的服务内容

大学校长在管理大学时必须要注重防范化解意识形态风险、维护高等学校意识形态安全，在校园内要始终做到“以生为本”，站稳师生立场，促进高等学校环境健康有序发展，让师生在校内切实

① 王洪才：《论现代大学制度的结构特征》，《复旦教育论坛》2006年第1期。

② 《不断发展全过程人民民主——论学习贯彻习近平总书记中央人大工作会议重要讲话》，《人民日报》2021年10月17日。

体会到获得感、幸福感和安全感。当今世界进入大变革大调整时期，面临大变局，防范化解意识形态风险需要依靠师生共同努力，要以增强师生“四个自信”为重点，防范意识形态风险。

三、大学校长必须与先进文化发展方向相承接

大学是传播和发展先进文化的重要机构。坚持先进文化发展方向对大学校长的治校理念、治校原则等各个方面都有广泛的影响。

（一）先进文化影响着大学校长的办学理念

大学校长的办学理念代表着一个国家的先进文化，是在大学校园这一特定环境中与所有大学成员共同形成的一种约定俗成的物质财富和精神财富的总和。这一先进文化既能满足一所大学的办学方针、办学特色、学术氛围等要求，又能满足一所大学长期发展的战略目标、群体意识、价值观念和行为规范等需求。

先进文化对大学校长办学理念的形成具有十分广泛、复杂、多方面的影响，它既是大学校长办学理念产生的决定性影响因素，也与大学校长理念处于相互包容的关系状态中。纵观古今中外大学校长的办学理念可以发现，中外大学校长办学理念的基本要素往往是一个国家先进文化中那些最基本的、相对稳定的、符合大众认同的部分。

（二）先进文化的发展支撑着大学校长的发展

先进文化是代表人类文明前进方向，体现社会发展一般规律的人类精神财富和物质财富的总和。先进文化的发展是人类推进“认识世界和改造世界”的社会实践活动的重要目的，同时也是在先进经济基础之上，受到优秀传统文化深刻影响的社会实践活动。在当

代中国的场域下，先进文化即是中国共产党所领导的中国特色社会主义文化，其内在包含了中华优秀传统文化、革命文化和社会主义先进文化三大组成部分。

先进文化的发展即是中国特色社会主义文化的发展，又是以培育和践行社会主义核心价值观为根本内核的文化实践的广领域开展与深层次推进，也是社会主义文化事业、文化产业的繁荣兴盛。先进文化的发展既是大学校长个人发展的现实必须，更是大学办学治校的重要使命。先进文化的大发展大繁荣是大学思想文化发展的重要基础，更是校长实现自身发展的重要支撑。

（三）大学校长的发展促进先进文化的传播和发展

传播、发展主流文化是一所大学发展的灵魂所在，也是一所大学校长发展的软实力和潜在能力的集中体现。

大学校长通过协调、规范大学组织的内外部关系，以保证大学的文化地位，从而使大学更好地履行其文化传承及文化创造的职责。[①] 这就使大学校长的发展成为传播和发展主流文化的关键过程。大学校长对先进文化的选择与取舍范围，势必影响一个国家先进文化的内涵及其发展状况。

四、大学校长必须与高等教育发展方向相一致

大学校长的发展与高等教育的发展休戚相关，现代高等教育的精准化、综合化、系统化发展方向决定了大学校长必须与之保持一致，在工作内容、职权分布等方面因时而进、因势而新。

---

① 张应强：《论现代大学制度建设的文化取向》，《高等教育研究》2002年第11期。

（一）大学校长的工作必须精准化

大学校长的工作内容精准化体现在大学教学、管理等各方面中，包括办学目标、办学特色要清晰明确，对学校各组织之间的统筹要细致入微，对各学院教学质量的监督要精准到位，以及对师生的管理要坚持以人为本，注重以精细的手段，协调各方力量，调动广大师生的主动性、积极性和创造性，为师生创造良好的校园环境。

在科研管理上，不仅要注重宏观上的引导，同样也要注重精准服务。在科学研究上，大学校长常作为科学研究的领军人物，这就要在工作的同时，注重对科学研究的关键环节把握精准，从而保证有组织科研的顺利实施。

（二）大学校长的工作必须综合化

大学越来越注重培养学生的综合素质。培养具有跨学科、跨领域的复合型人才成为各国大学追求的目标。学科的交叉、综合，特别是自然科学、社会科学、人文科学的交叉、渗透、融合，成为大学校长必备的综合素养。此外，大学校长工作的综合化也不仅仅停留在一个学校的校长工作层面上，而是需要推动校际资源的有效整合。

（三）大学校长的工作必须系统化

现代高等教育的系统化发展方向愈发明晰，高等教育内部的系统整合、运转，高等教育与社会系统之间的配合、运行等，都要求大学校长必须坚持系统化的思维方式和工作模式，深刻认识到自身工作与大学办学治校之间的系统关联，切实将系统思维贯穿于工作的各个方面，既要保证大学人才培养、科学研究、社会服务、文化传承创新、国际交流合作各项职能之间的系统联动，更要确保大学教学、行政、后勤等方面工作的系统支撑，更要实现大学小系统与社会大系统之间的整体联动。

五、大学校长必须与世界未来发展趋势相符合

在经济全球化和人工智能技术飞速发展的背景下，“教育共同体”成为高等教育发展的重要趋势，我国大学校长必须胸怀天下，在放眼世界中推动大学教育走向纵深，这就必须更好地面向世界、面向未来、面向现代化。

（一）大学校长必须面向世界

随着科技和经济的发展，特别是经济全球一体化和通信、交通技术的发展，国际化成为一个不可抗拒的趋势。在 20 世纪 90 年代后，大学国际化的浪潮兴起，来势之猛、推力之大，对各国大学的发展影响之深前所未有。为与之相适应，大学校长的发展要“面向世界”，大学校长的工作要国际化，并在大学办学理念、管理服务、规章制度等宏观方面体现出来，同时也在对教师、学生、教学、科研、国际交流与合作等业务的微观方面有所体现。作为大学主体的大学校长，其国际化、复杂化的变化趋势，必然对教学、科研、管理乃至规章制度建设、人才培养等大学工作带来新的挑战。世界各国的社会经济还将进一步演变。这就要求大学校长要放眼世界，探索解决人类所共同面临的世界性重大问题；就要求要在大学的宏观建设中突出人类命运共同体教育、生态环境教育、世界和平与发展教育等，帮助大学生对全球发展、全球安全等有科学认识。

（二）大学校长必须面向未来

大学校长的职责特点决定了大学校长要着眼于“面向未来”，这也是立足大学的持久发展的需要。“十年树木，百年树人”，就大学校长的工作本质而言，大学校长本身就是“面向未来”的职业。大学校长要从历史的、长远的、战略的眼光出发，前瞻性做好大学建设工作，使得大学教育更好满足长远发展的需要。

纵观古今中外大学校长发展历程，可以看出，大学校长的办学无一不是遵循某一时期社会发展的未来趋势而兴办各类大学。中国的大学校长应面向中国的未来，为民族复兴而奋斗。面向未来应当成为衡量一名合格的大学校长的必备素质，这既有助于带领大学发挥出大学的社会效益，又有助于带领大学释放创新创造的动能。

（三）大学校长必须面向现代化

以大学现代化发展为重要内容的教育现代化是新征程上建设现代化国家的重要组成部分。纵观大学校长的发展史，可以发现，大学校长的现代化发展是大学现代化发展的重要指向，有力引导着大学进行现代化建设。

一方面，要从经济社会高质量发展的支撑性要素向引领性要素转变。实现产学合作是世界范围内各级各类大学发展的风向标，对应用导向的应用型大学而言更是尤为重要。这就要深入研究和实践产学合作的内容、方式，并形成具有操作性和指导性的大学校长制度。

另一方面，又要抓住区域发展机遇，切实服务于区域经济社会的发展。我国大学校长要同地方的经济发展密切结合，在国家经济发展与人才培养的背景目标下，充分考虑到地方的发展需求，满足地方经济、地方产业对人才的需求，积极同地方产业、企业开展院企合作、校企合作，提供优势智力资源；与此同时，大学做好与政府、企业、市场互动的同时，要善于调动一切社会资源，做好社会服务，打造良性的区域合作关系网络，进而获得更多的支持和资源，实现共同发展。

六、大学校长必须引领新技术的发展

随着科学技术的迅速发展，大学校长必须在思维上、观念上及时更新，在大学教学、科研、管理等方面推动创新发展。

（一）大学校长必须树立与时俱进意识

当今时代，人类社会正处于第三次工业革命向第四次工业革命飞跃的关键时期，随着网络信息技术的快速迭代，以大数据、人工智能等新兴技术为代表的数字技术潮流方兴未艾，深刻影响着人类社会实践的各个方面，特别是对于高等教育的影响尤为巨大，是对于传统高等教育时空场景、现实条件、主体观念、方法体系的全方位、深层次变革。大学校长必须牢固树立正确的技术意识，明确新兴技术手段对于高等教育发展和大学办学兴校的战略价值，能够全面、辩证地认识技术发展问题，进而引领大学办学治校持续融入新技术潮流之中。

（二）大学校长必须重视对大学进行数字化管理

大学校长的工作繁多，管理难度较大。这就要充分利用信息技术等现代化手段来优化管理。网络信息技术能为大学校长的日常事务处理、管理学校相关事务等工作提供各种更为先进的手段。信息技术飞速发展，开发出更多的有效管理软件成为客观需要。大规模在线管理、在线沟通的背景下，大学校长必须重视深化对大学的数字化管理，彰显出高效性、互动性强等特点。

（三）大学校长必须推动智能化大学建设

大学校长要重视大学新型基础设施的智能化建设。今天，“互联网 +”、融媒体、人工智能等新科技成为世界各国大学教学、管理等必须使用的技术。人类已经进入智能化时代，整个世界连成了一个“地球村”，这改变着大学管理的交往方式、学习方式、工作方式、生活方式。智能化系统已经成为大学高效有序运行不可或缺的基础支撑。加强对宽带网络校校通、优质资源班班通、网络学习空间人人通等建设，以多媒体教学、网络课堂、“慕课”等手段来推进大学教学改革、培养新型人才也是大学校长工作的现实需要。大学校长要重视大学科研教研工作的智能化推进，包括智能化实验室、实训平台等建设。大学校长要在智能化发展中不断完善自身，以与时俱进来推动大学的发展、推动高等教育事业的发展，从而更好地促进社会的文明进步。

第四章　大学校长的功能论

在以中国式现代化全面推进中华民族伟大复兴的历史进程中，以高水平高等教育支撑教育强国建设，在党和人民事业发展中，影响深远、意义重大。大学校长作为我国高等教育事业的重要构成要素，在推进“建设中国特色、世界一流大学”战略中发挥着重要影响，是引领大学发展方向、集聚多方资源、推动办学治校的关键领导力量，具有实现和保证大学系统运行、提质增效的重要功能。在大学校长学的整体研究框架中，大学校长的功能论是从理论维度把握大学校长“是什么”的重要构成，更是立足大学校长与大学办学治校、高等教育发展乃至国家经济社会发展的统一，是从哲学层面探究大学校长的积极意义与有用性的题中应有之义。

大学校长的功能论聚焦大学校长本身所应当具有的功能效用问题，旨在通过理论、历史与现实三维视角的辩证统一，形成对于大学校长的功能“何以具有”“何以形成”“何以体现”以及“何以发挥”等问题进行系统性阐释，即在深入分析大学校长功能的生成依据的基础上，对大学章程所规定的大学校长功能展开解析，进而探讨大学校长功能的主要体现，最终以大学校长功能的充分发挥为逻辑落脚。

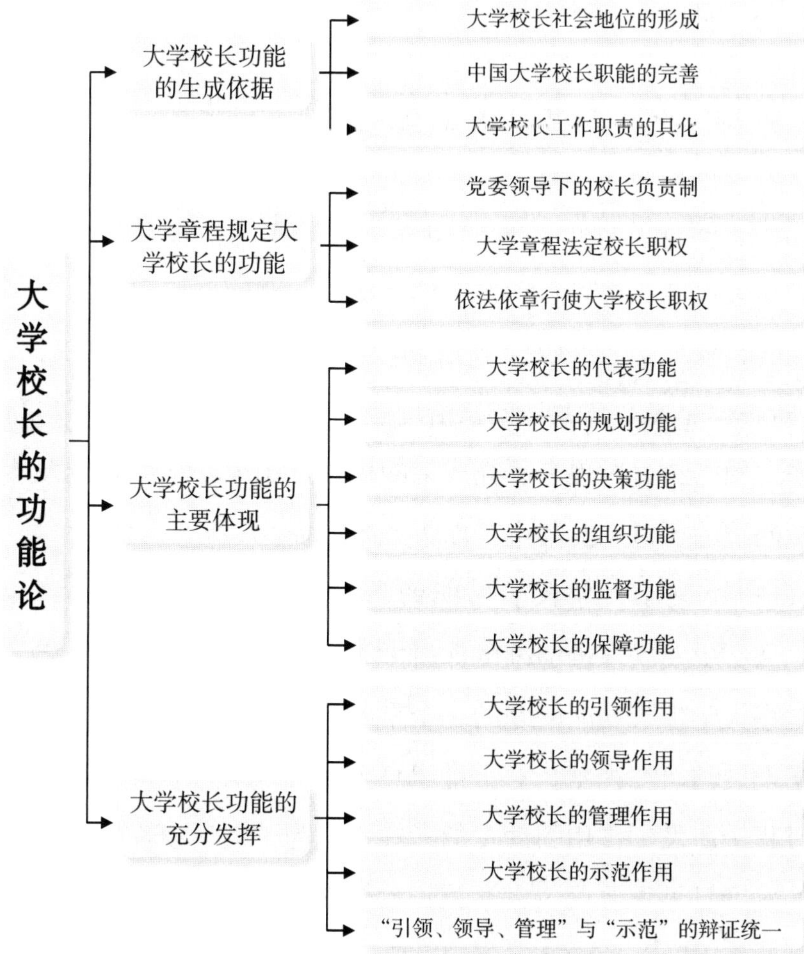

图 4-1　大学校长的功能论结构

第一节　研究的综述

大学校长功能是大学校长学问题域中的重要内容，其立足高等教育发展的历史背景，以及大学办学治校的具体实践，聚焦于大学校长的功效、价值等现实问题，引起了学界的广泛关注和深入探讨。

一、研究的现状

在中国知网（CNKI）以“大学校长”+“功能”“作用”“效能”等为关键词进行主题检索，总共得到53条检索结果，其中与研究主题相关的直接研究成果为13条。在国家图书馆、超星图书馆等进行相关检索，学界对于大学校长功能问题的探讨，散见于《大学校长的教育理念与治校》(眭依凡,2001)、《中国近代大学校长研究》(程斯辉，2010)、《大学校长治理能力提升机理》（王飞，2023）等著作之中。经过对现有研究成果的梳理，国内外学界对于大学校长功能问题的探讨主要集中在以下三个方面。

（一）关于大学校长功能的历史发展研究

从历史发展演进的维度探讨大学校长功能的形成、变化，是学界考察大学校长功能问题的一个重要维度，贺国庆立足大学校长与大学发展的研究视角，对中世纪直至近代以来，大学校长在大学发展过程中所发挥作用的演变的考察，认为“大学校长的作用随着大学的发展日显重要……大学校长治校理念和能力对大学的发展起着关键的作用”①。徐善伟、高天雨聚焦中世纪牛津大学校长的职权问题展开了研究，认为“牛津大学校长职位从1214年之后走向制度化……校长由此成为拥有高度自治权的大学的象征和代理人，具有崇高的荣誉和权威性”②。

---

① 贺国庆:《大学校长与大学发展》,《教育研究》2013年第3期。

② 徐善伟、高天雨:《中世纪牛津大学校长职权初探》,《古代文明》2023年第2期。

（二）关于大学校长功能的具体表现研究

大学校长在大学办学治校的过程中具体有“哪些作用”，发挥“什么职能”，成为学术界关于大学校长功能问题探讨的重点。孟东方认为大学校长的功能问题，其本质在于解决大学校长怎么发展大学的核心问题，其具体表现为落实大学根本任务、涵养大学精神家园、夯实大学主体力量、构筑大学关键支撑、提升大学办学能力、完善大学建设条件、巩固大学发展任务、造就名生名师，提升大学名气①。有学者认为，大学校长具有组织作用、决策作用和引领作用②。有学者从法定权责的角度指出，校长的职能包含组织领导权、决策权、人事权、管理权和监督权③。还有一些学者关注了大学校长功能的具体表现，如眭依凡认为改造大学是大学校长不可放弃的责任④；李树认为现代大学校长应当是职业的管理者⑤；冯建明认为大学校长应当具有教育家的职能属性⑥；孟洁、袁广林认为大学校长应当具有高等教育的研究职责⑦；陈运超认为大学校长应当履行社会责任⑧等。

---

① 孟东方：《大学校长学：新时代高等教育发展下的新学科》，《中国教育科学（中英文）》2022 年第 3 期。

② 张楚廷：《论大学校长》，《高等教育研究》2009 年第 7 期。

③ 陈金圣：《大学校长之法定权责、履职路径与保障机制》，《教育发展研究》2016 年第 23 期。

④ 眭依凡：《改造大学：大学校长不能放弃的责任》，《教育研究》2023 年第 11 期。

⑤ 李树：《现代大学校长的身份定位——职业管理者》，《教育研究》2005 年第 5 期。

⑥ 冯建明：《教育家：大学校长的科学定位和理想诉求》，《中国高等教育》2010 年第 19 期。

⑦ 孟洁、袁广林：《大学校长：成为高等教育的研究者》，《教师教育研究》2006 年第 2 期。

⑧ 陈运超：《大学校长的社会责任》，《国家教育行政学院学报》2010 年第 2 期。

（三）关于大学校长功能中外比较的研究

立足比较视角，对中外大学校长的职能展开对比研究，也是学界关于大学校长功能问题研究的一个重要方面。有学者考察了英国大学校长的职能问题，认为现代英国大学的职能由现代英国大学功能与任务的多样化，以及社会背景复杂化所决定，英国大学校长承担着处理好大学教育与商业化关系的使命①。有学者对英美两国大学校长的职能进行了比较研究②，还有学者对中美大学校长的权责结构进行了比较研究等③。

二、研究的总结

学术界目前对于大学校长功能问题的研究取得了一定的成果，对大学校长功能的历史发展、具体表现以及中外比较等问题展开了较为深入的探讨，为本课题的研究展开提供了有益的借鉴。国内外学术研究对于不同时期大学校长具有什么样的功能，以及在大学的发展历程和大学校长的发展历程之中，对大学校长的功能完善进行了历史梳理和学术凝练，对于大学校长总体功能以及普遍功能有了较为丰富且成体系的研究。众多学者围绕现代化大学建设之中，大学校长的角色以及其功能作用的发挥开展研究，将大学校长的功能论同大学校长能力、角色以及发展等领域研究结合起来，围绕大学

① 吴志功、徐蕾：《英国大学校长角色和职能考察及启示》，《比较教育研究》2005年第10期。

② 陈伟、吕杰、姜懿伟：《英美两国大学校长职能与选聘方式比较》，《外国教育研究》2009年第3期。

③ 陈龙根、张洋、张榕：《中美大学校长权责结构比较研究》，《黑龙江高教研究》2014年第10期。

校长这一主体开展研究，形成了相对完善的研究体系，并对大学建设实践中，大学校长功能作用的发挥提供了理论指导。同时，学术界立足中国大学校长这一主体，通过对比研究的方式，把中外大学校长的功能进行对比研究，拓宽了大学校长功能的研究视野，同时找出了研究的不足，为大学校长功能这一领域的研究提供了更多维度。

三、研究的启示

基于对现有学界研究成果的梳理，可见学界现有研究成果存在四个方面的不足：第一，对于大学校长功能的生成依据揭示不够，特别是对于中国特色社会主义制度背景下，大学校长功能的生成依据的认识，还有待进一步深化。第二，对于大学校长功能的形成过程研究不足，尚未形成较为系统的对于现代大学校长职能发展演进，尤其是中国特色社会主义大学校长职能发展演进的历史梳理。第三，对于大学校长功能的具体体现的梳理仍不系统，鲜见整体性、系统性描绘大学校长功能“有什么”的研究成果。第四，对于大学校长功能实践发挥认识不深，在办学治校的操作层面如何更好地发挥大学校长的功能，学界目前对此的回答仍有欠缺。所以，本章的研究将立足学界现有研究成果的薄弱处，开展对于大学校长功能问题的较为整体性、系统性地探讨。

第二节　大学校长功能的生成依据

大学校长是大学办学治校实践的组织者，也是大学与外部世界的重要连接者和沟通者。基于新时代新征程上中国大学内涵式发展的迫切需要，切实从学理层面深刻把握大学校长功能何以生成，即大学校长功能的生成依据问题，是从整体上理解大学校长功能的重要构成与逻辑起点。

一、大学校长社会地位的形成

纵观大学发展史，不难发现，大学校长的社会地位是随着政治、经济、文化以及高等教育的发展，和人们思想认识的转变而不断演进的。随着大学的形式性质、办学规模、教育职能逐渐变化发展，大学校长的社会地位也逐渐变化发展。

从学术建树和文化传承发展来看，大学校长由学术造诣和科学文化素养高的人担任，是大学学术水平与文化品位的象征。从内部治理发展来看，随着大学办学规模逐渐扩大，大学校长承担了更多管理职责和功能。从开放发展来看，大学与社会的联系日益紧密，大学需要从外部整合更多资源，助力发展，大学校长在促进社会服务和交流合作上有着重要的地位。

大学校长社会地位形成的背后，反映的是大学教育和大学本身在规模、结构、质量、效益等多方面的发展。从只关注大学内部管理到逐渐走向公众视野，增强与外部力量的交往，成为大学校长职能发展的趋势。

二、中国大学校长职能的完善

中国大学校长的职能是随着高等教育的发展、高等学校自身功能不断丰富、高等学校治理结构的变化而不断发展完善的。

清末时期，北京的京师同文馆和天津的中西学堂为我国近代大学的雏形，大学校长职位也由此逐渐演变产生。京师同文馆的最高决策权在总理衙门，而类似于校长职务的“提调”，主要职责为执行总理衙门的各种决策和决定，不能算真正意义上的行政负责人，而由外国人担任的“总教习”实际上履行着打理学校日常事务的角色。中西学堂情况与之类似又有不同，学堂由总办和总教习分别负责行政事务与教学事务，成为事实上的双校长设置，重大决策，由二人商办。[①]后清政府颁布《奏定大学堂章程》，规定大学总监督为专管京师大学堂事务的负责人即校长[②]，是校内事务的负责人，《奏定大学堂章程》还简单罗列了其对内对外两方面的职责，更多的是履行监督职能，而教学、行政等事务由教务、教习等负责管理。这一阶段的“学堂”实际管理者为政府，校长是政府政策的执行者和校内事务的监督者。

民国时期，随着北京大学堂改名为北京大学校，学校的最高负责人正式被称为校长，在《大学令》中规定大学校长“总辖大学全部事务”[③]，并明确了大学校长对外对内工作职责，对外要对教育部和教育总长负责，汇报大学的管理情况，特别要就特定人员的聘任进行报告，对内主要包括分科、教务、附属部门事务的管理、学生教育、教学、训育、学校庶务及对教职员工进行考核等，[④]这一阶

① 石德才:《近代以来我国公立大学校长职责的历史嬗变——以文本性规定为中心的整体考察》,《上饶师范学院学报》2016 年第 4 期。

② 舒新城编:《中国近代教育史资料》(中册)，人民教育出版社 1981 年版，第 572 页。

③ 潘懋元、刘海峰编:《中国近代教育史资料汇编：高等教育》，上海教育出版社 1993 年版，第 375 页。

④ 石德才:《近代以来我国公立大学校长职责的历史嬗变——以文本性规定为中心的整体考察》,《上饶师范学院学报》2016 年第 4 期。

段，学校拥有更多办学自主权，校长职能扩大。

新中国成立至改革开放前，政府规定大学校长由国家进行任命，大学校长对中央教育主管单位负责，是学校行政的最高负责人。随后教育部颁布《高等学校暂行规程》，规定大学实行校（院）长负责制，并明确包括“代表学校”“领导全校（院）一切教学、研究及行政事宜”“领导全校师生及教职员工政治学习”“人事任免”“批准校务委员会决议”等五项校长职责，其中对全校教职员工与学生开展思想政治教育工作，成为社会主义建设初期大学校长的首要职责。

改革开放实现历史性转折，我国高等教育也发生深刻变革。特别是《中华人民共和国高等教育法》颁布，规定高等学校的校长全面负责本学校的教学、科研和其他行政管理工作，并以列举的方式规定了大学校长制定战略规划、组织教学科研活动、机构设置与人事任免、实施奖励或处分、经费管理、章程规定的其他职权等六个方面的职责。党的十三届四中全会后，党中央确定高等学校全面实行党委领导下的校长负责制。2014 年，中共中央办公厅印发《关于坚持和完善普通高等学校党委领导下的校长负责制的实施意见》，规定校长为学校的法人代表，在学校党委领导下，贯彻党的教育方针，组织实施学校党委有关决议，行使高等教育法等规定的各项职权，全面负责教学、科研、行政管理工作。①

① 《关于坚持和完善普通高等学校党委领导下的校长负责制的实施意见》，《中国教育报》2014 年 10 月 16 日。

三、大学校长工作职责的具化

大学校长作为一种岗位和职位，其工作内容就是按照大学工作的规律和大学运行机制，履行好全面负责教学、科研、行政管理工作之职责。

大学教学工作以大学教学理念为指导，遵循大学教学管理制度等条例，通过大学教学过程、方法、评价等内容，保障和提高大学教学质量，教学工作在大学工作中居于基础地位，是人才培养的主要途径。① 大学校长应主要围绕学科专业建设、教学计划实施、教学质量评估和教学软件管理等工作，提升和促进教学条件、内容、方法、制度、评价体系的不断优化，用教学工作的提升来促进大学人才培养水平和人才培养质量的不断提高。② 大学校长要带头推动形成浓厚学习氛围，全面落实校院领导、教授专家与学生常态化沟通等制度。③

大学科研工作是大学从完善科技创新体系、加快实施创新驱动发展战略的全局出发，根据国家和地方经济社会发展需要和大学自身发展需要，有目的、有组织、有计划地开展的科学研究工作，科研工作在大学工作中居于支撑地位。大学校长应对科研过程中的人、财、物、时间、信息等进行科学性、规律性的组织、计划、控制和监督，实施科研工作组织、管理、评价以及体制创新，促使最大效率完成科研工作目标。④ 大学校长要加强对科研的规划和指导，

① 孟东方等:《大学工作学》，人民出版社 2016 年版，第 197 页。
② 孟东方等:《大学工作学》，人民出版社 2016 年版，第 198 页。
③ 孟东方等:《大学工作学》，人民出版社 2016 年版，第 204 页。
④ 孟东方等:《大学工作学》，人民出版社 2016 年版，第 205 页。

形成“学科、人才、科研”三者联动建设发展，促进标志性科研成果为学科建设服务。

大学行政管理工作是根据大学日常运行的需要，以承担大学内部师生员工全方位管理服务为主要内容，保障大学安全稳定和后勤保障等正常有序的重要工作。要强化师生员工的责任担当，开展“定编、定岗、定员”工作，实行教职员工聘期合同管理，进一步落实聘期岗位职责和任务。要根据教学、科研、人才培养的需要，抓好内部师生员工的教学、实践、生活等各方面保障与服务，做好对餐饮、公寓、能源、绿化、资产经营、安保、修缮、基础建设等烦琐而庞杂的后勤工作的组织管理与统筹协调①，以此改善办学条件、保障大学日常稳定运行。

第三节　大学章程规定大学校长的功能

大学章程是大学开展内部治理的纲领性文件，是大学根据国家法律和各类政策法规文件，依法设置的关于大学自身性质、办学模式等的规范性文件，处于大学内部制度体系的最高统领，是大学依法自主办学的规范。大学章程是大学开展内部治理的指导性文件，对于大学办学治校实践活动具有引领地位，从根本上规定了大学校长的功能问题。在中国特色社会主义大学的现实环境下，我国大学章程明确规定了党委领导下的校长负责制这一根本领导制度，明确强调大学校长必须遵循大学章程行使职权，必须

① 孟东方等：《大学工作学》，人民出版社 2016 年版，第 211 页。

依法依章行使职权。

一、党委领导下的校长负责制

党委领导下的校长负责制，是党管高等学校的核心内容和根本制度，是中国特色现代大学制度的核心和高等学校的领导体制，是符合中国国情和发展实际的必然选择，是中国共产党带领下的高等教育事业不断深化改革发展的必然结果。它的形成和提出有一个不断探索和实践的过程，有完整的体系和丰富内涵，有完善的运行机制和实现路径。对党委领导下的校长负责制进行探究，有助于进一步规范行使校长职权，有利于在新形势下进一步坚持和完善这一制度，实现高等学校科学发展。

（一）我国高等学校领导体制的历史变迁

新中国成立后，对高等学校的基本定位为隶属于政府的事业单位[①]，对高等学校的领导管理最初为全面照搬苏联，后又学习欧美模式，并逐渐探索建立了中国特色高等教育管理体制。高等学校的领导体制大致经历以下五个阶段的调整和演变并最终定型。

第一，党委领导下的校务委员会制。伴随着社会主义改造的完成，我国进入社会主义社会，社会主义基本制度在我国的基本确立，党在教育领域尤其是高等教育领域的组织领导体系逐步完善，社会制度的变化要求进一步加强党对于我国高等教育事业的领导。1958 年，党中央和国务院联合印发《关于教育工作的指示》提出，高等学校实施“党委领导下的校务委员会负责制”，全国众多高等

① 谢安邦编：《高等教育学》（修订版），高等教育出版社 1995 年版，第 135 页。

学校召开首次党员代表大会，选举产生学校党委，不断健全党对高等学校领导的组织体系。

第二，党委领导下的以校长为首的校务委员会负责制。在总结新中国成立以来我国高等教育事业发展历程的基础上，1961 年《高教六十条》发布，提出高等学校应实行“党委领导下的以校长为首的校务委员会负责制”，这一规定对于明确高等学校内部党委和校长关系进行了明晰，同时对于高等学校的领导体制进行了规定，表明我们开始对于高等学校内部权力划分的探索，为今后构建中国特色的大学领导制度打下了基础。

第三，党委领导下的校长分工负责制。1978 年出台的《高等学校暂时工作条例（试行草案）》规定高等学校实施“党委领导下的校长分工负责制”，这对于加强党对高等学校的领导、快速恢复高等学校秩序，起到了重要作用，但党委陷于具体事务、校长职责不清等缺陷也逐渐暴露①。

第四，校长负责制。1985 年，《关于教育体制改革的决定》提出“学校逐步实行校长负责制，有条件的学校要设立由校长主持的、人数不多的、有威信的校务委员会，作为审议机构”。同时规定高等学校党委要将精力投入到党的建设和思想政治工作中，使党委与校长领导下的行政团队关系进一步明晰，这是党委组织与行政团队共同治理高等学校的开端。

第五，党委领导下的校长负责制。1990 年，《中共中央关于加强高等学校党的建设的通知》颁布，以政策文本的形式提出普通高

① 马广见、王先俊：《新中国成立初期高校内部治理结构探析》，《安徽师范大学学报（人文社会科学版）》2017 年第 5 期。

等学校应实行党委领导下的校长负责制。此后，1996年颁布《中国共产党普通高等学校基层组织工作条例》和1998年颁布《中华人民共和国高等教育法》将“党委领导下的校长负责制”这一制度正式确立下来，党对高等学校的领导体制走上了法治化道路。各高等学校就贯彻落实党委领导下的校长负责制进行了多样化的探索，通过规范党委常委会、校长办公会等议事规则及“三重一大”制度等规章制度，将党委领导下的校长负责制作为一项重大制度在高等学校确立并落实，将党委领导和校长负责二者真正的有机统一起来。在高等学校的发展过程之中，加强党的领导，为实现教育现代化和建设具有中国特色、世界一流的大学提供组织保障。

（二）党委领导下的校长负责制内涵

1990年下发的《中共中央关于加强高等学校党的建设的通知》是“党委领导下的校长负责制”最早的政策依据。1998年颁布的《中华人民共和国高等教育法》（以下简称《高等教育法》）正式以部门法的形式将这一制度确立下来。2014年，中共中央办公厅印发的《关于坚持和完善普通高等学校党委领导下的校长负责制的实施意见》（以下简称《实施意见》）则是贯彻落实这一制度的纲领性文件。在上述文件法律和实施意见中对“党委领导”和“校长负责”做出了明确表述，对高等学校党委的领导核心地位、党委会设置、领导班子建设、党政协调配合提出了具体要求，同时从十个方面明确了大学校长职权。党委领导和校长负责处于一个辩证统一的有机整体之中，二者作用的发挥依赖于另一方地位的明确和作用的发挥，理解党委领导下的校长负责制要以系统、整体的方式来看待。

1. 党委领导是本质特征

《高等教育法》对“党委领导”做出了明确表述：在国家举办的高等学校中，党委统一领导学校工作，支持校长独立负责地行使职权。高等学校坚持“党委领导”是中国特色社会主义制度在高等教育领导的体现，是高等教育事业发展的根本保证与鲜明特色。在高等学校内部，党委既居于领导核心，同时也处于治理的核心，是高等学校建设发展的推动力量。学校党委承担管党治党、办学治校主体责任，在政治上、思想上、组织上充分发挥“把方向、管大局、作决策、保落实”的重要作用，凡属学校发展的重大事项，均应由党委集体研究决定。同时，高等学校各级领导班子也要自觉接受党委的集体领导，并坚决拥护和贯彻执行党委决议。这一领导体制是充分彰显中国特色的制度体系，是体现社会主义制度优越性的制度体系，也是我国大学与西方大学的重要区别所在。

2.“党委领导”与“校长负责”是有机整体

厘清“党委领导”和“校长负责”之间的关系，各自职能职权的范围和边界，是把握这一领导制度的关键。《实施意见》中对高等学校党委和校长在领导体制和权力结构中的定位、职责、作用发挥形式等都做了明确表述。

从领导方式看，“党委领导”是集体领导而不是党委书记“个人”领导，凡属于高等学校重大问题必须由校党委集体研究决定，并按照“少数服从多数”的原则进行表决。而“校长负责”，是校长带领的行政班子成员共同负责，校长负主要责任，但不是校长一个人大包大揽、搞“一言堂”。

从职能职责看，“党委领导”和“校长负责”两者在有关学校重大事项问题方面都有涉及，但又各自有定位和侧重。党委的各类会议是学校事务的决策中心，党代会、党委全委会、党委常委会要对学校的发展做出整体性、全局性和系统性的重大决策，对于学校的发展的规划、路线以及重大方针政策进行科学规划和合理布局。大学校长是大学行政系统的中心角色，以大学校长为核心所组成的校长办公会以及大学行政领导班子，对于大学的日常行政工作负主要责任，对于大学日常运行以及校内外各种活动进行部署。党委领导和校长负责二者各自负责所在领域，但是管辖权限也有交叉范围，学校党委要做到支持校长依法行使职权，大学校长则要坚决拥护、执行党委做出的重大决策部署，二者共同构成了现代化大学治理的核心。

3. 民主集中制是重要原则

第一，在问题决策上，贯彻落实高等学校民主集中制原则，就是要坚持“集体领导、民主集中、个别酝酿、会议决定”的原则。[①] 重大事项须上党委常委会、校长办公会集体研究决定，防止个人专断，要充分沟通、反复论证，实现科学决策、民主决策、依法决策。事关全校师生切实利益的重大问题，还要扩大讨论研究范围，通过教代会、学代会、工会等手段，充分征求师生意见，践行民主原则，提高决策质量。

第二，在决议执行上，贯彻落实高等学校民主集中制原则，就是要坚持集体决策与个人分工执行的原则。领导班子要守土有责，勇于担责，对党政决议，要按照工作分工，不折不扣坚决执行

---

① 《关于坚持和完善普通高等学校党委领导下的校长负责制的实施意见》，《中国教育报》2014 年 10 月 16 日。

落实。

第三，在督促落实上，贯彻落实高等学校民主集中制原则，就是要强化问责追责威慑力，形成追责问责倒逼机制，不断完善相关制度，规范权力运行，保障决策落实。

4. 党政合理分工协调是运行关键

第一，要明确党委和行政各自工作范围和重心，确定书记、校长及班子成员职责和分工，这是建立协调运行机制的基础。

第二，建立和完善党委统一领导，党政分工负责的协调运行工作机制。① 这就是要求对于高等学校党政领导班子做出科学明确分工，将统筹规划、集体领导与个人工作领域结合起来，处理好班子内部的各类关系。这是在确定领导班子职责和各自分工的基础上，要建立和完善党委统一领导、党政分工负责的协调运行工作机制，处理好党委和行政的关系，处理好书记和校长的关系，处理好班子成员间的关系。

第三，形成高效畅通的沟通机制。要建立书记校长定期沟通机制，做到会前沟通，集体决定重大事项之前充分讨论酝酿，定期召开班子碰头会，充分发扬民主决策优势，相互支持，共同引导学校发展。

（三）党委领导下的校长负责制运行机制

党委领导下的校长负责制的实际运行，需要一系列内部机制的有效支撑，它是一系列内部机制相互联系、辩证统一的实践过程，主要包含有科学决策机制、沟通协调机制和制约督促机制三个方面

---

① 《关于坚持和完善普通高等学校党委领导下的校长负责制的实施意见》，《中国教育报》2014 年 10 月 16 日。

的内容。

1. 完善科学决策机制

决策既是大学各项工作实践的起点，也是确保其有效运行的重点。实现科学决策是党委领导下的校长负责制的关键环节。保证决策正确，是学校持续发展的关键保障。

第一，要建立决策制度。结合学校实际，规范学校领导决策议事制度，推动党委常委会、校长办公会等会议制度规范运行，明确职责范围、决策规则和工作机制，坚持“集体领导、民主集中、个别酝酿、会议决定”的指导原则。党委常委会按照“少数服从多数原则”集体投票表决，校长办公会为“集体讨论，校长决定”。凡“三重一大”项目必须提交党委常委会研究决定，防止个人或少数人专断和议而不决，用制度保障科学决策、民主决策、依法决策。

第二，要建立调研机制，实现科学决策。党政领导班子要深入实施走访调研，深入师生群体中了解民情、收集民意、集中民智，充分发挥专家教授在专业领域“智囊团”作用，加大重大问题和重要事项的论证力度，实现科学决策。

第三，要建立民主管理制度。应不断坚持和完善以教职工代表大会为主的民主管理制度，建立健全院校两级教代会、学代会制度，充分调动和激发广大师生民主参与、民主管理热情，积极为学校建设发展贡献智慧和力量。

2. 畅通沟通协调机制

第一，要建立党政领导班子的沟通机制。书记和校长要形成定期沟通机制，做到会前沟通，集体决定重大事项之前充分讨论酝酿。以班子碰头会、务虚会等形式，加强书记、校长和班子成员沟通，班子成员之间相互沟通。通过头脑风暴，思维碰撞，了解情况，协调工作，形成合力。

第二，要建立“上情下达，下情上传”的信息传递机制。高等学校党政应定期向校内各群体、各层面通报学校重大决策及实施情况，将学校发展建设状况，工作重点难点第一时间传递给广大职工群众，相互理解，获取支持，坚持和完善教代会、校领导接待日等制度，公开书记、校长邮箱，接受职工群众意见，畅通信息上传下达渠道。

第三，要建立信息公开机制。要坚持党务公开，校务公开，凡是涉及学校改革发展的重大事项，以及和师生员工相关的热点、焦点问题，都应主动公开，接受监督。

3. 强化制约督促机制

第一，要形成追责问责倒逼机制。强化问责追责威慑力，目标任务层层分解，责任压力层层传递，形成党政齐抓共管，全员参与行动的良好氛围，保障决策落实。

第二，要完善督办督查制度。通过专题工作会，提案办理情况通报会，重点任务倒计时工作制等形式，定期追踪工作进度，查看目标任务完成情况。对执行不力，完成不到位的部门和个人给予通报警示，督促落实。

第三，要加大目标考核力度。遵循分类评价原则，建立完善分类分层目标考核制度，不断优化考核体系和考核指标，加大考核结果的运用力度，以制度保障落实。

二、大学章程法定校长职权

大学章程是中国特色现代大学制度的基础，被视为高等学校的“宪法”，是大学依法治校的纲领性文件，是高等学校治理体系和治理能力现代化的基石。对大学章程进行历史溯源，在大学章程的发展演变中把握其内涵要义，从大学章程制定实施的角度出发研究大学校长的职权内容、行使原则、行使路径等，能进一步规范大学校长的权责范围，同时大学校长遵守大学章程行使职权是大学治理体系和治理能力现代化的重要典范，也是推动大学发展的重要举措。

（一）大学章程的发展历程

大学章程的演变历程也就是高等学校法治化治理的发展历程，是高等学校治理体系和治理能力现代化不断完善的一个过程。

第一，大学章程诞生于欧洲现代大学。现代大学起源于中世纪的欧洲，学界比较公认的第一个现代大学是诞生于意大利以教授专业法律知识为主的博洛尼亚大学。早期的大学不具备法人性质和社会地位，大学章程尚未出现。直到巴黎大学取得行会特许状，大学拥有大学教师资格认定、学位等级授予等权力，以此开启了大学自治的历程，大学的诸如学位授予制度都与行会有相似之处。随后欧洲越来越多的大学获得特许状，特许状界定了大学与政府权力与义务的关系框架，但主要体现的是神权和皇权意志，只能说是现代大学章程的雏形。大学真正具备纯粹学术上的独立人格，要追溯到欧洲启蒙运动之后，《耶鲁大学宪章》《柏林洪堡大学章程》颁布并倡导学术自由、大学自治，具有现代意义的大学治理结构和现代大学制度开始出现，成为真正意义上的现代大学章程。随后，整个欧洲大陆以及美国的大学都开始了现代大学的制度设计。大学章程逐渐成为西方现代化大学发展的重要因素，并因各国经济发展水平、文化传承等因素有所不同。

第二，大学章程伴随西学东渐在中国兴起。我国最早对从事教育的专门机构制定相应的规则制度是在唐宋时期。唐宋时期，官方设书院，书院立有学规和训示，用以管理教学，规范师生行为，是学堂的管理制度。学界普遍认为这是我国大学章程的雏形。但这和现代大学章程所体现的权力职责、法治精神具有本质区别，不是真正意义上的现代大学章程。近代以来，鸦片战争后，社会有识之士开始以倡导西学为主的洋务运动和维新运动，西方现代文明及教育制度逐渐引入中国，有了京师同文馆、天津中西学堂等中国近代大学的雏形，全面效仿西方，实行“西学体用”，以章程规范大学治理结构。《拟设天津中西学堂章程禀（附章程、功课）》是我国现存最早的大学章程，分为“头等学堂章程”和“二等学堂章程”两部分，从学校位置、教师的选拔和聘用、学生的录取和培养以及学校财务经费的管理进行规定。其后梁启超等人草拟出《总理衙门奏拟京师大学堂章程》，政府也先后颁布了《钦定学堂章程》和《奏定学堂章程》，对大学堂的入学方式、入学资格、课程体系、教师聘请等事务都做出了更为具体的规定，以实现政府对高等教育的控制。这一时期的大学章程，在制定形式上采取学校自主制定与教育部核准相结合，在内容要求方面法律特征明显，制定修改程序规范，内部管理体制明确，是我国早期对现代大学章程建设的探索。①

① 闵学良、何会林：《高校治理现代化的基石：基于地方高校大学章程实践的探索与思考》，《江西科技师范大学学报》2020年第5期。

第三，大学章程随着高等教育的深化改革规范完善。新中国成立后，我国按照社会主义大学办学要求，对高等教育进行一系列改造，取得了一定成果。改革开放后，我国对高等学校的地位和性质进行了重新定位，对于大学依法自主办学进行了多方面的探索，在这一过程之中，大学章程逐步得到重视。1995 年，颁布实行《中华人民共和国教育法》，首次明确高等学校及其他教育机构要“按照章程自主管理”。1998 年颁布《中华人民共和国高等教育法》，规定“设立高等学校”要提交包括章程在内的审批材料，并对章程的内容作出规范要求。2010 年出台《国家中长期教育改革与发展规划纲要（2010—2020 年）》提出：“各类高校应依法制定章程，依照章程规定管理学校。”[①] 随后，国务院下发《关于开展国家教育体制改革试点的通知》，将北京大学等 26 所部属高等学校列为“建立健全大学章程，完善高等学校内部治理结构”试点高等学校。[②]2012 年《高等学校章程制定暂行办法》（教育部令第 31 号）正式实施，这是推进现代大学制度建设的一个标志性文件，大学章程融入高等学校现代大学治理改革进程。2013 年教育部对中国人民大学等 6 所高等学校章程核准生效，标志着我国高等学校进入“章程时代”。同年发布《中央部委所属高等学校章程建设行动计划（2013—2015 年）》，明确要求教育部所属 114 所高等学校章程的建设和核准于 2015 年全部完成，并提出高等学校章程制定和核准工作的时间点、

① 《国家中长期教育改革与发展规划纲要（2010—2020 年）》，教育部，见 https://www.gov.cn/jrzg/2010—07/29/content_1667143.htm。

② 《国务院办公厅关于开展国家教育体制改革试点的通知》，教育部，见 http://www.moe.gov.cn/jyb_xxgk/moe_1777/moe_1778/201101/t20110113_114499.html。

任务图，加强大学章程建设与实施，成为实现高等学校治理体系和治理能力现代化的重要内容。2022 年 3 月，教育部办公厅印发《关于启动新一轮高等学校章程修订工作的通知》，各地各市教育行政主管部门随即下发章程修订工作组织实施通知。修订后的章程，将更加科学有效的指导规范新时代高等学校办学活动，推进高等教育高质量建设发展。

（二）大学章程中的大学校长职权

按照我国现有法律法规与指导意见，《中华人民共和国高等教育法》《中华人民共和国教师法》《关于坚持和完善普通高等学校党委领导下的校长负责制的实施意见》《高等学校章程制定暂行办法》等应成为我国高等学校大学章程的主要上位法和政策依据，其中对大学校长职权内容的界定应成为各高等学校章程制定中对大学校长职权描述的主要依据。

根据《高等教育法》及《关于坚持和完善普通高等学校党委领导下的校长负责制的实施意见》所述，校长是学校的法定代表人，在学校党委领导下，贯彻党的教育方针，组织实施学校党委有关决议，行使高等教育法规定的各项职权，全面负责教学、科研、行政管理工作。①《高等教育法》从 6 个方面规定了校长职权，随着高等教育改革的不断深化发展和所处时代环境的变化，中共中央出台《关于坚持和完善普通高等学校党委领导下的校长负责制的实施意见》，在遵照《高等教育法》规定的基础上，将大学校长职权细化拓展为 10 个方面。突出了大学校长在文化传承创新、服务国家和

---

① 《关于坚持和完善普通高等学校党委领导下的校长负责制的实施意见》，《中国教育报》2014 年 10 月 16 日。

地方经济社会发展、做好学校安全稳定后勤保障以及代表学校开展对外交流与合作方面的职能职责，是新时期高等学校大学校长工作的调整和突破。

（三）大学章程中的大学校长权力的构成

从对大学校长职权的描述和规定中可以看出，校长的权力至少由以下四个方面构成[①]。

1. 代表权

在《高等教育法》中明确提出，校长是大学的法定代表人，应依照法律法规，代表高等学校做出民事行政行为，并承担相应法律责任。对外是学校的代言人，代表学校与政府、社会各界联系，代表学校发声和表达意见。对内是学校最高行政权力的代表，行使各项行政职权。

2. 决策权

对学校的行政管理工作，根据涉及内容和性质，召集主持校长办公会或校务会议，对提交议题拥有最终决定权。同时，大学校长的决策权也体现在对学校日常事务性行政管理工作的决定上。

3. 建议权

针对党委对涉及大学办学方向、宗旨、发展规划、内部组织机构设置、财务预算、重大开支等学校改革发展重大事项提出意见、建议，对副校长及相关组织机构负责人人选进行推荐。

4. 组织实施权

对经党代会、党委常委会、校长办公会、教代会等决定的事

① 湛中乐、徐靖：《通过章程的现代大学治理》，《法制与社会发展》2010年第3期。

项，负责具体部署和组织实施。

三、依法依章行使大学校长职权

大学章程是高等学校依法自主办学、实施管理和履行公共职能的基本准则，[①] 是大学内部治理的根本依据，是大学合法存在、依法运行、有效发展的依据和保障。作为拥有最高行政领导权的大学校长，必须按照相应的职权行使原则和行使方式，在规定的职权范围内，依法依章行使职权，并接受约束与监督。

（一）大学校长行使职权原则

我国大学校长以任命制为主，因此大学校长的职权是依法依规赋予的，对内具有强制性和约束力。在行使职权的过程中，如何将行政管理权转换为被管理者主动接受管理的意愿，提高职权行使效能，应坚持以下四个原则。

1. 依法依规原则

大学校长的职权是上级主管部门行政任命赋予的，对大学行使管理职权，必须在国家法律法规和大学章程允许并界定的范围内行使，依法治校，依法行使职权，是大学校长在办学治校中必须坚持的基本原则。

2. 廉洁奉公原则

依法赋予的职权是“公权”而非“私权”，大学校长的公权力应用于办学治校，促进学校改革发展的实践之中，不能以权谋私，滥用职权。大学校长作为大学的灵魂人物，在行使权力的过程中保

① 《高等学校章程制定暂行办法》（教育部令第 31 号），教育部，见 http://www.moe.gov.cn/srcsite/A02/s5911/moe_621/201111/t20111128_170440.html。

持公正严明、廉洁奉公，才能提升权力运行效能。

3. 合理放权原则

校长在日常管理中，应注重搭班子、带团队，善于授权、合理放权，让分管领导在分管工作中承担相应的权责。通过合理放权，激发团队活力，激发团队担当，才能从日常琐碎中跳出来，用更大的格局，更广的视野，谋划学校发展，最大化行使校长职权。

4. 权力与非权力共同作用原则

校长职权是由任命机关为保证校长履职所赋予的强制性支配力量，在高级知识分子积聚的大学，非权力性影响力也发挥着重要作用，主要包括校长的学识、品性、专业能力、感召力等个人综合能力。它们虽然不具有权力结构中的刚性和强制力，但在知识水平高、民主意识强的大学，非权力性影响力往往能起到权力无法企及的作用。因此，大学校长要不断提升自我素养，不断增强人格魅力，综合运用权力与非权力影响力，更行之有效的领导学校建设发展。

（二）大学校长职权运行方式

职权的运行方式是指职权的实现方法和途径，在我国大学校长职权的运行方式大致有以下两种。

一方面是集体决策。主要通过定期召开校长办公会，由校长为代表的行政领导班子集体审议决定提请会议审议的议题，在校长办公会的职权范围内进行集体决策，涉及相关金额或者涉及面重大的，还需要提交至党委常委会进行集体审定。同时，针对民生重大事件等，校长在进行集体决策之前，还会通过教代会、学代会等方式进行民主意见的征集，确保决策的科学性和民主性。

另一方面是个别决策。经会议集体决定的事项，或不需要上会的日常性、技术性、事务性事项，由相关职能部门或分管校领导提出方案，提请校长审核，校长拥有个人最终决定权，但随着党委常委会和校长办公会议事规则的规范化和制度化以及民主集中制在大学治理内部的规范运行，多数议案都需要经由集体决策进行讨论。

（三）大学校长职权的监督与制约

习近平总书记指出："没有监督的权力必然导致腐败，这是一条铁律。"①大学校长的职权也不例外，必须不断加强对校长职权运行的制约和监督，让权力在阳光下运行，防止权力失控和滥用。

第四节　大学校长功能的主要体现

大学校长功能的主要体现，即大学校长功能"有什么"的问题，是大学校长功能问题的关键内容，也是深入理解大学校长功能的重要维度。基于高等教育发展规律一般性与中国特色社会主义大学特殊性的辩证统一，可以得出，大学校长的功能主要体现为代表功能、规划功能、决策功能、组织功能、监督功能和保障功能。

一、大学校长的代表功能

《中华人民共和国高等教育法》规定："高等学校自批准设立之日起取得法人资格。高等学校的校长为高等学校的法定代表人。"2014年中共中央办公厅印发的《关于坚持和完善普通高等学

① 《习近平谈治国理政》第一卷，外文出版社2018年版，第418页。

校党委领导下的校长负责制的实施意见》是贯彻落实这一制度的重要文件，强调“校长是学校的法定代表人”。

校长作为大学的法定代表人，依照法律法规，享有民事权利，并承担相应法律责任。对外是学校的代言人，代表学校与政府、社会各界联系，代表学校发声和表达意见。大学校长组织开展学校对外交流与合作，依法代表学校与各级政府、社会各界和境外机构等签署合作协议，接受社会捐赠。对内主持学校行政工作，行使各项行政职权。

大学作为公共性组织，具有为公共利益服务，促进社会进步的公益性属性，作为校长自然也就需要承担公共责任。大学校长的公共责任，体现为促进科学技术的发展、为治国理政提供决策参考、主动遵守并倡导学术道德、主动传承创新民族文化、促进生态文明建设等，大学校长应在办学兴校的实践中贯彻新发展理念，代表学校履行公共职能，承担公共责任。

大学校长作为有深厚科学素养、精深学术造诣的专家，作为有重要社会地位的知识分子和教育工作者，相较于一般教师而言，更有责任和能力关注社会动向、洞察社会现象、发现社会问题，并利用自身专业和学术成果，为解决现实问题积极建言献策，提供解决方案，为推动经济社会发展作出重要贡献。

二、大学校长的规划功能

站在全局的高度，充分把握高等教育发展规律和发展态势，引领学校发展主动对接国家战略部署，服务国家和地方发展，制定科学的事业发展战略规划，促进学校朝正确的方向健康发展，是大学校长的功能所在。

大学校长应当通过组织拟订和实施学校发展规划、基本管理制度、重要行政规章制度、重大教学科研改革措施、重要办学资源配置方案。组织制定和实施具体规章制度、年度工作计划。组织拟订和实施学校人才发展规划、重要人才政策和重大人才工程计划。组织拟订和实施学校重大基本建设、年度经费预算等方案。①

带领全校教职员工沿着学校发展的蓝图，凝心聚力、团结拼搏、共谋发展，是大学校长的天然使命。大学校长应具有战略眼光和远见卓识，成为学校规划设计的擎领者，用胆略、胆识和胆魄，科学设计符合国家战略布局、地方经济发展和学校发展实际的总体和各层面发展规划包括人才培养、学科建设、科学研究、人才队伍建设等规划，指引学校前行。

三、大学校长的决策功能

决策既是实践的起点，也是确保大学工作和治理体系有效运行的重点。科学决策是党委领导下的校长负责制的关键环节。高等学校党委全面领导学校工作，支持校长按照《中华人民共和国高等教育法》的规定积极主动、独立负责地开展工作，保证教学、科研、行政管理等各项任务的完成。高等学校党委实行民主集中制，健全集体领导和个人分工负责相结合的制度。凡属重大问题都应当按照集体领导、民主集中、个别酝酿、会议决定的原则，由党委集体讨论，作出决定，党委成员应当根据集体的决定和分工，切实履

① 《关于坚持和完善普通高等学校党委领导下的校长负责制的实施意见》，《中国教育报》2014 年 10 月 16 日。

行职责。[①]

校长办公会议或校务会议是学校行政议事决策机构，主要研究提出拟由党委讨论决定的重要事项方案，具体部署落实党委决议的有关措施，研究处理教学、科研、行政管理工作。会议由校长召集并主持。会议成员一般为学校行政领导班子成员。会议议题由学校领导班子成员提出，校长确定。会议必须有半数以上成员到会方能召开。校长应在广泛听取与会人员意见基础上，对讨论研究的事项作出决定。党委书记、副书记、纪委书记等可视议题情况参加会议。[②]

四、大学校长的组织功能

大学校长应组织拟订和实施学校内部组织机构的设置方案。按照国家法律和干部选拔任用工作有关规定，推荐副校长人选，任免内部组织机构的负责人。组织开展教学活动和科学研究，创新人才培养机制，提高人才培养质量，推进文化传承创新，服务国家和地方经济社会发展，把学校办出特色、争创一流。组织开展思想品德教育，负责学生学籍管理并实施奖励或处分，开展招生和就业工作。支持学校各级党组织、民主党派基层组织、群众组织和学术组织开展工作。[③]

① 《中国共产党普通高等学校基层组织工作条例》，《人民日报》2021 年 4 月 23 日。

② 《关于坚持和完善普通高等学校党委领导下的校长负责制的实施意见》，《中国教育报》2014 年 10 月 16 日。

③ 《关于坚持和完善普通高等学校党委领导下的校长负责制的实施意见》，《中国教育报》2014 年 10 月 16 日。

随着高等教育和大学自身在规模、结构、质量、效益等多方面的不断发展，大学内部治理已日趋复杂和专业，专职搞科研，兼职搞管理的纯学术型校长已无法适应大学发展。新时代的大学校长应是职业化、专业化的管理者，应熟悉高等教育和大学发展规律，具有突出的组织协调能力、行政管理能力、分析判断能力，能全面协调和处理学校综合行政事务，整合各种资源，处理各方矛盾，确保大学组织正常有效运行。

五、大学校长的监督功能

大学校长应组织实施学校党委有关决议。向党委报告重大决议执行情况，向教职工代表大会报告工作，组织处理教职工代表大会、学生代表大会、工会会员代表大会和团员代表大会有关行政工作的提案。加强财务管理和审计监督，管理和保护学校资产。①

第一，要形成追责问责机制。强化问责追责威慑力，目标任务层层分解，责任压力层层传递，形成党政齐抓共管，全员参与行动的良好氛围，保障决策落实。

第二，完善督办督查制度。通过专题工作会，提案办理情况通报会，重点任务倒计时工作制等形式，定期追踪工作进度，查看目标任务完成情况。对执行不力，完成不到位的部门和个人给予通报警示，督促落实。

第三，加大目标考核力度。遵循分类评价原则，建立完善分类分层目标考核制度，不断优化考核体系和考核指标，加大考核结果

① 《关于坚持和完善普通高等学校党委领导下的校长负责制的实施意见》，《中国教育报》2014 年 10 月 16 日。

的运用力度，以制度保障落实。

六、大学校长的保障功能

大学章程是高等学校依法自主办学、实施管理和履行公共职能的基本准则，是大学内部治理的根本依据，是大学合法存在、依法运行、有效发展的依据和保障。章程应当明确校长作为学校法定代表人和主要行政负责人，全面负责教学、科学研究和其他管理工作的职权范围。大学校长做好学校安全稳定和后勤保障工作；履行法律法规和学校章程规定的其他职权。

大学校长应在法律法规和大学章程规定的职权范围内，通过组织制定管理制度，召开工作会议，做好关系协调等方式，推动人才培养、科学研究、学科建设、师资队伍建设，促进行政管理、后勤保障等各项工作的落实，同时，经营和管理好学校人、财、物等资源，对学校事业高质量发展起到保障功能。

第五节　大学校长功能的充分发挥

在世界高等教育发展规律的普遍性与中国特色社会主义大学特殊性的辩证统一中，在大学章程的规定下，尤其是在有效把握大学校长功能的应然状态下，如何解决好大学校长功能“应然”与“实然”的矛盾问题，在办学治校实践中充分发挥校长功能，是研究大学校长功能的关键。在大学校长所承载的角色期待日趋多元，职能职责不断拓展，功能效用持续叠加的现实环境下，大学校长在现代大学建设进程的实践中，应注重发挥引领作用、领导作用、管理作用和示范作用，并始终凸显四者之间的辩证统一关系。

一、大学校长的引领作用

大学校长既是大学的领导者、管理者，也是教育者和实施者，对一所大学的发展起着引领作用。

（一）用科学的教育理念推动学校发展，实现对组织的引领

作为大学的最高行政长官，大学校长要主动全面了解和准确把握高等教育发展动态和趋势，深谙教育运行发展规律，深刻理解教育的本质，把握教育的内涵。要有识别教育改革发展机遇和发展趋势的敏锐性和预见性，要有改革创新的勇气，又要具备传承发展的气度。思想是行动的先导，只有先进的理念才能引领和催生科学的行为，作为大学校长，要主动培育、凝练和形成具有鲜明特色和主张的教育理念、办学指导思想，引领大学沿着正确方向发展，引领教育发展新思潮、新变革。

（二）用先进的思想文化促进师生成长，实现对人的引领

大学校长不仅是行政领导者，还应是思想领导者。作为校长应紧跟时代步伐，把握时代脉搏，要用先进文化武装头脑，要善于将先进的思想文化融入教育实践之中，引导师生树立科学的世界观、人生观、价值观，用先进文化启迪心智、培养情操、弘扬风尚，引领学校发展的同时，也引领人的成长，实现学校和师生的双向发展。

（三）用共同的发展愿景统一规范行动，实现对行为的引领

大学校长是大学建设发展的“总设计师”，是发展蓝图的“总绘制人”，大学校长要善于擘画共同发展愿景，阐释职责使命，让

愿景、使命和长远发展目标在大学内形成一致的理解和行为，从而集结成学校“奋进共同体”，在统一的价值和目标引领下，将思想和行为聚焦深化教育改革，推进学校发展的整体行动之中，凝聚人心、鼓舞斗志、规范行为，实现对思想和行为的双重引领作用。

二、大学校长的领导作用

如果说先进的教育思想、教育理念是软件，那么卓越的领导才能则是践行思想，确保思想指导并转化为教育行为的硬件。一个成功的大学校长，应站在全局的高度，充分发挥领导作用。

（一）推动大学改革创新，实现对组织的领导

大学校长首先应该是一位热爱教育事业，懂得教育规律，秉持执着的教育信念。对教育活动有自己独到见解和主张的有情怀的教育家，应领导大学组织在求真务实的基础上，不断改革创新，不断探索前进。在这个过程中，对组织的领导体现在风险的把控，判断与选择，预见与应变，决策与控制，突破与超越，要不断创新体制机制，建立一套适合学校发展的成熟办学体系，凝练形成办学特色，不断增强学校的适应性和竞争力，开创学校事业发展新局面。

（二）凝聚师生形成合力，实现对人的领导

领导者的天职是带领组织里的人朝着同一目标奋进，完成使命，对组织里的人实现群体领导，是“领导”的重要内容也是重要目标。校长要将自己的学术权威、专业能力、德行才干以及对教育的理解和判断转化为具有强大向心力和凝聚力的价值领导，将其贯穿于“搭班子，建团队，带队伍”等领导途径之中，通过领导艺术，让组织中的人形成认同感、实现价值感、找到归宿感，自觉形成合

力，共同推动组织目标达成。

（三）谋篇布局顶层设计，实现对事业的领导

大学校长必须是高等教育的行家里手，对教育改革和发展机遇具有敏锐的前瞻性、深刻的洞察力，并将其转化为科学领先的顶层设计和战略规划，为学校建设发展谋篇布局、领路指引，搭建学校中长期建设发展脉络和框架，以高屋建瓴的认识，实现对学校事业的整体领导。

三、大学校长的管理作用

大学校长是一个头衔，更是一个岗位和职位。在这个岗位上的人，应该是职业化、专业化的出色管理者，应综合运用管理手段，发挥管理作用，切实履行岗位职责。

（一）依法依规行使行政职权，实现对组织的管理

大学校长是大学的法人代表，是大学的最高行政长官，依法依规独立负责行使行政职权，管理好学校行政事务，实现好组织发展目标，是国家法律赋予大学校长的权力，也是其工作职责所在。2014 年，中共中央办公厅印发《关于坚持和完善普通高等学校党委领导下的校长负责制的实施意见》，明确提出大学校长全面负责学校教学、科研、行政管理工作，行使战略规划制定、师资队伍建设、人才培养、科学研究、财务资产管理、文化传承创新、安全稳定、后勤保障、对外合作与交流、执行党委决议等 10 项职权及工作内容。大学校长必须围绕行政工作职权和工作内容，综合运用现代管理理念、管理技术和管理手段，建立完善内部管理体制和机制，整合“人、财、物”等各种资源，通过科学决策、有效实施、

保障落实，实现大学发展目标，推动大学现代治理。

（二）有效协调相关利益主体，实现对人的管理

人是管理的基本要素和重要主体，大学内部治理体系中涉及教师、行政人员、学生等相关利益主体。大学校长处于大学责权关系结构的顶层，是内部各种利益主体的汇集中心、整合中心、指挥中心。从内部关系来讲，大学校长应从管制转向管理，进而走向治理，充分发挥对人的“聚合”和“协调”作用，在凝聚人心、鼓舞斗志上发挥感召力，在平衡利益、化解矛盾中发挥管理的艺术，激发和调动各利益相关体的积极性、主动性和创造性，使之相互支持、相互协作，达到整体和谐，形成良好氛围，共同推动大学组织目标的实现。

（三）注重过程监督与把控，实现对目标的管理

大学校长既是学校战略规划的制定者，发展目标的提出者，同时也是目标的实施者和推动目标达成的监管者。相对与治理，管理强调过程控制与实施结果，大学校长对学校发展规划、任期责任目标、学年学期计划、工作推进情况等负有督促落实职责，应定期组织检查，实地走访调研，建立目标达成“反促”制度，形成跟踪督促落实的运行机制和体制，加大目标考核力度，注重考核评估结果的运用，确保目标任务顺利达成。

四、大学校长的示范作用

大学校长在学校行政系统中有着核心主导地位，其思想言行、综合素质、工作作风直接决定着学校的发展。在变局中，大学校长应制定实施包含教育理念、办学方向、战略目标在内的顶层设计，

并以身作则的遵循践行，用具有认同感和价值指引的行动纲领，对组织发挥“刚”性示范作用。同时，在各种文化交融，价值理念碰撞，意识形态多元的精神层面，大学校长应有坚定的理想信念，笃定的精神信仰，鲜明的文化旗帜，并以此感染和鼓舞全校师生，用道德文化，对师生发挥“柔”性示范作用。此外，大学校长作为大学的法人代表和最高行政管理者，其言行德性、理念意识一定程度上也彰显现代大学气质和主张，具有“外向”性示范作用。

（一）制定实施共同行动纲领，对组织发挥“刚”性示范作用

大学校长作为拥有最高行政权力的领导者，对大学及大学所处的高等教育事业都应在特性、结构、地位、作用及发展趋势上有高屋建瓴的认识，并能将这种认识与学校实际相结合，提出大学的愿景使命，发展方向，目标任务等顶层设计。大学的顶层设计要求大学各级管理者，全校教职员工需具备极强的概念性领导，能够在教学、科研、管理、后勤服务等各种教育实践活动中，指导其思想，规范其行为，在一定范围内起到行为纠偏、结果调适的积极作用。大学校长通过制定实施具有认同感和指引价值的顶层设计，并以身作则，行为示范，带头遵循践行共同的行动纲领，对各级组织管理者和各类组织管理活动具有极强的行为示范作用。同时，大学校长自身卓越的组织领导能力，出色的管理才干，突出的综合素养，以及富有能动性、创造性和突破性的领导管理行为及成果，对各种教育实践行为也发挥着积极的指导和示范作用，形成正面激励。

（二）成为道德文化楷模，对师生发挥“柔”性示范作用

就本质而言，大学是进行人才培养和科学研究的组织，属于文

化型组织的范畴。在社会、经济、科技迅猛发展的今天，大学越来越多的承载了倡导价值取向，引领文化潮流，树立道德规范等社会公共职责。大学校长也理所当然的视为“社会文化和社会美德的代表”①。大学在人才培养和影响社会的过程中应该肩负选择创造文化和树立规范道德的重任，大学校长作为文化精英和精神领袖，更应责无旁贷的承担文化育人的重担，成为弘扬优秀道德文化的标杆，在办学治校的过程中，身体力行发挥好示范引领作用，同时着力营造有利于师生成长成才的精神文化环境，加强环境育人，对师生发挥“柔”性示范作用，培育出有知识文化、有高尚品行、有责任担当的德才兼备人才。

（三）涵育传播大学文化，对社会发挥“外向”性示范作用

大学校长作为学校的法人代表和最高行政长官，需代表学校对外表达诉求，传递声音、树立形象，其自身品行素养、学识认知、观念意识是一定程度上树立学校发展理念，教育主张的外向表征和折射。大学校长通过对外交往与互动，将学校价值取向与大学文化向外传播输出，影响辐射周遭，在新思想、新文化的传播推广中发挥“外向”性示范作用。

五、“引领、领导、管理”与“示范”的辩证统一

如果把一所不断建设发展的大学比作一辆行驶中的火车，“引领”发挥的是火车头的作用，是把方向、定基调、绘蓝图，通过顶层设计、战略规划，带领和指引学校沿着正确的方向前进。而“领

---

① 王长乐：《略论高校校长的选拔方式》，《上海高教研究》1998 年第 11 期。

导”和“管理”则是确保这辆火车始终沿着指引方向向前的控制器，它们是大学校长在权力行使过程中作用于大学组织运行的两种不同技术手段。“领导”侧重于综合性和统率性，“管理”强调过程控制与实施，在同一领域里，校长可同时发挥“领导”和“管理”作用，且可相互转化，相互支撑。没有“领导”的管理，是单兵作战，单打独斗，难以实现组织的愿景。没有“管理”的领导是空中楼阁，愿景目标无法落地。卓越的领导和高效的管理两者的耦合，是任何一个组织向前发展的必要条件。因此，“引领、领导、管理”实际上是大学校长在办学治校实践过程中的一套组合拳，是同时作用于大学改革建设发展中的三种不同手段和方式，他们三位一体，互为补充。“示范”作用是大学校长超群才智和德性的综合体现，它是贯穿于“引领、领导、管理”的各环节、全过程，是大学校长作为领导和个人，向外展示和折射出的人格魅力和综合素养，它是大学校长能充分发挥“引领、领导、管理”作用的保证，同时也是结果。所以，大学校长要在依法依规行使自身职权的过程中，充分发挥引领、领导、管理、示范作用，它们有机统一，共同作用于办学治校全过程。

第五章　大学校长的角色论

习近平总书记指出："建设教育强国，是全面建成社会主义现代化强国的战略先导，是实现高水平科技自立自强的重要支撑，是促进全体人民共同富裕的有效途径，是以中国式现代化全面推进中华民族伟大复兴的基础工程。"①高等教育在建设教育强国中地位突出，而大学校长则是我国高等教育发展的重要引领、支撑力量。在大学办学治校与个人成长发展的辩证统一中，大学校长作为引领大学前进的关键力量，逐渐形成和具有了多方面角色。大学校长的角色是时代前进潮流、社会现实要求与个人发展需求相互作用的产物，具体而非抽象，多样而非单一，是大学校长参与办学治校社会实践的生动映射。

大学校长的角色问题是大学校长学的关键问题，其聚焦于集中探讨中国大学校长在党和人民事业发展的宏阔背景下，高等教育发展的现实条件中，以及大学办学治校的微观实践上应当以什么样的身份融入和开展相关实践的问题。在新时代新征程建设教育强国的战略愿景下，大学校长兼具"召唤者、决策者、引领者、协调者和

① 《习近平在中共中央政治局第五次集体学习时强调　加快建设教育强国为中华民族伟大复兴提供有力支撑》，《人民日报》2023 年 5 月 30 日。

执行者等角色”①，具有政治家、教育家、实干家，以及在大学发展中成为开拓者等方面角色。

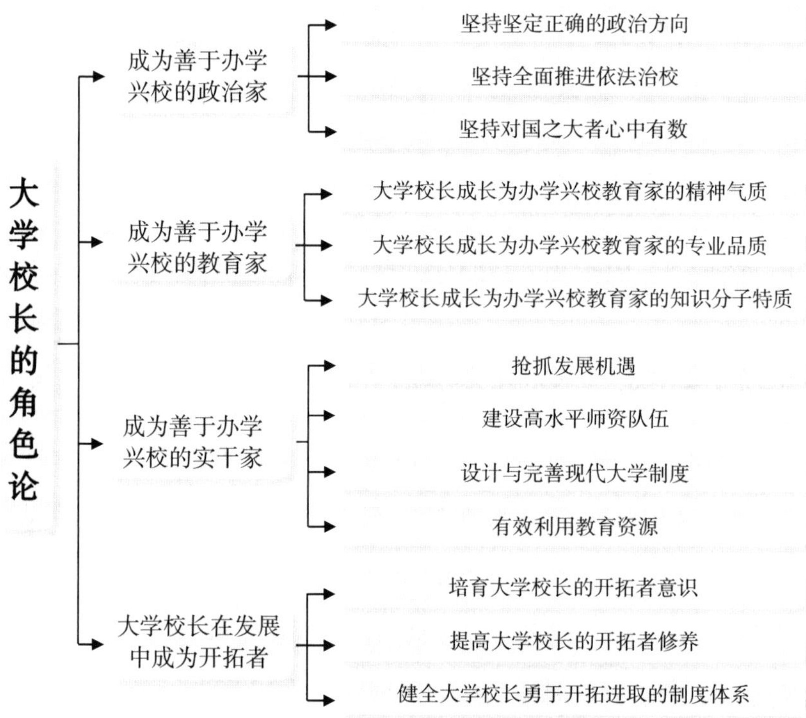

图 5-1　大学校长的角色论结构

第一节　研究的综述

大学校长在大学办学的过程中，具体应该扮演什么样的角色，一直以来都是国内外学术界关注和研究的重点问题，并形成了较为

① 于文安:《校长多重角色模型及其能力提升》,《中国教育学刊》2021 年第 12 期。

丰富的研究成果，为研究的开展提供了重要参考和有益借鉴。

一、研究的现状

学术论文方面，在中国知网以“大学校长”与“角色”为并列关键词进行主题检索，共得到 84 条结果，与选题研究直接相关的成果为 43 条。学术专著方面，学者们也在相关的学术专著中，对大学校长的角色问题展开了一定程度的探讨，如《中国大学校长如何治校——基于大学校长的访谈简析》（王飞，2020）、《中国近代国立大学校长角色分析》（肖卫兵，2013）、《大学校长与大学发展研究》（胡国铭，2004）等。学位论文方面，目前已有 6 篇与大学校长角色问题相关的学位论文研究成果，其中包括博士学位论文 1 篇，即《中国近代国立大学校长结构及其角色研究》（肖卫兵，2011），以及硕士学位论文 5 篇，即《共和国老一辈大学校长角色研究》（叶灵，2021）、《我国高等教育公共治理中大学校长角色研究》（和树云，2011）等。学界关于大学校长角色的研究主要包含以下三个方面的内容。

（一）关于大学校长角色定位的研究

大学校长在大学办学治校的实践过程中应当具有何种角色身份，是学界探讨的重点话题。一方面，有学者立足宏观视角，对大学校长的角色定位问题展开了整体性研究，如王洪才认为大学校长应具有四种基本社会角色，即学术利益的代言人、国家政策的执行者、学术组织的领导者、社会利益的主动反映者。[①] 陈艳从全球化

① 王洪才：《大学校长的定位与错位》，《大学教育科学》2006 年第 1 期。

时代的整体视角出发，认为大学校长应当是发展规划的制定者、学术领域的权威、教育方面的专家、行政事务的决策者、社会活动家和政治方向的把握者①。靳天宇、王拓、刘惠琴认为大学校长的角色类型包括内部领导型、教育专长型、学术专长型、活动专长型、教育影响型、学术影响型和全面领导型七种类型②。国外学者罗莎芭·巴蒂洛·维加（Rosalba Badillo Vega）等基于质性研究，基于变革型领导理论，分析了墨西哥大学校长作为战略家、传播者、激励者、政客和合法者的五种角色。另一方面，有学者立足微观视角，从侧面对大学校长的具体角色定位进行了探讨，如侯佳分析了集体主义文化视域下的大学校长角色新定位问题，认为“在中国特定的文化内核和制度演变背景下，大学校长更加突出地表现为‘管家’角色”③。缪文卿探讨了大学协同治理背景下的大学校长角色定位问题④。代蕊华分析了大学校长在高等教育发展新形势下所具有的“筹资者”的新角色定位⑤等。

（二）关于大学校长角色演进的研究

对于现代大学校长角色的历史演进问题，也是学界关注的重要问题之一，学者们对此进行了较为深入的探讨。肖卫兵、顾海良以

---

① 陈艳：《全球化时代中国大学校长的角色、素质与科学选拔》，《江苏社会科学》2011 年第 5 期。

② 靳天宇、王拓、刘惠琴：《大学校长角色类型与变迁趋势》，《中国高等教育》2023 年第 1 期。

③ 侯佳：《集体主义文化视域下的大学校长角色新定位》，《教育发展研究》2022 年第 19 期。

④ 缪文卿：《大学校长在大学协同治理中的角色定位》，《西南交通大学学报（社会科学版）》2018 年第 3 期。

⑤ 代蕊华：《筹资者：大学校长新角色》，《高等教育研究》2000 年第 3 期。

及周川分析了近代国立大学校长的角色问题，立足对中国近代高等教育发展的历程梳理，探讨了大学校长角色的持续丰富和发展[①]。王洪才分析了西南联大时期的高等教育发展脉络，并探究了同时期大学校长的角色定位问题[②]。陈运超立足改革开放30年的历史视域，对改革开放30年来我国大学校长角色的变迁进行了梳理与反思[③]。

（三）关于大学校长角色对比的研究

学者们还从中外对比的研究视野出发，对国内外大学校长的角色问题展开了相关探讨，朱镜人、吴志功等人分析了英国大学校长的角色演变[④]、角色职能[⑤]等问题，李延成、金守杰等人研究了美国大学校长的角色变迁[⑥]、嬗变动力[⑦]等问题，还有学者基于"八校联盟"分析，探讨了澳大利亚大学校长的角色定位问题[⑧]。

---

① 肖卫兵、顾海良、周川：《中国近代大学校长结构及其角色研究》，《高等教育研究》2014年第3期。

② 王洪才：《西南联大的成功与大学校长角色定位》，《社会科学战线》2013年第11期。

③ 陈运超：《改革开放30年来我国大学校长角色与制度的变迁与反思》，《复旦教育论坛》2009年第1期。

④ 朱镜人：《英国大学校长的角色演变、特点及职业阶梯》，《外国教育研究》2006年第2期。

⑤ 吴志功、徐蕾：《英国大学校长角色和职能考察及启示》，《比较教育研究》2005年第10期。

⑥ 李延成：《美国大学校长的角色变迁》，《中国高等教育》2001年第Z1期。

⑦ 金守杰、王运来：《美国大学校长角色的嬗变及其动力——兼论中国大学校长领导制度建设》，《现代教育管理》2011年第8期。

⑧ 俞婷婕：《澳大利亚大学校长的角色定位与个人特征——基于"八校联盟"的分析》，《复旦教育论坛》2014年第3期。

二、研究的总结

目前学界对于大学校长角色问题的研究涉及角色的定位、角色的发展研究以及角色的中外对比等多个方面，成果形式包括学术论文、学术专著和学位论文，整体上建构起了较为全面、系统的研究阐释体系，形成了较为丰富的研究成果，为本研究奠定了较为坚实的基础。第一，对于大学校长的角色进行了多样化的研究，从不同的角度提出来了大学校长应是有不同的角色，在不同的领域有着不同的身份，进一步明确了大学校长的身份。第二，明确了大学校长最基本的角色，如教育家这一角色，形成了学术界乃至整个社会公认的一般角色以及角色职能的履行。第三，从历史角度来研究大学校长角色的变化过程，对于大学校长与大学发展之前的关系更为明确，为研究当前大学发展进入新阶段、高等教育实现现代化的进程之中，大学校长与以往相比有什么不同的角色以及如何深化已有角色提供了指导。第四，通过对比研究中外大学校长角色的异同，提出了中国特色大学演进发展的过程之中，大学校长的独特角色，以及具有中国特色的角色担当。

三、研究的启示

通过对学界已有研究成果的梳理，可知目前学界在大学校长角色问题上，仍存在进一步深入探讨的空间，特别是在大学校长的角色定位问题上，对于在全新的时代条件之下，尤其是在“两个大局”交汇，党和人民事业发展进程中各类不确定性因素显著增多，风险挑战明显加大，世界高等教育快速发展与中国特色世界一流大学建设交织的现实情况下，中国大学校长应当具有和扮演好什么样的角色的问题回应仍有待深入，这也成为课题组建构大学校长角色论问题分析框架的立足点。对于建设中国特色、世界一流的大学需要什么样的大学校长以及在大学发展过程之中大学校长应当扮演什么样的角色，是本研究的研究重点。因此，本研究将在现有研究的基础之上，合理的吸收借鉴已有研究成果，并以建设教育强国、实现教育现代化，为中国式现代化提供教育、科技、人才支撑的高度出发，来研究在大学建设和发展的过程之中，在大学履行现代化大学职能的过程之中，大学校长应是什么样的角色以及如何成为这样的角色。同时，课题组将明确大学校长的鲜明角色如政治家、教育家、实干家以及开拓者，探讨大学校长角色的特点、素养以及如何成为这一角色。

第二节　成为善于办学兴校的政治家

中共中央、国务院印发的《关于加强和改进新形势下高校思想政治工作的意见》中指出："按照社会主义政治家、教育家标准，选好配强高校领导班子特别是党委书记和校长。"[①] 这是针对高等学校领导班子提出来的标准，其中的党委书记、校长特别强调政治家这一角色要求，源于我国高等教育的社会主义性质。对此，习近平总书记指出："加强党对高校的领导，加强和改进高校党的建设，是办

① 《中共中央国务院印发〈关于加强和改进新形势下高校思想政治工作的意见〉》，《光明日报》2017 年 2 月 28 日。

好中国特色社会主义大学的根本保证。”① 高等学校建设“必须以坚持党对教育事业的全面领导为根本保证，以立德树人为根本任务，以为党育人、为国育才为根本目标”。② 并且只有加强党的领导、坚持正确的政治方向，才能建成有中国特色的高质量社会主义高等学校。

一、坚持坚定正确的政治方向

大学校长要旗帜鲜明讲政治，坚持用党的科学理论武装头脑，坚定执行党的政治路线，坚决站稳政治立场，永葆清正廉洁，发挥示范引领作用。

要确保大学各项工作都坚持坚定正确的政治方向。习近平总书记指出：“我国高等教育发展方向要同我国发展的现实目标和未来方向紧密联系在一起，为人民服务，为中国共产党治国理政服务，为巩固和发展中国特色社会主义制度服务，为改革开放和社会主义现代化建设服务。”③ 在中国特色社会主义高等教育发展道路上，大学校长必须坚持正确的政治方向，展现优秀的战略思维和处理复杂事务的办学治校才能。领导我国大学建设与管理坚持社会主义办学方向，加强党的领导，坚持四项基本原则。

大学校长“负责教师队伍建设，依据有关规定聘任与解聘教师以及内部其他工作人员”④，要明确师德底线，引导广大教师努力成

① 《习近平就高校党建工作作出重要指示　坚持立德树人思想引领　加强改进高校党建工作》，《人民日报》2014 年 12 月 30 日。

② 《习近平在中共中央政治局第五次集体学习时强调　加快建设教育强国　为中华民族伟大复兴提供有力支撑》，《人民日报》2023 年 5 月 30 日。

③ 《习近平谈治国理政》第二卷，外文出版社 2017 年版，第 376—377 页。

④ 《关于坚持和完善普通高等学校党委领导下的校长负责制的实施意见》，《中国教育报》2014 年 10 月 16 日。

为有理想信念、有道德情操、有扎实学识、有仁爱之心的好老师，教师要坚持以习近平新时代中国特色社会主义思想为指导，拥护中国共产党的领导，贯彻党的教育方针；不得在教育教学活动中及其他场合发表有损害党中央权威、违背党的路线方针政策的言论。

二、坚持全面推进依法治校

大学校长要坚持以法治思维优化大学治理模式[①]，推进我国高等学校治理体系和治理能力现代化。

第一，持续健全治理组织体系，夯实法治根基。一是全面贯彻落实党委领导下的校长负责制，严格执行民主集中制，确保重大决策合规合法，认真落实巡视巡察制。二是构建完善学术治理结构，完善校学术委员会、学位评定委员会和教学指导委员会章程，并规范换届改选机制，发挥三个委员会积极作用。三是不断健全院校两级治理体系，推动以“党委领导、校长负责、教授治学、民主管理”为基本框架的现代大学治理结构不断完善。四是持续优化调整内设机构与职能职责，积极推动“三定”工作。五是强化畅通民主管理机制，推动以教代会为主体的民主参与机制不断健全，促进师生维权通道进一步畅通，实现高效办理来人来件信访；建立健全法律风险防范化解机制，完善信息公开机制。六是规范学校与外部社会关系，依法依规汇八方涓流支持推动学校建设发展。

第二，构建治理价值体系，强化法治导向。坚持全面落实立德树人根本任务，抓牢思想政治工作，强化师德师风建设。法治文化

① 《坚持全面依法治校　推进治理体系和治理能力现代化——专访校党委副书记、校长孟东方》，《重庆师大报》2023 年 3 月 31 日。

是法治建设的先导和灵魂。推动法治活动广泛覆盖师生群体，增强师生自觉树立法治信仰的动力。进一步优化法治宣传教育运行机制，着力使相关部门和学院进一步加强联动与合作，形成法治宣教合力，进一步充实法治宣传内容、丰富载体、创新手段，构建完善适合师生的特色化法治宣传教育体系，进一步培育法治校园文化。着力创建法治宣传教育工作先进集体。

第三，完善治理制度体系，规范法治实践。适时高质量完成大学章程修订，切实抓好大学章程执行。完善以大学章程为核心的大学规章制度，做好制度的“废、改、立、释”，为规范大学办学活动提供制度保障。

三、坚持对国之大者心中有数

大学校长要不断增强“四个意识”，坚定“四个自信”，坚决做到“两个维护”，引领学校广大师生自觉在政治立场、政治方向、政治原则、政治道路上同党中央保持高度一致，要把我们的特色和优势有效转化为培养社会主义建设者和接班人的能力。[①]

大学校长作为社会主义政治家，一方面，要牢牢扎根于中国大地办大学。习近平总书记强调：“我国有独特的历史、独特的文化、独特的国情，决定了我国必须走自己的高等教育发展道路，扎实办好中国特色社会主义高校。”[②] 因此，就需要大学校长以马

① 教育部课题组：《深入学习习近平关于教育的重要论述》，人民出版社2019年版，第86页。

② 习近平：《论党的宣传思想工作》，中央文献出版社2020年版，第275—276页。

克思主义作为指导思想，遵循教育规律，结合相关学科知识加强大学建设，着力助推高等教育现代化。另一方面，大学校长作为社会主义政治家，需要有全面、历史的眼光，面向大学、面向当地、面向世界，以自身的改革创新推动对外交流合作，科学借鉴世界一流大学的先进经验，同时坚持特色、争创一流。大学校长必须坚持党的基本理论、基本路线、基本方略，在大学建设中始终贯彻习近平新时代中国特色社会主义思想，巩固团结奋斗的共同思想基础。

大学校长应当是一位有明确政治担当的政治家。① 政治家型的大学校长需要坚定自己的政治立场，端正自己的政治态度。要修身养性，严于律己，境界高远，勤政廉洁，抵制不正风气。大学校长要自觉讲政治，对国之大者要心中有数，坚定贯彻落实党中央的各项路线方针政策，深刻领会党和国家的根本利益所在，明确人民立场这一党的根本政治立场。大学校长在办学兴校中，要坚持想国家之所想、急国家之所急、应国家之所需。

第三节　成为善于办学兴校的教育家

优秀的大学校长必须是教育家。② 陶行知在《第一流的教育家》中指出："政客教育家"、"书生教育家"以及"盲行盲动的教育家"都不是优秀的教育家，优秀的教育家应该具有开拓创新的精神，无

① 汪明义：《论大学党委书记和校长的社会主义政治家责任和教育家使命》，《中国高等教育》2020 年第 21 期。

② 眭依凡：《一流大学校长必须是教育家》，《求是》2001 年第 20 期。

私奉献，以身作则，好学向上。教育家型校长不是简单的教育实践者，而是在教育实践中不断总结、变革、反应、再总结先进教育思想的能动者。“坚持党对教育事业的全面领导，是建设中国特色社会主义教育强国的根本保证”①，我国大学所执行的“党委领导下的校长责任制”已经蕴含了要求大学校长作为教育家的重要角色。2018 年颁布的《中共中央国务院关于全面深化新时代教师队伍建设改革的意见》指出，到 2035 年，要培养出数以万计的教育家型教师，显示出教育家办学已经成为大势所趋。教育家型大学校长在办学兴校的实践中，需要综合运用各种资源。根据教育型大学校长具体的办学实践以及相关资源在办学实践中的结构形态，可将教育家型大学校长划分为三种基本类型：教学管理型校长、教育创新型校长、学术研究型校长。教学管理型校长具有扎实的管理知识和丰富的管理经验。这类大学校长可以精准把握国家政策，有效协调各种资源，积极提升高等学校教学管理水平，是出色的管理专家。教育创新型校长具有创新精神和创新思维，不断进行创新与变革。学术研究型校长善于在教学实践中不断思考总结，深刻认识和把握办学规律，形成具有独特性的、创新性的教育思想成果。综合三种不同类型，即作为教育家型大学校长必须具备一定的精神气质、专业品质和知识分子特质。

一、大学校长成长为办学兴校教育家的精神气质

习近平总书记指出，全国广大教师应当“以教育家为榜样，大

① 《建设中国特色社会主义教育强国——二论学习贯彻习近平总书记在中共中央政治局第五次集体学习时的重要讲话精神》，《中国教育报》2023 年 6 月 1 日。

力弘扬教育家精神，牢记为党育人、为国育才的初心使命，树立‘躬耕教坛、强国有我’的志向和抱负，自信自强、踔厉奋发，为强国建设、民族复兴伟业作出新的更大贡献”[①]。教育家精神是中国教师群体躬耕实践的伟大精神结晶，大学校长作为中国教师群体的重要构成，秉承“中国特有的教育家精神”[②]，涵养教育家的精神气质尤为重要。

（一）具有真挚的教育之爱

习近平总书记强调：“爱是教育的灵魂，没有爱就没有教育。”[③]爱是大学校长办学兴校的精神源泉、内在支撑。作为教育家型校长，不仅要热爱教育事业，更要热爱开展教育事业的学校，热爱进行教育事业的老师以及接受教育的学生。要具有“乐教爱生、甘于奉献的仁爱之心”[④]，要“爱岗敬业、爱生如子、爱校如家”。只有具备真挚的教育之爱，教育工作者才会饱含教育热情，才会尊重爱护学生，才会有足够的耐心和毅力，才会在历经挫折后依旧意志坚定，初心不改，奉献于祖国的教育事业。凡是成功者，无不热爱自己的事业，无不把事业的成功作为自己毕生的目标追求。作为大学校长，具备真挚的教育之爱，才可以保持初心，奉献教育事业，专心办学兴校。正是因为具有真挚的教育之爱，才可以在经历

① 《习近平致信全国优秀教师代表强调 大力弘扬教育家精神 为强国建设民族复兴伟业作出新的更大贡献》，《人民日报》2023年9月10日。

② 《习近平致信全国优秀教师代表强调 大力弘扬教育家精神 为强国建设民族复兴伟业作出新的更大贡献》，《人民日报》2023年9月10日。

③ 习近平：《做党和人民满意的好老师——同北京师范大学师生代表座谈时的讲话》，《人民日报》2014年9月10日。

④ 《习近平致信全国优秀教师代表强调 大力弘扬教育家精神 为强国建设民族复兴伟业作出新的更大贡献》，《人民日报》2023年9月10日。

了诸多困难之后依旧充满热情。①

（二）具有坚定的教育理想和信念

习近平总书记勉励广大教师，涵养“心有大我、至诚报国的理想信念”②。教育需要有坚定的教育理想和信念，否则教育就只能是一种教学技术。教育不是一时的，它是具有长远发展征程的，是面向未来的。因而，作为教育家型的大学校长，需要有理想，有信念，有发展的眼光，以及办学兴校的宏大理想。只有具备这种勇往直前、不惧困难的理想信念，才能在教学实践中迎接各种挑战，保持初心，成就一番事业。理想是大海上的灯塔，信念是通向胜利的阶梯，如果没有坚定的教育理想和信念，那么所有的行动都是没有目的、盲从的③。

（三）具有完善的创新精神

随着时代的进步，大学教学理念、办学实践已经发生了翻天覆地的变化。继续运用陈旧理念，故步自封，不是一个优秀教育家型大学校长应有的办学兴校的态度。

习近平总书记指出：“要努力构建德智体美劳全面培养的教育体系，形成更高水平的人才培养体系。要把立德树人融入思想道德教育、文化知识教育、社会实践教育各环节，贯穿基础教育、职业教育、高等教育各领域，学科体系、教学体系、教材体系、管理体

---

① 中国昌：《从陶行知看教育家的内涵及品性》，《中国德育》2016 年第 23 期。

② 《习近平致信全国优秀教师代表强调　大力弘扬教育家精神　为强国建设民族复兴伟业作出新的更大贡献》，《人民日报》2023 年 9 月 10 日。

③ 张东娇：《教育家型校长才能办出好学校——论顾明远的学校领导与管理观》，《中国教育学刊》2018 年第 10 期。

系要围绕这个目标来设计，教师要围绕这个目标来教，学生要围绕这个目标来学。凡是不利于实现这个目标的做法都要坚决改过来。”① 教育家型大学校长作为高等学校教育事业的领军人物，应该站在教育事业发展的前沿，发挥主观能动性，创造性地解决问题。面对世界百年未有之大变局，大学校长应该有发展的眼光，创新的气魄，审时度势，坚定不移地担任起高等学校变革的重任。大学校长要着力推进新工科、新医科、新农科、新文科建设。

（四）具有开放包容的胸怀

在大学中，每个行为主体都是利益相关者，大学校长应该做好价值引领。这就需要校长制定一个凝聚人心的共同愿景，构建高等学校奋斗共同体，形成休戚与共的命运关系。② 面向世界，大学校长就需重视开放合作和交流互鉴，具有国际视野。出色的大学校长都具有开放包容的胸怀，勇于赶超。③ 因此，在这个信息化和国际化的时代，大学校长更应该以开放包容的胸怀，虚心学习借鉴有益经验。

二、大学校长成长为办学兴校教育家的专业品质

过硬的专业品质是支撑大学校长职业生涯发展的根本基石，也是大学校长持续推进大学办学兴校实践的重要依托，大学校长成长为办学兴校教育家的历程，同时也是其持续锤炼专业能力、巩固专

① 《习近平著作选读》第二卷，人民出版社 2023 年版，第 203 页。

② 王金云：《高等教育场域变化与大学校长成长路径》，《华南师范大学学报（社会科学版）》2020 年第 2 期。

③ 程斯辉、刘立德：《新中国著名大学校长的治校办学之道管窥》，《教育史研究》2021 年第 2 期。

业品质的过程。

（一）具备扎实的专业素养与专业知识

大学校长的专业化、职业化，成长为立德树人的专业人才，既是时代发展的必然要求，更是为党育人、为国育才的现实需求。大学校长需要深刻理解大学的本质，并且能够较好地把握办学兴校的理念。[①] 这些是作为一位优秀的教育家需要具备的专业素养。专业化的前提就是具备专业知识。大学校长需要充分学习并掌握专业知识并运用于办学兴校中，将理论转化为实践，并且不断总结，不断汲取丰富营养，从而充实自己的专业知识。

（二）具有丰富的教学经验

作为教育家，大学校长需要全身心投入到教育事业，具有丰富的教学经验。[②] 教学质量是大学教育的生命线，提高教学质量，是每一位学生都热切盼望的。在大学的发展中，必须始终坚持质量为本，提升教学水平。大学校长作为示范引领者，只有具备丰富的教学经验，才能够推动从课堂教学上提质到整个学校办学追求卓越，全面提升教育教学质量。大学校长累积和总结教学经验，更有利于高等学校建设与教育事业的发展。

（三）具有求真的理性精神

“认知规律、运用规律”，是大学校长办学兴校的重要方法论原则，作为教育家型大学校长，无不具有求真的理性精神，无不致力

① 党丽君、张欣：《大学校长个人权威的价值探寻》，《高教论坛》2021 年第 11 期。

② 胡金波：《高校领导者应努力成为政治家、教育家、实干家》，《群众》2014 年第 9 期。

于教育规律的研究。在全球化的浪潮中，大学校长能否从本国、本校的实际出发，立足本国国情，按照高等教育的客观规律办学兴校就显得尤为重要。大学校长需在办学实践中领悟求真的理性精神，正确认识教育规律，尊重并务实地将其运用在实践中，结合本国高等学校教育的实际情况，以实事求是的态度推进大学发展。同时，大学校长应尊重教育规律，科学抓好工作。

三、大学校长成长为办学兴校教育家的知识分子特质

大学校长的知识分子特质，指的是大学校长在具有高等学校发展管理者身份的同时，也应当兼具知识分子的角色。知识分子是大学校长的重要思想身份、话语身份和人文身份。作为知识分子型大学校长，应该具备这些特质：有眼光、有谋划，具有敏锐的观察力；具备用哲学观全面而理性的分析力；精通历史和时事，善于把握大势；具备科研素养和学术前瞻力。

（一）有眼光、有谋划，具有敏锐的观察力

从国家层面来讲，如今处于信息化时代，处在知识经济时代，中国高等教育的发展与世界息息相关，世界高等教育的发展也需要中国作出更大贡献。因此，大学校长应该从国际视野广度出发，全面了解全球高等教育的发展水平与趋势，把握发展机遇，紧跟时代潮流，结合自身情况不断借鉴“世界一流大学和世界一流学科”的先进建设经验，引领大学提高办学水平和综合实力，助推我国2035年教育现代化远景目标的实现。

从学校范围来讲，大学校长应深化内涵发展，彰显优势特色，积极探索中国特色社会主义大学建设之路，激发师生员工参与大学

建设的积极性、主动性和创造性。

（二）具备用哲学观全面而理性的分析力

万物得其本者生，百事得其道者成。[①]这指的是万事万物只有保住根本才能成长，一切只有符合发展规律才能取得成功。而如何认清事物发展的根本，就需要大学校长能以哲学观全面而理性的分析问题，能够运用哲学的思想和方法处理在高等学校建设与发展进程中遇到的诸多困难。要具有抽象概括能力和客观辩证思考问题的能力。打破一切教条主义，使得高等学校更加鲜活[②]。如今，产业革命的兴起、世界多极化的发展、不同主体的不同需求等使得大学处于更复杂的社会环境中。因此，大学校长要学好用好哲学，提高哲学素养。要把握人才培养、学科发展、科研创新内在规律，推进大学高质量发展。

（三）精通历史和时事，善于把握大势

"历史使人明智"。对于大学校长来说，学习历史，正确认识历史发展进程，有利于了解教育事业一直以来的发展以及其在每一段历史中的定位。能够了解各个行业的发展历史，更有利于对高等学校各个专业形成正确的认识，进行正确的调整。能够在历史人物身上汲取有益经验，提升自己的素养。我国有独特的历史、独特的文化、独特的国情，建设中国特色、世界一流大学不能跟在别人后面依样画葫芦。[③]通过学习历史，大学校长可以对我国大学的发展

---

① 于文秀：《万物得其本者生，百事得其道者成》，《光明日报》2022年4月19日。

② 张巧利：《论新时期校长哲学素养的提高》，《当代教育论坛（校长教育研究）》2007年第6期。

③ 《习近平在中国人民大学考察时强调 坚持党的领导传承红色基因扎根中国大地 走出一条建设中国特色世界一流大学新路》，《人民日报》2022年4月26日。

经验取其精华，去其糟粕。习近平总书记指出："把小我融入大我，立志作出我们这一代人的历史贡献。"① 精通时事，大学校长可以更好把握大势。大学校长讲思政课"要善于利用国内外的事实、案例、素材，在比较中回答学生的疑惑"。②

（四）具备科研素养和学术前瞻力

一流大学的校长都是管理素养和科研素养并显。大学是一个人才聚集地，大学校长要努力做学术前沿并行者乃至领跑者，组织开展科学研究，推进文化传承创新，服务国家和地方经济社会发展，把学校办出特色、争创一流。

大学校长也只有具备学术前瞻力，把握知识发展的整体趋势，洞悉其发展规律，才能够引领高等学校在学术传承和创新上朝着正确的方向前进，才能更好地推动大学主动融入和支撑各类行业产业发展。

第四节　成为善于办学兴校的实干家

习近平总书记指出："要突出培养一流人才、服务国家战略需求、争创世界一流的导向，深化体制机制改革，统筹推进、分类建设一流大学和一流学科。"③ 先进的理念只有转化为实际行动，才可

① 《习近平在京津冀三省市考察并主持召开京津冀协同发展座谈会时强调　稳扎稳打勇于担当敢于创新善作善成　推动京津冀协同发展取得新的更大进展》，《人民日报》2019 年 1 月 19 日。

② 习近平：《思政课是落实立德树人根本任务的关键课程》，《求是》2020 年第 17 期。

③ 《习近平主持召开中央全面深化改革委员会第二十三次会议强调　加快建设全国统一大市场提高政府监管效能　深入推进世界一流大学和一流学科建设》，《人民日报》2021 年 12 月 18 日。

以取得真正意义上的成功，这需要大学校长从广度展开、精度设计，让多层次教育并行不悖。[①]大学校长必须是一名实干家，能够将具体的办学理念与办学目标转化为实际行动，具有强有力的执行力。大学校长的工作集宏观、中观与微观于一体。宏观就是抓好学校发展的重大问题，做好统筹与规划；中观就是形成推动发展目标的思路和举措，在各阶段目标都要抓紧落实；微观就是解决发展中贯穿始终的具体问题。[②]要坚持脚踏实地、实事求是，把握实际，统筹各方资源，促进大学持续健康发展。要有真抓实干的作风，强化责任担当，提升校风、改进教风、优化学风。要把握机遇，跟随时代发展潮流，主动变革，不断适应和满足我国教育发展的现实需要。

一、抢抓发展机遇

习近平总书记指出："综合分析国内外形势，当前和今后一个时期，我国发展仍然处于重要战略机遇期，但机遇挑战都有新的发展变化。"[③]机遇是国家、民族发展的重要助力，更是我国大学发展必须充分认识和把握的条件。在办学治校的过程中，大学校长能否认识机遇、把握机遇和利用机遇，直接影响到其能否推动大学发展迈上新台阶。

---

① 洪林、汪福俊、诸华军、彭圆：《地方高校转型发展中校长的责任担当》，《黑龙江高教研究》2019年第9期。

② 孟东方：《大学校长学：新时代高等教育发展下的新学科》，《中国教育科学（中英文）》2022年第3期。

③ 习近平：《新发展阶段贯彻新发展理念必然要求构建新发展格局》，《求是》2022年第17期。

（一）认识机遇

机遇是指机会、有利的境遇。机遇是对客观事物发展具有促进作用的良好境遇。无论是个人、群体，乃至国家、民族，在其发展进程中必然会在具体的时空场域中，面对诸多的发展机遇。机遇作为一种客观存在，是客观事物运动发展和时空环境复杂变化的结果，其出现不以人的意志为转移。问题的关键在于实践主体能否敏锐的认识和把握住机遇，进而利用机遇通过实践推进认识和改造客观世界。由此可见，大学校长要成长为办学兴校的实干家，首先必须具备认识机遇的能力素养，能够从复杂变化的内外环境中敏锐的意识和认识到什么是机遇，这是其能够进一步把握机遇的前提。同时，机遇并非无限量存在，机遇的珍贵恰好在于其稀有性，大学校长认识机遇的素养殊为重要。特别是在新时代新征程上，大学校长需要系统学习习近平新时代中国特色社会主义思想，将党的创新理论内化于心、外化于行，以其科学的世界观和方法论审视当代中国与当今世界，进而提升认识大学发展机遇的素养。

（二）把握机遇

作为大学办学兴校的关键人物，认识机遇、了解机遇形成发展的一般性规律，能够从复杂变化的内外环境中敏锐地意识到机遇的出现，是前提性要求。当大学校长具备较好的机遇认识水平，且真正认识到对于大学办学兴校有促进作用的机遇出现之后，能否把握住机遇，让机遇真正为我所用，为大学各项工作的开展所用，为办学兴校的水平提升所用，则成为评价大学校长抢抓机遇素养的又一关键环节。习近平总书记指出：“谋划和推进党和国家各项工作，必须深入分析国际国内大势，科学把握我们面临的战略机遇和风险挑战。”[①] 把握机遇的前提，是全面、审慎地分析和研究整体形势，治党兴国如此，办学兴校亦是如此，大学校长不仅需要对所主管的大学内部发展形势有着全面的认识，更要从外部着眼，看到整个高等教育发展的时代大背景、大趋势。在此基础上，大学校长需要秉持开放包容、锐意创新的思维远见，对大学资源进行系统谋划、合理配置，对相关制度进行统筹设计、整体构建，确保在面临机遇时，整个大学能够积极响应，各方面资源能够迅速聚集，从而实现对于发展机遇的把握。

（三）利用机遇

在认识与把握现实发展机遇之后，大学校长应当抢抓机遇，即重视和落实对于机遇的利用，使其产生效果。机遇虽然珍贵，但机遇本身不会天然地向发展的实效转变，机遇转变为实效还必须经过“利用”的中间环节，即是如何将已经把握住的机遇运用好，使之发挥出最大的效能。在办学兴校过程中，大学校长利用好机遇需要注意以下三个方面。

第一，需要在与辩证思维的有机结合中利用机遇。辩证思维是中国共产党治国理政的重要思维方法，习近平总书记在谈到全面对外开放问题时，就提出了“我们能不能做到既利用对外开放机遇而又不被腐蚀或吃掉”[②] 的重要问题，在辩证思维的指导下，我们对

---

① 《习近平在省部级主要领导干部“学习习近平总书记重要讲话精神，迎接党的二十大”专题研讨班上发表重要讲话强调　高举中国特色社会主义伟大旗帜奋力谱写全面建设社会主义现代化国家崭新篇章》，《人民日报》2022 年 7 月 28 日。

② 习近平：《在省部级主要领导干部学习贯彻党的十八届五中全会精神专题研讨班上的讲话》，《人民日报》2016 年 5 月 10 日。

于机遇的认识不能仅仅局限于其推进发展的一面，还应当清醒地意识到伴随机遇而至的一系列问题、挑战、困境等。大学校长利用机遇，首先需要从思维层面全面剖解机遇，且必须认识到其内在蕴含的两面性。

第二，需要在与制度建设的系统整合中利用机遇。制度建设往往带有全局性和根本性，建构、形成一套成熟合理、运行稳定的办学兴校制度体系，是对大学校长综合能力的系统性考验，尤其是在利用机遇的问题上，大学校长更需要将其与制度建设整合起来，在办学兴校各方面的制度设计中凸显对于机遇利用问题的重视，形成一整套反映机遇、利用主体权责、成效体现、评价指标等的制度体系。

第三，需要在与大学自身特色的结合中利用机遇。基于不同的发展历程、现实环境、人才队伍等因素，不同的大学均有着自身的特色与优势，大学校长对于机遇的利用，需要充分结合自身学校的优势方向，从而使机遇效用能够得到最大化的发挥。

综上所述，抢抓机遇是大学校长办学兴校的首要任务，在复杂变化的时代大背景之下，大学内、外的环境变化更加明显，大学办学兴校的机遇处在错综复杂的内外形势之中，对其的认识、把握和利用，成为考验大学校长办学兴校能力的重要标准。

二、建设高水平师资队伍

习近平总书记指出，“百年大计，教育为本。教师是立教之本，兴教之源”①，“好的学校特色各不相同，但有一个共同特点，都有

① 《习近平致全国广大教师的慰问信》，《人民日报》2013 年 9 月 10 日。

一支优秀教师队伍”①。建设一支高水平的教师队伍，成为高等学校实现内涵式发展、高质量发展的重中之重，更成为大学校长办学兴校的核心使命。如何实现对本校现有的师资力量的高效整合，如何通过培养与引进的优化组合，实现大学师资队伍的合理拓展，师资水平的显著提升。这些都是大学校长必须予以审慎思考和有效解决的重要问题，更成为大学校长成长为实干家的必要环节。

作为实干家型大学校长，应该把高质量的师资队伍建设作为高等学校建设与发展的首要任务，努力打造一支“招得来、留得住、教得好”的师资队伍。具体来看，要扩宽补充渠道，确保“招得来”。要规范教师流动，扩大教师招聘规模，注重加大国内高水平大学、高水平学科师资引进力度。同时，也要重视国外高等学校人才的引进以及社会精英的聘任，施行“内部养成”和“外部引进”双轨并举机制。要强化待遇保障，确保优秀人才“留得住”。在满足教师认同感、归属感等精神需求的基础上，更好保证其生活需求，合理提升福利待遇水平。要狠抓师德师风，确保“教得好”。积极开展师德考核等师德专题教育活动，营造出尊师重教良好氛围。严把选聘考核晋升思想政治素质关。

三、设计与完善现代大学制度

任何组织的成功都必须依赖合理的制度和有效的管理。大学作为社会文化中心，其治理应是“有法可依、有法必依、执法必严、

① 《习近平在中国人民大学考察时强调　坚持党的领导传承红色基因扎根中国大地　走出一条建设中国特色世界一流大学新路》，《人民日报》2022年4月26日。

违法必究”的先进组织的理念。大学如果想拥有和谐的治理环境，必定是以依法办学为基础。大学制度的制定和实施，以及发展战略的制定等都需要机制体制的保障。而制度可以保障组织的良好运行，起到激励或是规范行动的效果。

我国实行的是党委领导下的校长负责制。大学校长“组织拟订和实施学校发展规划、基本管理制度、重要行政规章制度、重大教学科研改革措施、重要办学资源配置方案。组织制定和实施具体规章制度、年度工作计划”①。要制定完整的高校管理制度，使各个主体都能在制度下依法办事，各司其职。②

四、有效利用教育资源

大学作为一个教育机构，它的成功同样需要依赖于各种资源以及重要因素的投入。大学的建设与发展以及我国高等教育水平的提升离不开政府政策和财政支持。除了财政支持以外，大学校长在大学建设中也应该统筹人力和物力，包括师资、生源以及基础设施等等。大学校长应该注重大学与地方经济建设和产业发展的深度融合，积极采取行动，赢得政府、企业等的资源支持。③

大学作为一个复杂的组织，其内部资源也是有限的。各个院系希望学校给予政策倾斜以及经费支持。学校则从整体出发，整体把

① 《关于坚持和完善普通高等学校党委领导下的校长负责制的实施意见》，《中国教育报》2014 年 10 月 16 日。

② 何敬业:《现代大学制度视野下的高校治理结构》，《智库时代》2019 年第 44 期。

③ 洪林、汪福俊、诸华军、彭圆:《地方高校转型发展中校长的责任担当》，《黑龙江高教研究》2019 年第 9 期。

握，重点支持，推动协同共进。因此，大学校长应该依法依规统筹资源，合理分配，充分利用，协调各方利益。

第五节　大学校长在发展中成为开拓者

大学校长是一个集多重角色于一体的重要岗位。大学校长的成长、成熟与大学的发展密切相关。而大学校长的工作历练需要围绕“影响有影响的学者，影响有希望的学生”这一主旨开展，在发展中成为开拓者。所谓“影响有影响的学者”，指的是大学校长要利用好所处地位与条件，身体力行地给予大学学者积极正面的影响。带领学校发展更好，促进学校积极上进。所谓“影响有希望的学生”，指的是每个学生都是有希望的，不落下任何一位学生，大学校长用学校文化、学校氛围、个人品质与魅力影响学生，让学生能够在校园里积极、快乐学习。大学校长的成长、成熟，本质上就是在实践历练中持续贯彻这一志趣，并在其中不断丰富、发展自身的过程。因此，大学校长在历练中不断走向成熟，是以践行这一主旨为体现，依靠外在教育和内在努力共同作用的结果。

一、培育大学校长的开拓者意识

坚持教育与自我教育相结合，培育大学校长的开拓者素质，可从“理、志、恒”等多个方面展开。

（一）晓之以理——深化大学校长对开拓者角色的认识

习近平总书记对办好新时代高等教育提出了一系列新任务新要求。要把学习、宣传和贯彻落实习近平总书记重要讲话精神和一系列重要论述作为当前和今后一个时期的首要政治任务，锚定习近平总书记指明的目标奋力前行，聚焦习近平总书记划出的重点真抓实干，善用习近平总书记教给的方法开拓进取。

大学校长要深化对开拓者角色的自我认识。对自己的长处和短处有正确、客观的认识和评价。第一，要通过对他人和社会集体的认识来认识自身。人的自我是从别人那里发现自己，认识和评价自己的，是从认识别人开始的，是在认识别人的过程中逐步学会认识自己的。第二，要创造“问题情境”，把握思想矛盾，激发对问题的思考、推动内部的思想矛盾运动，从而增强自我认识能力。第三，要以社会监督和社会评价作为检验自我认识能力提高的重要依据。

（二）炼之以志——锻炼大学校长对开拓者角色的意志

大学校长要勇做走在时代前列的开拓者，锻炼自身意志是很有必要的。大学校长应该充分发挥自身自我评价、自我教育、自我锻炼的内部动力，要不断进行自我严格的要求，不断克服缺点、发挥优点，使自己在千变万化的实践活动中进行自我反省，从而指导自我行动。锻炼就是通过组织行为练习，使自己在大学校长工作这个阵地上充分实践，并不断地提高和加强自身的意志力。

（三）持之以恒——培养大学校长勇于开拓实践的习惯

大学校长开拓者角色的形成，是一个长期不断塑造和改进的过程。不论从大学校长对加强其开拓者角色认识之逐步深化、用心用情之日益显现来说，还是就其意志锻炼、行为养成来看，都是一个长期的发展过程。正因为它是一个长期的过程，就不能只看大学校长的一时一事、一言一举，而是要经过长期的、反复的教育和培养，一次又一次地、反复地完成一定行为并已形成习惯的过程，这是“行贵有恒”的实质和关键。

二、提高大学校长的开拓者修养

“修养”一词的原意包括修身养性、反省自新、陶冶品行和涵养道德。马克思主义赋予了“修养”以新的含义，认为革命者要改造和提高自己，必须参加革命的实践，在实践中加强自我教育、自我改造，这种教育和改造离不开人们的社会实践，也离不开自己在实践中的主观努力。大学校长作为开拓者，应该是有高度自我修养的人，这样才能够使主观认识符合不断变化的客观实际。大学校长作为开拓者的自我修养，包括自我激励、自我控制、自我完善等方面。

（一）大学校长要不断提高自我激励力

大学校长作为开拓者，要不断提高自我激励力，主要指他们激发自我的内在潜力，充分发挥自己的积极性和创造性，真正做到力尽所用、才有所展，这是大学校长自我修养的内在动力。大学校长不断提高自我激励力的途径主要有三个方面：第一，要善于进行自我目标激励，制定目标链条，在办学兴校的实践过程中，要将行为与目标统一起来。第二，要善于进行自我榜样激励，在各个时期、各个方面持续为自己树立榜样，使自身有方向、有动力。第三，要善于进行自我业绩激励，不断总结自身在工作、生活、学习等各方面的成绩与经验、教训与不足，时刻根据自身的工作业绩，理性地对自身各方面开展定位思考，以此激励自己不断前进。

（二）大学校长要不断提高自我控制力

作为开拓者的自我控制力，也就是大学校长的自我调节力。大学校长应从四个方面来不断提高自我控制力：第一，要遵循规律，善于优化环境，化消极因素为积极因素。这就需要始终明确工作职责，积极履行使命，以身作则，建设好弘扬正能量的教师队伍，组织开展思想品德教育。第二，要善于控制情绪，提高自我控制力，善于用意志调节自己的心理状态，抑制各种消极情绪，用“理智驾驭感情”，用“理智战胜感情”。第三，要能够在逆境中前进。困难是实现预定目的的障碍，而为了实现预定目的，就必须克服困难。提高自我控制力就要培养克服困难的毅力。第四，要做到“慎独”，自觉接受监督，谨慎从事，自觉遵守各种道德准则与法律规定。

（三）大学校长要不断提高自我完善力

大学校长作为开拓者，要不断提高自我完善力，就是经过自我激励和自我控制，以科学的价值理念引领自己行为。自我完善是在社会实践中实现的，绝不是孤立的、封闭的、与世隔绝的独善其身。所谓完善也是相对的，是无止境的，要随着实践的发展、条件的变化，不断地完善自己。大学校长不断提高自我完善力，需要从四个方面着力：第一，要完善自身的教育引导力。不断增强学术积淀、累积有益经验、涵育崇高道德品质，“要坚持教育者先受教育”[①]。第二，要完善自身的组织服务力。高度重视黄大年式教师团队创建工作，“以黄大年同志为榜样，立足本职岗位，凝聚团队力

① 《习近平谈治国理政》第二卷，外文出版社2017年版，第379页。

量”①，在科研工作中实施集智攻关、破解关键技术领域的“卡脖子”难题，在团队建设上突出老中青传帮带、打造接续奋斗的人才梯队。大学校长要推动大学内部科研组织模式和结构优化，促进有组织创新。第三，要完善自身的沟通协调力。校长在大学办学兴校的过程中居于居中统筹协调的关键地位，需要持续完善自身协调各方的素质，将校内、校外各方面资源的挖掘、运用整合到办学兴校的过程之中。第四，要完善自身的利益代表力。切实代表好大学办学兴校的整体利益，代表好大学教师、学生、管理人员等各个群体的利益，代表好社会主义高等学校立德树人的根本利益。

三、健全大学校长勇于开拓进取的制度体系

作为办学兴校的关键一环，大学校长勇于开拓进取，对于我国大学教育的发展具有重要的影响。习近平总书记指出，“制度是关系党和国家事业发展的根本性、全局性、稳定性、长期性问题”②，“要把制度建设摆到更加突出的位置”③。由此可见，制度建设是我们党治国理政的基石，更是大学教育发展的基础，健全大学校长勇于开拓进取的制度体系具有重要意义。

（一）坚持和完善普通高等学校党委领导下的校长负责制

党委领导下的校长负责制，是具有鲜明中国特色的高等教育制度设计。坚持党委领导下的校长负责制，是健全大学校长勇于开拓

---

① 《习近平回信勉励全国高校黄大年式教师团队代表　真正把为学为事为人统一起来　当好学生成长的引路人》，《人民日报》2021 年 9 月 10 日。

② 《习近平著作选读》第二卷，人民出版社 2023 年版，第 226 页。

③ 《中国共产党第十九届中央委员会第四次全体会议文件汇编》，人民出版社 2019 年版，第 74 页。

进取制度体系的根本前提。要处理好党委和行政的关系，校长负责是以党委领导为根本前提，党委总揽高等学校改革发展稳定全局，“把握学校的思想政治领导权，对重大问题和重大事项的决策权，以及对重大决议执行情况的监督权”①，同时校长负责是坚持党委领导的基石，党的意志需要依托校长领导来予以落实。要处理好个人与集体的关系，将坚持集体领导与个人分工负责有机结合起来，保证重大事项的科学、民主、依法决策，积极性有效发挥。要处理好书记与校长之间岗位职权的关系。

（二）健全大学校长学习交流提升制度

大学校长的成长发展是一个动态的过程，成为大学校长并不意味着学习提升的终止，而是需要其在大学校长的岗位平台上，进一步拓展学习的视野，增强办学兴校的各方面素质，因此要持续健全大学校长学习、交流、提升制度。具体而言，要健全大学校长的学习制度，从制度设计层面规范、完善大学校长的常态化学习实践活动，将集体学习与个人学习辩证统一起来，将培训、讲座等多样学习方式有机结合起来。要健全大学校长的交流制度，在制度设计中充分体现对于当前时代环境下加强交流之于办学兴校的重要价值，以开放姿态审视大学办学效果。要健全大学校长的提升制度。随着在办学治校实践历练中的持续进步，大学校长的综合素质与整体能力有效增强，制度设计需要充分考虑大学校长的提升问题，拓展其成长、发展空间。

① 靳诺：《处理好三个关系》，《求是》2014 年第 24 期。

（三）健全大学校长履职尽责监督制度

办学兴校是一个持续性的过程，大学校长作为整个大学运行的关键人员，行使高等教育法等规定的各项职权，全面负责教学、科研、行政管理工作，大学校长在其岗位上做得如何，是否达到了相关要求，需要持续健全大学校长履职尽责监督的制度体系。具体而言：第一，要健全大学校长的履职制度，与时俱进为大学校长的履职提供有效的制度构建。第二，要健全大学校长的尽责制度，在制度设计中体现对于大学校长尽职尽责情况的定性与定量评估。第三，要进一步健全监督制度，将大学校长权力的运用纳入系统完备的监督体系之中。

健全大学校长勇于开拓进取的制度体系，是深入贯彻落实党的二十大报告关于“坚持严管和厚爱相结合，加强对干部全方位管理和经常性监督，落实‘三个区分开来’，激励干部敢于担当、积极作为”① 重要精神的内在要求。

① 习近平：《高举中国特色社会主义伟大旗帜　为全面建设社会主义现代化国家而团结奋斗——在中国共产党第二十次全国代表大会上的报告》，人民出版社2022年版，第67页。

第六章　大学校长的能力论

能力是一定主体为实现具体目标，完成既定任务所展现出的综合素质，大学校长的能力是大学校长在实现个人发展与推动大学办学兴校实践中所展现出来的综合能力。世界高等教育的快速发展，建设中国特色、世界一流大学的战略任务，以及高等教育发展各方面风险挑战加剧等现实需求，都要求大学校长必须具备出色的综合能力，统筹协调大学办学治校的各方面资源，因此对于大学校长能力问题的探讨，成为大学校长学问题视域中不可忽视的重要内容，是理解大学校长基本内涵，认识大学校长何以胜任，何以推动大学发展的重要维度。

基于对学术界现有研究成果的梳理分析，在对现有研究成果的整体把握基础上，课题组认为大学校长的能力构成具有鲜明的层次性，是多方面、多维度能力相互影响、相互制约所形成的能力系统，其具体表现为大学校长强基固本能力维度上的政治力、法治力和发展力，大学校长关键运行能力维度上的领导力、执行力、亲民力和创新力，大学校长支撑保障能力维度上的学习力、驾驭力和健康力。

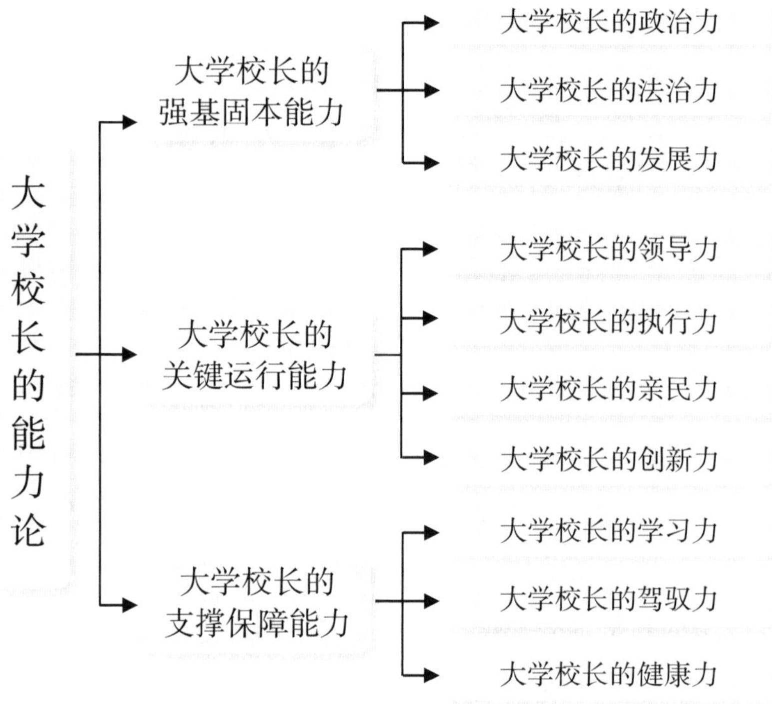

图 6-1　大学校长的能力论结构

第一节　研究的综述

大学校长需要具有什么样的能力，以推动大学办学治校实践水平提升和大学校长的个人发展，是学界持续关注的问题，学者们立足于不同的研究视角对此进行了较为深入的探讨。

一、研究的现状

在中国知网以“大学校长”+“能力”，以及“大学校长”+“素质”

为关键词进行主题检索，总共得到78条检索记录，其中与本选题相关的直接研究成果为47条。同时，学者们以学术专著的形式对大学校长能力的相关问题进行了探讨，如《校长素质论》（曲绍卫，1998）、《当代中国大学校长领导力发展研究》（马龙海，2012）、《校长胜任力研究与应用》（刘维良，2014）、《大学校长治理能力提升机理》（王飞，2023）等。经梳理，学界研究主要集中在以下三个方面。

（一）关于大学校长能力的内容构成研究

现代大学校长应当具备什么样的能力，是学界关注和探讨的重点，学者们立足不同的时代背景、研究视角、分析方法，对此进行了较全面的探讨。一些学者从整体上探讨了大学校长的能力构成，如吴玉厚认为大学校长应当具备五个方面的基本素质与能力，即底蕴丰厚的从业经验与教育思想、实事求是的科学态度与工作作风、不断进取的改革实践与管理创新能力、有的放矢的高教研究与战略规划能力、海纳百川的学术交流与国际合作能力①。纪宝成认为大学校长应具备两个最基本的能力：一是头脑要清楚，二是要有很强的意志力和行动能力②。王洪才认为大学校长应具备八种素质，即大局意识、领导才能、学术能力、社会活动能力、表达能力、经营能力、独特的教育理念和强健的体魄③。有的学者则选择了大学校

① 吴玉厚：《浅谈大学校长的素质与能力》，《国家教育行政学院学报》2005年第10期。

② 纪宝成：《漫谈大学校长能力建设》，《国家教育行政学院学报》2006年第5期。

③ 王洪才：《大学校长应具备的八种素质》，《河南教育（高校版）》2006年第1期。

长能力体系中的具体素质内容展开了探讨，如张雷生、王璐琪分析了大学校长治理能力现代化的问题[①]，陈栋、向文探讨了AI时代大学校长的信息化能力问题[②]，骆宝丞、宣勇聚焦了大学校长的新媒体能力问题[③]，马丁研究了中国大学校长的教育家素质问题[④]等。

（二）关于大学校长能力的国外发展研究

在聚焦中国大学校长能力问题的同时，学者们对于国外大学校长能力素质问题进行了深入研究，形成了一系列研究成果。如王福友探讨了美国大学校长领导能力开发问题，认为大学校长不仅对大学而且对整个社会来说都是极其宝贵的人力资源，开发他们的领导能力对现代大学的发展具有重要的意义。借鉴美国大学发展的经验，我国大学应高度重视校长管理与领导能力的开发[⑤]。史文欣、耿有权从学习经历、学术成就、高校管理经历、社会任职情况等多个维度研究美国排名前50名大学校长群体的素质特征和规律，从中探寻对中国建设世界一流高校校长群体素质提升的若干启示[⑥]。

（三）关于大学校长能力的时期对比研究

有的学者从历史的维度，开展了各时期中国大学校长能力素质

---

① 张雷生、王璐琪：《大学校长治理能力现代化研究》，《沈阳师范大学学报（教育科学版）》2022年第4期。

② 陈栋、向文：《AI时代大学校长信息化治理：挑战、困境与能力变革》，《教育理论与实践》2021年第36期。

③ 骆宝丞、宣勇：《大学校长的新媒体能力研究——以浙江省为例》，《大学（研究版）》2015年第1期。

④ 马丁：《略论当代中国大学校长的教育家素质》，《当代教育论坛（综合版）》2010年第6期。

⑤ 王福友：《美国大学校长领导能力的开发及启示研究》，《国家教育行政学院学报》2008年第2期。

⑥ 史文欣、耿有权：《美国前50名世界一流大学校长素质特征研究》，《东南大学学报（哲学社会科学版）》2021年第S2期。

问题的对比研究，如蔡世华聚焦民国与当代，对中国大学校长群体素质的历时性差异进行了分析，认为中国大学经历了从近代、现代到当代的制度变迁、文化变迁，而作为特定时期中国大学的主要管理者们——大学校长群体也相应地呈现出鲜明的历时性差异[①]。

二、研究的总结

国内外研究对于各时期大学校长应具有什么样的能力展开深入研究并取得了一些研究成果，各时期对于大学校长基本应具有什么样的能力进行了研究。同时，研究成果中，有的学者从历史发展以及中外对比的角度，采取了横向研究和纵向研究相结合的方式，丰富了大学校长能力论的研究视野，为今后的研究提供了指导。一方面，从纵向对比来看，大学校长能力是和大学校长的发展以及大学的发展相结合的，学术界对于不同时期的大学校长应具备什么样的能力进行了研究，明确了大学校长能力发展的历史脉络；另一方面，通过横向对比的方式，探讨了中外大学校长所具备的能力的异同点，为更好地研究中国大学校长的特色能力提供了国际视野。学界对大学校长能力的研究取得了一定的成果，尤其是对于大学校长能力素质内容构成的研究，形成了较深入的认识。

三、研究的启示

学界现有关于大学校长能力问题的研究仍存在四个方面的不足。第一，对于大学校长能力的层次结构揭示深度不够，在现代大

① 蔡世华：《民国与当代：论中国大学校长群体素质的历时性差异》，《中国矿业大学学报（社会科学版）》2013 年第 1 期。

学校长的能力内容体系中，究竟存在着怎样的层次结构，学界对此的研究尚不深入。第二，对于大学校长能力问题的研究系统性不足，缺乏研究大学校长能力构成的成果。第三，对于大学校长能力体系的构架研究不清楚，对不同的能力之间的关系研究较少，尚未提出成体系的能力结构。第四，现有研究针对某一方面或者某一领域而研究大学校长所应具备的能力的成果较多，对于大学校长所应具备的能力缺乏整体性研究。本章的研究内容，主要根据习近平总书记对于领导干部的要求，围绕建构大学校长能力体系，提出大学校长应具备的十个能力，并将这十个能力按照归属进行分类研究，从强基固本能力、关键运行能力以及支撑保障能力三个角度来研究大学校长的能力体系。

第二节　大学校长的强基固本能力

中共中央、国务院印发《关于加强和改进新形势下高校思想政治工作的意见》指出："按照社会主义政治家、教育家标准，选好配强高校领导班子特别是党委书记和校长。"[①]大学校长的强基固本能力是大学校长能力体系的核心构成内容，是支撑大学校长行使职能、办学治校的关键素质，主要包括政治力、法治力、发展力。

一、大学校长的政治力

政治力是中国特色社会主义大学校长所必备的基础素质和能

① 《中共中央国务院印发〈关于加强和改进新形势下高校思想政治工作的意见〉》，《光明日报》2017年2月28日。

力。优秀的思想政治素质是成为一名大学校长的首要条件和必备条件。作为大学校长，要强化政治建设。要始终坚持社会主义政治家标准，按照提高政治判断力、政治领悟力、政治执行力的要求培育和淬炼大学校长。大学校长在办学兴校实践中，要始终把响应党和国家的号召、严明政治纪律和政治规矩贯穿始终，坚持中国特色社会主义办学方向不动摇。① 要系统学习党的创新理论，深学笃用习近平新时代中国特色社会主义思想。具体而言，大学校长的政治力包含理想信念、政治立场、政治素质和政治能力等方面的内容。第一，大学校长要深刻领悟“两个确立”的决定性意义，增强“四个意识”、坚定“四个自信”、做到“两个维护”。第二，大学校长要站稳政治立场，严守政治纪律。大学校长要具有较高的理论修养、政治修养、道德修养、作风修养和纪律观念。第三，大学校长要具备把握方向、把握大势、把握全局，保持政治定力、驾驭政治局面、防范政治风险的能力。

大学校长作为一个讲政治的教育家、懂教育的政治家，要有坚定的理想信念、鲜明的政治立场、优秀的政治素质、过硬的政治能力。我国是中国共产党领导的社会主义国家，“中国共产党领导是中国特色社会主义最本质的特征，是中国特色社会主义制度的最大优势，是党和国家的根本所在、命脉所在，是全国各族人民的利益所系、命运所系”②，更是发展好中国特色社会主义教育的根本保证。在实际工作中，必须牢牢掌握党对教育的领导权，坚持党对教

① 孟东方：《大学校长学：新时代高等教育发展下的新学科》，《中国教育科学（中英文）》2022 年第 5 期。

② 《习近平著作选读》第二卷，人民出版社 2023 年版，第 482 页。

育工作的全面领导。大学校长作为领导干部，必须坚定共产主义和社会主义信念，把坚持以马克思主义为指导落实到教育教学实际各方面。

习近平总书记指出："理想信念是共产党人精神上的'钙'，精神上'缺钙'就会得'软骨病'。"① 所以，大学校长必须提高政治站位，坚定理想信念。党委领导下的校长负责制是中国共产党对我国普通高等学校领导的根本管理制度要求，是高等学校坚持社会主义办学方向的重要保证，必须毫不动摇、长期坚持并不断完善。大学校长要坚决贯彻和执行党和国家的方针政策，遵循教育规律、促进学校事业兴旺、助力区域发展、服务强国建设和民族复兴；要旗帜鲜明地把为社会主义事业奋斗作为自己的理想信念，坚持办学正确政治方向②。教育、引导广大师生做社会主义核心价值观的坚定信仰者、积极传播者、模范践行者。把道路自信、理论自信、制度自信、文化自信转化为办好中国特色一流高校的自信。③

大学校长主持学校行政工作，需要把握正确的政治方向，树立鲜明的政治立场，坚持社会主义办学方向，坚持用科学思想认识世界和改造世界，遵守政治纪律，不断深化对共产党执政规律、社会主义建设规律、人类社会发展规律的认识④。

---

① 中共中央文献研究室：《习近平关于全面依法治国论述摘编》，中央文献出版社2015年版，第99页。

② 汪明义：《论大学党委书记和校长的社会主义政治家责任和教育家使命》，《中国高等教育》2020年第21期。

③ 田浩：《以政治建设为统领加强高校党的建设》，《红旗文稿》2019年第11期。

④ 田浩：《以政治建设为统领加强高校党的建设》，《红旗文稿》2019年第11期。

习近平总书记强调："我们的高校是党领导下的高校，是中国特色社会主义高校。"① 党委领导下的校长负责制是坚持党对高等学校领导的制度安排，大学校长在学校教育建设工作的进程中，要具有较高的马克思主义理论修养、政治修养、道德修养、作风修养和纪律观念。贯彻落实高等学校立德树人的根本任务，要巩固和加强意识形态阵地建设，坚持不懈传播马克思主义科学理论，坚持不懈培育和弘扬社会主义核心价值观，坚持不懈促进高校和谐稳定，坚持不懈培育优良校风和学风，引导广大师生员工坚持正确政治方向，坚定中国特色社会主义道路自信、理论自信、制度自信、文化自信②。

大学校长必须把握方向、把握大势、把握全局。只有充分了解政策，掌握教育发展规律和新趋势，才能提高学校教育工作的预见性，并加强学校教育顶层设计，对学校教育工作进行系统思考，从学校整体方面掌控局面和防范风险。大学校长作为学校教育的掌舵人，是人才培养、学校改革发展的重要力量，需要把握住学校教育的正确方向。③ 随着经济社会发展的加速，高等教育面临的内外环境愈发复杂多变，大学校长需要提高政治能力，学好用好政策。

二、大学校长的法治力

习近平总书记指出："增强依法执政本领，加快形成覆盖党的

① 《习近平谈治国理政》第二卷，外文出版社 2017 年版，第 377 页。

② 刘承功：《坚持和完善党委领导下的校长负责制》，《思想理论教育》2017 年第 6 期。

③ 楚江亭：《新时代校长应自觉提升政治意识和政策能力》，《人民教育》2019 年第 3 期。

领导和党的建设各方面的党内法规制度体系，加强和改善对国家政权机关的领导”①，“要健全法律面前人人平等保障机制，维护国家法制统一、尊严、权威，一切违反宪法法律的行为都必须予以追究”②。

高等学校治理作为国家治理体系的组成部分，法治的重要性同样不可低估。不论是高等学校内部规范，还是高等学校外部治理，都必须严格遵守法律法规，这就要求大学校长增强法治力，熟悉有关高等学校治理的法律法规，在相关法律的基础上实施高等学校建设和发展相关的治理政策③。推进高等学校法治建设，高等学校领导者和管理者的法律素质和法律意识至关重要。大学校长要自觉进行法治学习，加强法治意识，坚持党的领导，坚持人民主体地位，坚持从中国高等学校办学实际出发，坚定不移地走中国特色社会主义法治道路，全面推进依法治国、依法治校，营造高等学校法治教育氛围，强化高等学校师生法治观念和法治素养④。

第一，大学校长要树立系统的法治思维。法治思维是指对法治的信仰和遵守，通过运用法律条文规制、法律方式认识、分析、处理问题的逻辑性思维方式。⑤ 习近平总书记指出：“治理一个国家、一个社会，关键是要立规矩、讲规矩、守规矩。法律是治国理政最

---

① 《习近平著作选读》第二卷，人民出版社2023年版，第56页。

② 《习近平谈治国理政》第四卷，外文出版社2022年版，第302页。

③ 关保英：《高校治理中法治意识的提升与构造研究》，《复旦教育论坛》2020年第18期。

④ 卢建有：《改革开放后高校法治意识教育的发展取向探析》，《思想政治教育研究》2017年第33期。

⑤ 王娟娟：《新时代高校辅导员应培育四种思维》，《学校党建与思想教育》2020年第17期。

大最重要的规矩。”[①] 在《中国教育现代化 2035》中明确指出了坚持依法治教是推进教育现代化的基本原则之一。大学校长具备法治思维是教育现代化的基本要求，是培养社会主义建设者和接班人的需要，是践行社会主义核心价值观的需要，是大学校长职责和学校管理的需要。

第二，大学校长要树立系统的法治理念。将“法治”作为高等学校治理的核心理念，大学校长要推进法治高等学校建设，必须要崇尚法治、尊重法律，要准确把握国家有关法律规定和学校相关政策规定，积极组织师生开展法律意识教育，建立健全学校管理规章制度，以法治方式推进学校工作，在重大问题上灵活运用法律思维、法律手段处理和解决问题，能够运用法治思维、法治理念、法治方式深化高等学校法治教育改革，将法治精神与原则贯彻落实到学校办学和发展建设的各个环节，做推进依法治理的坚定拥护者和具体实践者。习近平总书记强调：“要在全党全社会深入开展尊崇宪法、学习宪法、遵守宪法、维护宪法、运用宪法的宣传教育活动，使全体人民都成为社会主义法治的忠实崇尚者、自觉遵守者、坚定捍卫者。”[②] 因此，大学校长在服务于高等学校法治教育工作的过程中，要带头维护宪法和法律权威，自觉依法办事，自觉守法、坚决护法，自觉做到“有法可依、有法必依、执法必严、违法必究”，将学习和宣传宪法法律摆在师生和各组织普法道路上的首要位置，树立系统的法治理念。

---

① 中共中央文献研究室：《习近平关于全面依法治国论述摘编》，中央文献出版社 2015 年版，第 12 页。

② 习近平：《论全面依法治国》，人民出版社 2020 年版，第 128 页。

第三，大学校长要带头弘扬法治精神。高等学校作为大学生成长的摇篮，旨在培养社会主义建设者和接班人。大学校长要带头开展法治教育，积极开展法律宣传工作，营造师生学法、遵法、守法、护法氛围，并针对校园师生实际需求，加大宪法、刑法、劳动法、民法、商法等相关法律的宣传力度，开展相关法律知识讲堂，加强高等学校与法务部门之间的协同性，积极提升法治教育的传播力、引导力、影响力，进而全面推进高等学校法治教育[①]。

第四，大学校长要探索高等学校的法治教育模式。大学生相较于中小学生而言，在认知水平、知识能力、判断是非上有了较大的提升。精神健全的大学生，在法律地位上已经属于完全民事行为能力人，可以独立实施民事法律行为[②]。要建立科学的高等学校法治教育模式，提升学生法治思维。

第五，大学校长要善于运用法治力量推进大学治理。大学校长在处理高等学校各类行政事务活动和解决高等学校治理活动中的各类问题时，要在法律制定的范围内行使职权，将法治意识、法治思维、法治方式融入到高等学校法治教育工作之中[③]。在《教育部关于加强依法治校工作的若干意见》中指出："依法治校是依法治教的重要组成部分，要把教育管理和办学活动纳入法治轨道。"大学领导者要加强教育事业深化改革、加快发展教育法制建设，自觉依法执政；推动教育行政职能转变，严格依法行政；厘清学校与政府

① 张阳：《开展以宪法教育为核心的高校法治教育论析》，《思想理论教育》2021年第11期。

② 姚建龙：《大学生法治教育的特殊性：理念、内容与方法》，《教育发展研究》2021年第41期。

③ 苑野：《高校领导法治思维养成之研究》，《江苏高教》2018年第10期。

关系，完善学校民主管理制度和校规校纪，实现学校法治管理制度化、规范化、程序化，依法决策，处理和解决好高等学校法治教育工作中的各种新问题和新矛盾。

三、大学校长的发展力

习近平总书记指出："增强科学发展本领，善于贯彻新发展理念，不断开创发展新局面。"[①] 推进高等教育现代化，大学校长在其中扮演了重要角色。在当前社会经济高速发展和知识快速更新迭代的时代背景下，教育改革进一步深化，大学校长应勇敢承担学校发展的历史重任，提升现状分析能力和战略发展规划能力，积极引领学校探索和开拓新发展模式[②]。大学校长作为学校发展的掌舵者，要从学校实际情况、学校所处地区现实发展情况出发，梳理高等学校发展规律和办学历史脉络，从学校课程发展情况、教师队伍建设情况、学生培养模式和方法、学校外部物质条件和外部环境条件等方面进行统筹规划，要摆脱用经验学校的传统管理思维，科学运用系统思维来判断和决策学校事务。要运用开放性思维和创新思维，根据事物发展的客观规律，积极寻求适合学校发展的有效路径。要注重学校教育和谐发展，分析学校发展面临的主要挑战，要掌握国内外学校改革和发展的基本趋势，注重教学理念和技术对学校的影响，积极探究适合学校发展的基本需求和要求，从全方位、宽领

① 习近平：《决胜全面建成小康社会　夺取新时代中国特色社会主义伟大胜利——在中国共产党第十九次全国代表大会上的报告》，人民出版社2017年版，第68页。

② 高佩德：《课程改革背景下校长管理能力探析》，《中国教育技术装备》2018年第5期。

域、多层次对学校发展进行统揽全局、统筹协调、科学规划。①

大学是具有多维影响下的自组织发展能力的复杂系统。“自组织是复杂系统的一种能力，它使得系统可以自发的、适应性的发展或改变其内部结构，以更好地应付和处理它们的环境。”②在大学这个复杂系统中，大学校长拥有把握全局的影响力，自然需要具备学校高质量发展意识和能力，对学校各种发展情形进行判断，提高发展规划前瞻性和统筹性，为学校发展可能出现的问题进行准确的科学的预判，同时大学校长也要增强临机处置能力。

大学校长要提高研判意识，在学校政策执行的过程中，正确处理突发事件，能够根据学校现有的条件、自身发展态势、外部环境等相关因素进行全面的研判，把握全局发展，在综合影响因素的基础上，形成科学合理的问题研判意见，化被动为主动。

学校的发展不是独立的发展，需要各方力量共同参与支撑。大学校长作为大学领导者，要把各个方面的力量汇聚到学校发展过程中，在寻找各方力量的关注点的同时，也要注意各方力量的关系协调。③高等学校教育改革与发展关乎国家未来人才培养的质量与方向，是各方统筹兼顾的结果。现代化教育发展要进一步加强统筹，以新思路、新思维、新方法适应新形势，正确应对学校发展的现实情况，要积极开展多层次、多途径、多方面的工作方式，整合社会力量，充分利用社会各种资源平台，开展民主协商和民主监督

---

① 高杰:《校长的另一个名字叫作“发展”》,《人民教育》2019 年第 20 期。

② ［南非］保罗·西利亚斯:《复杂性与后现代主义：理解复杂系统》，曾国屏译，上海科技教育出版社 2006 年版，第 125 页。

③ 许邦兴:《校长角色的聚焦：汇聚学校发展力量的能动者——一所普通高中校长的实践反思》,《当代教育与文化》2017 年第 9 期。

等民主方式，共同承担学校发展和社会发展大任[①]。在整合社会资源时，大学校长要充分协调各方意见[②]。

随着信息网络时代的到来，网络平台逐渐成为人们生活中不可或缺的一部分，大学生作为其中最为活跃的主要人群，校园网络是他们相互进行交流的载体和平台，校园网络也成为高校思想教育和向外宣传的重要阵地[③]。大学校长要充分意识到信息现代化的重要性，积极学习、认识和理解现代信息网络技术，通过各大网络平台展示学校形象，增加学校在社会上的关注度，塑造学校品牌形象；要尊重新闻舆论传播规律，树立舆论公关意识，加强网络舆情研判，占据舆论主导地位，正确引导社会舆论；要保持与媒体密切联系，自觉接受舆论监督，及时收集舆情信息，加强信息网络沟通，发布权威公告和新闻；要建立信息通报共享机制，推动学校相关部门统筹兼顾、协同联动，推进依法有序管理[④]。

第三节　大学校长的关键运行能力

大学校长的关键运行能力是大学校长能力体系的关键构成，是在实践层面影响和制约大学校长开展实际工作的行为能力，包括领

① 陈晓莉：《统一战线何以服务推进国家治理现代化——基于地方实践的观察与思考》，《理论学刊》2022 年第 2 期。

② 林玮玮：《领导观点与群众想法的常见分歧、诱因及协调之道》，《领导科学》2022 年第 1 期。

③ 卫永霞：《新媒体环境下提高高校校园网络舆论引导力研究》，《中国成人教育》2015 年第 22 期。

④ 杨大伟：《打造新媒体集群　提升高校舆论引导能力》，《中国高等教育》2015 年第 2 期。

导力、执行力、亲民力、创新力。随着高等教育的管理现代化进程加快，大学校长的能力水平对大学办学治校的重要作用愈发凸显，基于我国高等教育的现实需求和大学校长成长发展的个人诉求，有必要建立一个科学、合理的能够有效涵盖大学校长日常运行的关键素质能力体系，实现对于大学校长综合能力素质的系统认识、全面把握和有效评价。

一、大学校长的领导力

习近平总书记指出："增强政治领导本领，坚持战略思维、创新思维、辩证思维、法治思维、底线思维，科学制定和坚决执行党的路线方针政策，把党总揽全局、协调各方落到实处。"[①] 大学校长的领导力，指的是主持学校行政工作的大学校长，坚守政治纪律、政治规矩，坚持战略思维、创新思维、辩证思维、法治思维、底线思维，综合决策和驾驭复杂局面的能力。

新时代下高等教育发展面临新形势，大学校长要把加强自身政治思想素质培养放在第一位，落实思想政治素质建设和意识形态工作责任制，全面贯彻党的教育方针，用马克思主义指导实践。大学校长要模范履行党委领导下的校长负责制，坚持不懈培育和弘扬社会主义核心价值观，保持良好的工作习惯。

当前，大学校长领导力被赋予新的时代内涵，大学校长需要主动适应时代要求和高等学校发展变革，充分发挥大学校长的主体性

① 习近平：《决胜全面建成小康社会　夺取新时代中国特色社会主义伟大胜利——在中国共产党第十九次全国代表大会上的报告》，人民出版社2017年版，第68页。

和自我规划能力，掌握新形势下的知识和技能[①]。第一，大学校长要具备高等教育知识和理念，深刻理解和认识大学建设、教育工作、人才培养的本质，熟悉现代大学制度和大学治理结构，同时关注国内外高等学校教育发展现状，剖析高等学校教育规律。此外，大学校长还要在处理好各种关系中坚持大学教育本质和发展原则，密切关注大学和社会之间的人才供需关系[②]。第二，大学校长要高瞻远瞩，统揽全局，具有国际化视野，通晓中国国情，关注、促进高等学校与地方协同发展，把握大学教育发展方向、目的以及定位，为大学、地方、国家的发展做出贡献。第三，大学校长要有战略思维，能够认识、谋划高等学校教育的正确发展方向，结合时代发展新形势和地方经济社会发展状况，制定合理的高等学校发展战略，为大学的未来发展赢得主动权。

高等教育改革发展进入新阶段，大学校长具备现代高等学校教育理论，办学理念、战略发展思维以及诊断问题的能力，要擅于以马克思主义为指导思想，用唯物辩证法观察事物[③]。大学校长作为大学的主要负责人之一，其主要职责就是全面负责教学、科研、行政管理工作，保证学校工作的正常顺利进行。大学校长在看待学校教育问题时，尤其是高等学校普遍关心的问题，要充分发挥主观能动性，用联系和发展的观点看问题，弄清问题的本质，分析问题产生

① 徐瑾劼:《面向未来的领导力：校长的专业准备与发展——基于TALIS 2018上海数据结果的发现与启示》,《全球教育展望》2019年第48期。

② 方阳春:《国外专业化大学校长胜任特征研究》,《复旦教育论坛》2015年第13期。

③ 王娟:《基于专业标准的校长领导力评价框架》,《教育发展研究》2016年第36期。

的外因和内因，明确问题处于怎样的阶段和地位，剖析问题发展的内外矛盾，充分了解问题的主要矛盾、次要矛盾，抓住问题的本质和主流，进而化解矛盾和解决问题。当然，在学校发展和工作管理的过程中，总会遇到不同的问题，事有轻重缓急，大学校长要抓住关键事情、重点问题，要坚持不懈地用习近平新时代中国特色社会主义思想武装头脑、指导实践、推动工作，加强自身学习和思考，提高运用马克思主义立场观点方法解决问题和洞察事物发展规律的能力水平，增强工作实效。现实中，产生问题的原因是多种多样的，是相互交互的复杂系统。在解决问题时，大学校长一定要对问题进行正确的评估。要区别不同的问题，并思考解决问题的路径与方法，要重点思考高等教育中重大的、普遍的、前瞻性的实践问题，注意解决具有可预见性和可操作性的问题。同时，大学校长还需要具有精确的预测能力，通过对问题的分析，进行举一反三，学会从个性中寻找共性，从现象中发现规律，结合高等学校发展状况和新时代社会教育形式，依靠自身知识结构、思维能力和实践经验，科学预测高等学校未来教育发展情况，完善高等学校教育基础建设。此外，大学校长要有决断能力，善于决断，准确抓住重点，从局部思考到全局把握，立足于当前，放眼于未来，这关乎着一所学校未来的发展方向①。

二、大学校长的执行力

习近平总书记指出:“增强狠抓落实本领，坚持说实话、谋实事、出实招、求实效，把雷厉风行和久久为功有机结合起来，勇于

① 赵新亮:《校长跨界领导力：内涵、功能与提升策略》,《教育理论与实践》2018 年第 38 期。

攻坚克难，以钉钉子精神做实做细做好各项工作。”[①]大学校长的执行力就是指的是大学校长在办学兴校实践中坚持真抓敢抓、善抓常抓、埋头苦干、敢于担当、攻坚克难的能力。

习近平总书记指出：“高校党委对学校工作实行全面领导，承担管党治党、办学治校主体责任，把方向、管大局、做决策、保落实。”[②]大学校长的执行力是把教育规划变为现实的有力武器，是填补管理漏洞的有力武器，是优化教育规划方案的有力武器。在校长领导下，需要建立健全高等学校协调工作运行、分工负责的有效工作机制，要明确校长及主要校领导、管理人员的职责，坚决遵守规章制度，落实“分工即主管”“谁分管谁负责，谁实施谁负责，谁审批谁负责”的工作责任制度。此外，大学校长还要在高等学校管理“抓常、抓细、抓长”上下功夫，立足于工作岗位，要敢于担当、勇于作为、敢于负责、求真务实、埋头苦干，落实高等学校行政事务和管理职责，在矛盾问题面前迎难而上，在危机困难关头挺身而出，在大是大非面前敢于亮剑，努力解决和处理好学校重大行政问题和教育建设发展规划问题。

大学校长的执行力是关乎学校生存发展的重要事项，关系着学校未来的发展方向和发展程度，更直接关乎着学校各项工作完成的情况和管理成效。[③]

---

① 习近平：《决胜全面建成小康社会　夺取新时代中国特色社会主义伟大胜利——在中国共产党第十九次全国代表大会上的报告》，人民出版社2017年版，第69页。

② 《习近平谈治国理政》第二卷，外文出版社2017年版，第379页。

③ 张志刚：《提升高职院校校长执行力三部曲》，《高等农业教育》2013年第4期。

第一，大学校长要增强综合运用工作方法的本领。必须贯彻落实党委领导下的校长负责制，大学校长要坚决执行落实高等学校建设工作和高等学校教育政策，科学合理利用各项资源，调动高等学校人员积极主动性，尊重全体教师和教职工的人格和尊严，注重对全体教师的人文关怀，鼓励教师自我发展，激发高校管理人员工作激情，规范高校各种规章制度，保障学校各项事项顺利进行。[①]大学校长在学校工作中会起到非常重要的作用，其处事方式和行为方式会直接或间接影响其他管理层的管理行为和方式。大学校长要有效提高大学各部门工作效率，为教职工做出表率。

第二，大学校长要增强组织建设和协调的本领。大学校长是学校的管理者，又是学校的领导者，承担着学校管理和领导的双重职责。[②]大学校长在执行力方面不能仅停留在简单的执行上，还要体现在组织建设和协调方面。一是大学校长要统筹建立健全组织执行机构，明确组织机构职责范围，明晰各组织机构之间的关系；二是大学校长要合理配置人力资源，要做好选人、用人工作，做到人尽其才、才尽其用、任人唯贤、扬长避短，坚持以人为本的理念，进行人性化管理，激发教职工工作热情；三是大学校长要制定和完善规章制度，通过结合学校实际情况，应对和化解执行过程中的各种问题，确保政策的顺利执行，并形成“执行主体明确化、部门职责法定化、岗位职责具体化、执行层次清晰化、执行环节无缝化的

---

① 施滋英:《校长执行力与校领导班子建设中的隐文化》,《教学与管理》2018年第24期。

② 张寒明:《提升职业学校校长执行力的思考》,《职业技术教育》2015年第36期。

执行力机制，确保制度游刃有余，确保规范、持久的执行力”①。同时，大学校长在进行高等学校管理时，需要明确组织机构职能范围，加强不同组织间信息交流，促进各部门协调合作，减少信息不对称和不必要的工作摩擦，打破组织间边界，以此来提高高校政策执行的成效。②

第三，大学校长要增强高效执行的本领。习近平总书记指出：“制度的生命力在于执行。要强化制度执行力，加强制度执行的监督，切实把我国制度优势转化为治理效能。”③一是大学校长要持续深入学习、贯彻习近平新时代中国特色社会主义思想，系统认识、全面领会这一当代中国的马克思主义、21世纪马克思主义所蕴含的真理力量，把握习近平新时代中国特色社会主义思想的世界观和方法论。二是大学校长要强化对于社会主义办学方向、党的教育方针的贯彻执行能力，切实立足发展中国特色社会主义高等教育的工作实际出发，抓好行政工作。三是大学校长要从我国高等教育的发展现状和高等学校发展的现实需求出发，切实强化建设世界一流高等学校的执行能力，落实党和国家的具体发展规划，狠抓大学教学、科研、人才队伍建设的具体安排部署。大学校长执行力如何，事关为党育人、为国育才的根本目标，事关高等学校创新发展的现实目标，意义重大、影响深远。

---

① 吴小伟：《法约尔“管理五要素”对提升校长执行力的启示》，《教学与管理》2014年第6期。

② 李星华：《论高校中间管理层的管理执行力》，《中国成人教育》2017年第17期。

③ 习近平：《继续沿着党和人民开辟的正确道路前进　不断推进国家治理体系和治理能力现代化》，《人民日报》2019年9月25日。

第四，大学校长要增强狠抓落实本领。习近平总书记指出：“抓落实是领导工作中一个极为重要的环节，是党的思想路线和群众路线的根本要求，也是衡量党员领导干部世界观正确与否和党性强不强的一个重要标志。”① 在高等学校教育改革和高等学校建设发展的过程中，大学校长要基于学校实际情况，积极加强高等学校管理人员沟通协作，落实领导班子成员之间谈心谈话制度，坚决将师生问题放在最前列，规范召开教代会、学代会、座谈会等会议形式，广泛征求师生意见，倾听各方意见，以问题为导向，以法律法规、党章、校规为执行基准，统筹兼顾、亲力亲为，对于高等学校教育和发展重要改革问题要亲自部署，对于高等学校发展建设和发展战略方案亲自把关，在问题解决的重要环节亲自监督，加强执行落实。

三、大学校长的亲民力

习近平总书记指出：“增强群众工作本领，创新群众工作体制机制和方式方法，推动工会、共青团、妇联等群团组织增强政治性、先进性、群众性，发挥联系群众的桥梁纽带作用，组织动员广大人民群众坚定不移跟党走”②，“群众路线是我们党的生命线和根本工作路线，是我们党永葆青春活力和战斗力的重要传家宝。不论过去、现在和将来，我们都要坚持一切为了群众，一切依靠群众，

① 《十七大以来重要文献选编》（下），中央文献出版社 2013 年版，第 196 页。

② 习近平：《决胜全面建成小康社会　夺取新时代中国特色社会主义伟大胜利——在中国共产党第十九次全国代表大会上的报告》，人民出版社 2017 年版，第 69 页。

从群众中来，到群众中去，把党的正确主张变为群众的自觉行动，把群众路线贯彻到治国理政全部活动之中”[①]。做好群众思想工作，就要宣传党的政策、方针，让群众更加了解、明白国家的规章制度，从而加强群众自我管理、自我服务、自我完善意识，增强群众民主管理能力。

群众工作是一切工作的基础，是中国共产党的优势所在。在高等学校，大学校长的亲民力主要体现为对广大师生群众的帮助、服务、组织等能力。大学校长要树立和践行现代化高等学校治理理念，不断增强大学师生群众的获得感、幸福感、安全感。这就要求大学校长坚持全心全意为师生服务的工作宗旨。大学校长要坚持群众路线，构建多种反馈信息沟通交流渠道，坚持不懈地增强师生群众的主人翁意识，通过组织群众会议、深入调研等形式积极讨论和制定相关规章制度，提高师生群众的参与意识，调动主观能动性，深化促进学校教育改革和发展[②]。

走好新时代师生群众路线，大学校长要经常深入师生群众当中，倾听学校师生所想、所急、所盼，做好学校师生思想工作，注重师生切身利益，解决师生心之所系。只有深入师生群众中，深入教学科研工作中，大学校长才能更好增强亲民力。

大学校长要以制度为保障，健全管理机制，提高管理水平，切实为师生谋福利[③]。要把广大师生群众“拥护不拥护、赞成不赞成、

① 《习近平谈治国理政》第一卷，外文出版社2018年版，第27页。

② 纪振廷：《高校领导干部践行党的群众路线常态化机制建设研究》，《学校党建与思想教育》2016年第11期。

③ 陈国华：《群众路线视域下高校行政管理工作改革探索》，《学校党建与思想教育》2017年第6期。

高兴不高兴、答应不答应”作为衡量办学治校工作成效的重要标准。

四、大学校长的创新力

习近平总书记指出：“增强改革创新本领，保持锐意进取的精神风貌，善于结合实际创造性推动工作。”[①]改革开放以来，中国共产党人团结各族人民锐意进取、砥砺创新，最终在党和国家事业发展中孕育了以改革创新为核心的时代精神，这种精神是促进我们紧跟时代步伐、引领时代潮流的重要精神力量，也是中国特色社会主义取得伟大成就的重要支撑。[②]

当今世界百年未有之大变局加速演进，改革创新成为时代的主旋律，人才则是创新的基础。高校作为培育高层次人才、创新型人才的重要阵地，大学校长应努力进行高校教育创新改革和培育新时代创新精神人才[③]。习近平总书记指出：“我们要大力弘扬与时俱进、锐意进取、勤于探索、勇于实践的改革创新精神，争当改革的坚定拥护者和积极实践者，用自己勤劳的双手在改革实践中创造更加幸福的生活。”[④]在面对时代潮流和社会、高等学校发展需要时，大学校长应自觉投身于时代洪流，积极探索高等学校教育改革和新时代创新人才培养方式、模式、途径，要保持锐意创新的勇气、敢

---

① 习近平：《决胜全面建成小康社会　夺取新时代中国特色社会主义伟大胜利——在中国共产党第十九次全国代表大会上的报告》，人民出版社2017年版，第69页。

② 竟辉：《新时代弘扬改革创新精神的价值意蕴》，《思想理论教育导刊》2020年第4期。

③ 徐国平：《创新精神时代新人培育探究》，《中学政治教学参考》2021年第24期。

④ 《习近平在全国政协新年茶话会上的讲话》，《人民日报》2014年1月1日。

为人先的锐气、蓬勃向上的朝气，要坚持勇于变革、勇于创新，永不停滞、永不僵化的精神状态。

在高等学校发展变革中，大学校长作为高等学校管理者，可能更多的是基于学校内部视角来管理推动高等学校教育发展与改革。从内部性视角出发，虽然可以看到学校发展一些问题和优势，并有针对性地进行改革，但在新时代发展趋势和高等学校教育改革需要下，若改革创新思维不足，容易导致眼界不够开阔，工作无法创新①。大学校长要站在国家高等学校教育改革和社会经济发展总体中看待全局；要适应新时代中国特色社会主义事业发展的新要求和新目标，要坚定不移地以马克思主义为指导思想，充分发挥以改革创新为核心的时代精神，寻求高校教育发展新道路；要变中求新，突破思维定式，打破思想藩篱，激发创新创造，驱动自我思想变革②。

习近平总书记指出："注重分析和总结党在百年奋斗历程中对战略策略的研究和把握，是贯穿全会决议的一个重要内容，我们一定要深入学习、全面领会。"③当前，中国特色社会主义事业正处于关键时期，世界发展正处于百年未有之大变局，改革进入攻坚期和深水区，矛盾挑战风险繁多、治国理政考验艰巨，教育作为实现中国梦重要的支撑，大学校长要深刻认识问题的紧迫性，深层次理解改革创新内涵，把握历史发展形势，从发展全局看待新情况、新问

① 陈丽：《偏向与导正：中小学副职校长思维方式的诊与治》，《中国教育学刊》2021 年第 3 期。

② 张辉：《身份 · 关系 · 课程：高校思想政治理论课创新的三维逻辑》，《当代教育论坛》2022 年第 4 期。

③ 《习近平谈治国理政》第四卷，外文出版社 2022 年版，第 31 页。

题、新挑战，坚持中国特色社会主义道路自信，保持改革创新精神和理念，积淀解决矛盾问题的新经验，开创教育发展新格局[①]。

在高等学校发展过程中，大学校长要审时度势，贯彻落实新发展理念，高等学校教育发展的方向必须顺应时代，聚焦、理解和把握高质量发展目标；校长要遵循高等教育发展规律，树立创新创造思想，加强思想创新、文化创新、制度创新和科技创新，激发创新意识和创造性活力，注重整体推进、重点突破、协同配合，打造自身特色，深化教育改革[②]。

大学校长要深入学习习近平新时代中国特色社会主义思想，深刻认识习近平新时代中国特色社会主义思想的时代意义、理论意义、实践意义和世界意义，要注重理论学习，坚持理论联系实践，为改革创新奠定基础，保持锐意进取的精神风貌，增强创新精神并围绕高校教育改革重点难点问题进行创新型、创造性谋划和工作，推进高校教育改革和发展[③]。

大学校长要积极推进新时代高等学校教育综合改革，科学规划、扎实推进改革发展各项工作。第一，要全面优化高等学校人才培养模式，加强师资队伍建设，完善相关配套设施，深化办学体制，着眼于“教好”“学好”“管好”推进改革，调整优化高等学校区域布局、学科结构、专业设置，建立健全学科专业动态调整机

① 高祖贵：《走好新的赶考之路必须高度重视战略问题》，《光明日报》2022年2月26日。

② 常青、肖立勋：《创造性推动高校高质量发展》，《光明日报》2022年6月1日。

③ 窦红莉：《深化高校思想政治理论课改革的三个着力点》，《中学政治教学参考》2022年第4期。

制。第二，要改进管理工作，善于用行政方法抓协调，用经济方法抓配置，用法治方法抓治理，用思政方法抓疏导，用服务方法抓作风，用辩证方法抓研判；然后要亲力亲为抓改革，要勇于担当、敢于负责，确保管理工作落实到每一个环节。第三，要科学规划战略发展方向，审视大学发展道路，提前进行高等学校发展布局。

第四节　大学校长的支撑保障能力

支撑保障能力是大学校长能力体系中的重要构成，为大学校长的履职尽责、推进大学建设以及个人价值的实现提供重要的保障作用。大学校长的支撑保障能力主要包含学习力、驾驭力和健康力三个方面的内容。

一、大学校长的学习力

党的十九大报告指出："要增强学习本领，在全党营造善于学习、勇于实践的浓厚氛围，建设马克思主义学习型政党，推动建设学习大国。"① 高等学校作为为党育人、为国育才的重要阵地，应当积极贯彻、发扬学习传统，大学校长在这一过程中更要起到模范带头作用，培养强烈的学习需要、学习情感和学习兴趣，自觉确定学习目标，更新学习方法。

① 习近平：《决胜全面建成小康社会　夺取新时代中国特色社会主义伟大胜利——在中国共产党第十九次全国代表大会上的报告》，人民出版社2017年版，第68页。

学习力是一个人学习动力和能力的综合表现，较强的学习力能够把知识转化为较强的能力。①增强学习本领是新时代提升领导干部学习能力的重要核心能力。大学校长作为高等学校担负办学兴校使命任务的主要负责人，面对时代新任务新要求，必须把学习力放在首要位置，通过学习来提高自身政治能力、战略眼光、管理能力等素质，牢固树立学习理念，坚持学习、自觉学习、主动学习，并把学习作为日常工作生活中不可或缺的一部分。

随着社会经济的快速发展、知识的快速增长与更新，以及专业精细化分工，任何人要想与时俱进，必须提升自身学习能力和综合素养，用知识力量武装自己。增强学习力是大学校长补充知识和丰富知识的需要，也是顺利开展教育建设工作的重要基础。对于大学校长来讲，身为大学发展的引领者，身上肩负着重要的责任和使命，这就要求其具备坚定的思想素质、过硬的工作能力、丰富的领导知识。

在高等学校教育体系建设过程中，必然会面临各种各样的新问题、新挑战，大学校长必须保持学习力。要深入贯彻党的二十大精神，准确把握“十四五”时期教育改革发展的宏观形势，深刻认识我国高等教育建设与发展的新形势。在面对高等教育建设管理实践中的热点、难点问题时，大学校长应以解决实际问题为学习的根本，通过对实际问题进行解剖，获取问题核心信息，以此来进行理论知识的学习，做到理论与实践相结合。在互联网时代，各种网络平台的兴起，使个人自学有了更多的渠道，大学校长可以合理安排

① 赵新亮：《校长跨界领导力：内涵、功能与提升策略》，《教育理论与实践》2018年第38期。

空闲时间和利用碎片化时间进行移动学习。

高等学校管理是一个系统工程。在大数据、互联网、人工智能技术飞速发展的背景下，面对新时代高等学校教育发展的新需求，大学校长如何根据外部环境的变化，快速做出科学决策变得愈发关键。大学校长作为高等学校办学兴校的关键人物，必须科学把握学校发展方向，为学校发展探索新道路。在这一过程中，大学校长会面对来自学校内部和社会环境的多方面压力，因此大学校长必须准确考量学校现实的需求和未来学校发展的规划方向，从而进行较为前瞻性的思考和决定[①]。要结合党和国家的发展大势以及高等教育发展具体形势，将理论知识与工作实践融会贯通，树立辩证思维，增强获取和分析信息、追问和反思问题的能力，从而在面对各种各样的新问题新挑战时，才能把握住问题信息的核心，去粗取精，抓住关键，认识问题的本质[②]。认识问题的目的在于解决学校发展面临的问题，促进学校教育的发展建设。大学校长对新问题新挑战进行剖析后，要具有解决问题的能力。第一，要围绕所要解决的问题进行不同视角的观察，厘清脉络。第二，要从更为广阔的视野进行相关信息搜索，拓展解决问题的思路。第三，对所获取到的信息进行交叉实证对比，并运用辩证思维，运用发展和联系的眼光看待，有针对性地提出对策[③]。

① 顾胜贤:《领导干部更应注重增强学习本领》,《人民论坛》2018年第23期。

② 董君武:《在学校变革中，构建校长的自主管理能力“圆台”》,《人民教育》2019年第Z3期。

③ 龚孝华:《基于问题解决的诊断式校长培训》,《中小学管理》2016年第1期。

二、大学校长的驾驭力

习近平总书记指出："增强驾驭风险本领，健全各方面风险防控机制，善于处理各种复杂矛盾，勇于战胜前进道路上的各种艰难险阻，牢牢把握工作主动权。"[①]驾驭力主要包含了风险识别、风险评估、风险防范、风险化解等能力。这就要求大学校长扎实做好调查摸排和分析研判工作，预见可能引发的风险，准确识别风险来源和风险点；充分发挥专业机构、专业人才等评估力量的作用，科学评估风险的等级；健全风险评估体系和风险预警机制，加强对风险源的调查研判，提高动态监测、实时预警能力；根据预警机制，抓住重点，解决关键问题，化解主要矛盾，彰显驾驭力。对此，加强高等学校风险管控，校长要做好以下工作。第一，要加强意识形态建设。大学校长要增强"四个意识"、坚定"四个自信"、做到"两个维护"，自觉在思想上、政治上、行动上与党中央保持高度一致。第二，要深入学习马克思主义理论，学懂弄通做实习近平新时代中国特色社会主义思想。第三，要提高战略思维、历史思维、辩证思维、创新思维、法治思维、底线思维能力，提升意识形态领导能力、鉴别能力、风险处置能力、网络意识形态斗争能力、与媒体打交道能力。第四，要善于判断意识形态领域是非曲直，把握好时度效，敢于亮剑。第五，要完善工作格局，加强高等学校管理工作内外联动，夯实管理运行工作机制，坚持锐意进取、勇于奋斗、敢于担责。

① 习近平：《决胜全面建成小康社会　夺取新时代中国特色社会主义伟大胜利——在中国共产党第十九次全国代表大会上的报告》，人民出版社2017年版，第68页。

随着我国高等学校教育规模逐渐扩大，院校和教学单位逐渐增多，高等学校治理呈现出新格局和新态势，大学校长在学校工作中面临新的风险和挑战[①]，要树立全面风险管理的理念。

习近平总书记指出，要了解客观实际，就必须深入群众、深入实践进行调查研究，把客观存在的事实搞清楚，把事物的内部和外部联系弄明白，从中找出解决问题、符合群众要求的办法来。[②]没有调查就没有发言权，没有调查也没有决策权。[③]在高等学校发展过程中，大学校长必须根据学校发展实际情况和所处地域环境，进行深入调查研究，做好风险分析研判工作，梳理学校可能出现的风险点，制定详细科学的风险识别程度和方法，实行风险发生全过程分析，准确辨别风险来源和风险点，综合考量风险产生原因、发生频率、损害程度等，确定风险类别，重点持续关注重大风险源，避免风险持续发酵恶化[④]。

任何高校在发展过程中都会面临不同程度、不同种类的风险[⑤]。高等学校管理者，尤其是大学校长要充分意识到风险预防和评估工作，提高自身风险驾驭能力。大学风险防控实际上是对大学权力运行的规范和监督，保障权利和责任的合理均衡，促进多利益主体之间的良性互动和互相包容，将负面效应降到最小[⑥]。

---

① 孙支南：《论高校内部控制与风险管理》，《高教探索》2016年第1期。

② 《领导干部“三严三实”学习读本》，人民出版社2015年版，第113页。

③ 习近平：《坚持实事求是的思想路线》，《学习时报》2012年5月28日。

④ 王成：《我国高等教育风险管理的量化研究》，《教育评论》2017年第8期。

⑤ 郭洁：《美国公立高校风险管理：背景、机制与借鉴》，《高校教育管理》2015年第9期。

⑥ 韩梦洁：《系统构建高校内部权力运行制约和监督机制——“大学风险防控：权力运行制约与监督”学术研讨会综述》，《复旦教育论坛》2018年第16期。

三、大学校长的健康力

健康是大学校长学习和工作的根本保障。大学校长的健康力指的是保持身体健康、心理健康、精神状态健康等方面的能力。这就要求大学校长有胜任工作的健康体魄，思维敏捷、精力充沛，有良好生活习惯，性格完美、智力优秀、认知正确、情感适当、意志坚定、态度积极、行为恰当，有良好的精神状态和健康心态，有高尚的道德情操和健康的生活情趣。

中国公务员健康绿皮书（2019 年）调查表明，我国党政人员身体健康异常率较高，身体疾病并发率较多，大多与久坐办公室、缺乏运动、加班熬夜以及饮食不健康相关。高等学校作为我国未来社会人才输送基地，大学的学生培养教育不能一蹴而就，需要全面地、详细地、多方面地研讨和分析学校发展实际情况与未来发展战略方向，健全学校管理制度，加强教学培养模式，优化教学课程结构，建设教师人才队伍等等，大学校长承受着大学发展和校园管理的重大压力。大学校长要具备较强的能够胜任工作的健康体魄，只有健康的身体体魄，才能提高工作效率，推进工作进程。大学校长在日常生活中要提升健康意识，培养健康生活习惯，保持身体健康，加强体育锻炼，增强体质①。

干部作为一个特殊的群体，对社会服务和社会管理有着重要的责任，和普通人一样，都会遇到心理健康问题②。大学校长作为干

---

① 李景平：《党政干部健康素质、幸福感对工作绩效的影响》，《西安交通大学学报（社会科学版）》2017 年第 37 期。

② 戴晓曙：《关心关爱干部心理健康的实践创新》，《中国党政干部论坛》2019 年第 1 期。

部的一员，承担着大学治理的重任，要更加注重心理能力建设，要具有不畏艰难、顽强奋斗的意志品质，要保持情绪稳定、乐观向上的心理状态，要拥有健康良好的生活习惯，要加强自我素质修养，坚持日常理论学习，学会用马克思主义世界观武装头脑，用积极的、正面的思想观念取代消极的、负面的思想影响，要学会自我调节适应，懂得多种方式缓解释放内心压力，也可适当通过与家人沟通交流，舒缓情感压力①。

良好的精神状态是塑造大学校长形象的重要体现，也是密切联系群众的客观需要，同时也是推动工作发展进行的根本要求。大学校长作为大学引领者，要保持良好的精神状态和健康的生活情趣。第一，要树立坚定的理想信念，坚持系统学习党的创新理论，深入学习贯彻习近平新时代中国特色社会主义思想，提高理论素养，做到思想常新、心灵常净、本色常在、信念永存。第二，要保持积极向上的工作激情，认真履行工作职责，遵循规矩、讲求科学、注重效率、勤于思考，用心干好每一件事，敢于承担各种摩擦力和阻力，渴望发的热和光更多、更强，才能感受工作带来的身心愉悦，才能滋养出绵绵不断、持久弥坚的工作激情。第三，要保持健康的生活情趣，丰富业余文化生活，不断学习和培养新的爱好，践行“干一行、知一行、研一行才能真正爱一行”，充实提高自己的专业技能和维持身体健康水平，树立健康积极的形象和心态，从而不断提升精气神。

① 吕红娟：《心理调适：领导干部面临的紧迫问题》，《学习时报》2016年4月29日。

第七章　中国大学的特色论

特色问题是矛盾特殊性的集中反映，事物的发展是矛盾普遍性与特殊性相互联系、辩证统一的结果。因此，对于客观世界运行发展规律的把握，既要立足共性与一般层面，认识、把握矛盾的普遍性，掌握推动事物发展的一般规律，还要聚焦个性与具体层面，认识、把握矛盾的特殊性，理解决定事物之间相互区别的特殊规律。习近平总书记指出要“扎根中国大地办大学，走出一条建设中国特色、世界一流大学的新路”①，中国大学的中国特色是在遵循高等教育发展普遍规律的基础上，对于我国特殊国情的充分彰显，是中国高等教育发展的特殊性所在，更是我国高等教育发展的鲜亮底色。

中国大学的特色论是对中国大学特殊性问题的集中阐释，旨在充分明确中国的高等教育“何以独特”“有何独特”和“特色在何”等问题，不仅是大学校长学问题域中的重要内容，更是为理解和把握大学校长于新时代新征程上开展办学治校实践问题提供了重要维度。中国大学的特色论以剖析中国大学的中国特色为逻辑起始，在

① 《习近平在中国人民大学考察时强调　坚持党的领导传承红色基因扎根中国大地　走出一条建设中国特色世界一流大学新路》，《人民日报》2022 年 4 月 26 日。

充分探讨中国特色的大学职能责任的基础上，以实践层面大学校长引领中国大学特色发展问题的解析为逻辑落脚。

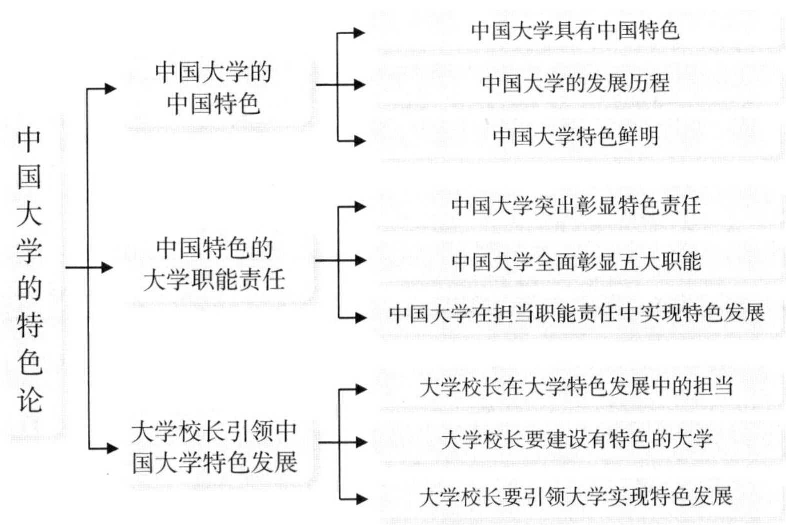

图 7-1　中国大学的特色论结构

第一节　研究的综述

中国大学的特色论旨在探讨中国高等教育的特殊性问题，是深刻理解中国特色社会主义大学的重要视角，是全面把握中国大学校长办学治校实践的重要维度。

一、研究的现状

在中国知网以“中国特色”+“大学”、“中国大学”+“特色”为关键词进行主题检索，总共得到 427 条检索结果，其中与研究主题直接相关的研究成果为 146 条。在国家图书馆、超星图书馆等进行相关检索，学界尚没有对中国大学的特色问题进行专题研究的著作，但在《中国大学教育发展史》（曲士培，2006）、《当代中国高等教育（以变化适应未来人才需求）》（朱永新，2021）、《中国高等教育发展研究》（张男星等，2018）等著作中均有相关内容的探讨。同时，由于问题本身的地域指向性较强，尚未发现国外学者对此问题的相关研究成果。

（一）关于中国大学的指导思想研究

指导思想是建设中国特色社会主义大学的根本引领，学者们立足中国特色社会主义进入新时代的全新历史条件，聚焦迈上建设社会主义现代化新征程的新阶段现实需求，对于建设中国特色社会主义大学的指导思想，特别是习近平关于高等教育发展的重要论述等问题，开展了相关研究。如张兴明指出推进中国特色一流大学建设，必须以习近平关于高等教育的重要论述为指导[①]。别敦荣对习近平建设中国特色世界一流大学思想进行了研究，认为建设中国特色世界一流大学与实现“中国梦”息息相关，我国的世界一流大学必须实践和捍卫社会主义核心价值观，建设中国的世界一流大学必须牢牢抓住全面提高人才培养能力这个核心点[②]等。

（二）关于中国大学特色的内涵研究

对于中国大学特色的内涵问题，学者们也开展了相关探讨，来茂德分析了“中国特色与世界一流大学”的内涵，认为中国大学的

---

① 张兴明：《以习近平关于高等教育的重要论述为指导 推进中国特色世界一流大学建设》，《学校党建与思想教育》2018年第10期。

② 别敦荣：《习近平建设中国特色世界一流大学思想研究》，《中国高等教育》2018年第7期。

中国特色主要体现在办学方向、治理模式和发展方式三个方面，世界一流大学必须既融入社会，又独立于社会，在办出中国特色的同时，在可比指标上也必须达到世界一流大学的水平[①]。耿有权从概念源流的角度，探讨了从“国家大学”到“中国特色世界一流大学”的概念演变，认为“中国特色世界一流大学”建设，不仅与中国特色社会主义和中国传统文化建设密切相联，而且与人类文化和文明的发展密切相联[②]。史静寰从“形”与“神”的统一视角，分析了“双一流”建设的内涵问题[③]。

（三）关于中国大学特色的内容研究

关于中国大学“有什么特色”的问题是学界研究的重点，学者们从不同的维度、视角出发，形成了较为丰富且系统的研究成果，具体包含了两个方面的内容：一方面是关于中国大学制度特色的研究。学者们围绕“建设有中国特色的现代大学制度”主题展开了深入研究，例如，钟秉林、赵应生、洪煜基于宏观的分析视角，对中国特色现代大学制度建设的目标、特征、内容、策略等问题进行了研究[④]。同时有部分学者立足微观分析视角，探讨了中国特色现代大学制度与党委领导下校长负责制的关系[⑤]，构建中国特色的大学

① 来茂德：《“中国特色和世界一流”大学的内涵探究》，《中国高等教育》2017 年第 7 期。

② 耿有权：《试论中国特色世界一流大学》，《研究生教育研究》2016 年第 1 期。

③ 史静寰：《“形”与“神”：兼谈中国特色世界一流大学建设之路》，《中国高教研究》2018 年第 3 期。

④ 钟秉林、赵应生、洪煜：《中国特色现代大学制度建设——目标、特征、内容及推进策略》，《北京师范大学学报（社会科学版）》2011 年第 4 期。

⑤ 李延保：《中国特色现代大学制度与党委领导下校长负责制》，《中国高等教育》2008 年第 18 期。

质量评估体系[①]，中国特色现代大学制度的章程[②]，建设中国特色现代大学制度必须发挥思想政治工作优势[③]等问题。另一方面是关于中国大学文化特色的研究。例如，刘海峰认为，中华优秀传统文化是中国大学的文化底蕴，更是中国特色世界一流大学的特色所在[④]。王冀生从大学文化发展的视角切入，强调必须在世界多元化文化激荡交融中坚持中国特色社会主义文化观，凸显中国大学的文化特质[⑤]。刘复兴认为红色文化、红色基因是中国特色世界一流大学的鲜明品格[⑥]，周坚认为办好中国特色社会主义大学必须弘扬伟大建党精神[⑦]。

（四）关于中国大学特色的实践研究

对于如何在办学治校实践中充分形成发扬中国大学的中国特色有学者从问题与对策的角度出发，对中国大学特色的实践发挥进行了整体性探讨，如刘爱生、杨天平聚焦中国大学办学特色缺失的问题进行了组织社会学思考[⑧]。还有学者探讨了中国大学特色发挥的

---

① 吴旭：《构建中国特色的大学质量评估体系》，《中国党政干部论坛》2013年第8期。

② 孙霄兵：《章程是建设中国特色现代大学制度的基础和关键》，《中国高等教育》2014年第Z1期。

③ 陈文申：《发挥思想政治工作优势　建设中国特色世界一流大学》，《中国高等教育》2018年第19期。

④ 刘海峰：《传统文化与中国大学的特色》，《青岛化工学院学报（社会科学版）》1999年第2期。

⑤ 王冀生：《中国特色大学文化论纲》，《现代大学教育》2008年第2期。

⑥ 刘复兴：《红色基因是中国特色世界一流大学必备的精神品格》，《中国高等教育》2022年第22期。

⑦ 周坚：《弘扬伟大建党精神　办好中国特色社会主义大学》，《中国高等教育》2021年第Z3期。

⑧ 刘爱生、杨天平：《中国大学办学特色的缺失：组织社会学的透视》，《现代教育科学》2009年第5期。

实践要求，如李家俊认为全面从严治党是建设中国特色世界一流大学的重要前提[①]，郑永扣认为“讲政治”是办好中国大学的重要保证[②]等。还有学者探讨了吸收域外经验以促进中国大学特色发挥的问题，如王亚杰聚焦了美国大学治理对中国特色世界一流大学建设的启示[③]。

二、研究的总结

目前对于中国大学特色问题的研究取得了较多的成果，尤其是对于中国大学特色的内容研究，学者展开了较为深入的探讨，形成了对于中国大学制度特色、文化特色等较为全面的认识。研究明确了中国特色大学建设和发展的指导思想就是以马克思主义基本理论和中国化时代化的马克思主义理论为指导，尤其是要以习近平新时代中国特色社会主义思想为指导，将其贯穿在中国特色大学发展的全过程之中。同时，学术界对于中国特色大学的内涵进行了不同角度和层面的诠释，有助于后续的研究更好地理解“特色”的具体内涵，为后续研究打下了基础。此外，学术界对于中国特色大学的发展历程有了较为详细的梳理，将中国的社会建设和发展与大学的特色发展结合起来，对中国特色大学的根与源有了认识和了解。研究者还从大学实践的角度来对中国特色大学在发展过程之中的各类现

① 李家俊：《落实全面从严治党要求　努力建设中国特色世界一流大学》，《中国高等教育》2016 年第 22 期。

② 郑永扣：《把“讲政治”作为办好中国特色　社会主义新型大学的重要保障》，《思想理论教育导刊》2015 年第 4 期。

③ 王亚杰：《美国大学治理对中国特色现代大学治理体系建设的启示》，《中国高教研究》2014 年第 9 期。

状进行了分析，提炼出来了中国大学特色发展四十余年来的宝贵经验，并从学理的角度对实践经验进行了归纳。

三、研究的启示

基于对学界现有研究成果的梳理，研究中存在着不足：第一，对中国大学特色形成、发展和凝练的历史过程梳理不足，鲜见立足全球发展大势和中国高等教育发展进程的战略高度，对中国大学特色形成脉络展开追问的成果。第二，对具有中国特色大学职能梳理的系统性不强，少见相关问题的直接研究成果。第三，立足大学校长办学治校视角探讨中国大学特色发挥的成果不多。上述不足为课题组研究中国大学特色提供了一定的上升空间。

第二节　中国大学的中国特色

中国大学问题生发于中国场域，聚焦中国问题之中，回应中国现实需求，支撑中国现代化事业发展，在遵循世界高等教育一般发展规律的基础上，逐渐形成、凝练出风格鲜明、底蕴深厚的中国特色。中国大学的中国特色熔铸于中国共产党领导人民进行革命、建设和改革的伟大历史进程之中，是伟大事业发展历史逻辑的现实表达，受社会主义高等教育的理论逻辑引导，最终形成于中国特色社会主义大学的实践逻辑中。

一、中国大学具有中国特色

习近平总书记在考察中国人民大学时指出，建设中国特色、世界一流大学不能跟在别人后面依样画葫芦，简单以国外大学作为标准和模式，而是要扎根中国大地，走出一条建设中国特色、世界一流大学的新路。[①] 中国大学要实现高质量内涵式发展，就必须要建设有自身特色、彰显中国特色的大学，才能厚植优势，强化引领。立足中华民族伟大复兴战略全局，直面世界百年未有之大变局，建构扎根中国大地办教育的格局，这是建设中国特色、世界一流大学的根本遵循和价值底色。[②] 中国大学的鲜明特色就在于其是以马克思主义为指导，把党的领导落实到办学治校全过程各方面，传承中华文明的，坚持社会主义办学方向的大学。中国特色大学就是要“心怀国之大者”，以实现教育事业的高质量发展，为实现高水平的科技自立自强，建设中国特色哲学社会科学体系，建设教育强国、科技强国、人才强国，为推动建设中华民族现代文明提供智力支撑。

二、中国大学的发展历程

洋务运动和维新运动时期，北京的京师同文馆和天津的中西学堂有了近代大学的雏形。1898 年京师大学堂的建立及 1904 年《奏定学堂章程》的颁布，标志着中国近代大学教育制度开始建立。中国大学的发展，受不同社会阶段经济、政治、文化等因素的制约和影响。[③] 新中国成立以来特别是改革开放以来，中国共产党逐步探

---

① 《习近平在中国人民大学考察时强调　坚持党的领导传承红色基因扎根中国大地　走出一条建设中国特色世界一流大学新路》，《人民日报》2022 年 4 月 26 日。

② 刘利：《建设世界一流大学必须坚持中国特色》，《中国高等教育》2022 年第 8 期。

③ 孟东方等：《大学工作学》，人民出版社 2016 年版，第 116—117 页。

索形成了一条适合的中国大学特色发展道路。

（一）新中国成立以来党对大学发展的探索

新中国的成立使中国特色大学发展有了根本的社会条件。《中国人民政治协商会议共同纲领》强调："中华人民共和国的文化教育为新民主主义，即民族的、科学的、大众的文化教育。人民政府的文化教育工作，应以提高人民文化水平，培养国家建设人才，肃清封建的、买办的、法西斯主义思想，发展为人民服务的思想为主要任务"①，明确了当时大学发展的目的和主要任务。

在当时背景下，党对大学发展的探索借鉴了苏联经验。针对高等教育布局，党中央作出了全面调整的重大战略部署，将大学分为了综合性大学和专业性大学两个大类，并且高度重视专业性大学和学院的发展。同时，为了更好服务社会建设以及"一五"计划等国家战略的完成，国家对于钢铁、煤炭、石油、交通、航空航天等领域，开办了多所专业性大学，为当时的重工业培养提供了大批人才，极大促进了中国的工业化发展进程，这类大学多发展至今，成为各行业的领军高等学校。

中国共产党对既有大学进行接管、改造，让其成为符合社会发展需要的人民的高等学府，如同济大学、复旦大学、金陵大学以及东吴大学等。将之进行改造，不仅促进了高等教育事业的发展，也在这一过程中积累了办学治校的经验。

社会主义革命和建设时期，中国共产党对大学发展的探索，从学习苏联再到立足中国部署高等教育事业，这一时期，党在高等学

---

① 中共中央文献研究室、中央档案馆编：《建党以来重要文献选编》（1921—1949）第26册，中央文献出版社2011年版，第766页。

校建立起高度集中的领导体制，用马克思主义理论统一高等教育领域的意识形态。[①] 初步建立起来中国的大学发展体系，为后续走出有中国特色的大学发展道路奠定了基础。受到“文革”的干扰，中国的高等教育事业发展停滞不前甚至有后退的情况。从整体上来说，这一时期党的大学发展事业在探索中曲折前进，为经济社会建设提供了人才、智慧支撑。

（二）改革开放以来中国特色大学的发展

自党的十一届三中全会作出实行改革开放的历史性决策以来，党领导的大学发展事业也推进改革，面向国际开放发展。在科教兴国、人才强国等战略引领下，高等教育体制机制改革持续深化，大学发展事业迎来了新的机遇。中国大学逐步走上了一条中国特色发展之路。

一方面，党对大学的全面领导制度确立。教育部在 1978 年 10 月印发的《关于讨论和试行〈全国重点高等学校暂行工作条例〉（试行草案）的通知》中指出：“高等学校的领导体制，是党委领导下的校长分工负责制”，高等学校党委“是学校工作的领导核心，对学校工作实行统一领导”。1990 年召开的全国高等学校党的建设工作会议就高等学校党的领导体制进行研究，后续以文件形式明确了中国高等学校的领导体制是“党委领导下的校长负责制”。1991 年通过的《中华人民共和国高等教育法》指出“国家举办的高等学校实行中国共产党高等学校基层委员会领导下的校长负责制”。坚持“党委领导下的校长负责制”，标志着党对大学的领导实现了从政策

① 王定华、王名扬：《中国共产党领导高等教育百年的发展脉络、历史经验与未来走向》，《中国高教研究》2021 年第 6 期。

文本向法律制度转化的重大变革，为在新的条件下进一步发展和完善党对大学的全面领导制度打下了坚实的基础。①

另一方面，建设中国特色大学有了明确目标。1983 年，邓小平为景山学校的题词强调："教育要面向现代化，面向世界，面向未来"②。"三个面向"也成为高等教育事业的指导方针。20 世纪 90 年代，为了更好迎接即将到来的 21 世纪，以大学发展促进人才培养、科技进步、经济发展，国家开始实施"211"工程和"985"工程，促使一大批高层次大学加快发展，为改革开放和社会主义现代化建设事业作出了巨大贡献。从德智体全面发展到开展"五讲四美"活动培养"四有新人"，再到"德智体美等全面发展的社会主义事业建设者和接班人"的要求，党中央对于大学为党育人、为国育才的认识不断深化。

改革开放以来，中国大学发展事业走出了一条有别于西方大学发展、彰显中国特色的新型道路，其根本原因在于中国共产党对大学发展的科学领导，中国共产党将马克思主义的教育理论同改革开放和社会主义现代化建设的国情实际相结合，着力解决大学发展中出现的新情况和新问题，③为新时代建设具有中国特色、世界一流的大学打下良好的实践基础和理论基础。

（三）新时代以来建设中国特色、世界一流的大学

中国特色社会主义进入新时代，大学发展举世瞩目。发展质量

---

① 常亮、杨春薇：《党对高校全面领导的百年探索：历程、经验与深刻昭示》，《高教探索》2022 年第 5 期。

② 《邓小平文选》第三卷，人民出版社 1993 年版，第 35 页。

③ 姜恩来、李勇、覃红霞：《从领导权到党的全面领导：中国共产党领导高等教育发展历程的三重逻辑》，《中国高教研究》2021 年第 8 期。

进一步提高、特色更加凸显。习近平总书记关于教育的重要论述为新时代大学发展提供了科学理论指导。

党的十八大以来，习近平总书记先后主持召开全国高校思想政治工作会议、全国教育大会、学校思想政治理论课教师座谈会等会议，多次前往清华大学、北京大学、中国人民大学等大学考察，以回信、贺信勉励大学师生，对建设中国、特色世界一流的大学作出重要指示，推动了新时代中国大学内涵式发展。

进入新时代以来，中国共产党对大学发展高度重视，创造性实施和推进了“双一流”建设，党的十九大报告强调“加快一流大学和一流学科建设”①，党的二十大报告提出“培养德智体美劳全面发展的社会主义建设者和接班人……加快建设中国特色、世界一流的大学和优势学科”②。新时代把劳动教育纳入人才培养全过程，提出“德智体美劳”五育并举，强调党的全面领导、扎根中国大地办大学，推动大学章程修订落实、提高大学治理体系和治理能力现代化水平，传承红色基因、赓续红色血脉等新要求，深化了中国大学的特色发展。

三、中国大学特色鲜明

当代中国高等教育在中国共产党的坚强领导下，走出了一条具有鲜明中国特色的发展新路，在建设中国特色、世界一流大学的道路上阔步前行。

---

① 《习近平著作选读》第二卷，人民出版社 2023 年版，第 38 页。

② 习近平：《高举中国特色社会主义伟大旗帜　为全面建设社会主义现代化国家而团结奋斗——在中国共产党第二十次全国代表大会上的报告》，人民出版社 2022 年版，第 34 页。

（一）坚持中国共产党领导的本质特色

中国共产党的领导是中国特色社会主义最本质的特征，是中国特色社会主义制度的最大优势，是党和国家的根本所在、命脉所在，是全国各族人民的利益所系、命运所系。习近平总书记指出："我们的高校是党领导下的高校。"[①]《中国共产党普通高等学校基层组织工作条例》在第一条强调："坚持和加强党对普通高等学校（以下简称高校）的全面领导，加强和改进高校党的建设，扎根中国大地办好中国特色社会主义大学。"[②]

（二）坚持马克思主义指导地位和社会主义办学方向的导向特色

马克思主义是我们立党立国的根本指导思想，也是中国大学最鲜亮的底色。[③]《中华人民共和国高等教育法》规定"发展社会主义的高等教育事业"。《关于坚持和完善普通高等学校党委领导下的校长负责制的实施意见》强调"坚持社会主义办学方向"[④]。中国特色大学发展，坚持马克思主义指导地位和社会主义办学方向，坚持人民立场，落实以人民为中心的发展思想。

（三）传承发展中华文明的文化特色

大学是"重要的思想文化阵地"[⑤]，具有文化传承创新职能。中

① 《习近平谈治国理政》第二卷，外文出版社2017年版，第377页。

② 《中国共产党普通高等学校基层组织工作条例》，《人民日报》2021年4月23日。

③ 习近平：《在北京大学师生座谈会上的讲话》，《人民日报》2018年5月3日。

④ 《关于坚持和完善普通高等学校党委领导下的校长负责制的实施意见》，《中国教育报》2014年10月16日。

⑤ 《深入学习习近平关于教育的重要论述》，人民出版社2019年版，第37页。

华优秀传统文化作为决不能抛弃的根脉，也是中国大学传承发展中华文明的文化特色底蕴之所在。习近平总书记指出："在五千多年中华文明深厚基础上开辟和发展中国特色社会主义，把马克思主义基本原理同中国具体实际、同中华优秀传统文化相结合是必由之路。"①而中国大学作为培养社会主义先进文化的重要阵地，肩负着推动中华优秀传统文化创造性转化和创新性发展的责任。

（四）面向现代化面向世界面向未来的发展特色

中国大学发展面向现代化是建设教育强国的题中之义。习近平总书记指出："建设教育强国，是全面建成社会主义现代化强国的战略先导，是实现高水平科技自立自强的重要支撑，是促进全体人民共同富裕的有效途径，是以中国式现代化全面推进中华民族伟大复兴的基础工程。"②这为加快建设中国特色、世界一流的大学进一步指明了发展方向。

中国大学发展必须面向世界，也就是"必须坚持胸怀天下"③，以大学校长为代表的大学领导者推动大学的国际化发展。在当前经济全球化深入推进的世界背景下，教育领域也有着深刻的全球化变革。中国大学在和世界其他一流大学的交流协作不仅有利于合作办学，繁荣学术，提高开放发展水平和知名度，还能推动中华文化走向世界，提高文化软实力。

---

① 习近平：《在文化传承发展座谈会上的讲话》，《求是》2023年第17期。

② 《习近平在中共中央政治局第五次集体学习时强调　加快建设教育强国　为中华民族伟大复兴提供有力支撑》，《人民日报》2023年5月30日。

③ 习近平：《高举中国特色社会主义伟大旗帜　为全面建设社会主义现代化国家而团结奋斗——在中国共产党第二十次全国代表大会上的报告》，人民出版社2022年版，第21页。

中国大学发展面向未来就要坚持守正创新、与时俱进，就是要面朝中国发展未来，面向人类发展未来。大学发展要充分为党和人民的事业服务，为人类文明进步服务，要以大学的科技创新推动生产力水平的提高，为人类文明新形态的发展提供科技支撑、人才支撑。

第三节　中国特色的大学职能责任

中国大学是不断发展进步的大学，是在中国式现代化道路上不断成熟的大学。《中国教育现代化 2035》中提出要在 2035 年建成教育强国。这一进程中，中国大学踔厉奋发，在担当特色责任上要落实立德树人的根本任务，履行“四个服务”的时代责任；在践行职能上要全面推进大学职能的履行，推动高质量特色化发展。

一、中国大学突出彰显特色责任

中国的高等教育事业和中国大学的发展都具有特色责任，主要体现在具有独特价值和肩负时代使命。这一特色责任是对党领导大学发展的奋斗历程的传承，是面向实现中华民族伟大复兴宏伟目标的必然要求。

（一）中国大学落实立德树人的根本任务

中国大学发展的根本任务就在于立德树人，培养德智体美劳全面发展的社会主义建设者和接班人，建设强国一代人才队伍。大学作为承担着培育优秀人才、培养敢于担当民族复兴大任的时代新人的育人场所，既担负了传授和建构知识体系、传承发展文明的重任，也肩负着培育家国情怀与时代精神的重要价值导向，二者是一个同步推进、相辅相成的过程。

大学最根本的使命就在于人才培养，在新时代具体表现为“为党育人、为国育才”。大学通过尊重人才发展规律、落实立德树人根本任务、繁荣发展科研学术、培养大批的现代化高素质人才，为中国式现代化提供人才支撑。

（二）中国大学履行“四个服务”的时代责任

中国特色大学在发展过程中，展现出了自身特色，究其原因在于中国的大学发展的时代背景、社会环境、责任担当等展现出了特质。习近平总书记指出：“我国高等教育发展方向要同我国发展的现实目标和未来方向紧密联系在一起，为人民服务，为中国共产党治国理政服务，为巩固和发展中国特色社会主义制度服务，为改革开放和社会主义现代化建设服务。”①

二、中国大学全面彰显五大职能

中国大学的发展特色，还体现在其具有的职能不是单一的，也不是简单的两者、三者叠加，而是五维一体。当代中国大学具有人才培养、科学研究、社会服务、文化传承创新、国际交流合作五大职能。②中国大学践行这五大职能的过程，也是实现自身高质量发展、彰显责任担当的过程。

（一）大学要牢牢抓住全面提高人才培养能力这个核心点

人才培养在中国大学的职能责任中处于核心地位，也是大学最

① 《习近平谈治国理政》第二卷，外文出版社2017年版，第376—377页。
② 《2019年中国高等教育年度热点》，《中国高等教育》2022年第2期。

基本的职能。习近平总书记指出："办好我国高校，办出世界一流大学，必须牢牢抓住全面提高人才培养能力这个核心点，并以此来带动高校其他工作。"[①]重视人才培养，培养现代化人才是中国大学发展的奋斗目标，也是加快建设中国特色、世界一流的大学和优势学科的应有之义。中国大学发展要坚持育人和育才相统一，加强人才培养体系建设。

（二）科学研究是大学办学活动的重要内容

科学研究是中国大学的另一项基本功能。习近平总书记指出："要加强高校基础研究，布局建设前沿科学中心，发展新型研究型大学。"[②]大学内部汇聚了大量的高素质且最具活力的人才。大学内各方之间的关系必须不断协调，以求壮大协同创新团队、发展科技力量。科学和技术创新的发展不仅取决于科学研究的投入保障和资源整合的支持，还取决于将这些要素有机结合在一起并实现优化配置的体制机制，这既需要宏观的顶层设计，亦需要具体而科学的发展举措。

（三）社会服务是大学服务国家和区域发展的重要价值

大学的社会服务价值是在一定的社会条件和环境中，通过服务社会，为社会和人类发展创造丰富的物质财富和精神财富的价值。大学通过改造教育对象的知识素质和结构，提高其从事社会生产和管理活动的能力和效率，为促进经济社会发展提供中坚力量和决定性因素，推动生产力进步。产学研相结合是使大学对推动地方经济建设产出贡献最直接、最有效的途径和方式。[③]随着现代大学与社

① 《习近平谈治国理政》第二卷，外文出版社2017年版，第377页。

② 习近平：《在科学家座谈会上的讲话》，《人民日报》2020年9月12日。

③ 参见孟东方等：《大学工作学》，人民出版社2016年版，第64页。

会的联系日益紧密，一方面，大学通过向广大民众传播知识，使之成为能用这些知识解决经济、社会、政治以及生活方面的问题，从而参与社会生活建设，成为整个社会生活中最具活力、最能代表时代前进方向的机构，并被人们誉为“社会生活服务站”。[①]另一方面，大学通过专家服务、技术推广、信息咨询、参与政府决策和管理工作等，成为有效服务社会的“智库”。[②]

（四）文化传承创新是大学建设中华民族现代文明的重要使命

实现文化的传承和创新发展是保证一个国家、一个民族提升文化软实力的不竭源泉。习近平总书记在文化传承发展座谈会上提出要努力建设中华民族现代文明。高等学校作为中国文化传承和创新的“排头兵”，对于文化的传承和创新有着天然的环境优势、人才优势和历史优势，高等学校要在推动构建中华民族现代文明的道路上贡献力量。

一方面，大学应肩负传承中华优秀传统文化的使命。习近平总书记在学习贯彻党的二十大精神研讨班开班式上指出，“中国式现代化，深深植根于中华优秀传统文化”，“要守好中国式现代化的本和源、根和魂”。[③]中华优秀传统文化是中华民族数千年来奋斗历程的价值体现，也是当前中华民族屹立于世界民族之林的优势所在。大学作为人类思想文明汇聚的地方，要重视对于本地区多民族

---

① 孟东方等:《大学工作学》，人民出版社 2016 年版，第 67—68 页。

② 孟东方等:《大学工作学》，人民出版社 2016 年版，第 68 页。

③ 《习近平在学习贯彻党的二十大精神研讨班开班式上发表重要讲话强调　正确理解和大力推进中国式现代化》，《人民日报》2023 年 2 月 8 日。

文化的整理和保护，助力推进“中华文明探源工程”，为当代中国提供更多更宝贵的精神财富。

另一方面，大学要在文化创新的道路上推动中华民族现代文明建设。文化创新是文化得以不断发展的驱动力。在中国式现代化道路上，必须坚持中国立场和中华文化立场，不断推进文化自信自强，在立足本来、吸收外来、面向未来中推进传统文化创造性转化和创新性发展。[①]大学在很大程度上是社会文化精神的引领力量，自身又具有文化传承和文化积累的天然优势，更应以创新推动文化的发展。

（五）国际交流合作是大学开放发展的重要路径

国际交流合作是新时代大学发展的内在要求。开放发展已经成为一种必然的发展趋势。大学要通过国际交流和合作，更好地了解和把握世界学术前沿，并根据时代需要促进学术繁荣，更好地服务于自身发展和经济社会建设。大学要“主动搭建中外教育文化友好交往的合作平台，共同应对全球性挑战，促进人类共同福祉”[②]。

三、中国大学在担当职能责任中实现特色发展

中国式现代化的发展要求实现高等教育的现代化。在这过程之中，中国大学要积极担当职能责任，以改革促进发展，推动治理现代化，实现特色发展。

---

① 董彪：《中国式现代化的传统文化根基》，《东北师大学报（哲学社会科学版）》2023 年第 3 期。

② 《习近平在清华大学考察时强调　坚持中国特色世界一流大学建设目标方向　为服务国家富强民族复兴人民幸福贡献力量》，《人民日报》2021 年 4 月 20 日。

（一）坚持和加强党的全面领导

历史已经证明，中国共产党的领导是中国革命、建设和改革胜利的根本保证。只有坚持党的领导，在大学发展之中传承红色基因、赓续红色血脉、永葆政治本色，才能确保在未来发展之中，坚持正确发展方向。

第一，坚持党的领导是中国大学坚持社会主义办学方向的根本保证。正确的办学方向是建设中国特色、世界一流大学的根本性问题，必须旗帜鲜明，思想认识到位，行动举措落实，不能有丝毫含糊。[①]中国是社会主义国家、处在社会主义初级阶段这个最大的国情就决定中国大学的性质和办学方向。中国大学必须为中国式现代化发展服务、为实现中华民族伟大复兴服务，在实践中彰显中国特色、争创世界一流，其关键就在于坚持党的领导不动摇，全面实行党委领导下的校长负责制。

第二，坚持党的领导是中国特色社会主义制度的最大优势，也是中国大学实现高质量内涵式发展的最大优势。一是高等学校党委能做到总揽全局、协调各方。社会主义制度领导下的中国大学，具有集中力量办大事的显著特色，彰显出社会主义制度的巨大优势。二是高等学校党委高度重视思想政治教育工作，凝聚人心、汇聚力量、以德育人、培根铸魂。三是坚持党的领导，严格落实党委领导下的校长负责制，能够最大限度地将大学的制度优势、文化优势等转化为大学的发展动力。

第三，大学党组织应加强党的建设，为大学发展提供有力保

① 张东刚：《深刻理解党对高校全面领导的科学内涵与实践要求》，《中国人民大学学报》2022年第3期。

证。办好中国事情关键在党，在新时代要以高等学校高质量党建来引领大学实现高质量发展，高等学校党组织自身应以中国化时代化的马克思主义最新理论成果为指导，“以党的政治建设为统领，全面推进党的政治建设、思想建设、组织建设、作风建设、纪律建设，把制度建设贯穿其中，深入推进反腐败斗争，全面提高党的建设科学化水平”[①]。基层党组织要发挥好战斗堡垒作用。

（二）保证大学始终成为培养社会主义事业建设者和接班人的坚强阵地

中国大学要以立德树人为根本任务，根据经济社会发展需要和人才培养规律为党育人、为国育才，保证大学始终成为培养社会主义事业建设者和接班人的坚强阵地。这不仅是践行初心使命的要求，也是彰显特色发展的要求。

大学教育的本质在于培养人，在新时代这一问题具体表现为“培养什么人，怎样培养人，为谁培养人”。学生是教育过程中的受教育者，也是教育活动的主体。大学的教育价值取向就是要尊重学生在教育过程中的主体地位。[②]要正确处理人才培养这一大学的基本职能和其他职能之间的逻辑关系，彰显大学教育为人民服务。

习近平总书记指出：“要努力构建德智体美劳全面培养的教育体系。”[③]其中加强学生德育工作就要培养学生高尚道德情操，引导学生厚植家国情怀，承担时代使命；加强学生智育工作就要提高学

---

① 《习近平著作选读》第二卷，人民出版社2023年版，第50—51页。

② 石连海、李护君：《中国式教育现代化的价值意蕴、现实阻隔及路径优化》，《教育学报》2023年第2期。

③ 习近平：《坚持中国特色社会主义教育发展道路　培养德智体美劳全面发展的社会主义建设者和接班人》，《人民日报》2018年9月11日。

生的创新能力，培养科学家精神；加强学生体育工作就要培养学生过硬身体素质和坚毅、吃苦耐劳的精神，锤炼品格；加强学生美育工作就要提高学生审美能力；加强学生劳动教育工作就要引导学生在实践中长才干、受教育、做贡献。通过五育并举，提高学生的综合素质。

（三）完善大学治理体系

现代化大学需要现代化的治理体系。构建中国特色的现代化大学治理体系是提高大学办学能力，促进大学内部合理规范有效运行的保证。

第一，修订章程，构建以大学章程为核心的大学治理体系。大学章程的制定和修改完善是完善大学内部治理体系和推进高等教育事业改革的举措。大学章程的修订和完善都是全校师生群策群力的结果。大学章程之中融入大学办学理念、核心理念、文化氛围以及未来发展目标等多个内容，是全校师生凝聚价值共识的体系。

第二，倡导民主参与，凝聚师生合力共同参与大学治理活动。发展全过程人民民主是中国共产党的宝贵经验，也是以人民为中心的生动实践。民主参与有助于增强教师和学生对于大学的归属感和主人翁意识，为大学的发展建言献策；有助于促进大学决策的科学化；有助于形成和谐美好的校园文化氛围，形成心往一处想、劲往一处使的发展局面。

第三，加强监督保障，确保大学治理风清气正。完善监督，让权力在阳光下运行，是完善大学治理体系的题中之义。有效的监督保障是中国特色社会主义大学治理的特征之一。要发挥好高等学校纪委作为高等学校党内监督专责机关的监督执纪问责职能。

第四节　大学校长引领中国大学特色发展

中国高等学校建设的根本目标是办好中国特色社会主义大学，培养现代化人才，培养社会主义建设者和接班人，强有力地助推建成教育强国，为中国式现代化提供教育、科技、人才等方面的支撑。这需要大学校长富有勇气和胆识，敢于创新、勇于创新、善于创新，把大学发展推向新高度。① 在中国特色大学发展之中，大学校长要锚定自身在大学发展中的担当，要将建设具有中国特色、世界一流的大学作为自身的使命，要以自身的努力推进大学的特色发展。

一、大学校长在大学特色发展中的担当

大学校长作为现代社会的一个固定职业，具有专业化、职业化等特点。在大学发展之中，大学校长作为大学治理的核心，往往承担着领航者的角色，是大学发展规律的遵循者、大学工作的创新者、大学内外力量的整合者。

（一）大学校长是大学发展规律的遵循者

大学发展规律自大学产生以来就存在，大学校长要不断加深对大学发展规律的认识，并运用教育规律促进大学的内涵式、特色化发展。

从内容上看，大学发展规律涉及教育教学、学科科研、人才培养、文化传承创新、国际交流合作等多个领域的方方面面。大学校

① 孟东方：《大学校长学：新时代高等教育发展下的新学科》，《中国教育科学（中英文）》2022 年第 3 期。

长作为大学发展的引领者，需要找到蕴藏在大学发展活动中的规律，按照规律办事。习近平总书记提出的“九个坚持”是探索社会主义教育发展规律的新成果，丰富和发展了中国共产党对社会主义教育规律的理论认识。[①] 大学校长要带头做到“九个坚持”。

大学校长要在理解和掌握大学发展规律的基础上，结合大学的时代使命和国内外环境条件，将大学发展规律转变为大学高质量发展的政策制度。

（二）大学校长是大学工作的创新者

大学工作是指大学教师、大学生、大学管理人员等参与的，依托大学组织进行的以教、学、研、管理以及服务等为主要内容的工作。[②] 大学校长主持学校行政工作，全面负责教学、科研、行政管理工作，应不断创新工作模式、工作方法，开创大学工作的新局面。

一方面，大学校长要提高自身专业化、职业化能力。中国的大学校长选拔任用制度在新中国成立 70 多年来的历程中不断发展完善。中国大学校长普遍具有学历层次高、工作经验丰富、科研能力强等特点。大学校长自身的科研能力、管理能力以及对于大学发展趋势的把握程度直接影响到了大学发展。大学校长不仅是一名学者，更是一名管理者。有学者认为，在办学治校过程中，大学校长要把精力集中在大学管理事务中，而非承担大量的学术研究[③]。选

---

① 曾天山：《“九个坚持”揭示新时代中国特色社会主义教育发展规律》，《中国教育报》2018 年 9 月 13 日。

② 孟东方、李天凤：《创建大学工作学，拓展高等教育研究的新视域》，《西南大学学报（社会科学版）》2013 年第 5 期。

③ 毛建青、邹加严、宣勇：《我国大学校长办学治校：从经验走向科学》，《国家教育行政学院学报》2022 年第 9 期。

拔任用要注意校长的专业化、职业化能力。校长自身要加强学习，推动大学治理从经验走向科学。

另一方面，大学校长要把握高等教育事业发展的新要求。党的十八大以来，以习近平同志为核心的党中央对中国的高等教育事业发展和现代化大学建设做出了新部署、提出了新要求。建设中国特色、世界一流的大学成为光荣使命。大学校长作为大学发展的引领者，需要“立足中华民族伟大复兴战略全局和世界百年未有之大变局，心怀‘国之大者’，把握大势，敢于担当，善于作为，为服务国家富强、民族复兴、人民幸福贡献力量”①。

（三）大学校长是大学内外力量的整合者

在所有参与治理的利益相关者中，大学校长是联结内外部利益相关者的重要结点和关键人物。② 大学校长在大学发展之中，不仅需要将其个人能力全部发挥，还需要整合内外部各方合力，共同建设大学。

大学校长作为学校的法定代表人需承担职责，对外依法代表学校与各级政府、社会各界和境外机构等签署合作协议，接受社会捐赠；对内主持学校行政工作。大学校长一方面需强化在内部治理关系中的决策执行者角色意识，另一方面需在外部治理关系中承担更多的公共责任，并根据具体情况做适当的调整。③ 在党委领导下的

---

① 《习近平在清华大学考察时强调 坚持中国特色世界一流大学建设目标方向 为服务国家富强民族复兴人民幸福贡献力量》，《人民日报》2021 年 4 月 20 日。

② 宣勇等：《大学校长管理专业化研究的价值与基本问题》，《复旦教育论坛》2013 年第 5 期。

③ 毛建青：《高等教育治理体系中大学校长的角色定位研究》，《高校教育管理》2016 年第 6 期。

校长负责制的实施下，在大学的治理体系之中，大学校长是决策者、执行者。

大学校长要促进大学内外联动。要重视同各级政府、同企事业单位包括同其他高等学校建立合作关系，加强同社会之间的联系，充分利用社会资源来推进自身的高质量发展；同时也加快大学科研成果的转化，为国家和区域的经济社会发展提供支撑。

大学治理需要群策群力，无论是教学、科研还是管理服务，都需要依靠团队力量来达成目的。大学校长全面负责教学、科研、行政管理工作，要重视各类团队建设，促进大学内部的协调有序运行，推动大学发展提质增效。

二、大学校长要建设有特色的大学

中国的大学校长要在学校党委领导下，贯彻党的教育方针，走好具有中国特色的大学发展之路。

（一）在大学中传承红色基因，赓续红色血脉

要注重对百年奋斗历程中宝贵经验的把握。党领导高等教育事业建设发展的历程也是对党的百年奋斗历程的体现，体现着与党和国家事业发展同呼吸、共命运，孕育着弦歌不辍、历久弥新的红色基因。[①] 大学校长要注重对宝贵经验的把握与运用，充分发挥其作用。

红色基因是共产党人永葆本色的密码。大学校长“为党育人、为国育才”，要赓续红色血脉，着力培养担当民族复兴大任的时代

① 张东刚：《传承红色基因，赓续红色血脉走好建设中国特色、世界一流大学新路》，《教学与研究》2022 年第 6 期。

新人。要发挥好红色文化的育人作用，充分利用所在地区的红色文化资源，创新大学思想政治教育方式方法。

（二）在大学中落实立德树人任务，推动“三全育人”工作

立德树人是大学的根本任务。大学校长要将立德树人这一任务作为自身工作的重要抓手，开创“三全育人”工作新格局。

第一，坚持立德树人，培养时代新人。党的十八大以来，“立德树人”成为大学校长在指导开展教学时需要秉持的重要理念，成为大学的根本任务，落实立德树人，培养德才兼备的高素质人才成为必然要求。大学校长要在培育和弘扬社会主义核心价值观，推动学生正确价值观的塑造上发挥作用。

第二，以“立体式大思政”创新大学思想政治工作体系。“立体式大思政”工作格局是围绕立德树人根本目标，遵循高等学校思想政治教育工作的原则方法，通过充分集聚、整合、挖掘大学思想政治教育资源，统筹育人元素和育人逻辑，从价值原则、体制机制、实现路径、条件保障等方面进行系统设计，系统构建的一体化思想政治工作体系。“立体式”作为一种审视客观事物的视角，强调从不同层面、不同角度分析和解决问题。“大思政”实现了对传统思想政治教育的拓展，突破了主体、场域、时间等因素的诸多限制，实现了思想政治教育功能要素的充分挖掘、高效集聚。大学校长通过“立体式大思政”工作格局开展育人工作，就是将党中央对于大学生思想政治教育工作的部署和要求进行贯彻落实，将大学的思想政治工作看作一个系统整体，通过构建不同的育人子系统，实现系统内部的协调联动，促进育人工作的全方位覆盖，全过程参与，以全员构建育人合力。

第三，以“三全育人”示范大学、学院为抓手，创新育人特色品牌。中共中央、国务院印发的《关于加强和改进新形势下高校思想政治工作的意见》明确提出，要坚持全员全过程全方位育人。大学校长要坚持将“三全育人”融入立德树人全过程各方面。要注重挖掘发现并整理凝练大学以及所在地所特有的育人资源，并融入育人工作之中。同时，大学校长要协调各职能部门、各学院联动开展育人工作，将“三全育人”工作和“十大育人”精品项目和自身特色结合起来，打造育人特色品牌。

（三）在大学中坚持开放和谐，构建大学文化体系

中国特色大学不仅体现在特色的办学实践、治校实践上，具有中国特色的大学文化体系也是大学独特的优势所在。

第一，要重视中华传统文化的创造性转化和创新性发展。大学作为文化的载体，其自身对于引领实现大学文化的传承和创新有着天然的人才优势、学科优势以及使命价值。大学校长在推动构建大学文化体系的时候，要注重推动中华优秀传统文化创造性转化和创新性发展，构建具有历史底蕴又面向未来的文化环境。

第二，要加强教育文化友好交往，促进“美美与共”。大学的开放发展是大学实现高质量发展的必由之路。大学的教育文化国际交往交流不可或缺。大学校长作为大学对外交流的推动者，要重视文化软实力建设，提升中华文化影响力。

第三，要注重大学特色文化的提炼和弘扬。每所大学都有自己独特的校史，每所大学的地域不同、办学类型不同、发展水平办学层次不同，就会产生不同的大学文化。大学校长要注重所领导的本大学特色文化的提炼，切实推进文化传承创新。

三、大学校长要引领大学实现特色发展

引领大学特色发展是大学校长的重要责任，大学校长要以推动大学建设、提高大学办学能力为己任，以把大学办出特色、争创一流为追求。

（一）以“学科、人才、科研”三者联动推动大学内涵式发展

党的二十大报告中指出：“教育、科技、人才是全面建设社会主义现代化国家的基础性、战略性支撑。”① 大学校长要坚持“以学科发展为重要引领，以人才为第一资源，以标志性成果群为关键支撑”的“学科、人才、科研”三者联动发展。

第一，要以学科发展为重要引领。习近平总书记在二十届中央政治局第三次集体学习时指出：“要优化基础学科建设布局，支持重点学科、新兴学科、冷门学科和薄弱学科发展，推进学科交叉融合和跨学科研究，构筑全面均衡发展的高质量学科体系。”② 大学校长要继续巩固夯实既有科研特色和科研优势，坚持以自身优势与特色为基础，国家与地方经济社会发展需求为导向，加快高水平学科建设。因校制宜，实施“一流学科引领”“重点学科提升”“特色学科群培育”“博士授权点打造”等系列项目建设，统筹推进、分类发展，形成良好学科发展态势，全面提升学科建设水平。同时大学

① 习近平：《高举中国特色社会主义伟大旗帜 为全面建设社会主义现代化国家而团结奋斗——在中国共产党第二十次全国代表大会上的报告》，人民出版社 2022 年版，第 33 页。

② 习近平：《加强基础研究 实现高水平科技自立自强》，《求是》2023 年第 15 期。

校长还要充分运用好学校已有的方向优势、平台优势、成果优势、团队优势，鼓励基础研究人员开展前沿性、原创性、探索性、开拓性研究。完善基础研究稳定性投入制度，设置学术交流基金，资助研究人员开展国际学术交流，追踪国际学术前沿，发现、提出、解决科学问题，为技术创新提供更多的基础支撑、源头支撑。同时，针对自然科学、人文社会科学、艺术体育学科等不同学科，要正确认识学科差异，制定适合学科发展的政策。

第二，要以培引人才为第一资源。大学校长要充分发挥好人才在大学办学发展中的作用，加强人才的培养与人才引进工作，推进高水平人才队伍建设。大学校长要深入实施人才强校的战略，在管理中服务人才发展，在服务中引领人才发展，大力宣传、落实人才政策，带动形成尊重人才的良好校园文化，极力营造充满人文关怀的人才环境，形成“近悦远来”良好氛围，让各类人才的创造活力竞相迸发、聪明才智充分涌流，在全校切实营造浓厚的重才、识才、选才、育才、用才、留才的人才工作良好生态环境。

第三，要以标志性成果群为关键支撑。习近平总书记对大学“攻科研难题和抓成果转化决心大、目标高、工作实、成效好”[①]予以肯定。高等学校科学研究工作与教学工作、育人工作以及社会服务的有机融合是深化教育教学改革、培养创新型人才的重要保证，是产出标志性成果群的内在要求。大学校长不仅自身需要展现科研能力水平，更需要的是带动提升全校整体科研能力水平。标志性科研成果是大学科研实力和科研核心竞争力的集中体现，打造标志性

① 《习近平春节前夕赴江西看望慰问广大干部群众　祝全国各族人民健康快乐吉祥　祝改革发展人民生活蒸蒸日上》，《人民日报》2016 年 2 月 4 日。

科研成果群是大学科研工作的重要内容，对提升大学美誉度、影响力至关重要。大学校长要带领广大科研工作者聚焦学术前沿、凝练学术方向，不断增强创新意识和创新能力，潜心钻研、深入调研，在科研项目、论文、咨政、获奖、平台、服务地方经济社会发展等方面产出系列特色成果，努力形成具有集群效应的标志性科研成果群，有力支撑具有大学特色的“学术高地”“学术高峰”的打造。

（二）牢记“育人”这一大学最基本职能

人才培养是大学最基本、最首要的职责，大学校长要牢记“为党育人、为国育才”的重要使命，提高人才培养质量，为中国式现代化提供人才支撑。

第一，抓好教学工作这一基本工作。大学的教学工作是大学日常运行中的关键。大学校长要以不断提高教学质量为生命线。要重视教师队伍的建设和提升，提高教师的专业能力，引导教师以科研水平的提升来促进教学水平的提高，同时要加强教师的师德师风建设。要为教学工作提供良好的配套保障，推动建设现代化教室，逐步更新教室的基础设置，打造智能化、现代化的教室，同时推动虚拟实验室、模拟仿真课堂的建设。要推动教学评价工作的改革发展，以高质量的教学评价促进高质量的教学工作。大学校长要以身作则，充分运用好开学第一课、毕业典礼等环节加强对学生的教育工作，同时发挥好自身专业能力，带头授课，发挥好榜样示范作用。

第二，坚持“以本为本”建设好高水平本科生教育。本科生教育是大学教育系统中的关键，本科生培养是中国高层次人才培养的基础。大学校长要推动本科生教育实现创新发展，推进新工科、新医科、新农科、新文科等本科人才培养改革，形成具有大学特色的基础学科和拔尖创新人才的培养模式。要坚持质量取向，以提高教学质量为龙头，推动打造思想政治教育精品课程、建设高标准专业核心课程、全力推进课堂教学革命以及完善学业考核评价体系。

第三，推动新技术与教育教学的衔接融合。大学校长要紧跟时代发展前沿，推动新兴技术应用。突破制约大学教学信息化瓶颈。聚焦新时代大学人才培养的新需要，优化现代教育技术中心，将教育信息化作为推动大学发展的内生动力。加强教育信息化建设与管理，加快智能教学环境特别是“教室信息化革命”建设，创新学与教的方式。持续推动信息技术与教育教学深度融合，完善以网络化、数字化、智能化、个性化等为特征的“互联网＋教育”“智能＋教育”形态。全面提高师生信息化素养。加快建设与教育现代化发展相适应的学习型校园。

（三）推动大学治理体系和治理能力的现代化

推动大学治理体系和治理能力现代化是中国大学的重要特色之一，大学校长要以推动大学治理体系和治理能力现代化为重要依托，优化大学的特色发展。

第一，全面落实“党委领导下的校长负责制”。“党委领导下的校长负责制”符合中国国情和高等教育发展规律，是中国大学坚持社会主义办学方向，彰显特色、争创一流的制度保证。大学校长要执行党委领导下的校长负责制，发挥好自身作用，运用科学方式谋划工作、处理问题、回应关切，营造规范有序的办学环境，保障大学高质量发展。

第二，深入推进依法治校工作。依法治校是全面依法治国在教育领域的具体实践，依法治校是大学校长推进大学治理体系和治理能力现代化的必由之路。大学校长要认真贯彻落实《关于建立领导干部应知应会党内法规和国家法律清单制度的意见》，带头遵守法律、弘扬法治精神、营造法治氛围，维护师生合法权益，着力激发师生参与大学治理的主动性和积极性。

第三，着力提升大学治理效能。大学校长应全面贯彻落实学校教代会、二级教代会、学代会、研代会制度。提高提案办理水平和效率，推进提案落地落实，助力提升大学治理效能。完善和用好“校领导接待日”“校领导与教职工代表座谈会”“校领导与学生面对面座谈会”“学校重大情况通报会”等常态化机制。

第八章　大学的文化担当论

2023年10月，习近平总书记对宣传思想文化工作作出重要指示强调，坚定文化自信秉持开放包容坚持守正创新，为全面建设社会主义现代化国家、全面推进中华民族伟大复兴提供坚强思想保证强大精神力量有利文化条件。[①] 大学既是社会思想文化的重要集聚地，多样的思想文化在大学场域内交流、交融、交锋，大学还是社会思想文化的关键生产地，在思想的汇聚、碰撞中，生产出符合时代发展潮流，代表社会主流价值的新的思想文化成果。因此，大学要深入学习贯彻习近平文化思想这一党和国家宣传思想文化事业的根本指引，勇担新的文化使命。

大学的文化担当论，旨在从大学文化引领大学发展方向的重要维度切入，探讨在大学文化建设中践行社会主义核心价值观的关键问题，进而突出大学校长在大学精神文化、制度文化、行为文化、物质文化、环境文化等文化体系建设中的核心地位，并最终落脚于大学校长在实践层面对于大学文化软实力的提升。

---

① 《习近平对宣传思想文化工作作出重要指示强调　坚定文化自信秉持开放包容坚持守正创新　为全面建设社会主义现代化国家　全面推进中华民族伟大复兴提供坚强思想保证强大精神力量有利文化条件》，《人民日报》2023年10月9日。

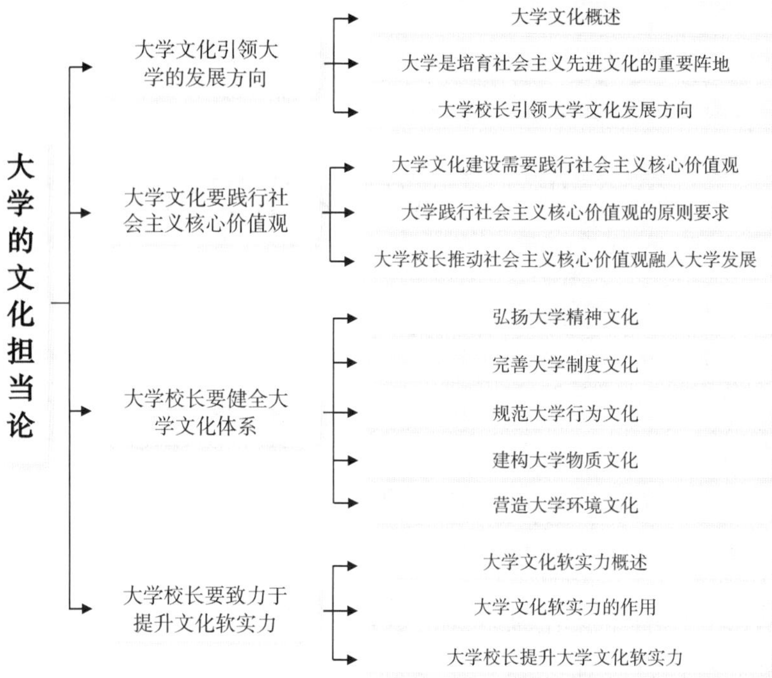

图 8-1　大学的文化担当论结构

第一节　研究的综述

大学文化担当和大学文化发展方向对于大学发展具有重要意义，这一问题也是国内外学术界长期研究的聚焦点，在长期研究的过程之中，形成了相对丰富的研究内容，形成了初步的研究体系，成为本研究的重要支撑与借鉴。

一、研究的现状

在中国知网（CNKI）以“大学文化担当”为主题进行搜索学术论文较少，仅有 10 余篇，若分别以“大学文化建设”为主题词进行搜索可以检索到6000余篇学术论文，以“大学文化育人”为主题词进行搜索可以检索到1300余篇学术论文，以“大学文化软实力”为主题词进行搜索可以检索到230余篇学术论文。总体来说，对于大学文化的研究较为丰富，研究内容比较全面。有关大学文化建设的著作也较为丰富，《大学文化治理与社会》（汪明义，2023）、《大学之道　新时代的大学精神与大学文化》（浙江大学新时代大学精神与大学文化研究课题组，2023）、《大学的文化自觉与文化自信》（谢和平，2012）、《现代大学制度下大学文化研究》（孙雷，2010）、《中国大学的文化性格》（贾佳，2017）、《大学文化与当代中国先进文化研究》（李长真，2008）等。学术界对于大学担当中的具体内容持续关注，具体来说可以分为以下五个方面。

（一）关于大学文化发展方向的研究

夏祥伟等人提出树立文化自信和坚持文化育人是大学文化发展的重要引领作用。① 蔡红生、魏倩倩提出大学文化要在坚持“守”与“变”中发展。② 孔媛媛提出大学文化要与社会文化协同发展。③ 王凤双、沈丽巍提出马克思主义文化观的包容性、实践性、多样性和超越性特征是大学文化发展的引领。④ 毕文健提出要以社会主义

① 夏祥伟、邱兰欢、李勇辉等：《新时代大学文化建设研究》，《中国高等教育》2022年第23期。

② 蔡红生、魏倩倩：《“守”与“变”：大学文化建设的二维审视》，《思想教育研究》2020年第11期。

③ 孔媛媛：《大学文化与社会文化协同发展路径探析》，《黑龙江高教研究》2016年第6期。

④ 王凤双、沈丽巍：《以马克思主义文化观引领的大学文化建设探析》，《黑龙江高教研究》2019年第11期。

核心价值观来引领大学文化发展。[①] 文士博提出以党建来引领大学文化建设并提供坚强保证。[②] 葛玮钰、李国辉提出用时代精神来引领大学文化发展。[③]

（二）关于大学文化育人工作的研究

王辉提出大学文化和思想政治教育是相互相通的关系，要以大学文化建设推动思想政治教育工作的开展。[④] 齐琳琳提出把校园标识系统建设和文化育人结合起来。[⑤] 常亮从文化育人的载体打造、机制构建和自觉意识养成三个方面提出发展措施。[⑥] 陈恕平等人提出大学文化育人要同大学文化建设和文明创建协同发展。[⑦] 丁灵芝从党的领导、资源整合、全员协调以及载体利用等问题探讨了大学文化育人体系构建问题。[⑧]

（三）关于大学文化担当路径的研究

蔡红生、胡中月提出形成以传统文脉为深厚底蕴的大学道德、

① 毕文健：《以社会主义核心价值观引领民办本科院校大学文化建设路径探析》，《黑龙江高教研究》2017 年第 10 期。

② 文士博：《党建引领大学文化特质培育发展研究》，《河北工程大学学报（社会科学版）》2021 年第 1 期。

③ 葛玮钰、李国辉：《用时代精神引领大学文化建设的思考》，《湖北函授大学学报》2016 年第 11 期。

④ 王辉：《论大学文化建设中的思想政治教育》，《思想教育研究》2017 年第 3 期。

⑤ 齐琳琳：《论大学校园标识系统建设与文化育人的有机融合》，《学校党建与思想教育》2016 年第 12 期。

⑥ 常亮：《大学文化育人功能的实现机理：基于隐性知识传递的分析》，《国家教育行政学院学报》2017 年第 9 期。

⑦ 陈恕平、屈志奋：《新时代大学文化育人的内涵建设及实践路径研究》，《岭南师范学院学报》2022 年第 6 期。

⑧ 丁灵芝：《新时代应用型高校文化育人体系的构建与实践》，《西南科技大学学报（哲学社会科学版）》2022 年第 5 期。

以革命理想为持久力量的大学理念、以砥砺奋进为时代特征的大学精神，建设中国特色大学文化。[①] 夏祥伟等人提出要从加强顶层设计、深化内涵建设、坚守大学本质、创新体制机制以及坚持守正创新等方面加强文化建设。[②] 段霖瑶提出大学教师是文化建设的重要力量要发挥好其作用。[③] 邹琳琳提出可以通过艺术教育的方式来推动大学文化建设。[④]

廖志琼等人从文化冲突到文化自觉的角度来对大学文化体系的建构进行研究。[⑤] 朱庆峰等人提出在一流大学建设背景下需要一流的大学文化来彰显中国特色。[⑥] 李鲁宁等人提出要正确认识文化要素之间的矛盾与冲突，从社会、知识与人等三个维度进行文化要素的价值整合，调适文化冲突，实现文化自觉来对大学的文化体系进行优化构建。[⑦] 赵野田围绕社会主义核心价值体系来引领大学文化建设开展研究。[⑧] 蔡劲松等人构建了大学文化建设的指标评

① 蔡红生、胡中月：《中国特色大学文化建设的三个维度》，《学校党建与思想教育》2019 年第 20 期。

② 夏祥伟、邱兰欢、李勇辉等：《新时代大学文化建设研究》，《中国高等教育》2022 年第 23 期。

③ 段霖瑶：《大学教师与大学文化建设研究》，《教育理论与实践》2018 年第 30 期。

④ 邹琳琳：《论艺术教育的开展途径及其在大学文化建设中的作用》，《高等农业教育》2014 年第 9 期。

⑤ 廖志琼、李志峰：《从文化冲突到文化自觉：新常态下大学文化体系的建构》，《甘肃社会科学》2016 年第 5 期。

⑥ 朱庆峰、朱亚宾：《一流大学话语体系下大学文化彰显中国特色探究》，《黑龙江高教研究》2020 年第 7 期。

⑦ 李鲁宁、臧楠：《大学文化体系建构的优化路径》，《黑龙江高教研究》2017 年第 6 期。

⑧ 赵野田：《社会主义核心价值体系引领大学文化研究》，《东北师大学报(哲学社会科学版)》2013 年第 5 期。

估体系。[①]

（四）关于大学提升文化软实力的研究

吴咏梅提出通过加强校史研究来提升大学文化软实力。[②]田联进提出大学文化软实力的铸造要从大学特色文化、地域文化以及面向国际发展三个方向入手。[③]陈祝峰提出大学文化软实力建设既要传承弘扬增强生命力又要创新发展激活创造力。[④]陈凤英从加强顶层设计、坚持马克思主义、坚持社会主义核心价值观、坚持守正与创新相统一等角度讨论了大学文化软实力建设问题。[⑤]舒俊从制度文化、行为文化、制度文化和行为文化等角度讨论了文化软实力建设。[⑥]

（五）国外关于文化软实力的研究

西方学术界并没有直接对文化担当进行研究，但是从大学文化建设、文化软实力等角度有一定研究。“软实力”一词最早是出现在美国学者瑟夫·奈的著作《注定领导世界：美国权力性质的变迁》一书中。美国学者亚伯拉罕·弗莱克斯纳在《现代大学论——英美德大学研究》中指出具有批判和独立大学精神的学校对于人类文明

---

① 蔡劲松、王军霞：《大学文化建设指标体系与评估模型构建》，《北京航空航天大学学报（社会科学版）》2009年第2期。

② 吴咏梅：《校史研究：提升高校文化软实力的重要举措》，《湖北社会科学》2013年第1期。

③ 田联进：《大学提升国家文化软实力论纲》，《教育与教学研究》2015年第7期。

④ 陈祝峰：《大学文化软实力的价值意蕴与实践指向》，《唯实》2021年第11期。

⑤ 陈凤英：《十九届六中全会背景下大学文化建设探究》，《哈尔滨学院学报》2023年第6期。

⑥ 舒俊：《大学文化软实力建设的几点思考》，《思想政治工作研究》2017年第8期。

的传承和弘扬都具有重要作用。美国学者克拉克·科尔所著的《大学的功用》一书中提出大学在传播弘扬真理方面具有重要作用，来促进文明建设。詹姆斯·杜德斯达的《21 世纪的大学》认为大学担当文化发展的职能不仅传承历史还能照亮未来指引发展。奥尔特加所著的《大学的使命》中提出大学的职能就是传播文化，大学文化发展是社会文化发展的组成部分。

二、研究的总结

大学文化担当作为大学和高等教育领域研究的主要方向之一，国内外学者对于这一问题进行了持续关注，从不同维度对大学的文化担当进行了研究，形成了一系列的学术研究成果，对大学文化担当起到了推动作用。第一，对于大学文化的基本概念、范畴进行了归纳和总结，明确了大学文化的概念范围以及大学文化和大学发展之间的关系。第二，将大学文化建设纳入到文化强国建设之中进行研究，明确了大学文化的地位。第三，围绕大学文化育人开展了系列研究，将文化育人放在了落实立德树人根本任务的角度以及开展“三全育人”工作和构建“十大育人体系”之中，厘清了文化育人的基本概念和目标方向。第四，对于大学软实力进行了研究，将文化软实力进一步细化为了大学文化软实力，明确了基本概念与内涵以及未来的发展方向。学术界众多学者围绕大学文化建设这一主题，从大学文化建设的内容、目标、方向、方法、实践路径等多个角度进行了研究，基本建立起来了关于大学文化的研究体系。

三、研究的启示

基于学术界现在的研究分析，目前依然存在以下六个方面的不足：第一，聚焦了文化建设和文化引领，对于大学文化担当的剖析力度不够。第二，对于大学文化发展的引领方向研究不够明确，方向决定道路，有什么样的文化发展方向才会有什么样的文化发展道路，目前对于文化发展方向只是宏观研究，而具体的研究却是较为缺少。第三，对于大学文化育人的研究不够，缺少对于文化育人工作方式的系统研究和方式方法探究。第四，对于大学文化发展和建设的主体力量研究不够。第五，缺乏对于大学文化担当整体概念的研究，大部分都基于文化建设或是文化发展中某一部分进行研究。综上所述，课题组将在现有研究基础之上，立足于大学的文化担当这一主要命题，深化对于大学文化发展和文化建设引领力量的研究，探索将社会主义核心价值观融入大学文化建设之中的方式方法，并站在大学校长这一角度来讨论大学校长如何展现文化担当，全面推进大学文化体系繁荣，引领大学文化建设。

第二节　大学文化引领大学的发展方向

大学文化是大学的根本，是大学的灵魂之所在，也是大学核心竞争力的关键要素，是大学体现办学特色的重要途径。建设中国特色、世界一流的大学，应坚持以习近平新时代中国特色社会主义思想为指导，深入学习贯彻习近平文化思想，把宣传思想文化工作作为“一项极端重要的工作”[①]，以社会主义核心价值观引领大学文化发展，全面提升大学文化软实力。

一、大学文化概述

大学文化是一所大学不可或缺的重要软实力，渗透入大学日常教学、管理、师生生活的各个领域。抓大学文化建设就是抓大学方向、抓学校未来、抓改革发展的内生动力。[②]大学文化涵盖广泛且内容丰富，需要确定其含义以明确其实质，准确定位大学文化建设工作在大学各项工作中的地位。同时，以大学文化引领新时代大学发展方向，必须明确大学文化的教育导向、激励约束、凝聚迁移等功能作用，充分发挥其实际作用，使大学实现高质量内涵式发展。

（一）大学文化的含义

从文本学视角来看，“大学文化”一词来自“大学”与“文化”二者概念的交集与框定。其中，“大学”一词为“文化”确定了其发生场景，凸显出“大学文化”相较于“企业文化”“家庭文化”等广义文化的区别，确定了其独特性。而“文化”一词为“大学”标明了工作内容与发展方向。发展和建设大学文化，必须作为大学日常工作的重要组成部分予以贯彻落实，二者共同构成了“大学文化”的文本内涵。近年来，众多学者从不同角度、不同层面、不同

① 《习近平对宣传思想文化工作作出重要指示强调　坚定文化自信秉持开放包容坚持守正创新　为全面建设社会主义现代化国家　全面推进中华民族伟大复兴提供坚强思想保证强大精神力量有利文化条件》，《人民日报》2023 年 10 月 9 日。

② 孟东方：《大学校长学：新时代高等教育发展下的新学科》，《中国教育科学（中英文）》2022 年第 3 期。

主体出发，对大学文化进行的定义。

大学文化是社会主义先进文化的重要组成部分，是我国高等学校在长期办学过程中培育、传承、交流所形成，并为广大师生共同遵循的理想信念、价值取向、精神人格、行为规范和物化形态的总和。[①]这一定义较为全面细致地表达出了大学文化的具体含义，相对准确地反映了大学文化的内涵与外延。第一，这一定义明确了大学文化在整个社会主义先进文化中的地位与作用，凸显出新时代背景下，中国大学在社会主义文化建设与发展，尤其是在实现文化传承、落实文化担当进程中的重要地位与作用。文化传承已经成为我国当代高等教育的基本功能，大学必须充分发挥文化建设、扬弃和创新功能。[②]第二，这一定义明确了大学文化形成的历史渊源。大学文化作为一种特殊的意识形态，和其他各类意识形态具有同质性。其产生、形成与发展并不是一蹴而就的，而需经过长期的传承发展与历史积淀，是在高等学校长期的办学历程之中逐步地形成的。第三，这一定义明确了大学文化内容丰富且涵盖广泛，明确了大学文化包括广大师生学习与生活中共同遵循的理想信念、价值取向、精神人格、行为规范和物化形态的总和，涵盖大学物质文化、精神文化、制度文化、行为文化、环境文化的方方面面，体现出中国大学文化的人民性与多样性，强调了中国大学在社会主义先进文化发展进程中所承担的光荣而重大的使命。反映了“大学文化由其

---

① 孟东方：《大学校长学：新时代高等教育发展下的新学科》，《中国教育科学（中英文）》2022 年第 3 期。

② 李建华：《文化传承：当代中国高等教育的功能创新》，《现代大学教育》2012 年第 6 期。

理念要素、制度要素和特色要素构成，体现出崇尚学术、发扬民主、追求卓越的本质属性”①。

（二）大学文化的作用

大学文化的作用是指大学文化在内部和外部的联系和关系中表现出来的特性和能力。具体来看，大学文化的作用包括教育导向、激励促进、凝聚迁移、调节约束、辐射带动、传承创新等多个方面，这些作用既相互独立又有机统一在大学各项工作之中，形成相互联结、相互作用的功能系统。

1. 明确的教育导向与激励促进功能

一方面，大学文化具有明确的教育导向功能。大学文化伴随着大学的产生而产生，其内涵不断丰富，对于大学自身和广大师生员工产生强有力的导向作用，通过形成良好的校园文化氛围，优化校园发展的硬环境、软环境、活环境，有效引导并规范师生员工为共同的理想目标，开拓进取、努力奋斗，激发其对教学、科研以及学习的积极性与热情。良好的大学文化氛围和校园文化发展环境，会对师生产生潜移默化的良好心理影响，促使师生培育和践行社会主义核心价值观，修养道德情操和综合素质，从而达到春风化雨的文化素质培育效果。另一方面，大学文化具有一定的激励约束功能。大学文化内容丰富、涵盖广泛，能够满足师生对于精神生活的多层次、多元化心理需求。通过大学文化活动和文化建设等形式，可以有效激励师生群体对自身发展产生更高质量的自我要求。通过以各类文化活动和文化宣传为着手，采取合理有效的精神和物质奖励等

① 汪明义：《论大学文化的内涵与本质属性》，《中国高教研究》2014 年第 2 期。

措施，可以积极影响和引导师生行为。

2. 显著的凝聚迁移与调节约束功能

一方面，大学文化作为广大师生在实践中共同创造和认同的价值取向和情感追求，对于广大师生员工行为与心理具有潜移默化的凝聚力和迁移力。通过大学文化建设尤其是校园物质文化和精神文化建设，可以积极引导广大师生由衷产生校园认同感、校园归属感、校园责任感和校园荣誉感，激发他们为共同的发展目标奋发进取的精神动力，有效提升大学工作效率。另一方面，大学文化对广大师生行为与心理具有一定的调节力和约束力。它不仅可以调节人们的情绪、促进人们的身心健康发展，而且能够激发人们创造出新的文化知识和文化成果，特别是可以衍生出广大师生共同认可的规章制度，从而规范和指引广大师生的学习与生活行为，促使广大师生形成良好的思想品质、学习模式和生活习惯。

3. 强烈的辐射带动与传承创新功能

一方面，大学文化作为意识形态的重要组成部分，与社会存在相互影响和相互作用。从宏观层面上看，大学文化发展质量高低，可以在一定程度上影响经济社会发展实际效益。而单从微观意义上的大学工作来看，大学文化工作与大学其他工作紧密相连、互相影响，大学文化工作的好坏，直接影响辐射大学日常教学、科研、管理工作的实际效益。具有鲜明特色、积极向上的文化氛围和文化环境，可以有效带动提升大学各项基础工作效率。另一方面，大学文化具备显著的对各类优秀文化传承融合与创新功能。大学文化本身就是在长期办学与发展过程中逐渐积淀与发展起来的，体现出对于过往文化的接续与传承。大学文化不仅要传承、创新文化，还要着力加强国际传播能力建设、促进文明交流互鉴，建设具有本校特色、凸显时代性的大学文化。

二、大学是培育社会主义先进文化的重要阵地

大学作为落实立德树人的根本任务，承担为国家与社会发展培育所需的高层次人才的主要平台基地，是新时代培育、弘扬和践行社会主义先进文化的重要阵地。建设具有中国特色、世界一流的大学必须准确定位大学作为培育社会主义先进文化重要阵地的关键地位，满足新时代师生日益增长的精神文化需求，不断提升大学文化软实力，肩负起助力构建中华民族现代文明的责任担当。

（一）大学是文化产生和传播的场所

大学文化职能与人才培养职能从产生以来就共同存在。中国古代的书院作为一种独特的教育组织形式和育人载体，在中华民族的发展历程之中起到了重要的推动作用。书院不仅作为一个教育机构，其本身也是一个文化机构，在书院的发展过程之中，也逐渐形成了具有书院特色的书院精神和书院文化，这种精神文化与所在历史时期具有密切关系，是所处社会的精神文化在教育领域的反应，书院内部所凝聚的这种精神文化延绵不绝，对于当代的大学文化建设也具有重要意义。在现代大学育人实践的过程之中，在大学育人发展实践以及大学的历史传承之中，形成了具有大学特色的大学文化和大学精神。此外，大学在参与国际交流中，促进文明交流互鉴。

（二）大学在培育社会主义先进文化中的价值

在推进中国式现代化尤其是教育强国进程中，大学不仅是高层

次人才的培养皿，也是文化成果的创造平台，还是提升国家文化软实力、维护国家文化安全的桥头堡，其发展承载着中华民族伟大复兴的光荣梦想。[①] 当前，以大学作为培育社会主义先进文化重要阵地，具有重要性与紧迫性。大学校园作为学生主要生活和成长的场所，理应肩负文化育人的工作，坚持“立德树人”的根本任务，加强在学生群体和教师群体中社会主义先进文化的传播和弘扬，用先进文化引领青年学生的成长。

（三）大学在培育社会主义先进文化中的作用

第一，培育和践行社会主义核心价值观，推动社会主义先进文化建设发展，凝聚社会主义意识形态，增强社会成员的认同感。大学作为传授知识、开展教育、以文化人的重要工作单位，其各项工作均需围绕立德树人与培根铸魂开展。要以社会主义核心价值观为引领，以思想政治理论课作为主要媒介，有目的有针对性地对青年大学生群体思想素质、道德涵养、思想素养开展培育工作，确保广大师生精神生活的正确发展方向。通过开展人才培育工作，落实教育的立德树人根本任务，加强理想信念教育，坚定马克思主义信仰，坚定中国特色社会主义信念、坚定以中国式现代化全面推进中华民族伟大复兴信心，在全面建设社会主义现代化国家新征程中培养敢于担当民族复兴大任的时代新人。与此同时，大学在开展日常教学和科研工作的过程中，可以充分依靠自身专业人才集聚优势，发挥自身专业性特点，对当下与未来一段时间内如何培育社会主义先进文化问题开展研究，从而有效扩大社会主义先进文化影响力。

---

① 孟东方：《大学校长学：新时代高等教育发展下的新学科》，《中国教育科学（中英文）》2022 年第 3 期。

第二，在繁荣发展哲学社会科学，运用马克思主义理论体系武装师生头脑工作进程中发挥重要作用。习近平总书记在党的二十大报告中明确指出，要“深入实施马克思主义理论研究和建设工程，加快构建中国特色哲学社会科学学科体系、学术体系、话语体系，培育壮大哲学社会科学人才队伍”①。相较于其他社会组织而言，高等学校具备体系完备的哲学社会科学学科群，以及相对成熟的哲学社会科学研究组织和研究范式，还具有分布密集、规模较大的哲学社会科学教学与研究人才队伍，是促进哲学社会科学文化繁荣发展的重要依托。必须以各类大学作为主要阵地，以哲学社会科学为基础，发挥好哲学社会科学领域高端人才和重点基地、智库团队的作用，推动交叉学科和跨学科的融合发展交叉融合、纵深发展和全面拓展，丰富拓展社会主义先进文化的科学内涵。

第三，在引领社会文化发展，推动中华优秀传统文化创造性转化和创新性发展。习近平总书记在出席文化传承发展座谈会并发表重要讲话时强调，要“秉持开放包容，坚持马克思主义中国化时代化，传承发展中华优秀传统文化，促进外来文化本土化，不断培育和创造新时代中国特色社会主义文化”②。一所大学要承担传承、发展和创造文化的使命，就要高度重视大学文化建设，坚持以社会主义先进文化为引领，铸造大学的灵魂与基石，形成深厚的优秀文化传统积淀和鲜明的大学文化特色，从而引领整个社会先进文化发展

① 习近平：《高举中国特色社会主义伟大旗帜　为全面建设社会主义现代化国家而团结奋斗——在中国共产党第二十次全国代表大会上的报告》，人民出版社2022年版，第43—44页。

② 习近平：《在文化传承发展座谈会上的讲话》，《求是》2023年第17期。

方向。与此同时，大学文化不是静态不变的，而是在守正传承中创新发展的。

三、大学校长引领大学文化发展方向

现代大学发展具有自身特色的文化，需要在传承沉淀自身优秀历史文化的同时，立足于时代前列凸显校园文化的时代性。但其前提是必须坚定以守正为底线，即坚持以马克思主义为指导、注重对于中华优秀传统文化的继承发展，以社会主义核心价值观为引领，引导文化弘扬时代主旋律的正确方向，从高等学校办学实际出发，充分结合自身发展实际建设体现办学特色的大学文化体系。

（一）坚持以马克思主义为根本指导

确保大学文化正确发展方向，需要始终坚持以马克思主义为指导，通过牢固马克思主义在意识形态领域指导地位的根本制度，落实高等学校意识形态责任制度，优先高质量贯彻落实社会主义文化强国建设总体要求。

一方面，通过以思想政治理论课为抓手，着力完善大学思想政治工作体系，从整体性、科学性、系统性等方面切入，全面优化大学思想政治工作的顶层设计、形成高等学校思想政治工作大格局、增强大学思想政治工作实施与落实的协调性、计划性、实效性，有效落实大学思想政治工作要点，丰富和扩展思想政治教育对青年大学生的影响方式与影响力，重点以全员育人、全程育人、全方位育人加强高等学校思想政治教育工作。

另一方面，需要加强与优化马克思主义融入大学校园文化建设的途径与渠道。除了要在宏观布局与顶层设计上下功夫，还必须坚持从做实做微上谋落实，充分贴近广大师生日常生活。需要针对不同大学生群体，分类施策，进一步创新与灵活开展宣传教育的手段与形式。对于大学生党员群体，各级党组织尤其是党支部要充分发挥战斗堡垒作用，“聚焦用党的创新理论武装全党、教育人民这个首要政治任务”。[①] 发挥好学生会、社团等学生组织作用，利用节日节点开展系列活动，扩大宣传影响力，提升广大学生群体对于马克思主义理论，尤其是习近平新时代中国特色社会主义思想的深刻感悟和现实体验。利用线上线下媒介加强马克思主义信仰教育，营造浓厚的宣传教育氛围。

（二）践行社会主义核心价值观

社会主义文化的发展方向就是大学文化的正确方向，在当下就是需要通过依托于高等学校课堂阵地、校园文明与人才队伍，培育和践行社会主义核心价值观，统筹推进文化建设工作，以文化人、以文育人，有效提升广大师生群体科学文化素质和身心健康素质，努力建设具有强大生命力和创造力的中国特色社会主义大学文化。

（三）立足中华优秀传统文化的继承发展

中华优秀传统文化是中华民族的“根脉”，是中华民族数千年发展过程中，积累留下的宝贵精神财富，是大学文化发展的重要来源，继承优秀传统文化关系到文化发展和文明建设的主体性问题。现代化大学具有推动文化传承和创新发展传播的重要职能，大学的

① 《习近平对宣传思想文化工作作出重要指示强调　坚定文化自信秉持开放包容坚持守正创新　为全面建设社会主义现代化国家　全面推进中华民族伟大复兴提供坚强思想保证强大精神力量有利文化条件》，《人民日报》2023 年 10 月 9 日。

文化传承，传承的就是中华优秀传统文化，并且要推动中华优秀传统文化在当代的创新发展，推动其向世界传播，增强中华文明的世界影响力。中华优秀传统文化中蕴含在丰富的育人资源和育人方法，大学文化在发展的过程之中，应注重对于育人资源和方法的把握，中华优秀传统文化之中蕴含的“有教无类”“因材施教”“不耻下问”等教学方法对大学的教风、学风建设具有重要作用，“先天下之忧而忧，后天下之乐而乐”“人生自古谁无死？留取丹心照汗青”等爱国情怀对当代培养学生的家国情怀，引导学生担当民族复兴大任具有价值引领作用。同时，在大学文化体系的建设之中，加强对于中华优秀传统文化内容，一方面可以丰富大学文化的厚度，增强历史感以及对于学生的感召力和引领力；另一方面还能推动思想政治教育工作的开展。

（四）以大学发展实际为出发点

确保大学文化正确发展方向，需要始终坚持从高等学校文化发展与建设的实际出发，大学文化建设既要以为党育人、为国育才为根本宗旨，又要始终立足国情和校情，时刻以大学教学、科研、管理发展实际出发，凸显大学文化特色。大学需立足于社会主义文化强国的宏观历史背景，在深入贯彻党的文化建设的纲领、落实有关措施的基础上，以学校特色、学科特色、学术特色为导向，准确分析把握自身发展实际，充分发挥大学教师的主体作用，充分调动学生的主观能动性，共同促进大学文化建设，彰显大学文化特色。各类大学要根据自身办学特色凸显文化特色，根据不同的办学内容建设与自身发展相匹配适应的特色文化。

（五）打造具有特色的大学文化

大学的文化特色是实现大学特色发展的重要环境，要充分挖掘自身办学历史做好文化积淀与传承工作。大学校园历史文化资源是大学文化的重要组成部分，是使校园文化得以保存与传承的重要物质文化和精神文化依托。加强对于大学校园历史文化资源的挖掘和发扬，是构建现代化的大学文化的重要步骤，大学要充分利用好自身的历史文化传承，将其融入在现代化的校园建设和各类活动之中，通过修建校史馆、举办校庆活动等方式，加强校园文化建设。同时还要紧紧依靠大学所在地的城市建设体现地域文化的大学文化。将具有鲜明地方特色、区域特色的地域文化融入大学文化发展各环节，立足于本地文化资源发展特色文化，打造地域文化的大学标杆，实现大学文化与地域文化的双向发展。

第三节　大学文化要践行社会主义核心价值观

在以中国式现代化全面推进中华民族伟大复兴的历史进程之中，对于现代化大学建设和高等教育事业现代化有了新要求、新愿景，也为大学文化建设提出了更高质量的目标要求。建设具有国际影响力的高质量大学文化，彰显现代化的大学文化担当，需要在大学办学治校的方方面面贯彻社会主义核心价值观，让其内涵和精髓融入大学内涵式发展全过程，融入大学立德树人全过程，融入大学治理全过程，融入大学文化发展全过程，用社会主义核心价值观引领大学校园文化体系建设，充分彰显马克思主义在意识形态领域指导地位的根本制度。

一、大学文化建设需要践行社会主义核心价值观

大学在发展过程中践行社会主义核心价值观，有利于引导青年大学生树立正确价值观念，落实立德树人根本任务，为大学文化建设指引方向；有利于加强意识形态影响力与凝聚力，使全体师生坚定文化自信，为大学文化建设提供支撑；有利于树立正确的价值导向，形成良好校园文化环境与社会风气，推动新时代的大学校园文化建设。

（一）社会主义核心价值观为大学文化建设指引方向

大学文化在发展自身特色的同时，应坚持用主流价值观念，即社会主义核心价值观引领青年大学生健康成长方向。大学生是大学的主体，处于此阶段的大学生思维活跃，理性思维不断成熟，必须重视对于青年的思想引领工作，给青年学生补足精神之“钙”。

（二）社会主义核心价值观为大学文化建设提供支撑

世界百年未有之大变局，对大学文化建设与发展提出了新的挑战。在此背景下，大学文化建设需以“马克思主义指导思想”为支撑，深入推进马克思主义理论的研究和建设工程。坚持以文化建设丰富大学师生的精神世界，引导师生用科学的立场观点方法去认识世界、分析问题、判断形势；大学文化建设需要以“中国特色社会主义共同理想”为支撑，促使学生从情感和世界观的高度认识到自己肩负的实现中华民族伟大复兴的历史使命，自觉为实现共同的奋斗目标而不懈奋斗。大学文化建设需要以“爱国主义为核心的民族精神和以改革创新为核心的时代精神”为支撑，民族精神和时代精神相互统一、相互交融、相辅相成。要引导大学生树立科学的、理性的爱国精神，同时，破除迷信、超越陈规，以改革创新和知难而

进的激情和能力投身中国式现代化建设。通过始终把坚持马克思主义指导思想作为大学文化建设的灵魂，把坚持中国特色社会主义共同理想，作为大学文化建设的主题和脉络，把坚持民族精神和时代精神，作为大学文化建设的精髓和支柱，把坚持社会主义核心价值观，作为大学文化建设的基础和价值取向，不断深化、拓展大学文化体系的内涵和外延。

（三）社会主义核心价值观为大学文化建设营造氛围

大学文化建设具有潜隐性和渗透性的特征，追求“春风化雨，润物无声”的教育效果。通过营造良好的环境氛围，增强先进文化对于学生精神成长的引领力，感受社会主义先进文化的优越性和生命力，增强民族自豪感、认同感，自觉在实践中践行。通过践行社会主义核心价值观，系统推进中国特色社会主义理论宣传教育，使广大师生增强对中国特色社会主义的政治认同、思想认同、情感认同，坚定道路自信、理论自信、制度自信、文化自信。加强中华优秀传统文化教育，大力弘扬以爱国主义为核心的民族精神和以改革创新为核心的时代精神，教育引导师生深刻理解中华优秀传统文化的思想精神和时代价值，教育引导师生传承中华文脉，富有中国心、饱含中国情、充满中国味。①通过线上线下宣传教育相结合的形式，引导全校师生进一步深入解读社会主义核心价值观的深刻内涵和重大意义，进一步深入解读社会主义核心价值观所体现的历史性与时代性、民族性与世界性、思想性与实践性相统一，深化文化浸润，提升核心价值引领。

---

① 孟东方：《大学校长学：新时代高等教育发展下的新学科》，《中国教育科学（中英文）》2022年第3期。

二、大学践行社会主义核心价值观的原则要求

党的二十大报告指出："弘扬以伟大建党精神为源头的中国共产党人精神谱系，用好红色资源，深入开展社会主义核心价值观宣传教育。"[①]在大学开展社会主义核心价值观教育的过程之中，应当运用好思想政治理论课这一主阵地，选择打造现实载体，遵循社会主义核心价值观的价值导向，推动社会主义核心价值观的精神内涵同大学文化深度融合。

（一）用好思想政治理论课这一育人阵地

思想政治理论课作为大学开展思想政治教育工作的重要阵地，是传播弘扬马克思主义理论的主要场所，也是推动社会主义核心价值观进入大学、进入学生头脑的主渠道。大学生正处在正确价值观念形成的关键时期，处于"拔节孕穗期"，要以正确的价值观念开展思想引导，加强其对于社会主义核心价值观的认同，能有效推动大学生投身中国梦的伟大实践之中。第一，要将社会主义核心价值观融入思想政治理论课的教学之中，在不同课程对于社会主义核心价值观进行不同方式、维度的讲授。第二，要注意讲授过程中的对比研究，体现社会主义制度的优越性。第三，要加强思想政治理论课教师对于社会主义核心价值观的学术研究，以科学研究助推教育教学质量的提高。

（二）打造社会主义核心价值的现实载体

社会主义核心价值观作为一种文化、一种观念，需要一定的现

① 习近平：《高举中国特色社会主义伟大旗帜　为全面建设社会主义现代化国家而团结奋斗——在中国共产党第二十次全国代表大会上的报告》，人民出版社2022年版，第44页。

实载体，依托载体才能更好地发挥好价值引领和育人作用。在推动社会主义核心价值观融入大学文化的过程也就是推动社会主义核心价值观融入大学建设的过程之中，以社会主义核心价值观明确中国大学的社会主义办学方向，彰显社会主义大学的优越性。第一，在实体校园建设过程之中，增加有关社会主义核心价值观的建筑、标识，推动社会主义核心价值观融入进校园的布局规划。第二，利用好校属网络新媒体平台，加强对于社会主义核心价值观的宣传教育，牢牢占据网络主阵地，推动社会主义核心价值观融入大学师生的日常生活之中，在潜移默化中加强对师生的思想教育工作。第三，围绕社会主义核心价值观创作一批文艺产品，将社会主义核心价值观的内涵融入文艺作品之中，打造符合社会主流意识形态的文化产品。

（三）遵循社会主义核心价值观的价值导向

社会主义核心价值观从国家、社会和个人三个角度，对于社会主义社会中应当弘扬和遵循的价值原则、价值目标进行归纳和总结，大学在文化育人的过程中应遵循其价值导向。国家层面的“富强、民主、文明、和谐”是现代化国家建设的发展方向，大学要引导学生树立投身社会主义事业建设的信心和决心，引导学生为社会主义现代化建设而不懈奋斗、贡献力量。社会层面的“自由、平等、公正、法治”是社会生活的基本原则也是应然状态，要引导学生对于这四个基本概念的理解，认识到社会主义制度的优越性所在。个人层面的“爱国、敬业、诚信、友善”是对于学生个人思想道德建设的要求，大学要围绕这四个方面开展思想政治教育工作，将“立德树人”工作贯穿其中，加强对于学生个人品德的培养，培养高尚情操和价值观念。

三、大学校长推动社会主义核心价值观融入大学发展

在新时代推进高等教育现代化的背景下，大学校长要加强对于社会主义核心价值观精神内涵的把握，发挥好大学校长的作用，推动社会主义核心价值观融入大学发展的全过程。

（一）推动融入大学校园发展环境

融入大学发展环境要在落细、落小、落实上下功夫，重点针对青年大学生群体实现，社会主义核心价值观入脑入心、见行见效。大学校长需要在以高等学校思想政治教育为基础加强社会主义核心价值观教育的基础上，通过进一步开展中国特色社会主义和中国梦等相关宣传教育，以春风化雨、广大师生喜闻乐见的潜在形式融入校园发展的硬环境、软环境与活环境建设，使社会主义核心价值观的影响像空气一样无所不在、无时不有。第一，要将社会主义核心价值观融入大学校园硬环境建设之中，通过优化基础设施建设，一方面推动思想政治理论课信息化、数字化发展，强化思政课教学效果；另一方面则可丰富大学校园文化建设的宣传途径与手段，带动用活大学建筑的以文化人功能，将相关宣传融入大学校园物质文化建设各类场景，加强对青年大学生践行社会主义核心价值观的学习生活与切身感受。第二，要将践行社会主义核心价值观融入大学校园软环境建设之中，将社会主义核心价值观融入大学“第二课堂”活动中，将社会主义核心价值观广泛有效融入大学生日常生活之中。第三，要将社会主义核心价值观融入大学校园活环境建设之中，利用文化行为调动青年大学生与校园文化环境产生良好互动，增加环境活力。

（二）推动融入大学精神文明建设

高等学校是社会主义精神文明建设的重要阵地，而大学生日常生活起居学习的活动范围，则可以被视为基层社会治理单元。践行社会主义核心价值观，实现全员、全过程、全方位育人，必须要使之以精神文明建设的形式，高度融入学生社区精神文明建设与发展之中。因此要发挥好"一站式"学生社区的工作模式，立足于大学生社区，创新和丰富文化活动载体，开展系列学习进学生社区与进学生寝室活动，确保文化育人活动深入发展并落到实效，确保精神文明创建活动最大覆盖面。并将校友公共服务与文化建设相结合，推动校园公共秩序持续向好，进一步提升师生道德水准和文明素养等。

（三）推动融入大学制度治理格局

制度文化是大学文化的重要组成部分，是承载大学办学理念的精神文化中介。有学者认为只有将大学精神理念融会于大学制度中，并通过这些制度安排使大学人自觉将这些理念内化为自己的精神信仰、价值追求和行为准则，才能形成良好的大学文化，确保大学组织持久的生命力。[①] 同理，只有将践行社会主义核心价值观融入大学制度治理格局之中，才能在宣传教育等手段基础上，通过一定的校园管理与道德约束力确保社会主义核心价值观落到实效。第一，大学校长需要将践行社会主义核心价值观作为明确原则与条文，融入大学章程和各类规章制度创设与实施进程之中，通过大学章程和各类规章制度将社会主义核心价值观的要求制度化、规范

① 傅林：《新时代大学制度文化建设之思》，《北京教育（高教）》2018 年第 9 期。

化，增强约束力，使广大师生自觉以践行社会主义核心价值观作为日常工作与学习的行为导向，坚守道德底线，确保大学宏观文化环境健康向优。第二，大学校长需要构建并进一步完善全体师生共同参与的大学制度治理体系，尤其是通过构建并完善“党委领导、校长负责、教授治学、民主管理、社会参与”的大学治理体系，并依托于这一体系开展践行社会主义核心价值观具体工作，提高相关工作效率。第三，大学校长需要使社会主义核心价值观充分融入大学制度建设的全过程及各个领域，在规章制度建设方面，要在管理权范围内通过创立或更新政策性文件与文本等途径，根据大学发展和文化建设实际情况、社会主义核心价值观具体内容制定相关规定，引导和约束广大师生落实和践行社会主义核心价值观，确保其内化于心、外化于行。

第四节　大学校长要健全大学文化体系

大学文化是大学在长期办学实践的基础上，经过历史的积淀、自身的努力和外部环境的影响而逐渐形成的办学理念、精神风貌、学术氛围、规章制度、价值标准、学校环境等精神成果和物质成果的总和，包括精神文化、制度文化、行为文化、物质文化、环境文化等层面。当前，大学文化体系已成为现代大学治理体系中的重要组成部分。大学文化体系建构需要大学校长结合学校办学历史、学科优势、文化底蕴进行实践探索，并结合中国特色社会主义文化发展方向，更需要从理论视角探究精神、物质、制度、行为等维度的内在机理、组合效应以及内在的方法论。

一、弘扬大学精神文化

大学精神文化是大学文化体系的内核，居于核心地位，统领着其他类型文化的建设发展。新时代中国大学要秉持开放包容的心态，立足高站位、拓展广视野，不断丰富大学精神内涵，站在国家、时代发展的原则立场上，致力于弘扬与发展大学精神文化。

（一）大学精神文化的组成部分

大学的精神文化主要是由学校精神、理念、使命组成，其中居于核心地位的是学校精神，在学校精神的基础上产生了学校理念和使命。

1. 大学精神

大学精神是大学精神文化的内核，处于关键地位，是在学校长期以来的办学发展过程中，一代又一代的大学领导集体和师生在大学办学发展过程中，凝聚起来的，既符合时代需要又具有大学特色的精神文化的成果，其呈现形式高度凝练且稳定。大学精神作为社会意识的组成部分，产生于工业社会之后的现代大学办学模式，其更多的是一种精神自觉，不具有强制性，更多的是潜移默化、润物细无声的来影响大学师生的行为。大学精神蕴含在大学师生的精神面貌、价值追求之中，是大学师生对外交流展示出来的精神状态，并且具有相对稳定性。在其内部又可分为科学精神、人文精神等，校训、校歌、校徽、校风都是大学精神的表现形式和物质载体。

2. 大学理念

大学理念作为大学发展的具体指导，主要是回答“如何认识大学”“如何办大学”“办成什么样的大学”这三个问题。大学理念作为大学在不同的社会历史时期和发展的不同阶段，对于上述三个问题的科学审视和理性思考，既是大学对于社会发展和时代需要的回答，也是大学对于自身未来何去何从的思考。只有那些经过实践检验的，符合大学发展需要的大学理念才能成为大学精神文化的组成部分，并且是大学精神文化的外在表现形式。

3. 大学使命

大学使命是学校理念的教育实践，体现学校的主要职责和任务。在当前，我国大学的使命是为党和国家的事业服务，为社会主义现代化服务，为实现中华民族伟大复兴的中国梦服务，是党的高等教育方针在大学办学中的具体表现。大学服务经济社会发展必须走出象牙塔，嵌入社会系统之中，以大学的高质量知识生产强化科技引领、文化服务，实现大学社会服务系统与经济社会系统之间的高质量协同。[①] 大学服务社会的使命需要在正确的办学理念的指导下，融入每个大学师生的思想行为之中，将大学的时代使命转化为全校师生员工的价值共识和奋斗目标。

（二）大学精神文化的价值

大学精神文化作为大学文化的核心部分，统领着大学文化的建设和发展方向，为大学师生提供奋发向上的精神力量。

1. 大学精神文化是凝聚团结奋进的精神力量

大学精神文化作为大学文化体系的核心，借助于校徽、校歌等符号、标识，在全体师生员工精神认同层面构筑起了家园归属感。第一，对于在校学生来说，加强对学校的认同，在其受教育尤其是

① 彭贤杰：《我国大学社会服务的时代使命与行动路径》，《国家教育行政学院学报》2022 年第 6 期。

精神成长的过程中，为其个人品德和信仰教育注入大学印记，让其从内心逐步认同学校的办学理念和办学模式。第二，对于教职工来说，通过弘扬大学的精神文化，加深对学校的归属感，形成爱校如家、爱生如子的教师观和教育观，同时在言传身教的过程中传播弘扬大学的特色文化，推动大学文化“走出去”和传承创新。第三，对于校友来说，将大学的精神文化作为母校和校友之间精神联系的组成部分，在潜移默化中影响校友行为，同时加强校友对于母校之间的联系，引导校友支持、关心、帮助母校的发展建设。第四，对于社会来说，推动大学精神文化的传播和弘扬，增强社会组织对于大学文化的认同感，深入推进校企、校地合作，加强大学服务地方社会发展的能力。

2. 大学精神文化是学校办学的独特优势

大学发展的灵魂主要是大学精神，大学精神为大学的可持续发展提供思想基础与精神动力。① 回顾高等教育数百年来的发展历程，不难发现众多世界名校、百年名校都在其办学历史中凝练出属于自己的独特文化、思想体系和独有的价值向度，都是其独特办学风格、办学特色的体现。大学精神文化作为大学文化软实力的组成部分，是大学核心竞争力的重要体现，也是大学在高等教育改革发展进程中保持独特优势，不被同化的重要保障。

3. 大学精神文化是现代大学治理的引领力量

大学治理也是国家治理体系的重要组成部分，大学精神与大学治理有极大耦合性，一流大学精神及其时代内涵对于现代大学治理

① 钟颖莉、玄萍：《大学精神：高等学校的立校之魂》，《黑龙江高教研究》2016 年第 6 期。

的谋划与革新具有关键意义。[①] 大学精神文化既反映出大学的办学特色和方向，又符合时代主题和发展趋势，是大学深层次的精神力量。现代大学治理除了需要大学章程、各类规章制度等硬性管理方式之外，也需要大学精神文化这一包含大学办学理念、发展目标的柔性存在，以潜移默化推进大学治理和向上向善发展。

（三）大学精神文化的弘扬路径

大学精神文化是与时代发展同频共振、与学校发展同声相应、与师生员工同向共进的精神力量，作为文化本身，也需要大学校长采取正确的方式来不断传承和弘扬，与时俱进、契合学校发展。

1. 制定系列政策为大学精神文化的弘扬提供制度保障

大学校长作为学校办学理念的主要提出和执行者，不仅需要制定正确的办学理念、办学目标，更需要的是将办学理念、办学目标等一系列的大学精神文化落实和弘扬下去，这是大学校长的重要责任。一方面在制定文件、规章的时候要充分体现大学办学理念、目标、精神等，让大学的精神文化融入大学日常运行和管理的方方面面，让大学精神文化无处不在、无时不有；另一方面在修订大学章程等规范性文件时，要将最新的办学理念、校风校训等纳入其中，为大学的精神文化提供合法性支撑，确立其官方的身份。

2. 深入挖掘校风、校训精神内涵

大学的校风、校训作为大学精神文化的重要内容，是对于大学性质、大学办学目标最直观的表达，大学校训凝聚了大学文化和大学精神，大学文化和大学精神存活于大学校训之中，形成一种有意

---

① 颜晓红、刘颖：《以一流大学精神推进现代大学治理》，《中国高等教育》2019 年第 20 期。

无形的精神性意向。[①] 大学的校风校训在整个大学的发展过程中具有相对稳定性，大学校风校训一旦确立便不会轻易更改，大多数校训都是二、三、四字词语构成，简单但却富有深意，其背后的精神内涵赋予了我们广大的挖掘空间。大学校长弘扬大学精神文化就是要构建具有中国特色的大学文化体系，做到大学文化的守正创新，为大学传承下来的校风校训赋予其新时代新内涵。

3. 以中华优秀传统文化涵养大学精神文化

习近平总书记在文化传承发展座谈会上指出："马克思主义和中华优秀传统文化来源不同，但彼此存在高度的契合性，相互契合才能有机结合。"[②] 现代的中国大学精神文化是马克思主义尤其是中国化时代化的马克思主义在高等教育领域的体现，与中华优秀传统文化具有相互契合性。中华优秀传统文化和大学精神文化都作为中国特色社会主义文化体系的组成部分，已经处在了一个共生体之中。大学校长要通过中华优秀传统文化来丰富和发展大学精神文化的内涵，并激发大学精神文化的内生动力，形成具有中国特色的大学精神文化。

二、完善大学制度文化

大学制度文化是大学文化体系的重要组成部分，是大学治理体系在精神文化范畴的集中表达，也是大学文化体系和大学治理体系交织的产物。目前，学界尚未形成对大学制度文化的统一定义，一

① 孙雷：《试析中国大学校训的精神向度》，《东北大学学报（社会科学版）》2022 年第 1 期。

② 习近平：《在文化传承发展座谈会上的讲话》，《求是》2023 年第 17 期。

般来说大学制度文化是由显性文化即以大学章程为核心的制度体系，隐形制度文化即大学的民主管理方式，以及大学师生员工的法治意识、民主意识、公共意识等组成。大学治理体系和治理能力在不断的优化之中，作为大学制度的突出体现，制度文化也在不断发展完善之中。

（一）大学制度文化的内涵

大学制度文化的内涵与大学制度、治理体系具有相似之处，大学制度文化作为大学制度、治理体系的衍生物，具有其“母体”所具有的特点和内核。

1. 大学章程是大学制度文化的核心

大学章程作为大学内部的最高行为准则，是大学内部的治理规范，也是大学制度文化的根本载体，其代表的是这所大学的领导者对于学校治理以及运行的理性思考。在大学章程修订的过程中，将大学以精神文化的价值内核融入大学章程中，同时这一科学、民主的过程也展现了大学制度文化的价值，为大学制度文化的蓬勃发展提供了新动能。大学章程作为大学制度的核心，自然也成为大学制度文化的核心，成为大学制度文化最根本的载体。同时，大学制度文化也蕴含了大学章程中的价值取向和思维观念。

2. 各类规章制度构成了大学制度文化主干

学校内部的有序运行是基于依法依规设置的各类规章制度、体制机制来实现的，如学生日常管理制度、学位评定授予制度、学术委员会制度以及教学运行制度，这类制度大多数为校内职能部门如教务处、学生处、保卫处等在自身权责范围内，依据国家法律法规、教育主管部门有关规定以及大学章程所设置的在本校范围内适用的管理制度。这类制度大多与学校师生日常活动密切相关，是与师生联系最为紧密的制度。这类制度在拟定实施的时候往往体现了学校的办学理念、办学风格，其目的在于调节学校师生在校园学习生活、交流的日常关系。

3. 民主法治思想是大学制度文化的精神脉络

大学章程、学校各类规章制度在实施的时候，需要全校师生密切配合。一方面需要按照规章制度办事、不违反制度；另一方面要善于运用规章制度来维护合法合规权益。在这一过程中，为大学师生培养尊法守法意识和公共参与意识。民主法治思想蕴含在各类规章制度之中、蕴含在学校所营造的制度氛围之中，以及通过各种规章制度的贯彻、实施而产生的制度意识、制度心理和制度信念等。① 民主法治思想是大学制度文化更深层次的表达，是大学制度文化的价值凝练，是大学办学治校主体具体的行为中反映出来的价值观念和行为方式，是大学制度积淀于人的内心而形成的认知、习惯。

（二）大学制度文化的价值

大学制度文化作为大学文化体系和大学治理体系的交织，打造、弘扬大学制度文化不仅是实现大学治理体系和治理能力现代化的现实诉求，也是推动高质量、内涵式发展，培养社会所需要人才的现实选择。

1. 有助于保障师生员工权益

坚持以人民为中心是党的初心使命的生动体现，也是中国特色

---

① 彭秀兰：《合并高校制度文化建设的价值选择》，《黑龙江高教研究》2010 年第 3 期。

社会主义的价值取向。大学校园内坚持以人民为中心就是坚持以师生为本，切实保障好、维护好师生员工的合法权益。大学办学的最根本任务就是要坚持立德树人，实现学生的全面发展。大学的制度设计要充分考虑到教师和学生的发展。这种发展并不仅是当下的眼前利益，更重要是长期长远规划，要重点把握这二者的辩证关系。同时在制度设计的过程中，要充分体现人文精神、人文关怀，制度是理性思考的结果，但是制度文化却是充满感性认识的。要赋予制度规章以人文关怀，切实保障好师生员工的权益，增强其对于大学的认同感和归属感，让其成为真正的精神家园。

2. 促进大学有序规范运行

大学制度文化作为一种精神理念，具有很强的思想价值引领作用。大学制度文化中所蕴含的法治意识、公共参与意识以及治理现代化理念对于全校师生有着教化作用。通过大学制度文化的构建，正确处理好学校与学院、学院与教师、教师与学生以及学生与学生之间的关系。民主、正义、法治等词语是大学制度文化的精练表达。大学制度文化在弘扬的过程中要做到过程民主、程序公平、结果公正，在平等协商、追求正义的价值取向上构建中国特色大学的制度体系和治理体系，推进大学治理体系和治理能力的现代化，为高等教育现代化提供制度保障。与此同时，大学制度文化作为国家制度文化在高等教育领域的表现，在构建过程中，将“全过程人民民主”等具有中国特色、中国优势的制度理论融入高等学校运行中，推动大学治理运行的规范和有序。

3. 凝聚共识、促进学校发展

学校工会、教代会、团代会以及学代会制度在高等学校民主政治建设中有着重要作用，是高等学校师生员工参与学校民主管理、民主决策、民主监督的基本方式，是提升大学治理体系和治理能力、构建中国特色大学制度的重要举措。各类型的代表大会通过前期选举代表、代表提案等民主形式，一方面为学校的政策制定、发展规划提出宝贵意见，汇聚全校智慧、群策群力；另一方面还能通过代表联系师生的制度，将学校的办学主张、最新政策文件通过各种渠道宣传，加强全体师生对于学校理念政策的认同和理解。要让全体师生通过教代会、团代会以及学代会真正做到参与学校决策，还需要在师生中传播和弘扬大学制度文化，让其深入了解这类制度的科学性、合理性和有效性。通过代表大会制度，引导师生直接和间接地参与学校民主管理，有效凝聚共识，进一步推动高等学校的民主治理，促进学校高质量发展。

（三）大学制度文化的完善路径

打造大学制度文化最关键的是需要完善大学制度、提高制度的科学性、有效性和合理性，大学校长要以大学章程的修订和执行为核心，在规范大学制度的基础上来打造大学制度文化。

1. 修订实施大学章程

大学章程承载了大学的办学理念和发展目标，在现代化大学制度的构建和大学治理体系中居于核心和领导地位，是大学内部的最高准则。进入新时代，高等教育发展面临新形势，高等学校章程所依据的法律法规、政策制度以及学校自身所处发展阶段和发展实际均发生了较大变化。为全面贯彻落实党的教育方针，进一步健全现代大学制度，推进依法治校、科学发展和民主管理，要严格按照党对于高等教育事业发展的规划和部署进行适当修改。大学章程的修订需要将大学的核心理念、办学特色、办学目标等内容纳入其中，从“法”的角度来为其提供正式地位。在大学章程的修订过程中，需要充分发挥民主的作用，通过自上而下和自下而上相结合的方式，广泛凝聚力量、达成共识。在这一过程之中，大学校长应明确自身定位，发挥好作用，带领相关部门梳理学习相关法律法规、上位文件及学校建设纲领性文件和学校最新发展成果，明确修订思路。同时，待章程核准发布之后，要带头维护章程权威、促进章程落实，以大学章程的发布实施丰富大学的制度文化建设。

2. 聚焦大学内部治理

在目前，我国大学的内部治理体系由“党委领导、校长负责、教授治学、民主管理、社会参与”五个方面构成，各司其职，协调有序促进大学的内部治理。在当下，应加强尽快完善现代大学制度，正确处理好有关体制机制和制度文化的传承与创新之间的关系。大学制度具有鲜明的时代性特点，大学制度并不是简单的人为规定或者上级政府部门制定的，而是这个时代对于高等教育事业的诉求和需要，是每一所大学、一代又一代的大学领导集体探索的产物，具有历史性。每所大学的历史沿革、办学模式等都具有鲜明的差异性，因此，大学校长要在具有大学本身特点，坚持党的领导和社会主义大学原则的基础上，根据学校发展需要，形成具有学校特色的大学内部治理体系和管理模式，以法治、有序、开放、包容、自由等理念来构建大学制度文化，完善大学的内部治理体系。大学各类规章制度和管理制度需要适时修订，将不符合大学当下和长远发展需要的制度进行修改或者废除。让大学的日常运行和师生的正常生活有规可循，这不仅能提高内部治理能力和效力，同时还能全方位地保护师生合法权益。

3. 强化大学民主管理

习近平总书记指出："全过程人民民主是社会主义民主政治的本质属性，是最广泛、最真实、最管用的民主。"[①]全过程人民民主是新时代新征程上，中国共产党持续推进社会主义政治建设实践所取得的重大成果。培养大学师生民主意识、完善决策民主程序、拓宽民主反应渠道、凝聚全校师生的共同意愿正是全过程人民民主理论在大学治理中的生动体现，也是大学制度文化的精神内涵。大学校长要加强大学的民主化管理，坚持民主、公平、正义等基本原则，通过教代会、学代会等制度以及座谈会、校长信箱等方式，充分吸纳广大师生员工对于大学治理和发展的意见，实现大学制度体系在制定方和执行方中的有机统一，增强大学制度体系的内在效力。

三、规范大学行为文化

大学行为文化是大学文化体系的重要组成部分，是大学师生员工在日常学习、生活和交流过程中所反映出来的精神风貌、价值取向以及文化品位，是大学精神以大学人为载体所展现出来的文化风貌。

（一）大学行为文化的构成

大学行为文化的主要载体是包括大学教师、学生以及行政工作

① 习近平：《高举中国特色社会主义伟大旗帜　为全面建设社会主义现代化国家而团结奋斗——在中国共产党第二十次全国代表大会上的报告》，人民出版社2022年版，第37页。

人员等在内的大学人。大学教师承载了大学教风，学生承载了大学学风，二者又共同承载了大学校风。校风、教风和学风三者共同构成了大学的行为文化。

1. 大学的教风

大学的教风是大学教师以什么样的方式教书育人、如何教书育人以及教书育人希望达到什么样的效果的体现。也可以理解为在教育教学过程中表现出来的政治素质、职业道德、专业知识、教学态度、教学方法和技能等，在严谨治学、从严执教、教书育人等方面形成的风气和氛围。[①] 在新时代，学校的教风就是高等学校教师要体现立德树人根本任务，落实好“三全育人”使命，以德立身、以德立学、以德施教。

2. 大学的学风

大学的学风是大学学生以学习为主业，采取何种方式学习，以什么样的态度去学习，对于学习的目标是什么的回答以及在学习的过程中表现出来的精神状态、思维方式和性格特点。

3. 大学的校风

大学的校风是反映师生员工的精神风气，是在教风和学风基础上更具有代表性和凝练性的精神风貌，它往往与这所学校的办学模式、办学特点和历史沿革密切相关，是学校文化环境的重要组成部分。校风所表达的是全校师生在学校发展上追求卓越、展现风貌的体现，是学校在新时代育人方针、大学职责的体现，一般来说，校风同校训、教风、学风等具有紧密联系。

---

① 王焰新:《严字当头：新时代高校教风学风建设的探索实践》,《中国大学教学》2021 年第 3 期。

（二）大学行为文化的价值

大学行为文化作为大学文化体系在大学人身上的表达，融入在大学师生的日常学习生活之中，是大学办学理念的生动体现，也直接影响大学人才培养的质量。

1. 大学行为文化是大学办学理念的重要构成

大学行为文化的具体表达就是在于大学师生采取什么样的方式教、什么样的方式学，即教风和学风，以及大学整体的精神样态即校风。“三风”作为大学办学理念的重要组成部分，集中反映出大学要实现什么样的办学。通过大学行为文化也能体现出大学的文化气息和文化建设成果，是大学文化建设在大学人身上的集中表达。通过大学行为文化的影响能潜移默化地将大学的办学理念、治学目标同大学人的日常生活相结合。

2. 大学行为文化是人才培养和教学科研的重要指导

对于教师来说，大学的行为文化在其身上的体现是用什么样的态度去教学和从事科研工作。一方面，教师只有明确了坚持立德树人根本任务，善于因材施教、以文化人，才能培养好每一位学生。教师作为教学过程中的主导力量，在整个人才培养过程中，起到了关键作用。教师自身教学能力、教学素养、教学态度都影响到了学生对于知识的接受程度以及学生未来发展。另一方面，教师对于科学研究的态度影响到大学的学术发展，学术科研工作需要教师以求实、认真的态度去对待，要以推动国家科技发展、实现高水平自立自强为使命去完成科研工作。对于学生来说，什么样的学习态度和学习目标，决定了自身的学习效果，倘若学生只是被动式的学习、只是接受填鸭式教育，采取死记硬背的方式去学习，并不能真正成为社会发展所需要的高质量人才。只有学生掌握合适的学习方法，以实现个人全面发展和促进社会进步为目的的学习才能更好地成才。

3. 大学行为文化是大学社会评价的影响因素

大学行为文化通过大学师生的日常生活所表现出来。教风学风是高校社会声誉的直接来源。教风学风是高校办学的软实力，学风好坏是衡量一个学校的办学声誉的重要尺度。[①] 大学的文化体系通过大学行为文化和大学人的社会行为表现出来。

（三）大学行为文化的规范路径

大学行为文化产生于大学师生的日常行为之中。规范大学行为文化首先就需要规范大学师生的日常行为，大学校长要从校风、教风和学风出发，抓好“三风”建设，着力形成全体师生员工共同参与和各部门齐抓共管的工作格局。

1. 进一步培育优良校风

第一，要注重大学校风的传承。大学校风是伴随着大学的发展而不断发展的，因此大学校风很重要的一个特色是具有历史继承性。大学校风是随着大学的创办而明确的，一经确立就具有了相对稳定性，难以更改。校风中所蕴含的精神理念更是历代大学管理者、教师、学生所承载的，也是学校和毕业生之间精神联系的中介所在。要深入挖掘校风指引下的各类故事、事迹，传承好校风。

第二，大学校长要肩负起培育校风的重任。校长作为学校的领导者，作为办学理念的主要提出者，其自身的一言一行不仅被全校

① 王焰新：《严字当头：新时代高校教风学风建设的探索实践》，《中国大学教学》2021 年第 3 期。

师生员工所关注，更是被社会各界所在意。校长首先就要以身作则，带头弘扬校风、提倡校风，用好自己在校内外的影响力，来拓宽校风的影响力和知名度。

第三，要将社会主流意识形态同大学校风结合。社会主流意识形态是统治阶级所倡导的符合社会发展需要的文化要素。大学作为社会人才培育主阵地，关系到党和国家的可持续发展这一重大命题。大学校风对学生的影响主要是通过精神感召和价值引领实现的，在这一过程中，不仅要保证校风符合社会主流意识形态的需要，还需要在弘扬培育优良校风的同时传播社会主流意识形态，将社会主流意识形态的价值观念融入大学校风之中，加强对大学校风的现代化阐释。

2. 进一步弘扬优良教风

一方面，要完善体制机制，为教师教育教学提供制度保障。需要明确教师的职业担当，树立违反师德师风一票否决制，严格保证教师的职业操守和道德品行。要确立教师的能力提升制度，为教师提供教师岗前培训、在职培训以及国内外交流访学等机会，让教师提升自身教学能力。

另一方面，要发挥好优秀教师的模范引领作用。通过导师结对制、观摩优秀教师赛课等方式，为青年教师提供学习机会，发挥好模范示范作用。同时还需要注重教师的仪式感，让教师的使命和责任在新老教师的更替中一代又一代传承并弘扬，以教师优良品性弘扬优良教风。此外，大学校长自身也是一名大学教师，大学校长要带头上课、以身作则，带头讲授思想政治理论课和专业课程，走入一线课堂，参与到日常的教学活动之中。

3. 进一步倡导优良学风

第一，要发挥学生榜样的示范引领作用。学生榜样作为学生中的优秀代表，自身来源于学生，和全体同学之间的关系密切，本身就是优良学生的倡导者和践行者，选树学生典型，本质上是一种榜样示范教育，二者又具有内在逻辑的一致性和功能目标的相似性，都是为立德树人工作服务。通过学生榜样，能让全体同学找到奋斗目标和学习榜样，进而产生自我发展的内生动力。

第二，要以教风建设带动学风建设。在教师教育的过程中，学生和教师是密不可分的主体，教师的一言一行会影响学生的行为。教师要以对教育的热爱、对学生的热爱以及严谨求实的精神影响和感染学生，真正成为塑造学生心灵、品行的“大先生”。[①] 大学教师要争做“经师”和“人师”的统一，既传递给学生知识财富，更多的是给学生以价值引领和思想教育。

第三，要引导学生在实践中践行优良学风。大学校长要高度重视“实践育人”，对于社会实践活动谋划布局，引导学生在课余时间投身田间地头，投身志愿服务，在实践中感受祖国大好河山，感受祖国发展的日新月异，在实践中受教育、长才干、做贡献。让学生将自身所学知识内容转换为实践能力，在实践中检验所学，培育学生吃苦耐劳、甘于奉献的精神品质。

四、建构大学物质文化

大学物质文化是建设中国特色社会主义大学的基本载体。大学

---

① 王蕊：《关于加强新时代高校学风建设的思考》，《学校党建与思想教育》2020 年第 1 期。

物质文化是大学文化的物质形态，包含校园内的建筑设施、教学实验设备、文体设施、人文景观、馆藏图书、文库资料以及一草一木等，是师生日常接触的物质存在。物质文化是构建大学文化体系的基础，是大学文化的物质形态和办学实力的集中表现。

（一）大学物质文化的构成

传统意义上来说，物质文化主要是校园的实体建筑等承载的大学文化内涵，在信息技术发达的今天，数字校园、智慧校园的建设也为物质文化拓宽了承载领域。

一方面，校园实体建筑是大学物质文化的基础。图书馆、教学楼、体育馆、演出厅等都是大学校园内知名度最高、修缮最精美的建筑，也是大学物质文化的承载载体。一所知名大学不仅需要有大师、大家，也需要有大楼，大学实体建筑不仅对内承载了大学的物质文化，对外也是大学在社会群体眼中的第一印象和直观反映。

另一方面，数字校园、智慧校园建设拓宽大学物质文化领域。在信息技术高速发展的信息时代，AI、VR、元宇宙等新技术拓宽了人们的认识领域，也提高了人们的认识能力。通过虚拟仿真手段，将大学的实体建筑在计算机内进行构建，让全校师生乃至全社会人员不用亲自到校园内部就能感受、了解校园的各类建筑。同时也能将一些历史建筑和古建筑进行保护，让其永续传承。

此外，依托校园特色建筑、校名 LOGO 打造各类文创产品也成为大学物质文化的新载体，这类产品便携、具有纪念意义、便于传播，也为大学的物质文化传播弘扬提供了新渠道。

（二）大学物质文化的价值

大学物质文化作为大学文化体系构建的基础，在整个大学文化氛围的营造和传播过程中，发挥着基础性的作用。

1. 大学物质文化能形成独特的校园标识

大学物质文化的主要载体来源于大学的各类教学活动设置，如图书馆、教学楼、体育场等，这些场所大多规模庞大、覆盖面积广、设计精美以及使用频繁，同时也是大学对外宣传介绍学校基本情况、办学规模等必不可少的要素。无论是对校园师生还是社会团体，都具有较大的冲击力和吸引力。同时，这类场所设计理念大多与学校的理念、历史沿革有关，也蕴含着劝诫的意味。每所大学的地标性建筑往往成为大学拍摄宣传视频、对外交流的“主角”，通过对地标性建筑赋予文化内涵和办学思考，能形成每所大学各自独有的校园文化标识，并通过文创产品的设计制作、大学 IP 的设计等对外传播，让大学的物质文化和校园标识在社会活动中占有一席之地。

2. 大学物质文化彰显了大学独特的精神风貌

大学的精神文化作为大学文化体系的核心和灵魂，其存在于大学建筑和大学人的一言一行之中，大学建筑更是作为大学精神风貌的物质承载者，将大学的精神风貌进行弘扬。大学的建筑就是其大学精神的形式符号，大学建筑文化就是大学精神的升华。大学的独特建筑文化让人一踏进校园就可以感受到其内在精神。通过设计规划建筑风格，赋予校园建筑、校园景观以大学独有的文化气息和精神面貌，让每一个建筑都能开口“说话”，哪怕建筑会在时间流逝中破损乃至重建，但是建筑所蕴含的大学精神却能不断延续下去。

3. 大学物质文化传承承载大学办学理念

每所学校都有自己的独特的办学理念，办学理念的形成同大学建筑的建造、教学活动的开展都是密不可分的。大学所倡导的理念、思想可以通过雕像、纪念碑等传承下来，并在发展中不断深化。

（三）大学物质文化的构建路径

在构建大学物质文化的过程中，要有规划和预设，新建设的大学建筑要符合大学校园的整体格局，以便新产生的物质文化能更好融入到大学原有的文化体系之中。

1. 统筹规划校园建筑布局

大学的发展往往跟随着国家总体战略布局而进行，如每隔五年编撰五年行动计划、定期召开党代会，从学校宏观层面会进行学校发展规划的设计，其中便会涉及建筑的修建和布局。如果只顾及楼宇的修建而未考虑楼宇的布局，可能会出现校园建筑风格不统一以及规划用地不合理的情况。要坚持整体性布局，用好系统观念，将整个大学的规划设计看作一个系统，每栋楼的修建都是系统内部的构成要素，要遵循单个服从整体的原则。要坚持特色性布局，按照“人无我有、人有我优、人优我新”的思路，打造具有学校特色的建筑文化群，构建大学物质文化不是简单修建一座普通的大楼，而是要通过这栋楼来反映历史、着眼当下进而面向未来，更要坚持实用性原则。

2. 要注重历史文化的传承

每所大学都有自己的发展史，在发展过程中都有自己的历史故事、历史人物。大学校园里面的古建筑、老建筑本身就是一本历史书，其身上承载了一路发展以来的故事。大学的物质文化构建应重视大学历史的传承，从大学校史文化中找到支撑，应走出一条有中国特色、中国风格的大学物质文化构建之路，让其在现代和历史的交融之中共同彰显其文化底蕴。

3. 引导师生员工参与学校物质文化构建

大学师生是学校校园的主人。作为大学文化的主要承担者、传播者和弘扬者，大学校长引导师生员工参与物质文化的构建有助于加强物质文化的凝练，提升大学师生对于物质文化、学校精神的理解度和认可度。一方面，引导教师参加学校物质文化的构建，吸纳教师对于物质文化构建的意见建议能有效实现文化构建过程中的取长补短、博采众长；另一方面，引导在校学生参与学校的物质文化构建过程，学生作为最富有创造力和想象力的群体，对于大学文化的构建具有众多创意，让大学物质文化的构建更容易被年轻一代所接受。

五、营造大学环境文化

环境育人作为大学育人体系的组成部分，在高等学校人才培养过程中发挥着重要作用。环境文化是通过大学环境所蕴含的大学精神面貌、办学理念等体现出来，是一种隐形的文化体系。

（一）大学环境文化的组成部分

大学环境文化是依托于大学环境而凝练的精神理念，因此大学环境文化的分类可以从大学环境的组成进行区分，环境文化同物质文化往往交织在一起，按照类别其主要是硬环境、软环境、活环境。

1. 大学文化硬环境

大学文化硬环境可以理解为大学校园中存在的实地单位。文化硬环境的鲜明特点就是客观实在。其与物质文化中建筑的区别在于物质文化往往单指某一个建筑或者某一个建筑群，如教学楼群、图书馆等，而文化硬环境更多指向了众多物质文化构成的一个整体，如校区整体建设，不仅包括了建筑也包括了相关绿化美化设施。

2. 大学文化软环境

大学文化软环境同硬环境相对，主要是指大学的各类文化标识、蕴藏着校园文化硬环境中的思想因素，比如宣传标语、宣传口号，乃至于显示屏所播放的视频、音乐等内容都属于文化软环境的组成部分。文化软环境在大学文化育人的工程中扮演着隐形思想政治教育的作用，具有潜移默化、润物细无声的育人功能。

3. 大学文化活环境

大学文化活环境顾名思义是指其更多具有流动性以及变化性，其主要承载在师生的日常行为以及通过行为所表现出来的素质之中。文化活环境与行为文化中的教风和学风区别在于教风和学风更多是师生在教育教学以及学术研究中所表现出来的文化理念和个人品德，而文化活环境则更多指向了师生日常活动。

（二）大学环境文化的价值

大学环境文化作为高等学校育人体系的重要组成部分，对于高等学校践行立德树人根本任务具有重要价值，能够有效提升环境育人水平、激发向上精神力量、提高学校的社会影响力。

1. 大学环境文化有效促进学校环境育人

环境育人思想是中国传统文化育人的重要理念，“孟母三迁”、“蓬生麻中，不扶自直”等传统文化经典特别强调了环境对于育人、成人的重要性。马克思指出：“人创造环境，同样，环境也创造人。"①环境育人在落实立德树人根本任务，培养德智体美劳全面发展的社会主义建设者和接班人中的重要地位。环境育人的前提便是在于需要营造良好的育人环境，只有当育人环境符合主流价值观，并是高等学校人才培养过程所需要，才是好的环境，才能用于环境育人工作。

2. 大学环境文化凝聚师生奋发向上精神力量

凝聚师生奋发向上精神力量是环境育人的直接结果。通过硬环境、软环境以及活环境，让全体师生沉浸在积极向上、公平正义、团结合作的氛围中，师生的奋斗目标、发展方向会被这种文化氛围所影响，进而将奋斗目标不知不觉间转移到学校建设上来，形成思想合力，共同为学校发展做出贡献。

3. 大学环境文化能提高学校社会影响力

众多知名大学本身就是所在城市的热门旅游经典和历史文化传承所在。大学通过独特、优美的校园环境，在当前以微博、短视频平台等加快传播，提升了学校在全国乃至全世界的知名度，甚至提升了城市的知名度。

（三）大学环境文化的营造路径

大学校长营造大学环境文化要从打造大学独特的环境入手，让大学环境与社会主流文化环境相匹配，让大学环境与大学的办学理念、发展目标相匹配，让大学环境更好地为育人工作服务。

1. 进一步完善学校文化标识系统

学校的文化标识作为学校独有的文化元素，大学标识的符号、

① 《马克思恩格斯选集》第1卷，人民出版社2012年版，第172页。

语汇、样式、色彩等是一所大学办学理念、发展历程、价值认同的理性抽象，是大学精神传统与文化底蕴的重要表征。① 要加强文化标识的管理，注重版权意识，注意正确、规范使用。加强文化标识系统的创新发展，通过提高学校内文创产品的质量，重视纪念品的开发，将文创产品作为大学对外交流的伴手礼等，为师生乃至社会提供具有学校特色、设计精美、做工精湛的文创产品。注重文化标识的系统化、规范化管理。

2. 进一步打造学校独特人文景观

学校打造人文景观，要坚持绿化、美化、文化三者的有机统一。绿化和建筑设计是物质文化和环境文化的存在基础，是其存在的依托，要充分明确绿化建设的目标，让大学的绿化建设同学校的发展同频共振。同时，还要将大学的精神同人文景观的设计相结合，在人文景观中去传承和弘扬大学精神，让师生在欣赏人文景观的体系中加深对于大学办学理念的理解。

3. 重视人对于文化环境的影响作用

大学师生对于大学的环境文化的凝练和创造有着至关重要的作用。大学的文化环境是由大学师生所创造，反过来又影响大学的师生，大学环境文化中的活环境就是由师生的素质以及日常行为所构成的，因此师生首先要提高自身道德品行和人文素养，才能更好地构建大学的文化环境。同时，大学校长作为大学环境设计以及建筑规划的负责人，自身应站在宏观层面，加强对于文化硬环境、软环境、活环境的构思，促进三类环境文化协调相融，共生发展。

---

① 郭丛斌、孙启明：《浅析标识管理对大学校园文化建设的促进作用——以北京大学为例》，《中国劳动关系学院学报》2015 年第 1 期。

在大学的文化体系中，精神文化居于核心地位，是整个大学文化体系的关键，制度文化作为大学治理体系的精神延伸，为整个大学文化体系提供了最为理性的思考，行为文化作为大学人承载的教育教学工作的体现，而环境文化和物质文化作为大学文化体系构建的基石，发挥着基础性作用。大学校长健全大学文化体系就需要充分发挥好五类文化的作用，促进其平衡协调发展。

第五节　大学校长要致力于提升文化软实力

以大学文化引领大学发展，落实大学文化担当，关键在于提升新时代大学文化软实力。大学文化软实力的提升，是与大学内涵式发展同频共振，是建设现代化大学的必然要求，对于建设教育强国具有重要推动作用，同时也是国家文化软实力建设的重要组成部分，大学校长要致力于提升大学文化软实力。

一、大学文化软实力概述

大学作为特别的文化存在，是人才培养、文化传承、科研创新、思想引领的重要阵地，大学文化软实力日益成为大学综合实力的重要评判标准。

（一）大学文化软实力的概念

软实力是相对经济实力、军事力量、硬件设施等硬实力而言的，是区域文化、制度机制、公民素质、国家（地区或城市）形象、价值观念、对外交流等方面所具有的感召力、吸引力、凝聚力和影响力。而大学文化软实力是指大学全体师生在学习、科研、工作、生活等各方面相互交融、相互影响创造的精神文化的总和，是大学办学理念、价值体系的集中体现。从定义上看，大学文化软实力作为文化软实力的下位概念，则是文化软实力在大学建设与发展过程中的具体表现形式。它与文化软实力既紧密相连，但又有所区别，是作为社会组织的大学所具备的软实力具体表现，一般情况下代表着文化软实力中的新锐力量。从性质上看，大学文化软实力同样是与大学硬实力相对的概念。大学硬实力是大学的科研技术、研究成果、师资配比、配套基础设施等可直接通过感性认识感知的相关条件。大学文化软实力往往体现在大学的学术声望、大学的社会认同感，长期办学形成的影响力和美誉度等方面。大学精神、大学制度、大学形象、大学文化等多种因素，则综合体现出大学软实力的强度，体现出大学的价值观念和内在品质，体现出大学的一种隐性竞争力，有利于增强大学综合影响力，增强学校教师、学生、职工的文化自信和使命担当，对大学的发展有着极为重要的意义。

（二）大学文化软实力的内容

大学文化软实力具有非常丰富的内容。从性质上看，大学文化软实力就是国家软实力尤其是文化软实力在教育领域的具体体现。因此它既具备文化软实力的共同特征，也具备在教育领域下所展现出的诸如大学文化生命力、大学文化吸引力、大学文化影响力、大学文化凝聚力、大学文化渲染力等个性内容。

1. 大学文化软实力内容具体体现为大学文化生命力

大学文化的建设与发展不是一蹴而就的，而是随着办学历史的推进，体现文化传承而逐渐发展衍生的文化谱系与文化脉络。依托于办学历史进程中各类物质文化与精神文化的逐步积累，使大学可以塑造出体现学校特色的办学理念、名片品牌和校园氛围。大学文化生命力具体体现在对大学文化的传承与发展两个方面。一方面，各类大学可以将自身办学历史作为文化发展渊源，通过保护文化场所、传承文化理念、推广文化宣传等措施实现文化传承；另一方面，各类大学也可立足于社会发展实际，通过创新文化活动、打造文化产品等方式适时适度创新发展大学文化，推动大学文化焕发新的生机活力，实现其创造性转化与创新性发展。

2. 大学文化软实力内容集中体现为大学文化吸引力

现代大学与其他社会机构有着明显差异，在文化上有其特质。洪堡创建的现代大学的基本理念强调教学与科研的结合。“正是在这样的理念驱动下，洪堡提出了教学与科研相结合等一系列现代大学的理念，按照科学研究的规律构建了现代大学的精神、制度、文化。”① 对创新的高度重视，决定了大学有其创新文化的重要特色。大学文化的建设重点，应当是以文化增强大学本身对于各类学生和社会成员的吸引力。大学文化吸引力源自科研教学、文化交流、文化积淀等多个方面。第一，高等教育的重要使命是落实立德树人根本任务，大学的主要功能是教育，大学的主要工作内容包含教学、科研、服务、交流等多个方面。这决定了教育教学质量的高低，是影响大学对于各类学生群体以及社会成员吸引力的最基础要素。第二，大学除在落实基本教育教学任务基础上，在实现自身文化发展以及对本国社会成员保持吸引力的同时，还需要通过举办国际学术交流会、吸引交换生、参加国际竞赛等文化交流途径，增强自身文

① 马海泉：《科学研究与现代大学》，《中国高校科技》2017 年第 7 期。

化传播，增强对国际人才的文化吸引力。第三，大学在不断积淀和传承发展自身文化的同时，需要由内而外地展示自身文化底蕴，使自身文化成为社会主义先进文化的重要组成部分，在社会层面上广泛树立社会成员对自身文化品牌的熟悉度与信任度，增进自身吸引力。

3. 大学文化软实力内容主要体现为大学文化影响力

人们主观评判大学文化软实力的强弱，主要是以大学文化在社会层面上的影响力作为标准的。大学文化影响力主要表现为大学的知名度、信任度、美誉度等具体形式，侧面体现出大学教学质量的公信力与权威度，以及大学特色文化的传播力。大学文化影响力主要来自大学文化品牌打造与建设。第一，人才团队品牌建设。大学可以通过在教师与学生群体中培育和选拔示范性人才，打造人才团队品牌参与各类高水平国际竞赛项目，增加文化影响力。第二，教学科研品牌建设。大学可以在学科建设过程中，找到自身优势学科、特色学科，集中力量打造优势学科，强化学科影响力，不断提升文化影响力。第三，特色环境品牌建设。大学可以依托于校园文化建设发展，尤其是依托具有特色的校园物质文化，塑造具有代表性的文化地标，抽象形成优化校徽、校歌等精神文化品牌，优化大学特色环境品牌，从地理与符号层面增强大学文化的现实影响力。

4. 大学文化软实力内容重点体现为大学文化凝聚力

大学文化凝聚力主要指大学利用文化途径，使其管理范围内的师生及教职工群体之间互相吸引、互相认同，提高其归属感与互助度的文化向心力。大学可以通过在下属教学单位与机构组织中，利用节假日开展各类校园文化创建活动与集体活动，优化校园集体文化环境，打造具有集体特色的机构文化、学院文化、年级文化乃至班级文化，提升教师与学生对于所在集体的归属感与荣誉感，从而营造良好的教学育人环境，促进学生在素质上全面成才，增进师生之间相互认同，促进教学相长，激发广大师生教学与学习积极性和创造力。

5. 大学文化软实力内容侧面体现为大学文化渲染力

大学文化渲染力是大学文化软实力的重要潜在属性，可以通过春风化雨、润物无声的形式，充分融入广大师生日常教学、学习、生活的方方面面，达到师生“日用而不知”的良好渲染渗透效果。切实影响广大师生潜意识与日常行为，实现其日常生活与大学文化建设和发展的同频共振。大学可以通过充分发挥班级的基础性作用，以课堂外班级会议、班级活动作为重要途径，连系师生共同营造“相亲相爱、互帮互助、崇德向善、共同发展”的良好文化氛围，使大学文化潜移默化地影响到每一个学校成员。重点完善志愿服务制度和工作体系，在校园弘扬志愿服务精神，发挥好优秀共产党员、优秀教师、优秀学生等先进模范的文化示范作用，加强诚信宣传教育，从而全方位各层面使大学文化实现由宏观到具体的传递与渗透。

二、大学文化软实力的作用

以大学文化建设为主要内容促进大学文化软实力建设与发展，已经成为人们普遍的共识。在实现“双一流”战略的发展背景下，大学文化软实力建设具有重要地位，抓文化建设就是抓大学发展方向，以一流的文化软实力引领大学的一流发展。

（一）推动大学教育价值的发挥

大学文化软实力具有重要的以文化人特性，在服务社会价值体系的建设进程中，具有独特的作用。大学的主体功能是培养人才，承载着为党育人、为国育才的时代使命。大学是高等教育事业的现实存在，目的是将学生培养成为社会主义事业的建设者和接班人，强化办学特色，培养时代新人是提升学校影响力和美誉度的有效举措。大学可以运用其丰厚的文化软实力，立足自身优势打造特色品牌，构建特色办学格局，夯实完备的人才培养体系，通过打造学科特色、人才培养特色、文化特色，来凸显办学特色和比较优势，通过增强以文化人能力，强化落实立德树人根本任务。同时，在人才培养过程之中，丰富文化软实力对其的价值熏陶，使学生积极传扬学校文化，培育坚韧的学术品质，增强自我文化修养，践行大学文化理念，来强化自身文化引领能力，从而成为社会发展的引领力量。

（二）丰富大学标志性科研成果的产出

当代社会众多具有创新性、突破性的科学研究都是来源于大学的科研工作，科研创新性是最能体现出大学特色的文化软实力要素，这在标志性成果群方面表现得尤为突出。学术成果的多样发展，学术研究的发展水平都是大学文化软实力的具体表现。但仅是论文数量的多少、成果的多少不能体现大学水平的高低。衡量大学文化软实力的关键要素在于标志性成果，标志性成果群直接决定着学术影响力，直接影响到学校对人类社会的贡献度。当一所大学在某个领域有了广泛深入的研究，产出一批前沿成果，就能对社会发展产生很大的推动作用，对国家某方面事业的发展起到积极推动作用，从而综合提升社会与国家的整体软实力。而大学的文化软实力就包括了大学科研团队在科研过程之中所凝聚的科研精神，体现了一代代大学师生的执着追求，所凝聚的科研文化软实力也有助于大学培引高端人才，促进大学标志性科研成果的产出。

（三）促进大学社会服务能力的提升

某一地域大学的数量和办学质量，本身就是衡量该地文化软实力的重要指标之一。当下，随着我国教育迈进高质量现代化发展阶段，社会发展对于高等教育尤其是大学的社会服务能力水平要求不断提高。特别是各地的物质文明与精神文明协调发展需求不断增加，更加强调实现精神生活共同富裕，也为大学文化发展和大学文化软实力建设提出了新的任务。各类大学作为培育社会主义先进文化的重要阵地，本来就应当是某一地域乃至某一城市的相对文化高地与人才高地，是城市发展进程中的鲜亮文化名片。这要求各类大学必须由原有的扩张式发展逐渐转向内涵式发展，即通过自觉担当党和国家赋予的使命，深挖积淀自身历史文化，以大学自身的担当作为促进服务地方社会的发展。大学发挥着重要智库作用。这也自然要求大学在长期的学术发展过程中，要积极关注学术前沿，着眼于科技前沿和社会热点，强化学术的使命自觉，努力回答好中国之问、时代之问、学术之问、人民之问，切实为中国式现代化贡献智慧和力量。

（四）彰显国际交流中的文化担当

现代大学的发展越来越注重国际交流与合作，国际化水平在“双一流”发展之中有着重要占比，大学进行国际交流与合作，不仅是简单的科学研究之间的交流与合作，也是大学办学模式、办学理念之间的交流合作。一所大学要想实现“双一流”的发展目标，就必须不断提升影响力。大学办学理念、教风学风都是大学文化软实力的最好体现，因此，大学进行国际交流合作的过程也就是大学之间文化软实力交流的过程。大学提高文化软实力、彰显文化担当也是大学推动弘扬中国文化软实力，提高中国文化世界影响力的重要举措。

三、大学校长提升大学文化软实力

大学文化软实力的提升应是大学实现发展的必要环节，是同大学校园建设、内涵式发展等其他领域进行共同发展，大学校长要发挥好文化建设工作中的引领作用，以自身的文化担当来引领大学文化软实力的建设，提升大学的文化担当。

（一）彰显科学先进办学理念

切实提升大学文化软实力，推进大学文化建设与发展，落实大学立德树人根本任务，增强大学以文化人能力，提高大学教育质量与办学质量，必须在以培育和践行社会主义核心价值观作为大学文化发展引领力基础上，推进大学价值观念建设工程，进一步总结凝练升华符合大学办学实际、凸显文化特色的科学先进办学理念。大学理念是凸显大学办学特色的重要标志，是大学办学传统的潜在表达，是大学办学质量的重要侧写。总结凝练科学合理的大学办学理念，不仅有利于各类大学根据自身办学历史实现物质文化、精神文化、制度文化和行为文化的历史传承与创新发展，还有利于对内增进广大师生的集体凝聚力、对教育教学科研管理等各项工作的认同度、对校园和学校产生整体归属感与荣誉感。大学理念在大学文化建设进程中具有非常重要的作用，一经确立，就要求大学文化建设始终要围绕其核心价值取向来运行于发展。在“双一流”建设背景下，对于科学先进的办学理念，大学校长不能仅止步于理念的简单总结和文字表达，而是要充分融入到大学价值观念建设工程之中，通过大学文化建设的顶层设计与布局，逐步细化落实相关各项工作，同时应面向广大师生的现实行为与日常生活，使大学理念成为大学精神的核心组成，凸显其社会导向性，回答好新时代办什么样的大学，怎样更好地办大学的重要时代议题。

大学校长在彰显科学先进办学理念的过程之中，第一，需要突出办学思想特色，尤其是要求大学校长群体“坚持独立自主的办学思想，走自己的道路，不盲从权威”[①]。在领导开展大学各项工作进程中，逐步将自己科学工作理念总结升华为科学办学思想，并在各组织机构与教学单位中予以落实。第二，需要体现办学目标特色。办学目标是办学理念中具有导向性的关键要素，凝练具有特色的办学理念，大学校长必须重视从大学自身办学特点与办学实际出发，同时围绕大学未来的发展方向目标，制定明确凸显特色发展方向和发展进程的整体办学目标。第三，需要体现学科办学特色和人才培养特色。不同类型的大学需要结合自身学科发展以及学科设置的现实情况，在确保提升学校重点学科竞争力、均衡发展各类学科的同时，突出学科专业特色与人才培养特色，从教育实践中反映特色办学理念。

① 黄伯云：《特色发展：大学办学之理念》，《现代大学教育》2003年第1期。

（二）建设大学良好发展环境

环境是大学发展中的重要一环，是一所大学发展的表征，为大学实现内涵式发展提供前提和保证，同时环境育人也是大学人才培养的一个重要方面。大学发展环境是大学环境的重要组成部分，是有利于大学发展的，为大学所涵盖的政治、经济、文化、社会、生态文明等方面各种要素的体系集合，既包括大学的内部环境，也包括了大学所处的社会环境，要推动大学文化建设，凝聚大学的文化软实力，需要构建良好的人文发展环境。

推进大学人文发展环境优化工程，囊括针对提升大学文化软实力发展过程所涉及的各项优化人文发展环境任务的总和，是提升大学文化软实力尤其是大学文化凝聚力与吸引力的重要途径。主要包括校园环境优化、课堂环境优化、制度环境优化、生活环境优化和生态环境优化等内容。良好的人文环境和有利条件会促进大学发展和办学质量提升。从增强大学文化软实力角度看，人文发展环境优化既是提升一所大学文化软实力的基础性工程，也是其重要保障。实施人文发展环境优化工程，是加快大学发展、提高大学综合实力、提升大学国际竞争力与国际影响力的客观要求，也是各类大学提升办学质量，实现高等教育现代化的必行之施。

推进大学人文发展环境优化工程，是一项艰巨而系统的工程，既需要大学领导集体尤其是大学校长高屋建瓴的规划和决策，更需要全体师生的积极投入和进取，同时还需要健全完善的制度予以保障。第一，需要优化大学发展教学文化环境。通过优化校园基础设施建设、教学设备等硬环境，师资力量、学习氛围、文化底蕴等软环境，以及班会建设、班级社会实践、班级志愿服务等活环境，全面提升优化宏观、中观、微观教学环境，有效提升文化育人质量。第二，需要优化大学发展科研文化环境。通过加强实验室、研究所、研究基地等科研场所文化背景建设，定期组织召开专家讲座开阔师生科研视野，激发师生科研兴趣，营造良好学术氛围。第三，需要优化大学制度文化环境。大学需要依据所制定的宏观发展目标，进一步出台相关的规章制度，并要求各组织机构与教学单位依据自身情况进行细化落实，从而“形成推进改革、公平竞争、社会参与、自主办学的制度环境，建立起与新时代高等教育发展相适应的，权责明确、竞争充分、合作广泛、办学自主的制度机制”①。

（三）增强文化传播和影响力

推进大学文化建设与发展，切实增强新时代大学文化软实力，重点是在实现大学文化创造性转化与创新性发展，扩大大学文化的校内凝聚力以及社会影响力基础上，通过进一步开展大学文化的国际交流与国际沟通，推进大学文化交流增进工程，增强大学文化的国际传播力与国际影响力。

加强与国外各级各类学校的联合办学、科研合作，建立区域教育信息网络互联互通与共建共享机制、大中专院校毕业生就业的信息共享机制，推进与外国政府互认学历学位，健全教育涉外法规体系和质量保障机制等具体措施。将我国大学具有代表性的优秀文化成果推向全世界，加强文化的对外开放，在全社会普遍提升大学文化软实力。因此，各类大学必须在落实教育、科研、管理等工作的同时，应实施并落实大学文化交流增进工程。

---

① 周海涛、刘永林：《优化地方高校内涵式发展的制度环境》，《江苏高教》2018年第4期。

具体来看，当下各类大学推进文化交流增进工程，需综合施策、全面突破，将中华优秀文化传播至全世界，实现中国特色社会主义文化的大繁荣大发展。因此，第一，大学校长要扩大国际科技交流合作。要以与国外高等学校合作开发科研项目、组织科技交流与学术交流活动、举办高水平国际会议、基地等项目来开展交流和合作，并以这些项目会议为中介平台，加强大学文化交流与宣传。第二，大学校长要扩大国际人才交流。大学校长要充分发挥各类科研基地平台优势，通过设立基金和奖学金，启动交换生项目等方式吸引国际人才来校求学、就业，扩大学校国际文化影响力的辐射度。第三，大学校长要创新国际文化交流形式。可以立足于大学办学特色、大学文化特色，集中优势资源形成具有代表性和国际知名度的文化品牌，使中国特色大学文化迈向世界舞台，切实增加我国大学知名度。

（四）打造大学特色文化品牌

在“双一流”建设背景下，随着我国高等教育事业高质量发展需求的不断提升，我国各类大学需要在基本体现办学特色尤其是学科设置特色与人才培养特色的基础上，进一步推进优质形象塑造行动，打造具有大学特色的各类文化品牌，切实提升大学文化凝聚力、传播力与影响力。

大学形象是一所大学的内部全体师生与大学外的群体对该大学内在综合实力、外显表象活力和未来发展前景的具体感知、总体看法和综合评价。它具体涵盖校园自然地理环境、校园生态、校园建筑等以基础校园设施为主的物质要素，还包含校园文化、师生素质、治理能力、服务质量、创新氛围等诸多无形要素。系统全面塑造具有代表性与知名度的优质大学形象，需要推进大学优质形象塑造行动，打造特色文化品牌。大学形象塑造行动，是指按大学办学特色、大学所在地理位置、大学师生行为、大学合作交流等多重要素的基本思维来理解和识别大学文化形象。它涉及经济学、社会学、地理学、建筑学、管理学、生态学、心理学、新闻学、历史学、考古学、美学等学科知识。需要大学校长、大学行政工作人员、大学教师、大学生等关乎学校管理的全体成员共同行动落实。具体包括明确大学形象定位；提高大学生精神风貌；通过规章制度建设确保大学文化发展科学性和长期性；等等。

推进大学优质形象塑造行动，其意义在于运用经济、治理、活动等综合手段，满足广大师生对于大学文化环境的发展需要，使大学文化环境充分满足人们的各种需求，使处于该环境中的学生和教师群体切身感受到校园文化的高尚，在美好而愉快的环境中鼓励大学生展现出进取和博爱的良好精神风貌，即从外在给人以美感，从内在给人以凝聚。因此，大学优质形象塑造行动，有利于实现人与人文环境的协调发展，有利于实现大学文化的传承与创新发展，有利于提升大学文化软实力。

推进大学优质形象塑造行动，同样需要从顶层设计到具体落实一以贯之。各类大学需要以建设世界一流大学和世界一流学科为契机，以建设大学文化品牌尤其是文化标识为抓手，规范文化建设制度体系，以文化形象扩大对外交流，从而不断提升大学综合实力、竞争力和影响力。具体来看，第一，要建设具有代表性、体现办学特色的大学文化标识。各类大学要在明确文化建设定位与特色，形成办学理念的基础上，进一步集中优势资源，重点凝练打造诸如校训、格言、校徽、校章、校服、校歌、录取通知书、吉祥物等优质大学文化标识，充分发挥以文化标识内聚人心、外塑形象的重要作用。第二，要打造具有市场影响力和社会知名度的特色文化产品。各类大学可以依托于自身特色学科与优势专业，打造体现文化底蕴的各类文化产品尤其是物质文化产品，并将这些文化产品投入文化市场之中，在切实扩大自身文化影响力的同时适当增加经济收益。第三，要充分利用各类媒体与文化文艺活动展开宣传，切实增强所打造文化品牌与文化产品的现实影响力。并与之同时建设一支素质优良、配置灵活的校园文化文艺人才队伍，提升全体师生综合人文素养，综合增强大学校园文化产品的传播质量，提高其传播水准等。

（五）传承弘扬现代大学精神

大学精神是大学在发展过程之中，最深层次、最持久、最具特色的发展动力，是产生于大学自身的文化产物。大学精神反映出不同高等学校的历史传统、文化特色、发展内涵及价值追求，体现了大学源远流长的文化底蕴和独特鲜明的精神气质。① 大学精神展现出了大学的办学特色、办学风格以及未来的办学愿景，是大学自产生以来，就熔炼进入大学发展全过程、大学全体师生全人员以及大学内部全方位之中，是大学文化体系中最为深层次的存在。

推动传承弘扬大学精神，是对大学发展历史的重视，是立足当卜，面向未来的必然要求，新时代现代化的人学精神有属于社会主义大学的共性，也会根据大学的类型、历史不同而有自己的个性。

---

① 苏国辉：《大学精神与文化特质的凝练、创新与培育》，《中国高等教育》2019 年第 22 期。

总的来说，我国一流大学精神在继承创新基础上，进一步展现出扎根、铸魂、启真、崇善、开源、奋进等重要内涵，① 这是大学精神的共性。每所大学个性的大学精神则是在自身的历史发展之中提炼总结出来的，是大学和大学师生宝贵的精神财富。大学提升文化软实力，必须重视对于大学精神的提炼总结。

总的来说，大学领导者尤其是大学校长作为大学精神的传播者和弘扬者，自身要加强对于大学精神的认识，以大学精神来丰富大学文化软实力，培育文化软实力的大学特色。第一，注重大学精神在师生中的培育和践行，大学精神作为一种文化的产物，需要依托一定的物或是人而存在，大学师生就是大学精神最好的载体，培育具有大学精神的学生，就是要将立德树人这一根本任务贯穿人才培育的全过程，同时加强学生对于校史的了解，增加对于大学的认同感和归属感，并带着这一大学精神进行更多的社会实践活动。第二，注重大学精神在实体校园中的传播，通过校庆节、校史馆建设以及校庆活动，彰显大学的历史文化传承，并运用好这一历史文化，让历史讲故事、让历史活起来，历史就是最好的教科书，在历史叙述中传播大学精神。第三，注重运用好网络手段传播弘扬大学精神，新媒体时代推动了文化传播的进一步发展，大学校长要运用好大学网站、微信公众号、抖音等新媒体平台，指挥创作一批优质的网络文化产品，增强大学精神在社会范围内的影响力和引领力，提升大学的知名度和美誉度，增强大学的文化软实力。

① 吴朝晖：《新时代中国一流大学精神建构研究》，《中国高教研究》2019年第10期。

第九章　大学的国际视野论

党的二十大报告指出“必须坚持胸怀天下”①。以宽广的国际视野为依托，审视时代大势，洞察国际形势，学习、借鉴、吸收人类文明的优秀成果，是推动高等教育高质量发展的题中之义，更是大学校长办学兴校必须遵循的世界观和方法论。当代中国的大学以人才培养、科学研究、社会服务、文化传承创新、国际交流合作为基本职能，哪一条都离不开坚持胸怀天下的国际视野。尤其是国际交流合作，赋予大学校长重要担当。网络信息技术的急速发展推动全球化程度不断加深，各国在政治、经济、文化、教育等各领域的联系日益紧密，世界比以往任何时候都接近一体化。大学作为国家高新技术的重要聚集地，在时代潮流的发展中起着举足轻重的作用，深刻影响着各国国际化进程。大学校长的理念和决策会影响到一所大学的国际视野是否宽广，决定了大学校长必须拓展世界眼光，抓好开放发展。

大学的国际视野论，旨在聚焦大学国际化发展的核心问题，探

① 习近平：《高举中国特色社会主义伟大旗帜　为全面建设社会主义现代化国家而团结奋斗——在中国共产党第二十次全国代表大会上的报告》，人民出版社2022年版，第21页。

讨中国大学如何认识世界、融入世界以及引领世界的基本要旨。因此，大学的国际视野论以理论阐释为根基，在明确大学国际化的历史进程及重大价值的基础上，剖析了大学国际化的主要内容，进而探讨了大学校长从实践层面推动实现大学国际化发展的问题。

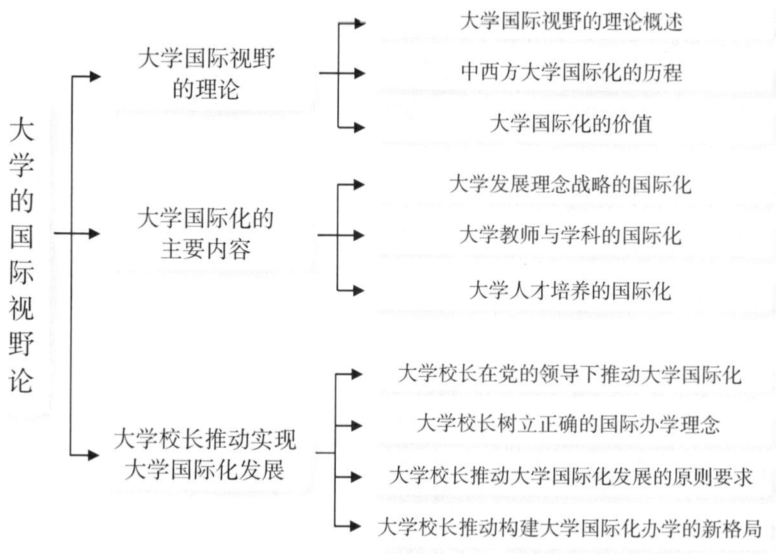

图 9-1　大学的国际视野论结构

第一节　研究的综述

大学的国际视野研究是伴随着世界经济全球化发展而不断深入，国内外众多学者围绕概念界定、现状研究与路径选择等进行了较为丰富的研究，为本课题研究提供了有益借鉴。

一、研究的现状

在中国知网以“大学国际视野”为主题进行检索，可以检索到相关学术论文近1000篇，以“大学国际化”为主题进行检索，可以检索到相关学术论文近2000篇。总体研究较为丰富，同时对于大学国际视野或是大学国际化的著作也较为丰富，在国家图书馆之中可以检索到相关著作：《地方高水平大学国际化能力评价研究》（卢迪，2023）、《全球化进程中的院校国际化》（马万华，2022）、《我国高水平应用型大学国际化指标体系的构建研究》（张小红，2021）、《论大学国际化发展与管理》（杨福玲，2013）、《国际视野中的高等教育管理》（国家教育行政学院，2006）、国内外学术界对于大学国际视野的研究比较丰富，可从以下四个方面来归纳。

（一）关于大学国际化基本概念的研究

美国学者克拉克·克尔，他在1980年出版的《扩展高等教育的维度》一书中曾提出：“我们需要一种超越赠地学院传统的新的高等教育观念，这种观念实际上就是高等教育要面向世界，或者说高等教育要国际化。”顾明远在《教育大辞典·教育学卷》中认为，教育国际化“是第二次世界大战后出现的国际间相互交流、研讨、协作，以解决教育上共同问题的一种发展趋势”。2004年，简·奈特将高等教育国际化定义为：“在院校与国家层面，把国际的、跨文化的、全球的维度整合进高等教育的目的、功能或传递的过程。”① 丁仕潮等人认为：“大学国际化是在高等教育要素全球自

① ［加］简·奈特：《激流中的高等教育：国际化变革与发展》，刘东风、陈巧云译，北京大学出版社2011年版，第25—26页。

由流动的条件下，以国际化需求为主要推动力，国际化要素不断融合、作用并随大学发展而变化的过程。”① 王业强等人通过实证分析的方式研究了大学国际化对于区域创新能力提高的关系。②

（二）关于大学国际化内容路径的研究

韩双森等人设计了一个包含教学与学生体验、研究和服务三个主题以及目标、人员策略、活动策略和组织策略四个维度的国际化战略地图模型。③ 李北群等人提出行业高校的一流学科要在平台搭建、师资建设、人才培养、国际合作方面着力打造基于学科的国际化战略。④ 丁仕潮等人针对大学国际化进程的风险提出了“树立正确的国际化理念、做好国际化战略规划、实现国际化组织创新、明确经费预算、拓宽经费渠道、加强监管、健全内部协调机制、注重项目风险评估、建立风险预警系统”⑤ 等方法措施。

（三）关于大学国际化评价体系的研究

杨尊伟从“成果导向”入手提出了“以大学理念、大学制度、资金来源、人才培养、科研成果、学术交流等国际化成果为一级指标”⑥ 来构建国际化的评价指标体系。王文提出大学国际化水平评

---

① 丁仕潮、周密、李媛：《大学国际化：概念模型与发展模式》，《中国高校科技》2014 年第 8 期。

② 王业强、朱春筱、邢飞：《大学国际化提高了区域创新能力吗？》，《财经研究》2018 年第 6 期。

③ 韩双森、钟周：《一流大学的国际化战略：一项战略地图分析》，《复旦教育论坛》2014 年第 2 期。

④ 李北群、陈美玲、马星：《行业特色高校一流学科建设的国际化路径探析》，《中国高等教育》2019 年第 Z2 期。

⑤ 丁仕潮、戚巍、周密：《大学国际化风险及防范策略研究》，《研究生教育研究》2014 年第 5 期。

⑥ 杨尊伟：《成果导向视角下大学国际化评价指标体系的反思与构建》，《济南大学学报（社会科学版）》2023 年第 2 期。

价结构系统应该包括“战略管理、人才培养、科学研究”① 三个方面。李岩从“办学理念、组织保障、教师交流、学生流动、课程教学、跨境教育、科研合作、特色项目”② 八个方面提出了国际化评估体系。

（四）关于世界大学国际化经验的研究

对于世界大学国际化的经验研究在学术界较为丰富，一是对于欧美国家大学的国际化经验：段世飞基于美国哈佛大学国际化的经验“‘全球理念’融入国际化人才培养的愿景和使命中；将专业能力与全球素养的培养统一起来；将层次分明的组织部门作为国际化人才培养的保障；将全面国际化的发展战略贯穿于国际化人才培养的各个方面”③。冯倬琳等人从大学校长的角度研究了美国大学校长与大学的国际化之间的关系问题。④ 也有学者对于亚洲部分国家大学国际化的经验开展研究：围绕日本“超级国际化大学计划”提出大学国际化水平的真正提升需要长期战略投入和组织内生⑤，并且需要政府行政力量、学术力量以及第三方力量的支持⑥。

---

① 王文：《论我国大学国际化评价体系的构建》，《社会科学家》2011 年第 7 期。

② 李岩：《中国大学国际化内涵及评估指标筛选》，《高教发展与评估》2013 年第 5 期。

③ 段世飞：《美国顶尖大学如何培养国际化人才——基于哈佛大学的个案研究》，《现代教育管理》2023 年第 2 期。

④ 冯倬琳、眭祯、刘念才：《美国一流大学校长与国际化战略》，《江苏高教》2014 年第 5 期。

⑤ 康乐、姚凯博：《日本超级国际化大学计划的实施策略与个案分析》，《外国教育研究》2022 年第 9 期。

⑥ 熊华军、陈怡静：《日本“顶级国际化大学”项目实施述评》，《外国教育研究》2020 年第 3 期。

二、研究的总结

学术界对大学国际视野以及大学国际化的研究较为丰富，大学的国际化研究是伴随着中国对外开放进程而不断发展丰富的，学术界对于大学的国际化研究形成了较为完善的研究体系。第一，对大学国际化的动因进行了研究，从内因与外因的角度分析了大学国际化的动力。第二，对大学国际化的内涵以及内容进行了分析，从大学的主体（教师与学生）、大学的五个基本职能、大学的构成等多个角度来对大学国际化进行研究。第三，对大学国际化的路径进行了研究，从大学自身、教育主管部门等多个角度提出了促进大学国际化水平、提高国际化竞争力的措施。第四，对大学国际化发展的评估指标体系进行了研究，构建了一套丰富的评估评价体系。第五，对世界一流大学的国际化历程和经验进行了研究，为我国大学的国际化发展提供了丰富的案例经验。

三、研究的启示

通过对比研究和历史研究的方法来研究大学的国际化为本课题的研究提供了方法经验的指导。在现有研究之中，对于大学国际化进程内部不同角色、不同内容的国际化研究还相对较少，以及从大学校长这个角度如何来推动大学的国际化研究还不足。本研究将在以往研究的基础之上，立足建设中国特色、世界一流大学的这一目标，围绕《教育现代化 2035》的规划要求，站在中国式现代化的道路上来研究大学的国际视野问题，也就是大学如何实现国际化、建设国际化大学的这一问题。本研究将聚焦大学国际视野理论以及大学国际化的主要内容研究来开展，同时围绕大学领导尤其是大学校长如何推动大学实现国际化这一问题开展研究。

第二节　大学国际视野的理论

大学国际视野的理论是内涵丰富的体系，以经济全球化深入发展，各国经济、政治、文化、科技之间交流日渐深入，国际分工日益明晰为时代背景。

一、大学国际视野的理论概述

大学国际视野的理论指的是大学的国际化发展思想，是大学国际化发展进程中所需要的一定的学理、道理和哲理。大学的国际视野理论具有发展性、民族性、多样性和共生性四个特点，为大学的国际化发展提供了指导作用。

（一）大学国际视野的内涵

“国际化”作为一种客观现象，其生成的基础是世界市场的开拓和发展。工业革命之后，基于社会生产力水平的爆发式增长，世界各国间交流的广度与深度日益拓展和加深，涉及经济、文化、生态等多方面的交流。

在世界国际化的总体进程中，大学的国际化是其中的重要内容之一，是在现代大学制度、模式成型之后，伴随着经济、政治和文化之间的交流而产生的概念。学界最早提出“大学国际化”这个概念的是美国学者克拉克·克尔，他在1980年出版的《扩展高等教育的维度》一书中曾提出：“我们需要一种超越赠地学院传统的新的高等教育观念，这种观念实际上就是高等教育要面向世界，或者说高等教育要国际化。”[①]这是在学术界首次明确地提出的高等教育国际化或者说是大学的国际化这一概念。随后，联合国教科文组织在1995年发表的《关于高等教育的变革与发展的政策性文件》中将“国际化”“韧性”“质量”三者并列为当前世界高等教育变革与发展的三个最主要方面。

自20世纪80年代以来，对于大学发展、高等教育的全球化研究逐步深入并且范围逐步扩大，对于其基本概念众说纷纭。顾明远在《教育大辞典·教育学卷》中认为，教育国际化“第二次世界大战后出现的国际间相互交流、研讨、协作，以解决教育上共同问题的一种发展趋势”。在2004年，简·奈特将高等教育国际化定义为：“在院校与国家层面，把国际的、跨文化的、全球的维度整合进高等教育的目的、功能或传递的过程。”[②]国际教育发展委员会主席的埃德加·富尔在《学会生存——教育世界的今天和明天》中指出，国际合作的根本任务应该是教育革新情报的传播以及这种革新经验的交流，要真正实现在消除偏见和沉默的基础上，以用一种真正的国际化精神开展相互间的接触。[③]不同的学者主要是从规定、描述、纲领等维度对其下定义。

在不同的国家、不同的地区乃至不同的学校，对于国际化的主

---

① 陈学飞：《当代美国高等教育思想研究》，辽宁师范大学出版社1996年版，第86页。

② ［加］简·奈特：《激流中的高等教育：国际化变革与发展》，刘东风、陈巧云译，北京大学出版社2011年版，第25—26页。

③ 联合国教科文组织国际教育发展委员会：《学会生存：教育世界的今天和明天》，教育科学出版社1996年版，第282页。

体、目标以及方式方法的研究都有所不同。对大学、高等教育、国际合作、国际化等基础词语的界定也有所不同。课题组认为，大学的国际化就是大学应拥有国际视野，站在国家、民族发展和世界交流的全局中去看待自身发展，将大学的发展同国家、民族发展紧密联系，从大学发展战略、大学领导者、大学的教师和学生、大学的专业和学科、大学与地方发展的关系等多个角度来研究大学的国际化。

（二）大学国际视野的特点

大学的国际视野既可以理解为对大学生存发展状态的客观现象，还可以理解为大学办学的理性目标追求，更可以理解为全球化时代大学本身应当具备的一种能力。因此，对于大学国际视野的理解，需要兼顾其基本内涵与具体语境，并着重梳理其本质特点。

1. 发展性

大学的国际视野是一个不断拓展的过程，大学的领导者、教师、学生对于国际交流合作的认识也是一个不断深化的过程。“国际化”的“化”强调的是一个动态的过程，其内涵在于不断运动变化。国际交流是一个持续性的和不断深入拓展的过程，在交流中多方相互借鉴、取长补短，在以我为主的基础上推进高等教育发展创新。特别是在当今世界各国联系愈发紧密，人类已经形成“休戚与共的命运共同体”① 的现实背景之下，各国高等教育的交流日益密切，大学国际化的范围日益扩大，国际合作不断加深，从互派留学生到教师公派访学，再到多个国家科研机构联合申报项目、开展科学研究以及共建高等学校等，都是国际化深入发展的结果。

---

①　习近平：《携手迎接挑战　合作开创未来——在博鳌亚洲论坛 2022 年年会开幕式上的主旨演讲》，人民出版社 2022 年版，第 3 页。

2. 多样性

大学的国际化是一个复杂的过程，对内涉及了多个部门、学院的协调沟通，对外涉及了多个行政部门、多个高等学校乃至国家之间的交流。随着大学国际化交流的日益频繁，也从客观上实现了对大学国际化内容广度、深度的拓展和延伸，让大学国际化内涵日益发展、形式持续丰富，促成了大学国际化的多样性，具体来看：第一，人员的国际化即人员之间的交流合作，教师访学、互派留学生、不定期的交换生项目等，都是实现了人员的国际化，提高其国际视野，了解不同国家不同高等学校的教学风格和教学模式。第二，学术科研的国际化，通过联合设置实验室、科研中心，开设国际课程以及开展高规格的学术讲座、论坛等，实现学术科研交流互鉴。第三，大学建设的国际化，当前，大学国际化已经突破教育主客体之间的国际化，而是通过中外合办专业、合作建设高等学校等方式，实现了办学模式、办学制度和办学理念的国际交流、互通互鉴，成为人才培养和学科发展的重要力量。

3. 民族性

大学国际视野的民族性是指在大学国际化过程中，要始终坚持以我为主、为我所用的原则，在吸收国外办学治校经验的同时，注重以本校、本域、本国的实际需求为前提。而从大学自身的使命来看，大学的国际化是为更好承担基本职能而服务。要大力宣传中华民族同世界各国人民携手构建人类命运共同体的美好愿景。积极推动中外学术界、民间团体交流互动。

4. 共生性

“共生”一词源自生物学，其原意是两种生物彼此互利地生存在一起，缺此失彼都不能生存的一类种间关系，若互相分离，两者都不能生存。后续逐渐拓展到人文领域，强调的是事物之间以合作谋发展，成为命运共同体。具体来看，大学国际化的共生关系主要包含以下三个方面的内容：第一，不同大学之间的共生关系。现代重大科技突破多是跨高等学校、跨区域、跨国合作科研的结果，有组织的科学研究是整体趋势，单打独斗的科研模式效率低下，已经不能满足现代科研的现实需求，若是大学闭门造车、故步自封，将会导致大学的原地踏步。第二，大学与师生之间的共生关系。教师和学生是大学最主要的群体，大学为教师发展、学生成才提供了广阔平台和丰富机会；反过来，教师和学生的成长也促进了大学的发展。这种共生意味着荣辱与共，需要共同开放发展。第三，教师和学生之间的共生关系。教师和学生是大学最为重要的一对主体关系，教学相长也需要不断拓展彼此的世界眼光。

（三）大学国际视野的作用

当前，国际视野对于大学办学治校具有重要的现实价值，是提高人才培养质量与办学质量的现实需求，培养优秀教师、提高科研能力的迫切要求，以高质量教育促进社会发展的必然诉求。

1. 提高人才培养质量与办学质量

人才培养质量是评价大学办学效果的核心标准，而国际交流水平则是其人才培养质量评价的重要维度。“随着全球化进程的加速，高等教育培养的国际化人才应该具有国际理解的胸怀、广阔的国际视野和进行国际沟通的能力”①，这也是全球化对人才培养的新要

①　段世飞、阚阅：《培养国际化人才助力实现中国式现代化》，《中国社会科学报》2023年3月10日。

求。通过访学、留学等多样化的方式，大学生能够在视野格局与素质能力的综合拓展中，以更为主动的精神面貌和更加过硬的实践本领投身国家建设。

2. 促进教师专业发展

习近平总书记指出："强教必先强师，要把加强教师队伍建设作为建设教育强国最重要的基础工作来抓。"① 教师是大学教学、科研的主力军，承担着为党育人、为国育才的根本使命，同时大学教师也担负着科学研究、推动技术创新的重要任务。通过提高教师国际视野，一方面，促进其参加国家间的学术科研交流，认识、了解、把握国际学术前沿，在知识更新换代频繁的时代丰富知识储备、紧跟时代步伐；另一方面，通过国际化交流，实地考察、观摩，了解情况，得出启示，来深化一般规律认识。

3. 以高质量教育促进社会发展

"面向本国实际和时代要求，不断解决国家面临的重大战略问题和人类发展难题是世界一流大学建设取得成功的必由之路。"② 大学不仅承担着育人的责任，还承担着服务国家重大战略发展的社会责任，习近平总书记明确要求"要把服务高质量发展作为建设教育强国的重要任务"③，大学以教育的国际化和教师、学生的国际化，充分融入国家发展战略，为国际交流合作提供国际

① 《习近平在中共中央政治局第五次集体学习时强调　加快建设教育强国为中华民族伟大复兴提供有力支撑》，《人民日报》2023 年 5 月 30 日。

② 刘伟：《不断提高人才培养质量加快建设中国特色世界一流大学》，《中国高等教育》2022 年第 1 期。

③ 《习近平在中共中央政治局第五次集体学习时强调　加快建设教育强国为中华民族伟大复兴提供有力支撑》，《人民日报》2023 年 5 月 30 日。

化的人才和智力支撑。

二、中西方大学国际化的历程

中西方大学虽然在产生发展的经济、政治、文化以及社会条件都有所差异，但高等教育的发展和大学办学模式却有相通之处，总结中西方大学的国际化发展历程，凝练经验和规律，有助于走出一条有中国特色的国际化大学发展之路。

（一）中国大学的国际化历程

中国大学的国际化历程与中国近代以来逐渐融入世界发展整体格局，以及中华民族追求现代化，特别是教育现代化的发展历程密切相关。

1. 辛亥革命之后中国大学的国际化

自鸦片战争后，中国被迫打开国门，开启了近代以来融入世界现代化的历史进程。从洋务派的“师夷长技以制夷”，到资产阶级维新派的“中体西用”，再到资产阶级革命派的“以革命方式推翻清王朝”的救亡图存运动，中国的教育模式和教育方式在同西方列强的经济政治交流中开始发展。在辛亥革命彻底结束封建帝制后，为了满足国家对于现代教育的需求，人们将目光投向国际。北大校长蔡元培曾多次到欧洲进行实地考察。留美预备学堂，也就是清华大学的前身，十年间就有超过 1000 名学生前往美国。

2. 新中国成立后中国大学的国际化

新中国成立后，高等教育肩负起培养社会主义建设者的任务。基于新中国成立初期的国际国内形势需要，党和国家选择了“一边倒”的外交政策，我国的高等教育办学模式和体制机制也向苏联学习。诸多大学引进苏联专家、教授、学者进行讲学，和苏联大学之间互相派遣留学生、访学团，大学课程设置、人才培养模式等也都效仿苏联。

3. 改革开放以来中国大学的国际化

党的十一届三中全会作出改革开放的伟大决策之后，中国高等教育逐渐走上快速发展轨道，大学的对外交流日益频繁，国际化进程按下“加速键”。在邓小平“教育要面向现代化、面向世界、面向未来”的思想引领下，大学的国际化层次进一步提高、范围进一步扩大、效果进一步增强，对外办学呈现出来全方位、立体式全新格局。在这一时期，国家对于大学国际化办学支持力度加强。1995年3月《中华人民共和国教育法》和1998年8月《中华人民共和国高等教育法》表决通过，以法律的形式为高等教育的国际化发展提供坚实保障。《国家中长期教育改革和发展规划纲要（2010—2020）》《中国教育现代化2035》等教育发展规划和在国家五年规划中加强对教育国际化规划的方式促进大学的国际化办学发展。此外，国家教育主管部门以政策文件的形式，为大学开展国际化办学、留学生招生培养以及国际合作提供政策支持和引导。

（二）西方大学的国际化历程

现代西方大学的国际化进程与其资本主义制度的萌芽密不可分，是基于资产阶级统治需要而形成的一系列关于大学国际化发展实践进程的总和，主要包括了以下三个发展阶段。

1. 工业革命前西方大学的国际化

虽然现代意义上的大学是在德国洪堡大学成立之后才逐渐发展起来的，但追溯至古希腊时期，伴随着各个国家、城邦之间的贸易往来，各国之间也开展了教育交流活动。以苏格拉底、柏拉图、亚里士多德等为代表的教育家，从“游学”“访学”到创办阿加德米学园、克昂学园等教育机构招收来自各地（当时主要是希腊各城邦和地中海沿岸地区国家）的学生，以演讲、辩论的方式传播观念、教育学生、交流思想，让各个民族、各个国家的民众都有资格接受教育，实现发展，这种方式也成为西方大学国际化发展的雏形。在进入中世纪之后，教权和王权逐步成为当时的主流，随着宗教势力的壮大发展，宗教逐渐凌驾在世俗权力之上，成为最高的统治者并长达数个世纪，欧洲的经济、政治、文化、教育逐渐被基督教的教育所趋同于统一世界。正是在这种统一的思想观念的教育下，欧洲各国之间交往日益深入、互通有无，在这种大背景下，中世纪各国大学之间交流更加紧密，达到了一个全新的高度。但这种交流仅仅局限在了基督教统治地区，对于其他地区之外的更多是摒弃交流，呈现出来了宗教性、地域性的特点。

2. 工业革命后西方大学的国际化

工业革命之后，现代意义上的世界大市场逐渐形成，随着科学技术的发展，各国之间的时间、空间距离逐渐被拉近，大学的国际化进程进一步加快。在 19 世纪，德国的大学和大学管理模式逐渐成为各国大学效仿的对象。这一时期的德国大学，摒弃了古典的“七艺”教学和宗教影响，重新举起了传播知识的旗帜，转向了现代意义上的研究型大学。随着世界市场的形成和交通方式的便利，来自亚洲、美洲以及欧洲其他国家的学生来到德国学习。这一时期大学之间的国际交流并不局限在知识的学习，更为突出的是办学模式和学校理念的传播。哈佛、耶鲁等大学也纷纷学习德国大学的办学模式和学术方式：在美国大学的授课内容中，自然科学的内容占据了很大部分，经济、管理等新的人文社会科学比例逐步提高，古典学科的比例逐步降低。同时，各国大学逐渐效仿德国，将科学研究放在了办学的首位。这也成为当下大学主要职能的起源之一。

3. 二战后西方大学的国际化

随着两次世界大战的爆发，世界学术中心逐渐从德国转移到了两次大战的最大受益国——美国。美国凭借其独特的区位优势，以及世界战争的重大收益，使其高等教育事业飞速发展，而随着美国成为全球经济中心，美国大学的办学模式和理念也成为全球各国效仿的对象。在很长一段时间，美国化几乎等同于国际化。同时，在这一时期，由美国主导的资本主义世界市场完全形成，在北约、欧盟等跨国组织的影响下，西方国家的大学国际化交流达到了新的高度：第一，各国留学生人数快速增加，美国成为留学生的聚集地，此外，来自非洲的留学生数量也进一步扩大，除南极洲外的六个大洲均互相选派留学生。第二，国际化的广度和深度进一步提高，除了学生之间的交流，教师、学校领导者之间的交流也逐步增加。在这一基础上，大学以合作办学、开设分校的形式进一步推进国际化。第三，政府对于大学国际化发展的重视程度提高。以往大学之间的国际交流更多是学校与学校之间，二战后随着各国之间更加紧密的联系，政府组织了有目的有机会的国与国之间的教育交流。

（三）中西方大学国际化历程的启示

在时代主题与民族特色的辩证统一中，中西方高等教育经历了既相互区别又紧密联系的发展进程，而中西方大学的国际化进程则立足于此，实现了二者之间的交流互通，所形成的发展经验对于当今世界各国的高等教育国际化发展均有重要启示价值。

1. 坚持独立自主的国际化发展道路

“独立自主是中华民族精神之魂，是我们立党立国的重要原则。”① 习近平总书记在多个场合强调了独立自主对于实现中华民族伟大复兴、实现中国式现代化的重要性。中国在当前取得的现代化建设成就都是在中国共产党的领导下、独立自主开展社会主义现代化建设所取得的。大学的国际化办学是不同高等学校办学理念、模式的碰撞，文化理念的交流对大学的影响是潜移默化的，有积极影响，更会有负面影响，尤其是社会制度、意识形态的差异对于大学国际化交流影响更大。因此，在大学国际交流合作中应该始终高度重视独立自主，时刻保持独立办学的清醒头脑。

2. 坚持以我为主、博采众长、为我所用

“以我为主、博采众长”是中国共产党带领各族人民在团结奋斗中总结出来的宝贵经验。中国制度具有开放包容的优秀品格，从不自我封闭，而是坚持合理借鉴人类文明一切优秀成果，博采众长、兼收并蓄，在交流借鉴中不断发展完善，因而充满生机活力，愈发科学管用。② 在中国制度规范下的大学国际化办学也应当坚持开放包容的办学风格，在办学过程中，合理借鉴并吸收一切人类文明的优秀成果为自我所用。

---

① 《中共中央关于党的百年奋斗重大成就和历史经验的决议》，人民出版社 2021 年版，第 67 页。

② 张波：《合理借鉴人类文明一切优秀成果》，《人民日报》2018 年 11 月 16 日。

3. 坚持在党的领导下把握大学国际化方向

习近平总书记指出："办好中国的事情，关键在党……中国共产党领导是中国特色社会主义最本质的特征，是中国特色社会主义制度的最大优势，是党和国家的根本所在、命脉所在，是全国各族人民的利益所系、命运所系。"① 这一重大科学论断是对改革开放以来我们党坚持和发展中国特色社会主义宝贵历史经验的深刻总结，也是我们党在团结带领全国各族人民在革命、建设和改革实践中凝练的宝贵经验。中国共产党在百年奋斗历程中，带领中国的高等教育事业从无到有、从有到好、从好到强，其历史发展历程始终围绕着一个最为根本的底层逻辑展开，即只有坚持中国共产党的全面领导，才能从根本上保证正确方向。

三、大学国际化的价值

大学的国际化是现代高等教育发展过程中必不可少的一环，当前世界各国的联系日益紧密，也带来了教育、科技、人才三者的高频互动，大学作为三者之间的重要枢纽，国际化也是促进发展的必要手段。

（一）大学国际化是高等教育现代化的必然选择

《中国教育现代化 2035》从十个方面为我国教育现代化发展作出战略部署，其中第九点明确要求"开创教育对外开放新格局"，从学历学位互认、留学生管理、国际教育合作、孔子学院建设等多个角度为高等教育的国际化发展指明方向。高等教育的现代化不是

① 习近平：《在庆祝中国共产党成立 100 周年大会上的讲话》，人民出版社 2021 年版，第 10—11 页。

闭门造车，需要面向国际、在世界范围内学习先进理念、汇集发展资源，进而弥补自身短板、实现高质量发展。从基本立场上看，坚持教育的对外开放是我国高等教育国际化的基点，也是中国高等教育强国建设和迈向世界的基石。① 教育现代化不仅是纵向维度的历时性比较，更重要的是立足横向维度，与世界其他国家的共时性比较。在《中国教育现代化 2035》中提出了“高等教育竞争力明显提升”的要求，其竞争力便是相对于其他国家而言。只有在国际化中，大学确立宽阔的国际视野，积极参与国际交流合作，了解国际教育发展前沿，明晰自身准确定位，找到不足之处，借鉴吸收国外优秀的办学经验并将其和中国实际相结合，以此来增强中国高等教育在世界范围内的竞争力。同时，在党的二十大报告中首次将教育、科技、人才三者统一进行论述，强调了三者之间的辩证关系以及对于中国式现代化的突出作用。当前，科技发展和人才培养都离不开教育的国际化交流，教育、科技、人才之间的国际交流是现代社会的重要特征。社会发展迫切需要拥有国际视野、掌握先进技能的优秀人才，以教育现代化支撑人才强国和科技强国战略，进而最终指向现代化强国建设。

（二）大学国际化是经济、社会发展的时代使命

大学国际化与经济社会发展之间存在着双向互动的关系，二者构成了和谐共生体，二者有机统一于社会主义现代化建设的实践中。

一方面，大学的国际化发展促进所在地乃至整个世界的经济社

① 文静：《高等教育国际化发展的议题与要素》，《中国高等教育》2022 年第 23 期。

会发展，大学的国际化发展是经济社会发展的动力来源。高等教育作为科技发展的重要力量，高等学校是人才的重要集聚地和科研创新地，能够敏锐捕捉科学技术发展前沿，同时肩负起培养现代化建设所需要人才的时代使命。创新作为引领发展的第一动力，简单的劳动密集型、资源密集型产业对于社会发展的促进作用越来越小，高新技术产业逐渐成为社会发展的支柱。而大学的人才培养和科技创新工作需要在国际交流中去实现，以全方位、深层次、宽领域的国际交流合作，增强学生国际视野、提高人才培养质量、提高科研创新能力、促进科研产出的提升，以此成为经济社会发展的重要力量。

另一方面，经济社会发展影响着大学国际化的方向、道路以及效果。大学国际交流需要以主办单位的财政资金作为支持，没有经济社会发展作为基础保障，高等教育不可能投入国际交流合作。经济社会发展影响大学国际化的战略布局。高等教育的一项重要职能是服务地方发展，不同的省市有着具体的现实发展情况，对于学科和人才类别的需求也有所不同。大学肩负着服务社会发展的重要职能，在其国际化交流中应当注意区域发展需要，构建服务地方经济社会发展的国际化办学布局。经济社会发展影响大学国际化的程度。召开国际性学术会议、招收留学生、开展国际科研合作都依赖于所在地的基础设施建设。一个地方的国际接待能力与当地的经济社会发展情况密切相关，一般来说经济发展水平与城市的国际化水平成正相关。一个城市的对外开放程度越高、跨国企业数量越多、国际知名度越高，就更能吸引国外高等学校主动同当地大学进行交流与合作。

（三）大学国际化是推动人类文明交流互鉴的重要途径

人类社会在数千年的发展中创造出了不同风格、不同形态的灿烂文明，科学技术的发展拉近了不同文明之间的距离。“交流互鉴是文明发展的本质要求”，也是不同文明之间关系的一种基本历史态势。[①] 历史证明，当前人类社会发展不仅是科技创新的结果，更是人类文明交流互鉴的结果。在人类文明交流互鉴的过程中，教育交流合作承担着不可或缺的作用，尤其是高等教育事业的交流与合作更是人类文明交流互鉴的主阵地。

第一，教育是人类文明得以传承的重要手段。“教育决定着人类的今天，也决定着人类的未来。人类社会需要通过教育不断培养社会需要的人才，需要通过教育来传授已知、更新旧知、开掘新知、探索未知，从而使人们能够更好认识世界和改造世界、更好创造人类的美好未来。”[②] 教育通过将一个国家、一个民族的历史文化成果和民族精神传承后人，让后人站在前人的基础上继续前进。人类文明特别是精神文明，不同于技术手段、科学技术方法，它带有了民族的烙印，是一个民族区别于其他民族的最大表现形式，也只有在教育之中，才能将民族精神、民族情怀传承，才能保证一个民族永葆生机活力。

第二，教育交流是人们文明交流的表现形式。大学作为人类文明产生、传承、传播的重要场所，人类文明的交流互鉴需要大学之

① 张志洲：《文明交流互鉴是人类和平与进步的大道》，《当代世界》2022年第4期。

② 《清华大学苏世民学者项目启动仪式在京举行 习近平奥巴马致贺信》，《人民日报》2013年4月22日。

间的交流。在现代大学制度模式下，大学聚集了社会主要的知识分子和高技术人才，大学之间的往来促进了不同国家、民族高级知识分子的交流。在高技术人才的交流之中，除了先进技术、科学理论的交流外，民族文化之间的交流不可或缺，大学的教育交流为世界各民族文明的深度交流互鉴提供了人才基础、社会基础和思想基础。

第三，教育国际合作中实现人类文明新发展。人类文明的发展需要守正创新，不仅需要坚持民族特色、民族风格，还需要在立足国情的现实基础上与世界接轨。教育合作作为国家间交流合作的重要形式，在教育国际合作之中，各民族文明交流互鉴，走和平发展的道路，以交流化解冲突、消除隔阂，培养具有国际视野的优秀人才，为文明交流互鉴以及本民族的后续发展提供强有力的人才支撑。

第三节　大学国际化的主要内容

大学的国际化发展是一个动态且持续的过程。具体而言，是在明确的国际化发展理念指引下，以国际化发展的指导思想为基础，推动大学教师和学科的国际化，提高大学办学水平，培养国际化的学生。

一、大学发展理念战略的国际化

理念是发展的先导，大学的国际化势必要以国际化的办学理念、发展战略为指引，用国际化的理念指导办学实践。

（一）大学的国际化办学理念

理念是实践的先导，大学的国际化发展需要在国际化办学理念的指导下展开。具体来说，国际化办学理念包括了以下四个方面的内容。

第一，多样性为基础的国际化办学理念。多样性是人类文明的基本特征，国际化办学要充分尊重不同民族之间的差异，以谋求共识。2015 年 11 月，联合国教科文组织发布的《反思教育：向“全球共同利益”的理念转变》一书将“尊重生命和人格尊严、权利平等和社会正义、文化和社会多样性，以及为建设我们共同的未来而实现团结和共担责任的意识”作为教育的基础和宗旨。[①] 高等教育的国际化内在要求在文明交流过程中达到发展，以平等、合作为国际交流的基础，以互补代替对抗、以互鉴代替排他，在国际交流与合作中提升自身办学水平、实现进步。

第二，秉承平等沟通的国际化办学理念。不同国家虽然在经济发展水平、教育发展水平等方面有所差异，但是在交流中应处于平等地位。在国际教育合作之中，相互尊重，以对话解决问题、以协商化解冲突，充分尊重对方主权国家的权利。

第三，资源充分协同共享的国际化办学理念。大学的发展既需要资金、土地等可衡量的物质资源支撑，更需要理念、文化等不可量化的精神资源支撑。精神资源不同于物质资源，精神资源是可供复制、可供传播的资源。将大学作为资源集聚的场所，将优质的精神资源内化吸收，吸收别人的长处来弥补自身短板。同时，资源充

① 联合国教科文组织：《反思教育：向“全球共同利益”的理念转变》，教育科学出版社 2017 年版，第 30 页。

分协同共享也是践行大国担当的体现。在国际交流之中，担当起大国责任，在和其他发达国家交流合作、资源共享的同时，帮助、支持发展中国家的教育事业发展，提高其服务能力、拓宽其服务半径，为世界教育事业的发展贡献中国智慧与中国力量。

第四，合作共赢的国际化办学理念。推进教育现代化，要坚持对外开放不动摇。国际合作的目标是实现合作共赢，近年来，中国在全球范围内倡导构建人类命运共同体、推动“一带一路”建设，其根本目的在于凝聚全人类力量，实现共同发展。在中国的推动下，促进国际化办学、推动教育合作，以高等教育自主发展与合作共赢的新模式服务于构建人类命运共同体。加快知识的增值过程，更多创造为人类文明服务的公共知识成果，更多生产服务经济与科技进步的创新成果，更多生产服务民生的医药健康成果。① 同时，以国家间的教育交流与合作，促进国家间的政治、经济的交流与合作，拓宽国家间合作的层次与领域，树立起教育国际交流为整个经济社会发展服务的理念。

（二）大学的国际化办学战略

国际化战略对于大学国际化发展具有极强的指导作用，简·奈特提出：“大学必须要制定国际化战略才能有效实现国际化”“国际化战略能够为大学指明方向、明确责任、制定目标”。世界顶尖大学都相继制定了适合自身发展的国际化战略，以提高其国际竞争力，因此大学的国际化发展首先需要实现办学战略的国际化。

---

① 李立国：《自主发展合作共赢：高等教育新模式》，《光明日报》2019年6月11日。

第一，树立“以学生为中心”价值取向的国际化战略。大学的发展战略应充分考虑学生的未来发展，学生是教育的对象，要推动人才培养的国际化。将促进学生的发展、拓展学生国际视野、培养复合型人才作为大学的发展目标，将课程设置、人才培养等与世界接轨，学习世界上先进的办学理念，来提高办学战略的国际化程度。

第二，树立积极进取、发挥引领作用的国际化战略。大学的国际化应从“被动”向“主动”转变，设置积极进取、主动发展的战略。将人才培养的目标从与世界接轨转换成培养全球领导力、全球胜任力等，站在引领全球发展的高度，俯瞰学校与国际社会的关系。① 让大学发展的结果是解决世界问题、引领世界发展。

第三，树立起“引进来”和“走出去”相结合的国际化战略。国际化战略不能仅仅是吸引外国留学生、外国教师来学校学习，更需要将大学的教师、学生、科研成果推向世界。通过公派留学、访学的形式，加大对出国师生的资助力度。同时，要主动的面向世界开展学术、科研交流活动，“讲好中国故事”，向世界推介中国大学，在学术交流的同时也推动中华文化走向世界，走近世界舞台中央。

（三）“双一流”战略是大学国际化的体现

建设世界一流大学和一流学科是以习近平同志为核心的党中央，从中华民族伟大复兴的千秋伟业出发，立足新时代新征程的强国诉求，所作出的重大战略部署。2015 年 5 月，中央全面深化改

① 李敏、郝人缘、韩双淼：《国际比较视阈下的研究型大学国际化战略研究》，《浙江社会科学》2021 年第 4 期。

革领导小组会议审议通过《统筹推进世界一流大学和一流学科建设总体方案》，同年 10 月国务院印发《统筹推进世界一流大学和一流学科建设总体方案》。2017 年 9 月，教育部等多个部门联合公布了第一轮“双一流”建设名单。2021 年 12 月，中央全面深化改革委员会第二十三次会议审议通过《关于深入推进世界一流大学和一流学科建设的若干意见》。习近平总书记作出指示，要求“突出培养一流人才、服务国家战略需求、争创世界一流的导向，深化体制机制改革，统筹推进、分类建设一流大学和一流学科”。[①]2022 年 2 月，第二轮“双一流”名单公布，标志着“双一流”建设进入新阶段。“双一流”战略对大学发展和高等教育事业发展做出新要求、新部署，也为大学的国际化发展指明方向。

以大学的国际化发展促进“双一流”目标的实现。要建设世界一流大学和一流学科，就需要明确目前在世界同类型中的水平和层次，要有世界眼光，参与世界比较。只有在大学的国际化交流之中，才能明确世界需要什么样的一流大学和一流学科，目前学科建设和世界需要的差距在哪。

提高中国大学在国际领域的话语权和引领力。让中国大学的人才培养走向世界，让中国的科学研究为世界的和平与发展、为人类的解放贡献力量，为全球性问题的解决贡献中国智慧和中国方案。

---

① 《习近平主持召开中央全面深化改革委员会第二十三次会议强调　加快建设全国统一大市场提高政府监管效能　深入推进世界一流大学和一流学科建设》，《人民日报》2021 年 12 月 18 日。

二、大学教师与学科的国际化

教师作为教育发展的第一资源，在大学的发展中起到决定性的作用；学科作为大学的基础，高水平的大学需要以高水平的学科作为支撑。教师与学科作为大学发展的关键要素，需要顺应国际化的发展趋势，在更为广阔的空间中实现关键要素的配置与流动。

（一）推动大学师资的国际化

师资国际化是大学国际化的重要组成部分，也是建设世界一流大学的题中之义，指的是“通过引进或输出促进教师在国家之间进行相互交流与合作，促进本国教师国际化能力的提高”①，用国际化的师资来促进国际化的人才培养和学科建设，师资国际化是大学国际化的应有之义。

第一，把国际化人才作为大学教师队伍建设的重要支撑。大学的国际化进程中，应注重对国际高水平人才的吸引，并以此来优化大学教师队伍结构。通过丰厚待遇、故土情怀、优渥环境等吸引人才，形成高水平的国际人才集聚。以国际化的人才带动教师队伍国际化水平的提高。同时还要对引进的人才实施分级分类管理，对高层次人才坚持“一人一议”，合理设置人才聘期的考核目标，完善晋升和退出机制，充分调动起国际人才的积极性、主动性。

第二，鼓励本校教师前往世界一流大学学习深造。在职教师的学习深造是教师队伍发展的重要一环，特别是在高等教育中，知识更新速度快、交叉学科叠加，对教师的教学、科研能力提出了更大

① 关心、崔素娟：《经验梳理与国内启示：一流大学建设视域下师资国际化的培养》，《中国成人教育》2017 年第 14 期。

考验。推动本校教师前往世界一流大学深造，一方面可以增强教师学术水平；另一方面在继续深造的过程中，切身体验世界一流大学的教学模式和管理制度，更为便捷地了解国外学术前沿，拓展其国际视野，以教师为纽带让大学之间联系更为紧密。

第三，加强国家间高等学校教师学术、教学交流。参加国际性会议、学术活动是帮助教师了解国际学术前沿、把握国际学术动态，提升学术、教学能力的有效途径。通过国家间的教学、科研合作，推动国内教师走出去，以基地共建、联合主办论坛、比赛的方式，让不同文化、不同背景的教师汇聚一堂，进行思维、能力的碰撞。由此，教师们能够及时了解、掌握国际最新学术动态和学科发展前沿情况，“及时创新科研思路，创新知识，提升学术成果的国际化水平”①。

（二）推动大学优势学科的国际化

学科建设是大学发展的基石，是高等教育发展的核心，是高等学校长期以来肩负的一项重要任务，没有一流的学科就没有一流的大学、没有国际化的学科就没有国际化的大学，大学发展要以国际化的学科作为支撑。

第一，加强学科自身建设。大学学科国际化的前提是学科自身有相对应的实力确保在国际交流之中处于平等地位。学科作为大学发展的立身之本，高水平的学科支撑高水平的大学，国际化对于学科发展是锦上添花的作用，其前提是学科自身有过硬实力。科学设置学科评价指标体系，结合学校优势学科实际，建立

① 管春英、龚方红、戴晔等：《论高校师资队伍的国际化建设》，《中国高等教育》2011 年第 18 期。

一套符合自身特点的优势学科管理机制，并与时俱进、积极创新。[①] 以科学制度促进学科自身建设，提高学科在国际竞争中的优势。

第二，积极推动优势学科“走出去”与“引进来”。世界一流学科的需要在世界交流中才能培养、才能实现发展。以学术论坛、学术讲座的形式，促进学科之间的交流，通过营造良好的国际科研合作环境促进学科高质量发展。在“走出去”和“引进来”的过程中，发现学科短板、挖掘学科特长，提升优势学科在国际社会中的影响力，促进自然科学在国际处于领先地位，打造具有国际知名度的中国特色哲学社会科学品牌。

第三，以国际化的学科评估标准促进学科国际化。学科的国际化需要有一定的评价指标，通过“以评促建”的方式，来促进学科的国际化建设。形成科学客观的评估标准，对学科的国际化建设做出正确评价，找到学科国际化发展中的真正问题，并在后续发展中解决问题、改进问题，以实现高质量的学科发展。

（三）在扩大开放办学中提高办学质量

第一，在开放办学中提高中外合办专业质量。中外合作办学项目在当前具有专业数量少、学生规模小以及专业设置较为集中的特点，能够较为明显的反映出社会发展趋势，对社会经济发展的形势与需求反应迅速，更加体现出社会经济发展的时代需求。中外合作办学专业作为扩大开放办学中的重要一环，习近平总书记在全国教育大会上指出：“要扩大教育开放，同世界一流资源开展高水平合

① 陶莺、吴璐燕、陈承：《“双一流”建设背景下地方重点高校优势学科国际化现状和发展路径》，《科教文汇（中旬刊）》2021年第32期。

作办学。”[①] 通过和世界知名大学共同开设专业，不仅能够将世界一流大学的办学风格、办学理念引进到国内高等学校中，还能提高学生的国际视野、提高办学质量，在人才培养过程中相互借鉴、取长补短。

第二，在开放办学中打造学科高峰。学科高峰是一个学校顶尖学科、优势学科的体现，要瞄准国际学科前沿和国家、区域、行业重大需求，厚植学校特色学科竞争优势，加强学科之间的联通融合。开放办学有助于学科广泛吸收学科发展经验、促进学科交流，在国际竞争之中促进学科发展，化优势学科为高峰学科，加强优势学科在世界同类学科的引领力。同时注重学科的实际转化，以科学研究解决人类发展中的重大问题，肩负世界责任，共同构建人类命运共同体。

第三，在开放办学中促进人才集聚。开放办学促进了人才的交流和流动，高端人才是高质量发展的强大引擎，高端人才在高质量发展中起着引领、驱动和支撑作用。高端人才成为各国竞相争夺的宝贵资源，将人才的发展、培育、引进等政策上升到国家基本战略层面。在开放办学中，通过引进高端人才的方式，提高学校的教师队伍质量、发挥高端人才学科带头人的作用，促进优势学科发展，同时以“传帮带”的形式用高端人才促进学校人才队伍建设。

第四，在开放办学中提高大学知名度。大学知名度是大学实现高质量发展的一个隐性指标，其不同于科研成果、教师水平以及学生质量等有明显的量化考核标准，其主观性更强，但大学知名度尤

---

① 习近平：《坚持中国特色社会主义教育发展道路　培养德智体美劳全面发展的社会主义建设者和接班人》，《人民日报》2018 年 9 月 11 日。

其是大学国际知名度对于大学来说是不可或缺的部分，人才引进、学生招生都依赖于大学的知名度。在扩大开放办学中，积极推动大学走出去，在世界舞台中去展示自身科研水平和人才培养成果，有助于提高大学在国际社会的知名度，为大学的后续发展积累宝贵财富。

三、大学人才培养的国际化

人才培养质量作为评判和检验大学办学质量的重要且关键因素，国际化指标是其重要内容。在当前全面推进中国式现代化进程中，需要国际化的人才提供有力支撑，因此大学需要培养国际化的人才。

（一）学生视野的国际化

学生的国际视野广阔程度是衡量一个学生人才培养成效的重要标准，也是我国参与国际竞争与合作的重要后备资源。《教育部等八部门关于加快和扩大新时代教育对外开放的意见》进一步提出要提升我国高等教育人才培养的国际竞争力，加快培养具有全球视野的高层次国际化人才。学生的国际视野教育在于培养学生对于国际关系、世界形势的把握，既要立足中华优秀传统文化和本国国情又要面向世界兼收并蓄，学习世界学术科技前沿。党的二十大报告提出来“坚持胸怀天下”①，在世界一流大学建设的过程中，要自觉将培养胸怀天下的国际化人才作为自身的使命担当。

第一，培养学生跨文化沟通交流的能力。了解和理解其他民族

① 习近平：《高举中国特色社会主义伟大旗帜　为全面建设社会主义现代化国家而团结奋斗——在中国共产党第二十次全国代表大会上的报告》，人民出版社2022年版，第21页。

的文化、生活习惯以及表达方式是进行交流沟通的前提，语言的熟练掌握程度也影响了国际信息辨别和人际沟通效率。要培养学生对于不同文化的理解能力，能够理解不同国家和民族的文化、习俗和思维方式、行为习惯等，同时能找到自己与交往对象共同关注的议题，并在交流中找到对同一议题理解的共通点。① 在熟练无障碍沟通的基础之上，充分尊重不同民族的文化风格，才能更好地进行国际交流与合作。

第二，营造国际氛围的校园文化环境。良好的校园文化环境起到了润物细无声的作用，大学要善用校园文化育人功能，做到以文化人、以文育人。通过引进海归人才、推动教师出国访学的方式，提高教师的国际视野，让教师在授课过程中将自身的国际视野、全球观念融入课程教学之中，在课程育人中营造良好文化环境。还可以通过组建模拟交流社团、开展模拟联合国大会等方式，在学生“第二课堂”活动之中融入国际元素，了解国际交流形式，以活动育人提高学生的国际视野。还可以鼓励留学生同学生交流开展活动，进行文化交流活动，让学生在亲身体验中培育其国际视野。

第三，培育学生正确的国际交流观念。习近平总书记指出：“中国愿同国际社会一道，坚持弘扬平等、互鉴、对话、包容的文明观，以文明交流超越文明隔阂，以文明互鉴超越文明冲突，以文明共存超越文明优越，推动构建人类命运共同体。”② 习近平总书记

---

① 姜锋：《培养具有全球视野和世界眼光的高层次国际化人才》，《中国高等教育》2020 年第 21 期。

② 《习近平同意大利总统马塔雷拉分别向“意大利之源——古罗马文明展”开幕式致贺信》，《人民日报》2020 年 7 月 11 日。

的文明观对大学生培养国际交流观念指明了方向。要在教育学生的过程中，让学生树立平等包容的国际交流观念，在包容各国文明的进程中，以对话解决问题、化解冲突、消除分歧。营造良好和谐互助的国际教育交流环境，沟通教育共同体。

（二）人才培养方案的国际化

人才培养方案是实现大学人才培养目标、达到社会对人才需要的纲领性文件，在“双一流”建设的重大战略背景下，人才培养方案应充分考虑国际化人才培养的目标，将国际视野教育融入人才培养之中，以目标导向促进国际化的人才培养。

第一，分级分类设置国际化人才培养的目标。人才培养方案的制定总体是围绕国家对于新时代人才需要的总体目标，进而依据学科特点、学校特点、生源特点等方面而设置的。不同的学校、不同的专业都对国际化的要求不同，自然科学类需要掌握世界学术前沿、了解学科发展现状，对于哲学社会科学来说，更需要的是推动建设有中国特色、中国风格、中国气派的哲学社会科学并推动其走向世界、提高国际影响力和知名度。同时，不同的高等学校由于其生源质量、所在地不同，因此其人才的国际化目标也有所不同，要结合学校的实际情况科学设置人才培养的目标，要让人才培养目标同学校实际情况相符合。

第二，处理好总体目标与子目标之间的关系。总目标与子目标是一组相对概念，在培养德智体美劳全面发展的总体人才培养目标之中，人才的国际化目标是其中一个子目标，要使子目标符合并且服务于总体目标的实现，子目标在总目标实现路径中去实现自身。对于人才的国际化目标自身而言，内部由人才的国际化视野、国际化技能、国际化价值等多个子目标构成，众多子目标共同构成了一个完整的国际化系统，要充分调动各子目标主体的积极性和主动性，并且尽可能让众多子目标发展的速度和效果相契合，构成你中有我、我中有你的协调共生系统。

第三，注重人才培养过程中的检查与调整。在当前科技更新换代速度加快、国际关系复杂程度提高以及各类社会思潮对大学的思想政治教育提出挑战的大背景下，需要不断地更新和完善人才培养方案的目标，同时在人才培养过程中，相关部门应通过公开调研、秘密考察的方式对人才培养进行中期检查，评判是否达到预期成果，同时总结在实施过程中的经验以便在后期实施的时候进行优化调整。

（三）学生能力的国际化

大学国际化人才培养的能力目标是学生能掌握专业技能，以此来参加国际交流与竞争，并在此基础上不断发展。因此，学生能力的国际化既包括了当下的国际化能力也包括了未来的国际化能力两个方面。

一方面，立足当下的国际化能力。其含义在于如何培养学生在当前参与国际交流与竞争的能力，如何让学生在当前的国际竞争之中保持优势乃至于引领发展。通过假期出国访学或是学期交换的形式，促进学生了解同其他国家层次学生的能力状况，形成对比，了解同类型现状。同时，通过到跨国公司实习、同国际大型公司开展校企合作的方式拓展职业生涯体验，了解本专业本领域的国际就业形势，提高就业竞争力。通过党政领导、教师教育以及学生自主参与的方式，让学生的能力目标达到国际社会公认的一流水准，提高其在国际竞争中的能力与优势。

另一方面，面向未来的国际化能力。其含义在于在技术产业更新迭代迅速的时代，面对层出不断的技术理念以及复杂多变的国际形势，如何不断更新自身能力，在国际竞争中保持自身优势，从某种意义来说可以理解为学习能力。要让学生持续走在时代前列，不断丰富自身的知识储备，以此在世界发展中做到持续引领、不断发展，确保不被世界发展潮流所淘汰，做好教育事业发展和中国特色社会主义事业发展的中坚力量。

大学的国际化的主要内容包括了发展理念的国际化、教师和学科的国际化以及人才培养的国际化三个方面。其中，国际化的理念是大学国际化发展的先导，国际化的教师是大学国际化的主要力量。教师同时肩负着教学和科研的双重任务，学生的国际化也就是人才培养的国际化是大学国际化发展的重要目标，是大学实现可持续的国际化发展的重要举措，三者共同构成了大学国际化的主要内容。

第四节　大学校长推动实现大学国际化发展

我国大学国际化发展需要坚持党的领导、树立正确的办学理念、明晰自身办学定位，大学校长要在这三者之上构建国际化发展新格局，提高国际化办学能力，面向世界建设具有中国特色、世界一流的大学，实现大学国际化的新发展、新突破。

一、大学校长在党的领导下推动大学国际化

坚持党的领导是中国大学实现高质量发展的根本保证，大学校长要根据“党委领导下的校长负责制”工作原则，发挥自身作用，将党中央对于建设世界一流大学的重要部署落实到大学发展之中。

（一）贯彻习近平总书记关于中国特色世界一流大学建设的重要论述

习近平总书记指出：“要坚持党的领导，坚持马克思主义指导地位，坚持为党和人民事业服务，落实立德树人根本任务，传承红色基因，扎根中国大地办大学，走出一条建设中国特色、世界一流大学的新路。”① 这一关于中国大学建设的重要论断为今后很长一段时间中国大学建设指明了方向。建设中国特色世界一流大学是中国共产党领导高等教育事业发展历程中总结出来的宝贵经验和科学指南，彰显出来了中国共产党带领全国各族人民实现中华民族伟大复兴中国梦进程中高等教育发挥好培养人才、提供科技支撑的重要地位。大学校长在推动国际化发展过程中要注重习近平总书记对于大学发展尤其是大学国际化发展的重要讲话精神。

1. 要坚持党的领导和坚持马克思主义指导地位

坚持党对高等学校的全面领导是“坚持党对一切工作的领导”在高等学校工作中的具体体现，是中国特色社会主义大学的最本质

① 《习近平在中国人民大学考察时强调　坚持党的领导传承红色基因扎根中国大地　走出一条建设中国特色世界一流大学新路》，《人民日报》2022 年 4 月 26 日。

特征、最鲜明特色。[①]马克思主义是我们立党立国的根本指导思想，人类社会认识世界、改造世界的强大思想武器。青年大学生正处在“拔节孕穗期”，其正确的世界观、人生观、价值观正处于形成的关键时期，必须引导大学生坚定马克思主义信仰，自觉听党话、跟党走，投身党和国家的伟大事业中去。

2. 要坚持为党和人民的事业服务

党的二十大报告提出“教育、科技、人才是全面建设社会主义现代化国家的基础性、战略性支撑，必须坚持科技是第一生产力、人才是第一资源、创新是第一动力”[②]，高等教育是科技创新、人才培养的主阵地，是党和人民所创建的，必须要让高等教育的成果为党和人民的事业服务。推动学生出国交流、学成后引导人才学成报效祖国，为国家的社会主义现代化建设服务。大学的国际化是大学提升自己办学效果的手段，作为一个过程性的存在，国际化不是大学发展的目标，而是手段，其最终目的是要让国际化的大学、国际化的教师、国际化的学生为党和人民的事业服务。

3. 要落实立德树人根本任务

立德树人是教育的根本任务，在新时代要回答好“培养什么人、怎样培养人、为谁培养人”这一根本问题。明确其投身社会主义现代化建设的信心和决心，增强其民族自豪感和使命责任感，自觉成为社会主义事业的建设者和接班人。同时，还要增强其人类命运共

---

① 徐军：《坚持和完善党对高校全面领导的体制机制》，《思想理论教育》2021 年第 4 期。

② 习近平：《高举中国特色社会主义伟大旗帜　为全面建设社会主义现代化国家而团结奋斗——在中国共产党第二十次全国代表大会上的报告》，人民出版社 2022 年版，第 33 页。

同体意识，加深青年对于优秀传统文化中“和而不同”“天下一家”等的理解与把握，培养青年学生“胸怀天下”的气质。

4. 要传承红色基因，扎根中国大地办大学

红色基因是中国共产党团结带领全国各族人民在革命、建设、改革中形成的重要特质，承载了中国共产党的初心和使命，是中国共产党人代代相传的重要命脉。大学生作为党和国家事业的后继人选，应该在其学习成长期就为其传承红色基因、赓续红色血脉。同时，扎根中国大地办大学、走自己的路是大学国际化发展的基础，大学的国际化是立足中国实际的国际化，不是走全盘西化的老路。同时，传承红色基因、扎根中国大地办大学也是大学在国际交流合作中区别于其他国家大学的亮丽底色。

（二）加强顶层设计，提供国际化的制度保障

习近平总书记指出：“制度优势是一个国家的最大优势，制度竞争是国家间最根本的竞争。”① 大学校长要围绕大学国际化发展过程中的需要和要求，制定相应的规章制度，为大学的国际化发展提供制度保障。

第一，制定科学合理的发展和国际交流制度。大学的国家化发展制度的制定应该是从“自上而下”和“自下而上”两个维度来制定，既要以党和国家对于大学教育现代化和大学国际化的方针政策为基础为指导，又要充分体现学校特色和当地特色考虑学校的实际情况，还要充分通过教代会、工会、学代会的方式吸纳师生员工的意见，形成合理的国际化发展战略。大学校长要充分运用好党委常

① 《习近平著作选读》第二卷，人民出版社 2023 年版，第 277 页。

委会和校长办公会充分调研制定政策，同时要畅通政策制度的执行渠道，确保政策的落地落实情况，真正的以制度保障国际化发展、以制度促进国际化发展。

第二，制定面向世界学术前沿的学术制度。学术是一个大学可持续健康发展的重要环节和参加国际竞争的立身之本，构建学术治理制度也是完善大学治理体系和提高治理能力的应有之义。大学校长自身也是某一学科的带头人和高端人才，构建学术管理体系和治理体系应吸收世界一流大学的先进经验并与学校实际情况相结合，以构建学术共同体为目标，整合学科力量，参与国际交流和竞争，提高学科学术水平在世界的地位和知名度，打造世界一流学科，增强大学学术的影响力和引领力。

第三，制定符合学校特色的人才引进培养制度。人才是大学发展的基础，在大学中可以将人才分为教师人才和学生人才。针对教师人才，需要加强对海归青年的引进力度，通过明确不同水平人才的引进待遇、引进福利以及后续的政策保障，以制度形式规范，加强对于人才的吸引力。同时合理设置人才后续的培养和考核制度，促进人才的可持续发展和贡献度。针对学生人才，要将其国际发展、国际交流制度化、规范化，针对合作办学的学生，更要以制度的形式规范其培养过程。

（三）构建以学校党政为核心的大学国际化发展机制

习近平总书记指出："要下大气力全方位培养、引进、用好人才……要加强人才国际交流。"① 当今世界人才锻炼的一大基本原则

① 《深入实施新时代人才强国战略 加快建设世界重要人才中心和创新高地》，《人民日报》2021 年 9 月 29 日。

就是通过国际竞争，在锻炼本国人才的同时发现优秀的国际人才，而大学就是实现这一竞争的直接平台，需要大学校长进一步推动制定出台对外合作相关政策，发挥好大学领导者的作用，构建以学校党政为核心的国际化发展机制。

第一，通过国内外合作办学，新增高质量中外合办大学机构与项目，或者聘请国外专家进行授课，或增加交流项目与讲座，整合国内外资源进行直接的教学与交流。未来大学校长要提高对于合作办学的重视程度，做强合作办学机构、扩大合作办学项目，加强同国外大学的联系，相互借鉴、取长补短，促使其实现高质量发展。

第二，制定科学的国际化人才培引制度。运用好留学与归国政策，扩大交流学者与交换生项目，利用国外资源为大学培养急需高层次人才。对于受公派留学基金资助出国留学的人才要严格落实留学协议，出台具有吸引力的人才回流政策吸引自主留学人才归国就业，利用世界资源尤其是发达国家教学资源进行间接的人才培养，提高人才的国际视野。

第三，通过融合产业链方式，推动深化校企合作，尤其是实现国内大学与跨国企业之间的合作。融合产业链，就是指在企业用人需要以及学校人才培养相交集的某职业技术领域之内，将上下游资源整合入校企合作办学所开展的专业培养体系之中，从而通过利用整合资源精准培育企业急需人才。通过校企合作的方式，提高人才的实践能力，也推动大学技术的转换能力，以大学的科学研究更好地推动经济社会的发展，同时还能为广大学生提供就业、实习场所，减缓大学就业压力，实现大学、企业、人才的三方共赢。

二、大学校长树立正确的国际办学理念

办学理念是大学发展的指引，大学办学理念内涵丰富，国际办学理念是组成部分之一。大学的国际办学理念在明确的过程之中，大学校长要充分结合大学的自身发展实际，既有中国大学国际发展的共同理念，又具有大学自身发展实际的个性理念。

（一）树立主动的全面开放理念

大学的国际化要求大学对外开放，其开放是主动的开放而不是被动的开放、是全面的开放而不是部分的开放，要以一种积极主动的状态去全面开放办学，在开放办学中全面提高自身的办学实力。

理念作为引领事物发展趋势、实现事物发展目标的一种设想和期待，科学的理念有助于促进事物朝着正确的方向发展。随着大学在更高层次和更深领域与国际接轨的程度不断加深，大学迎来了更大的开放空间。与此同时，科学、正确的开放理念对大学各领域的发展作用不容忽视，将在大学深化教育体制改革、加快学科结构调整、促进科技创新、提高国际竞争力等层面形成牵一发而动全身的影响力。因此，要扩大大学的国际视野就必须从开放理念的高度，来端正对大学发展的国际化认知，并以此来指导大学管理体制、培养模式的深刻变革。在大学教育体系中，大学发展的质量与成效关系到一个国家文化软实力的强弱，关系到社会关键技术的自主研发与创新水平的高低，关系到国家对于人才的吸引力大小。大学作为国际竞争的平台，肩负着提升办学质量的重要使命。而大学校长群体在这一进程中扮演的是领军者的角色，他们的理念和决策会影响到一所大学的国际视野是否宽广，因此创建大学校长学必须要有明

确的国际视野导向。

大学主动全面的开放，尤其需要优化高等学校合作项目。随着国家与国家之间的联系的日益密切，大学在发展过程中突破国界、放眼全球，以全面、积极、主动的开放理念顺应国际市场，是迎接新一轮开放发展的根本举措。因此，优化高等学校合作项目将有效实现大学的开放与发展。一方面，大学校长以大学作为主体，积极组织学生参加各种国际竞赛项目。随着时代的发展和经济全球化的深入，交通条件的改善，国际竞赛已经成为国际顶尖人才在短期竞争中实现学术交流与相互学习借鉴的一种重要方式。尤其是各类数学竞赛、科技竞赛、创新竞赛、创业竞赛与青少年兴趣竞赛对于锻炼人才有较突出的意义。通过竞赛项目有利于高等学校在争取荣誉同时提升世界知名度。另一方面，大学通过扩大国际合作，设立科研奖金吸引国际合作。设立奖学金是世界各国尤其是发达国家高等学校提升竞争力较为重要的手段，目前世界各国纷纷借国际学术交流、人才培训、科研合作等方式设立人才吸引项目以及交流平台，便于必要之时引进他国人才。

大学主动全面地开放，要注重增强大学国际竞争力。在这个过程中，大学校长的角色尤其重要。大学校长作为大学的引领者往往需要具备成长目标，而这种目标必须符合社会竞争需要，能够将自己实际工作与国际社会竞争点相结合，协调好大学发展与国际社会发展之间的关系；可以在国际形势中找到突破口来增强大学实力；能够根据大学实际情况，取长补短。因此，大学校长要能将国际目标与世纪目标相结合，不断为增强大学国际竞争力而努力。

第一，要在校长引领下，深挖高等学校核心竞争力。我国高等学校要创造和用好有利科研与人才培育环境，统筹用好国内外两种资源。大学校长要有全球视野与格局，以更加开放的态度融入世界，领导大学走出去，让大学在广泛合作与深度交流中借鉴先进理念与经验，不断创新办学新模式，切实提升自身在国内外的教育知名度和影响力。要构建更加开放的国际人才、科研、科技等交流合作平台，尤其注重国际前沿和薄弱学科的建设与发展。

第二，要在校长带领下，提升高等学校办学质量。高等学校办学质量包括硬性指标与软性指标两个方面的内容，前者是指在大学工作中看得见并且可以通过完善的质量标准进行判断的质量水平，如大学教学工作质量水平、大学科研工作质量水平、大学管理工作质量水平等等，是评价大学质量的有形载体。后者是指在大学工作中体现出来的质量意识、质量文化、质量精神，是大学硬质量的无形延伸，也是大学办学质量的集中体现。

第三，要在校长指引下，优化高等学校发展环境。现代大学不仅是一个社会孕育高素质人才的教育基地，还是一个国家研发科学技术的创新平台，更是一个民族实现文化传承的关键桥梁和载体，而大学发展的环境则能潜移默化地影响高等学校办学质量，同时它也是大学校长工作的平台与依托，为大学校长工作营造了环境。大学校长的工作目标就是发展大学这一载体与其提供的环境，提高自身工作效率，拓展工作方法，并进一步推动大学的发展，建成世界一流大学与世界一流学科，提升我国的文化软实力，有助于实现科技强国、人才强国、文化强国等一系列现代化强国目标，最终推进社会、民族、国家的整体发展。

（二）以大学校长引领大学双向开放

开放办学是建设世界一流大学的必由之路，大学校长引领大学双向开放则是开放办学的必由之路。所谓双向开放，就是在原来单一人才外输留学的基础上，开放自身，引进国外人才到国内高等学校学习与交流，并且形成一种合作共赢关系，实现战略互信、科研合作、人文交流，构建起深度融合的互利合作新格局。大学校长引领大学双向开放，就是以校长这一职位特殊性积极促成开展国内外高等学校双向交流。具体来说，要进一步出台政策，创造优化条件，支持与鼓励大学校长双向交流。为此，需要放宽大学校长交流条件、增加大学校长交流机会。

一方面，需要进一步出台或优化相关政策，放宽大学校长出外交流条件。要提增高等学校国际竞争力，就必须要增加人才队伍的交流与合作频次，提高人才队伍交流与合作水平，必须坚持“引进来”与“走出去”并用。而我国大学校长队伍应当作为高素质人才队伍，更多通过文化外输来提升本校的国际影响力与竞争力。换言之，大学校长队伍应成为我国人才环流队伍中的重要组成部分，因此，需要进一步放宽大学校长交流条件，提升大学校长对外交流的频率与水平，促进大学校长带领大学走出国门，面向世界：既要优化大学校长出境交流的硬性条件，放宽出国交流的限制，为其提供绿色人才通道等便利措施，在国内与国外提供交通、住宿、饮食等便利；更要优化大学校长出境交流的软性条件，可为其配备专门的团队制定演讲方案、策划活动形式等；还要丰富大学校长出境交流的活性条件，为其建立出国交流日志与档案资料库，与国外高等学校展开常态化交流与合作。

另一方面，需要进一步拓展交流渠道与交流活动，进一步增加大学校长的交流机会。目前，大学校长队伍受限于自身工作繁忙，国外交流机会以及渠道不多，因此需要拓展与其日常工作相符的渠道途径，增加其国际交流机会。既要通过积极参加各种国际学术会议，在与国外人才队伍的交流与熟悉的过程中实现融会贯通。随着时代的发展和经济全球化的深入，交通条件的改善，国际学术会议已经成为国际顶尖人才实现学术交流与相互学习借鉴的一种重要方式。对于大学校长队伍深入借鉴与学习国外高等学校成功建设经验，并结合我国国情、实际校情，发展属于自身的办学理念，具有较突出的现实意义。更要通过主持国际合作科研项目奖金，开展研究计划、合作完成项目、设立奖学金等渠道拓展国际学术交流、人才培训以及科研合作来增进与国外高等学校的互惠互利及交流经验。还要通过访问学者计划与政策之便利，在上岗前到国外高等学校进行学习与授课，深入了解合作大学学问与理念。

（三）以育人为本实现共赢开放

大学是人才培养的主阵地，承担着人才培养的任务，关系到每个学生不仅在智能上成才，还要在道德素质、体育素质、艺术素质、实践能力各方面全方位成才，并且还要培养其自主终身学习的行为模式以及自主创新的能力，其中最基础、最重要的素质就是道德素质。在这一过程中，必须牢牢坚持“把思想政治工作贯穿教育教学全过程，把思想价值引领贯穿教育教学全过程和各环节，形成教书育人、科研育人、实践育人、管理育人、服务育人、文化育人、组织育人长效机制”① 的理念不动摇。随着大学双向开放程度

① 习近平：《在全国高校思想政治工作会议上的讲话》，《人民日报》2016年12月9日。

的不断加深，不断深化“三全育人”的工作理念、将其融入人才培养目标明确的开放体制机制之中，完善大学校长育人效果督导制度，将理念落到实处。

第一，要推进“三全育人”的工作理念并且不断深化。随着我国进入新发展阶段，相较西方发达国家较为完善的人才培养评价机制，我国原有的以单一学业水平或工作成果为指标衡量学生素质的方法已不能满足实际，这就迫切需要构建“三全育人”之新型格局以改进。党的十九届五中全会通过的《中共中央关于制定国民经济和社会发展第十四个五年规划和二〇三五年远景目标的建议》指出，要“建设高质量教育体系，坚持立德树人，加强师德师风建设，培养德智体美劳全面发展的社会主义建设者和接班人”。① 这为新发展阶段我国高等教育机构办学提供了科学理念，指明了根本任务，进一步完善了相关顶层设计与整体规划。

第二，通过体制机制建设，建立健全育人目标明确的工作体制，夯实“三全育人”的工作理念。育人体制就是指在高等学校以德育人原则指导下，在开展办学工作方面的机构设置、领导隶属关系和管理权限划分等方面的体系、制度、方法、形式等的总称。健全育人目标明确的开放体制，就是要实现育人体制与国际接轨，实现国际化，建立相对公允科学的育人评价体系。要实现评价标准与评价内容多元化，要改变过去单一以学生成绩、科研成果为核心的评价指标体系，增设包括道德评价标准、政治素养评价标准、社会实践评价标准、群众基础评价标准、艺术能力评价标准、体育能力

① 《中共中央关于制定国民经济和社会发展第十四个五年规划和二〇三五年远景目标的建议辅导读本》，人民出版社2022年版，第28页。

评价标准在内的结构化评价体系；同时改变以往单一注重学科成绩成果的评价内容，增加综合能力相关评价内容。

第三，要完善大学校长育人效果督导制度，将高等学校育人实际效果与大学校长工作业绩切实挂钩。要改进过去以政府为主导的育人督导体系，变单一侧重“督”为“督、导”并重。充分授予高等学校自主自查评价权，并与校长队伍考核相挂钩。努力让每一名学生享受公平而有质量的教育，提升学校治理体系和治理能力现代化水平，从而丰富高等学校办学内涵，实现高等学校可持续内在发展、高质量发展。因此，要以高标准选聘校内督导人员，注重评价改进功能的挖掘，完善校内督导内容，从密切关注学校的办学思想、管理和治理方式、人才队伍建设、育人水准、学生发展情况、学校品牌发展等方面的工作入手，建立新型校内督导模式以及相关配套制度，使其实现科学化、现代化、精细化。

三、大学校长推动大学国际化发展的原则要求

每所大学在经济社会发展中的定位和作用各不相同，大学校长要在国家重大战略的统一部署之下，在根据大学自身特色和发展水平制定符合自身发展的国际发展方略，实现自身的国际化发展。

（一）大学国际化发展应符合自身实际和办学特色

大学的国际化发展不是千篇一律的国际化，是各有特点、各具特色的国际化。大学校长在国际化道路、方向的制定过程之中要充分体现办学特色、学校特色，来促进协调合理的国际化。

第一，大学校长依据国际化办学理念制定国际化办学战略。办学理念是一所大学的价值根基，是大学不断前进的思想引领，也是

大学实现治理现代化的内在支撑。① 办学理念是整个大学高质量发展、实现治理体系和治理能力现代化的思想指针，大学的各类政策制定、活动开展和对外交流都是依据办学理念而开展的，办学理念是一所大学内在的、深层次的、精神的存在。大学的国际化需要国际化的办学理念，需要国际化的战略。

第二，大学校长依据学校特色优势制定国际化办学战略。不同的学校在社会发展现代化建设中所承担的责任和使命是有所不同的。大学的国际化要选择合适的交流对象，与自身同类型、学科的学校进行交流。以国际化交流促进学校特色进一步彰显，提高学校在国际社会的知名度和影响力。

第三，大学校长依据学校师生实际情况制定国际化办学战略。国际化的具体执行是大学的教师和学生，因此，大学在推动国际化发展的时候要充分考虑到师生的能力水平、语言水平等特点。同时，大学的国际化是教师和学生的国际化，培养具有国际视野的教师和学生是大学国际化的重要使命。在国际化进程中，需结合教师特点、学生人才培养方案等方式来制定具有高等学校特色、学院特色、学科特色的国际化方案。因为不同高等学校的生源质量有所差异，在前期的学习基础上有所不同，学生对于所在学科的能力掌握程度也是有所区别，在国际化进程中，要充分考虑能力基础这一重要条件，切不可拔苗助长。

（二）大学国际化发展应回应国家重大战略部署

高等教育的重要使命就是服务社会主义现代化建设，为中国式

① 宋争辉:《创新办学理念和格局 推进大学治理现代化》,《中国行政管理》2021 年第 1 期。

现代化提供教育、人才、创新、科技等方面的支撑，大学的国际化应牢记这一重要使命。在进入新时代以来，以习近平同志为核心的党中央立足“两个大局”和国内外发展新形势，提出了一系列关于国际合作的重大战略部署，在这些重大战略部署之中，既需要高等学校为战略制定、优化、执行提供智力支持，同时重大战略部署也为高等学校发展提供帮助。

大学校长以大学国际化推动践行人类命运共同体理念。人类命运共同体理念是习近平总书记站在世界百年未有之大变局，基于历史经验和时代发展新趋势这一重大时代命题背景下提出来的全球倡议。伴随着信息时代的到来，高等教育在人类命运共同体的建设中扮演着越来越重要的角色。人类命运共同体为大学的国际化提供了广阔天地和时代背景，人类命运共同体的倡议涉及经济、政治、文化、安全等多个领域，为教育交流和研究提供了广阔平台。同时，大学作为典型的组织，通过对知识的传播、生产与应用的持续变革强化命运共同体的角色与意识，为推动人类命运共同体积蓄力量。① 大学应牢牢抓住这一时期主动融入到国际合作中，为世界经济社会发展提供智力支撑。大学推动构建人类命运共同体也是大学发展和高等教育事业发展的应有之义。现代大学便是肩负着推动社会发展的重要职能。高等教育着眼于主体功能和社会功能的实现与人类命运共同体兼容社会个体和社会共同体的理念不谋而合。② 高

① 陈斌：《自我革新的大学与人类命运共同体的构建》，《中国高等教育》2022 年第 Z3 期。

② 俞兆达、苟斐斐：《泛在大学：高等教育推动构建人类命运共同体的新图景》，《国家教育行政学院学报》2022 年第 9 期。

等教育事业的全球化，通过促进各国之间的科技文化交流，助力构建人类命运共同体。

大学校长以大学国际化融入“一带一路”倡议中。自 2013 年习近平总书记提出“一带一路”倡议以来，对于沿线国家开展了多领域的合作交流，实现互利共赢。教育的国际化合作是“一带一路”倡议中的重要组成部分，是比起经济合作更为深层次的合作，也为国际合作提供智力支撑。“一带一路”倡议是我国积极推动国内的企业、产业和人员“走出去”的重要举措，大学的国际化发展应用好这一股东风，借势“走出去”。“一带一路”作为一个庞大复杂的合作系统，其内部有自身的运转机制，大学在国际合作融入“一带一路”的时候，也应处理好二者之间的关系。“一带一路”建设是一个难得的契机，但需要进行一个系统化的建构过程，在思想理念、价值取向、体制机制、社会参与等各方面实施革新，促使各相关主体共同参与。[①]“一带一路”的建设作为政府所主导的系统工程，大学应积极主动的寻求政府部门的支持，同时发挥好自身独立办学的主体作用，广泛吸纳社会组织之间的力量，在借助“一带一路”倡议实现国际化、提高自身办学效果的同时，以科技、人才和创新为“一带一路”倡议走向更深层次的合作与发展提供支撑。

（三）大学国际化发展需要坚持展现中国特色

党的二十大报告明确指出了中国式现代化的本质和特点以及要求，这为今后大学的国际化发展全面融入高等教育事业现代化提供了根本遵循。新中国成立以来，中国共产党领导全国各族人民走出

① 张继明：《“一带一路”倡议下区域高等教育国际化的建设向度及其治理》，《江苏大学学报（社会科学版）》2023 年第 1 期。

了一条有中国特色的现代化道路，我们要走出一条有中国特色的大学国际化发展道路。

中华优秀传统文化是中华民族的重要特色，大学的国际化要自觉肩负起传承和弘扬中华优秀传统文化的使命。中华优秀传统文化是中华民族的根和魂，是中华民族区别于其他民族的重要标准。要高度重视中华优秀传统文化的传承和发展，推动优秀传统文化创造性转换和创新性发展。大学的国际化应自觉将中华优秀传统文化融入其实践进程中。大学的国际化需要中华优秀传统文化，在同世界各民族、各国家的大学交流过程中，不同的民族文化、风俗习惯等有所不同，意识形态、社会制度更是千差万别，大学的国际化需要在党的领导下，自觉坚定文化自信，才能在文化交流之中有底气。同时，中华优秀传统文化也需要大学的国际化。优秀传统文化的传承和弘扬需要推动其“走出去”，大学的国际化本身就是文化的交流，只有在不同文化的交流之中，加强文化合作，推动文明互鉴，才能使中华优秀传统文化永葆生机与活力。

四、大学校长推动构建大学国际化办学的新格局

在大学正确的国际化办学战略的指导下，大学校长推动大学的国际化深入发展，构建起更全面的发展格局、拓宽更广阔的合作空间、形成更互利的协同发展。

（一）构建更全面的开放格局

在大学对外合作政策的影响下，大学之间的开放局面更加全面，大学校长必须充分发挥其外交职能，展开形式多样的合作以进一步提升大学校长的合作效益，提升大学校长在国内外大学的影响

力，从而在深度和广度上推动大学发展实现更全面地布局。

1. 大学校长合作一体化

“一体化的世界就在那儿，谁拒绝这个世界，这个世界也会拒绝他”①。大学校长对大学的发展进行长远的规划，对发展模式进行宏观设计是办好一所大学的前提准则。而大学的未来发展应以满足国内发展为立足点，以促进国内经济循环为核心点，同时立足国内、国际两大主体，促进国内国际大学教育互补，大学校长自上而下的开展一体化合作，与世界一流大学在教学、科研等方面达成合作。

一方面，大学校长应结合国家新发展格局战略、大学建设目标和专业设置特色等制定合作规划，推进大学国际化一体发展战略。近年来，我国产业结构发生深刻调整，国家发展战略发生重要变化，大学校长应统筹国内外一流大学平台资源，联合培养科技前沿、关键领域、紧缺领域人才，培养出具有一批在国际大学中成长成才的具有国际意识、国际交往能力、国际竞争能力的人才。

另一方面，大学校长应结合国际局势，推进人才培养一体化发展。随着人工智能等新一轮科技革命及产业变革的发展需要，培养兼具创新能力和实践能力的高竞争力人才成为世界各国大学的育人目标。这就要求大学校长重点应着眼于跨学科人才培养，紧紧围绕办学定位和市场需求，调整学科专业和人才培养类型，在多个复合型学科与外校展开合作。在合作过程中既要满足新科技发展、产业升级对一些专业紧缺人才的需要，又能为经济社会主战场输送高质

① 习近平：《在纪念马克思诞辰200周年大会上的讲话》，《人民日报》2018年5月5日。

量创新人才和大量应用型人才，让各专业人才在为人类幸福谋发展的过程中各得其所、尽展其才。

推动大学校长自上而下的国际化合作要求大学校长能作为总设计师深刻了解、把握本大学办学基础及国际化现实条件，并在此基础上对大学未来发展做出正确的价值判断、选择正确的发展方向，助力大学国际化发展。

2. 大学校长合作区域化

一所大学代表着一个地方发展的最前端技术力量，同时也深刻影响着一个地区未来的发展前景。一个区域的大学能否提供与发达地区大学教育质量相当的服务，满足广大人民群众、学生对一流大学教育的需求，这是大学校长必须思考、回答并解决的现实问题，也是对大学校长办学成效的最好检验。因此，大学校长必须发挥区域优势，重视校际之间的区域化合作。

第一，从大学的所属区域来看，每所大学都会受到所在区域的经济、文化等影响，而不同区域又都具有独一无二的特色，这就在一定程度上规定了一所大学在所属区域的办学优势。而当今大学的综合性发展要求大学有多个专业优势，这就要求大学校长将大量不同地区的产业技能投入到大学的建设中，融合多个区域特色实现大学全方位发展。

第二，从不同区域的发展前景看，大学是一个区域最有活力的社会组织，需要大学校长通过加强周边国家及地区的教育合作，提供便利的教育平台，引导学生积极参与到区域合作之中，使我国的教育、技术、人力资源优势与周边国家或地区的资源优势等结合起来，实现大学教育区域合作化。

第三，从地方政府区域经济合作来看，大学校长应积极参与其中。大学校长坚持开展区域化合作，利用不同大学的区域优势，能够有效提升大学的教育服务质量，帮助我国大学在新一轮国际合作竞争中形成新优势。这就要坚持扩大区域开放力度，构建区域合作平台，同更多世界一流大学校长开展高水平人才联合培养合作，引入国际优质教育资源，为我国大学发展服务经济社会发展提供有力支撑。

3. 大学校长合作深层化

目前，我国正处在全面建设社会主义现代化国家的新征程中，已经迈入向第二个百年奋斗目标进军的时代，随着“五位一体”总体布局的全面推进，深化大学校长合作，提高学生素质、培养优质人才的重要性和紧迫性日益凸显。

一方面，大学校长要全面提升合作质量，在发展理念、发展模式、评价体系和治理体系等方面进行一系列改革创新，不断完善内部治理结构，提升办学治校水平，构建协调开放、引领未来的高质量发展体系，打造具有世界影响力的大学教育品牌。

另一方面，大学校长要以新发展理念为统领，重视发展中外合作办学，探索适应多元教育体制的教育教学新模式，从供给侧的大量投入转到创新驱动内涵式发展。培养具有家国情怀、全球视野、现代意识和创新精神的卓越国际化人才。“十四五”期间，大学将进入高质量发展阶段，大学校长作为一所大学的领导者，与大学之间的合作程度会影响甚至决定本大学的发展，因此深化大学校长之间的合作是适应经济、社会、文化发展实践，最终实现中国特色社会主义教育强国目标的需要。

（二）拓宽更广阔的合作空间

大学是一个多维度多层次的复杂组织体。构建更广阔的国际合作空间，既包括学校硬件设施的互联互通，也包括制度规范、校园文化等领域的合作互鉴，大学校长要注重拓宽国际合作的领域，深化国际合作的程度，实现大学内部各要素的互联互通。

1. 推动教学设施的互联互通

教学设备是提升教学质量，推动教育现代化的重要介体。由于不同国家的发展水平差距较大，教学平台、教学设备等也要因国而异，差异比较显著。大学校长通过对外合作实现教学设施的更新，从而能有针对性的满足学生发展的需要、教育发展的需要。因此，大学校长要努力推动教学设施的合作发展，建立多设备合作机制，在线上教学、人工智能教学等领域率先达成合作协定。

2. 推动师资队伍的互联互通

实现教师队伍互联互通是大学校长开展对外合作的着眼点和落脚点。培养具有国际意识、国际交往能力、国际竞争能力的人才是教育国际化的培养目标，教师作为大学教育的主体，对大学的发展有着不可估量的作用。因而只有拥有一批具有国际素质的教师队伍，才更能够促进大学的国际化发展。

一方面，教师国际化是大学国际化的体现，也是教育对外开放在人才引智方面的成果，大学校长要促进教师教育的国际交流与合作，促进国内教师教育与国际教师教育在质量、效益、水平上接轨，了解国际前沿的教师教育观念、思想、方法、模式等方面成果，交流借鉴，为己所用。

另一方面，教师国际化既是短期的目标，也是长远的发展战略。我国“一带一路”倡议和出台的“双一流”高等学校建设等对外开放政策为促进国际化人才培养注入了动力，对我国大学融入世界大学、参与国际项目、提高国际关注度都有积极作用。因此，大学校长与国外教育机构、大学合作来培养教师，聘请外籍教育专家、教师担任教师教育机构的领导和大学教师，使教师接受全方位的国际化教育，也正是教育对外开放所带来的一系列改变。同时，教师在教育过程中参加境内外进修、访学、科研合作，这有利于促进学习和获取国际知识经验，拉近与教育发达和国际化水平较高国家的差距，也是教师推动大学国际化的重要方式。

3. 推动专业建设的互联互通

开创互联互通的专业体系，推动大学高质量发展。大学校长在对外合作中能开创互联互通的专业体系，将进一步推动大学的高质量发展，助推整个社会、民族、国家层面上高等教育事业的发展，深化世界一流大学与世界一流专业建设，提升我国的文化软实力，最终有助于实现教育强国、科技强国、人才强国、文化强国等一系列现代化强国目标。因此，面对复杂的周边国际关系和巨大的差异性时，大学的对外开放必须通过努力挖掘具体要素的合作潜力，大力开展教育要素的对外开放来提高大学教育质量，只有这样才可以培养更多国际化人才，并为后续人才的培养奠定国际化师资基础，才能够把大学校长的合作推向更高水平、落在大学教育的最实处。

（三）形成更互利的协同发展

共赢互利是大学之间开展合作的前提和基础，是大学对外发展的立身理念。构建大学国际化办学新格局，必须是以共赢互利的协同发展为基石。大学校长在这个过程中起着至关重要的作用。

第一，以国际视野促进大学内部协同发展。《国家中长期教育改革和发展规划纲要（2010—2020年）》中明确要求要以培养拔尖创新人才、形成一流学科、产生国际领先的原创性成果作为大学发展的奋斗目标。这一发展阶段对大学校长提出了新的要求，决定了大学校长必须根据自己大学发展阶段的要求学习国外大学的管理、协调、筹资等，只有具有影响力的大学领导者带领大学在培养高素质大学生的过程中，才能为地方提供切实可行的快捷的科技服务和咨询服务。

第二，以国际视野助力他国大学协同发展。大学校长之间应形成协同共建机制。定期推选大学校长开展对外讲座交流。根据不同类型大学校长素质的能力要求的不同特点，统筹规划、科学配置，在开放发展中促进内外联动，努力实现有利于人类命运共同体建设、有利于全球大学发展需要、有利于领导者个人成长要求的协同合作。

第三，提升大学校长的世界影响力。建设世界一流大学和世界一流学科是我国大学发展的目标，大学校长作为一所大学运行、管理的核心力量，把握着大学发展的目标与方向。因此，为提高我国大学在周边国家的影响力，大学校长在制定大学发展规划的过程中，扮演的是未来学校发展规划的决策者、制定者和执行者的角色，起着决定和引领的作用，大学校长应更注重提高自身人格魅力，在提升自身的影响力的同时提高大学的影响力。

改革开放以来，中国大学的校门越开越大，大学的国际视野越来越广，大学越来越走进国际大学“圈”，与其他国家大学的合作交流有了更丰富的内容和渠道。大学校长作为大学的主管者应当充分发挥自身的角色功能，面向世界、面向现代化、面向未来，更好地推进大学的国际交流合作职能作用的发挥。

第十章　大学的发展道路论

方向决定道路，道路决定命运。选择什么样的发展道路，决定了中国高等教育将走向何方。以中国式现代化全面推进中华民族的伟大复兴，必须以教育强国建设为基础支撑，而建设教育强国必须首先解决中国大学的发展道路问题。党的十九大报告指出“发展必须是科学发展”[①]，必须“实现高等教育内涵式发展”[②]，党的二十大报告强调“创新才能把握时代、引领时代”[③]，擘画了新时代中国高等教育以内涵式发展谋求创新突破的道路模式。因此，大学校长应致力于推动大学走出一条科学发展、内涵发展、创新发展的道路，重视推进大学在科学发展、内涵发展、创新发展的道路上运行，促使大学通过自身的不断发展和完善，充分发挥其作用，为强国建设和民族复兴添砖加瓦。

大学的发展道路论，旨在从理论层面破解科学发展之路、内涵发展之路以及创新发展之路的核心要义，阐释走好科学发展、内涵

---

① 《习近平著作选读》第二卷，人民出版社 2023 年版，第 18 页。

② 《习近平著作选读》第二卷，人民出版社 2023 年版，第 38 页。

③ 习近平：《高举中国特色社会主义伟大旗帜　为全面建设社会主义现代化国家而团结奋斗——在中国共产党第二十次全国代表大会上的报告》，人民出版社 2022 年版，第 20 页。

发展、创新发展之路的重大现实价值，进而探寻大学校长如何引领大学走好新时代新征程上新的发展之路。

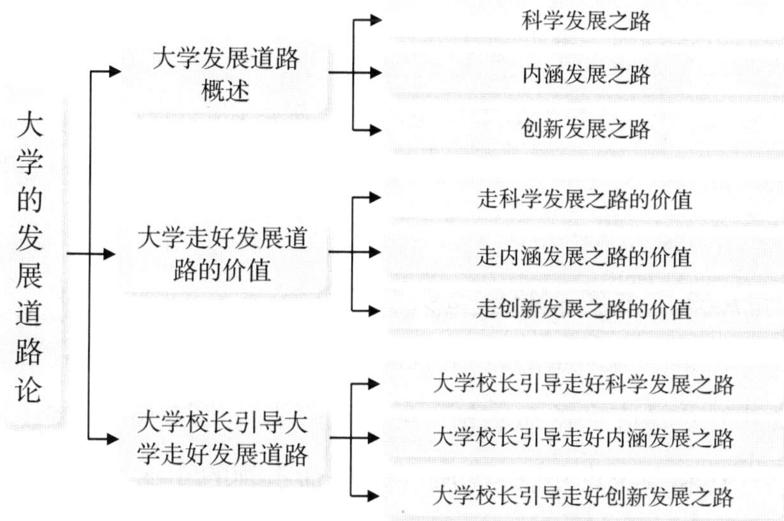

图 10-1　大学的发展道路论结构

第一节　研究的综述

国内外学者对于大学走什么样的发展道路以及如何走发展道路有着持续关注。这些研究为课题组对大学的发展道路论的探讨提供了必要资源支持，也赋予研究启示和学理启发。

一、研究的现状

在中国知网（CNKI）以“大学”+“发展道路”为关键词进行主题检索，得到 666 条检索结果，以“高校”+“主体”为关键词进行主题检索，得到 500 条检索结果，与本研究直接相关的文献约为

330篇，其中核心期刊264篇。通过国家图书馆、超星图书馆等进行相关检索发现国内外学者对于有关大学发展道路的论著也较为丰富，如《中国行业特色院校发展研究》（李文冰，2015）、《世界知名涉农大学发展道路研究》（瞿振元、孙其信、高旺盛等，2007）、《从战略到变革——高校战略管理规划实施》（丹尼尔·若雷、赫伯特·谢尔曼著，周艳、赵炬明译，2006）、《中国高等教育大众化发展道路的研究》（谢作栩，2001）等。

（一）关于大学发展道路类型的研究

任少波认为现代化的大学在新使命之下，需要实现战略型发展，即构建更清晰的使命愿景、形成更鲜明的战略导向、围绕使命作战略迭代和系统重塑以及塑造战略使命引领的文化生态[①]。邬大光认为我国大学需要走转型发展道路，需要处理好学分与学年、专业教育和通识教育以及本科生院和书院三者关系，走出西方大学模式[②]。阮成武等人认为发展道路的选择要“双一流”建设和高等教育内涵式发展，将育人和育才相统一，落实立德树人的根本任务以及关键是要建设一支高素质专业化创新型教师队伍等方式进行发展[③]。别敦荣、李家新认为高等教育发展的中国道路，主要由坚持党的领导、以改革开放驱动发展、以完善体系支撑发展、以多元投资保障发展、以质量保障促进协调发展五个方面所构成[④]。施晓

---

① 任少波：《以新使命引领大学战略型发展》，《教育研究》2023年第3期。

② 邬大光：《走出我国大学转型发展的路径依赖》，《中国高教研究》2021年第10期。

③ 阮成武、宋波：《论新时代高等教育发展道路自觉》，《安徽师范大学学报（人文社会科学版）》2022年第3期。

④ 别敦荣、李家新：《高等教育发展的中国道路》，《高等教育研究》2018年第12期。

光认为中国大学的发展道路既要符合世界一流大学的共同特征，同时又要考虑中国独特的国情、独特的历史和独特的传统[①]。

（二）关于大学发展道路路径的研究

刘文洁认为在大学发展道路之中，法治化建设尤为重要，应提高对于依法治校的重视程度[②]。姚锡长、祖同蔚认为通过产学研相结合是21世纪高等教育发展的必然趋势，要以产学研相结合的方式来推动大学发展[③]。吴立保认为中国大学模式的兴起需要精神重构也需要文化自觉[④]。王建华认为从中国式大学走向中国大学需要理念上的求同和制度上的存异[⑤]。王晓阳、李彩艳认为在中国大学模式建设过程中，应该摒弃西方中心论等观点，要超越西方模式，就要根源于悠久的中华文化资源与“元叙述”，特别是以“人文主义的现代化”为核心理念，高扬人的价值与道德价值，摒弃单纯强调工具理性、过度功利化的现代化取向[⑥]。

（三）关于不同类型大学选择发展道路的研究

王乘提出西部高校在发展过程中面临诸多挑战，但是需要西部高校充分用好外部政策机遇，突出特色，强调创新，统筹学科建设

① 施晓光：《立足“三位一体”战略目标，探索“中式大学”发展道路》，《中国人民大学教育学刊》2023年第2期。

② 刘文洁：《高校发展道路中依法治教的重要性》，《传承》2015年第6期。

③ 姚锡长、祖同蔚：《我国高校产学研相结合发展道路的新思考》，《中国高校科技与产业化》2010年第4期。

④ 吴立保：《中国大学模式的现实困境与建构策略》，《中国高教研究》2011年第3期。

⑤ 王建华：《从中国式大学到大学的中国模式》，《现代大学教育》2008年第1期。

⑥ 王晓阳、李彩艳：《再论高等教育现代化的中国模式》，《教育与教学研究》2020年第8期。

规划，在服务国家战略和区域发展需要中实现自身的跨越[①]。史秋衡等人认为应用型大学应当以高质量人才培育为引领，各地政府优化政策供给以及市场化资源配置三方面实现发展[②]。郝少盼等人认为行业特色型大学发展需要聚焦特色与内涵，科学规划学科布局；锚定问题与关键，构建矩阵式发展举措；着力督导与评价，全程把控质量成效[③]。宋青等人认为应用型大学需要产教城互融、经科教联动、政校企协作、产学研结合四个方面实现发展[④]。

（四）关于国外大学发展道路的研究

王世杰认为马来西亚私立大学注重学生应对市场需要的实践应用能力，对于我国应用型大学发展具有启示作用[⑤]。王文礼对于新加坡科技与设计大学进行研究提出对于设计类要通过跨学科人才培养的方式加强国际交流合作，持续推动高校治理体系和治理能力的现代化[⑥]。程孝良提出在美国保持特色优势是行业特色高校的立校之本，其学科发展的几种模式为我国行业高校发展提供借鉴[⑦]。贝

① 王乘：《做西部文章　创一流大学——西部地区高校要走出有特色高水平的创新发展道路》，《国家教育行政学院学报》2016 年第 10 期。

② 史秋衡、张纯坤：《应用型大学高质量发展的博弈困境及战略调适》，《江苏高教》2022 年第 8 期。

③ 郝少盼、高雪梅、陈达：《高水平行业特色型大学交叉学科建设现状与发展路径探析》，《中国高校科技》2022 年第 3 期。

④ 宋青、周亚军、汪福俊等：《应用型大学高质量发展的特征内涵、基本遵循与实践路径》，《扬州大学学报（高教研究版）》2022 年第 4 期。

⑤ 王世杰：《以私立高等教育担纲高级应用技术人才培养——应用型大学发展的马来西亚道路及其启示》，《现代教育科学》2021 年第 5 期。

⑥ 王文礼：《新加坡科技与设计大学快速崛起的密码和启示》，《创意与设计》2021 年第 6 期。

⑦ 程孝良：《行业特色高校学科发展模式：美国一流大学的启示》，《成都理工大学学报（社会科学版）》2010 年第 1 期。

尔纳斯科尼的 *Private Universities' Institution Alafiliations as a Source of Differentiation in Chilean Higher Education* 对 20 世纪 70 年代拉美地区的大学发展模式进行研究，拉美地区大学通过大学自治和学术自由，大学建立起来了相当的民主机制，形成了大学发展的新模式，对于大学发展起到了促进作用。

二、研究的总结

大学选择什么样的发展道路事关大学未来，学术界对于大学发展有着丰富的理论研究，同时也有着丰富的实践案例可供参考，形成了相对成熟的研究体系。第一，提出来了不同类型的大学发展之路，以及在中国特色社会主义这一主题之下中国大学要走什么样子的发展道路。第二，对于大学道路进一步聚焦，按照大学类型进行大学发展道路的区分，使关于大学发展道路的研究进一步细化。第三，基于大学发展道路的既定目标，提出了众多推动大学发展的实现路径，将大学发展道路纳入了中国特色社会主义发展道路这一命题之中进行全局性的思考。第四，采用对比研究的方式，将中外同类型、同水平大学进行比较研究，借鉴世界一流大学发展道路的宝贵经验。现有研究对于大学发展道路的研究较为丰富，采取实证研究的方式归纳总结了具有普遍价值的经验。

三、研究的启示

基于上述研究发现国内外对于大学发展应该走什么样的道路有了较为充分的研究，初步构建起关于这一问题的研究体系，但也存在着一些不足。第一，学界对于不同类型的大学的特色发展道路研究较多，但是对于中国大学普遍应走什么样的发展道路的研究较少，欠缺对于大学共性发展道路的研究。第二，对于大学发展道路内部的逻辑关系的剖析不够，对于大学不同发展道路之间的相互关系和作用的研究较少。第三，对于大学走好发展道路的推动力量的研究不够，对于大学内部主体在发展道路之间的作用不够明晰，以及大学内部各主体尤其是大学的领导者如何发挥作用推动大学实现发展的研究较少。因此，本研究将围绕中国的现代化大学应走什么样子的发展之路这一普遍共性问题进行研究，提出适合中国大学共性发展的发展道路即科学发展之路、内涵发展之路以及创新发展之路，探析大学走好发展道路对于大学的价值意蕴，并且将围绕大学领导者尤其是大学校长这一群体如何推动大学走好发展道路进行深入研究，找到大学校长引导大学走好发展道路的实践路径。

第二节　大学发展道路概述

大学的发展道路是大学发展的方向，是大学发展目标和发展规划制定的科学依据。在新时代，要实现大学内涵式发展，建设具有中国特色、世界一流的大学，实现高等教育的现代化发展，大学需要走好科学发展之路、内涵发展之路和创新发展之路。科学发展、内涵发展和创新发展是大学发展道路的共同特征，也是大学发展的必由之路。

一、科学发展之路

大学的科学发展之路必然包含着推动经济社会发展、以人为本、全面协调可持续、统筹兼顾等基本内涵。

（一）坚持发展为第一要义

离开了发展，科学发展就无从谈起。大学要“把推动经济社会发展作为深入贯彻落实科学发展观的第一要义”①。

第一，“两个大局”要求大学科学发展。一方面，世界百年未有之大变局要求大学推动经济社会发展。当今世界正处于百年未有之大变局，世界经济版图发生着前所未有的深刻变化；国际力量对比发生着革命性变革；全球治理越来越向着更加公平合理的方向发展；新一轮科技革命和产业变革带来了前所未有的新陈代谢和激烈竞争……在世界发展大势变化无穷、全球共同挑战此起彼伏的情况下，迫切要求我国大学科学发展，培养出各级各类人才来应对这世界百年未有之大变局。以支撑创新驱动发展战略、服务经济社会为导向，推动一批高水平大学和学科进入世界一流行列或前列。②另一方面，中华民族伟大复兴战略全局要求大学推动经济社会发展。我们党团结带领全国各族人民经过不懈奋斗，取得了一系列伟大成就，也标志着我国的发展进入了新的发展阶段，有了新的发展格局。新时代的中国发生新的历史性变革，改革开放也面临着许多前所未有的困难和挑战。在机遇与挑战并存的情况下，在实现中华民族伟大复兴的实践中，在中华民族迎来从站起来、富起来到强起来的伟大飞跃过程里，需要大量的新时代人才，因此大学要顺势而

① 《十八大以来重要文献选编》（上），中央文献出版社 2014 年版，第 6—7 页。

② 《习近平主持召开中央全面深化改革领导小组第十五次会议强调　增强改革定力保持改革韧劲　扎扎实实把改革举措落到实处》，《光明日报》2015 年 8 月 19 日。

为、应时而变，进行科学发展。

第二，社会经济建设要求大学科学发展。大学培养的各类科学人才能够直接参与到生产和经济建设过程中，不仅有体力上的支持还有智力上的支撑，能够有效解决生产过程和经济建设中遇到的各种问题，有序推进经济高质量发展。

第三，社会制度建设要求大学科学发展。不管是经济制度、政治制度，还是其他方面的制度，都需要高端人才制定、修改、完善、执行、贯彻、落实，因此需要大学科学、合理、有针对性地培养这方面的人才。同时，社会治理创新要求大学科学发展。新时代加强和创新社会治理，逐步实现社会治理结构的合理化、治理方式的科学化、治理过程的民主化，将有力推进国家治理现代化的进程。在加强和创新社会治理工作过程中需要高素质的人才，所以大学必须与此相适应，走科学发展之路。

第四，社会文化发展要求大学科学发展。大学是文化发展的高地，文化的传承、选择与创新需要大学科学发展；文化事业和文化产业的优化升级要求大学科学发展。

第五，生态文明发展要求大学科学发展。不管是践行习近平生态文明思想，还是开展生态保护的宣传教育，抑或是生态环境的治理都需要专门的人才，因此，生态发展需要大学走科学发展之路，培养具有环保意识和能力的人才。

（二）坚持以人为本的发展

以人为本，体现了人民群众是历史的创造者这一基本原理，体现了我们党全心全意为人民服务的根本宗旨。它高度概括地回答了相信谁、依靠谁、为了谁这个科学发展观的根本问题。大学科学发展过程中必须坚持以人为本。

大学科学发展过程中的重中之重是以生为本。大学生是与现代生产力迅速发展、现代文明不断进步相适应的群体。大学生是自我意识日趋明显，思想活跃，强烈追求新生事物，勇于探索和开拓，能最大限度地向未来社会开放的、充满青春活力的、潜在的青年知识分子群体。①对于在校大学生，大学应本着“以生为本”的教育理念，树立“为了一切大学生，为了大学生的一切，一切为了大学生”的思想，注重学生专业能力的培养，兼顾学生的身心发展，提升综合素质，使大学生成为德智体美劳全面发展的社会有用之才。

坚持以教职员工为本。一方面是以教师为本。大学教师“是专门人才的培养者，担负着特定的教育任务，有其特殊的社会地位与社会作用”②。他们是育才的工程师、是科研的主力军、是社会的引领者、是学生的知心朋友，他们具有职业事业化、身教示范化、知识专业化、劳动创造化等鲜明特征。在培育人才、科学研究、服务社会、文化传承和创新等方面发挥了重要的作用，为促进国家富强、民族进步和大学发展做出了重大的贡献。因此，大学科学发展过程中要注重教师的各方面发展，坚持以教师为本。另一方面是以管理服务者为本。大学的高层管理服务者是学校政策的决策者和制定者；大学的中层管理服务者是学校政策的执行者和推进者；大学的基层管理服务者起着信息传递、人员协调、处理具体事务等方面的作用。③因此，大学科学发展不能忽视管理服务者的重要作用，

① 孟东方等：《大学工作学》，人民出版社 2016 年版，第 160 页。
② 潘懋元主编：《高等教育学》，人民教育出版社 1984 年版，第 113 页。
③ 孟东方等：《大学工作学》，人民出版社 2016 年版，第 175 页。

要为其优化发展有所思考和完善。

（三）坚持全面协调可持续发展

科学发展观的基本要求是全面协调可持续，这是按照中国特色社会主义事业总体布局全面推进各项建设的必然要求，反映了我们党对社会主义现代化建设的深刻认识。这既是要求也是方式，大学的发展也要做到一以贯之。

第一，人的全面协调可持续发展。一方面是学生的全面协调可持续发展。立德树人是大学的根本任务，大学应先抓好思想政治教育工作，使大学生有较高的思想政治觉悟、有高尚的道德情操；应加强大学生理论和实践教育，强化他们学思践悟的能力；应促进大学生形成和谐人格，以审美的态度对待他人、社会和自然；应加强大学生的健康素质教育，促进他们身心健康发展。另一方面是教师的全面协调可持续发展。教师的全面协调可持续发展是一个动态的过程，在具体的过程中可以通过培训与内修相结合，加强校本培训，建立合理的评定制度，构建专业学习共同体等方式方法促进教师发展。同时，是管理服务者的全面协调可持续发展。大学管理服务者是桥梁纽带，因此，要通过多种途径提升他们的道德素质、政治素质、能力素养、创新意识等，进而促进其全面协调可持续发展。

第二，环境的全面协调可持续发展。大学环境的全面协调可持续发展包含自然环境和人文环境。自然环境是大学发展的基础，是大学赖以生存发展的客观条件。大学的自然环境是大学师生赖以生存的家园，良好的自然环境可以为大学师生提供良好的学习生活和工作条件。人文环境是大学科学发展和品牌展示的重要载体。大学人文环境是一个复杂系统，包含人、事、物、氛围、精神等在内的多位一体的大环境。促进大学人文环境全面协调可持续发展，就是要推进人文环境因时发展、因人发展、因事发展、因地发展。要推动自然环境和人文环境相互协调，实现相得益彰。

（四）坚持统筹兼顾的发展

科学发展观的根本方法是统筹兼顾，这深刻体现了马克思主义唯物辩证法的基本原理，揭示了推动科学发展、促进社会和谐的根本途径。大学要科学发展，必须要统筹兼顾教书育人，科学研究，文化传承与创新，服务社会等各方面的发展。

第一，统筹协调好教书育人工作。教书育人是大学产生以来就具有的职能。大学教书育人，达到培养人才的目的，从宏观上来说要心怀“国之大者”，从中观上来说受到科学技术和生产力发展等诸方面的影响，从微观上来说受大学发展之路的影响。不同时代，大学教书育人的侧重点有所不同，就当前国内外国际形势对人才的需求趋势来看，要求大学培养适应性较强的“一流”人才。基于此，大学要统筹协调好教书育人工作，适应新时代的发展，满足社会发展建设的新需求。

第二，统筹协调好科学研究工作。大学是科学研究的重要场所。随着时代的发展，科学研究不仅仅局限用于教学，学科的发展、问题的解决、咨政服务、科学发现等日益成为它的新的出发点。科学研究的范围也在日益扩大，除了基础的理论研究，应用型和开发型研究也日益增多。因此，在走科学发展道路的进程中，大学要统筹协调好科学研究工作，使其和中国特色社会主义事业改革发展相适应，和大学朝着“一流”方向迈进相适应，和学生德智体美劳全面发展相适应。

第三，统筹协调好文化传承与创新工作。通过大学教育，传承中华优秀传统文化、传承红色基因。时代的发展、社会的进步呼唤新文化，大学是高等学府，是文化高地，肩负着重要的文化创新责任和使命。大学教育在文化传承与创新中发挥着重要作用，因此，大学科学发展要统筹协调好文化传承与创新工作，要致力于发展社会主义先进文化。

第四，统筹协调好服务社会工作。服务社会是各个大学的重要职能之一，新时代无论是在范围还是内容，抑或是组织结构上，大学的服务社会职能都更加的宽广和丰富。可以说大学服务社会的的范围遍及到社会的各个领域；服务社会的内容包括体力、智力等多个方面，服务方式包括线下、线上等多种形式；组织形式包括学校组织、学院组织、支部组织、班级组织、社团组织等多种组织结构。为了更好地服务社会，充分发挥好服务中国特色社会主义事业的职能，大学必须统筹协调好服务社会的各方面工作。

二、内涵发展之路

大学走好内涵发展之路是大学高质量发展的具体体现。大学的内涵式发展是大学内部自身的发展，是大学人的内涵发展，同时大学的内涵发展之路需要以学科、人才、科研三者联动作为大学发展的内涵支撑。

（一）内涵发展

在普通逻辑学中，内涵和外延是概念的两个重要逻辑特征。①

① 杨树森：《普通逻辑学》，安徽大学出版社2003年版，第19—20页。

内涵发展的概念是相对于外延发展而言的，如果说外延发展是量的发展，那么内涵发展就是质的提升。

外延发展和内涵发展较早地出现在经济学领域，二者是相对的概念，是相伴而生的一个词组。马克思曾指出：“固定资本价值中这个转化为货币的部分，可以用来扩大企业，或改良机器，以提高机器效率。这样，经过一段或长或短的时间，就要进行再生产，并且从社会的观点看，是规模扩大的再生产。如果生产场所扩大了，就是在外延上扩大；如果生产资料效率提高了，就是在内涵上扩大。”[①] 由此可见，在经济学领域，外延发展强调的是生产场所的优化升级，内涵发展强调的是生产资料效率的提升，是从量和质不同的角度驱动经济发展。进一步延伸到其他领域、学科等，可以把内涵发展界定为一事物质的方面的正向变化，而外延发展是一事物量的方面的正向变化。[②] 值得注意的是，外延发展和内涵发展虽然主要是围绕量和质的发展，但是又不仅仅是量和质的发展，具有更广泛的内容。

（二）大学内涵发展

根据内涵发展的界定，大学内涵发展可以概括为大学这一事物质的方面的正向变化。在新时代，高质量发展的大学，在社会中具有日益重要的地位与作用，它的发展不仅仅拘泥于大学这一事物质的方面的正向变化，也拓展到大学这一事物量的方面的正向变化。大学高质量发展是其内涵发展与外延发展的统　。从大学工作

---

① 《马克思恩格斯选集》第 2 卷，人民出版社 2012 年版，第 352 页。

② 张永总：《职业教育与成人教育论丛：社区教育内涵发展论》，上海教育出版社 2018 年版，第 3 页。

质量内涵角度出发，大学工作质量反映着大学工作的本质属性；从大学工作质量外延角度出发，大学工作质量体现着大学工作的外部属性。大学工作质量的好与否主要受到客观因素和主观因素两方面的影响。其中，客观因素是指大学具备的客观条件，主要包括大学的基础设施等硬件建设，主观因素是指大学工作的主体的综合素质，其综合素质主要包括质量意识、责任心、业务能力、工作水平等等。

（三）大学内涵发展的特征

1. 大学内涵发展是“质”“量”“度”的统一

大学内涵发展的“质”的变化包括教育理念、教育功能、培养目标、人才培养模式、课程设置、教学方法、学校管理方式以及大学工作与社会的关系等一系列变化。① 大学内涵发展的“量”的变化包括师生规模、毕业生数、科研成果、教学仪器设备、图书馆生均藏书、教学用地、投入资金、固定资产总值、学校占地面积等的变化。② 大学发展既要有“质”的规定性，又要有“量”的可变性，这是质量互变规律的根本要求。质和量是大学工作的两种不同的规定性，两者互相依赖、互相制约。在“质”与“量”的互动中实现大学走内涵发展之路，就是要注重大学发展过程之中对于大学发展“量”的积累，发展过程之中，加强对于资金的投入、基础设施的建设、培引人才、优化大学校园环境。“量”的积累是一个长期的过程，短期效果不明显。大学发展要有长远规划。当大学发展“量”的积累到一定程度，达到大学发展“度”的临界点的时候，要推动

① 孟东方等：《大学工作学》，人民出版社2016年版，第345页。

② 孟东方等：《大学工作学》，人民出版社2016年版，第345页。

大学内涵发展产生“质”的变化，从物质建设转换为大学文化、大学理念的建设发展，实现大学的现代化办学和高质量发展。

2. 大学内涵发展是主观性与客观性的统一

从主观评估来看，大学内涵发展质量的主观性表现在满意度、获得感等指标上。而其客观性则表现为其中存在的事实，被相关科学证明的、符合规律性的内容。[①] 大学的内涵发展是需要实现主观和客观的统一，在制定大学发展规划、明确大学发展目标时既需要符合大学本身的历史发展、现有发展水平以及经济社会发展的要求，又需要充分考虑大学师生的获得感、满意度以及体验感等。

3. 大学内涵发展是社会性与经济性的统一

大学要推动经济社会发展，其内涵发展必然体现社会性与经济性的统一。这也就意味着其具有紧紧融社会效益与经济效益于一体的鲜明特性。大学内涵发展要为建设中华民族现代文明献智出力，适应和引领社会发展，培养高素质的为国家富强、民族振兴和人民幸福服务的建设者和接班人。大学内涵发展，有必要针对经济社会发展水平、不同发展阶段的特定现状、国家和地方经济社会发展战略重点优化人才培养方案。

4. 大学内涵发展是直接性与间接性的统一

大学内涵发展的直接性体现于大学就业率、毕业生收益、学术声誉、行政效率、大学荣誉、占地面积、在校生规模、社会评价、家长满意度的提升等方面，即可直接用数据形式表现的质量。大学内涵发展的间接性有狭义与广义之分。从狭义上讲，是指通过大学

---

① 孟东方等：《大学工作学》，人民出版社 2016 年版，第 346 页。

工作对某一矛盾的解决使紧密关联的其他矛盾迎刃而解而产生的经济效益、政治效益、社会效益或其他效益；从广义上讲，是指其对社会、国家、民族、世界发展所作出的贡献。①

三、创新发展之路

创新是引领发展的第一动力，大学发展过程之中要把创新发展摆在核心位置。以创新发展理念审视大学发展的各环节。

（一）创新发展

习近平总书记指出："当今世界，经济社会发展越来越依赖于理论、制度、科技、文化等领域的创新，国际竞争新优势也越来越体现在创新能力上。谁在创新上先行一步，谁就能拥有引领发展的主动权。"②所谓创新发展，是指创新驱动发展。③创新发展着力解决发展动力问题，为的是培育新要素、扶持新产业、创造新模式和开辟新市场，是国家发展全局的核心。创新在我国现代化建设全局中居于核心地位，是实现中国特色社会主义伟大事业全面发展的根本支撑和关键动力。

（二）大学创新发展

大学在长期办学过程中形成了稳定的办学理念、办学目标、人才培养方式、学科建设方向、组织管理模式等。但是随着时代的发展，社会的进步，"一流"大学办学要求的提出，大学在办学实践

---

① 孟东方等：《大学工作学》，人民出版社2016年版，第347页。

② 《习近平著作选读》第一卷，人民出版社2023年版，第427页。

③ 王学先、周晓阳、黄秋生：《五大发展理念教学研究》，湘潭大学出版社2019年版，第103页。

中累积的经验、方式、模式等并不适应新形势、新情况核心要求。因此，有必要创新发展。大学创新发展，简单来说就是大学通过创新驱动自身发展。具体来说就是大学树立创新理念，通过各种手段和方法在办学理念、办学目标、组织模式、学科建设、人才培养、学术思想、科学研究、管理服务等方面进行革新。

（三）大学创新发展的特征

大学创新发展具有鲜明的特征，主要表现在发展目标、组织人才队伍、教育模式、发展载体等方面。

1. 发展目标创新

创新发展的大学都有“1+N”个发展目标。教育是立德树人的事业，“1”就是立德树人这个根本目标。大学要创新发展，就应该有新的目标，但是无论新目标是什么都应以立德树人为根本。党的十八大以来，习近平总书记高度重视立德树人在教育中的重要地位和作用，多次强调要坚持把立德树人作为根本任务，培养德智体美劳全面发展的社会主义建设者和接班人。① 大学其他方面的创新最终都是为了实现立德树人。“N”就是其他多个方面的目标创新，例如建设“书香校园”“魅力校园”“智慧校园”等。

2. 组织人才队伍创新

创新发展的大学，不仅组织队伍创新发展，人才队伍也创新发展。大学党建工作的重要性越来越凸显。例如，当前大部分大学的学院都有计划地设置专职组织员。人才队伍创新发展是学校创新发展的重要因素。创新发展的大学，总是在源源不断地吸收新鲜的血

---

① 《习近平总书记教育重要论述讲义》，高等教育出版社 2020 年版，第 45 页。

液，有目的、有规划地引进人才，以壮大队伍。同时，通过培训、教育、激励等途径和方式激发人才队伍的创新思维，提升他们创新能力。

3. 教育模式创新

创新发展的大学，不拘泥于传统的教学模式，而是运用各种模式进行教育教学。大学教育不能照本宣科，填鸭式教育，创新发展的大学教师善于创新，积极钻研，采取行之有效的方法对学生进行因材施教。创新发展的大学教育教学不拘泥于课堂上的理论传授，而是采取多种形式对学生进行潜移默化的教育，例如，对学生进行思想政治教育，“要因事而化、因时而进、因势而新”①。

4. 发展载体创新

创新发展的大学，善于运用新的载体进行宣传。以前的学校宣传、新闻报道、信息发布等多采用报纸、书刊、广播、电视等传统媒介。但是随着时代的发展，信息技术突飞猛进，微信、微博、抖音、B 站等新媒体载体平台迅速崛起和快速发展，它们相对于传统载体具有海量化和专门性的信息，信息传播和更新更快，传播手段兼容性强，传播方式交叉互动等特点。新媒体载体平台的运用成为大学创新发展的重要趋势。

第三节　大学走好发展道路的价值

发展道路对于大学发展具有重要价值，选择适合大学自身的发

① 《习近平在全国高校思想政治工作会议上强调　把思想政治工作贯穿教育教学全过程　开创我国高等教育事业发展新局面》，《人民日报》2016 年 12 月 9 日。

展道路能够促使大学朝着既定目标奋力发展。走好科学发展之路、内涵发展之路和创新发展之路，有助于推动大学的现代化建设，提高人才培养质量，提高大学办学水平。

一、走科学发展之路的价值

大学走科学发展之路，利于推动大学自身内部各项能力的提高，来提升大学的发展水平，实现更高质量的发展。

（一）自我发展能力提高

走科学发展之路，能够协调大学的各要素科学发展，可以有效地提高大学的自我发展力。大学的自我发展是基于大学内部各要素之间的协调有序、科学排列、发挥好系统力量来实现的，大学以科学的规划布局，在面向未来发展的过程之中，继承以往的优秀办学成果，通过构架科学体制机制如人才培引机制、学生工作机制、财务管理机制、校园建设机制等，营造科学的工作氛围、教学环境、科研环境，形成科学的办学理念、教风学风，明确科学的发展理念、发展愿景，充分调动起大学内部各群体的积极性和主动性，形成学生爱学、教师爱教的良好环境，同时通过自身的科学发展，参与到社会发展之中，肩负当代大学的社会责任。

（二）适应变化的自组织能力提高

大学的自组织功能愈强大，其保持和产生新功能的能力也愈强。大学科学发展，能够有效提升大学适应变化的自组织能力。[①]在当前，随着经济社会的快速发展，大学通过增强自组织能力，适

① 孟东方等：《大学工作学》，人民出版社2016年版，第357页。

应变革需要，大学教师和管理者进一步坚定初心。同时，大学自组织能力的提高还能提高大学教师和管理者的工作效率，引导其创新工作手段、工作方式，带动学校发挥优势、办出特色。

（三）可持续发展力提高

“可持续发展”是一种发展模式，强调的是发展的持续性和持久性，大学的可持续发展是追求大学整体、各要素协调的发展和长期健康的发展。① 可持续发展就是要求大学注重发展过程之中的密切配合，运用好各类资源的过程之中，也要注意增强人才队伍可持续发展能力。例如通过科学研究的提高来促进大学学科建设，以高质量的学科建设来培引更多的高端人才，以高端人才和人才团队来促进科学研究工作的开展，以学科、人才、科研三者联动构成一个统一整体，形成三者的可持续发展。同时，大学的科学发展也必然会带来大学的可持续发展，通过大学科学发展优化大学内部治理结构，实现大学治理体系和治理能力的现代化，以科学的大学治理为大学的人才培养和科学研究提供坚实基础和保障。

二、走内涵发展之路的价值

大学走内涵发展之路，有助于提高大学人才培养质量和科学研究质量，是实现大学两大基本职能的重要手段，同时通过大学的内涵式发展，推动大学其他职能的实现，建设现代化大学。

（一）有利于直接质量效益产出

大学是大学生成长成才的重要场所，大学的内涵式发展不仅能

---

① 孟东方等：《大学工作学》，人民出版社2016年版，第357页。

够促进主体素质的提升，同时也能够提升大学的发展度、满意度和支撑度。

1. 有利于大学工作主体素质的提高

党的二十大报告指出："培养造就大批德才兼备的高素质人才，是国家和民族长远发展大计。"①教育在德才兼备的高素质人才培养过程中发挥着基础性和战略性支撑。大学教育的根本指向是"人"，大学的终极产品是高素质的人。因此，"人"的素质提高就是大学内涵发展之路的直接目标，主要包括大学生的素质、大学教师的素质以及大学管理者的素质。具体来说，就是通过大学工作促进大学生、大学教师、大学管理者的思想道德素质的提高，科学文化素质的增强，身体素质、心理素质和审美素质的改善。②

2. 有利于大学的发展度提高

"发展度"原属于经济学术语，主要指在可持续性的发展战略之中提高经济增长的质量，满足人类不断增长的基本生存需求和高品质的生活。大学发展度主要是指大学在可持续发展过程中满足人们日益增长的受教育需求的程度。21 世纪以来，大学在校园规模、招生数量、基础设施等方面取得了突飞猛进的发展，具体表现在量的增加和质的提升两个方面。从量的方面来看，主要包括招生规模、建筑面积等的发展。在质的提升上，大学着力解决好"办什么样的大学""如何办好大学"问题，确立以人为本，科学的可持续

---

① 习近平：《高举中国特色社会主义伟大旗帜　为全面建设社会主义现代化国家而团结奋斗——在中国共产党第二十次全国代表大会上的报告》，人民出版社 2022 年版，第 36 页。

② 孟东方等：《大学工作学》，人民出版社 2016 年版，第 350 页。

发展道路，加强学科专业、人才培养、师资队伍、内部管理和大学精神等的建设，充分反映了大学的内涵式发展。我国大学发展在量上的增加和质上的提升，归根结底在于大学质量水平的不断提高。大学内涵发展蕴含着生产性的服务工作，高强度的工作投入必然带来高水平的产出（如高技术人才培养、可持续性的发展等），高水平的产出又会带来高速的增长，高速的增长又会刺激产生新的高投入，大学内涵发展“投入—产出—增长”的良性循环致使大学发展度的加快。

3. 有利于大学的满意度提高

大学满意度是指人们对待大学的态度、对大学的满意程度，实质上是反映人们对大学工作及其质量的态度和满意程度。大学的内涵式发展要求包括大学校长在内的全体教职员工在直接或间接服务大学师生、大学生家长、用人单位等客体时，充分保障质量。大学的内涵式发展促进大学满意度的提高：第一，表现在人才培养质量的提高，培养社会所需要的高素质人才，得到了社会各界的认可。第二，科学研究的发展，以标志性科研成果以及学科群来推动科技的创新和进步，解决社会发展亟待解决的问题，更好地解决我国科技发展中“卡脖子”的问题，得到社会的认可。第三，是大学文化建设满意度的提高，大学构建现代化文化体系，肩负起文化传承和创新的使命，大学成为大学师生的精神家园，大学文化成为社会主义文化体系中的重要组成部分。

4. 有利于大学的支撑度提高

一方面，从外部层面来看，大学的内涵式发展直接体现于国家经济社会发展的作用之中。大学作为国家创新体系的支撑主体，在当前社会经济文化发展中承担了更多的义务和责任。大学的内涵式发展带动了高等学校有效运转，其服务社会能力和传承创新文化的能力显著提升：充分发挥人才、科研和资源优势，开展多层次、宽领域的产学研合作，帮助政府、企业提高科技自主创新的研发能力，为社会经济发展贡献力量；大学成为高精尖技术领域原始创新的主力军，也是解决国民经济重大科技问题，实现技术转移、成果转化的生力军；为各行各业培养出具有创新思维的高素质人才，成为社会发展科技进步的重要力量。

另一方面，从内部层面维度来看，大学的内涵式发展能够促进大学内部的协调有序运行，构建现代化的大学治理体系增强大学的核心竞争力，能够促进大学内部制度趋向健全、职责清晰、权力和职责分配越来越明确，能够使集体决策发挥重要作用，决策的民主性、科学性持续改进，进而使得大学的核心竞争力不断提高，支撑度愈来愈高。

（二）有利于间接质量效益产出

大学走内涵发展之路，实现高质量发展，有利于提升大学精神凝聚力、提升大学文化实力、提升大学品牌效应。

1. 有利于提升大学精神凝聚力

大学精神是大学的灵魂，是对于大学文化体系高度凝练的产物，对于大学的未来发展具有强大的精神动力。大学精神来自大学的发展过程，实现大学的内涵式发展，提高办学质量，以高质量的大学发展更好地凝练大学的精神，提高大学精神的感召力和引领力以及社会影响力，根据大学的具体特征、历史背景、现阶段大学发展的特点，涵养和凝练一所大学的精神，且在历史传统和当代语境中带领师生共同铸造大学精神。

2. 有利于提升大学文化实力

现代化大学肩负着推动文化传承和创新的责任，大学文化是大学活力的源泉，是大学师生精神文明的集中展示，是引领大学科学发展的动力，打造富有竞争力的大学文化实力是大学内涵式发展的重要的内容之一。具体而言，大学的内涵式发展主要围绕大学文化建设、精神塑造等工作，通过开展丰富多彩的校园文化活动提升大学文化实力。比如，通过学生社团、校园主题文化活动、学术活动、文化素质活动、网络文化、教学风采展示、学习活动竞赛等方式打造系列文化载体，提升大学文化实力水平。通过开展学术讲座、学术论坛、学术研讨会提升大学学术品牌影响力。通过读书月、艺术节等形式丰富学生的文化生活，塑造当代大学生的文化面貌。通过大学各种仪式、传统节日、重大事件等活动为之提供丰富的精神盛宴。

3. 有利于提升大学品牌效应

大学品牌是一所大学的优良形象，是大学历经发展而沉淀下来的办学特色和优良传统，是大学知名度和美誉度的有机统一，也是大学精神的集中体现。因此，树立大学品牌意识，做好大学的名片，是大学内涵式发展的重要任务。大学内涵式发展在塑造大学品牌中重点凸显大学理念、定位、制度和策略等工作的建设。大学内涵式发展效益的高低主要表现在，是否积淀和凝练了具有深度内涵，能够彰显办学特色的大学理念；是否明晰大学的定位、大学所处的层次，认清大学自我；是否按照教育规律建立了完善的内部管理制度；是否从方法、思想、方向、步骤和手段等方面谋划了大学发展的方略。

（三）有利于溢出质量效益产出

大学的内涵发展，对于国家的经济发展、正能量的传播、生态文明建设、讲好中国故事等都有正向的作用。

1. 有利于经济增长贡献率的提高

一方面，科技发展贡献率提高。科学技术是促进社会主义现代化建设的根本途径，也是提高经济增长贡献率的重要手段。要提高科学技术的发展以及生产力水平，有赖于通过大学内涵式发展不断优化人力资本、培养人才、传递和积累科学技术发挥再生产科学技术的功能，由此可见，经济增长贡献率的提高是大学内涵式发展的溢出效益。另一方面，社会服务贡献率提高。“作为技术人才和技术产品的产生地，大学特别是世界一流大学的社会服务功能越来越多地体现为促进国家和地方经济发展。”①大学内涵式发展不仅重视数量上的增长，更注重内涵建设，提高办学质量，提升人才培养、科技创新、服务社会和文化传承等方面质量，以此促进了人力资源的有效开发，提高就业人员的素质，推升教育对社会经济的贡献率。

2. 有利于社会发展正能量的提高

“正能量”指的是一种健康乐观、积极向上的动力和情感。对一所大学来讲，好的大学教育，要培养学生的创新能力，培育学生适应国家经济社会发展的能力，要不断给学生传递正能量。同时大学也是一个地方一个区域的文化名片，向社区、向区域、向社会传

① 何建坤等：《大学技术转移对首都区域经济增长的贡献分析》，《科学学研究》2007 年第 5 期。

递正能量是大学作为文化机构应承担的义务。大学是向社会传递正能量的载体，大学内涵式发展的溢出效益也体现在向社会传播正能量的能力和效果，就是要在理论创新、科技创新、制度创新、自主创新、原始创新、集成创新方面发挥专业精神，以专业精神引领社会进步和发展，向社会展示和传递正能量。

3. 有利于生态文明引领力的提高

树立生态文明理念、加强生态文明建设，是大学内涵式发展溢出成效之一。就是要将习近平生态文明思想融入教学工作，提高师生的生态文明引领力。生态文明引领力的提高就是要引导大学师生树立绿色发展理念，注重对于绿色发展观念的阐释和弘扬。通过思想政治理论课程和课程思政的方式，将生态道德观念和生态文明理念融入到大学师生的日常生活之中，要将生态文明建设融入到科技研究和服务社会工作中，加强资源节约型、环境友好型社会研究，以大学的科学研究推动生态文明建设的发展，建设美丽中国。

4. 有利于讲好中国故事

党的二十大报告指出："讲好中国故事、传播好中国声音，展现可信、可爱、可敬的中国形象。"① 大学的内涵式发展能够直接有效增进学校师生的综合素养，具有较高素养的广大大学师生能够更佳地讲好中国故事、传播好中国声音，把中国可亲、可爱、可敬的形象展现给世人，从而提升我国的国际影响力。

① 习近平：《高举中国特色社会主义伟大旗帜 为全面建设社会主义现代化国家而团结奋斗——在中国共产党第二十次全国代表大会上的报告》，人民出版社2022年版，第46页。

三、走创新发展之路的价值

走创新发展之路对大学高质量发展具有重要的价值，不仅能够有效形成学校发展合力，还有利于创造新文化发展新科学，为中国特色社会主义事业的发展培养创新型人才。

（一）有利于形成学校发展合力

大学是一个有机整体，走创新发展之路能够激发各方面潜在活力，优化学校资源配置，统筹协调，形成学校发展合力。一方面能够激发各方面潜在活力。走创新发展之路的大学，能够形成创新的环境，完善创新制度，建立起系列激励机制，使学校内部的各个系统迸发出活力，使学校又好又快发展，实现人才培养、科学研究、服务社会等职能，完成大学的使命。另一方面能够优化资源配置。走创新发展之路的大学，能够着力破除体制机制障碍，优化人财物等资源的配置，促进学科、人才、科研与产业互动。

（二）有利于创造新文化发展新科学

大学教育为文化发展服务，创造新文化、发展新科学是它的基本功能之一。一方面是创造新文化。大学是古今文化、中外文化交汇和交流的地方，大学教师的知识比较渊博、视野比较宽广，大学生来自全国，乃至世界各地，他们都求真好奇，大学校园通常成为古今、中外文化交流碰撞的中心。大学走创新发展之路，利于文化创新。另一方面是发展新科学。学术研究是大学教师职业活动的重要内容。走创新发展之路的大学，通常能够给与进行学术研究的师生足够的物质和精神保障及激励，因此有利于学术研究者推陈出新，发展新科学。通过有组织科研，使人力人才资源合理分工，有效完成科研工作，提升创新效能，加快实现高水平科技自立自强。

（三）有利于培养创新型人才

习近平总书记指出："我们要坚持教育优先发展、科技自立自强、人才引领驱动，加快建设教育强国、科技强国、人才强国，坚持为党育人、为国育才，全面提高人才自主培养质量，着力造就拔尖创新人才，聚天下英才而用之。"[①]社会的发展靠人才，人才的发展靠教育。大学是重要的人才培养场所，是"人才库"。大学走创新发展之路有利于培养创新型人才，为国家的发展建设提供人才支撑和智力支持。第一，有利于培养大学生的创新意识。走创新发展之路的大学能够通过各种方式激发学生的好奇心和求知欲，促进他们形成创新的自觉。第二，有利于培养大学生的创新思维。走创新发展之路的大学能够帮助学生打破惯性思维、思维定式，能够帮助其培养和锻造观察力、反应力和执行力。第三，有利于培养学生的创新能力。走创新发展之路的大学能够通过理论教育和实践锻炼，培养学生独立思考的能力，敢于创新与独立工作的能力，与他人协作的能力等。第四，有利于培养学生的创新人格。走创新发展之路的大学能够培养大学生敏锐的洞察力，强烈的求知欲，追求真理、崇尚科学的态度，坚韧不拔的意志等。

---

① 习近平：《高举中国特色社会主义伟大旗帜　为全面建设社会主义现代化国家而团结奋斗——在中国共产党第二十次全国代表大会上的报告》，人民出版社2022年版，第33—34页。

第四节　大学校长引导大学走好发展道路

建设现代化大学，实现高质量发展，需要在党委的领导下，大学校长制定科学的发展规划、明确的发展目标以充分调动起校内外各种资源，形成发展合力，通过学科、人才、科研三者联动为大学的发展提供内涵支持，实现内涵式发展，创新大学发展模式，推动大学高质量发展。

一、大学校长引导走好科学发展之路

大学走科学发展之路，要注重人才培养模式的改革、人才队伍、学科专业、制度建设、文化氛围等的科学发展。

（一）改革人才培养模式

党的二十大报告强调“人才是第一资源”，“全面提高人才自主培养质量，着力造就拔尖创新人才，聚天下英才而用之”。[①] 人才对国家的进步、社会的发展等都具有重要的作用。走科学发展之路的大学应注重人才培养，改革人才培养模式。

第一，要树立正确的人才观。人才是多样的，只要政治立场正确、坚定，热爱祖国，有社会责任心和使命感，以自身能力促进中国特色社会主义事业发展的都是人才。大学培养的人才分属在不同行业、不同领域，大学校长要在全校范围内倡导立教无类、以文化人的人才培养观，要树立人人都能成才的教育理念，树立人才多样

① 习近平：《高举中国特色社会主义伟大旗帜　为全面建设社会主义现代化国家而团结奋斗——在中国共产党第二十次全国代表大会上的报告》，人民出版社2022年版，第34页。

化的观念。

第二，鼓励名师教授上基础课。人才培养是大学最为根本的职能，大学教育要以本为本，大学必须把提高教学质量放在首要位置，名生的培养需要名师作为引导，大学教师的水平直接影响到了人才培养的质量。鼓励规范大学各级人才尤其是高端人才为学生开授专业课、公共课或是通识选修课，引导转变观念，提高思想认识，带头进入教学第一线。大学校长自身也要走进课堂，为学生讲授基础课，并且上好开学第一课、毕业最后一课，在全校范围内发挥好榜样带头作用。

第三，进行学分制改革。交叉学科人才培养是大学人才培养中的重要环节，培养跨学科人才有助于提高人才的竞争力和有效性。在一定的范围内允许学生跨系跨专业流动，选择专业、课程、教师。调整必修课、选修课和实践课的比例，增加课程选修学分和综合训练学分。鼓励教师开设跨学科、跨专业选修课；实行弹性学制等等。

第四，加强学生综合素质教育。充分发挥思想政治理论课的作用，贯彻落实好课程思政，坚持把人文素质教育作为素质教育的突破口，实现人文教育与专业教育的融合，引导学生树立正确的世界观、人生观、价值观、成才观和就业观等。同时注重“第二课堂”作用的发挥，培养全面发展的高素质人才。

（二）加强教师队伍建设

大学的科学发展，离不开教师队伍的科学发展。实现大学教师科学发展就要着力提升教师职业道德修养，增强教师教学能力，提高教师研究水平。

1.提升教师思想道德修养

第一，加强思想政治教育。大学教师与广大学生接触，他们具有较高的政治觉悟，坚定的政治理想和立场是至关重要的。大学教师要作“经师”和“人师”的统一，应通过“线上+线下”相结合的方式，通过教师培训、座谈会、参观学习等对教师进行思想政治教育，提高他们的思想政治水平。

第二，加强道德教育。接受师德师风教育是大学教师履行教育教学职责的前提要求，是大学教师完成自身使命的要求。大学教师有较高的师德师风，才能够树立榜样，通过言传身教影响广大学生。学校可以通过师德师风大讲堂、师德师风集中学习教育、师德师风演讲比赛等活动直接或间接地对大学教师进行道德教育。

第三，提升道德修养。大学教师工作的性质要求大学教师必须恪守底线、注重私德、追求境界。通过警示教育、主题谈话等形式提醒大学教师慎独修身，保持操守，防微杜渐。

2.增强教师教学能力

教师担负着教书育人的重要职能，需要更新教学理念，改进教学模式。大学校长要高度重视推动教师专业能力的不断提高，强化政策、环境、资金支持。

一方面，要增强教师的专业能力。专业能力是教师教学能力的基础和保障。教师“所知道的必须大大超过要教给学生的范围”[①]。大学的课程大多具有学科前沿性质，更新换代速度较快，且大学生对于新知识的获取和掌握能力更强，对于知识的接受程度更为快

① 习近平:《做党和人民满意的好老师——同北京师范大学师生代表座谈时的讲话》,《人民日报》2014年9月10日。

捷，这也就要求大学教师自身要对学科知识有更好的掌握。大学校长要鼓励大学教师以在职读博、交流访学、参加学术会议等多种方式，走出校门，加强对于学科前沿问题的掌握，不断充实、拓展、提高自己。

另一方面，要增强教师的教学能力。一是要增强教师的备课能力，做到“备课程、备教材、备学生”，将课程弄清楚，教材钻研透，充分了解学生，设计合适的理论和实践练习，琢磨良好的教学方法。二是要增强教师的上课能力，具体就包括了教学能力、理论讲解能力、分析研判能力、表达能力、组织指导能力、创新能力、自我调控能力。三是要通过相关的政策和机制为教师尤其是年龄教师提供学习的平台，通过青年教师赛课、导师制等方式促进教师教学能力的提高。同时还应为教学型教师畅通职称晋升的有关渠道。

3. 提高教师研究水平

教师的科研能力是教师开展教学工作的基础，同时教师也是大学科学研究、学科建设的主力军，大学教师同时肩负着教师和科研人员的双重职责，大学教师科研能力的提高对于实现大学的内涵式发展，打造标志性科研成果群具有重要作用，因此，大学校长要引导大学教师实现以下三个转变。

第一，单一型向复合型的转变。大学教师应该在教学中坚持科研，在科研中坚持教学，外练教学基本功，苦修科研内功，不断提升科研水平和科研能力，成为复合型的大学教师。

第二，分散型向集中型的转变。缺乏团队依托，会导致大学教师对某些科研方向、主题认识不深，缺少经验的积淀和团队的合力。因此，将分散型的大学教师科研模式向集中型转变，通过培引高端人才的方式，以高端人才为中心，根据大学教师不同的专业背景，所擅长的专业方向进行科研团队整合，打造相应的教学科研团队，形成一支相对固定、结构合理的教学科研团队，督促其深入开展研究和教学，提高人才培养质量和形成标志性科研成果等。

第三，一般型向专家型的转变。大学教师从事科研工作，要向资深专家看齐。一般型大学老师应结合自身实际，将教学与科研有机结合，在自己的能力范围选定研究领域，把学科、理论前沿作为自己的研究对象，善于发现、识别和掌握其中的各种问题，科学、系统、理性地分析问题背后的原因，挖掘问题所蕴含的实质，然后探索解决问题的方法，形成系列研究成果。因此，通过理论的积累、研究的深入、实践的锻炼，由一般型教师逐渐成长为专家型教师，也就是大学的高端人才。

（三）促进学科科学发展

“一流”学科的成长是知识不断分化与融合的演进过程，也是国家需求和社会发展的时代诉求。[①] 走科学发展之路，建设“一流”大学，要注重学科的科学发展。

第一，确立指导思想。要明确什么是学科建设、学科发展方向、学科发展的意义以及如何进行学科发展等问题，确立科学的学科发展指导思想。大学校长在明确学科发展指导思想的过程之中，要注重将党和国家的要求与学校发展实际相结合、与大学精神办学理念相结合，同时推动学科发展指导思想在大学的传播和弘扬。

第二，做好学科规划。大学校长在进行学科规划过程中，要做

① 罗建平：《世界一流学科成长的逻辑与路径》，《中国高教研究》2021 年第 7 期。

到统筹兼顾，整体规划，分类定位；要重视基础，强化应用，以基础研究带动应用研究，发挥学科研究的潜在实力；要分清主次，重点学科先行，其他学科循序跟进；充分发挥优势学科，彰显学校特色。推进新工科、新医科、新农科、新文科建设。

第三，充分发挥学科带头人的作用。大学校长要注重对于学科带头人也就是高端人才的培引工作，发挥好学科带头人对于学科发展的引领、青年人才的培养、研究团队的组建以及标志性科研成果的产出的作用，通过柔性引进和全职引进的方式培引学科带头人。除了发挥好学科带头人的专业能力，同时还要推动注重学科带头人发挥好自身的道德影响力和榜样示范作用。

（四）评估体系科学发展

大学走科学发展之路，要重视质量监控与评估的科学发展，构建教育质量评估体系。对于评估体系的科学发展主要体现在对于大学内部机构以及各学院的年终考核上，评估考核既是对于各二级单位本年度工作成效的考核，同时评估指标也是为各二级单位的年度发展和计划提供依据，以考核促发展是科学发展的必要环节。大学校长作为大学内部年终考核的主考官也是主要评价者，要不断完善评估的政策与指标体系，使评估工作有法可依、有章可循，同时针对不同的业务单位和学院形式的不同要实施分类指导、分类评估，构建科学合理的大学发展评估体系。

大学校长在制定评估体系时，第一，要结合我国大学现代化发展的总体目标，将学校内部的发展同高等教育的发展相结合，注重评估的科学性和社会性。第二，要充分结合大学的发展实际以及各学院各单位的发展实际，注重差异化、特殊化考核。第三，要充分吸收国内外世界一流大学的内部评估考核指标体系，博采众长，不断优化自身的评估体系。第四，要注重对于评估体系的适时优化，以及民主原则，充分吸收各单位、师生员工对于评估体系的意见建议，提高评估指标的认可度和有效性。

二、大学校长引导走好内涵发展之路

内涵发展之路是大学发展的必由之路，从主体来说可以分为学生、大学教师以及大学的管理者三者的发展；从具体内容来说是要以学科、人才、科研三者联动来提供支撑。

（一）引导学生实现内涵发展

大学生政治素质、思想素质、品德素质、心理素质、身体素质是学生发展的重要维度，大学校长要着力培育学生的各项素质，实现学生的内涵发展，提高人才培养质量，落实立德树人根本任务。

1. 优化政治素质

政治素质是个体的政治观念、政治态度，体现出个体对政治事件的立场。[①] 优化大学生政治素质要从加强对于大学生的思想政治理论教育，用马克思主义理论武装头脑，大学校长要发挥好思想政治理论课这一重要阵地，带头上思想政治理论课，拓宽思想政治理论实践课的实践平台，同时要发挥好新技术手段，利用好中国大学慕课、学习通等网络平台，打造线上理论学习课程，加强对于习近平新时代中国特色社会主义思想“三进”路径的研究。同时，抓好关键少数，激发榜样示范和朋辈引领的作用，抓好学生党员、学生干部这

---

① 孟东方等：《高校辅导员学》，人民出版社2019年版，第166页。

一少数群体，通过先锋模范作用优化全体学生的政治素质。

2. 优化思想素质

思想素质是个体意识在逻辑思维中产生新思想的要素，大学生要有崇高的思想境界，能够自觉将个人理想与国家理想融合起来。① 大学校长要引导学生将个人价值的实现和社会价值的实现结合起来，加强对学生中国梦的教育，让学生将个人发展目标同社会发展目标结合起来，在为社会做贡献、推动社会发展的过程之中实现个人目标。同时要引导学生拥有吃苦耐劳、开拓创新、坚持不懈的思想素质，通过社会实践的方式，让学生明确时代使命。

3. 优化品德素质

品德素质是个体道德品质修养，反映出个人自身价值与品行。② 德育工作是大学人才培养的首要任务，是立德树人根本任务的具体表现。做好学生的德育工作，就是要在大学校园内培育和弘扬社会主义核心价值观，推动社会主义核心价值观融入大学文化发展过程，以大学文化育人，营造良好的校园环境。同时教师的品德素养要主动优化，引导教师在课堂上加强对于学生的德育教育工作。此外，还要注重实践过程对于大学生道德素养的培育，道德根源于人类的劳动活动之中，通过志愿服务、暑期社会实践等形式，以实践育人做到校园德育工作。大学校长还要注重学生社区、寝室园区的德育工作，将德育工作融入学生工作的方方面面。

4. 优化心理素质

心理素质是个体认知、情感、意志等内在心理活动的要素，体

① 孟东方等:《高校辅导员学》，人民出版社 2019 年版，第 166 页。

② 孟东方等:《高校辅导员学》，人民出版社 2019 年版，第 166 页。

现在思维、情绪、意志、信念方面的稳定倾向性。[①] 大学生的心理健康教育在当下具有重要意义，需要采取课上课外相结合的方式，全方位的开展心理健康教育，注重大学生群体中可能出现的心理问题，全面优化大学生心理素质。

第一，要开设心理健康教育的必修课或者选修课，从理论维度教授学生处理心理问题的方式方法以及心理问题的各种表现形式。

第二，要围绕心理健康教育打造一系列的特色品牌活动，引导学生在轻松愉快的氛围之中，释放压力、缓解情绪，通过打造心理健康活动月、活动周的形式，以心理班会、团体辅导、实践体验等形式，丰富大学生的课余生活。

第三，要构建心理预防的体制机制，做到事前预防、遇事处理、事后总结的全过程心理防护机制，以及配齐专兼职的心理咨询师，在各班级设置心理委员，学生处、团委等部门加强对于心理健康教育的重视程度，把大学生的心理素质提高纳入人才培养和学生工作的重点工作之中。

5. 优化身体素质

身体素质是个体成长成才和进行社会实践的基础。优化学生身体素质就是要加强大学生体育工作，体育作为五育工作的中间环节，在整个学生发展过程之中处于基础地位。

第一，要加强对于体育课程的重视程度，改变体育课程被认为是“水课”的观念，通过开设不同类型的体育课程吸引学生走出宿舍、走向操场进行体育锻炼。

---

① 孟东方等:《高校辅导员学》，人民出版社 2019 年版，第 166 页。

第二，要在学生日常活动之中加强体育工作，通过学生会、学生社团等学生组织，开展有关体育竞技类或是趣味运动类型的比赛，丰富体育文化活动。

第三，要引导体育学院教师加强对于体育工作的学术科研，以科研工作带动体育教育水平的提高。

（二）大学教师内涵发展

大学教师作为大学科研工作和人才培养工作的主导力量，大学教师的内涵发展、提高素质对于大学发展具有重要意义。大学校长要重视不同年龄、不同学科、不同层次的大学教师素质的优化，提高大学教师对于岗位的胜任能力，推动大学教师为大学的高质量发展做出更大贡献。

1. 优化大学教师的道德素质

大学教师的道德素质事关大学人才培养的好坏、事关大学立德树人工作根本任务的完成、事关“三全育人”工作和“十大育人体系”的开展构建。教师作为人类灵魂的工程师，不仅需要传授学生科学知识，更需要引导学生健康成长，肩负时代使命。教师的道德素质指的是教师个体所具备的关于道德的认知、情操和品质，具体表现在教师处理教学工作、师生关系和上下级关系。大学教师道德素质的优化，一方面，需要完善评价机制，对于师德师风问题实行一票否决机制；另一方面，要注重对于教师道德素质的日常培养，发挥好教师党员的榜样示范作用，通过专题讲座、寒暑假专题培训、短期进修等方式，为教师提供学习机会。

2. 提升大学教师的知识素质

大学教师的知识素质主要由本体性知识、条件性知识、实践性知识和哲学知识五个方面构成。[①] 提升教师的知识素质对于提升教师教学能力、提高教师的科研能力都有所助益。大学教师知识素质的提升需要大学校长从制度、平台、环境等方面提供引导。第一，完善教师能力提升制度，通过鼓励教师在职读博、出国访学交流等形式，为大学教师的知识素质的提升提供政策保障。第二，在智慧校园建设过程之中，加强对于智慧教室的建设，提高教师现代教育技术的掌握和使用能力，为教师开展现代化教育提供平台。第三，开展教师教学技能竞赛、公开课展示观摩活动，通过优秀教师课堂展示的形式为新进教师和年轻教师提供学习机会，营造良好的教学环境，引导教师之间相互交流，跨学科、跨学院、跨学校乃至跨国家的交流，相互之间取长补短，实现共同发展。

3. 提升大学教师的审美素质

习近平总书记指出："做好美育工作，要坚持立德树人，扎根时代生活，遵循美育特点，弘扬中华美育精神，让祖国青年一代身心都健康成长。"[②] 大学教师作为美的创造者和传播者，应树立正确的审美观，具备高尚的审美素质。美育工作是大学人才培养的重要一环，美育也是提高学生德育工作成效以及专业能力的重要手段。

大学教师的审美素质提高就是要坚持马克思主义美学的基本观点，系统掌握美学和美育的知识，同时将美育的方式方法运用到日常教育教学活动之中。大学教师审美素质的提高能帮助教师提高个人形象、展示个人魅力，更好地提高教学水平。大学校长要发挥好

---

① 孟东方等：《大学工作学》，人民出版社 2016 年版，第 173 页。

② 《习近平给中央美术学院老教授回信强调　做好美育工作弘扬中华美育精神让祖国青年一代身心都健康成长》，《人民日报》2018 年 8 月 31 日。

美术学院、音乐学院教师的作用，在全校范围内加强对于美学知识的传播和弘扬，提高大学教师的发现美、欣赏美、创造美的能力。

4. 提升大学教师的身体素质

大学教师的身体素质是支撑大学教师进行教育教学和科学研究的重要基础，大学教师能力的发挥也是建立在拥有健康身体状况的基础之上。

大学校长一方面要发挥好工会的作用，通过开展日常的体育锻炼活动或是室外活动，为大学教师提供一个相互交流、运动健身的环境，引导大学教师参加体育活动，开展适合不同年龄段教师的体育活动；另一方面，要完善对于教职工身体健康保障的相关制度，通过重大疾病后续补助、年度健康体检等制度，关心爱护大学教师的身体状况。

5. 提升大学教师的心理素质

教师职业对于其心理素质的要求比其他职业要求要高，这既是对大学教师内在品质的规定性，也是对于学生受到良好教育的潜在保障力。[①] 大学教师的心理压力来源较多且复杂，涉及教学、科研、工作、家庭、社会等多个方面，提升大学教师的心理素质是确保教师队伍稳定的重要一环。提升大学教师的心理素质，一方面，需要科学良好的心理疏导方法，通过在职培训的方式，为大学教师提供专业化的心理学知识；另一方面，需要加强对于大学教师的日常心理疏导工作，在心理咨询室专门开设针对大学教师的心理咨询服务，及时为大学教师解决心理问题。

① 孟东方等：《大学工作学》，人民出版社2016年版，第174页。

（三）大学管理者内涵发展

大学管理者作为维护大学日常运行和发展的中坚力量，大学管理者的内涵发展关系到大学内部的协调有序运行和校园建设等，大学管理者可以分为高层、中层和基层管理者，大学校长作为大学管理者中的关键人物，要引导大学的其他管理者实现内涵发展，这是大学竞争力领先的重要优势、也是大学持续发展进步的基本要求。

1. 优化大学管理者的政治素质

大学管理者应具备过硬的政治素质，才能对大学生的思想政治素质的提高起到良好的引导作用。同时，其作为社会主义大学的管理人员，更应优化自身的政治素质，加强对于习近平总书记关于教育重要论述的学习和掌握，领会党中央对于高等教育事业发展的重大部署。大学领导尤其是大学校长要通过理论学习等形式，开展丰富多样的教育学习活动，加强对于大学管理者的思想政治教育工作，使大学成为坚持党的领导的坚强阵地。

2. 优化大学管理者的道德素质

道德是调节大学管理者的重要方式，大学管理者的道德素质也体现着大学管理者的本质特征。大学管理者的道德素质的高低也是大学构建立德树人工作体系的重要抓手，也是大学立德树人工作的重要育人单位，大学管理者道德素质的优化有助于营造良好的育人环境。一方面，要注重对于现行党规党纪、法规法律的学习和掌握，做到公事公办，廉洁工作；另一方面，要发挥好纪委督察的作用，加强对于大学管理人员的监督提醒。

3. 优化大学管理者的文化素质

大学培养的是国家所需要的各类人才，大学教师自身也是人才队伍中的组成人员，面对教师群体和学生群体这两类高素质高水平群体，大学的管理者自身也要有过硬的文化素质，才能适配大学的发展和内部运行。大学校长要注重对于大学管理者的人文素质和科技素质的学习，通过开展科普工作和人文素养讲座，优化大学管理者的文化素质。

4. 优化大学管理者的能力素质

大学管理者的能力素质包括组织管理素质、协调沟通素质、总结积累素质、理论联系实践和开拓创新素质等。[①] 能力素质是大学管理者所应具备的基本能力之一，具体表现为大学管理者在处理大学日常事务，进行大学日常管理中所展现出来的能力素养。在当前新技术产业蓬勃发展的时代，各类办公软件、硬件的迭代速度加快，对大学管理者的能力素质提出更高要求。大学校长要带头推动建设智慧校园，引导大学管理者了解掌握并能使用各类新型产品，提高大学日常管理的效果。

5. 优化大学管理者的创新素质

创新素质是大学管理者能力素质的一项重要指标。创新是一个民族的灵魂，更是大学管理者的灵魂，没有创新就没有发展。大学管理者作为大学发展目标的参与制定者，大学管理者的创新能力关系到大学实现创新发展的能力。大学管理者作为大学治理体系中的主体力量，大学校长要推动大学管理者解放思想、与时俱进，善于接受新事物，迎接新挑战。

---

① 孟东方等：《大学工作学》，人民出版社 2016 年版，第 180 页。

三、大学校长引导走好创新发展之路

大学实现创新发展是提高大学发展治理、推动大学治理体系和治理能力现代化，建设具有中国特色、世界一流大学的必要条件。大学校长要带头创新、推动创新，营造创新的文化氛围，凝聚领导者合力，实现校园文化创新、实现协同创新、完成制度创新、实现实践创新。

（一）凝聚领导班子合力

大学的创新发展不是单个人努力就可以完成的，而需要多方面的努力。我国实行的是党委领导下的校长负责制，需要凝聚领导班子合力，促进学校创新发展。一方面，坚持党委统一领导学校工作。习近平总书记指出："党政军民学，东西南北中，党是领导一切的"[①]，"坚持党对一切工作的领导"[②]，"中国特色社会主义最本质的特征就是中国共产党的领导"[③]。应坚持党委统一领导不动摇，不断增强"四个意识"、坚定"四个自信"、做到"两个维护"。另一方面，大学校长要创新主持学校行政工作。校长有没有创新意识，能不能创新治校理校能力和工作方式，对学校的创新发展至关重要。大学领导之间要通力合作，树立创新意识，形成创新思维，采

---

① 习近平：《决胜全面建成小康社会　夺取新时代中国特色社会主义伟大胜利——在中国共产党第十九次全国代表大会上的报告》，人民出版社 2017 年版，第 20 页。

② 习近平：《决胜全面建成小康社会　夺取新时代中国特色社会主义伟大胜利——在中国共产党第十九次全国代表大会上的报告》，人民出版社 2017 年版，第 20 页。

③ 中共中央文献研究室：《习近平关于协调推进"四个全面"战略布局论述摘编》，中共中央文献出版社 2015 年版，第 138 页。

用有创新的方式、方法和手段解决学校发展建设过程中的新问题。

（二）实现校园文化创新

大学校园文化是学校核心竞争力的重要组成部分，是学校赖以生存发展的基础，是学校精神风貌的集中展现。实现大学校园文化创新能够充分彰显学校的特色和个性。大学校长要以物质文化创新和精神文化创新为抓手，协同推进大学的文化创新。

一方面，要推进校园物质文化创新。大学校园内物质文化发展是大学发展的重要条件，大学校园的物质文化的建设情况很大程度上影响着大学发展的质量、水平。因此，大学要创新发展，就要实现校园内物质文化创新。推进校园物质文化创新，既要逐步完善学生学习、生活、活动的重要场所建设，因地制宜形成有特色的场所文化。更要适时推进校园设备更新。不管是教育教学、科学实验，还是校园管理，都要根据实际情况逐步满足发展需要。还要推进校园环境和景观创新。大学校园环境和景观是自然与人文的结合体，是科学、艺术、文化的融合体。要创新打造一批有优美的形态，有内化的纪念意义和主题意蕴的校园雕塑和造型。

另一方面，要推进校园精神文化创新。大学校园精神文化是大学校园文化最核心的部分。创新的校园精神文化氛围对于学校的创新发展具有重要的意义。实现校园精神文化创新，要“完善全员全过程全方位育人体制机制，不断加强思政课程与课程思政协同育人机制建设，着力培育具有时代精神的中国特色大学文化”[①]。要实现

① 《教育部　财政部　国家发展改革委关于深入推进世界一流大学和一流学科建设的若干意见》，教育部，见 http://www.moe.gov.cn/srcsite/A22/s7065/202202/t20220211_598706.html。

校园学术文化创新。大学校园是深入研究学问的殿堂，是各种学术思想相互交流、相互碰撞的地方，其学术文化对校园人或社会的作用和意义十分明显，因此，要不断创新校园学术文化。具体来说，要树立创新性学术思维，完善学术创新的激励机制，构建良好的学术氛围等。创新大学理念、传统、校风、学风等的传播载体。除了运用校训、校徽、校歌、校史等作为载体，还可以通过图像化、音视频化等作为载体，具化它们的内容。

（三）实现协同创新

现在的社会是开放的社会，任何组织和个人的发展都不能孤立进行。完成规模大、难度高的计划和项目都需要多主体参与，需要协同完成，大学的高质量发展亦是如此。一方面，做好校园内部的协同创新发展。大学的校园是一个有机整体，内部的各个单位都是大学校园的重要组成部分，他们之间的协同创新发展对学校问题的解决和发展建设具有重要的作用。例如宣传思想工作的创新发展，要“充分发挥高校党委的领导核心作用，坚持和完善党委领导下的校长负责制，建立健全高校党委统一领导、党政工团齐抓共管、党委宣传部门牵头协调、有关部门和院（系）共同参与的工作机制”[①]。另一方面，做好与校园外部的协同创新发展。大学的创新发展离不开与校外的团结协作。以学校科研发展为例，要实现大学科研的创新发展，必须实现“产、学、研”相结合。大学应该以技术创新需求为纽带，有效整合各方资源，充分发挥自身优势，充分利用校企、校地等之间的联盟关系，实现科技成果的转化和人才的

① 《中办、国办印发〈意见〉要求 进一步加强和改进新形势下高校宣传思想工作》，《光明日报》2015 年 1 月 20 日。

培养。

（四）完成制度创新

大学校园制度是学校管理者行使管理职能的重要依据，具有导向作用、教育作用、凝聚作用，是学校有序发展的重要保障。

大学在进行制度创新过程中，要“加快推进高校章程制定和核准工作”①，完善学术研究规范、学术评审规范、科研管理规范。准确认识和把握教育教学和管理实际，健全大学教师行为规范、大学生行为规范、管理者行为规范等，推进深化新时代教育评价改革总体方案落实落地。

（五）推进实践创新

大学是文化的殿堂，是理论的高地，但是也不能忽视实践的创新发展。实现大学实践创新，要做好以下三个方面的创新。第一，推进教育教学的创新。以“兴趣＋能力＋使命”②为培养路径，推进思想政治工作体系、学科体系、教学体系、教材体系、管理体系建设创新发展。第二，推进科研创新。科学研究前，要把握社会动向，立足研究前沿，仔细分析，选择有新意的研究方向和主题；在科学研究过程中，要运用创新的方法、创新的载体、创新的手段进行内容研究；科学研究后，要及时总结经验，以便发现新的研究方向和主题。第三，推进学生社会实践创新。通过创新学生社会实践的形式与内容、创新社会实践的考核评估模式等，推动学生的社会

① 《中办、国办印发〈意见〉要求　进一步加强和改进新形势下高校宣传思想工作》，《光明日报》2015 年 1 月 20 日。

② 《教育部　财政部　国家发展改革委关于深入推进世界一流大学和一流学科建设的若干意见》，教育部，见 http://www.moe.gov.cn/srcsite/A22/s7065/202202/t20220211_598706.html。

实践活动同思想政治教育工作结合、同专业学习相结合、同经济社会发展相结合，可以通过校地合作、扬帆计划等，创新社会实践形式，拓宽社会实践活动的领域。

课　题　组

组　长：孟东方

成　员：（按姓氏笔画为序）

马玉姣　王　军　王资博　龙冠雨　匡渝渝

朱勋春　刘　波　孙友林　李广稷　李思雨

李　科　李　赓　杨　涛　吴舒婷　何　瑶

张　艺　张守新　陈　灿　陈　沉　孟　翔

贺　佳　翟长淼

大学校长工作理论与实践
构建大学校长学探索

（下）

孟东方　等著

人民出版社

目　录

上　卷

下　卷

第十一章　大学的立德树人论

习近平总书记强调："立德树人是中国特色社会主义教育事业的根本任务。学校办学要始终牢记为党育人的初心，坚定为国育才的立场，以树人为核心、以立德为根本。"[①]能否培养出党和人民事业的合格建设者与接班人，是中国高等教育的根本任务，直接关系到伟大事业的接续推进，关系国家民族的前途命运。大学办学治校的所有工作均是围绕立德树人展开，均是服从和服务于人才培养这一核心主旨。因此，大学校长作为学校的关键管理者和核心领导者，构建一流人才培养体系是其工作的重中之重。

大学的立德树人论，旨在围绕大学立德树人的根本任务展开探讨，以坚守教育的初心使命为逻辑起点，探讨中国大学对于中国共产党教育方针的贯彻落实，聚焦大学教育教学这个基本点，进而从体制机制层面，探究大学校长对于大学立德树人机制的完善问题。

---

① 本书编写组：《习近平总书记教育重要论述讲义》，高等教育出版社2020年版，第44页。

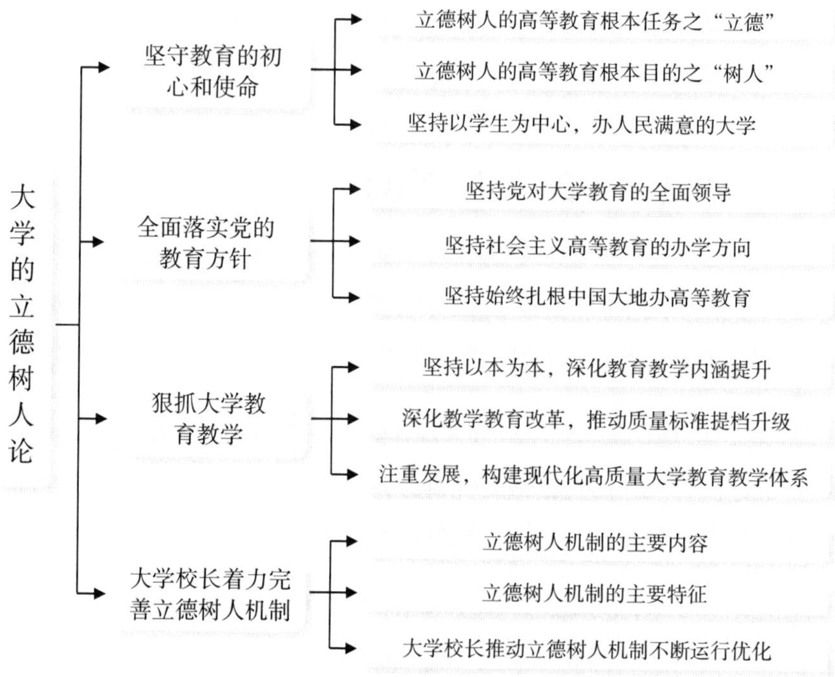

图 11-1　大学的立德树人论结构

第一节　研究的综述

一、研究的现状

在中国知网以“立德树人”为主题进行检索，可以检索到相关学术论文 2 万余篇，缩小范围以“立德树人”为篇名进行检索，可以检索到学术论文 6000 余篇，其中核心期刊超过 1000 余篇，在结果中以“大学”为主题可以检索到论文 700 余篇，总体来看关于大学立德树人主题的研究相对丰富，也有众多学术著作：《立德树人　铸魂育人》（焦扬，2022）、《立德树人与新时代大学生劳动教育》

（赵德武，2021）、《研究生培养立德树人研究》（刘汉武等，2019），同时，在现有文献之中，有众多高等学校的立德树人工作案例选编。

（一）关于立德树人基本内涵的研究

关于立德树人基本内涵的研究主要是围绕“德”的含义以及树“人”的方向来进行的，众多知名学者对于这个问题从不同角度进行了学理性的阐述。冯刚、陈飞探讨了立德树人是“立什么德”“树什么人”以及“立德”“树人”的关系问题。[①] 任成孝认为立德树人就是要“明大德、守公德、严私德”，要培养“社会发展、知识积累、文化传承、国家存续、制度运行所要求的人”。[②] 虞花荣认为立德树人不仅仅是对学生进行德育，还包含教育者、管理者、家长的“立德”；它也不是思政工作的专属或是某个学段的任务，而是全程育人、全方位育人的系统工程。[③] 白显良、崔建西提出新时代立德树人就是要“明大德、守公德、严私德”以及培养“担当民族复兴大任的时代新人”。[④]

（二）关于立德树人工作开展的研究

王莉莉提出要用立德树人的理念来推动大学思想政治工作体系的创新发展。[⑤] 李元、高亮分析了研究生导师如何做好研究生的立

---

① 冯刚、陈飞：《新时代高校立德树人的治理架构与实施路径》，《思想教育研究》2020 年第 7 期。

② 任成孝：《新时代立德树人的内涵和路径方法》，《中国高等教育》2022 年第 Z3 期。

③ 虞花荣：《论立德树人的内涵》，《伦理学研究》2020 年第 6 期。

④ 白显良、崔建西：《新时代立德树人的价值定位、时代内涵与实践要旨》，《思想理论教育》2018 年第 11 期。

⑤ 王莉莉：《基于立德树人理念的高校思政工作体系创新》，《山西财经大学学报》2023 年第 S1 期。

德树人工作，提出要明确职责与把握境遇，并提出了系列的具体措施。① 冯刚从立德树人与培育时代新人的角度来分析了二者的关系以及在立德树人视域下人才培养的实践路径。② 孙正聿从导师的形象和工作两方面论述导师的立德树人，提出导师的形象就是人格化的学术，导师的工作就是引导学生学会研究。③ 黄蓉生、崔健提出高校思想政治工作要强化马克思主义中国化最新成果的理论武装，将立德树人融入教育教学实践各个环节，不断提升青年学生思想政治素质，夯实教师队伍建设这一基础工作。④

（三）关于构建立德树人机制的研究

李智慧从党史学习的角度来讨论了立德树人机制的实施与融入问题。⑤ 张锐、陈俊哲从组织领导、文化育人、示范引领三个方面来讨论了构建立德树人长效机制来为大学生的发展保驾护航。⑥ 沈伟从供给侧结构性改革的角度分析了立德树人机制构建中的合力问题。⑦ 顾昭明提出要着力在社会、家庭和学校健全立德树人落实机制。⑧

---

① 李元、高亮：《研究生导师做好立德树人工作的有效对策》，《中国高等教育》2021 年第 19 期。

② 冯刚：《立德树人与时代新人培育的内在逻辑》，《四川师范大学学报（社会科学版）》2021 年第 5 期。

③ 孙正聿：《立德树人：导师的形象和工作》，《学位与研究生教育》2020 年第 4 期。

④ 黄蓉生、崔健：《高校思想政治工作坚持立德树人的使命担当》，《中国高等教育》2019 年第 22 期。

⑤ 李智慧：《党史学习教育助力高校立德树人的机制探讨》，《中国高等教育》2023 年第 5 期。

⑥ 张锐、陈俊哲：《构建高校立德树人长效机制探索》，《中国高等教育》2022 年第 17 期。

⑦ 沈伟：《加强以供给侧改革为重点的立德树人合力机制建设》，《人民教育》2021 年第 Z3 期。

⑧ 顾昭明：《健全立德树人落实机制》，《中国高等教育》2019 年第 Z3 期。

二、研究的结论

从党的十八大首次提出“把立德树人作为教育的根本任务”以来，学术界对于立德树人进行了多角度的研究，尤其是集中在了高等教育领域也就是大学的立德树人工作，对于立德树人工作的方式方法、实施路径、机制构建以及将立德树人工作同其他工作内容相结合都有了较为深入的研究，形成了相对完善的研究体系。第一，对于立德树人的“立德”的内涵和“树人”的方向和目标有了明确和阐释，以及相关的生成逻辑都有了对应的论述，明确了立德树人的基本概念。第二，对于立德树人的路径和措施有了丰富研究，现有研究从教育教学、导师制度、校园建设、课程设计等多个人才培养领域探讨了不同主体对于立德树人工作的路径和措施。第三，各类高等学校编辑出版了高等学校立德树人工作的相关学术成果与经验汇编，为今后的研究提供了大量素材。第四，学术界对于立德树人机制有了初步研究，对于立德树人机制的构建有了对应的学术成果和一定的实践经验，为立德树人工作更好开展提供了相应的思路和指导。同时，学术界将立德树人工作同大学的其他工作结合起来的研究方法和研究思路也为本研究提供了一定的借鉴。

三、研究的启示

在现有研究之中，对于立德树人工作的基本概念、实施路径都有了较为丰富的研究，但是还缺乏对于立德树人工作开展与党的教育方针双向融入的研究。但现有的立德树人实施路径的研究主要针对于学生在“第二课堂”活动开展之中的研究，以及主要是通过思想政治理论课来进行立德树人工作的研究，对于大学教育教学中开展立德树人工作的研究还较少。此外，对于立德树人工作机制的研究还不健全，尚未对于立德树人工作机制的基本概念以及运行构建有着深入研究。本研究将在已有研究的基础之上，将进一步对于立德树人基本概念进行深化讨论，同时研究如何贯彻落实党的教育方针，并且在大学教育教学之中融入贯彻立德树人工作要求。进一步探讨大学构建完善的立德树人工作机制的要求和大学立德树人工作机制的内容与特点，以及大学校长如何在工作之中贯彻落实立德树人根本任务，大学校长如何来推动立德树人工作机制的构建与协调运行。

第二节　坚守教育的初心和使命

习近平总书记指出："大学是立德树人、培养人才的地方，是青年人学习知识、增长才干、放飞梦想的地方。""要把立德树人内化到大学建设和管理各领域、各方面、各环节，做到以树人为核心，以立德为根本。"① 立德树人揭示了教育的本质、揭示了德育在大学教育中的突出地位、揭示了道德发展与人的全面发展的辩证关系。我们要建设的教育强国，是中国特色社会主义教育强国，必须以坚持党对教育事业的全面领导为根本保证，以立德树人为根本任务，以为党育人、为国育才为根本目标，以服务中华民族伟大复兴为重要使命，以教育理念、体系、制度、内容、方法、治理现代化

① 习近平:《在北京大学师生座谈会上的讲话》,《人民日报》2018年5月3日。

为基本路径，以支撑引领中国式现代化为核心功能，最终是办好人民满意的教育。[①]作为大学的管理者和灵魂，大学校长必须要坚守立德树人的初心和使命，落实大学教育根本任务。

一、立德树人的高等教育根本任务之“立德”

“德者，本也。”德行好坏是一个人的根本，德行是才的统帅，必须要用一个人优良的德行来指导才能的发挥。德行对于个人、社会、国家都具有基础性作用，是整个社会、民族和国家向上向善的力量源泉。习近平总书记指出：“一个人只有明大德、守公德、严私德，其才方能用得其所。”[②]作为大学校长，其教育理念必须要引导新时代的广大青年大学生立大志、明大德、成大才、担大任，鼓励学生要“立大气之志、修大气之学、担大气之任、做大气之人”，为党和国家的人才培养提供重要基础保证。

（一）立“明大德”的格局观

习近平总书记指出：“要立志报效祖国、服务人民，这是大德，养大德者方可成大业。”[③]养大德者方可成大业，立“明大德”的大格局观，就是要立明确且正确的政治方向观，树立正确的世界观、价值观和人生观，要立志报效祖国，服务人民，要以坚定正确的政治方向为前提，铸牢理想信念，明德修身，立德铸魂，牢固树立

① 《加快建设教育强国　为中华民族伟大复兴提供有力支撑》，《人民日报》2023年5月30日。

② 习近平：《青年要自觉践行社会主义核心价值观——在北京大学师生座谈会上的讲话》，《人民日报》2014年5月5日。

③ 习近平：《青年要自觉践行社会主义核心价值观——在北京大学师生座谈会上的讲话》，《人民日报》2014年5月5日。

"四个意识"，坚定"四个自信"，做到"两个维护"，不负时代，不负韶华。

第一，坚持正确政治方向，担当复兴大任。国家发展与大学教育紧密相关，必须以正确的政治方向为引领，坚持我国高等学校的社会主义办学方向，坚守人民立场，坚持党对教育事业的全面领导。大学校长必须要不断增强"四个意识"，自觉维护党中央的权威和集中统一领导，全面贯彻党的教育方针，在办学方向上站稳立场，紧扣立德树人根本任务，培养堪当民族复兴大任的时代新人。

第二，树立正确的世界观、人生观、价值观，矢志报效祖国。世界观、人生观、价值观居于"总开关"的地位。因此大学校长在落实立德树人根本任务过程中，要帮助大学生扣好人生的第一颗扣子，培养党和人民事业的合格建设者和接班人。习近平总书记要求大学生："要励志，立鸿鹄之志，做奋斗者。"[①]"一个人可以有很多志向，但人生最重要的志向应该同祖国和人民联系在一起，这是人们各种具体志向的底盘，也是人生的脊梁。"[②]正确的世界观、人生观、价值观的树立必须要坚持以德为先，把自身的理想和祖国的发展紧密联系在一起，大学教育对学生世界观、人生观、价值观的树立，不是简单的口号叠加，更重要的是体现在校园文化、课堂氛围、教材使用、教师引导的方方面面，必须要将学生的世界观、人生观、价值观教育体现在教师的言行举止中、校园文化中，以教师

---

① 习近平：《在北京大学师生座谈会上的讲话》，《人民日报》2018年5月3日。

② 中共中央文献研究室编：《习近平关于青少年和共青团工作的重要论述摘编》，中央文献出版社2017年版，第92页。

行为来影响学生行为。

第三，坚定理想信念，筑牢人民意识。理想信念是一个国家发展的精神支撑。人民有信仰，国家有力量，民族有希望。大学校长需要从人才培养和社会发展的高度明确大学生思想政治工作的重要性，开展多种形式的育人工作，筑牢学生的信仰信念意识。要坚持人民立场不动摇，不断满足人民对更好教育的期待，同时要树立学生的人民意识，使其不负党与人民的殷切期望。

（二）立“守公德”的责任观

立“守公德”的责任观，就是要立文明守规矩，尽职尽责的社会公德。“从做好小事、管好小节开始起步，‘见善则迁，有过则改’，踏踏实实修好公德。”[①] 习近平总书记指出：“要提高人民思想觉悟、道德水准、文明素养，提高全社会文明程度。”[②] 大学教育立德树人的关键就是要培养学生的公德意识。

第一，加强大学生品德修养。大学校长的教育理念中，需要以社会主义核心价值观为引领，教育引导大学生修德立身，引领其既立志高远，又脚踏实地，要从中华优秀传统文化、革命文化、社会主义先进文化中汲取力量养分，养成良好品德，同时要加强大学生的法治教育。法律是成文的道德，道德是内心的法律，法安天下，德润人心。增强新时代大学生的法治观念和法治意识，是建设法治社会、法治国家的重要规划，更是德法兼修的题中之义。

第二，增长大学生知识学识。清代文人袁枚在《续诗品·尚识》

---

① 习近平：《青年要自觉践行社会主义核心价值观——在北京大学师生座谈会上的讲话》，《人民日报》2014 年 5 月 5 日。

② 《习近平著作选读》第二卷，人民出版社 2023 年版，第 35 页。

中就曾写道:“学如弓弩,才如箭镞。识以领之,方能中鹄。”大学教育必须要重视学生才识培养,是大学教育的使命和责任,必须要引导青年大学生树立把学习作为天然责任的意识,要求真知,增长见识和学识,坚持信真理、悟道理、明事理,以行求知、以知促行的知行合一的态度,敢于担当,不懈奋斗,肩负起建设祖国,承担历史使命的重要责任。

第三,促进大学生全面发展。“人的全面发展是共产主义者的理想目标和共产主义社会的基本原则。”人的全面发展涵盖人的需要、劳动、能力、个性、社会关系等的全面发展。大学教育所培养的是具有“高尚的品德、创新的思维、健康的体魄、良好的审美、劳动的习惯”[①]的新时代大学生。大学校长需要紧扣学生综合能力提升的关键点,促进学生的全面发展。同时在大学教育的发展中,大学校长需要遵循教育发展规律的要求,注重大学教育与基础教育有机衔接,为学生全面发展创造更好条件。

(三)立“严私德”的品性观

立“严私德”的品性观是大学立德树人的重要内容。大学校长需要高度重视发挥社会主义核心价值观在大学生成长成才过程中的引领作用,“核心价值观的养成绝非一日之功,要坚持由易到难、由近及远,努力把核心价值观的要求变成日常的行为准则,进而形成自觉奉行的信念理念”[②]。注重通过系统性的教育方式,将其融入

① 教育部课题组:《深入学习习近平关于教育的重要论述》,人民出版社2019年版,第64页。

② 习近平:《青年要自觉践行社会主义核心价值观——在北京大学师生座谈会上的讲话》,《人民日报》2014年5月5日。

进学生的日常实践和学习生活之中。

第一，把社会主义核心价值观全面融入教育教学之中。习近平总书记指出："如果一个民族、一个国家没有共同的核心价值观，莫衷一是，行无依归，那这个民族、这个国家就无法前进。"① 培育和践行社会主义核心价值观具有基础性作用，大学校长在教育中，必须要教育引导学生价值观的培育，做到将社会主义核心价值观进教材、进课堂、进头脑，围绕立德树人的根本任务，将社会主义核心价值观和推动"三全育人"工作结合起来，把社会主义核心价值观融入"十大育人体系"之中，贯穿大学人才培养的全过程。帮助青年大学生扣好人生的第一粒扣子，以社会主义核心价值观引领青年学生正确"三观"的形成，将个人层面的社会主义核心价值观贯穿在学生实践的全过程。

第二，做社会主义核心价值观的坚定传播者和践行者。习近平总书记指出，教师职业责任重大，要志存高远、信仰坚定、以身垂范，让有信仰的人讲信仰，做社会主义核心价值观的坚定传播者和践行者，同时引导学生"学会劳动、学会勤俭，学会感恩、学会助人，学会谦让、学会宽容，学会自省、学会自律"②。

第三，营造培育和践行社会主义核心价值观的氛围。扣好青少年人生的第一粒扣子，不是一蹴而就的，而是一项长期的、系统性的工程，学校作用十分重要，同时不能忽视家庭和社会的重要作

① 习近平：《青年要自觉践行社会主义核心价值观——在北京大学师生座谈会上的讲话》，《人民日报》2014 年 5 月 5 日。

② 习近平：《青年要自觉践行社会主义核心价值观——在北京大学师生座谈会上的讲话》，《人民日报》2014 年 5 月 5 日。

用。大学校长要统筹好学校、家庭、社会之间的重要关系，特别是在大数据快速发展的背景下，网络对学生品性养成具有深远的影响，要以榜样的力量塑造正确风尚，营造良好的校园氛围，规范学校规章制度，将社会主义核心价值观融入学校各种类型的校园文化中，加强网络育人，强化网络意识形态的正能量输出，培养学生的法治意识，强化自身责任担当，凸显大学教育成效。

二、立德树人的高等教育根本目的之“树人”

习近平总书记指出：“高等教育要为人民服务，为中国共产党治国理政服务，为巩固和发展中国特色社会主义制度服务，为改革开放和社会主义现代化建设服务。”①要培养时代新人，大学校长要树立正确的人才培养目标和理念，即要培树具有世界眼光、涵育中国精神、勇于改革创新的时代大学生。

（一）培树具有世界眼光的大学生

随着经济全球化不断深化，世界联系日益紧密，没有任何一个国家可以独善其身而脱离世界发展潮流。新时代中国加快建构新发展格局，日益成为世界发展的焦点，也同时面临着严峻挑战。这决定了新时代的青年大学生重任在肩，承担着推动世界发展的重要角色，因此，培养新时代的人才，必须要培养具有世界眼光的大学生，“要坚持不懈用新时代中国特色社会主义思想铸魂育人，着力加强社会主义核心价值观教育，引导学生树立坚定的理想信念，永

① 《习近平在全国高校思想政治工作会议上强调　把思想政治工作贯穿教育教学全过程　开创我国高等教育事业发展新局面》，《人民日报》2016 年 12 月 9 日。

远听党话、跟党走，矢志奉献国家和人民。”① 才能紧跟时代发展的潮流，强化学生的综合能力建设，为中国承担更大责任提供高素质综合性的人才供给，彰显人才引领驱动，实现现代化强国目标。

（二）培树涵育中国精神的大学生

随着互联网、物联网、大数据的不断推进和发展，世界关系日益紧密联系，正快速影响着世界各国。新时代，中华民族要自立于民族之林，必须坚持实事求是、与时俱进的原则，立足中国、胸怀天下，守护、传承中国精神，筑牢中国发展的精神根脉。大学生作为中华文化的重要传承者和传播者，大学教育就必须要培养涵育中国精神的大学生，以文育人，培养大学生的创新精神，推动中华优秀传统文化“两创”发展，利用中华文化强大的包容性，加强中华文化的世界可接受性，推动中华文化、中国智慧走向世界。

（三）培树勇于改革创新的大学生

党的二十大报告指出：“创新是第一动力。”② 创新是一个民族发展进步的灵魂，是一个国家兴旺发达的不竭动力源泉。创新驱动战略的实施是国家事业发展的重要方针政策，新时代大学生是实践创新驱动战略的生力军，因此，大学教育要把学生的创新意识和创新能力培养作为培养重点，培养勇于创新、敢于创新、善于创新的时代大学生，为党和国家培养一批又一批高素质人才，为国家发展的各行业、各领域提供源源不竭的动力支撑。学生的创新意识和创

① 《加快建设教育强国　为中华民族伟大复兴提供有力支撑》，《人民日报》2023 年 5 月 30 日。

② 习近平：《高举中国特色社会主义伟大旗帜　为全面建设社会主义现代化国家而团结奋斗——在中国共产党第二十次全国代表大会上的报告》，人民出版社 2022 年版，第 33 页。

新能力也是现代化人才培养的重要目标，人才强国建设就要有大批具有创新意识和创新能力的人才，以改革创新来推动我国社会主义现代化各项事业的蓬勃发展。

三、坚持以学生为中心，办人民满意的大学

习近平总书记指出："人民对美好生活的向往，就是我们的奋斗目标。"① 在大学教育上，人民的美好生活需要也有了更为深刻的时代内涵。

（一）"育人中心"的大学办学理念

习近平总书记指出："高校立身之本在于立德树人。只有培养出一流人才的高校，才能够成为世界一流大学。"② 大学围绕"育人"而兴，对"培养什么样的人、如何培养人、为谁培养人"的根本问题给予回应。大学教育坚持以"育人中心"的办学理念，大学校长要将人才培养放在自身工作和大学工作的首位，努力提升人才培养质量。

培养什么样的人，是教育的首要问题。习近平总书记指出："大学是立德树人、培养人才的地方，是青年人学习知识、增长才干、放飞梦想的地方……我们的教育要培养德智体美劳全面发展的社会主义建设者和接班人。"③ 大学以育人为中心要充分利用大学校园和课堂主要阵地。特别是要牢牢抓好课堂教学育人的主渠道。课

① 《习近平在十八届中共中央政治局常委同中外记者见面时强调　人民对于美好生活的向往就是我们的奋斗目标》，《人民日报》2018 年 7 月 21 日。

② 《习近平谈治国理政》第二卷，外文出版社 2017 年版，第 377 页。

③ 习近平：《在北京大学师生座谈会上的讲话》，《人民日报》2018 年 5 月 3 日。

堂教学作为重要载体对于立德树人具有重大价值。第一，要加强课程规范性、教材科学性，切实保证教材的权威性和严肃性，准确把握课程标准和教材，更好发挥课程教材在教育教学中的作用。第二，要重视思政课程建设，把课程思政贯穿于教育教学全过程，“思政课是落实立德树人根本任务的关键课程”[①]，要办好思想政治理论课，加快课程改革，加强思政育人实效。同时加强课程思政育人，通过“思政课程＋课程思政＋思政实践”实现思政育人目的。第三，建立健全学校育人体制机制，全面贯彻党的教育方针，弘扬和传承中华优秀传统文化，实现“五育并举”和“三全育人”相结合，不断构建和完善有利于大学生发展的体制机制，强化育人目的保障，提高教学质量，提升育人实效。

（二）“学生中心”的大学发展理念

高等学校立校之本，在于立德树人。大学校长教育理念是关系大学发展的核心关键，大学校长要明确大学教育要坚持“学生中心”的发展理念，以学生为中心，坚持立德树人的根本导向，不断改善学校育人环境，把尊重学生、关心学生、爱护学生的理念贯穿在学生培养的全过程，推动全体教师树立“爱生如子”的教育理念。坚持“学生中心”的发展理念，就是要正确认识学生发展特点，正确认识学生与学校、教师之间的关系，树立提高人才培养质量与学生可持续发展的理念。

一方面，要构建创新型人才培养体系。人才培养体系是关系学生在大学里是否真正能够有所学、有所获，最终达到大学育人目的

① 习近平：《思政课是落实立德树人根本任务的关键课程》，《求是》2020年第17期。

之关键，“要努力构建德智体美劳全面培养的教育体系，形成更高水平的人才培养体系”[①]。要遵循教育发展规律，明确教育在人才培养中的地位和作用，要构建创新型的人才培养体系，才能进一步完善以学生为中心的可持续发展的大学教育体系。坚持德智体美劳“五育并举”，满足“三全育人”目标，建成全面培养的高水平的人才培养体系。要围绕立德树人目标统筹规划顶层设计，坚持学生中心的导向，满足学生发展特点，强化学生未来发展的可持续性。

另一方面，要正确处理“教”与“学”的关系。正确认识教师与学生的关系，学生与学校之间的关系。从教师教与学生“学”上，从“教学向学教、教学向教思、教学向教育”[②]的转变，从传道、授业、解惑到悟道、创业、生惑的转变，从教师的传道、授业、解惑到启发学生悟道、创业、生惑的转变，更加看重学生学的过程，引导学生“回归常识、回归本分、回归初心、回归梦想”，重视学生的主体地位凸显。大学生是校园的主人，要营造良好的校园文化，强化育人氛围营造，充分发挥学生主体意识，加强校园文化设计和建设，并积极为学生提供平台和机会充分展示学生所长。

（三）“以生为本”的大学人才理念

习近平总书记指出：“人才决定未来，教育成就梦想。”[③]实施人才强国战略，就是要让我国在国际人才竞争中占据优势。[④]大学

① 《习近平在全国教育大会上强调　坚持中国特色社会主义教育发展道路培养德智体美劳全面发展的社会主义建设者和接班人》，《人民日报》2018年9月11日。

② 邓全意、孟东方、周顺文：《高校思想品德修养课教学改革探索》，《渝州大学学报（哲学·社会科学版）》1997年第4期。

③ 《习近平致国际教育信息化大会的贺信》，《人民日报》2015年5月22日。

④ 孟东方：《新时代中国人才强国战略论纲》，《改革》2018年第9期。

是人才培养的重要阵地，要树立“以生为本”的人才发展理念，就是要尊重学生的个性追求、尊重学生的主体地位和学生实际需要。

大学是为党育人、为国育才的主阵地。“立大志、明大德、成大才、担大任，努力成为堪当民族复兴重任的时代新人，让青春在为祖国、为民族、为人民、为人类的不懈奋斗中绽放绚丽之花”①。培养高质量时代新人是大学教育的历史使命，因此，要树立正确人才理念。第一，要尊重学生个性需求，新时代青年大学生因为从小的生活环境的不同，呈现出自主的特点，思想活跃，有个性需求。要适度尊重学生个性需求，培养有个体特色的青年学生。同时，自由发展也是马克思主义教育思想的重要指向。“在那里，每个人的自由发展是一切人的自由发展的条件。”②第二，要尊重学生的主体地位，在发挥好教师主导作用的前提下，充分激发学生学习的主动性和创造性，引导学生热爱学习，同时为学生的学习发展构建良好的平台，使学生获得具有全面性、主动性和个性化的可持续发展。因材施教，从而实现学生的可持续性发展，实现为党育人，为国育才的人才培养目标。第三，要不断优化大学生的各项素质，以学生为中心，“德”“法”并举③，加强各部门各单位的协调性，使各级各部门齐抓共管，并肩作战，形成育人合力。优化大学生的学习素质、生存素质、审美素质、身体素质、心理素质④，形成以学生为中心，全面发展的人才理念。

---

① 习近平：《在庆祝中国共产党成立 100 周年大会上的讲话》，《人民日报》2021 年 7 月 2 日。

② 《马克思恩格斯选集》第 1 卷，人民出版社 1995 年版，第 294 页。

③ 孟东方：《大学教育需“德”“法”并举》，《人民日报》2015 年 2 月 16 日。

④ 孟东方等：《大学工作学》，人民出版社 2016 年版，第 165—167 页。

第三节　全面落实党的教育方针

中国共产党是中国特色社会主义事业的领导核心，总揽全局、协调各方。办好新时代的大学教育，大学校长要落实好党的教育方针，坚持大学的社会主义办学方向，坚持扎根中国大地办教育，坚持面向世界办大学。

一、坚持党对大学教育的全面领导

中国特色社会主义大学的办学和发展需要坚定不移的贯彻落实党的方针政策。“党的政策主张在高校得到很好的贯彻落实，从严治党各项制度健全，通过长期实践，形成一套完整、成熟的党建与思想政治工作规范和标准，始终确保社会主义高校的办学方向。”① 要把加强和改进思想政治工作摆在特殊重要位置、强化意识形态主导权、加强学校党组织建设。

（一）把加强和改进思想政治工作摆在特殊重要位置

加强和改进大学思想政治工作，事关办什么样的大学、怎样办大学的根本问题，事关党对大学的领导，事关中国特色社会主义事业后继有人，是一项重大的政治任务和战略工程。② 有的地方和大学在办学方向上仍存在模糊认识，对思想政治工作重视不够，存在重智育轻德育、重学术轻思想政治工作、重科研轻课堂教学等现

---

① 孟东方：《大学校长学：新时代高等教育发展的学科创建》，《中国教育科学（中英文）》2022 年第 5 期。

② 《中共中央国务院印发〈关于加强和改进新形势下高校思想政治工作的意见〉》，《光明日报》2017 年 2 月 28 日。

象。[①] 要加强和改进大学思想政治工作，把思想价值引领贯穿教育教学全过程和各环节。

（二）强化意识形态主导权

习近平总书记指出："教育领域的意识形态工作，事关党对教育事业的全面领导，事关全面贯彻党的教育方针，事关中国特色社会主义事业后继有人。"[②]"牢牢掌握党对高校工作领导权，关键是要确保高校始终成为坚持党的领导的坚强阵地和培养社会主义事业建设者和接班人的坚强阵地。"[③] 大学推动立德树人工作，要加强教育领域意识形态阵地建设，利用好校园各类媒体，加强校园文化建设，用社会主义先进文化潜移默化沁润人心，推动党的理论成果实现"三进"。"要牢牢把握高校意识形态工作的领导权、管理权、话语权，坚持马克思主义的指导地位不动摇，坚持不懈传播马克思主义科学理论，抓好马克思主义理论教育，为学生的一生成长奠定科学的思想基础。"[④] 同时要强化学校党委对意识形态工作责任制的落实监督情况，大学校长要高度重视，建立科学合理的系统工作机制，构建高等学校意识形态工作格局，自觉形成始终与党中央保持高度一致，将学校党的组织建设成为坚强堡垒，增强"四个意识"，坚定"四个自信"，做到"两个维护"。

---

① 本刊评论员：《用思想政治工作带动中国特色社会主义高校建设》，《求是》2016 年第 24 期。

② 本书编写组：《习近平总书记教育重要论述讲义》，高等教育出版社 2020 年版，第 30 页。

③ 教育部课题组：《深入学习习近平关于教育的重要论述》，人民出版社 2019 年版，第 36—37 页。

④ 教育部课题组：《深入学习习近平关于教育的重要论述》，人民出版社 2019 年版，第 76 页。

（三）加强大学党组织建设

办好大学教育要加强大学基层党组织建设，不断提升大学基层党组织工作水平，有利于教育方针的制定、教育政策的落实和深化教育改革，实现教育发展的新高度，因此加强大学基层党组织建设要有正确的方向和方式方法。

第一，要全面压实党委责任意识，创新教育教学方式。坚持全面从严治党，强化主题教育的理论塑造作用，加强成果转化，进一步加强和完善基层党支部的制度、体系和保障机制建设，提高教育的发展水平，不断创新教育教学方式，提高党内工作创新方式。第二，要突出政治核心作用，加强师德师风建设。习近平总书记指出："要有理想信念、有道德情操、有扎实学识、有仁爱之心。"① 教师是立德树人的关键，习近平总书记指出："评价教师队伍素质的第一标准应该是师德师风。师德师风建设应该是每一所学校常抓不懈的工作，既要有严格制度规定，也要有日常教育督导。"② 师德师风是大学培养人才风向标，要突出党组织的政治核心作用，不断加强师德师风建设，提高教育教学的素质。第三，提高党组织建设要以信念守内心，以政治为统领，以责任筑基础，以能力为法宝，以作风督作为。

二、坚持高等教育社会主义的办学方向

方向决定道路，道路决定命运。习近平总书记指出："关于教

① 习近平：《做党和人民满意的好老师——同北京师范大学师生代表座谈时的讲话》，《人民日报》2014 年 9 月 10 日。

② 《习近平在北京大学师生座谈会上的讲话》，《人民日报》2018 年 5 月 3 日。

育和办学，思想流派繁多，理论观点各异，但在教育必须培养社会发展所需要的人这一点上是有共识的。”[①]在党的领导下，我们坚定社会主义办学方向，坚守教育的人民立场，锚定党和国家宏观战略目标，培养堪当民族复兴大业的时代新人。

（一）坚持马克思主义的科学理论指导

习近平总书记指出：“马克思主义是我们立党立国的根本指导思想，也是我国大学最鲜亮的底色。”[②]马克思主义是科学的理论，是引领社会发展的理论，是不断发展的理论。在大学的立德树人工作就必须要坚持马克思主义指导，培养具有共产主义远大理想的时代新人，为社会主义事业和共产主义事业培养人才。马克思主义指向个体的解放和全人类的解放，其路径是通过对个体的解放和对弱势群体的帮助，最终实现全人类的解放。[③]马克思主义目标指向是共产主义，一个各尽所能各取所需的理想社会。[④]以马克思主义为思想引领，是我国高等教育的旗帜和灵魂，而这一科学理论指导，首先要解决好真懂、真信、真用的问题，依靠信仰坚定的思想政治队伍，增强大学生的思想辨别力，更好地抵制社会发展进程中的错误思潮。坚持马克思主义的指导核心要解决好“为什么人”的问题，坚持以人民为中心的发展教育的正确立场，从而最终要落实到怎么用的问题上，能够充分利用马克思主义的科学原理解决教育发展的

① 《习近平在北京大学师生座谈会上的讲话》，《人民日报》2018年5月3日。

② 《习近平在北京大学师生座谈会上的讲话》，《人民日报》2018年5月3日。

③ 《马克思恩格斯选集》第1卷，人民出版社2012年版，第295页。

④ 《马克思恩格斯选集》第1卷，人民出版社2012年版，第306—308页。

理论和实践问题。

大学是马克思主义理论学习、研究、宣传的关键阵地，要充分发挥大学的重要优势，高水平建设全国和省级重点马克思主义学院，把马克思主义理论学科作为大学的重点学科加以建设，把马克思主义理论研究和大学生思想政治教育工作实践结合起来，重点打造思想政治理论课，发挥好“青马工程”在马克思主义理论教育中的作用，培养一批青年马克思主义者，并通过学习，不断从中汲取科学智慧和理论思想，从而正确实践马克思主义，引导学生做到学、思、用贯通，知、信、言、行统一。

（二）服务中国特色社会主义战略需要

坚定中国特色的社会主义办学方向，要坚持教育的“四为服务”原则，大学教育办学要紧扣“四个服务”。坚持把“四个服务”作为高等教育的根本要求，也是满足社会主义战略发展的重大需要。

第一，坚持大学教育要为人民服务。习近平指出：“人民是创造历史的动力，我们共产党人任何时候都不能忘记这个历史唯物主义最基本的道理。”[①] 教育是党的重要事业，坚持教育为人民服务，是党的宗旨体现，是坚持以人民为中心发展思想的重要指向。大学教育为人民服务就是要落实好和维护好人民对于教育的需要，使人民具有一定的获得感、满足感和成就感。使大学教育办学能够得到广大人民的支持，从而进一步促进大学教育的改革发展，更符合社会发展规律，学生成长规律，有利于学生的成长成才，实现大学教

① 习近平：《关于〈中共中央关于制定国民经济和社会发展第十三个五年规划的建议〉的说明》，《人民日报》2015 年 11 月 4 日。

育的重要作用发挥，从而实现人民对美好生活的需要。

第二，坚持大学教育要为中国共产党治国理政服务。以教育现代化发展和教育强国建设为中国式现代化发展服务，为实现中国梦服务是高等教育发展的应有之义也是最根本要求。需要通过高等教育改革发展，支撑起更好践行举旗帜、聚民心、育新人、兴文化、展形象使命任务的现实基础，进而持续巩固党的执政基础。要推动党的创新理论深入人心，通过"四史"教育让大学生明白中国的社会主义现代化所取得的成绩都是在中国共产党的领导下取得的，增强对中国特色社会主义事业的认同感，投身社会主义现代化建设的信心和决心。

第三，坚持大学教育要为巩固和发展中国特色社会主义制度服务。作为国家的根本制度，中国特色社会主义制度是推动马克思主义"两个结合"的产物，是具有中国特色、符合中国发展实际、根植于传统文化沃土，是能促进社会主义现代化建设的制度。大学教育发展就必须要引导大学生增强制度自信，加深对于中国特色社会主义制度的理解和认同，自觉遵守各类法律法规、制度体系，成为制度执行落实的拥护者和捍卫者。培养为中国特色社会主义发展的社会主义建设者和接班人，习近平总书记指出："只要我们在培养社会主义建设者和接班人上有作为、有成效，我们的大学就能在世界上有地位、有话语权。"① 培养为中国特色社会主义发展的有用人才是大学的任务和目标。

第四，坚持大学教育要为改革开放和社会主义现代化建设服务。新时代面临新矛盾、新挑战、新要求，要通过全面深化改革、推动对外开放建成社会主义现代化强国，教育发展要适应改革开放

① 《习近平在北京大学师生座谈会上的讲话》，《人民日报》2018 年 5 月 3 日。

和社会主义现代化建设需要，大学教育要培养改革开放和社会主义现代化建设的各级各类人才，培养造就一批高素质人才队伍，以教育、科技、人才“三位一体”为中国式现代化提供坚实支撑。

（三）培养堪当民族复兴大任时代新人

“培养什么人、怎样培养人、为谁培养人是教育的根本问题，也是建设教育强国的核心课题。”①大学教育要明确人才培养目标，大学校长要明确教育对人类社会发展具有重要意义。教育作为人类社会的重要活动，承担着为当代社会和未来培养社会人才的重要责任，特别是大学生的培养，对社会发展具有关键性作用，毛泽东指出：“世界是你们的，也是我们的，但归根结底是你们的。”习近平总书记指出：“青年兴则国家兴，青年强则国家强”②，“未来属于青年，希望寄予青年”③。青年是国家的希望，大学作为培育时代青年的重要阵地，应肩负起人才培养的时代重任。

在大学生的培养上，一方面，要铸魂立心，坚定学生的政治信仰。人民有信仰，国家有力量，民族有希望。“请党放心，强国有我”是青年人的铮铮誓言，培育中国青年的家国情怀是青年大学生的价值底色，不断增强青年大学生做中国人的志气、骨气和底气。另一方面，要实干兴邦，心怀国之大者。要以“坚持真理、坚守理想，践行初心、担当使命，不怕牺牲、英勇斗争，对党忠诚、不负

① 《加快建设教育强国　为中华民族伟大复兴提供有力支撑》，《人民日报》2023年5月30日。

② 习近平：《决胜全面建成小康社会　夺取新时代中国特色社会主义伟大胜利——在中国共产党第十九次全国代表大会上的报告》，人民出版社2017年版，第70页。

③ 习近平：《在庆祝中国共产党成立100周年大会上的讲话》，《人民日报》2021年7月2日。

人民”[①]的伟大建党精神，激励学生奋勇开拓，扎实苦干，牢记“国之大者”的使命担当。

三、坚持始终扎根中国大地办高等教育

中国的大学具有中国特色社会主义事业特色、具有中华优秀传统文化优良传统的特色，中国大学的发展目标就是建设具有中国特色、世界一流的大学，落实好“双一流”发展战略，中国大学的发展要扎根中国大地。

（一）根植中华优秀传统文化办教育

国家的历史文化传统差异，具体国情差别，决定了教育的发展逻辑、教学方式等不同，因此发展中国大学教育要扎根中国土地，根植于中华优秀传统文化当中。中国的历史文化有与其他国家不可比拟的特殊性和复杂性，积淀着中华几千年的历史文化底蕴。当代中华文化也是对历史思想文化的传承和升华，新时代的高等教育发展也必须要坚持从历史中来，坚定延续和传承民族优秀文化。习近平总书记指出：“站立在九百六十多万平方公里的广袤土地之上，吸吮着五千多年中华民族漫长奋斗积累的文化养分，拥有十三亿多中国人民聚合的磅礴之力，我们走中国特色社会主义道路，具有无比广阔的时代舞台，具有无比深厚的历史底蕴，具有无比强大的前进定力。”[②]

① 习近平：《在庆祝中国共产党成立100周年大会上的讲话》，《人民日报》2021年7月2日。

② 习近平：《决胜全面建成小康社会　夺取新时代中国特色社会主义伟大胜利——在中国共产党第十九次全国代表大会上的报告》，人民出版社2017年版，第70页。

中华传统文化中的仁爱、民本、诚信、正义、和合、大同的核心思想理念是高等教育的重要价值取向，大学教育要根植于优秀的价值理念，培养青年大学生深刻认识中华传统文化的思想精华，培育大学生止于至善的崇高理想追求，正如《大学》中所示："大学之道，在明明德，在亲民，在止于至善。"[①]"物格而后知至，知至而后意诚，意诚而后心正，心正而后身修，身修而后家齐，家齐而后国治，国治而后天下平。"[②]这些积极向上的个人理想追求正是大学教育的重要教育理念。根植中华优秀传统文化办好高等教育，教育引导大学生领悟中华优秀传统文化的思想精华、价值精髓，传承和弘扬传统美德；要加强爱国主义、集体主义和社会主义教育，增强作为中国人的志气、骨气、底气；要引导大学生树立高度的文化自觉和文化自信；要把中华优秀传统文化贯穿大学生发展过程，引导教育大学生形成讲道德、遵道德、守道德的生活状态，形成积极向上、向善的社会个体和时代新人。

（二）坚持以人民为中心办教育

人民性是马克思主义最鲜明的品格，人民立场是马克思主义政党的根本政治立场，习近平总书记在党的二十大报告中指出："坚持以人民为中心发展教育，加快建设高质量教育体系，发展素质教育，促进教育公平。"[③]

坚持以人民为中心办教育，是中国共产党执政为民的根本要

---

① （宋）朱熹：《四书章句集注》，中华书局1983年版，第3页。

② （宋）朱熹：《四书章句集注》，中华书局1983年版，第4页。

③ 习近平：《高举中国特色社会主义伟大旗帜　为全面建设社会主义现代化国家而团结奋斗——在中国共产党第二十次全国代表大会上的报告》，人民出版社2022年版，第34页。

求，“对于大学校长而言，要立足校长岗位，同班子成员一道，加强协同配合，充分调动各种积极因素，引领一所大学建设成为高水平、具有自身特色和核心竞争优势的大学，就要促使大学在发挥功能等方面形成独立的建树，作出突出的贡献，更好地履行大学的职能，成为国家高度信赖、社会广泛认同、学生普遍向往的大学”①。就是要坚持以人民为中心办大学，“要全面贯彻党的教育方针，坚持以人民为中心发展教育，主动超前布局、有力应对变局、奋力开拓新局，加快推进教育现代化，以教育之力厚植人民幸福之本，以教育之强夯实国家富强之基，为全面推进中华民族伟大复兴提供有力支撑”②。

（三）融通中外面向未来办教育

习近平总书记指出：“当今世界，开放融通的潮流滚滚向前。人类社会发展的历史告诉我们，开放带来进步，封闭必然落后。世界已经成为你中有我、我中有你的地球村，各国经济社会发展日益相互联系、相互影响，推进互联互通、加快融合发展成为促进共同繁荣发展的必然选择。”③当今世界，各个国家和地区日益联系在一起，改革开放四十多年来，中国教育始终坚持扎根中国，融通中外，在开放过程中不断壮大，提升了教育的国际影响力。大学是推动中国教育走向世界的重要平台，作为大学校长，也必将担负重要

① 孟东方：《大学校长学：新时代高等教育发展的学科创建》，《中国教育科学（中英文）》2022 年第 5 期。

② 《加快建设教育强国　为中华民族伟大复兴提供有力支撑》，《人民日报》2023 年 5 月 30 日。

③ 习近平：《开放共创繁荣　创新引领未来——在博鳌亚洲论坛 2018 年年会开幕式上的主旨演讲》，人民出版社 2018 年版，第 6—7 页。

责任，不断推动中国教育走向世界。

“要完善教育对外开放战略策略，统筹做好‘引进来’和‘走出去’两篇大文章，有效利用世界一流教育资源和创新要素，使我国成为具有强大影响力的世界重要教育中心。”①要发展具有中国特色的，世界一流的大学，要积极吸收国际先进经验，推动教育改革发展，不断提高教育发展质量，培养更多高素质高质量的国际人才，积极开拓国际交流平台，推动信息技术与教育发展的融合创新，共同探索中国大学教育的可持续发展。同时，也需要立足“两个一百年”的战略目标，立足时代环境的深刻变化，聚焦民族复兴、聚焦世界百年未有之大变局，充分认识到当前大学教育发展的机遇性与挑战性并存，面向未来办好大学教育。

第四节　狠抓大学教育教学

坚持立德树人，关键在于抓好大学教育教学的全过程。必须要狠抓大学教育教学，坚持以人为本，不断深化教育教学的内涵提升。坚持以学生为中心，不断深化制度改革，进一步推动大学教育教学质量标准提升，深入推进高质量大学教学体系建设。同时要抢抓发展机遇，不断增强教育教学发展活力，彰显立德树人育人成效。狠抓大学教育教学就是要坚持“以本为本”，推进“四个回归”，这是新时代新征程上，办好人民满意的大学教育，坚持立德树人根本任务的必然要求，也是大学校长办学治校的重要任务。

① 《加快建设教育强国　为中华民族伟大复兴提供有力支撑》，《人民日报》2023年5月30日。

一、坚持以本为本，深化教育教学内涵提升

本科教育是大学人才培养的核心，本科学生也是大学人才培养的基础，本科教育的良好积累也是促进学生全面发展的重要前提，也是人才发展的基础，大学教育要坚持以本科教育为根本，不断深化本科教育教学内涵提升。

（一）发挥好思政课程和课程思政的作用

思想政治理论课程是每个大学生的必修课，也是大学加强对大学生思想政治教育的主阵地，是最具有理论性和系统性的工作方式。大学校长要重视马克思主义学院的建设，以高质量的马克思主义学院建设来引领高质量的思想政治理论课建设，以课程来推动大学生思想政治工作。

同时，课程思政也是大学思想政治教育工作的重要方式，课程思政就是要在学生的专业课程、基础课程、工作课程之中融入党的创新理论和方针政策，从知识、价值、情感、能力等维度实现育人和育德的有机统一。要坚持以社会主义核心价值观为引领，以课程名师育名生，形成名气。

（二）引导全校教师转变本科教育观念

教育观念是教学的先导，大学的教师观念决定了教师开展什么样的教学，打造什么样的课堂。大学校长要引导全校教师转变原有的教育观念，树立科学、符合现代化大学发展的本科教育观念。

第一，树立“以本为本”地位观。世界各国尤其是发达国家大学把人才培养的本质职能进一步强化和凸显，“回归本科教育”成为世界一流大学共同强劲的行动纲领。要引导大学教师重视本科生

的教育教学工作，转变以往“重科研、轻教学”的观念，推动教学和科研并重协调发展。

第二，树立“三转”教学观。一是“教学”向“学教”转变。教学是教师为主体，学生为客体；学教是学生为主体，教师主导，师生互为主体、形成学习共同体。二是“教学”向“教思”转变。教学以传授知识为主，教思主要是教会学生独立思考、分析、解决问题，培养创新型应用型人才，要注意视野高于思维，高于方法，高于知识。三是“教学”向“教育”转变。教学培养认知和能力，教育培养人本身，要重视教育的立德树人功能和作用的发挥。

第三，树立“全面发展”人才观。习近平总书记指出：“我们要建设的世界一流大学是中国特色社会主义的一流大学，我国社会主义教育就是要培养德智体美劳全面发展的社会主义建设者和接班人。”[①] 德育方面要有理想信念、爱国情怀、品德修养；智育方面要增长见识、丰富学识，求真理、悟道理、明事理；体育方面要享受体趣、增强体质、健全人格、锤炼意志；美育方面要以美育人、以文化人，提高审美水平和人文素养；劳育方面要崇尚劳动、尊重劳动、辛勤劳动、诚实劳动、创造性劳动。

第四，树立“生命线”质量观。人才培养质量就是高等教育生命线。高等教育从规模发展转向内涵发展，教育质量是大学的核心竞争力。大学是培养学生成才的重要一环，人才培养质量决定学生成才水平。

---

① 《习近平在清华大学考察时强调　坚持中国特色世界一流大学建设目标方向　为服务国家富强民族复兴人民幸福贡献力量》，《人民日报》2021年4月20日。

（三）着力增强大学教育教学发展活力

抢抓发展机遇，增强教育教学发展活力是强抓大学教育教学发展的关键一笔。大学教育教学发展必须要紧扣国家发展大局，同时立足地方发展要求，进一步发挥大学教育功能，彰显大学教育优势，不断推进教育教学发展。

第一，在推动大学教育高质量发展中要认清形势、抢抓机遇，不断推动新时代大学教育高质量发展的紧迫感和责任感。牢牢把握教育发展的战略机遇期，紧扣建设教育强国目标，加强总体谋划，做好顶层设计，不断深化推动教育高质量发展的责任感。

第二，突出重点，全力以赴解决教育教学发展的痛难点，把补齐短板作为落实中央和地方推动教育高质量发展的落脚点和突破口。聚焦“教育发展不均衡”“教育教学队伍建设”短板等问题，不断攻坚克难，推动大学教育教学活力展现。

第三，真抓实干，不断推动教育重点工作落地见效。明确任务抓落实，认真落实好教育教学改革、教师队伍建设、教育教学质量提升等任务，强化保障抓落实，积极争取资源保障，顺利推动各项重点任务工作。

二、深化教育教学改革，推动质量标准提档升级

坚持立德树人，强化大学教育的教育教学内涵质量提升，要坚持教育教学的深化改革，特别是制度的改革，要让学生忙起来、教师强起来、管理严起来、效果实起来。

（一）以大学章程的修订完善推动依法治校

大学章程是大学治理体系的核心，也是大学深化教育教学改革

的保障，大学教育教学的实行需要基于一定的制度支持，好的制度有助于提高教学质量。

第一，健全治理组织体系，夯实法治根基。全面贯彻落实党委领导下的校长负责制，发挥好“把方向、管大局、作决策、抓班子、带队伍、保落实”作用，形成党委统一领导，校长主抓落实，党政齐抓共管，部门学院各负其责的领导管理机制。

第二，健全校院两级治理体系。坚持以学校章程为根本制度，健全完善党委领导、校长负责、教授治学、民主管理为基本框架的现代大学治理结构。构建从组织领导，学术治理到民主管理完整的治理体系，共同促进教学、科研、学科建设等核心工作。

第三，完善治理制度体系，规范法治实践，坚定贯彻依法治校。切实抓好学校章程修订与执行，不断健全规章制度体系，为指导规范学校各项办学活动提供有力制度保障和支撑作用。

（二）以“五建”为抓手重视本科教育教学

“五建”包含专业建设、课程建设、基地建设、教育信息化建设、教育国际化建设五个方面内容。

第一，进行专业建设。坚持特色发展，建好国家级一流专业点和省级一流专业点。将专业建设和学校的学科建设结合起来，同时围绕学校的办学特色和发展规划，坚持“两点论”和“重点论”的统一，既要突出重点建设一批一流专业，又要推动全校各学科专业的发展。同时对交叉学科、跨专业人才培养的模式进行探索，培养复合型的现代化人才。

第二，进行课程建设。一是要打造思想政治教育精品课程，重视课程思政的建设研究，推动申报各类课程思政建设教改项目。二是建设高标准专业核心课程，各专业有选择的建设核心课程，围绕核心课程建设打造一支优秀教学团队，同时探索实行小班化教学，提高教学效果。三是全力推进课堂教学革命，以学生为中心，创新教学方法，设计精品课堂，精心设计作业安排。

第三，进行基地建设。一是建设实习实践实训基地，以“书记校长访企拓岗”为抓手，同各类单位签订实习基地协议，为学生提供优质实习场地，保证实习质量。二是建设创新创业基地，建设好众创空间和大学生创业园，通过“互联网 +”“挑战杯”等国家级创新创业比赛，培养各类创新创业训练项目，在学校范围内营造良好的创新创业氛围。三是建设就业基地，依据学校学科专业设置数量，各学院结合行业协会建立与之匹配的就业基地，为实现毕业生更高质量更充分就业奠定基础。

第四，进行教育信息化建设。打造“人人皆学、处处能学、时时可学”的学习型校园。高度重视教育信息化，完善教育信息化管理机制；加大经费投入。加强信息化硬件建设，智能教室全面覆盖公共教室；智慧教室满足教学需求。聚焦课程教学信息化，实现“网络学习空间”人人通，优质资源“人人共享”，信息化素养“人人提高”。

第五，进行教育国际化建设。强化国际化办学理念，推动孔子学院建设和中外合办专业的开展，推进国际化学生、国际化教师、国际化课程、国际化办学、国际化交流更进一步发展。注重加强学生的国际视野培育，培育其胸怀天下的世界情怀。

（三）以“五教”为关键提高本科教育质量

“五教”包含教师、教材、教法、教室、教成五个方面，其中教师、教材、教法和教室是教育教学的基础，教成则是提高本科教育质量的表现。

第一，注重教师培养。一是培育教学名师，确保所有教授给本科生上课，通过各类赛课比赛，培育教师教学能力，鼓励教师参加各类国家级教学比赛，注重教学型教师的职称晋升和后续发展。二是优化教师队伍结构，提高博士生占比，缩小师生比，加大人才引进力度，广泛吸纳海内外人才。三是加强思想政治教育工作队伍建设，把思政队伍建设纳入人才队伍建设的总体规划。推进辅导员队伍专业化和职业化发展。畅通辅导员和思想政治理论课教师的晋升渠道。

第二，加强教材建设。大学校长要明确用好教材是关键，用活教材是更高境界。大学校长在工作之中要加强教材建设和管理，牢牢把握正确政治方向和价值导向，用心打造培根铸魂、启智增慧的精品教材。① 同时还应该加大教材资助力度，鼓励教学名师、学术技术带头人主持或参与教材的编写和研究。创新教材呈现形式，推进中外文双语教材、实验实践类教材、数字化立体教材建设。

第三，推动更新教法。一是要以学生为中心，以教学内容为基础，以教学条件为支撑设计好教法。二是要以教改课题为抓手，促进教法改革与创新。利用交流互鉴促进教法创新。三是要运用“互联网＋”等现代信息技术手段创新教学方法。四是要因材施教，根据教学内容与教学对象的差异针对性地选择教法。

第四，建设现代化、智能化教室。现代化教室包括教室的环

① 《加快建设教育强国　为中华民族伟大复兴提供有力支撑》，《人民日报》2023 年 5 月 30 日。

境，教室的布局，教室的功能。通过推动现代化教室实现公共教室全覆盖，智能教室局域网稳定教学、多屏协作互动、录播音视频融合、远程互动直播。智慧教室、智慧教学、自动录播、智能物联、无感考勤、智慧巡课、视频监控、远程管控满足教学需要。以现代化、智能化的教室来推动教室的现代化发展。

第五，彰显教学成效。要提升学习能力、研究能力、工作能力，就业率和就业质量，要有各级别教学成果奖、教改项目、教学推广等。一所大学的“教成”也是学校办学知名度、美誉度的重要体现，是一所大学社会影响力的重要指标，是大学“名气”的组成部分，学校推动教育教学改革的发展要以体现教成为方向。

三、注重发展，构建现代化高质量大学教育教学体系

大学的教育教学必须坚持学生的主体地位，发挥好教师的主导作用，同时构建起科学合理的质量监测体系。

（一）坚持自主成长，创新学生发展新机制

第一，形成学风建设新机制。构建学风建设长效机制。开展校长、院长、教授专家与学生面对面沟通交流制度。建立和完善院校两级党政领导联系班集体、学生寝室工作制度，充分发挥学校学风建设领导小组的功能。建立部门定期会商制度，构建全员育人体系。定期召开学风建设专题工作会。加强教师对课堂教学状态的管理，强化教师教书育人双项职责。加强教师队伍与学工队伍的协同协作。完善学生学风激励制度，突出常规管理，振奋课堂状态。保障学生生涯辅导与就业指导的全覆盖。

第二，建设学风指导与服务体系。强化本科生导师制，建立新

型师生关系。构建合作与互动的育人机制。加强日常管理与学业指导帮扶。同时构建好现代化的大学服务育人工作模式，充分保障资助政策的落实落地，完善资助体系，加大资助力度，规范资助日常管理工作。

第三，强化“第二课堂”育人实效。落实团中央、教育部《关于在高校实施共青团“第二课堂成绩单”制度的意见》相关要求，构建“第一课堂”与“第二课堂”相互促进、相互融合的人才培养模式。完善“第二课堂”育人体系，推进学生“第二课堂”学分认定与管理，各学院分专业制定“第二课堂”学分认定管理办法，将“第二课堂”学分纳入各学院人才培养方案，研发适应学校学生发展的“第二课堂”网络平台系统。

（二）坚持育人取向，打造教师发展新体系

第一，加强师德师风建设。在培育教师的过程之中要坚持把提高教师思想政治素质摆在首位，把师德师风作为评价教师队伍素质的第一标准。坚持“四个相统一”，对标“四有好老师”，做好“四个引路人”。师德师风建设常态化长效化，将师德师风表现作为教师招聘、年度考核、职务晋升、职称评定、评奖评优、人才引进、课题申报、导师遴选的前提条件。树立优秀典型，评选师德师风标兵，发挥好榜样带动的作用。

第二，加强思想政治教育工作队伍建设。完善思想政治理论课教师队伍建设规划，把思想政治理论课教师队伍建设纳入人才队伍建设的总体规划。配齐思想政治理论课教师和辅导员队伍，推进辅导员队伍专业化和职业化发展。提高大学生心理咨询与发展辅导水平，鼓励具备条件的辅导员担任思想政治理论课兼职教师。严格落实教育部专职辅导员和思想政治理论课教师职称评审单列指标、单设条件、单独评审的政策，畅通辅导员和思想政治理论课教师的晋升渠道。

第三，加强教学研究和教师培训。增强教师教学学术意识。夯实基层教研组织，教研活动制度化。构建专业负责人、课程负责人培训机制。构建新入职教师专业发展与教师教学发展新机制，建立新入职教师助教制度，继续完善老中青传帮带制度。加强教师教学发展示范中心建设。

第四，完善教师考评与教学激励机制。避免教师评价考核中的四唯倾向，加强对育人能力和教学能力的考察。将课堂教学、教学研究、教学管理、教学成效、实习实训指导、实践和竞赛指导等情况统筹起来开展教学评价，并与专业技术职务评聘、绩效考核、津贴分配和教学奖励挂钩。完善教师表彰奖励制度体系建设，充分发挥表彰的激励引领作用。

（三）坚持融合发展，构建信息化教育新体系

第一，突破制约学校教学信息化瓶颈。聚焦新时代学校人才培养的新需要，建立现代教育技术中心，改革完善制约教学信息化发展体制机制，将教育信息化作为推动教育理念更新、模式变革、体系重构的内生动力。加强教育信息化建设与管理，加快智能教学环境特别是教室信息化建设，改变学与教的方式。

第二，聚焦课程教学信息化。教育资源平台和教育管理平台融合发展，用好国家级大平台，建设学校互联网虚拟教学平台空间，实现网络学习空间人人通。发展课程教学信息化资源，丰富和充实信息化教学内容，利用国家数字教育慕课、精品大规模在线开放课

程，将学校重点专业骨干课程和通识课程建成校级以上精品在线课程，实现优质资源人人共享。注重培养师生高尚的个人信息化素养，培育先进的校园信息化生态环境，营造良好的人文信息氛围。

第三，确保教学信息化建设取得新突破。持续推动信息技术与教育教学深度融合，初步形成以网络化、数字化、智能化、个性化为特征的“互联网＋教育”“智能＋教育”等新形态。全面提高师生信息化素养。基本建成与教育现代化发展相适应的，人人皆学、处处能学、时时可学的学习型校园。

第五节　着力完善立德树人机制

大学校长办好大学教育，要着力完善立德树人机制，“要遵循人才培养规律，着力建立健全立德树人落实机制。尊重学生的主体地位，充分发挥教师的主导地位，健全人才培养体系，坚持以生为本、因材施教、顺性扬才，创新教育教学方法，切实增强教育实效”[①]。要深化教育改革，创新教育教学方法，不断提高人才培养质量，形成有利于学生成长成才的育人环境。

一、立德树人机制的主要内容

“立德树人机制是大学工作机制的支柱性内容”[②]。通过机制运行实现全过程的最优化发展，主要从办学育人、师生发展、评估激

① 孟东方：《大学校长学：新时代高等教育发展的学科创建》，《中国教育科学（中英文）》2022 年第 5 期。

② 孟东方等：《大学工作学》，人民出版社 2016 年版，第 404 页。

励、成效凸显四个方面构建全面的机制，实现立德树人的教育发展目标和任务。

（一）办学育人机制

以办学育人为根本。办学育人机制是立德树人的内在前提，育人是大学教育存续的根本，构建办学育人机制，全面贯彻三全育人机制发展，推动大学教育的可持续发展。

第一，要构建“三全育人”体制机制，从而推动立德树人落实落细。“三全育人”即全员育人、全程育人和全方位育人，坚持育人导向和问题导向，“推动知识传授、能力培养与理想信念、价值理念、道德观念的教育有机结合，使思想政治工作体系贯通学科体系、教学体系、教材体系、管理体系”。“三全育人”体制机制建设，是满足学生教育资源需求，促进教育公平的必然要求，能够有效增强大学教育的育人质量。

第二，形成学校、家庭、社会、学生组成四位一体的育人机制。学校、家庭、社会要紧密合作、同向发力，积极投身教育强国实践，共同办好教育强国事业。[①] 学生从进校到毕业的全过程育人机制和充分利用各教育载体将学生各方面发展融入其中。

第三，将十大育人体系充分融入“三全育人”中，根据《高校思想政治工作质量提升工程实施纲要》要求，充分发挥课程、科研、实践、文化、网络、心理、管理、服务、资助、组织等方面工作的育人功能，挖掘育人要素，完善育人机制，优化评价激励，强化实施保障，切实构建“十大育人体系”。高等学校要结合自身特色和

① 《加快建设教育强国　为中华民族伟大复兴提供有力支撑》，《人民日报》2023 年 5 月 30 日。

发展实际，因地制宜、因校制宜、因势利导，形成特色鲜明、百花齐放的育人模式，不断丰富“三全育人”的内涵。

（二）师生发展机制

以师生发展为目标。师生发展机制关系大学发展的核心，要健全师生发展机制，构建师生发展长效机制。一方面，构建和谐师生关系，落实立德树人根本任务，要加强人文关怀，教师要关注学生的身心发展，建立良好的师生互动机制。要明确师生发展关系，创新转变教师从“教”到“育”的思想转变，学生从“被动学”到“主动学”意识转变，进一步拉近教师与学生之间的关系，推动教师与学生的共同成长，加强教师与学生间的沟通互动。另一方面，构建师生共同体发展，以师生发展为核心，构建促进师生共同发展的体制机制，不断完善人才培养和教师发展机制，实现教师与学生互动共进，实现包括学生全面发展，教师专业素质发展辩证统一的一体化发展机制。

（三）评估激励机制

以评估激励为动力。科学有效的评估激励机制能够进一步促进立德树人机制的可行性与有效性。

第一，要明确评估激励的内容与范围。重点是明确立德树人评估的内容、层次、过程、成效等评估激励的内容范围。

第二，运用科学评估方法。根据一定的目标，采用科学的方法和标准，对立德树人工作进行质和量的价值判断，通过定性评估、定量评估、定向评估等方式形成长效机制。评估与激励两者相结合是立德树人成效检测的重要环节。

第三，完善人才培养评价标准和健全师德师风监督机制，在实践中长期坚持，不断发展创新和完善，使其体制机制更趋科学、合理、有效。

（四）成效凸显机制

以成效凸显为保障。成效凸显机制是检验立德树人根本任务实现效果的重要保障，主要是指大学生通过大学教育培养毕业后，对经济社会发展作出积极有效的贡献，是立德树人成果的显现，也是大学育人成果的检验。通过对大学生毕业之后所带来的社会效益和经济效益成效进度考核评估可以充分检验大学人才培养的水平。社会效益主要是从“一个大学在社会上的声誉、威信和信任程度，包括大学培养人才的数量与质量、毕业生在社会上作出的成绩与贡献、社会各界对大学毕业生的反应等”①。经济效益是指“通过大学教育提高大学生的专业知识、技能、素质等，提高整个社会的知识水平和科学技术水平，从而能够在物质生产部门促进国民收入的增长”②。

二、立德树人机制的主要特征

立德树人机制既具有大学一般工作机制的普遍特点，同时在实施过程之中不断发展与完善，具有目标明确性、结构系统性和成果有效性特征。大学校长要明确立德树人机制发展的特征，推进立德树人体制机制的完善和创新，不断提高大学办学质量和水平。

（一）目标明确性

立德树人是大学发展的根本任务，目标指向的明确性是指大学

① 孟东方等：《大学工作学》，人民出版社 2016 年版，第 407 页。
② 孟东方等：《大学工作学》，人民出版社 2016 年版，第 407 页。

育人过程中目标的运行和实现具有明确的发展方向。立德树人的目标明确性，是一个大学育人发展的根本方向。立德树人是社会主义大学教育的本质要求，扎根人民立场，为党育人、为国育才，内在嵌刻有培养堪当民族复兴大任时代新人的最终逻辑指向。立德树人的目标在教育发展的每个环节都具有特定的指向性目标，是为了实现育人目的的发展目标。为了提升课程构建、校园文化建设、学生实践活动设计等育人的各个环节的目标达成度，要注意因事而化、因时而进、因势而新做好相关工作。

（二）结构系统性

立德树人机制，其组织结构具有整体的系统性。是按照科学的方式集合而成，并以特定的组织结构形式而运行和发展的。从其办学育人机制、师生发展机制、评估激励机制、成效凸显机制的结构来看，贯穿了大学育人的各个方面和环节，具有全面性和整体性的特征。各系统机制之间形成了紧密联系，并非孤立存在，相互之间各有牵制，相互渗透、相互影响、相互作用、相互促进，形成有机的高效机制链，具有科学系统性。从其系统机制的子系统发展来看，各子系统之间相互联系，互通有无，为整体发展提供了重要的支撑，形成了“1+1 ＞ 2”的合力效果。

（三）成果有效性

立德树人是学校教育的根本任务，是对教育本质的根本性认识，强调了在育人过程中要扣好人生第一粒扣子，通过加强马克思主义理论的教育同时把中华优秀传统文化的精神内核贯穿其中，并引导学生在实践中加深对于知识的把握程度，树立高尚的道德情操。学生在结束学业后，其走入社会中体现的人格、发展、创新、贡献等，是大学人才培养社会价值的体现，也是大学教育成功发展的体现，是对大学教育工作发展成果的证实。

三、大学校长推动立德树人机制不断运行优化

立德树人机制运行需要不断与时俱进，实现创新性发展和创造性优化，其优化需要整合内在各种要素，从而进一步促进运行的优化发展。

（一）以党的领导为立德树人机制提供根本保证

“坚持和加强党对教育工作的全面领导，不断完善党委统一领导、党政齐抓共管、部门各负其责的教育领导体制。”[①] 立德树人机制的运行优化离不开中国共产党的领导，要以党建作为引领，保障立德树人机制的有效运行。

党的领导是立德树人工作机制目标的确立和执行落实的根本保障，一方面，必须要充分发挥党中央的顶层设计、统揽全局的作用，对立德树人根本任务提出要求。另一方面，坚持和完善普通高等学校党委领导下的校长负责制，压实责任要求，促进立德树人机制的高效运行。要坚持问题导向，以优化运行重难点问题倒逼机制促进改革发展，加大信息支撑实现基层党组织的融合互动，保障立德树人机制的通畅运行，实现立德树人机制的社会效益有效输出。要健全制度体系，确保立德树人工作机制有规可依。

（二）以机制创新为立德树人机制提供发展动力

创新发展是优化完善立德树人机制的重要动力。大学校长要带

---

① 《加快建设教育强国　为中华民族伟大复兴提供有力支撑》，《人民日报》2023 年 5 月 30 日。

头创新，以创新的大学治理体系和治理能力以及大学人才培养的全面改革为立德树人工作提供充足动力。

第一，要破除体制机制发展障碍。大学教育发展过程存在着原有体制机制发展的痼疾留存是大学进行改革创新和发展的最大障碍，大学校长要敢于善于破除体制机制发展障碍，构建符合现代化大学发展和立德树人根本任务推进的体制机制，为大学的立德树人工作提供制度保障，构建立德树人的工作机制链，优化大学育人环境，深化效果的成效呈现。

第二，要改革教育资源的配置方式。教学资源是一个大学发展核心之一，但每所大学所拥有的教育资源是有限的并不能面面俱到，要合理配置，强化教育资源的最大化利用。大学校长在推动立德树人机制的深化运行，将学校的硬件资源、软件资源合理有效配置，制定资源利用的最优化方案。同时还要积极争取社会资源，充分吸收对于自身发展有所帮助的教育资源，来丰富大学自身教育资源的总量，实现更好的资源合理分配和优化配置。

第三，要改革育人评价机制。这事关调动和激发工作主体的积极性。要深化育人评价体系改革，为教育教学管理提供有效的平台和机会，充分释放创新活力，深化机制创新发展，促进立德树人机制的不断完善和发展。

（三）以同频共振为立德树人机制增强运行实效

大学校长要着眼于调控各项工作的开展，协调和促进立德树人机制的办学育人、师生发展、评估激励、成效凸显机制的各组成要素之间合理、高效、科学地运转，实现机制要素的同频共振。要推动立德树人观念融入大学师生和管理者。教师群体是立德树人的主要参与者和实施者。大学的各级各类管理者为立德树人工作提供政策、环境等各类保障。大学校长要加强对大学教师和大学管理者的培训引导。同时，大学校长要推动各部门之间协调联动。由此，更好地保证整个体系有序运行，增强立德树人工作实效。

第十二章　大学的精神家园论

习近平总书记强调，好老师要“自觉坚守精神家园”[①]。中共中央办公厅、国务院办公厅印发的《关于进一步加强和改进新形势下高校宣传思想工作的意见》强调：“把高校建设成为精神文明建设示范区和辐射源。”[②] 大学是人类文明发展到一定阶段的产物，是社会思想文化的重要生产地、集聚地，这使得大学本身具有浓厚的文化氛围和鲜明的精神属性，内蕴有丰富且强大的精神力量。大学校园是师生精神生活的寄托、知识养分的补给所和全面发展的重要空间，构建当代大学的精神家园是促进大学内涵式发展的题中之义。

大学的精神家园论，旨在以大学精神家园的构建为探讨目的，系统阐释大学校长在大学精神家园构建中所发挥的关键职能，所扮演的重要角色等问题。因此，大学的精神家园论的探讨，以大学校长坚持大学办学理念为逻辑出发点，以“立体式大思政”工作格局

① 习近平：《同北京师范大学师生代表座谈时的讲话》，《人民日报》2014年9月10日。

② 《中办、国办印发〈意见〉要求　进一步加强和改进新形势下高校宣传思想工作》，《光明日报》2015年1月20日。

以及“各美其美，美人之美，美美与共”自信和谐氛围的构建为逻辑展开，并最终以大学校长涵养师生的“学气”“静气”“勇气”“大气”为逻辑落脚，对大学的精神家园问题展开系统分析。

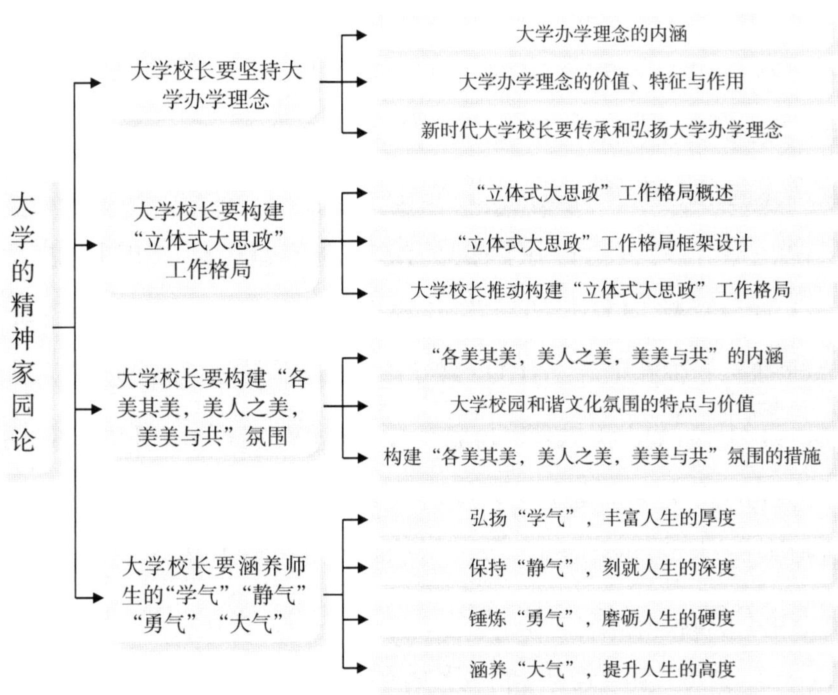

图 12-1　大学的精神家园论结构

第一节　研究的综述

大学的精神家园是大学师生的心灵归宿，是大学师生的重要精神支柱，对于大学的发展和人才培养具有重要的指引意义。精神家园的研究较为丰富，对于本课题的后续研究提供了良好的支撑。

一、研究的现状

在中国知网（CNKI）以“大学精神家园”为主题词进行搜索，可以检索到有关学术论文80余篇，其中符合本研究内容的大约60篇。若以大学精神家园主题内部的有关次要主题进行搜索，可以分别搜索到“大学办学理念”相关学术论文300余篇，“大学文化体系”相关学术论文300余篇，“大学文化氛围”相关学术论文40余篇，“大学文化气质”学术论文10余篇。总体来说，对于大学精神家园的研究较为丰富，研究内容比较全面。有关大学精神家园的著作也较为丰富，《保守与开放之间的大学精神》（刘铁芳，2010）、《大学文化与大学精神建设》（张跃进，2010）、《守望大学的精神家园》（刘宝存，2009）、《中国大学精神的历史与省思》（储朝晖，2006）。可见国内学者对于大学精神家园建设持续关注，对于精神家园建设有以下五个方面较为深入的研究。

（一）关于构建大学精神家园的研究

王冀生认为大学文化构成了大学的精神家园，以“人文、理性、创新、和谐”构成了一个有机整体。[①] 肖祥认为大学精神家园就是真、善、美的圣殿，教师品格在大学精神家园建设中起着决定性的价值导向作用。[②] 孙泊等人认为大学的精神家园是一流大学的

---

① 王冀生：《大学文化是大学人的精神家园》，《中国高等教育》2014年第9期。

② 肖祥：《论师者品格与新时代大学精神家园建设》，《上饶师范学院学报》2020年第1期。

基本标识，在创建世界一流大学的过程之中要促进大学精神的回归重塑。[①]吴文山认为大学精神家园建设应该是体现以人为本的思想，重点突出“家”这一概念。[②]盛正发认为象牙塔是大学精神的象征，大学的发展过程之中要坚持塔群结构，应始终坚守其“象牙塔”精神及维护其作为学术组织的内在逻辑性。[③]杨克欣等人提出大学班集体是大学生健康成长的精神家园，[④]朱颂梅提出发展大学文化来营造大学精神家园。[⑤]

（二）关于坚持大学办学理念的研究

罗向阳等人提出大学办学理念需要由大学校长来构建，大学校长有构建办学理念的使命义务。[⑥]宋争辉提出通过创新大学办学理念和格局来推动大学治理体系和治理能力的现代化。[⑦]姚杰提出通过革新办学理念可以增强大学的核心竞争力。[⑧]廖敏等人从教学文化、管理文化和校园文化的创新来研究大学办学理念的文化创

① 孙泊、陈瑶：《大学文化的精神家园与传承创新》，《文化学刊》2012 年第 4 期。

② 吴文山：《论大学精神家园建设》，《长春工业大学学报（高教研究版）》2004 年第 4 期。

③ 盛正发：《象牙塔：现代大学必要的精神家园》，《现代大学教育》2008 年第 2 期。

④ 杨克欣、高志勇：《建设大学生健康成长的精神家园——对大学班集体建设的思考》，《思想教育研究》2010 年第 9 期。

⑤ 朱颂梅：《建设校园文化　营造精神家园》，《南京航空航天大学学报（社会科学版）》2001 年第 4 期。

⑥ 罗向阳、支希哲：《大学办学理念需要校长构建》，《现代教育管理》2012 年第 12 期。

⑦ 宋争辉：《创新办学理念和格局　推进大学治理现代化》，《中国行政管理》2021 年第 1 期。

⑧ 姚杰：《基于办学理念指导下的大学核心竞争力研究》，《高等农业教育》2013 年第 9 期。

新。[①] 高宝嘉等人提出要实现大学教学和大学办学理念的统一。[②] 周守红认为要从传统书院的办学理念中来为当前大学办学理念找到启示。[③] 陈瑶提出现代化大学需要有现代的办学理念以此来适应形势实现发展。[④] 董泽芳提出“以生为本”是大学办学的第一理念。[⑤]

（三）关于构建大学氛围的研究

翟秀芹提出大学文化是个性文化，大学的办学理念体现了大学文化的个性，也反映了“各美其美、美人之美、和而不同”的文化观。[⑥] 王荣等人提出要构建国际化的大学文化氛围。[⑦] 任涛分别从大学文化氛围的制度体系[⑧] 和行为体系[⑨] 进行实证研究。申明针对大学文化氛围的感应和营造开展研究。[⑩]

（四）关于弘扬大学精神气质的研究

林培坤从社会主义核心价值观和大学文化建设的关系进行研究

---

① 廖敏、黄仕军、傅游：《大学办学理念的文化创新》，《黑龙江高教研究》2014 年第 8 期。

② 高宝嘉、朱飞：《论大学教学与办学理念的统一》，《高等农业教育》2013 年第 1 期。

③ 周守红：《中国传统书院的办学理念及其对现代大学的启示》，《科学社会主义》2009 年第 3 期。

④ 陈瑶：《现代大学要有现代办学理念》，《现代情报》2004 年第 7 期。

⑤ 董泽芳：《“以生为本”是大学办学的第一理念》，《中国高等教育》2002 年第 12 期。

⑥ 翟秀芹：《“各美其美、美人之美、和而不同”——文化观与大学办学理念》，《江苏高教》2006 年第 4 期。

⑦ 王荣、姜博：《营造综合型大学国际化校园文化氛围》，《当代教育论坛》2015 年第 3 期。

⑧ 任涛：《大学校园文化氛围之制度体系的实证研究》，《福建医科大学学报（社会科学版）》2014 年第 3 期。

⑨ 任涛：《大学校园文化氛围之行为体系的实证研究》，《闽江学院学报》2014 年第 6 期。

⑩ 申明：《论大学文化氛围感应与营造》，《江苏高教》2008 年第 4 期。

大学文化气质。[1] 柳逸青提出一流大学需要有一流的文化气质且要有特定的文化气质特征。[2] 冯皓等人认为宽容与自由是大学的精神气质。[3]

（五）关于大学精神家园的国外研究现状

国外资本主义发展较早且对于人们的日常生活影响较多，对于精神家园的研究也较为丰富，但是主要还是集中在社会层面，对于大学的精神家园研究相对较少，通过对社会群体精神家园的研究可以对大学精神家园的研究提供借鉴。著名的哲学家、思想家如亨利·戴维·梭罗的《寻找精神家园》、马尔库塞的《单向度的人》等人的书中也是对于精神家园和精神世界进行了研究。《走向一个精神的课程：教育中的精神唤醒》《精神：精神的、道德社会的与文化的发展》等书也是强调了教育对于学生精神世界培养的作用。

二、研究的总结

大学的精神家园建设作为大学发展的必由之路也是大学文化构建的重要环节，国内外学者对于其学术研究都较为深入，形成了相对丰富和完善的研究体系，有了较为成熟的研究内容。基于大学精神家园相关内容，学术界主要是从以下四个方面开展研究：第一，对于精神家园这一基本概念进行了研究，基本明确了精神家园的概

① 林培坤：《社会主义核心价值观下的大学校园文化气质》，《教育文化论坛》2015 年第 4 期。

② 柳逸青：《论一流大学的文化气质——以剑桥大学下午茶为例》，《重庆高教研究》2014 年第 1 期。

③ 冯皓、施海涛：《宽容与自由：大学精神气质与品格》，《玉溪师范学院学报》2007 年第 7 期。

念范畴以及显著特征。第二，对于大学办学理念的内容、构建、弘扬等方面进行了研究，且成果较为丰富，众多学者都围绕大学办学理念的内容、革新以及弘扬开展了研究，还围绕建设世界一流大学这一目标提出要推动办学理念的革新。第三，学术界从大学氛围、育人等角度开展了研究。第四，对于在一流大学建设的过程之中，需要什么样的大学精神气质这一命题开展了研究，提出了措施。

三、研究的启示

现有研究之中，对于大学的精神家园有了一定研究，但存在以下四个方面的不足：第一，内部研究不够，宏观总体研究丰富，但是聚焦微观的研究不够深入。第二，对于营造什么样的大学氛围没有具体明确以及氛围营造的路径不够清晰。第三，对于大学精神气质的研究较少，对于大学师生应该拥有什么样的精神气质以及如何涵养精神气质的研究不够。第四，仅有少部分学者针对大学领导者尤其是大学校长对于精神家园构建开展研究，相对研究较少。综上所述，课题组将在现有研究基础之上，深化对于大学精神家园构建的研究，以大学校长作为主体，探索大学校长在构建大学师生精神家园之中的作用以及如何弘扬办学理念。并以“各美其美，美人之美，美美与共”为主题来研究如何构建和谐大学的氛围，同时将围绕以“学气”“静气”“勇气”“大气”为核心的大学精神气质的基本内涵、弘扬路径开展研究。

第二节　大学校长要坚持大学办学理念

大学之道，在明明德，在亲民，在止于至善，其含义在于弘扬光明正大的品德，使人达到完善的境界。大学的办学理念随着高等教育产生发展而不断演变，新时代赋予了其新要求和新内涵。在中国式现代化道路上，在建成教育强国的远景目标规划下，大学校长要肩负起传承、创新以及落实大学办学理念的重任。

一、大学办学理念的内涵

有学者认为办学理念是哲学性概念、精神性概念、动态性概念和生态性概念。办学理念具有共时性与历时性的统一、科学精神与人文精神的融通、办学特色与一般原则的结合、本土化与国际化的统一的特征。① 也有学者认为办学理念是人们对大学的理性认识、理想追求及所持的教育观念或哲学观念，它是建立在对教育规律和时代特征深刻认识的基础之上的。② 从整体上看，对于大学办学理念可以从两个方面来进行归纳总结，即“什么是大学”以及“大学要怎么运行发展”。

大学办学理念是对于大学功能、价值以及定位的科学理性的认识，不同历史时期、不同国家制度下的大学办学理念都有较大差异。在同一时期，同样的社会制度内部，不同性质的大学也会有所

① 沈昕、孟舫：《办学理念：大学发展的灵魂——对当前大学办学理念的几点思考》，《安徽农业大学学报（社会科学版）》2004 年第 6 期。

② 陈光军：《办学理念：世界一流大学发展的立足点及对中国的启示》，《煤炭高等教育》2003 年第 3 期。

差异。如政法类学校的中国政法大学的校训为“厚德、明法、格物、致公”，其中体现了法治精神、法治思想等，师范类学校的北京师范大学的校训为“学为人师，行为世范”，更多强调教师的职业道德。

综上所述，一定的大学理念总是基于特定的时代背景和具体的大学实践而产生，并经过实践检验后为其他大学所接受从而成为大学共同的办学理念。[①] 因此，课题组将大学办学理念定义为：大学立足于学校特色与定位，集中体现学校的办学目标和人才培养方向的一种文化概念，并在大学的发展中不断完善的，其本身具有鲜明的时代性和特色性。其理念的构建是一代又一代的大学领导集体智慧的结晶，在大学办学理念创新发展的过程中，大学校长发挥了关键作用。

二、大学办学理念的价值、特征与作用

大学办学理念作为大学精神家园的重要组成部分，为大学的发展提供了指引和精神力量。新时代新征程上，建设教育强国、实现高等教育的现代化需要大学办学理念的传承和创新，以科学的大学办学理念指引方向。

（一）大学办学理念的价值

办学理念作为大学发展的精神要素，是对大学办学治校的理性认识、理想追求和独特办学观念的统一，是一所大学办学实践之遵循、治校之方略、管理之原则的有机统一。[②] 大学办学理念是一个

① 别敦荣、胡颖：《论大学协同创新理念》，《中国高教研究》2012 年第 10 期。

② 谢树华：《治理视域下高校领导干部应树立的办学理念论析》，《温州大学学报（社会科学版）》2022 年第 6 期。

动态发展、不断完善的过程，一个好的、符合大学发展需要以及社会主流意识形态的办学理念对于大学的发展有着重要促进作用。

1. 彰显学校的办学特色与育人目标

每所学校的办学理念、办学目标都有所不同，办学理念往往彰显了学校的质量规格。大学办学理念作为大学发展的目标和先导，一定是在长期实践过程中检验的，是对于大学校训等的基础支撑，是每一所大学独有的精神财富，并体现为共性和个性的统一。从共性来看，我国大学集中呈现党的教育方针，以立德树人为根本的目标任务，坚持为党育人、为国育才。从个性来看，不同的地理环境、校史沿革、办学层次和办学类型，决定了大学必然基于自身实际形成具体的办学理念，呈现出鲜明的差异性。不同的办学理念也是大学核心竞争力的组成部分，是每所大学的独特优势。

2. 提升学校的社会影响力

大学职能是一个逐步拓展的过程。现代大学除了人才培养、科学研究之外，还增加了服务社会发展的重要职能。大学与地方、企业合作交流的过程，不仅是科学技术的交流，还有精神文明建设之间的交流。大学的办学理念集中体现在人才培养目标、培养质量以及培养效果上，不同类型、层次的高等学校，所培养出来的人才质量、特点也不相同。通过为各地输出高水平人才，为地方发展提供人才支撑，越来越多的高等学校毕业生走上工作岗位，成为社会发展的中坚力量，不仅将大学所学的专业知识融入实际工作，还将受到大学精神家园熏陶后的行为方式、逻辑思维等带入工作中。

3. 促进学校“名气”的建设

大学的“名气”主要是由知名度、美誉度以及影响力等多种要素构成。符合大学发展和社会发展需要的、积极向上的办学理念能够提升学校的人才培养质量和学校的教学科研水平。在办学理念的指导下，学生乐于学习、教师勤于教学、学科良好发展，促进学科、人才、科研三者有效联动，学校的办学质量进一步提高，学校实现高质量稳步发展。每一所大学站在自己历史和实践的高度来凝练自身的办学理念，无不彰显了自己的历史文化底蕴，众多知名大学本身便是所在城市区域的历史文化景观，传承数百年乃至千年的办学理念和学校精神早已成为学校社会影响力、学校“名气”的重要构成部分。

（二）大学办学理念的特征

大学办学理念作为大学办学实践的伴生物，从一开始就具有了高等教育的特征。现有的研究从不同角度对大学办学理念特征进行不同层次的归纳。总体来说，大学办学理念具有时代性、民族性和特色性三个显著特征。

1. 时代性

大学是时代发展的产物，现代大学办学模式自产生以来，历经数个世纪，在不同的历史时期有着不同的使命担当。大学是在不断发展和完善，大学的职能和目标也在不断拓展和丰富，作为大学发展的精神要素——办学理念也在不断丰富拓展。在中国，自中国共产党成立以来，就高度重视高等教育事业发展和人才培养，新中国的大学办学理念都具有鲜明的时代性和政治性的特点。中国共产党作为高等教育事业的领导核心，引导大学坚持社会主义办学方向，为社会主义事业服务。在中国特色社会主义进入新时代这一时代背景下，以中国式现代化全面推进中华民族伟大复兴的新征程上，大学发展、人才培养、科学研究都要为中国式现代化服务、为中华民族伟大复兴服务，具有鲜明的时代性特征。

2. 民族性

大学具有鲜明的民族性，大学的民族性是大学在参与国际竞争与合作中保持鲜亮底色和独特优势的所在，大学文化更具有民族性特点，东西方大学产生于不同的社会环境适应特定历史阶段的人才培养、学术研究和社会发展的需要形成不同的大学教育传统和鲜明的民族文化特色。① 大学办学理念作为大学文化体系的重要内容和大学精神文化的集中表达，大学办学理念也具有了鲜明的民族性特点。环顾中国大学的校训、校风等，大多来自中国经典古籍和诗词，是中华文明传承数千年、生生不息的体现。大学以其独特的民族性，作为民族文化传承、创新和传播的重要场所，承担了保存民族记忆、促进民族发展的重要职能。

3. 特色性

大学办学理念的特色性主要体现在以下两个方面。一方面，每所大学因其历史沿革、所在区位、办学层次等的不同具有不同的大学文化，其大学办学理念也有所不同。从办学类型来看，不同类型的高等学校有着不同的人才培养目标和社会责任。从办学层次来看，世界一流大学的办学理念都是立足当下、面向世界、着眼未来，以学校办学成果为国家经济社会发展服务。另一方面，又因大学办学理念是大学校长办学治校方针的体现，不同的大学校长对于学校发展的设想与构建都有所不同，因此同一所大学在不同的时期

① 张亚群：《论大学文化的民族性与国际性》，《中国地质大学学报（社会科学版）》2008 年第 4 期。

也会有不一样的办学理念，办学理念具有鲜明的时代特色性。

（三）大学办学理念的作用

办学理念作为大学发展的精神要素，是对于大学发展、特色、定位、目标的理性思考，明确大学理念能彰显学校价值，促使大学办学与其目标完美契合，以理念引导学校发展。

1. 提高大学人才培养质量

人才培养需要一定的指导思想和发展目标，人才培养方案是处在不断修订和完善的过程中，从根本上来说，就是要符合大学的办学理念和社会发展需要。大学办学理念作为大学主导者以及管理团队对于大学发展和大学目标的理性思考，在科学理念的指导下，各部门各司其职，各学院按照既定目标奋进落实，形成全校一盘棋，心往一处想、劲往一处使的奋斗方向，培养德智体美劳全面发展的社会主义建设者和接班人。

2. 营造具有特色的大学文化

中国特色社会主义大学文化，是中国特色社会主义文化的重要组成部分，丰富发展大学文化是建设文化强国、坚定文化自信、提高文化软实力、促进文化国际传播的重要前提。大学文化是大学内在精神气质的集中体现，也是大学软实力与核心竞争力之所在。① 办学理念作为大学文化的关键组成部分，为大学文化提供丰富的内涵价值。

3. 引领学校高质量发展

学校的高质量发展需要理论的指导，科学理念是发展的先导，

① 夏祥伟、邱兰欢、李勇辉等：《新时代大学文化建设研究》，《中国高等教育》2022 年第 23 期。

大学的办学理念是经过层层审视的理性思考的结果，是建立在过往历史经验和其他大学办学成果基础上的。大学要实现高质量、内涵式发展，就需要以办学理念来协调学校各项工作有序开展。

三、新时代大学校长要传承和弘扬大学办学理念

经过数百年的发展，大学职能不断拓宽，大学的内涵不断丰富，社会对于大学的要求与期望也不断提高。进入新时代以来，基于高等教育现代化、建设教育强国的战略规划，大学校长需要在传承和弘扬大学办学理念中实现新发展、新突破。

（一）古为今用，科学吸收古代、近代中国大学办学理念

一方面，虽然现代意义上的中国大学是在近代才逐步发展，但回溯中国数千年的教育史和文化史，早在春秋战国百家争鸣时，不同的学派就提出来不同的教育、教学理念，部分教育思想历经千年，经久不衰，传承至今，成为建设教育强国、创新办学理念的宝贵精神资源。如孔子最早提出“有教无类”的教育观念，孔子积极推广私学，认为这样可以使所有愿意学习的人都获得受教育的机会，无论是哪一类人、出身如何都能平等的接受教育，这对当今的教育普及有重要意义。众多大学的校风、校训、学风等大多来自《论语》《易经》等传统经典著作。与此同时，在传承中华传统文化中的教育思想时，大学校长要注意取其精华、去其糟粕，善于运用辩证的眼光来看待问题。传统文化所产生的社会情况、生产力水平与当下有了明显差别，要批判吸收传统文化中精华部分，同时还应推动马克思主义基本原理同中华优秀传统文化尤其是其中所蕴含的优秀教育思想相结合，实现中华优秀传统文化中教育思想的创造性

转化和创新性发展。

另一方面，自鸦片战争以来，近代中国逐渐沦为半殖民地半封建社会，众多有识之士开始尝试不同办法挽救民族危机。这一时期，创办各类学堂，培养人才成为当时救亡图存的重要手段。我国众多一流大学追溯校史都源于近代各地创办的大学。近代的各类大学构成了我国现代大学的雏形。近代大学的蓬勃发展离不开近代的一批知名大学校长，他们以教育救国、挽救民族危亡为己任，融贯中西，所提出的一系列大学办学理念是宝贵精神财富。近代大学的办学理念是根植于近代社会发展产生的，这些观念对于当今大学明确办学目标、创新大学办学理念有着十分重要的借鉴意义，大学校长要注重对于近代大学办学理念的继承发展。

（二）立足当下，在中国式现代化道路上丰富发展大学办学理念

进入新时代，我国社会主要矛盾发生了转变，高等教育事业的主要矛盾也已经发生改变。习近平总书记指出：“我们要坚持教育优先发展、科技自立自强、人才引领驱动，加快建设教育强国、科技强国、人才强国，坚持为党育人、为国育才，全面提高人才自主培养质量，着力造就拔尖创新人才，聚天下英才而用之”①，这一重要论断为高等教育发展指明方向，也为大学丰富发展办学理念提出了要求。大学办学理念要随着大学的发展方向、办学特色以及人才培养目标而不断变化。大学办学理念要紧紧围绕国家重大战略部

① 习近平：《高举中国特色社会主义伟大旗帜　为全面建设社会主义现代化国家而团结奋斗——在中国共产党第二十次全国代表大会上的报告》，人民出版社2022年版，第33—34页。

署，为国家和社会发展服务，为社会主义现代化建设服务，为实现第二个百年奋斗目标服务。

第三节　大学校长要构建“立体式大思政”工作格局

精神家园构筑的核心在于价值体系的熔铸，构建大学精神家园作为一项重要的社会实践活动，既是高等教育发展到一定阶段的必然产物，更是社会主流价值体系融入大学思想文化建设的必然要求。因此，新时代中国大学精神家园的构建，需要紧扣社会主义核心价值观入脑入心的根本主旨，其构建实质则在于以中国特色社会主义核心价值为基准，引领大学的精神世界构建，将大学建设成为传播弘扬社会主义核心价值观的高地。由此，在构建大学精神家园的过程中，有效开展思想政治教育实践，特别是构建起契合新时代、新要求的“立体式大思政”工作格局，成为推动大学精神世界构筑，进而打开大学文化育人新局面的必然要求，这就需要大学校长以立德树人为根本导向，充分挖掘、集聚高等学校思想政治教育功能要素，融通体制机制。

一、“立体式大思政”工作格局概述

“立体式大思政”工作格局是新形势下，大学落实立德树人根本任务，坚持为党育人、为国育才时代使命的重要举措，有其自身的科学性和价值。

（一）“立体式大思政”工作格局的含义

“立体式大思政”工作格局就是围绕立德树人根本目标，遵循

高等学校思想政治教育工作的原则方法，通过充分集聚、整合、挖掘学校思想政治教育资源，统合育人元素和育人逻辑，从价值原则、体制机制、实现路径、条件保障等方面进行系统设计，系统构建的一体化思想政治工作体系。

“立体式”作为一种审视客观事物的视角，强调从不同层面、不同角度分析和解决问题。“立体式大思政”是整个思想政治工作体系以系统、协同、稳定为运行要求，在持续整合资源、统筹各方、提质增效中实现思想政治工作高质量可持续发展。它包括以下五个方面：第一，在顶层设计上，形成党委统筹协同联动管理，各层级部门在党委统一领导之下，不断促进党、政、团、学之间的合理整合、系统联动。第二，在要素齐备上，积极调动、吸收、整合思想政治教育的政策、人才、技术、信息、环境、物资等各类要素和资源。第三，在运行上，确定为党育人、为国育才的根本目标，注重目标、过程与效果的统一，加强工作规划和过程管理，以期达到人才培养的最佳效果。第四，在主体上，运用科学手段和方法建构起促进思想政治教育要素快速流通、协同融合的体制机制，同时有效保证各方面机制运行的稳定性。第五，在成效上，体现高等学校思想政治工作阶段性和长期性的统一、局部性和全局性的统一、定性评价和定量评价的统一。“立体式”具有在机制上“整合”、在要素上“互补”、在运行上“多维”、在主体上“互动”、在成效上“最优”等特点。

“大思政”实现了对传统思想政治教育的认识拓展，突破了主体、场域、时间等因素诸多限制，实现思想政治教育功能要素的充分挖掘、高效集聚。第一，在主体上，“大思政”将思想政治工作主体范围进一步拓展，在原有专门力量的基础之上，其他具有思想政治教育功能的主体要素均在“大思政”教育主体的认定范围之内。第二，在内容上，“大思政”以价值引领为根本内核，囊括课程教学、文化浸润、实践养成、环境塑造等。第三，在渠道上，“大思政”突破了时间与空间的限制，将思想政治工作寓于教学、科研、社会服务、文化传承创新、国际交流合作等全部工作之中，使思想政治工作成为融入、支撑和引领育人工作全过程的鲜明标识。第四，在方法上，“大思政”在承继经过实践检验，行之有效的传统思想政治工作“老方法”的基础上，推进方法创新，持续融入信息技术、人工智能、大数据等“新方法”，学习借鉴教育学、管理学、心理学、统计学等学科的“好方法”，构建起复杂系统的方法体系。第五，在成效上，“大思政”实现了科学思维的引领，完成了相关资源的深度发掘与整体盘活，提升了高等学校思想政治工作的效率。

构建“立体式大思政”工作格局是一项以“立体式”为视野，以“大思政”为对象的系统工程，它的对象是思想政治工作在新时代环境下的创新发展，以及支撑其创新发展实践的体制建构、机制运行。构建“立体式大思政”工作格局内在蕴含五个方面的要义：第一，思想政治工作既有量的扩张，又有质的提升。第二，思想政治工作既立足当前，又着眼长远。第三，思想政治工作既讲目标，又讲过程和结果。第四，思想政治工作既注重内容，又兼顾形式。第五，思想政治工作既体现效率，又恪守本质。

（二）“立体式大思政”工作格局的特点

第一，系统性特征。构建“立体式大思政”工作格局是一项复杂的系统工程，涉及思想政治教育功能要素以一定方式、结构、机制，在一定范围内稳定高效运行。

第二，科学性特征。“立体式大思政”工作格局是一个科学系统，内在蕴含着思想政治教育要素的科学挖掘、组织、协同，渗透着系统运行机制及内在规律的认识、破解。

第三，动态性特征。“立体式大思政”工作格局是一个开放的系统，它的建构和运行都需要保持与外界的高频次互动，实现各类资源的跨系统流动。

第四，务实性特征。作为坚持问题导向的必然产物，构建“立体式大思政”工作格局以突破现实困境为出发点，以创新发展提高育人质量为落脚点，其生产发展的逻辑链条务实特征鲜明。

第五，成效性特征。构建“立体式大思政”工作格局聚焦获取立德树人最大成效的根本目标，力求以构建复杂科学系统为依托，将人的培养与实现思政工作创新发展统一起来。

（三）“立体式大思政”工作格局的价值

第一，有利于深入贯彻习近平总书记关于加强和改进思想政治工作的一系列重要指示。党的十八大以来，习近平总书记围绕思想政治教育根本性、战略性和全局性问题，作出了一系列重要论述。构建“立体式大思政”工作格局，是对习近平总书记重要论述的积极践行，是解决新时代思想政治教育现实问题的逻辑必然。

第二，有利于思想政治工作的创新发展。构建“立体式大思政”工作格局实现了育人要素的快速流通，育人链条的广泛伸展，育人体系的系统构建，“三全育人”“课程思政与思政课程同向同行”等一系列创新举措，推动思想政治工作走向时代前沿。

第三，有利于培养堪当民族复兴大任的时代新人。构建“立体式大思政”工作格局，是新时代践行立德树人根本使命的重要抓手，实现了育人资源的充分激活、系统联动，打造人才培养整体合力，助力打造高质量育人工程。

二、“立体式大思政”工作格局框架设计

“立体式大思政”工作格局以系统科学为依托，是一个全新的

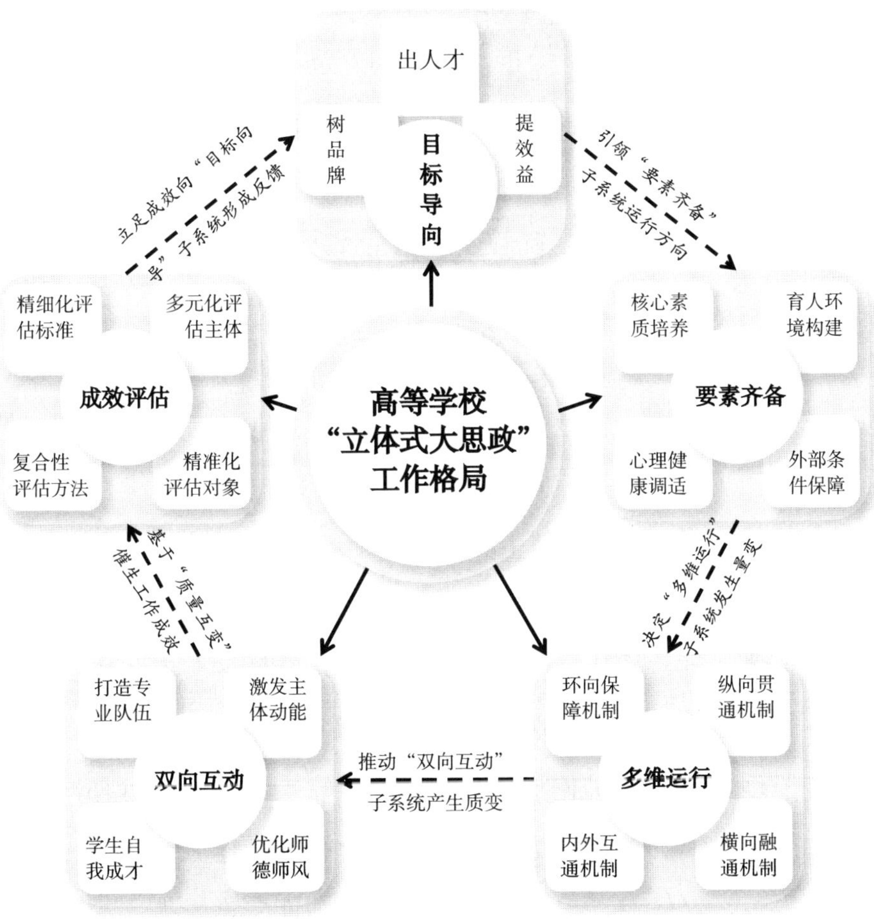

图 12-2　高等学校“立体式大思政”工作格局框架设计

理论与实践相结合的工作体系。构建“立体式大思政”工作格局，其目的在于探索新时代思想政治教育规律，更好践行立德树人根本使命任务。立足于“大思政”中思想政治教育功能要素组织、运行、管理等内容，运用系统科学的基本原理和方法，提出构建“立体式大思政”工作格局，主要包括五大子系统，即“目标导向”子系统、“要素齐备”子系统、“多维运行”子系统、“双向互动”子系统、“成效评估”子系统。其中，“目标导向”子系统引领“要素齐备”子系统运行方向，“要素齐备”子系统决定“多维运行”子系统发生量变，“多维运行”子系统推动“双向互动”子系统产生质变，基于“多维运行”与“双向互动”两大子系统之间的质量互变运行，催生工作成效，进而立足工作成效向“目标导向”子系统形成信息反馈，最终形成五大子系统的逻辑运行闭环。

（一）“目标导向”子系统

“目标导向”子系统是指最终要实现的目标，是实现为党育人、为国育才，培养堪当民族复兴大任时代新人的根本使命，所解决的是思想政治工作的“导航定向”问题。

“目标导向”子系统是引领。第一，出人才。从根本上讲，是要为党和人民事业的接续发展培养合格建设者和可靠接班人。从工作开展来看，是要培养从事思想政治工作的专业人才队伍，在层次上，要形成高、中、初级人才协调发展的局面；在学位上，要优化博士、硕士、学士结构比例；在年龄上，要保证老中青梯次组成的年龄结构；在职称上，要打破身份、所有制、地域、岗位、资历限制。第二，提效益。提升思想政治教育功能要素挖掘、集聚、运行，以及增强整个思想政治工作体系协同运转的效益。第三，树品牌。以品牌意识推动思想政治工作高质量发展，增强高等学校思想政治工作有效性，引领学生成长成才。

（二）“要素齐备”子系统

“要素齐备”子系统是指构建“立体式大思政”工作格局的基本要素和核心范畴，是实际工作过程中相互影响、相互关联的诸多构成要素所共同构成的内容体系，包括思想政治素质、核心素质培养、心理健康调适、育人环境构建和外部条件保障四大维度，所解决的是思想政治工作的“育人内容”问题，即构建十大育人体系。

“要素齐备”子系统是核心。第一，核心素质培养维度。要通过课程育人，聚焦教育对象专业素质与人文素养的共同提升；要通过科研育人，帮助教育对象确立正确的科研价值理念，掌握科学研究的基本方法；要通过实践育人，引导教育对象学以致用，在实践中应用理论、体认社会。第二，育人环境构建维度。要通过文化育人，建设各层级、各区域的良好文化环境，注重文化生态涵养；同时还要通过网络育人，搭建风清气正的网络空间环境，引导教育对象正确认识和利用网络。第三，心理健康调适维度。确保以及时、准确、有效的心理育人，帮助教育对象掌握心理健康的相关知识体系，应对各类心理健康问题。第四，外部条件保障维度。通过管理育人、服务育人、资助育人和组织育人，从多个方面夯实基础，为立德树人提供可靠外部保证。

（三）“多维运行”子系统

“多维运行”子系统是指贯穿“立体式大思政”工作格局全方位、多角度，推动各领域、各环节、各要素协同育人的机制运行系统，包括纵向贯通机制、横向融通机制、内外互通机制和环向保障机制，所解决的是思想政治工作的“机制运行”问题。

“多维运行”子系统是关键。第一，纵向贯通机制。要对思想政治工作的目标定位、力量整合、体系构建等进行一体化的顶层设计，并在基础上向下打通顶层设计落地、落实通道，确保思想政治工作顶层设计能够顺利进入各职能部门工作规划，并完成向实际工作的快速转化。第二，横向融通机制。既要保证围绕教育对象，融通课程、科研、实践、文化、网络等各方面的思想政治工作，建立覆盖多板块的工作模式；消除党委组织部、宣传部、学工部、校团委、马克思主义学院、各学院党委等职能部门间阻隔，实现融通联动，确保资源高效配置。第三，内外互通机制。要建立跨校、跨区域的工作机制，实现思想政治工作资源的自由、快速流通，保证工作体系覆盖教育对象校内校外的活动场景。第四，环向保障机制。要将学生工作队伍、教职工、管理服务人员高效组织起来，建立围绕学生的环形保障“工事”。

（四）“双向互动”子系统

“双向互动”子系统是指发挥高等学校思政教育“双主体”的互动教学作用，构建师生互融、互促、互享的思政课教育共同体，促进思政教育有效接受的系统，包括激发教育主体参与动能、优化提升师德师风建设水平、打造专业化职业化学工队伍、激发学生自我成才，所解决的是思想政治工作的“参与主体”问题。

“双向互动”子系统是动力。第一，激发教育主体参与动能。要充分调动党政干部、教师、学生、校友等各类育人主体参与思政工作，把各级领导干部深入基层联系学生情况纳入领导班子民主生活会对照检查重要内容。第二，优化提升师德师风建设水平。要以师德师风考评为抓手，提升教师的职业道德素养，坚定教师理想信念和职业操守。把专任教师参与学生工作作为绩效奖惩、职务职称晋升、评优评先的重要参考。第三，打造专业化职业化学工队伍。推动实施辅导员队伍建设，科学搭建队伍年龄、学历、资历结构，实施辅导员队伍导师制，夯实大学生思想政治教育骨干力量。第四，激发学生自我成才。要尊重思想政治工作规律和学生成长规律，深化“自省、自律、自助、自强、自立”的教育模式，发挥学生自我监督、自我培养能力，依托思想、学习、心理、能力等方面的学生社团，大力培养学生自助能力。

（五）“成效评估”子系统

“成效评估”子系统是指运用教育评价的理论和方法，对“立体式大思政”的管理效能和工作成绩进行科学评定估量，包括多元化的评估主体、精准化的评估对象，精细化的评估标准、复合性的评估方法，所解决的是思想政治工作的“评价反馈”问题。

“成效评估”子系统是保障。第一，多元化的评估主体。要将更多主体力量纳入成效评估的主体构成，保证高等学校党委、职能部门、教师、学生、学工队伍、管理服务人员、社会评价机构等共同参与。第二，精准化的评估对象。要将成效评估的对象予以清晰界定，坚决避免模糊化。第三，精细化的评估标准。要针对“立体式大思政”运行的各方面制定评估指标，保证评估标准对于成效呈现的准确性。第四，复合性的评估方法。要充分运用定性与定量相结合、传统方式与现代手段相统一的评估方法体系，避免由于评估方法单一所造成的评价失真或效率不足。

三、大学校长推动构建“立体式大思政”工作格局

“立体式大思政”工作格局是大学开展思想政治教育工作的新做法、新举措，大学生的思想政治教育工作同大学的文化建设方向具有一致性，大学校长作为大学思想政治教育工作的主要责任人，要推动构建具有学校特色的“立体式大思政”工作格局，推动“三全育人”工作的开展，发挥好“十大育人体系”的育人功能。

（一）推动构建“目标导向”子系统

大学校长要对整个工作格局统一谋划、亲自布局，按照党中央对于大学生思想政治工作的要求，构建起“立体式大思政”工作格局的工作目标，坚持目标导向。

第一，要培养德智体美劳全面发展的社会主义建设者和接班人，打造一支高水平教师队伍。一方面学生是思想政治教育的主体，应深入推动立德树人工作的开展，加强对学生的思想引领工作，把第一课堂和第二课堂相结合，不断引导学生“爱校、成才、跟党走”；另一方面教师队伍是思想政治教育过程中的主导，教师素养的高低直接影响到了思想政治教育的效果，大学校长要通过以德立身示范行动、以德润生教化行动、学高铸名师支持行动，引导教师“爱岗敬业、爱生如子、爱校如家”，培养一支高水平的教师队伍。

第二，要增强思想政治工作协同运转效率。一方面，大学校长要推动大学章程的修订和完善工作，发挥好大学章程在大学治理中的核心作用，将习近平总书记关于思想政治工作的重要论述和青年工作的重要思想纳入到学校章程之中，使其成为学校发展的根本遵

循；另一方面，需要推动把落实立德树人根本任务深度融入学校发展战略，围绕本科教育、学科建设、文化建设等主要发展战略，深入实施五年行动计划，全面推进思想政治工作，实现学校高质量发展，明确发展路径，提升育人实效。

第三，依托品牌建设工程孵化培育工作品牌。一方面将“大思政”育人理念根植于典仪文化。拓展新生入学教育及毕业生教育空间，校长要带头上好“开学第一课”，筑牢“毕业最后一课”，通过课程育人的方式，鼓励学生重组时间观、勉励学生优化学习观、激励学生鼎新成才观。同时还要注重开展“国旗下话成长”“基层就业出征仪式”“我与祖国同生日”等主题教育引导学生“爱校成才跟党走”。另一方面还要构建“塑形”铸魂实践教育模式，打造校内外双循环社会实践体系，将劳动教育与志愿服务、社会实践工作紧密结合，擦亮“三下乡”社会实践志愿服务品牌，组织学生党员、学生干部等各类骨干群体开展社会实践活动，引导青年大学生知行合一，投身社会发展建设之中。

（二）推动构建“要素齐备”子系统

在“立体式大思政”工作格局之中，涉及十大育人体系等方方面面多个要素合集，大学校长要凝聚多个要素的作用，坚持系统观念，统筹协调，尽可能发挥不同要素的作用。

第一，要强化思想政治引领，培养学生核心素质。大学校长要聚焦学生政治素养、专业素养、科技素养、人文素养等提升，大力实施“大思政课”建设，推进思政课程与课程思政同向同行协同育人。一是要上好思想政治理论课，推动党委书记、校长坚持带头上思政课，做到亲自参与策划，发挥好马克思主义学院的作用，做到全体师生同上思政大课，展现学校铸魂育人动人实践，深化加强学生的理想信念教育。二是要推动课程思政建设，通过制定课程思政实施办法，设置教学研究中心，推动教师申报国家级和省部级的示范课程、教学团队以及各类教改项目，构建起良好课程思政育人生态。三是改革科研育人，健全规章制度，设立科研育人建设的经费保障机制，构建完善科研育人服务体系。抓平台建设，促进科研创新与成果转化。加强教育培训，提高教师科研育人的意识和能力。四是全方位拓展实践育人。要对标行业发展需求，推动实验教学体系建设，建设一批适合新文科、新工科需要的综合实践基地，加强示范性实践基地建设。五是在各类专业课程、实践课程中有机渗透人文素养教育，通过开设美育课程和其他人文艺术类通识选修课，支撑人文素养课程体系的构建。

第二，不断优化育人环境，打造自信和谐的文化氛围，营造清朗的网络育人环境。一是要围绕立德树人中心工作，打造具有学校特色的文化体系，彰显文化担当。打造具有特色的文化体系就是需要不断弘扬“学气”、保持“静气”、锤炼“勇气”、涵养“大气”，积极营造“各美其美，美人之美，美美与共”自信和谐的文化氛围。二是扬正控负，为育人营造清朗网络空间。通过党委宣传部、党委学工部、校团委等职能部门，打造校园网络新媒体矩阵。策划“大学生网络文化节”等网络思政品牌，设置网络育人专项校级基金课题和辅导员工作室，在学生中设立“清朗网络先进个人”，培育师生网络达人。三是推动出台网络舆情管理办法，组建网络信息员和网评员队伍，实时捕捉、及时稳妥处置负面网络舆情。

第三，做好学生心理健康调适，培养理性平和健康心态。一是要广泛开展心理健康教育，注重价值引导。依托省市级一流本科课程实现教育全覆盖，聚焦心理体验、行为训练提升学生积极心理品质，打造荧光夜跑、美心美育、心理情景剧、心理微课等品牌活动。二是做实学生心理危机干预，化解安全风险。夯实三级危机预防体系，强化四级预警防控网络，依托四类人群，形成重点关怀学生的支持防护网。三是凝炼工作品牌，注重示范引领。将学校的特色做法和典型案例进行总结归纳，形成具有学校特色，在全国一定范围内有知名度的心理育人品牌，并进行推广。

第四，夯实外部条件保障，不断提升管理育人和服务育人水平。一是大学校长要推动修订学校章程，将法治工作纳入综合考核指标体系，营造依法治校氛围。优化资金投入结构，保证本科教育重点领域资金需求，资源配置重点向一流专业建设等倾斜，为大学五年发展计划实施提供有力资金保障。二是坚持改善实体环境，更新教室建设标准，打造现代化教室，推动学生自习室、食堂等场所的改造升级，打造实体校园和智慧校园，为全校师生提供安全可靠的信息技术服务。三是高度重视就业工作，将其作为“1 号工程”，整体推进“招、教、管、就”一体化机制，大学校长要发挥整合好企业、地方和校友、政策、大型双选会、专场招聘会、用人单位宣讲会等各类资源，调动多方力量，拓展就业市场。做细服务指导，探索创新精准学情分析、精致分层分类、精细个体诊断、精心指导服务和精确信息推送“五精工作法”，扩大就业指导覆盖面。

第五，关注不同学生群体，逐步提升资助育人和组织育人质量。一方面，要严格落实奖助贷减免补资助政策，形成助困、扶志、赋能三位一体发展型资助育人体系。通过准确发放本研学生的奖助学金，开展各类送温暖活动，健全疫情灾情、特殊困境应急学生资助保障机制，充分发挥临时困难救助作用。同时丰富资助活动的各种形式，开展受助学生成才讲座、励志典型暑期夏令营以及少数民族素质提升班等赋能活动，开展感恩征文、发放仪式、国奖获得者事迹宣讲等典仪活动，抓实受助学生励志、诚信和感恩教育。另一方面，把党建文化融入到具体育人实践中，打造党建文化品牌，依托校园特色的人文景观，建设党群活动中心和基层党组织活动阵地，营造浓厚的组织育人氛围。

（三）推动构建“多维运行”子系统

大学校长要注重“立体式大思政”工作格局的落地落实，将宏观设计规划转变为具体执行，推动育人渠道畅通、工作无阻。

第一，注重抓好思政工作顶层设计。大学的思想政治工作坚持以习近平新时代中国特色社会主义思想为指导，全面贯彻落实中央有关高等学校思想政治工作的重要讲话、会议及文件精神，制定思政工作实施办法、思政课建设实施方案等一系列文件制度，确保学校思想政治工作始终在贯彻中央精神、明晰工作内容、找准工作路径、落实具体任务等方面用力。

第二，在校级层面构建思政工作组织领导机制。一是学校党委将党建与思想政治工作作为主业主责，作为落实全面从严治党主体责任的重要环节，充分发挥党委坚强领导作用，健全党委统一领导、党政齐抓共管、专兼职队伍结合、全校紧密配合的党建与思想政治工作领导体制，全面领导思政工作的体制机制逐步完善。二是在校院两级运行中强化思政工作部门联动机制。马克思主义学院抓思政课程、教务处牵头同步推进课程思政建设。党委组织部、党委学工部、校团委、各学院以党建带团建，培育学生政治素养，各部门充分联动，形成思想政治工作合力。三是在学生工作中强化“大学工”协作机制。成立以校领导担任组长的学生工作领导小组、毕业生就业工作领导小组。通过学生处、招生就业处、团委作为学生工作牵头部门，成立各类学生工作中心组织机构，为学生成长成才提供有力支持。

（四）推动构建“双向互动”子系统

大学教师和大学生是大学最主要的两个主体，也是“立体式大思政”工作格局的双方，大学校长要引导双主体实现双向互动。

第一，激发教育主体参与大思政工作的能动性。一是大学校长要推动相关政策制定，为教育主体参与大思政工作明确渠道和方式方法，激发教育主体参与动能，充分调动党政干部、教师、学生、校友等各类育人主体参与思政工作的积极性，营造全员育人格局。二是推动实施校领导联系学院、处级干部联系班级、政工干部联系学生制度。校领导带头组织召开学生座谈会，倾听学生心声，解决学生诉求。专设大学生思想政治教育教学研究课题，推动全员共同关注、共同研究、共同创新思政工作。三是充分发挥校友力量，助力学校人才培养、就业等中心工作，通过校友专访、校友风采展示实现大思政的榜样引领，通过校友论坛等形式推动大思政课堂的育人模式不断拓展，通过成立地方校友代表处实现大思政的育人领域不断拓宽。

第二，强化师德师风考评，让良好师德浸润人心。大学校长要通过人事制度文件的修订，把教师参与学生工作作为绩效奖励、职务职称晋升、评优评先的重要参考。将师德表现作为教师招聘、年度考核、职务晋升、职称评定、评奖评优、人才引进、课题申报、导师遴选的首要要求。畅通师德监督投诉举报渠道，严格执行师德失范“一票否决”。同时还要注重提升教师的职业道德素养，坚定教师理想信念和职业操守。

第三，打造专业化职业化学工队伍。加强辅导员队伍建设，实施辅导员队伍建设工程和导师制，培养辅导员名师，夯实大学生思想政治教育骨干力量，建设一支政治强、业务精、作风正、纪律严的职业化与专业化学工队伍。

第四，激发学生自我成才，发挥“朋辈互喻”的青春力量。大学校长在对大学生进行思想政治教育工作的时候，尊重思想政治工作规律和学生成长规律，以“自省、自律、自助、自强、自立”为主要内容，创建“实施三级管理，推进三大步骤，构建五大平台，优化两大环境”为主要内容的“3352”五自教育模式，着力激发学生群体间的正向浸润功能，推动大学生互助成长。发挥学生自我监督、学生党员承诺等自我要求、法规校纪等制度约束的作用，发展学生自律能力。依托思想、学习、心理、能力等方面的学生社团，大力培养学生自助能力。

（五）推动构建“成效评估”子系统

大学校长要重视对于“立体式大思政”工作格局的评估，以评估促发展，总结工作过程中的宝贵经验，对于不完善之处加以改造修订。

第一，对于学生思想政治觉悟评估。加强学生的思想道德水平，提高思想觉悟，是“立体式大思政”工作格局的出发点和落脚点，通过对于学生党员数量、提交入党申请书并发展成为入党积极分子的学生在全体学生中的占比进行量化考核，通过对于思想政治工作品牌的知名度和建设程度进行量化考核，在考核的过程之中，要注意定性分析和定量分析相结合的方式，构建好适合大学生思想政治素养发展规律的评级体系。

第二，对于学校学生学风建设评估。以加强学生的思想政治教育来提高学生学习成效是“立体式大思政”工作格局的应有之义，通过加强学生的思想政治教育，引导学生投身中国特色社会主义事业的信心和决心，引导其在学习期间学好专业知识，练就过硬本领，营造形成浓厚的学习氛围和良好的治学环境。

第三，对于学生综合素质评估。对于学生综合素质的评估主要体现在对于高等学校实施第二课堂成绩单制度上，对于学生德智体美劳五个方面进行分级分类评估。将第二课堂成绩单的活动参与情况与学生人才培养方案的实践学分进行换算，明确在人才培养的过程之中对于第二课堂活动的参与，引导学生成为德智体美劳全面发展的社会主义建设者和接班人。

第四，对于学校育人成果的社会评估。对大学进行立德树人工作的评价，不仅需要自身的量化考核评价，同时社会评价也是评估系统的重要组成部分。大学的社会评价主要体现在对于大学办学成果也就是“名生”“名师”“名气”的认可度，以及大学的办学成果对于推动社会发展，承担社会责任的多少。

第四节　大学校长要构建“各美其美，美人之美，美美与共”氛围

我国大学数量众多，类型多样，部分大学是由多校合并而成，

且学校内部的院系大多经历过拆分和重组。大学学科门类众多，教师学缘结构多样，学生五湖四海，师生员工众多。如何处理大学不同院系、学科、专业、师生群体的关系是大学校长办学的首要问题。大学要为国家培养各种类型、各种层次的优秀人才，这是大学的首要任务，也是大学校长的首要责任，构建包容和谐的大学是大学文化建设的内在要求。大学校长要以“各美其美，美人之美，美美与共，天下大同”为大学文化氛围营造的发展目标，促进和谐文化构建，打造和谐校园。

一、“各美其美，美人之美，美美与共”的内涵

“各美其美，美人之美，美美与共，天下大同。”[①] 这是费孝通先生提出的著名理念，寄予着中华文明的重要智慧。“各美其美，美人之美，美美与共”作为处理不同文化之间关系的重要理论成果，其内涵在于欣赏、认同本民族创造的文明成果的同时，也要欣赏、借鉴其他民族的文明，在相互学习中相互促进。2013 年，习近平总书记在墨西哥参议院演讲时，就文化交流方面指出“人文上，中拉要加强文明对话和文化交流，不仅‘各美其美’，而且‘美人之美，美美与共’，成为不同文明和谐共处、相互促进的典范”[②]。2014年，习近平总书记在和平共处五项原则发表 60 周年纪念大会上讲话时指出：“要积极树立双赢、多赢、共赢的新理念，摒弃你输我赢、赢者通吃的旧思维，‘各美其美，美人之美，美美与共，天下大

① 费孝通：《中国文化的重建》，华东师范大学出版社2014年版，第48页。

② 《习近平在墨西哥参议院的演讲：促进共同发展　共创美好未来》，《人民日报》2013 年 6 月 7 日。

同’。”[1]2019年，习近平总书记在会见法国总统马克龙时指出：“中法作为东西方两大文明代表，应该相互尊重，交流互鉴，各美其美，美美与共。”[2]这一理念放在高等学校内部，在和谐校园文化的建设中，具有新的内涵。

（一）以“各美其美”塑造专长

高等学校“各美其美”，即不同院系、不同学科、不同专业、不同学生、不同学科专业老师、不同岗位的职工都有自己的禀赋和个性，发展的基础各不相同，应发扬不同的优势和专长，彰显不同的个性和专长。学科和专业要坚持特色发展，在同行竞争中赢得优势，教师和学生都应在学习、工作中找到属于自己的自豪感、成就感和幸福感。“各美其美”是彰显办学特色和发展个性的需要。每所大学都有自己的办学特色和精神传承，大学精神家园建设的重点是守正创新，继承并发展、弘扬优秀的传统文化，推陈出新，不断丰富自己的文化底蕴。因此，从办学特色的角度来看，也应当坚持各美其美。大学精神家园的建设要实现百花齐放、“各美其美”的效果。

（二）以“美人之美”助力他人

高等学校“美人之美”，即学校的师生员工要善于发现和欣赏他人的优点长处，多欣赏、赞美和支持他人。对专业教师而言，就是要共同组建教学科研团队，联合攻关，相互吸取智慧，共同提升

① 习近平：《弘扬和平共处五项原则　建设合作共赢美好世界——在和平共处五项原则发表60周年纪念大会上的讲话》，人民出版社2014年版，第9页。

② 《习近平夫妇在上海会见法国总统马克龙夫妇》，《人民日报》2019年11月6日。

教学水平、科研水平，在团队中相互成就，助力彼此发展。对学生而言，就是要组建学习、创新、文化等的团队，在团队中获得成长，同时助力他人成长。对管理人员而言，就是要组建管理团队，共同提升管理服务水平，共同助力学校事业发展。“美人之美”是利他主义的现实需要。马克思集体主义价值观核心的要义在于利他，通过融入集体发展而获得自身的发展。大学为国家培养输送各类型的人才，人才不能是精致的利己主义者，应当具有利他的修养。就大学合作办学而言，也有相互支持、合作共进的要义。

（三）以“美美与共”包容进取

大学是一个人员密集、结构复杂、思想多元、利益多样的社会组织。其主体类型多种多样，层次参差不齐，关系错综复杂。但其中每一位个体，都拥有自己独立的人格和独特的个性。换言之，要尊重大家的共同价值追求，尊重个性的包容态度是大学文化的应有之义。大学校园应为其成员的全面成长和个性化发展提供必要的机会和足够的空间，使其与大学文化形成良性健康的互动机制。“和而不同”才是有实际价值的和谐校园。大学和谐校园建设要以“尊重个性和包容差异”的博大胸怀，深化大学和谐文化建设。“美美与共”是追求人文精神的需要。人文精神作为大学文化、大学理念的独特内涵，是一所学校凝聚价值共识、汇聚奋发向上精神的重要力量。通过营造美美与共的文化氛围，构建起海纳百川、开放包容的校园氛围，有助于学校办学水平的提高和人才培养质量的提升。

（四）“各美其美，美人之美，美美与共”的价值目标

构建大学“各美其美，美人之美，美美与共”的良好氛围，有助于实现建设教育强国，构建和谐校园，营造“天下大同”校园氛

围的价值目标。

一方面，构建和谐校园。构建“各美其美，美人之美，美美与共”的氛围，是构建和谐校园的需要。是尊重学校工作的基本规律的内在要求，是尊重发展历史、发展特色、彼此优势和文化底蕴的需要，有利于在人才培养、科学研究、社会服务、文化传承、国际交流等工作中体现差异化和个性化。“各美其美，美人之美，美美与共”的氛围，有利于尊重不同大学的文化传统，不同类型大学的文化风格。“各美其美，美人之美，美美与共”的氛围，有利于创造良好的环境和学生学习的文化生态，提高师生的创造能力、协作能力和沟通能力，能更好地适应现代大学建设和谐校园的要求。

另一方面，营造“天下大同”的校园氛围。大同是中国古代重要思想，指人类最终可达到的理想世界，代表着人类对未来社会的美好憧憬，是古代先贤对于社会发展的美好远景。《礼记·大同》篇中记载：“老有所终，壮有所用，幼有所长，矜寡孤独废疾者，皆有所养，男有分，女有归。货恶其弃于地也，不必藏于己；力恶其不出于身也，不必为己。是故谋闭而不兴，盗窃乱贼而不作，故外户而不闭，是谓大同。”中国共产党在吸收传承中华优秀传统文化的过程中，将天下大同这一传统文化思想和马克思主义理论相结合，赋予了其新的时代意义和时代价值。构建“天下大同”的校园氛围，就是师生要达成共同的奋斗目标，为共同目标的实现而营造良好氛围，师生团结奋进，为实现大学的内涵式发展贡献力量。

二、大学校园和谐氛围的特点与价值

和谐校园是和谐社会建设的重要组成部分。构建和谐校园，必须倡导自信和谐的氛围。对于提高人才培养质量、实现学校内涵式发展、提升大学的竞争力有着重要意义。

（一）大学校园和谐氛围的特点

大学校园的和谐氛围是大学精神家园整体气氛的外在表现。氛围的和谐也是构筑大学师生精神家园的重要前提。

1. 传统与现代的统一

校园和谐文化若是离开了历史积累和传承就会成为无根之木和无源之水，难以持续健康发展。具体而言：第一，要注重学校历史文化的传承，这是一所大学和谐文化的重要来源，也是区别于其他大学校园文化的重要依据，当下建设和谐校园文化也是在原有的基础上不断完善丰富而不是全盘否定和推翻。第二，要注重深挖中华优秀传统文化的价值内涵，中华优秀传统文化作为中华民族的根和魂，是中华民族历史传承的重要体现，为当前的社会建设提供了强大的精神动力。大学本身就是人类文明汇聚的地方，也是文化传承发展的重要场所，大学的和谐文化构建就是要重视自身历史文化的沿革。第三，大学自身就是面向未来的地方，大学以自身的科学研究和人才培养为社会发展、科技进步提供支撑。文化的传承也需要文化的创新，要推动大学历史文化的创造性转化和创新性发展，使得历史文化积累符合现代大学的发展。创新是一个国家、一个民族进步的灵魂，也是引领发展的第一动力。大学本身就是最富有创新性和创造性的地方，科技进步需要创新，文化的弘扬也需要创新。通过创新大学和谐校园文化，更好营造和谐氛围，在创新改革发展之中克服当时的不适应性和缺陷，更好地达到“美美与共”，实现“天下大同”。

2. 开放和包容的统一

大学文化的开放性体现在大学的发展并不是闭门造车，而是在和其他大学、社会、企业的碰撞交流中实现发展，因此，大学的校门应该是永保开放状态。越是知名大学、世界一流大学，其开放程度就越高，在人才培养过程中通过交换生制度、联合培养制度、中外合作办学开设学校专业，以及联合打造实验室申报项目等，在促进学术交流的同时，大学的精神文化、物质文化以及行为文化等通过师生这一载体进行交流传播。包容是开放的必然要求，大学对外开放就必然会同不同高等学校和其所在地区进行交流。同时由于在学校内部，因为教师来自全国乃至全世界的高等学校，又分属于不同学科，这需要以包容心态去面对，以“美人之美”的方式去开展交流，构建和谐校园文化。

3. 感性与理性的统一

大学文化根植于大学校园之中，而大学校园不论是建造、设计还是日常运作都是大学师生也就是大学人所组成的，有着感性的特点。在这种感性特点的影响下，大学的和谐文化氛围充满着人文关怀，充满着感性思考。在人文关怀的引导下，大学师生对大学校园更具有认同感、归属感，让大学真正成为师生的精神家园。虽然大学办学理念、发展目标是以大学校长为代表的大学管理者所提出来的，但并不是纯属于主观意愿，而是大学的管理者依据其多年的教育教学和管理经验，站在社会发展历史潮流以及大学发展实际需要的基础上的理性思考，是对办成什么样的大学、怎么办大学的科学回答。因此，这种文化也具有理性特点，诸如大学的制度文化，其产生于大学的治理体系和制度体系之中，是大学治理体系和治理能力现代化的产物，是在大学协调有序基础上而产生的。

（二）大学校园和谐氛围的价值

大学校园的和谐氛围作为大学精神家园建设中的重要内容，为大学的发展提供重要支撑。

1. 以和谐文化凝聚向上力量

文化自产生以来就具有很强的凝聚整合功能。当一个国家、一个民族对这个文化认同之后，就会自觉与同类产生亲近感和向上力量，中华民族正是在中华优秀传统文化的价值共识上，凝聚起了团结统一的力量。通过构建和谐的校园文化，形成“各美其美，美人之美，美美与共”的文化氛围，引导师生对于学校的理念、方针以及政策，形成一股齐心协力、拼搏进取的内聚力。同时，这种凝聚力还可以延伸至校友和校友之间以及校友和母校之间，通过学校这一精神家园将所有在学校工作、学习以及生活过的师生联系起来。

2. 以和谐文化增强育人实效

马克思指出：“人的本质不是单个人所固有的抽象物，在其现实性上，它是一切社会关系的总和。”[①] 现代意义上的社会人总是存在于某种关系之中。大学校园是大学生主要社会关系和社会交流的场所，环境育人正是在这种过程之中产生持续深远的影响。具体而言：可以加强对学生的思想政治教育。各职能部门、各学科教师齐心协力，共同开展大学生思想政治教育，同时将大学文化融入课程思政的建设之中，构建一个“明理”与“重行”相结合的综合化过程。大学生在和谐的校园文化氛围中，坚定理想信念，学习专业知

---

① 《马克思恩格斯选集》第 1 卷，人民出版社 2012 年版，第 135 页。

识，并用其来指导自身实践，做到在实践中长才干、受教育、做贡献，为自身确立的价值目标而奋斗。并且有助于提高交叉学科和跨学科人才培养能力，在现代社会，单一的学科越来越难以独立解决问题，重大科技突破、社会治理都需要多学科共同助力。在学科和谐的文化氛围下，各专业院系不再独立为政，而是共同为学生的全面发展提供支撑，让学生毕业后能具备良好的科学素质和人文素养，适应高速发展的社会节奏。

3. 以和谐文化提高竞争能力

现代化的大学最主要的职责在于人才培养和科学研究，其他如文化传承和服务社会的职能也都是在这两个基础职能之上演变而来。当前，社会对于一个学校最主要的评判标准和考核还是根源于大学的学科建设质量，具体表现为学科发展水平、教师科研成果以及育人质量。通过和谐文化，让分属在不同学科、专业的教师有了合作的基础和指导，共同开展科学研究与教书育人，相互之间取长补短、优势互补，形成学科优势，提高科研和育人的效率和质量。同时，通过打造优势学科群、教学科研团队的方式，提高在同类学校之间的竞争力。

三、构建“各美其美，美人之美，美美与共”氛围的措施

构建和谐的校园氛围需要大学校长发挥其主导作用，各职能部门、学院发挥好中坚作用，带领全校师生员工共同参与，形成合力，重点是要在精神家园构建、人才生态构架以及促进学生全面发展上下功夫。

（一）打造校本文化、特色文化和创新文化

校本文化是构建中国特色大学文化样态的重要方面。大学区别于一般的社会组织，其发展是渐进式的积累过程，更是文化的积淀传承和精神集聚。校本文化集中体现了大学的办学理念、办学定位、追求目标、价值取向、群体意识和精神气质等，是一所学校发展的“魂魄”与特性。

1. 大学校长引领校本文化建设

我国大学施行的是党委领导下的校长负责制，大学校长作为文化建设的主导者、引领者和统筹者，在大学校长职业化和专业化的过程中，应发挥好自身优势，引领校本文化建设。因此，大学校本文化建设的水平在很大程度上，取决于校长在文化建设过程中的责任担当。

2. 大学校长构建符合办学愿景的特色文化

办学愿景是大学办学定位和追求的体现，不同类型、不同层次、不同规模、不同地域的大学，往往办学目标及其由此形成的办学理念都不尽相同。构建精神文化首先要在适应历史传统、办学实际和学生发展的基础上明确办学愿景，形成全校师生共同的目标追求。精神内涵具有个体性和差异性，必须与大学的优良传统和办学理念相融合，构建以人为本、开放包容、崇尚科学、追求卓越的精神内核，成为全校师生广泛认同的价值取向，并凝练形成符合精神内涵的校训，成为师生共同遵守的基本行为准则和道德规范。要弘扬优良校风学风。校风学风是大学精神文化被全校师生广泛认同、升华内化为群体价值理念后的思想行为方式。

3. 大学校长注重创新文化建设

大学校园和谐文化氛围本身就是传统与现代的统一，要想构建和谐自由的校园文化氛围，实现以和谐文化促进校园发展以及人才培养，就需要根据社会发展需要以及党中央的重大决策部署来进行大学文化的创新。大学在坚持文化共性的同时，要注重培育自己独有的文化，以实现差异发展、错位发展和特色发展，不断满足快速发展的需要。还要大力发展国家和社会迫切需要的具有前瞻性、战略性的创新文化。在开放包容之中，以我为主、面向世界、博采众长，推动大学文化的创新发展。

（二）构建“各美其美，美人之美，美美与共”的人才生态

党的二十大报告强调：“教育、科技、人才是全面建设社会主义现代化国家的基础性、战略性支撑。”① 大学本身就是教育、科技、人才三者的集聚场所，人才也是大学实现高质量发展的第一资源，大学校长要抓好人才的思想建设，加强人才的归属感，让人才将大学作为自己的精神家园，构筑好人才生态系统。

1. 要厘清人才队伍建设的指导思想

重视人才队伍建设一直以来都是中华民族的优秀传统，自中国共产党成立以来，在初心使命的感召和引领下，一代又一代中国共产党人根据社会实际，提出了适合社会发展的人才思想。“又红又专，德才兼备”“尊重知识，尊重人才”“科教兴国”“人才强国”都是中国共产党依据不同的社会历史时期以及社会主要矛盾所提出

① 习近平：《高举中国特色社会主义伟大旗帜　为全面建设社会主义现代化国家而团结奋斗——在中国共产党第二十次全国代表大会上的报告》，人民出版社2022年版，第33页。

的人才观。中国特色社会主义进入新时代，习近平总书记立足“两个大局”，创造性提出了“要坚持党管人才原则，聚天下英才而用之，加快建设人才强国”①，体现了“聚天下英才而用之”的人才观，也成为当前高等学校人才工作的指导思想。

2. 要处理好人才队伍内部的三对关系

第一，处理好现有人才和引进人才的关系。要进一步激活人才存量，努力做到人尽其才、才尽其用。任何时候都不能忽视既有的人才力量；要加大对现有人才的培育力度，自主培养更多的高端人才、名家名师和学术骨干。还要进一步做大人才增量，尽心竭力地吸引高端人才；要围绕打造一流学科、培养一流人才目标，解决好长远人才和急需人才之间的矛盾，精准确立引进对象，下大力气多引进高端人才，为学校长远发展提供强力的人才队伍支撑。

第二，处理好优势学科与一般学科人才建设的关系。要抓好优势学科建设，把优势学科作为排头兵建好建强，全面提升实力与水平，通过高端人才的集聚，率先实现一流学科的建设目标，并带动其他一般学科。要补足发展短板；“没有青藏高原，就很难出珠穆朗玛峰”，人才队伍建设过程中，在重点抓好优势学科高端人才引进培养的同时，也必须加强一般学科的人才建设，树立好方向，统筹好带头人；只有优势学科与一般学科人才队伍的整体水平都提高，才能使学科发展的高原更广、高峰更高，才能推动学科的协调发展，真正实现学校办学水平的整体提升。

---

① 习近平：《决胜全面建成小康社会　夺取新时代中国特色社会主义伟大胜利——在中国共产党第十九次全国代表大会上的报告》，人民出版社2017年版，第64页。

第三，处理好师资队伍与其他人才队伍的关系。大学校长要树立大人才观，一视同仁地尊重师资队伍、管理队伍、支撑保障队伍在学校发展中的重要作用，明确教学科研序列教师是人才，行政管理团队也是大学人才；在抓好师资队伍建设的同时，也必须要重视管理队伍和支撑保障队伍，必须同步推进、协调发展。要将管理和支撑保障队伍建设提到应有的高度，前瞻性地进行人才储备和培养；针对管理团队、辅导员团队以及教学辅助团队等，应根据团队特色、团队优势，制定适合其发展的政策方针，促进其他人才队伍适应学校整体发展需要。

3. 要加强师德师风建设

习近平总书记指出："评价教师队伍素质的第一标准应该是师德师风。师德师风建设应该是每一所大学常抓不懈的工作，既要有严格制度规定，也要有日常教育督导。"① 作为中国共产党领导下的高等学校校长，必须坚定政治立场，坚持社会主义办学方向。社会主义大学的教师一定是政治过硬，塑造学生品格、品行、品位的"大先生"，教师的道德素质直接关系到学校的形象和学生的健康成长，当然也关系到党和国家的事业前程。大学校长要把教师思想政治工作摆在更加突出的位置，健全党委统一领导、部门协同推进、院系具体落实的师德建设长效机制，建立全员开展立德树人工作、全员接受思想政治教育的格局。同时还要引导各学院、各单位都要高度重视思想政治教育、师德师风建设，搭建金字塔形的师德师风建设体制，按照"学校—学院—学科"三层体系，深入实施师德师

① 习近平：《在北京大学师生座谈会上的讲话》，人民出版社2018年版，第9页。

风建设工程，引导教师坚守教育报国初心、牢记立德树人使命，严格师德考核与奖惩，不断提高人才思想政治素质。

（三）促进学生全面发展、个性成才

大学校长营造“各美其美，美人之美，美美与共”氛围就是要促进学生全面发展、个性成才，充分彰显青年学生的朝气与活力。

1. 以思想引领为主线，贯彻落实立德树人根本任务

大学校长要创新高等学校思想政治教育方式，坚持知识传授、思想引导和健全人格养成的有机统一。通过“大思政课”，深入推进大中小学思想政治教育一体化，营造良好的思想政治教育育人环境，加强社会思想政治教育元素的参与，巩固大学校园日常思想政治教育，将思政课程同课程思政结合起来，通过开学第一课、书记校长讲授主题党课、拓宽党日团日活动形式的方式，深入开展大学生思想政治教育工作。

2. 重视学生全面发展，加强“第二课堂”建设

习近平总书记强调，现代化的最终目标是实现人自由而全面的发展。党中央对于学生发展以及人才培养的要求是一个不断丰富的过程。进入新时代以来，习近平总书记提出培养德智体美劳全面发展的社会主义建设者和接班人的要求。“第二课堂”作为学生“第一课堂”的重要补充，严格按照德智体美劳五个方面开展育人工作。这也是需要各学院、各部门以“美人之美”的态度，教育引导学生，形成育人合力，坚持“五育并举”的工作方针，深入推进人才培养，让学生在学校里面学有所成、学有所获，增强对于大学校园的记忆，让大学校园成为学生永久的精神家园。

3. 加强学生差异化培养，重视学生个性化需求

在办学过程中，校长不能忽视学生的个体成长需求及个性差异，应充分尊重学生的个体差异，激发学生的内生动力，提高自我教育、自我发展的能力。教师要加强引导，促使其全面发展、个性成才。每个学生都是独立的个体，都有自己独特的家庭环境、人生经历以及未来发展目标。要在筑牢基础课程和学科基础理论的技术上，引导每个学生找到自己感兴趣的发展方向，让每个学生的发展都能做到“各美其美”。

综上所述，营造“各美其美，美人之美，美美与共”的和谐氛围是大学校长加强精神家园建设以及倡导弘扬大学办学理念的手段和目的，构建和谐的校园氛围不但要系统思考建构校园氛围的重要意义，还需要思考其构建途径。

第五节　大学校长要涵养师生的“学气”“静气”“勇气”“大气”

大学的精神气质是大学凝聚力和创造力的重要源泉，是大学综合实力的重要体现，也是学校发展的重要支撑。大学的精神气质对于大学师生和大学发展具有重要引领作用。大学师生最主要的职责就是教学科研，就需要以“学”立业，把学习作为自己的首要任务，在学习的过程之中，需要静下心来，保持“静气”，沉着冷静从从容容面对各种挑战，同时在前进的过程之中，要有“勇气”，敢于拼搏，最后成就“大”的修养、格局和气质。这“四气”的精神气质，是一个不断养成的过程，贯穿人生全过程。因此，大学师生员工要

不断提升内涵，涵养“学气”“静气”“勇气”“大气”的精神气质，提升自身的修养。弘扬“学气”，以丰富人生的厚度；保持“静气”，以刻就人生的深度；锤炼“勇气”，以磨砺人生的硬度；涵养“大气”，以提升人生的高度。大学校长要涵养“四气”的精神特质，让“四气”推动大学高质量发展。

一、弘扬“学气”，丰富人生的厚度

“学气”是人的内在素质，弘扬学气，就要引导大学师生把学习作为一生的习惯，养成时常学习、终身学习、善于学习的风气；摒弃官气、俗气等不良社会习气。弘扬学气是适应现代社会的必然要求，要不断培养学习能力，通过不断学习使自己成长成才，通过弘扬学气不断增加人生厚度。

（一）弘扬“一学一辈子”的气魄

大学师生要把学习作为一种人生志趣，喜学乐学，弘扬“一学一辈子”的气魄，养成终身学习的生活方式，要以学气“立人间”。有无学习能力是人与动物的重要区别，养成持续学习习惯作为高等学校学风建设的重要目标，也是学生成长成才的重要方式。学生在学习的过程中，要变被动学习为主动学习、变间断性学习为持续性学习，养成良好的学习习惯。同时，在不断学习的过程之中，积累专业文化知识、丰富自身阅历，在学习中爱上学习，保持良好的精神气魄。大学校长首先要倡导终身学习，自身就需要终身学习。首先要学习的就是党的创新理论成果，将党中央对于建设教育强国和高等教育的重要精神要求吃透、用好。用自身“一学一辈子”的气魄以及终身学习的习惯来带领全校师生，养成良好的学习习惯。

（二）弘扬“一学一行家”的气质

把学习作为一种人生素质，博学精学，弘扬“一学一行家”的气质，积淀扎实学识和专业技能，要以学气“行天下”。自身所拥有的扎实学识和专业技能是在个人发展和参与社会竞争中的核心竞争力，随着经济社会的发展，人们的受教育水平逐步提高，高水平、高学历、高层次的人群逐渐增多。在同类型人群之中，要想脱颖而出就需要筑牢专业基础，在坚实基础之上，才能掌握真才实学、做到触类旁通。大学校长自身就应是“行家”，大学校长应在自己的专业领域有所建树，用自己的专业理论和知识带领学科的发展，以学科发展促进学院发展，并通过美美与共的氛围，将学科、学院优势变为学校优势，带领学科群的建设和发展，为学校的学科建设发展做出贡献。

（三）弘扬“一学一天地”的气度

把学习作为一种人生修为，悟学践学，弘扬“一学一天地”的气度，践行笃学躬行致远的抱负，要以学气“创未来”。要认识到“学”与“习”的辩证关系，将理论学习和实践锻炼结合起来。实践是认识的来源和目的，认识对实践具有指导作用，正确的认识促进实践发展。要把理论学习和实践锻炼结合起来，而不是割裂看待，将理论学习和实践锻炼看作成才过程的两个方面，二者都是奋斗过程之中不可或缺的内容。在全党大兴调查研究之风之际，大学校长要带头开展调研，深入学院、深入课堂、深入园区，发现找到问题并解决问题。重视社会实践对于学生成才的重要作用，发挥好实践育人这一重要方法，贯彻落实立德树人根本任务。

（四）弘扬“一学一初心”的气节

把学习作为一种人生追求，学会学成，弘扬“一学一初心”的气节，学出坚定信仰和使命担当，要以学气“写华章”。学生在成才过程中要将个人发展和社会发展联系起来，以个人的学有所成促进社会进步。人生价值的实现是在个人价值的实现与社会价值的实现中同频共振，以为奉献社会为己任，在创造自我价值的同时创造社会价值，在实现社会价值的同时实现自我价值，在当前第二个百年奋斗目标实现过程中，为社会发展提供了更为广阔的空间。大学校长要将个人的学术发展以及职业发展同大学的建设结合起来，以自身的能力和修养促进学校的内涵式发展。同时引导学生通过学习，在初心使命的引导下，为党和人民的事业做出更大贡献。

二、保持“静气”，刻就人生的深度

“静气”是人的静的心境和状态，不被功利所左右，宠辱不惊，不计得失，不为物累，不骄不躁。保持静气，才能审视自己，彰显特色，才能心无旁骛，养浩然之气，追求卓越。大学师生保持“静气”，就是要做到静以立志、静以致远、静以专一、静以广博，通过保持静气不断刻就人生的深度。

（一）修炼“身静”的人生基本功

大学师生要有“坐观守静”的定力，勤学善学，以静广博。运动是物质固有的属性，运动具有绝对性，静止不过是运动的相对形式。身体上和行为上的静止是保持“静气”的第一步，要想练就大学问、涵养大智慧，就应该坐得住冷板凳。坐下并静下心来学习研究，是学术科研以及专业学习的第一步也是前提。马克思正是在大英博物馆几十年如一日的看书学习，吸纳前人知识，方才造就了《资本论》这一巨作。当前社会飞速发展，短视频等碎片化的信息充斥着大学师生的学习生活环境，要学会在纷繁复杂的信息中，找到有用的信息。

（二）习养“心静”的人生大智慧

大学师生要有“心无旁骛”的稳力，深耕细作，以静专一。社会飞速发展，各国、各民族之间的交往日益密切，大学之间的交流与合作成为大学发展的一个动力和日常。在交流互鉴的过程之中，大学校长要树立正确开放包容的国际视野，要以开放包容的心态去面对，平等地看待不同民族的文明成果、看待不同国家的风俗习惯，也要正确认识不同学校之间的办学风格和办学理念。但在这一过程之中，要内心做到安静，大学已经确定的目标和未来规划不轻易因外界环境变化而变化。大学师生最应然的精神状态正是遇事冷静，在沉着思考中找到自己的奋斗目标、追求卓越，坦然面对身边繁杂事物，保持众人皆醉我独醒的头脑。

（三）追求“情静”的人生好修为

大学师生要有“淡泊明志”的魄力，开阔胸襟，以静立志。“泰山崩于前而色不变，麋鹿兴于左而目不瞬”作为我们的奋斗目标，学习“采菊东篱下，悠然见南山”的气度。时代楷模王红旭，以倔强的正义感，英勇救起两名落水儿童，自己却不幸遇难，以高尚的道德品质践行了见义勇为的大爱精神，他的英勇壮举彰显了人民教师的光辉形象，感动了一座城市，感染了整个教育界。同时，静气也是大学师生平稳可持续发展的重要因素，不因一次赛事获奖而沾沾自喜、不因一点成果而骄傲自满，满怀空杯心态，去迎接人生的未知和挑战。

（四）锤炼“行静”的人生高境界

大学师生要有“水滴石穿”的毅力，静笃善行，以静致远。“行静”是内心安定后在行动上的定力、毅力和执行力，所有的成功都是持之以恒、坚持不懈努力的结果。事物的发展不是一蹴而就，而是不断的沉淀积累，当量变到一定程度之后必然发生质变，量变作为质变的必要条件，要重视量的积累。而量的积累需要的是以静制动，坚守学习初心。中国共产党把为中国人民谋幸福、为中华民族谋复兴作为自己的初心使命，百余年来，从未改变，正是在一代又一代的接续奋斗之中，在百余年来的积累中，中华民族实现了由站起来到富起来再到强起来的伟大飞跃。

三、锤炼“勇气”，磨砺人生的硬度

“勇气”是人的意志品质，是人们接受各种挑战、永不服输的精神。生命需要不断的淬炼，才能展现它耀眼的光华和纯美的质地。平静的湖面，永远是一幅单调的风景，而滔天的大海，才会有动人心魄的浪花。大学校长引导广大师生锤炼“勇气”，就是要敢为天下先，通过锤炼胆识以强自信、锤炼胆略以强智慧、锤炼胆魄以强意志，从故步自封、囿于束缚、甘于落后、沉湎习惯的窠臼中解放出来，通过锤炼勇气不断磨砺人生的硬度。

（一）直面人生，狭路相逢勇者胜

大学师生要勇于担当，敢于不凡。师生在教学科研学习的过程之中，会遇到各种风险挑战。真正的勇者不只是拥有强大能力和智慧，更重要的是敢于直面未知和挑战。处在第二个百年奋斗目标新征程的大学师生，会面临来自国内国外的众多风险，更应树牢风险防范意识，提高应对风险的能力。

（二）博采众长，养成过人的胆识

胆识让人在复杂局面中勇于拓新，善于识别风险，把握大局，见人所不能见，谋人所不能谋。胆识即雄心，属于见多识广、高瞻远瞩、气吞山河者，与孤陋寡闻、鼠目寸光格格不入。胆识基于自信，成于战略，是胆识与战略的统一。胆怯和僵硬往往局限人的思想，胆识与勇气和心理空间成正比。浅陋和狭隘往往蒙住人的心智，胆识与眼界和格局成正比，因此，大学校长要注重开拓大学师生的眼界和格局，鼓励大学师生走出去，进行纵向和横向比较，参与到社会活动之中，大学师生作为社会人而存在自然也应参加社会活动，不断开拓眼界、拓宽格局，以此来养成过人胆识。

（三）栉风沐雨，练就超常的胆略

胆略指勇气和智谋，是分寸与火候的拿捏，是选择与决断的关键，是胜利与成功的前提，是智商、情商与胆商的结晶。胆略基于智慧，成于策略，是胆量与策略的统一。有胆无略是莽夫，有略无胆是懦夫。胆略让人在纷纭复杂中选择时机，规避风险，忍人所不能忍，为人所不能为。胆略即权变，属于敢做敢当、深谋远虑、随机应变者，与有勇无谋、意气用事格格不入。胆略即决断，属于临危不惧、多谋善断、善作善成者，与眼高手低、志大才疏格格不入。大学校长要引导大学师生在成长过程之中，有规划、有胆略，既要有勇往直前的勇气，又要有勇往直前的智慧，对未来发展有清晰规划。

（四）持志养气，锻造恢宏的胆魄

胆魄基于意志，成于才略，是胆魄与才略的统一。小气和委琐往往捆住人的手脚，胆略与气魄和行动能力成正比。胆魄让人在变幻莫测中居高临下，势如破竹，战胜风险，断人所不能断，成人所不能成。大学教师有恢宏胆魄就是有效应对学术科研道路上的各种艰难调查，以过人胆魄来解决当前所面临的“卡脖子”难题，大学学生有恢宏胆魄就是坚强面对成才道路上的各种风险调整，实现自由而全面的发展。

四、涵养“大气”，提升人生的高度

“大气”是一种心态、气场和格局，人生有了大气，就能拥有永恒不竭、生生不息的发展动能。涵养“大气”，就是要大学校长引导大学师生塑造立德树人的大修养，积累扎实广博的大学识，涵养各美其美的大智慧，熏陶团结宽容的大胸怀，通过涵养大气不断提升人生的高度。

（一）塑造立德树人的“大修养”

想要成就一番大事业必须先要有伟大构想，在伟大构想的引领下，弘扬奋斗精神，在与国家、民族共奋斗之中实现伟大构想。立志言为本，修身行乃先，立德树人是中华优秀传统文化的育人初心，亦是新时代教育的根本任务。大学校长在开展大学师生的思想政治教育工作之中，要贯彻立德树人这条主线，将学生的自我志向发展与教师的立德树人工作相结合。

“新时代中国青年要坚定理想信念，在学习贯彻习近平新时代中国特色社会主义思想中把牢青春航向”[①]，青年学生坚定理想信念就是最大的修养，大学人才培养的过程也就是培养修养的过程。学生践行学风、教师践行教风，师生共同弘扬校风，大学坚守办学理

① 蔡奇：《在强国建设民族复兴新征程上书写壮丽青春篇章——在中国共产主义青年团第十九次全国代表大会上的致词》，《人民日报》2023年6月20日。

念，就是大学师生修养的体现。大学师生在面对风险挑战的时候，用自身坚定信念、丰厚学识、过硬本领从容迎接挑战，成就卓越的自我。

（二）积累扎实广博的“大学识”

《中庸》一书中记载“博学之，审问之，慎思之，明辨之，笃行之”。在其看来，由博学到精通还需要经历审问、慎思、明辨、笃行的层层淬炼。要不断的学习知识、吸收知识、掌握知识最后在运用知识，方才能叫作“大学识”。“大学识”对于高等学校师生来说有三层含义：第一，涉猎广泛，文理兼容，除了掌握本学科知识以外，对于其相关学科、交叉学科以及科学发展的最新成果都掌握理解。第二，定位要高，要将科学研究和课程学习当作促进国家富强、民族复兴的手段。第三，立意要高，要将学习看作是人类社会发展以及人类文明进步的方式方法，跨越民族隔阂，站在全人类解放的角度去思考问题。

大学师生在积累“大学识”时，要注重知行合一。马克思主义是一门实践的理论，实践观点是马克思主义哲学的根本观点，实践性是马克思主义哲学的鲜明特征。注重在实践中长才干、受教育、做贡献，让学术科研成为社会发展的重要动力，让高等学校学生成为现代化强国建设征程中的重要人才来源。

（三）涵养各美其美的“大智慧”

“大智慧”是指高等学校师生行大气之事，体现对人对事的宽容与豁达，体现仁爱之心，体现的是与人为善、美人之美、成人之美。与营造“各美其美，美人之美，美美与共”的和谐氛围一脉相承，体现了和谐的校园对于师生潜移默化的影响。

习近平总书记曾提出了“我将无我、不负人民”的重要论断，这也是对于中国共产党人精神世界的最高概括。中国共产党是“除了工人阶级和最广大人民群众的利益，没有自己特殊的利益”，这是带领全国各族人民实现现代化征程中的大智慧。大学师生也正是在成就他人的同时成就自我，实现共同发展。

（四）熏陶豁达宽容的“大胸怀”

胸怀天下，是中国共产党人与生俱来的崇高情怀，是新时代中国共产党人统筹中华民族伟大复兴战略全局和世界百年未有之大变局的立场观点方法。“大胸怀”是大学师生坚持胸怀天下这一立场观点方法的生动体现，有了“大胸怀”才会有“大气魄”，才会成就“大事业”。高等学校青年学生在社会实践之中发出来“小我融入大我，青春献给祖国”的青春之声，怀抱梦想又脚踏实地，敢想敢为又善作善成。以海纳百川的胸怀和气度，将在学校的所学奉献给社会，成就一番大事业。

大学校长通过弘扬办学理念、打造大学文化体系进而构建“各美其美，美人之美，美美与共”的和谐文化氛围，让全校师生在这一文化育人的环境之下，让大学成为师生发展的精神家园，在精神家园之中不断弘扬“学气”、保持“静气”、锤炼“勇气”、涵养“大气”，以“四气”的文化特质伴随其成长成才的全过程，这既是大学发展的必由之路，也是大学校长的职责所在。

第十三章　大学的主体力量论

党的二十大报告强调“教育是国之大计、党之大计”[①]，建设教育强国既是党和人民事业发展的必然要求，更是中国高等教育发展的内在诉求，大学教育构成我国教育体系的重要组成部分，是为党和国家事业发展“培养造就大批德才兼备的高素质人才”[②]的重要阵地。在以中国式现代化全面推进中华民族伟大复兴的新征程上，持续增强自身综合治理能力以应对新形势、新任务、新挑战，这是大学发展的题中之义。凝聚和增强办学兴校的主体力量，则成为其中的关键支持，这成为观察大学校长办学治校效能的重要维度。

大学的主体力量论，将研究视角聚焦到大学办学治校的主体力量之上，系统探究大学主体力量的构成、关联、凝聚整合等问题。具体而言，大学的主体力量论的阐释，立足大学主体力量问题的理论内涵剖析，探讨了大学主体力量的基本构成，并进一步分析了大

① 习近平：《高举中国特色社会主义伟大旗帜　为全面建设社会主义现代化国家而团结奋斗——在中国共产党第二十次全国代表大会上的报告》，人民出版社2022年版，第34页。

② 习近平：《高举中国特色社会主义伟大旗帜　为全面建设社会主义现代化国家而团结奋斗——在中国共产党第二十次全国代表大会上的报告》，人民出版社2022年版，第36页。

学主体力量之间所客观存在的“同群协作”、“多项互动”与“三元同构”关系，并最终从“凝聚”、“优化”与“激发”的角度，探讨了大学校长对于大学主体力量的整合提振路径。

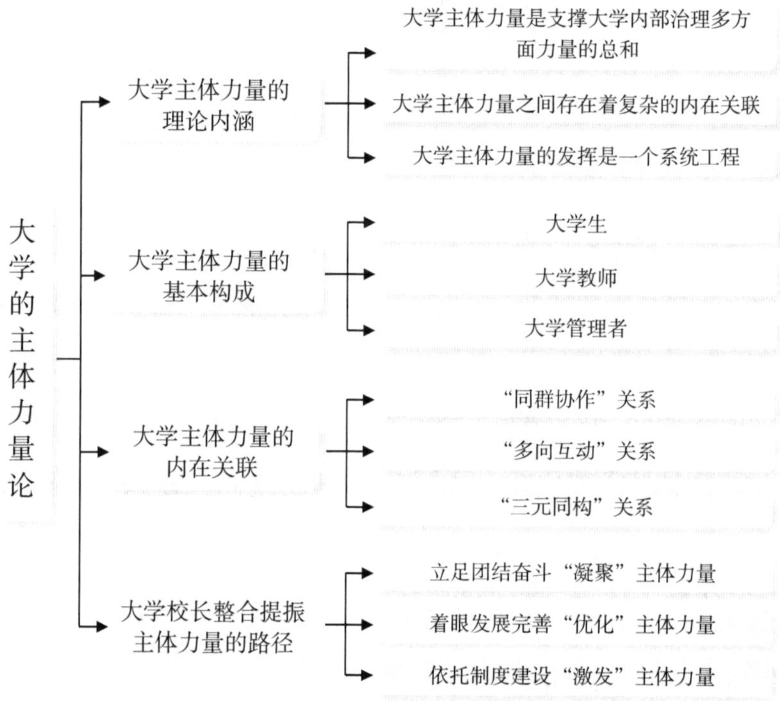

图 13-1　大学的主体力量论结构

第一节　研究的综述

大学主体问题之于大学发展的重要性，决定了这一问题始终是学术界关注、聚焦的重要问题，国内外学术界在长期的认识过程中积累起较为丰富的研究成果，成为本课题研究的重要支撑与借鉴。

一、研究的现状

在中国知网（CNKI）以“大学”+“主体”为关键词进行主题检索，得到752条检索结果，以“高校”+“主体”为关键词进行主题检索，得到2414条检索结果，经梳理与本研究直接相关的研究成果在150余条左右。在国家图书馆、超星图书馆等进行相关检索，学界对于大学主体问题的著述也较为丰富，如《大学工作学》（孟东方，2016）、《中国公立高校多元利益主体的生成与协调研究》（于文明，2008）、《大学主体激励论》（刘淑春，2011）、《从“被治”到“共治”：大学治理中的学生主体参与研究》（周娜，2018）等。在学位论文方面，也有《公立大学内部治理主体的有序参与机制研究》（何典聪，2020）、《学生主体参与大学治理的机制研究》（周娜，2017）等成果。可见，国内学者对于大学主体的相关问题保持了持续的关注，体现在四个方面的内容。

（一）关于大学主体力量基本构成的研究

肖福赟认为在现代大学复杂的人员构成中，教师和学生共同承担着大学人才培养、科学研究、社会服务等基本职能，实践着大学以传播、发展高深学问为己任的本质特征，共同构成现代大学的主体①。韩震认为随着时代发展和环境变化，支撑大学发展和治理的主体力量呈现出鲜明的多元化特征，在大学的治理结构中，教师和学生是最为基础的构成，此外还包括了管理、后勤等主体力量，他们共同参与到大学的发展治理实践之中，服从和服务于大学立德

① 肖福赟：《论现代大学的主体》，《黑龙江高教研究》2007年第10期。

树人的根本使命[①]，这一观点也得到了学界的普遍认可。周本贞等人从组织主体的视角切入，认为“党委会”、“校长办公会”、“学术委员会”与“教代会”是当前大学管理主体多元非共治格局中的四大主体[②]。

（二）关于大学主体力量关系结构的研究

骆聘三等人审视了大学治理中的主体结构形态问题，认为关系是结构的外在表现形式，大学治理多元主体结构形塑了内部关系结构和外部关系结构两个部分，其中内部关系结构以形成“党委领导、校长负责、教授治学、学生参与”模式为目标，外部关系结构以构建“政府宏观管理、市场规范调节、社会广泛参与、学校自主办学”为旨归。[③]张红梅对大学治理结构中的内部主体矛盾关系进行了研究[④]，钟伟军等人聚焦大学的外部治理，探讨了大学外部治理结构现代化的共主体问题[⑤]，曾剑雄等人则探讨了多主体协同发展问题[⑥]。

（三）关于大学主体力量具体微观的研究

学者们针对大学主体力量问题的具体微观层面展开了较为丰富

① 韩震：《漫谈大学治理的主体构成》，《中国高等教育》2014 年第 12 期。

② 周本贞、陆选荣、王飞：《多元共治视阈中大学内部四大管理主体的问题及消解》，《高校教育管理》2013 年第 1 期。

③ 骆聘三、张才君：《大学治理中的主体结构形态及理性检视》，《学术论坛》2017 年第 6 期。

④ 张红梅：《我国大学治理结构中的内部主体矛盾关系》，《现代教育管理》2015 年第 3 期。

⑤ 钟伟军、周守军：《共主体是大学外部治理结构现代化的基本前提》，《教育发展研究》2015 年第 9 期。

⑥ 曾剑雄、吴丽：《三螺旋理论视域下大学外部治理多主体协同发展论析》，《黑龙江高教研究》2022 年第 1 期。

且深入的研究。金艳聚焦和谐校园建设的主体问题进行了探讨，并分析其作用[①]。王全红等人探讨了大学图书馆治理中的多主体策略选择问题[②]。曹静等人聚焦大学网络空间治理，并对其现状和主体特征问题展开了分析[③]。宋博等人聚焦大学评价主体，分析了利益博弈时代大学评价主体间的冲突与和谐[④]，张将星等人利用比较研究方法，探究了美国高校教师绩效评价主体的问题[⑤]。陈玉栋研究了大学学风建设的主体问题[⑥]。蒋广学等人探讨了网络信息时代大学校园文化的建设主体和主体建设问题[⑦]。

（四）关于大学主体力量激发路径的研究

在办学治校的过程中，对于大学主体力量的激发，需要从最为根本的制度层面来进行一系列的顶层设计，发挥制度凝聚人心、协同力量等方面的重要作用。郑益乐指出，解决好不同主体间的矛盾、协调不同主体间的利益关系，是推进高校内部体制改革的重要环节，需要构建多元主体参与的利益表达机制，优化治理结构，建

---

① 金艳：《大学和谐校园建设的主体及其作用分析》，《学校党建与思想教育》2014 年第 3 期。

② 王全红、常亮：《大学图书馆共同治理中的多主体策略选择分析》，《图书情报工作》2016 年第 11 期。

③ 曹静、方璐、杨正宇、曹卢：《高校网络空间治理现状及主体特征分析——以同济大学为例》，《学校党建与思想教育》2021 年第 9 期。

④ 宋博、邱均平：《利益博弈时代大学评价主体间的冲突与和谐》，《高教发展与评估》2019 年第 1 期。

⑤ 张将星、王占军：《美国高校教师绩效评价：主体、内容与方法》，《中国大学教学》2011 年第 5 期。

⑥ 陈玉栋：《试论高校学风建设的概念、主体及特性》，《高教探索》2014 年第 4 期。

⑦ 蒋广学、张勇、徐鹏：《网络信息时代大学校园文化的建设主体和主体建设》，《学校党建与思想教育》2016 年第 6 期。

立利益共生的激励机制，推进和完善高校章程建设①。吕洪刚探讨了多元主体治理下的现代大学制度建设问题，认为要以公共理性中多元共识的理念来解决现代大学制度建设中多元治理主体之间的冲突与博弈，使之走上融合的理性之路②。

（五）国外关于大学主体力量的研究

大学治理（university gorernance）是西方学术界聚焦和研究的热点问题，美国学者 John J. Corson 对大学治理的内涵、过程、结构、机制等问题进行了初步探讨。其后，西方学者逐步在这一问题域中展开探索，取得了丰富的研究成果，如 Gabriel E. Kaplan 认为由于权力归属与决策结果的弱关联性，绩效与大学治理内部结构并无关联，Anrianna J. Kezar 认为在大学治理的过程中，领导者的能力以及人与人之间的关系、信任更为重要等。当前，西方学术界在对大学治理问题的探讨中，也在一定程度上涉及了大学内部治理中的全员参与问题，如美国学者较为普遍地对于“shard governance”（联合治理）是现代大学治理的题中之义，并对教师、学生等主体参与学校治理的问题展开了相关探讨。

二、研究的总结

学术界关于大学主体力量的相关研究较为丰富，围绕大学主体力量的研究可以从三个方面来总结：第一，对于主体力量基本构成

① 郑益乐：《论主体多元化的高校内部体制改革》，《大学教育科学》2016年第4期。

② 吕洪刚：《论多元主体治理下的现代大学制度建设》，《教育探索》2012年第5期。

的研究，奠定了本研究的研究基础，在明确教师和学生两个最为基本的主体的基础上提出了其他的主体力量，扩充了大学主体力量的涵盖范围。第二，在明确大学主体力量基本构成的基础之上讨论了其相互关系，以及在大学内部不同的场合和领域具有的不同的主体力量以及他们之间的关系，从宏观和微观两个视角对于大学主体力量的关系进行了研究。第三，对于如何发挥起大学主体力量的作用进行了相关研究，从制度执行、氛围营造等硬性、柔性方式进行了探索，提出了相应的激发措施。总体来说，大学的主体力量研究较为丰富，学术界对于大学主体力量的研究取得了一定的成果，并将大学主体力量的研究同高等教育领域的其他学术研究结合起来，采取了不同的方式方法来进行研究，取得了一系列的研究成果，为在实践之中激发大学主体力量来推动大学发展提供了参考。

三、研究的启示

国内外学术界对于大学主体相关问题的研究取得了较为丰富的成果，初步建构起关于这一问题的研究体系，但存在不足：第一，对于大学主体力量的理论内涵剖析不够。而这一问题从“是什么”的逻辑起始层面决定了相关研究的开展，其重要性不容忽视。第二，对于大学主体力量的逻辑关联剖析不够。客观存在于大学办学治校实践过程中的多元主体力量究竟存在着怎样的内在运行关系，是理解大学主体力量内在结构的要求。第三，对于大学主体力量的发挥路径剖析不够。在大学治理的过程中，相关主体力量的构成是客观存在，问题的落脚点在于如何以科学的方法整合、发挥大学主体力量，使之形成促进大学办学治校实践发展的重要支撑，但目前学界对于这一问题的分析、阐释尚需加强。第四，对于激发大学主体力量的引领力量研究不够。大学主体力量是一个客观存在的事务，但需要一定的力量采取合适的方法来激发推动，目前来看，学术界还未对这一力量进行明确。综上所述，课题组将进一步探讨大学的主体力量问题，对大学主体力量的内涵、构成、关联和路径等问题展开较为系统的研究。

第二节　大学主体力量的理论内涵

在哲学层面，主体指的是对客体具有认识和改造能力的人，大学主体力量是将主体认识和改造的对象定位于大学本身，指的是在大学内部治理的过程中，对于办学治校实践起到支撑、促进作用的主体人员力量。大学主体力量蕴含有丰富的理论内涵，认识、把握这些内涵是正确理解和开展相关研究的逻辑前提。具体而言，大学主体力量是支撑大学内部治理多方面力量的总和，存在着复杂的内在关联，对大学主体力量的激发是一个系统性过程。

一、大学主体力量是支撑大学内部治理多方面力量的总和

习近平总书记在清华大学考察时指出："一个国家的高等教育体系需要有一流大学群体的有力支撑，一流大学群体的水平和质量决定了高等教育体系的水平和质量。"① 能否培育、形成走在世界前

① 《习近平在清华大学考察时强调　坚持中国特色世界一流大学建设目标方向为服务国家富强民族复兴人民幸福贡献力量》，《人民日报》2021 年 4 月 20 日。

列的一流大学群体，是践行为党育人、为国育才重要使命，以中国式现代化全面推进中华民族伟大复兴的关键支撑。建设世界一流大学的重大战略意义，促使我们必须基于大学治理水平的持续提升为其提供充足动力。作为对大学管理活动的超越，“大学治理强调的是对主体精神的尊重和内在创造性的激发”①。因此，大学治理过程中的主体力量问题进入到我们的理论考察视野，成为认识、探讨大学治理问题必须解决好的关键问题。而这一问题的实质，在于大学治理的实践过程中，究竟哪些主体能够成为支撑、推进大学治理活动的关键力量，这是进一步探讨大学主体力量内在关联、结构、路径等一系列问题的逻辑前端。现代大学的发展状态、模式等已经决定了，存在于大学整体运行过程中的诸多主体要素，均基于自身的实践场景、能力素养等因素，从不同层面为大学的办学兴校提供支撑。因此大学主体力量应当是包含教师、学生、管理服务人员等在内的多方面力量的总和，这些主体力量基于特定的联系、结构、机制等，在大学内部治理的过程中从不同方面、不同环节、不同时空输出积极的促进力量，发挥重要的支撑作用。

二、大学主体力量之间存在着复杂的内在关联

毛泽东指出：“每一事物的运动都和它的周围其他事物互相联系着和互相影响着。”②考察大学主体力量问题，要坚持唯物辩证法的根本指导，基于相互联系、辩证运动的研究视角，审视大学治理

① 王洪才：《大学治理的内在逻辑与模式选择》，《高等教育研究》2012年第9期。

② 《毛泽东选集》第一卷，人民出版社1991年版，第301页。

过程中诸多主体力量之间的内在关联。大学实质上“是一种由拥有多重目标的人群组成的复杂的组织系统”①，而“由于关系是结构的外在表现形式，那么对结构的描述与分析显然要分析其关系并对其进行理性检视”②，这就使得对于大学主体力量之间复杂内在关联的认识、考察，成为把握大学系统结构及其运行特质的关键一环。

对于大学主体力量之间的复杂内在关联的考察，应当从三个维度上展开：第一，从同一主体群的维度上进行考察。立足大学治理过程中客观存在的教师、学生、管理服务人员等多元群体构成实际，具体考察每一具体主体群体内部的关系，如教师群体中的内在关联、学生群体中的内在关联、管理服务群体中的内在关联等，同一主体群内部的和谐关联、群体协同，构成了大学主体力量协调运行的基础。第二，从多向互动群的维度上进行考察。聚焦大学治理过程中不同主体群之间的“跨群”关联，具体考察教师、学生、管理服务等人员之间多向互动所形成的客观联系，如教师与学生的联系、教师与管理服务人员的联系，管理服务人员与学生的联系等，大学主体群之间的多项互动，构成了大学主体力量一体同构的支撑。第三，从多元同构群的维度进行考察。定位大学治理过程中不同主体群之间的系统性整体同构，具体考察教师、学生、管理服务等人员之间辩证关联所形成的整体同构关系，描绘大学主体力量一体同构、系统协作的整体态势。

---

① 韩震：《漫谈大学治理的主体构成》，《中国高等教育》2014年第12期。

② 骆聘三、张才君：《大学治理中的主体结构形态及理性检视》，《学术论坛》2017年第6期。

三、大学主体力量的发挥是一个系统工程

系统观念是习近平新时代中国特色社会主义思想世界观和方法论的重要组成部分。党的二十大报告立足“坚持好、运用好贯穿其中的立场观点方法”① 的战略高度，强调“必须坚持系统观念”②，“用普遍联系、全面系统的、发展变化的观点观察事物”③。在明确了大学主体力量的基本构成及其内在关联的基础上，问题的落脚点，便在于通过怎样的方式，将存在着大学治理场域内的主体力量有效整合起来，使之能够基于合理的结构、科学的机制等，形成稳定、高效的运行态势，从而为大学的治理实践持续输出力量支持。

大学主体力量的发挥是一个系统工程：一方面，从空间分布的视角看，客观存在于大学治理实践进程中的主体力量不是简单的平面排列关系，教师、学生、管理、服务等主体力量在大学的空间场域内，相互关联、辩证运动，它们之间客观存在着同一主体群、多向互动群、多元同构群等极为复杂的内在关联，而这些复杂的内在联系据定了大学主体力量之间的空间排列是立体的，并且客观存在着特定的内部结构，这就使得大学主体力量的发挥必然要立足这一

① 习近平:《高举中国特色社会主义伟大旗帜　为全面建设社会主义现代化国家而团结奋斗——在中国共产党第二十次全国代表大会上的报告》，人民出版社 2022 年版，第 18—19 页。

② 习近平:《高举中国特色社会主义伟大旗帜　为全面建设社会主义现代化国家而团结奋斗——在中国共产党第二十次全国代表大会上的报告》，人民出版社 2022 年版，第 20 页。

③ 习近平:《高举中国特色社会主义伟大旗帜　为全面建设社会主义现代化国家而团结奋斗——在中国共产党第二十次全国代表大会上的报告》，人民出版社 2022 年版，第 20 页。

系统结构，呈现鲜明的系统工程属性；另一方面，从时间排列的视角看，大学主体力量的发挥同样是一个有着鲜明时间先后排列属性的实践活动，整体上需要经历思想凝聚、自我完善、组织嵌合、制度建设等环节，才能够最终实现对于主体力量的有效整合与充分激发，这些环节同样以时间上的先后排列，形成特定的具有鲜明系统属性的实践结构，呈现出系统工程属性。

第三节　大学主体力量的基本构成

在大学的实践场域中，客观存在着多样的主体力量，他们立足不同的身份标识、岗位性质、专业能力等，从不同的方面为大学的发展提供力量支持，构成现代大学治理不可或缺的主体要素，而就现代大学发展的实际情况来看，大学主体力量主要包含了三个方面的基本构成，即大学生（生）、大学教师（师）、大学管理者（员）[①]。

一、大学生

习近平总书记在北京大学师生座谈会上指出："中国梦是历史的、现实的，也是未来的；是我们这一代的，更是青年一代的。中华民族伟大复兴的中国梦终将在一代代青年的接力奋斗中变为现实。"[②]当代大学生作为高等教育的主要对象，既肩负强国、复兴的伟大使命，更是支撑、向往大学更好办学治校的重要力量构成。

① 由于高等学校后勤社会化改革，本书不单独讨论后勤服务人员。

② 习近平：《在北京大学师生座谈会上的讲话》，人民出版社 2018 年版，第 14 页。

（一）大学生的内涵

对于大学生的理解有广义与狭义之分：从广义的层面看，“凡是受过和正在接受高等教育、经历过特殊的大学生活的人都是大学生，包括毕业以后从事各种工作的大学毕业生”①；从狭义的层面看，大学生指的是“高等学校的师生员工中受过和正在接受高等教育的人，即在大学校园这一个环境中生活的在校或毕了业的学生”②。

具体到大学主体力量的问题域中，本研究所聚焦的大学生，是对大学内部治理正在发挥作用的大学生群体，我们探讨的大学生，特指接受高等教育过程之中的在校大学生。对于大学生内涵的理解，一定要从当前的时间、空间环境出发，立足时代发展的现实使命。

就时间维度而言，当代大学生所处的时间场域，正是中国特色社会主义的新时代新征程，这是理解大学生这一概念的时间前提。

就空间维度而言，当代大学生扎根中国的空间场域，即“我们的高校是党领导下的高校，是中国特色社会主义高校”③。这一重要论述从空间场域维度，为理解大学生的概念提供了根本遵循，当代大学生成长、发展于中华大地，受到中华优秀传统文化、革命文化和社会主义先进文化的深刻影响，是中国共产党领导下的中国特色社会主义高等教育的直接和重要对象。

就时代使命而言，当代大学生肩负着成长为堪当民族复兴大任

① 孟东方等：《大学工作学》，人民出版社 2016 年版，第 141 页。
② 孟东方等：《大学工作学》，人民出版社 2016 年版，第 141 页。
③ 《习近平谈治国理政》第二卷，外文出版社 2017 年版，第 377 页。

的时代新人的重要使命。当代大学成长于党和人民事业迈入新时代新征程的时间阶段，发展于壮阔的中国特色社会主义高等教育的空间场域，天然肩负着成长为党和人民事业可靠接班人的责任，接续推进实现中华民族伟大复兴的中国梦的根本使命。从这来看，当代大学生承载着极具辨识度的重大时代使命。

（二）大学生的特征

当代大学生是时代发展进程中的具体存在物，是自我生理、心理发展与社会生产发展相互影响、辩证统一的必然产物，是具有极强可塑性和远大发展前景的青年知识分子群体，主要有以下三个方面的鲜明特征。

1. 生理心理逐渐成熟

就人的自然发展而言，大学阶段是人逐渐走向成熟定型的关键时期，且主要表现为生理与心理两个方面的成熟化。一方面，大学生的生理逐渐成熟化。目前在校的大学生，都属于青年期，这一时期大学生生理发展的基本特征是身体发育经过第二次生长快速期后，骨化逐渐完成，身体各部分的长度、宽度、围度逐步进入生长稳定期，身体内部各系统、各器官的机能也逐渐成熟和健全。一般规律是：小龄大学生入学后身体各部分增长较大，大龄大学生增长相对减少；男大学生增长量较大，女大学生增长量较小。正因为生理成熟化，所以大学生处于体力高峰状态。另一方面，大学生的心理逐渐成熟化。大学生群体的精神面貌整体上呈现出朝气蓬勃、勇往直前的状态，同时大学生的逻辑思维能力逐渐发展完善，在持续接受系统、专业教育培训的过程中，大学生对于客观事物或者客观世界的认识能力进一步增强，逐渐摆脱直观、具象的认识方式，愈发善于运用逻辑推理来观察和审视世界，这决定了大学生能够逐步形成稳定的心理发展结构，整体心理健康水平持续走向成熟。

2. 理想追求丰富多样

理想是人们建立在现实基础上的对未来的美好向往和追求。青年期是最富有激情与理想的时期，习近平总书记寄语大学生要“坚定理想信念，站稳人民立场，练就过硬本领”①。这一时期的大学生热爱生命，热爱生活，对未来有许多的美好愿望，渴望通过努力去实现自己的理想。对待人生、对待生活、对待社会，他们都习惯以自主意识去观察、去思考，他们能执着追求美好的东西。大学生开始用审慎的目光去看待事物。大学生活的环境，决定了他们在行为方式上普遍有求知、求能、求强、求美、求实、求新等要求和趋势。由于个人兴趣、爱好、特长等方面的差异及所面临的现实境况的不同，大学生的理想呈现出多样化特征。在理想的追求上，大学生想获得社会对自我价值的承认，维护自尊、保护自尊。大学教育要帮助大学生正确地设想、规划，把大学生对现实的追求同远大的理想联系起来，发挥大学生的创造力；同时，要教育大学生克服主观片面性。

3. 学习交往积极主动

学习与交往是大学生生产生活实践的主要内容，大学的教育实践在很大程度上，也是要赋予大学生能够适应、融入真实社会的学习能力和交往能力，而大学生在学习与交往上也呈现出鲜明的积极主动性。在学习方面，由于社会环境的发展变化以及正处于人生的

① 《习近平寄语新时代青年　强调坚定理想信念站稳人民立场　练就过硬本领投身强国伟业》，《人民日报》2020 年 5 月 4 日。

智力、精力巅峰时期，大学生的学习同时具有专业性学习与综合性学习的特质，这使得其在学习的深度、广度上持续深化、拓展，反映出大学生群体对于社会，对于新鲜事物的强烈渴求。同时，当今社会网络信息化的程度不断提升，也为大学生的积极主动学习提供了广阔的空间与高效的工具。在交往方面，大学生正处于接近和融入真实社会的关键阶段，对于认同感的强烈需求，使得大学生在人际交往方面呈现出鲜明的积极主动特质，其交往的对象、范围、方式等也呈现出多样化的特点。在主体意识和独立思考能力日趋增强的基础上，大学生表现出强烈的社会责任感。

（三）大学生的作用

就大学生而言，他们既是整个高等教育的出发点和落脚点，构成了大学的主要服务对象，还是大学管理、科研工作的重要参与力量，是服务社会、传承文明的新生力量。

大学生是大学立德树人的根本出发点和落脚点。“立德树人的成效作为检验学校一切工作的根本标准”①，也决定了大学所有办学治校活动的最终落脚点。因此，作为立德树人的根本指向，大学生是大学办学治校的根本出发点和最终落脚点。

大学生是大学管理、科研工作的重要参与力量。大学管理工作是大学办学治校实践的重要内容，是维持大学正常运行不可或缺的支撑力量，大学科研则是大学所承担的探究规律、提高认识和改造世界能力的实践活动，由于大学在社会中的特殊地位，使得其成为在社会中开展科学研究工作的关键力量。大学管理工作与大学科研

① 习近平：《在北京大学师生座谈会上的讲话》，人民出版社2018年版，第7页。

工作都呈现出极为鲜明的专业性，需要经过专业训练的专业人员所承担。大学管理、科研工作是指向大学生的，两项工作的开展根本上是服从和服务于大学生的教育培养，同时大学生也是大学校园范围内数量最大的群体，他们在接受大学教育主体的训练、培养，逐渐提高自身的专业能力和综合素质的同时，可以自身力量支持大学管理、科研工作的开展。无论从大学管理与科研工作的价值旨归而言，还是从大学生成长发展的现实需求来看，大学生都是大学管理与科研工作的重要参与力量，他们既作为教育对象融入其中，又以自身力量支持、回馈大学的办学治校。

大学生是服务社会、传承文明的重要新生力量。高等教育的发展需要运用大量的社会资源，因而在其发展到一定水平后，需要以自身的力量实现对社会的“反哺”，承担起服务社会的重要职能。同时，大学也是社会系统中的重要文化存在，其在系统承接民族文化基因，吸收人类文明成果的基础上，肩负着将民族文明推向新时代、新环境的重要职能。在现代大学履行自身服务社会、传承文明的过程中，大学生群体的重要支撑力量不容忽视，作为正在成长、成熟的高素质人群，大学生能够以社会实践、实证调研、志愿服务等多样的形式参与到社会服务的过程中，是大学履行社会服务职能的重要力量构成，同时大学生也通过自身专业能力和综合素质的持续提升，为传承文化、赓续文明做好准备，从而也成为事实上的传承民族文明的潜在新兴力量。在新时代新征程上，习近平总书记提出了“建设中华民族现代文明”① 的战略命题，更加凸显出大学生

① 习近平：《在文化传承发展座谈会上的讲话》，《求是》2023 年第 17 期。

这一当前中国青年群体所肩负的重大使命，以及其作为文明赓续新生力量的重要作用。

二、大学教师

习近平总书记在中央政治局第五次集体学习时强调："强教必先强师。要把加强教师队伍建设作为建设教育强国最重要的基础工作来抓。"①作为高素质专门人才资源，大学教师是我国人才队伍的重要组成部分，大学教师队伍所展现出的育人、科研、服务水平，在很大程度上反映了大学办学的能力。

（一）大学教师的内涵

作为大学教育实践活动的主要承担者，对于大学教师的理解取决于对教育实践本身的理解，从广义上来看，只要是面向学生，服务和促进学生成长的实践活动都可以被理解为教育实践，那么以实践主体身份参与到教育实践中的教师、管理、服务人员都可以被纳入到大学教师的范畴之中。从狭义上来看，教育主要是指向学生系统传授专业知识、技能的实践活动，因而在这一层面上，大学教师指的是在大学中专门从事教育教学工作，向学生系统传授专业知识、技能的特定人群。

大学教师是"经师"的典范。习近平总书记指出，培养伟大事业的接班人，迫切需要广大教师"精通专业知识、做好'经师'"②，

① 《习近平在中共中央政治局第五次集体学习时强调　加快建设教育强国为中华民族伟大复兴提供有力支撑》，《人民日报》2023 年 5 月 29 日。

② 《习近平在中国人民大学考察时强调　坚持党的领导传承红色基因扎根中国大地　走出一条建设中国特色世界一流大学新路》，《人民日报》2022 年 4 月 26 日。

专业知识、能力是大学教师的硬实力，是其开展育人、科研、服务实践的根本依托，大学教师在很大程度上是一个学术职业，大学教师必须以精深的专业素养为支撑，做“经师”的典范。

大学教师是“人师”的模范。大学教师的根本使命在立德树人，而立德树人是一个系统工程，其中起引领作用的便是立德，即培养学生形成符合社会需要的道德品质与精神文明，因此大学教师育人的根本前提，在于使自身“涵养德性、成为‘人师’”[①]，大学教师只有在保证自身高水平德性修养的前提下，才能够具备育人的资格，因此大学教师必须是“人师”的模范。

“经师”与“人师”的职业定位并非相互割裂的，大学教师既是专业素质突出的“经师”，同时也是道德品质优秀的“人师”，二者辩证统一。

（二）大学教师的特征

职业的高度专业性决定了大学教师“是专门人才的培养者，担负着特定的教育任务，有其特殊的社会地位与社会作用”[②]，具有鲜明的职业特征。

1. 以传道授业为基础的身教示范性

育人是大学教师的主责主业，是大学教师所有职业活动的根本出发点和落脚点，只有守住了育人的职业底线，大学教师才能够从最为根本的层面获得职业的认同感。因此，大学教师在认同传道授

① 《习近平在中国人民大学考察时强调　坚持党的领导传承红色基因扎根中国大地　走出一条建设中国特色世界一流大学新路》，《人民日报》2022 年 4 月 26 日。

② 潘懋元：《高等教育学》，人民教育出版社 1984 年版，第 113 页。

业的根本使命，引导、教育、培养专业能力与综合素质兼具的大学生的基础上，就必须解决好“如何培养”这一关键的方法问题，而大学教师的职业定位和大学生积极主动、开放自主的思维特征，共同决定了大学教师的育人实践是言传与身教的统一。大学生不仅关注大学教师说了什么，且更为关注大学教师做了什么，做得怎么样等问题，展现出良好身教示范能力的大学教师往往更能为大学生所接受、尊敬和学习。由此可见，大学教师以传道授业的职业使命为基础，体现了非常鲜明的身教示范特征。

2. 以领域知识为内核的高度专业性

现代科学发展的显著特征，便使科学的领域细分愈发深入，这就使得人们对于知识的学习愈发呈现出专业聚焦的特征。由于大学所履行科学研究实践的高度专门化和专业性，使得其对于大学教师的专业知识和能力的要求不断提升，这也决定了大学教师职业的从业者多具有高学历、强专业能力的特征，这也就折射出了大学教师的职业属性以领域知识为基本内核。而所谓的领域知识，反映的是大学教师在自身所聚焦、学习和研究的科学领域所具有的知识能力、水平，这也是大学教师最为直观的职业特征，而以领域知识为支撑，必然使得大学教师的职业实践呈现出高度的专业性特征。即必须经过系统性的领域知识学习和研究技能培训，才能够承担起大学教师的职业实践。

3. 以学术研究为支撑的创新创造性

科学研究是大学所承担的重要职能，也是大学开展育人、服务等其他实践活动的重要支撑。大学的学术研究水平如何，这是评价一所大学办学质量的重要标准。大学教师正是大学学术研究实践的主要力量。在专业知识、技能基础上开展科学研究，这成为大学教师职业活动的重要内容。创新是一个国家、一个民族发展进步的不竭动力。习近平总书记指出："全面建设社会主义现代化强国，实现第二个百年奋斗目标，必须走自主创新之路。"① 推动创新创造，特别是基础研究领域的创新创造，是我国科技自立自强的关键所在。大学的学术研究则是支撑创新创造实践的重要内容。大学教师队伍所展现出的学术研究水平，在很大程度上影响和制约着国家创新创造能力的提升。

（三）大学教师的作用

大学教师的作用，主要体现在其作为成熟的高素质专业人才，是大学推进立德树人、科学研究、社会服务的中坚力量。

大学教师是立德树人的中坚力量。充分调动大学各方面要素围绕和服务立德树人，日益成为人们的共识。需要强调的是，在坚持大育人观的同时，大学教师在立德树人全过程中所扮演的角色是无法替代的。其所承担的教育活动的主要发起者、具体执行者、关键主导者和身教示范者等角色，贯穿于大学办学治校、立德树人的全过程和全链条。

大学教师是科学研究的中坚力量。大学是社会系统中至关重要的学术研究机构，既肩负有继承、传授既有知识，确保国家、民族文脉赓续的重要使命，还承担有创造、创新知识体系，推进国家、民族创新创造的重要任务。在此背景下，大学教师特别是科研型与教学科研型教师承担起大学科学研究的关键任务。需要指出的是，

---

① 《习近平在辽宁考察时强调　在新时代东北振兴上展现更大担当和作为　奋力开创辽宁振兴发展新局面》，《人民日报》2022 年 8 月 19 日。

大学教师的科学研究并非与其他工作相互割裂，大学教师秉持立德树人的根本使命，科学研究是发现问题和寻找规律的实践，根本上是要以科学研究来支撑育人实践，同时又以立德树人实践支持科学研究，这之间存在着客观的辩证统一关系。

大学教师是社会服务的中坚力量。大学教师服务社会的方式多样，既可以通过自身的科学研究来回馈社会，更可以直接参与到专业相关的社会实践之中，还可以通过向社会输出合格人才的方式来服务社会等。大学教师与社会发展之间的双向需求关系，决定了大学教师必然成为社会服务的中坚力量，能够在融入、推动社会发展的过程中贡献自身的专业智慧。

三、大学管理者

随着时代的发展以及社会需求的变化，现代大学的系统工程属性愈发显现，特别是在与外部社会系统的对立统一中，“大学的发展总是处于外在环境与大学传统的动态平衡之中，大学管理的实质就是谋求两种力量的平衡”①。如何维持大学内部系统的稳定运行，以及与外部社会系统之间的适度张力，以提升现代大学的治理水平，成为现代大学管理者需要认真审视的重要课题。

（一）大学管理者的内涵

从广义的层面来看，大学管理者指的是在大学的场域内专门从事管理和服务工作人员的总称。需要强调的是，大学管理的概念在

① 张应强:《实现大学管理思想的现代转变》,《高等教育研究》2001 年第 4 期。

一般和广义上，包含有后勤服务人员，但由于其“工作相对独立，许多大学为了适应社会经济的发展，成立了后勤集团等服务性、经营性组织来进行后勤服务工作，其工作机制、运行规律也相对独立”[①]，因此主要从狭义的层面认识和界定大学管理者，认为大学管理者特指在大学里从事教务工作、行政管理、技术工作的人员。对于大学管理者内涵的理解，需要注意三个层面的问题：第一，从宏观层面看，大学管理者指的是对大学发展进行整体谋划和顶层设计的管理层，其主要担负大学的方向引领、发展决策、政策制定等职能。第二，从中观层面看，大学管理者指的是学校政策的执行者和推进者，其主要负责在宏观管理者与微观管理者之间的衔接工作，以确保学校各项工作的有效落实。第三，从微观层面看，大学管理者指的是起着信息传递、人员协调、处理具体事务作用的人员，其主要负责大学各项工作的具体实施。可见，大学管理者本身便是一个系统性概念，其主要包含了三个层面的内容，宏观、中观、微观三个层面的管理者系统联系、有机统一，共同构成了大学管理者的整体样态。

（二）大学管理者的特征

作为大学治理的直接承担力量，大学管理者具有工作目标多维、工作内容综合以及工作素质多样的显著特征。

1. 工作目标的多维性

现代大学的发展、运行愈发呈现出系统性的整体态势，且这种系统性体现在大学运行、发展的各个方面，就内部运行来看，大学

① 孟东方等：《大学工作学》，人民出版社 2016 年版，第 154 页。

的办学治校是由招生、教学、就业、党政等多个子系统有机构成的系统整体；就与社会的内外关系来看，大学又是从属于社会大系统，且与其之间保持紧密关联的子系统。因此，从现代大学的鲜明系统属性，可以明确大学管理者作为办学治校的关键力量，在推进大学治理的实践进程中，必然要面对多个维度的工作目标。具体而言，大学管理者既要完成育人维度的工作目标，切实履行管理育人的重要职能；还要完成管理维度的工作目标，切实确保大学发展、运行的整体有序；更要完成交流维度的工作目标，切实保证大学系统与社会系统之间的信息交互。

2. 工作内容的综合性

随着社会生产力水平的持续发展，现代大学的职能体系愈发健全、丰富，逐渐形成了以人才培养为核心，以科学研究、社会服务、文化传承与创新、国际交流与合作为支撑的职能体系，这也决定了现代大学管理者的工作内容，也随着大学职能的持续拓展而进一步丰富。具体而言，以管理育人支撑大学践行人才培养的根本使命，是大学管理者的核心工作，同时以自身工作服务和参与到大学科学研究、社会服务、文化传承与创新、国际交流与合作的职能践行之中，是大学管理者的重要工作。核心工作与重要工作的辩证统一，决定了大学管理者的工作涉及教育、服务、管理、交流等多个方面，呈现出极为鲜明的综合性特征。

3. 工作素质的多样性

工作目标的多维与工作内容的综合，决定了大学管理岗位对于工作素质的需求是复合多样的。具体而言，大学管理者既需要具备良好的政治素质，牢固树立为党育人、为国育才的根本理念；还需要具备优秀的文化素质，善于人文关怀；更需要具备优良的管理素质，能够凭借出色的决策能力、应变能力、组织能力和服务能力，推动大学日常管理工作的有序开展，确保办学治校各方面工作的有效推进。

（三）大学管理者的作用

大学管理者的作用，主要体现在其在大学运行过程中所实际扮演的三重群体角色之上，即大学管理者是大学办学治校的决策群体，大学日常管理的负责群体，大学内外发展的桥梁群体。

大学管理者是大学办学治校的决策群体。决策既是一个复杂的思维过程，也是一个做决定的过程。在大学的各个群体之中，大学管理者集中担负有在办学治校过程中进行合理决策，确保大学的有序运行以及更好发展。具体来看，大学管理者的决策作用主要体现在四个方面：第一，在纷繁复杂的内部与外部环境中，对有利于大学发展机遇、资源问题进行决策。第二，在复杂、系统运行态势下，对大学内部以及内外矛盾冲突的把握与处理进行决策，以便统筹协调，确保大学内部的稳定运行以及与外部环境的信息交互。第三，对各类资源的分布、配置问题进行决策，确保大学各个群体的合法合理利益维护以及大学的整体发展。第四，对大学各群体之间的关系调适问题进行决策，促进大学的和谐发展。

大学管理者是大学日常管理的负责群体。大学的日常管理涉及大学系统运行的各方面，从事大学管理的工作人员可以定义为大学的“管家”，他们以自身的工作推进大学办学治校各方面力量的整合，各方面工作的有序推进，进而实现大学的日常稳定运转。具体而言：第一，在教学方面，大学管理者为“师生双方进行组织内的协调和同外部环境的沟通”[①]。第二，在行政方面，大学管理者承担起日常事务，对政策的制定、执行，风险的应对，以及财务等在内的工作负责。第三，在技术支持方面，大学管理者承担起现代教育教学环境下，为各类设备提供稳定的维护、升级等服务，确保持续性。

大学管理者是大学内外发展的桥梁群体。一方面，大学管理者是大学内部发展的桥梁。以服务为立足点，大学管理者串联、整合起大学内部方面资源，发挥了维持大学正常运转的重要作用。另一方面，大学管理者是大学开放发展的桥梁。大学在与社会交流互通、融合推进的过程中，既需要以自身的资源与服务回馈社会，实现对社会的“反哺”，还需要以开放姿态吸收社会资源，用以支撑大学自身的可持续发展。大学管理者则以自身工作支持这一交互过程的顺利进行，发挥了重要作用。

第四节　大学主体力量的内在关联

大学主体力量客观存在于大学的时空场域之中，既是构成大学的基本要素，更是在大学诸多主体力量的相互联系、辩证运动之中，形成了大学办学治校的稳定主体结构，从而支撑起大学的持续发展。具体而言，大学主体力量的内在关联，主要是“大学的目标主体——大学生，核心主体——大学教师，组织主体——大学管理者”[②]三者之间的联系。

---

① 孟东方等:《大学工作学》，人民出版社 2016 年版，第 156 页。
② 孟东方等:《大学工作学》，人民出版社 2016 年版，第 159 页。

一、“同群协作”关系

所谓同群协作，指的是在大学主体力量的客观构成中，大学生、大学教师、大学管理者各自群体内部的相互联系、协作。

（一）“生生”同群协作关系

“生生”同群协作关系指的是基于大学生群体内部相互之间的沟通、联系、合作所形成的学生主体之间的关联。作为大学主体力量中的基本组成部分，大学生是整个大学办学治校实践的出发点和落脚点。整个大学的发展、运行从根本上围绕着对于大学生的培养而展开。因此大学生群体内部关系的稳定是大学主体力量稳定发展、运转的重要基础。

“生生”同群协作关系主要有两个方面的表现：一方面，大学生在学习上的交流、合作。学习是大学生的主责主业，大学的学习既是专业知识、技能的学习，更是综合素质、能力的学习。在大学期间的学习活动既包括教师的知识、技能传授，还包含了大学生群体之间的相互交流。这是一种以课堂、专业学习为基础，大学生之间相互取长补短、沟通合作为辅助的复合型学习方式。另一方面，大学生在生活上的互助、互爱。大学阶段是学习与生活的协调统一。大学生既要学会学习，更要学会生活，特别是要学会集体生活。大学生在生活层面相互帮助、相互尊重。

（二）“师师”同群协作关系

“师师”同群协作关系指的是基于大学教师群体内部相互关联、交流所形成的教师主体之间的联系。作为大学主体力量的关键组成部分，大学教师是整个大学实际运行的重要支撑力量，是大学立德树人、科学研究、社会服务等职能践行的主要承担者。在很大程度上，大学办学治校的过程，也是大学教师求真求知、躬耕师道的过程。因此大学教师群体内部关系的稳定，是大学主体力量稳定发展的重要基础。

“师师”同群协作关系主要有三个方面的表现：第一，大学教师在教育教学上的配合。立德树人是大学教师的根本使命，同时教育教学是一个复杂的系统工程，涉及目标的立体性、环节的复杂性、对象的多样性、方法的整合性等，是单一教师主体所无法承担的，需要专业性的教师团队系统承担。因此大学教师需要在教育教学上保持相互配合，形成团队效力。第二，大学教师在科学研究上的合作。科学研究是大学教师的重要使命。持续在自身的专业领域内发现问题、认识问题和解决问题，是推动科技进步的重要维度。当前科学研究愈发呈现出综合性、交叉性、系统性特征，使得大学教师的科研实践需要走向协作化、团队化模式，需要保持大学教师群体在科学研究上的跨学科、跨领域合作。第三，大学教师在学科建设上的协同。学科是大学教师自身发展的重要依托，学科发展为大学教师的发展提供平台、团队等重要资源，同样学科建设也需要大学教师群体内部密切协同。

（三）“员员”同群协作关系

“员员”同群协作关系指的是基于大学管理者群体内部相互影响、沟通所形成的员工主体之间的联系。作为大学主体力量的重要组成部分，大学管理者是大学办学治校的落实者，是大学发展、运转的维护者、推进者。在实际运行层面，大学办学治校的过程也是大学管理者治理大学的过程。因此大学管理者群体内部关系的稳定，是大学主体力量稳定发展的保证。

“员员”同群协作关系主要表现在两个方面：一方面，大学管理者在岗位内部的协同。大学管理是一个复杂系统工程，多个方面的工作需要决定了大学岗位的多样性，客观上看大学管理者是具体的存在不同岗位上的主体力量，而岗位内部的协作、配合，成为大学管理者必须首先解决的课题。岗位内部的协同在确保本职工作顺利推进的同时，也成为与其他岗位相互关联、协同的前提。另一方面，大学管理者在不同岗位的协同。大学的时空场域内客观存在着多方面的工作需要，使得党政、教务、学工、团委等多个工作岗位共同存在于大学之内，基于特定的系统运行机制，共同支撑起大学的运转。

二、“多向互动”关系

在大学主体力量保持群体内部“同群协作”关系的同时，各主体力量之间也客观存在着群体之间的“跨群”交互，这也是大学主体力量内在关联多样性的重要体现，具体表现为大学教师与大学生之间的“师生”互动关系，大学管理者与大学生之间的“生员”互动关系，以及大学教师与大学管理者之间的“师员”互动关系。

（一）“师生”互动关系

大学教师与大学生之间的互动是大学办学治校实践过程中最为重要的互动。“师生”互动中内在蕴含着大学对于立德树人根本使命的践履，因而大学教师与大学生两大主体群体之间客观存在的互动关系，成为探讨大学主体力量内在关联的核心内容。作为教与学的双方，大学教师与大学生以专业知识学习与专业技能培养为立足点，逐渐生发出覆盖学习、生活多方面的交互关系。而随着现代大学教育的发展，大学的师生互动早已超越课堂层面，愈发呈现出一种全时空状态下的互动关系。

从时间维度来看，大学的“师生”互动关系呈现全时链状态，即大学教师与大学生之间的交互不局限于课堂学习阶段，而是向师生生活、学习的全时间场景覆盖。从空间维度来看，大学的“师生”互动关系呈现出全场景状态，即大学教师与大学生之间的交互已经不再局限于课堂抑或是大学场域本身，而是在信息网络技术的支持下，愈发呈现出全场景特征，将大学之外的空间领域也拉入到师生互动的场景范围之下。

（二）“生员”互动关系

在大学主体力量的复杂交互之中，还客观存在着大学生与大学管理者之间的频繁互动，特别是在大学全员育人的现实要求之下，大学管理者所肩负的育人职能得到重视与激发，使得大学管理者能够充分立足自身的岗位特点，在与大学生的频繁互动中履行立德树人的根本使命，因而大学管理者与大学生之间的“生员”互动关系，成为我们理解大学主体力量内在关联的又一重要维度。

具体而言，大学“生员”互动关系表现在两个方面：一方面，大学生与辅导员、班主任等管理者的互动关系。辅导员与班主任是大学管理者的重要组成部分，也是大学管理者群体中与大学生互动最为频繁的群体，这既是因为辅导员、班主任的岗位有着较为鲜明的教师角色与管理角色的交叉性，更在于他们专职从事大学生的日常管理工作，与大学生的接触最为直接和频繁。另一方面，大学生与行政管理人员的互动关系。大学生在参与学校日常活动的过程中，会产生与行政管理人员的交互。

（三）“师员”互动关系

大学教师与大学管理者之间的互动是大学主体力量内在关联的重要组成部分。作为大学办学治校过程中担负育人使命的两大重要的主体力量，他们之间的互动是以育人为轴心的互动，并在互动中呈现出鲜明的相互渗透、融合态势。

一方面，大学教师有时兼具大学管理者的角色。在大学运行、发展的过程中，大学教师“双肩挑”或兼任职务，承担大学管理者角色的情况客观存在。这既是大学管理岗位对于人员素质要求不断提升的需要，更是大学教师实现自身发展的需求。在这一过程中，大学教师实现了教师主体身份与大学管理者主体身份的有机融合，产生了事实上的“师员”互动。

另一方面，大学管理者以服务为主题，实现与大学教师的关系融合。大学管理者作为大学的直接管理主体，其在担负育人根本使命的同时，也承担着为大学教师日常教学、科研活动做好服务的职能。课程安排、科研组织等服务大学教师过程，同时也是大学管理者向大学教师学习，与大学教师合作，甚至成为大学教师的过程。

三、“三元同构”关系

大学主体力量在保持“同群协作”与“多向互动”内在关联的同时，大学生、大学教师与大学管理者之间还客观存在着超越同一群体以及两两群体之间，走向三大主体力量相互统一、和谐有序、整体协同的同构关联，即“三元同构”关系。这一关系的呈现也深刻体现出大学主体力量的系统性结构特征。

(一)以“生”为中心

习近平总书记强调，教育的根本问题在于“培养什么人、怎样培养人、为谁培养人”[①]，而“培养什么人，是教育的首要问题”[②]。大学办学治校要以立德树人为根本任务，必然要以大学生为中心开展相关实践。具体到大学主体力量的“三元同构”关系之中，大学教师、大学管理者的工作是着眼于大学生成长发展实际需要的。他们的工作都以育人为根本。因此大学生在大学主体力量“三元同构”关系中的中心地位不可动摇。

(二)以“师”为主导

大学肩负立德树人的根本使命，需要以大学生为中心开展办学治校实践。而在此基础上，大学的发展必须重视大学教师的主导地位。作为大学教学活动的最主要承担者，大学教师以自身的专业积累和能力养成，肩负为大学生传递知识技能、构筑精神世界、解决实际困难等重要任务。大学教师还承担有推进科学研究、保证社会服务等重要使命，是提升大学研究能力和社会服务水平的中坚力量。大学的办学治校必须重视大学教师队伍建设，大学主体力量“三元同构”关系必须突出大学教师的主导地位。

(三)以“员”为保障

大学管理者是大学管理、治理实践的直接承担者，承担有维持

---

① 《习近平在全国教育大会上强调　坚持中国特色社会主义教育发展道路　培养德智体美劳全面发展的社会主义建设者和接班人》，《光明日报》2018年9月11日。

② 《习近平在全国教育大会上强调　坚持中国特色社会主义教育发展道路　培养德智体美劳全面发展的社会主义建设者和接班人》，《光明日报》2018年9月11日。

大学正常、稳定运转的一般职能。在履行职能的过程中，大学管理者既需要秉持为党育人、为国育才的初心使命，结合自身岗位职责开展立德树人实践；还需要秉持服务理念，为大学教师的正常教育教学、科学研究、社会服务等活动提供服务；为大学生成长、发展的多样、复合需求提供服务。从服务的角度看，大学管理者更多以稳定、优质服务的输出，为大学办学治校的发展提供高质量保障。在大学主体力量“三元同构”关系中，大学管理者侧重于立足服务的立场，为主体力量的系统结构及运行提供坚实保障。

第五节　大学校长整合提振主体力量的路径

大学主体力量客观存在于大学的时空场域之中，以各自的运动方式发挥作用，支撑起大学的办学治校实践，在明确大学主体力量的内涵、构成及关联之后，大学校长如何更好发挥主体力量以支持大学的高质量发展，成为研究的最终落脚。将大学各方面、各类型的主体力量进行整合提振，使各方力量发挥与大学的稳定运行、优质发展同频共振，是大学校长的重要使命。

一、立足团结奋斗“凝聚”主体力量

团结奋斗，是大学校长发挥大学主体力量的出发点，也是决定各方面力量能否“心往一处想、劲往一处使”良好局面的先决环节。

（一）坚持以习近平新时代中国特色社会主义思想“凝聚”主体力量

党的十八大以来，以习近平同志为核心的党中央，聚焦时代课

题，统筹“两个大局”，坚定“四个自信”，从新的时代条件出发，创造性运用马克思主义的立场、观点、方法，“从理论和实践结合上系统回答新时代坚持和发展什么样的中国特色社会主义、怎样坚持和发展中国特色社会主义”① 重大课题，“形成了新时代中国特色社会主义思想”②。习近平新时代中国特色社会主义思想是马克思主义中国化时代化的最新理论成果，为大学工作凝心铸魂。

（二）坚持以办好中国特色社会主义大学的战略目标“凝聚”主体力量

习近平总书记指出：“我国有独特的历史、独特的文化、独特的国情，决定了我国必须走自己的高等教育发展道路，扎实办好中国特色社会主义高校。”③ 现代高等教育的发展是普遍性与特殊性的辩证统一，在遵循一般规律的基础上，我国高等教育的发展需要扎根国家、民族的历史传统与文化土壤，从自身的基本国情出发，发展具有中国特色的高等教育。大学校长对于大学主体力量的凝聚，必须基于共同的价值目标。具体而言，就是要坚持以办好中国特色社会主义大学的战略目标凝聚主体力量。坚持中国共产党对高等教育的全面领导，坚持扎根中国大地办一流大学。

---

① 习近平：《决胜全面建成小康社会　夺取新时代中国特色社会主义伟大胜利——在中国共产党第十九次全国代表大会上的报告》，人民出版社2017年版，第18页。

② 习近平：《决胜全面建成小康社会　夺取新时代中国特色社会主义伟大胜利——在中国共产党第十九次全国代表大会上的报告》，人民出版社2017年版，第19页。

③ 《习近平在全国高校思想政治工作会议上强调　把思想政治工作贯穿教育教学全过程　开创我国高等教育事业发展新局面》，《光明日报》2016年12月9日。

（三）坚持以立德树人的根本使命“凝聚”主体力量

习近平总书记强调：“高校立身之本在于立德树人。只有培养出一流人才的高校，才能够成为世界一流大学。办好我国高校，办出世界一流大学，必须牢牢抓住全面提高人才培养能力这个核心点，并以此来带动高校其他工作。”[①]不同地区、不同国家都会基于自身的具体实际，发展出具有自身特色的高等教育体系，但无论高等教育发展、演进出多少社会职能，人才培养始终是其立身之本。我国大学各方面工作都必须服从和服务于立德树人，这也从根本上奠定了大学各方面主体力量都是立德树人使命的践行者。

二、着眼发展完善“优化”主体力量

大学主体力量的有效发挥，需要建立在大学生、大学教师和大学管理者各自主体力量的发展完善基础之上。从系统科学的角度来看，即是大学主体力量结构的稳定、有效运行，需要支撑这一系统结构的各子系统的持续发展、完善。

（一）优化大学生主体力量

作为立德树人的对象，大学生既是大学办学治校实践的根本指向，同时也是大学主体力量的重要构成。大学生通过自身的学习、生活实践，持续地为大学的稳定运行与不断发展贡献力量。因此，优化大学生的主体力量，既是大学生通过专业学习、技能强化持续提升自我综合素质的过程，同时也是大学生为大学贡献自我能量的

① 《习近平在全国高校思想政治工作会议上强调　把思想政治工作贯穿教育教学全过程　开创我国高等教育事业发展新局面》，《光明日报》2016 年 12 月 9 日。

过程，二者一体同构、辩证统一于大学学习全过程。优化大学生主体力量是大学根本使命所在，需要从以下三个方面着力。

第一，要依托思想政治教育，优化大学生的思想素质。习近平总书记强调："思想政治工作从根本上说是做人的工作，必须围绕学生、关照学生、服务学生，不断提高学生思想水平、政治觉悟、道德品质、文化素养，让学生成为德才兼备、全面发展的人才。"① 高质量的思想政治教育，是帮助大学生树立正确世界观、人生观、价值观的重要依托。必须充分遵循思想政治教育规律，集聚大学思想政治教育资源，深入推进思政课程与课程思政同向同行，切实推动全员、全程、全方位育人，更加注重以文化人以文育人，"开展形式多样、健康向上、格调高雅的校园文化活动，广泛开展各类社会实践"②。

第二，要基于整体能力提升，强化大学生的综合能力。大学阶段的学习既是专业知识、技能的培养，更是大学生各方面综合素质、能力的提升。因此对于大学生主体力量的优化，本质上是一种以专业知识、技能培养为基础，综合能力、素质全面提升的教育实践活动。优化大学生主体力量，既要以专业教育为根基，引导大学生养成扎实的专业理论素养与实践基础，还要以综合教育为基础，引导大学生在价值素质、精神培育、文化积淀等各方面实现能力拓展与深化。

---

① 《习近平在全国高校思想政治工作会议上强调　把思想政治工作贯穿教育教学全过程　开创我国高等教育事业发展新局面》，《光明日报》2016年12月9日。

② 《习近平在全国高校思想政治工作会议上强调　把思想政治工作贯穿教育教学全过程　开创我国高等教育事业发展新局面》，《光明日报》2016年12月9日。

第三，要立足主人翁精神培养，提升大学生的责任感。大学生的主人翁精神也体现在对学校发展的责任感之上。当今大学生是青少年中的佼佼者，要怀抱梦想又脚踏实地，敢想敢为又善作善成。通过学校、家庭和社会的合作，探索大学生社会责任感的产生规律，进而提出强化大学生个人责任感和社会责任感的对策，具有极强的社会实践价值。

（二）优化大学教师主体力量

习近平总书记指出："教师承载着传播知识、传播思想、传播真理，塑造灵魂、塑造生命、塑造新人的时代重任。"① 在教师队伍的序列中，大学教师集中承担着培养具有稳定良好的思想道德品质，深厚扎实的专业技能知识等全面发展的成熟人才的重要任务，是培养堪当民族复兴大任时代新人的重要力量。同时，大学教师也是科学研究实践的重要主体，肩负有发现、探讨科学问题，推进科学研究的重要任务。由此可见，持续优化、提升大学教师的整体素质，既是提升大学育人水平，以名师培育名生的需要，还是不断增强大学科研水平，以科学研究推进社会发展的需要。大学校长需要高度重视大学教师主体力量的持续优化问题。优化大学教师主体力量，需要从以下三个方面着力。

第一，优化大学教师的思想政治素养。大学教师要有理想信念、有道德情操、有扎实学识、有仁爱之心，传递社会主流价值要求。要不断强化对于立德树人的理解，从理论上清醒、思想上认

① 《习近平主持召开学校思想政治理论课教师座谈会强调　用新时代中国特色社会主义思想铸魂育人　贯彻党的教育方针落实立德树人根本任务》，《光明日报》2019 年 3 月 19 日。

同、行为上坚定等多个维度优化自身思想政治素质。

第二，以求真求实求新为立足点，优化大学教师的科研创新素质。推动科学研究、探索科学真理是大学的重要使命，也是大学以自身力量支持社会发展的重要形式，而这一过程也是大学教师实现自身主体力量优化的过程。

第三，以服务奉献融入为关键点，优化大学教师的社会服务能力。要有效增强大学教师的社会服务意识，提升其服务能力，引导、激励其回馈社会，要强化大学教师的奉献精神和集体意识，促进其对于在服务社会中实现自身价值。要有力促进大学教师融入社会，在对时代课题的研究、探讨，对国家重大战略需求的探寻、回应过程中，持续丰富和发展自身。

（三）优化大学管理者主体力量

大学管理者是大学运行、发展的直接管理人员，他们以服务为基本工作内容，通过管理、治理实践服从服务于大学生的成长发展以及大学教师的发展完善。同时，大学管理者也是落实落细大学校长相关决策的重要群体。因此，优化大学管理者主体力量，构成大学校长办学治校的关键内容，是推动大学治理水平提升的应有之义。

第一，立足人民立场，优化大学管理者的思想认识水平。以人民为中心，立足人民立场办好中国特色社会主义大学，是我国高等教育发展的根本价值遵循，也是大学管理者开展办学治校实践的理念。

第二，贯彻党委领导下的校长负责制，优化大学管理者的发展规划能力。集中办学治校的集体与个人智慧，有助于畅通大学管理层决策部署的多个环节，从而能够为大学高质量发展进行更高水平的规划设计奠定坚实基础。

第三，聚焦大学治理现代化，优化大学管理者的治理水平。现代大学管理活动本质上可以理解为当前时代环境下，对于大学的综合治理实践，其根本目的在于优化大学系统运行的资源配置，以更优的结构、更高的效率，确保大学办学治校的稳定、高质量运行，这也直接对大学管理者的治理能力、治理水平提出了更高要求。当前，大学治理现代化已成为大学发展必由之路，优化大学管理者治理水平，要持续完善大学内部治理结构，坚持依法治校、依规治校、民主治校，持续健全内部机制，完善责任机制、监督机制、评价反馈机制和奖惩激励机制。

三、依托制度建设“激发”主体力量

习近平总书记强调：“制度是关系党和国家事业发展的根本性、全局性、稳定性和长期性问题”①，必须“把制度建设和治理能力建设摆到更加突出的位置”②。制度建设与治理能力关联紧密、辩证统一，科学系统的制度体系、坚决高效的制度执行，是治理能力现代化的重要评价标准，因此现代化的大学治理必须依托于制度建设，对于大学主体力量的有效激发，必须以高质量的制度建设为根本前提。

① 习近平：《在庆祝改革开放 40 周年大会上的讲话》，人民出版社 2018 年版，第 28—29 页。

② 《中共中央关于坚持和完善中国特色社会主义制度　推进国家治理体系和治理能力现代化若干重大问题的决定》，人民出版社 2019 年版，第 49 页。

（一）坚持党委领导下的校长负责制

大学主体力量的激发，必须在这一制度框架下开展。通过坚持党委领导下的校长负责制来激发大学主体力量，需要做好以下三个方面的工作。

第一，必须深化对于这一根本制度的科学认识。理论上清醒是行动上坚定的前提，党委领导下的校长负责制是内涵丰富的制度设计，必须全面、科学把握其理论内涵。

第二，必须坚持民主集中的根本组织原则。民主集中制是中国共产党的根本组织原则，也是坚持党委领导下的校长负责制的根本原则。坚持民主集中制是体现统一意志与广泛吸收意见的辩证统一，能够有效整合大学办学治校的多方面关系，集聚多方面资源，实现科学决策、高效决策。

第三，必须不断推进制度的实现机制创新。坚持党委领导下的校长负责制，关键在于如何提高这一制度的实施效率，要立足不断变化的外部环境，创新制度实施机制，落实督查机制，对根本制度的执行情况进行监督。

（二）巩固意识形态工作责任制

“意识形态工作是党的一项极端重要的工作”①，必须始终高度重视。做好意识形态工作，是凝聚起大学主体力量办学治校、办学兴校的迫切需求。巩固意识形态工作责任制以“激发”大学主体力量，需要从以下三个方面着力。

第一，要强化相关主体的价值认同。要增强高等学校各级主体

① 《习近平关于全面深化改革论述摘编》，中央文献出版社2014年版，第86页。

对于意识形态工作的价值认同，“高校各级党组织书记和行政‘一把手’要率先垂范、勇于担当”[①]。

第二，要制定权责明确的责任清单。以这种有效形式予以呈现，确保能够从不同的主体类型、不同的工作岗位、不同的工作内容出发，形成层次清晰、内容明确的责任清单体系。

第三，要实现过程覆盖的考核监管。有力的考核督查是确保意识形态工作责任制有效实施的重要保障。要将考核监管有机嵌入到高等学校制度化管理之中，“明确高校意识形态工作责任考核督查的主体、对象、内容、方法、程序等，推动高校意识形态工作责任考核督查的规范化、常态化、有序化”[②]。

（三）健全民主管理制度

在坚持贯彻党委领导下的校长负责制这一制度的基础上，以民主管理集聚大学各方面资源，凝聚大学主体力量，促进大学治理水平的提升，是现代大学发展的必由之路。具体而言，通过健全民主管理制度以激发大学主体力量，需要从以下四个方面着力。

第一，持续提升教授治学水平。作为大学综合实力的重要构成，大学教授是对大学教师育人、科研、服务能力的综合反映，引导、鼓励大学教授参与大学管理，是广泛集聚办学治校智慧、资源、能力的重要方式。要推动大学教授更好参与“学科发展规划、师资队伍建设、课程设置、学生招收、学生成绩的评价和学位授

---

① 阮博：《落实高校意识形态工作责任制的制约因素及其破解》，《思想理论教育》2019 年第 6 期。

② 阮博：《落实高校意识形态工作责任制的制约因素及其破解》，《思想理论教育》2019 年第 6 期。

予、教师的聘任和晋升”[①]等。

第二，发挥教代会制度效力。教代会制度以大学教师为主体，其稳定运行作用重要。高等学校教代会制度的稳定运行和效力发挥，需要持续完善教师代表的选拔机制，确保代表人员的覆盖面与代表性，同时还需要在组织架构、工作程序等方面与时俱进。

第三，发挥好工会、共青团、学生会的作用。工会、共青团是大学主体力量管理的重要组成部分，“是党联系教职工和青年的桥梁和纽带，是动员和组织教职工和青年参与学校管理、推进学校事业发展的重要力量，在组织教职工和青年参与学校民主管理中具有特殊的地位和作用”[②]。同时要发挥学生会等组织贴近同学、覆盖广泛的组织优势。

第四，完善督查奖惩制度。民主管理的本质是通过合理的制度设计，吸引更多的大学主体力量进入到办学治校的实践体系中来，这就要求以完善的督查奖惩制度作为大学民主管理制度的重要保证。为此，既需要完善督查制度，构建结构合理、运行稳定的督查组织与队伍，更好实现专门力量监督与民主监督的有机结合，还需要完善奖惩制度，提升其制度化、规范化、程序化水平。

---

① 张斌、蒋渊：《现代大学制度架构下高校民主管理》，《中国劳动关系学院学报》2007年第5期。

② 张斌、蒋渊：《现代大学制度架构下高校民主管理》，《中国劳动关系学院学报》2007年第5期。

第十四章 大学的内涵支撑论

习近平总书记指出："实现高等教育内涵式发展。"① 当前，高质量发展成为影响我国战略发展全局的重大现实课题，而内涵式发展则是破题的关键所在，尤其是在高等教育领域，如何通过内涵式发展推动我国高等教育的高质量运行，成为"建设教育强国……不断提升原始创新能力和人才培养质量"② 的根本立足点。所以，新时代新征程上我国高等教育内涵式发展战略价值的持续显现，就愈发凸显出"以什么来支撑大学内涵式发展"这一问题的先决性。当前，学科、人才、科研是推进高等教育现代化的三大支柱，而学科、人才、科研三者辩证统一、系统联动，则成为大学内涵式发展的关键支撑。大学校长作为大学的掌舵者与领航人，应肩负起推动大学内涵式发展的重任，以高质量内涵支撑推动大学的持续健康发展。

大学的内涵支撑论，旨在系统探究引领、支撑大学内涵式发展的学科、人才、科研问题，及其三者之间的辩证关联。具体而言，大学的内涵支撑论，在对大学内涵支撑问题概述，明确其概念、特

① 《习近平著作选读》第二卷，人民出版社 2023 年版，第 38 页。

② 《习近平在中共中央政治局第五次集体学习时强调 加快建设教育强国 为中华民族伟大复兴提供有力支撑》，《人民日报》2023 年 5 月 30 日。

征、价值问题的基础上，剖析学科、人才、科研三者联动的基本概念、辩证关系，进而对学科建设的引领问题、培引人才的核心问题、打造标志性科研成果的关键问题展开论述，并最终落脚于大学校长对大学内涵式支撑的引领问题研究。

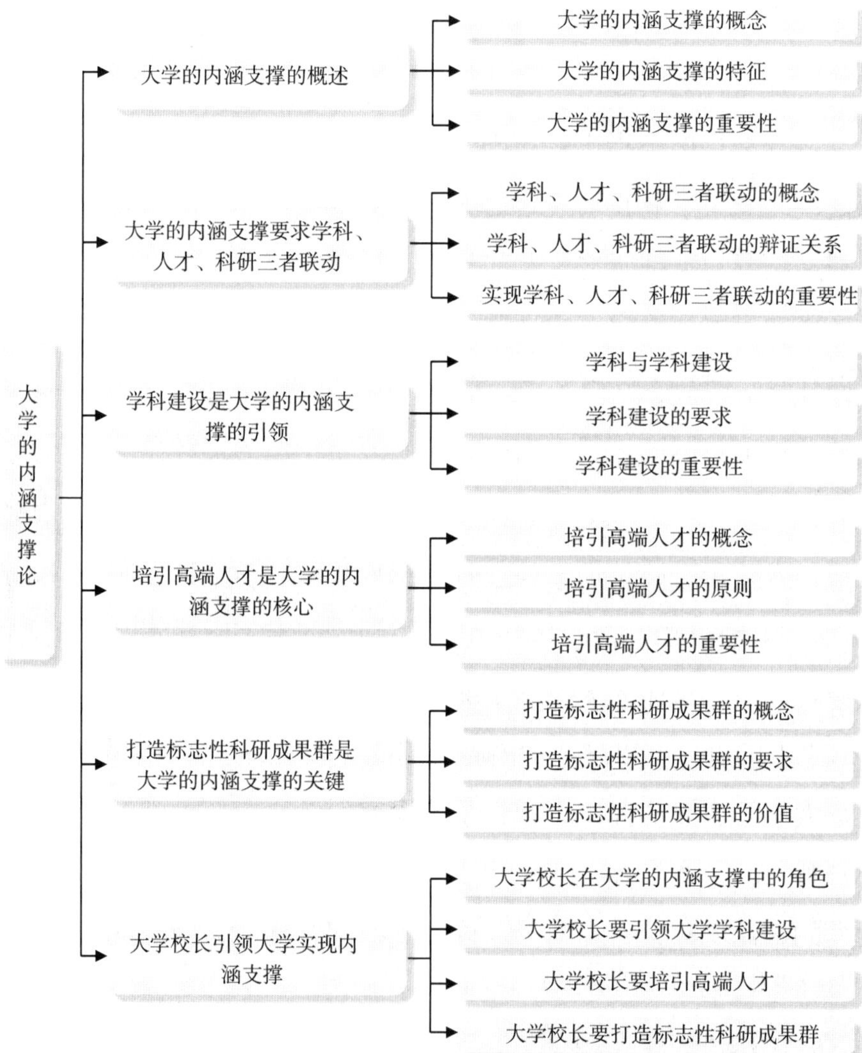

图 14-1　大学的内涵支撑论结构

第一节　研究的综述

实现大学内涵发展，是学术界重点关注的一个命题，国内外关于大学内涵发展的研究较为丰富，为本课题研究大学的内涵支撑提供了文献参考。

一、研究的现状

在中国知网以“大学内涵支撑”为主题词进行检索，并未检索到有关学术论文，以“大学内涵发展”为主题词检索到学术论文近400篇，同时也有部分关于大学内涵发展的学术著作：《应用技术大学内涵发展研究》（杜彦玲，2021）、《福建师范大学内涵式发展的探索与实践》（黄汉升，2015）、《内涵与发展——上海高等学校教学管理改革和发展》（陈敬良、丁晓东，2010）。大学内涵发展的研究可以分为以下五个方面。

（一）关于大学内涵发展基本概念的研究

曾庆伟认为大学的内涵式发展是“实质性的、科学的、可持续性的发展”①。宣勇认为从“‘效益’到‘质量’，‘内涵式发展’是‘内涵发展’的价值提升”②。

（二）关于大学内涵发展实践路径的研究

郝平认为大学实现内涵式发展需要深入学习贯彻习近平新

① 曾庆伟：《内涵发展：一流大学建设的必由之路》，《教育发展研究》2016年第Z1期。

② 宣勇：《内圣外王：高等教育从内涵发展到大学能力建设》，《清华大学教育研究》2020年第3期。

时代中国特色社会主义思想。[①] 张应强提出要正确运用好大学排行榜来推动大学实现内涵式发展。[②] 钟秉林认为要加强建设现代大学制度来实现大学的内涵式发展。[③] 杜慧芳认为实现大学内涵式发展要坚持和加强党的领导。[④] 张宗益、李雪提出大学的内涵式发展“必须紧盯体现大学类型、质量、水平、潜力的内涵性指标的发展变动，更要深究和创新引起指标变动的发展理念、工作思路和体制机制，找准大学‘内涵发展’的着力重点”[⑤]。

（三）关于大学学科建设的研究

李元元认为要持续抓好大学学科建设来促进大学实现内涵式发展。[⑥] 杨勇平提出从“突出学科优势与特色、拓展学科建设育人功能、打造高水平学科师资团队、增强学科创新能力、加强校企深度合作、推动教育国际化改革”[⑦] 六个方面来实现学科建设与内涵式发展。姜涛等人分析了大学学科建设的历史递嬗、演进逻辑并提出

---

① 郝平：《深入学习贯彻习近平新时代中国特色社会主义思想　加快“双一流”建设　实现高校内涵式发展》，《中国高教研究》2017 年第 12 期。

② 张应强：《理性利用大学排行榜促进高校内涵发展》，《河北师范大学学报（教育科学版）》2020 年第 2 期。

③ 钟秉林：《建设现代大学制度 推进高校内涵发展》，《探索与争鸣》2017 年第 8 期。

④ 杜慧芳：《坚持和加强党对高校的领导　推进新时代高校内涵式发展》，《中国高等教育》2018 年第 1 期。

⑤ 张宗益、李雪：《高校深化内涵发展理论与实践探索》，《中国高等教育》2017 年第 1 期。

⑥ 李元元：《持续抓好学科建设　不断推进高校内涵式发展》，《中国高等教育》2013 年第 19 期。

⑦ 杨勇平：《高水平行业特色型大学的学科建设与内涵发展——以华北电力大学为例》，《高等工程教育研究》2018 年第 6 期。

了相对应的深化策略。[①]

（四）关于大学培引高端人才的研究

姜华等人认为要“发挥已有人才的作用和潜力，构建良好的学术平台和学术氛围”[②]来吸引高端人才。童锋等人提出研究型大学引进高端科研人才是一项极其复杂的系统工程，厘清思路、考虑人才特征、明确人才引进误区才能更好的引进人才。[③]施俊等人提出地方高校要从创新引进手段、优化引进标准、革新管理体制等方式来建设地方高校高端人才队伍长效建设机制。[④]

（五）关于大学打造标志性科研成果群的研究

钱齐政从建设激励机制、推动有序科研、加强人才培养、提高转化率的方式来讨论了高校重大科研成果培育机制。[⑤]杨敏等人围绕大学科研绩效奖励提出了一套基于资源共享与子系统交互的两阶段 DEA 评价方法。[⑥]倪乐一提出“强化人的核心作用，加大科研经费投入，加强竞争激励机制建设，构建公平的考核评价

---

① 姜涛、曲铁华：《我国大学学科建设的历史递嬗、演进逻辑与深化策略》，《现代教育管理》2021 年第 4 期。

② 姜华、潘慧源：《高校高端人才队伍建设成效影响因素研究》，《现代教育管理》2018 年第 12 期。

③ 童锋、张荣华：《研究型大学引进高端科研人才的特征、问题与效能》，《科技管理研究》2017 年第 19 期。

④ 施俊、陆伟刚：《地方高校高端人才队伍长效建设机制论析》，《黑龙江高教研究》2016 年第 4 期。

⑤ 钱齐政：《“双一流”建设背景下高校重大科研成果培育机制探索——以南京大学为例》，《江苏科技信息》2022 年第 5 期。

⑥ 杨敏、费锡玥、魏宇琪等：《基于资源共享与子系统交互的两阶段 DEA 评价方法——兼对我国“一流大学”科研绩效的评价》，《中国管理科学》2022 年第 2 期。

体系”①来建立大学科研激励机制。

二、研究的总结

自从党的十九大正式提出实现大学的内涵式发展这一目标以来，学术界对于大学的内涵式发展的概念、内容以及实现路径进行了多方面的进一步深入研究，大学内涵式发展也成为高等教育领域较为热门的一个话题，学术界构建了关于大学内涵式发展的研究体系，为本课题研究大学的内涵支撑提供了丰富的借鉴。同时，对于大学如何促进学科发展、培引高端人才以及大学打造标识性科研成果和评价体系都进行了较为丰富的研究。大学的内涵式发展同大学的内涵支撑在构成类型、发展目标以及总体规划上具有内在的一致性。通过对于大学内涵式发展的研究的角度、方式方法以及大学内涵式发展的路径来为大学的内涵支撑提供参考。同时，基于党的二十大报告所提出的教育、科技、人才“三位一体”实现发展，学术界的众多研究也是为大学的内涵支撑所涉及的学科、人才、科研三者联动提供了丰富的参考。

三、研究的启示

在现有研究之中，尚缺乏有关大学内涵支撑的研究，即对于大学内涵支撑的概念、结构以及路径尚缺乏学术研究，本课题将在学术界关于大学内涵式发展研究的基础之上，开展对于大学内涵支撑的研究。结合党的二十大报告所提出的教育、科技、人才“三位一

① 倪乐一：《研究型大学科研管理激励机制的完善策略》，《中国高校科技》2015 年第 9 期。

体”，建设教育强国、科技强国、人才强国的目标，将党的二十大报告中的要求与大学发展和内部运行结合起来，提出将学科发展、人才培引、标志性科研成果群作为大学内涵支撑的三个组成部分，来研究三者之间的内部关系以及三者分别在大学发展过程之中的作用和地位。最后，站在大学校长的角度来讨论大学校长如何促进学科发展、培引高端人才以及打造标志性科研成果群，以此来为大学的发展提供内涵支撑，建设好现代化大学。

第二节　大学的内涵支撑的概述

党的十九大报告提出：“加快一流大学和一流学科建设，实现高等教育内涵式发展。”[①] 大学内涵式发展是党中央立足中国特色社会主义进入新时代，迈上新征程这一现实背景，为实现我国高等教育现代化而做出的重大战略部署。大学的内涵式发展以大学的内涵支撑为核心，是与单纯注重规模扩张的粗放式、外延式发展模式相区别，具有自身鲜明特点与重大价值的现代高等教育发展模式。

一、大学的内涵支撑的概念

大学的内涵支撑是大学的内涵式发展的核心，因此对于大学内涵支撑概念的分析，需要首先解决大学内涵式发展“是什么”这一前提问题。从逻辑范畴的角度来看，内涵与外延相对而生，“内涵是指一个概念所反映的事物本质属性的总和，外延则是指一个概念

① 《习近平著作选读》第二卷，人民出版社 2023 年版，第 38 页。

所确指对象的范围”①，内涵与外延共同构成了我们认识、理解客观事物的总体范围，相较于外延而言，内涵所指向的是事物内在的、本质的层面。因此，以内涵和外延作为核心概念所确立的两种发展模式，即内涵式发展与外延式发展，二者必然存在着对于发展动力、状态等问题的不同表达，“内涵式发展是以事物的内部因素作为动力和资源的发展模式，表现为事物内在属性的发展”②，“外延式发展是以事物的外部因素作为动力和资源的发展模式，一般指事物外部的延伸”③。需要注意的是，内涵式发展与外延式发展不是非此即彼、相互割裂的，内涵式发展强调质的规定性，侧重于通过内部要素的排列、优化等，释放推动事物发展的内生动力，外延式发展强调量的规定性，侧重于通过外部资源的拓展、延伸等，生成促进事物发展的外部推力，质量互变规律决定了外延式发展能够从量的积累层面，为内涵式发展奠定基础，而内涵式发展则是从质的规定层面，为外延式发展提供方向引领，二者辩证统一于事物发展演进的全过程。

从根本上看，客观事物的发展不是内涵式发展与外延式发展“二选一”的过程，而是根据客观环境与自身实际的变化，在内涵式发展与外延式发展辩证统一的基础上，有所倾向、有所侧重、有所聚焦的过程。具体到我国高等教育的发展过程而言，在经历了与我国经济高速增长相适应的规模迅速拓展的阶段后，随着社会主要矛盾的变化，与经济社会高质量发展需求相匹配的高等教育内在品

① 乔万敏、邢亮：《论大学内涵式发展》，《教育研究》2009年第11期。
② 乔万敏、邢亮：《论大学内涵式发展》，《教育研究》2009年第11期。
③ 乔万敏、邢亮：《论大学内涵式发展》，《教育研究》2009年第11期。

质提升的内涵式发展，成为新时代我国高等教育发展的必然选择，党的十九大报告强调要“加快一流大学和一流学科建设，实现高等教育内涵式发展”[①]，党的二十大报告秉承高等教育内涵式发展方向，更为精准地指出要“加强基础学科、新兴学科、交叉学科建设，加快建设中国特色、世界一流的大学和优势学科”[②]。由此可见，作为党和国家事业发展的有机构成，大学的内涵式发展是在新时代的时空环境下，大学对其内部运行发展进行重新审视，将现实对于高等教育事业的要求与自身的实际情况结合起来，围绕自身亟待解决的问题和发展愿景，以人才培养和科学研究等基本职能为着力点，以内部动因为动力，通过一系列“量”的积累，来实现大学办学结果“质变”的发展方式。

因此，在明确了大学内涵式发展的理论内涵之后，便能够进一步剖析大学内涵支撑的基本概念。从结果的维度看，大学的内涵式发展强调的是大学办学治校实践的高质量运行，反映的是大学基于合理的办学规模，充分集聚和高效利用内部资源所形成的良好运转状态，在此情况下，大学的内涵支撑则侧重于过程维度，聚焦大学内涵式发展“何以可能”“如何进行”等一系列问题展开追问。因此，在大学内涵式发展的问题域中，大学内涵支撑居于核心地位，对应的是如何为大学的高质量、内涵式发展提供稳定支持的问题，具体

---

① 习近平：《决胜全面建成小康社会　夺取新时代中国特色社会主义伟大胜利——在中国共产党第十九次全国代表大会上的报告》，人民出版社2017年版，第46页。

② 习近平：《高举中国特色社会主义伟大旗帜　为全面建设社会主义现代化国家而团结奋斗——在中国共产党第二十次全国代表大会上的报告》，人民出版社2022年版，第34页。

到新时代中国高等教育的发展需求与我国大学的现实境况，课题组认为，所谓大学的内涵支撑，指的是学科、人才、科研以及三者辩证统一、系统联动对于大学内涵式发展的有力支持。

二、大学的内涵支撑的特征

大学的内涵支撑是新时代新征程上，中国高等教育守正创新、提质增效，持续提升办学质量的，实现内涵式发展的关键核心，其最根本的价值取向在于以生为本和学科建设，同时也突出了改革创新的结构优化特征。

（一）突出以生为本

“人”是知识的主要载体、传播者和创造者，正确认识人的价值，发挥人的主观能动性，是高等教育内涵式发展的目标。[①] 这里的人所指向的主体为大学生这一潜在人才群体。培养符合社会发展需求的专业知识、技能人才，是大学产生的根本原因，因此立德树人成为大学的立身之本，大学的内涵支撑是引领其内涵式发展的核心所在，其根本目标在于以更好的办学能力和更加现代化的办学模式来提高人才培养质量，培养更多符合时代发展需要的人才。中国共产党“以人民为中心”的发展思想在大学校园内表现为“以学生为中心”的办学理念，学生的培养状况和发展情况自然是大学以高品质内涵支撑引领高质量内涵式发展实践的重中之重。大学内涵支撑的根本价值指向在于推动和实现大学生的全面发展，培养为堪当民族复兴大任的时代新人，而检验学生的德智体美劳等发展水平以

① 樊丽娜、柳海民:《高等教育内涵式发展的生成逻辑、价值与行动路向》,《高教发展与评估》2021 年第 5 期。

及毕业后的发展情况也是评价大学内涵支撑的重要指标。

（二）重视学科建设

学科建设是大学发展的基石，它的类型和特点决定着大学的质量和特色。基础学科和应用学科是构成大学学科体系的两个重要组成部分，不仅能够满足社会的实际需求，而且还能够推动技术的进步。通过将基础学科与应用学科有机结合，大学可以持续提升其内在活力，从而实现其内涵支撑质量的持续提升。大学的内涵支撑就是要积极响应国家的科技发展战略，不断提升其在基础学科领域的支持力度，通过提供更好的条件和激励措施，来营造更有利于推动科技发展的学术环境，推动创新发展。在大学的内部环境中，要不断完善学科建设工作的管理、运作机制以及考核机制，从而在学科建设中培育更丰富的实际应用成果、创新性的技术成果与文化成果。

（三）基于结构优化

“结构”是高等教育的重要支撑因素，高等教育在性质上的差异性，通常是因为结构上发生了变化。国内外各项研究表明，高等教育结构上是否具有合理性，同国家经济发展、社会发展的适应性高度相关，具有重要的现实意义，结构的基础性、全局性的战略意义与价值日渐凸显。要以优化高等教育发展结构为基点，以国家、地区、各高等学校的长远发展需求与重要发展需求为依托，大力支持与保障“双一流”高等学校及学科发展，充实、调整、完善各个类型、各个方向学科专业的基本布局。要优化大学的学科结构。学科专业是高等教育的核心支柱，在高等教育中具有战略性、基础性、先导性作用。学科专业目录作为学科专业的制度性呈现，为规模化培养人才、学科专业建设、培养质量评价、学位授予和学位授权审核等工作提供了基本依据。[①] 要优化大学生源结构。国内外知名院校，往往都具有优质的生源结构，要在激烈的生源竞争之中，打破国家和地区之间的空间隔阂，持续稳定地吸纳优质生源，不断提高生源质量，对于提高高等学校竞争力具有重要意义。

三、大学的内涵支撑的重要性

大学的内涵支撑是大学立德树人、实现办学治校高质量运行的根本所在，是大学内部资源良性集聚、优化配置的结果，对于大学各项职能的实现具有重要价值。

（一）提高大学人才培养质量

只追求扩大规模和数量增长的发展模式已不再适应我国经济社会发展的实际需求，发展模式应从高速度发展转型为高质量发展。在高等教育本质属性的基础上，遵循内部诸要素的内在驱动性，形成了规模适度、结构协调、资源合理配置以及注重质量和品质的发展模式。[②] 在发展方向上，高等教育重点向改善办学条件、优化专业结构、整合教学内容、优化人才培养、提高师资队伍水平、提高教育教学质量、提高人才培养的适切性等方面的发展。[③] 改革开放以来，党中央对于人才培养的目标是一个不断深化和提高的过程，

① 《国务院学位委员会办公室负责人就新版研究生教育学科专业目录和目录管理办法答记者问》，教育部，见http://www.moe.gov.cn/jyb_xwfb/s271/202209/t20220914_660966.html。

② 眭依凡：《引领高等教育内涵式发展：高等教育研究适逢其时的责任》，《中国高教研究》2018 年第 8 期。

③ 周建松：《高职院校内涵发展的理念与策略》，《现代教育管理》2017 年第 6 期。

要求的是培养德智体美劳全面发展的社会主义建设者和接班人，对于学生的培养要求是实现其自由而全面的发展。这对于大学的人才培养模式既是机遇也是挑战。中国式现代化的道路上，不仅对人才的数量有要求，更要求的是人才质量，要求从人才大国向人才强国转变。大学的内涵支撑与大学的人才培养是相辅相成的，大学的内涵支撑通过提高教师队伍水平、更新培养方案、打造智慧校园、营造人文氛围为学生提供良好的学习环境、发展机遇和更为广阔的选择空间，培养更具有时代特征和更为优秀的人才。另外，高素质的人才通过发挥自身作用，也为大学的内涵支撑提供动力。大学的内涵支撑也促进了大学学生的全面发展，通过外在环境和外在条件，激发学生内生动力。

（二）提升大学科学研究能力

大学的科研能力是大学发展的重要一环，也是直观评价一个大学水平和层次的重要标志。现代大学肩负着进行科学研究，推动社会进步发展的重要使命，大学的科学研究能力关系到大学人才培养尤其是研究生的培养质量。大学的内涵支撑以大学师生为承载主体，充分调动起内生动力。一方面是提升大学教师的科研能力。大学教师作为大学科研的推动者，以大学的内涵式发展推动大学教师自身信念坚定、能力提高，同时为大学教师提供政策、资金、环境保障，充分推动大学教师投身科学研究；另一方面则是提升大学生尤其是硕士、博士研究生的科研能力。大学生尤其是研究生作为大学科研工作的重要参与者以及科研队伍的后备力量，是重要的潜在科研人才群体。在导师的带领下，研究生积极参加科研工作，既是人才培养的重要环节也是科学研究的现实需要。大学的内涵支撑通过提高广大师生对于科研工作的积极性和参与度，同时以内部治理的高效和有序，以及基础设施建设的完善，为大学师生参与科研工作提供良好的治理保障和环境条件。

（三）提高大学社会知名度

一所大学的社会知名度主要是依靠大学的“名生”“名师”“名气”三者展示出来的，三者是大学发展成效的重要评价标准。提高大学“名生”“名师”“名气”水平，既是大学内涵支撑的主要目的，也是大学内涵支撑的重要内容。大学的内涵支撑以提高人才培养质量为出发点，培养大批德智体美劳全面发展的社会主义建设者和接班人，在扩大人才培养数量的同时也提高人才培养的质量，为社会发展提供大批“名生”。同时，大学以内涵支撑引领内涵式发展，调动大学教师发展的内生动力，提高大学教师的科研能力和教学水平，通过培育教师的教育使命感和社会责任感等，引导教师加强对于学生人才培养工作的投入，同时推动教师投身科学研究，以高水平成果推动经济社会发展和人类文明的进步。

大学的“名气”通过大学的“名生”和“名师”得以彰显，也是大学在实现内涵支撑中的产物和指引。一方面，大学的“名气”产生于大学的内涵支撑之中，是大学在发展过程之中对于办学理念、大学文化等的高度凝练；另一方面，大学的“名气”作为大学师生和大学发展过程中的精神财富，也是推动大学实现内涵支撑的精神动力。大学以内涵支撑提高自身办学水平和能力，积极投身社会活动之中，不断提高社会知名度和美誉度。

第三节　大学的内涵支撑要求学科、人才、科研三者联动

大学的内涵支撑源于其内部动力。教学和科研作为大学最基本的两大职能，以这两类基本的职能构成了大学的学科建设、人才培引和打造标志性科研成果群的三个大学内涵式发展的主要支撑。

一、学科、人才、科研三者联动的概念

党的二十大报告指出："教育、科技、人才是全面建设社会主义现代化国家的基础性、战略性支撑。"[①]深入学习、贯彻党的二十大精神，就是要将党的二十大所做出的教育、科技、人才"三位一体"重大战略部署具体落实到大学办学治校的全过程，重点就是要实现学科、人才、科研三者联动。

第一，"学科"对应"教育"。对于高等教育而言，学科建设是构建大学核心竞争力的重要抓手，教育在大学中的重要体现，便是抓学科建设。"大学是以学科建制为基本特征的。无论是大学的科学研究，还是人才培养，都是按学科类别分类进行的，也是以学科形式进行组织和管理的。"[②]学科建设是大学各项工作的龙头，是一个由学者、学术信息和学术物质所结合起来的有机办学资源，因此学科建设可以反映一所大学的办学水平、办学特色、学术地位和核

① 习近平：《高举中国特色社会主义伟大旗帜　为全面建设社会主义现代化国家而团结奋斗——在中国共产党第二十次全国代表大会上的报告》，人民出版社 2022 年版，第 33 页。

② 王大中：《大学学科建设和专业结构调整的实践和体会》，《中国大学教学》2002 年第 11 期。

心竞争力，是一所大学实现教育高质量发展的基石。

第二，“人才”在大学中指向“高端人才”。民族振兴要靠人才，国家发展要靠人才，大学的教育也离不开人才，尤其是高端人才。因此，大学工作的一个重心便是自主培养国家战略人才和吸引积聚高端人才资源。在人才问题上，大学要坚持自主培养和大力引进相结合，做好全方位培养引进用好高端人才工作，形成高端人才成长梯队，营造识才爱才敬才用才的良好风尚。

第三，“科研”对应“科技”。高等学校的科研是人类社会重大科技突破的发源地。大学基础研究深厚，学科交叉领域广泛，这些优势有利于产生原始创新成果，尤其有利于打造标志性科研成果群，实现大学科研整体实力和核心竞争力的提升。

面对高等教育发展的新局面新形势，面对新时代赋予的新任务新要求，大学要以深入实施学科引领联动发展战略为统领，牢固树立学科、人才、科研三者联动发展战略思想，坚持以学科建设为引领，以培引高端人才为核心，以打造标志性科研成果群为关键，不断强化科研工作意识，优化科研工作思路，采取更加有力的科研工作举措，着力增强一流学科、重点学科、特色学科建设和高端人才队伍建设，提升标志性科研成果群的打造与学科建设和人才队伍建设的关联性、系统性和实效性。通过推动学科、人才、科研三者联动发展，构建对应的体制机制和发展模式，将分属在各学院、各领域的资源整合起来，协调优化大学的发展目标。

二、学科、人才、科研三者联动的辩证关系

学科、人才、科研是大学内涵支撑的重要构成，而学科、人

才、科研三者联动则是大学内涵支撑高质量运行，推动大学内涵式发展的关键所在，因此持续深化对于学科、人才、科研三者之间的辩证统一关系尤为必要。

（一）学科发展是大学的内涵支撑的引领

在学科、人才和科研三者联动过程中，要以学科发展为引领，聚焦学科建设重点，整体提升学科水平，使一流学科更有竞争力，重点学科更具优势，学科群更具特色。以此为基础，着力提升专业建设水平，全面提升人才培养质量，增强大学服务社会经济发展的能力。

1. 学科建设是大学内涵支撑的重要基石

大学的内涵支撑是一个复杂的系统工程，涉及师资队伍建设、人才培养质量、科学研究成果等诸多方面，必须在学科建设的基础上，通过不断探索、创新和改进，提高学科的学术水平和社会影响力。因此，学科建设是大学进行人才培养、科学研究以及师资队伍建设的重要平台，具有牵一发而动全身的作用。学科的水平已经成为评价大学办学质量的重要指标，也是大学核心竞争力的重要构成要素。只有坚持学科建设方向不动摇，才能更好地以高品质内涵支撑促进大学的内涵式发展。

2. 学科建设是现代大学发展的永恒主题

现代大学发展的永恒主题是学科建设。在大学的高品质内涵支撑需求下，学科建设对大学发展具有极其重要的意义，学科建设的水平和层次决定着大学的综合实力、地位和影响。学科建设是高等学校实现人才培养、科学研究和社会服务职能的重要基础和根本保证，是高等学校工作中集人才培养、师资队伍建设及教学科研工作于一体的结合点，是高等学校发展中具有战略性、全局性、长期性和根本性的基础建设，是高等学校谋求发展的龙头工程、系统工程和标志性工程。[①] 从这个意义上说，加强学科建设是大学基本职能的内在要求，是大学建设的重要环节。因此，中国现代大学发展的客观要求离不开学科建设。

3. 学科建设支撑特色学科与优势学科的构建

大学的内涵支撑重点在于学科，以学科建设为主线。学科建设是大学实现内涵式发展的重要途径，任何一所大学都不可能在所有的学科上争创一流，因此，凸显学校的优势学科和特色学科，以此来带动学校各学科的全面发展，是学科建设的重要内容之一。一流的师资队伍，原创性的、达到国内国际前沿的科研成果，高水平的基地平台，创新的思想，是建设特色学科与优势学科的前提和基础。一所大学的优势学科所在，也就是这所大学的特色所在。优势学科在很大程度上就是一所大学的特色学科，是大学形成办学特色的重要切入点，因此构建特色学科与优势学科迫切需要学科建设作支撑。

（二）人才培引是大学发展的核心

学科、人才和科研三者联动以高端人才为核心，围绕一流学科、重点学科汇聚一批高端人才，培引更多知名学者和领军人才，打造更多具有特色和竞争力的教学科研团队，壮大更具活力和潜力的优秀中青年人才队伍。大学发展要增强人才活力，凸显人才队伍建设对学科发展、科学研究、人才培养的保障作用，强化人才聚集

---

① 傅修延：《学科建设是现代大学发展的永恒主题》，《光明日报》2010 年 10 月 27 日。

效应，发挥人才推动社会经济发展的支撑作用。大学是高端人才集聚的场所，高端人才是知识创新和科技创新的核心力量，是人才强国战略的关键因素，决定着高水平大学的建设水平和高等学校的人才培养质量。

1. 高水平的大学需要高端人才

在大学建设和发展过程之中，主要是围绕人才培养和科学研究两个主要职能开展的，而这两个主要职能的实现都依赖于大学的人才尤其是高端人才的数量和质量作为支撑。每个学校对于高端人才的界定都有所区别，但大多都是在本学科或者本研究领域具有相当学术成果，有一定的知名度和影响力的人才。高端人才是高水平大学理念的坚守者，是高水平大学目标的实践者，是高水平大学核心竞争力不可或缺的主体组成部分，是高水平大学功能实现的载体，是建设高水平大学的主体力量。大学培育和引进高端人才已经成为大学获取高品质内涵支撑，进而引领内涵式发展的必由之路。

2. 大学人才培养质量的提高需要高端人才

在大学的人才培养过程中，教师的能力和素质占据了重要地位，没有高素质的教师队伍，就没有世界一流的人才队伍，就难以支撑科教兴国战略的统筹推进。① 高素质的教师队伍不仅表现在教师拥有过硬的教学技能、崇高的教育使命感和责任感，更为基础的是对于专业知识的把握程度。大学的人才培养、专业课程教学的内容更新速度快、内容体系庞杂，这就要求大学教师必须具有过硬的专业能力。同时，大学的人才培养并不仅是传授现有的理论知识，

① 王传毅、辛刘建：《加强高校教师队伍建设为现代化建设提供坚实的人才支撑》，《中国高教研究》2023 年第 2 期。

更重要的是培养学生的创新精神和对于学术前沿的把握程度。尤其是对于硕博士人才培养来说，导师的水平和能力同硕博士人才培养质量关系更加紧密。高端人才本身就是极具创造力的群体，引领着学术前沿的发展，在高端人才的带领下，大学人才培养质量才能进一步提高。

3. 大学的创新发展需要高端人才驱动

高等学校作为创新驱动继承和发扬的战略高地，人才尤其是高端人才在大学发展中发挥着重要的作用。2016 年印发的《国家创新驱动发展战略纲要》中提出，“建设高水平人才队伍，筑牢创新根基，推动创新创业，激发全社会创造活力”。大学发展的关键在于科研水平的提高，在于高端科研能力的提升。大学“学科高峰”“学科高原”的打造依赖于高端人才的领衔发展，高级别科研项目的申报依赖于高端人才及其团队的努力，高级别科研平台智库的打造更是需要高端人才作为关键支撑。高端人才在大学的创新发展之中起到了领军作用，是大学实现学术科研内涵式发展的主要力量。

（三）标志性科研成果群是大学发展的关键

标志性科研成果群指的是具有代表性的，覆盖科研立项、学术论文、成果转化、社会应用等科学研究实践全场景、全链条的系统性科研成果集群。学科、人才和科研三者联动以打造标志性科研成果群为关键，对接国家和地方重大战略与发展需求，围绕一流学科重点学科，产出一批高水平的标志性科研成果，推动基础研究和应用研究融通创新、全面发展、重点突破，实现前瞻性基础研究、引领性原创成果和建设性社会影响的重大突破，增强科技创新驱动力。

1. 标志性科研成果群是提升大学教师水平的有效途径

大学教师的主要职责在于教书育人和科学研究，二者相互促进、共同发展。大学教师通过科学研究，明确本学科的学术前沿和当下研究热点，加深对于专业知识以及相关学科、交叉学科知识的理解和掌握，始终站在科学研究的最前沿。基于此，大学教师才能了解自己所教课程在学科发展中的地位，把握与其他课程之间的相互关系，以及课程前后的内在联系。教师业务水平的提高，需要科学研究去更新教师的知识结构、丰富充实教学内容、不断提高教师的学术水平。打造标志性科研成果群，是提升大学教师水平的有效途径。

2. 标志性科研成果群有利于提高学校的声誉和吸引高端人才

声誉是一所大学品牌的体现，是在发展过程中逐步积累起来的，代表了社会的认可度，也是大学的宝贵财富，是引导大学成功的关键成因。学校的声誉与其科研水平和人才培养质量密切相关，通过开展高水平的科学研究，学校教师的知识结构、教学内容、教学手段、教学方式与学术水平均能得到极大的提高，学校的学术地位和声誉相应也能得以提升。打造标志性科研成果群有利于提高学校的声誉和知名度，良好的学术声誉和优良的科研环境又能吸引大量高端人才。

3. 标志性科研成果群是大学获取高品质内涵支撑的关键

质量是大学的生命线，大学的内涵支撑更加注重改革创新。创新是大学兴旺发达的不息源泉和不竭动力。大学是社会的思想库、知识库、信息中心，科学研究是大学的职能之一，内涵支撑离不开科研的发展，尤其是标志性科研成果群的打造。标志性科研成果群是大学科研实力和科研核心竞争力的集中体现，打造标志性科研成果群是大学科研工作的重要内容，通过不断拓展科研发展新增长点，不断产出标志性科研新成果，推进科研发展迈上新台阶进而推动大学办学质量提质增效。

三、实现学科、人才、科研三者联动的重要性

学科、人才、科研三者联动作为大学贯彻落实党的二十大报告中教育、科技、人才"三位一体"发展目标的重要手段，在推动大学获取内涵支撑，实现内涵式发展，推动建设具有中国特色、世界一流的大学过程之中有着重要意义和地位。

（一）贯彻党和国家重大发展战略的必然要求

党的二十大报告对于全面建成社会主义现代化强国做出了总的战略安排："从二〇二〇年到二〇三五年基本实现社会主义现代化；从二〇三五年到本世纪中叶把我国建成富强民主文明和谐美丽的社会主义现代化强国。"[①] 同时，党的二十大报告提出在2035年要建成教育强国、人才强国和科技强国。大学推动学科、人才、科研三者联动是推动构建教育强国、人才强国和科技强国的重要动力。

1. 推动建设教育强国

在推动建设教育强国，实现教育现代化发展的过程中，高等教育发展情况和大学办学水平是关键，起到了龙头的作用。推动三者

① 习近平：《高举中国特色社会主义伟大旗帜　为全面建设社会主义现代化国家而团结奋斗——在中国共产党第二十次全国代表大会上的报告》，人民出版社2022年版，第24页。

联动发展是实现大学内涵式发展的必由之路，也是必要条件，在三者联动发展下，大学充分激发内生动力，提高办学层次，能够积极推动中国大学迈向“双一流”建设目标，实现建设教育强国的战略目标。

2. 推动建设人才强国

建设人才强国就是要坚持党对人才工作的全面领导，聚天下英才而用之，建设世界重要人才中心和创新高地。大学以三者联动形成尊重人才、爱护人才和成就人才的良好氛围。不仅实现面向世界引进高端人才，更关键的是提高自主人才尤其是高端人才培养能力。通过明确人才工作方向、制定科学合理的人才政策、提供良好的学术科研环境以及营造人才向往的环境氛围，培养大批适应现代化发展需要的高端人才，以高端人才推进现代化建设。

3. 推动建设科技强国

建设科技强国，要求实现高水平的科技自立自强，就是要求有大量的高质量的标志性科研成果，要让中国的科研成果走在世界前列，引领世界科技发展。在当前，要着重解决“卡脖子”技术难题，面向党和国家以及人民需要并亟待解决的问题进行科学研究。在科研创新的过程之中，学科建设为科研成果提供了基础，人才是科研成果创新的关键，引导人才特别是高端人才对于科技难题的探索思考，进而推动科技高质量发展、建设科技强国。

（二）顺应新时代高等教育现代化发展的现实需要

进入新时代以来，中央层面先后出台《中国教育现代化2035》《深化新时代教育评价改革总体方案》等政策文件，推动修改《中华人民共和国教育法》《中华人民共和国高等教育法》等法律法规，通过推动“双一流”建设着力促进高等教育从规模发展转向内涵式发展、高质量发展和创新发展。在此背景下，学科、人才和科研之间的良好联动是教育新定位新战略赋予的新使命，对于促进新时代高等教育发展具有显著的优势和价值。

1. 推动科学研究的跨领域合作

在当今科学研究中，许多重大问题和挑战需要多学科之间的共同努力来解决。通过学科、人才和科研的联动，不同学科的研究者可以共享资源、合作研究，实现知识的互补和交叉，进一步拓宽科学研究的视野和深度。

2. 提升高等教育的综合实力和国际竞争力

对于任何一个国家或大学来说，拥有一支具备世界一流水平的学科和人才队伍，开展具有国际影响力的科学研究，是提升综合实力和国际竞争力的关键。而学科、人才和科研的联动正是实现这一目标的有效途径，通过联动带动整体提升，促进高等教育在世界舞台上的地位和影响力。

3. 推动学术文化和创新精神的传承与发展

学科的联动不仅仅是知识的汇聚，更是学术思想、方法和理念的碰撞和交流。不同学科的观点和思维方式的碰撞，有助于孕育出更加开放、包容和创新的学术文化和创新精神。这些积极的文化和精神的传承与发展，将为国家和社会的创新、发展提供源源不断的动力①。

---

① 孟东方：《大学校长学：新时代高等教育发展下的新学科》，《中国教育科学（中英文）》2022 年第 3 期。

（三）现代化大学发展的内在要求

学科建设是大学内涵式发展的引领，培引高端人才是大学内涵式发展的核心，打造标志性科研成果群是大学内涵式发展的关键。学科、人才和科研的联动对大学内涵发展具有重要意义，是大学自身发展的强劲内驱力。

1. 更好地促进大学的学科建设

学科建设是大学的基础和根本，只有建立起优秀的学科体系，才能吸引更多优秀的人才，更好地开展高水平的科研工作。学科建设需要有横向与纵向的联动，促进不同学科之间的交叉合作和资源共享。这种联动不仅可以推动学科的创新发展，还可以提高学科在国内外的影响力和竞争力，从而提高大学的声誉。

2. 对大学高端人才培引具有积极作用

学科的深度与广度决定了人才培养的质量与水平。通过学科之间的有机融合和交叉学习，培养出具有跨学科能力和创新思维的复合型人才。这样的人才不仅能够适应社会发展的需要，还能在自己的领域内做出有价值的贡献，成为培养高端人才的蓄水池，从而推动科学研究上新台阶，吸引更多高端人才的加盟。因此，学科、人才和科研的联动能够更好地培引高端人才，提高大学的社会影响力。

3. 更好地推动大学的科学研究

科学研究是大学创新能力的体现，也是学科发展的重要驱动力。通过学科间的交叉合作和资源共享，可以实现研究成果的互补和创新。同时，在高端人才的培引过程中，科研能力和创新意识的培养，能为学科的发展提供源源不断的动力。

学科、人才和科研联动是大学自身发展的内在要求。只有通过学科建设的深入发展、人才培养的全面提升和科学研究的不断创新，大学才能在知识创新和社会发展中发挥更大的作用。因此，大学应当高度重视学科、人才和科研的联动，积极推动这种联动机制的建立和发展，为大学的持续发展奠定坚实的基础。

第四节 学科建设是大学的内涵支撑的引领

大学的内涵支撑需要加强学科建设，学科建设是大学获取内涵支撑，进而实现内涵式发展的引领力量。评价学校的社会声誉、办学实力中的核心评价要素之一就是学科水平。要实现大学的内涵支撑，必须加强学科建设，打造一批高水平的学科和学科群，实现学科的可持续发展。

一、学科与学科建设

学科是指人类为了解决某一类问题而形成的一种系统化的、具有固定结构和规范方法的学问体系。学科的本质属性在于其研究对象和研究方法的一致性，即其内在的信息联系和逻辑关系。学科的定义可以从不同的角度来进行阐述，其中，学科界定的客观环境、学科建构的主观过程和学科功能的历史发展是学科概念定义的三个主要维度。

学科的客观环境包括了学科的研究领域、研究对象、研究方法和研究成果的应用范围。学科的建构是指学科的划分和发展过程，同时也包括了学科界定背后的思想、理论和方法论基础。学科的功能发展是指学科的社会作用和历史发展趋势，包括了学科的社会责任、社会服务和社会需求等方面。在实际的学科研究活动中，学科的内涵和外延往往不是固定不变的，而是随着时代和社会的变迁而不断发生变化。因此，正确把握学科概念的定义和发展趋势，对于推进学科建设和提高学科价值具有重要意义。

学科建设是指大学为实现学科发展、建设一流学科这一既定目标，在科学理念的指导下，运用多种手段、方式方法而采取的有组织、有目的、系统化、规范化、程序化的实践活动和管理活动。"学科建设要素包括学科目标确立、学科专业方向规划、学科梯队组建、课程体系建构、支撑学科平台、学科成果、营造学科环境等。"① 学科建设本身也是一个长期持续发展的过程。

二、学科建设的要求

我国大学当前学科建设的目标是建成世界一流学科，在这一战略目标的推动下，学科建设需要明确自身定位、选择正确方向并搭建合理的框架体系。

（一）学科建设需要明确自身定位

在学科建设中，学科建设的目标与定位是至关重要的。学科建设通过目标与定位的设定，来确定学科的范围、内容和重点。因此，在学科建设的过程中，必须明确学科的目标和定位，以便更好地进行学科建设工作。学科建设的目标是指学科建设的愿景，它反映了学科建设的发展方向和预期结果。学科建设的目标的设定需要

① 康翠萍：《高校学科建设的三种形态及其政策建构》，《高等教育研究》2015年第11期。

考虑到学科所处的时代背景，国家和地区的发展需求以及学科自身的特点等诸多方面因素。学科建设的定位是指根据学科的特点和资源优势，明确该学科所处的地位和作用，并为学科的目标实现提供具体的思路和措施。一般而言，学科建设的目标和定位需要围绕着以下方面进行考虑：学科的发展前景，学科的特色和特点，学科的位置和作用。其中，学科的发展前景是指学科的发展潜力、发展趋势和未来的发展方向。学科的特色和特点是指学科本身的学术和技术特点，以及学科所面临的各种挑战和机遇。学科的位置和作用是指学科在社会和经济发展中所处的地位和贡献。因此，在学科建设中，需要明确学科的目标和定位，并以此为指导，制定合理的学科建设计划和措施，推动学科的全面发展。同时，在学科建设的实践中，需要不断总结和探索，不断更新学科建设的目标和定位，以适应不断变化的经济社会发展的需要。

（二）学科建设需要选择正确方向

学科建设的方向选择是学科建设中一个至关重要的环节，不同的方向和重点将直接影响到学科的发展和建设成果。大学在进行学科建设时，要进行深入思考和调研，审慎选择方向。学科建设的方向应当与国家发展战略紧密相连，紧密结合国家经济社会和科技发展需求，以服务国家和区域及行业产业发展为出发点，从长远考虑，注重学科建设的可持续性和战略性。同时还应当充分考虑学科领域的前沿方向和研究热点，实现前沿性和创新性。学科建设需要制定适当的策略和政策，分析研究现实需求和未来趋势，把握学科建设重点和方向，特别是关注前沿研究领域和具有创新性的科研项目。此外，还应当充分考虑学科自身的特点和优势，实现规模化和特色化。学科发展需要建立完善的学术框架和支撑体系，提升学术创新和发展能力，在支撑学科建设的同时，保持学科的特色和独特性，实现学科发展的规模化和特色化。

（三）学科建设需要搭建合理框架体系

学科建设的框架体系是学科建设中至关重要的一环。学科建设体系是建立在学科的基本概念、基本理论和基本方法之上，由若干基础学科、相关学科和应用学科构成的有机整体。学科框架则是学科建设在时间轴上的呈现，反映了学科发展的历史进程和未来的可能方向。学科体系和框架的建设不仅要符合学科内部的逻辑关系和发展规律，还必须与国家和地区各领域经济发展战略、重大工程建设和社会需求相紧密结合，以推动学科向深度和广度两个方向不断拓展。①

在构建学科建设的框架体系时，需要科学统筹。第一，要统筹整个学科的内部结构和对外联系，根据学科的基本定位和目标，建立起紧密联系但又相对独立的各级学科和学科阵地。第二，要注重应用导向，将基础理论和方法与实际应用相结合，培养通晓基础和应用知识的优秀人才。第三，要重视跨学科和创新性的研究，提高学科的整体竞争力。第四，要注重学科评价和质量监控，建立科学的考核体系和评价标准，不断提高学科的学术声誉和教育水平。第五，要加强学科建设的组织管理，完善学科发展规划和政策支持，提高学科发展的投入和建设水平，并鼓励学科领军人才和骨干教师的参与和创新。第六，要加强国际合作和学科交流，借鉴优秀学科

① 赵渊：《世界一流学科建设的“中国范式”：价值建构及实践路径》，《浙江社会科学》2019 年第 4 期。

建设经验和成果，拓宽学科研究的国际视野和交流平台。

三、学科建设的重要性

学科建设的水平和质量同大学高质量发展息息相关。大学发展需要高水平的学科建设。

（一）学科建设有助于提高大学人才培养质量

大学的人才培养是依托于每一个学院、学科实现的。学生从招录开始，依托不同的学院、专业进行培养，学院发展情况和专业建设情况的好坏直接影响到学生大学期间的个人发展情况和知识的获取程度。一个学院至少拥有一个学科门类或者多个学科专业，专业的设置也依托于一级学科或是二级学科乃至于交叉学科，学科建设情况同学院发展情况和专业建设情况息息相关，学科建设需要投入资金、引进教师、提供场所，这些也都是大学进行人才培养的最基本保障。可以说大学在学科建设的过程中，也是提高人才培养质量的过程。高质量的学科建设往往需要大批高端人才、各类国家级省部级的重点实验室研究中心和优渥的教学科研环境，这也为大学的人才培养提供了良好环境。同时，人才培养的质量也是评价一个学科建设成效的重要指标，二者是相辅相成的关系，双方相互促进，在共生关系之中实现发展。

（二）学科建设是实现大学发展目标的重要环节

我国大学建设的目标是建成具有中国特色、世界一流的大学，推动“双一流”建设目标的实现。每所大学具有其自身特色，因其办学类型、学校性质、所在位置的差异而有所不同，但大学办学目标的实现都有提高学科水平、促进学科建设的共性要求。学科建设是大学实现高质量发展的基础，也是大学履行职能的前提，大学需要在现有学科支撑的情况下，更好实现大学的发展。大学发展的目标集中体现为“名生”、“名师”和“名气”。“名生”的培育需要学科建设。“名师”本身就是某一个学科或者某一个领域内的高端人才，是依托于学科基础之上的。而大学的“名气”也是需要大学以高水平的学科来实现社会对大学办学的认可，大学需要以高水平学科来履行社会职能，提高大学在社会上的知名度和美誉度。大学在实现发展之中，需要有一定的优势学科作为支撑，因此也就需要加强自身优势学科建设。

（三）学科建设是大学服务国家重大发展战略的要求

现代化大学不仅需要内部治理有效，实现协调发展，还需要承担社会职能，参与社会活动，以大学的科研成果服务于国家重大发展战略的推进落实。大学服务国家重大战略发展需要主要体现在推动高水平科技自立自强、解决“卡脖子”的技术难题，推动繁荣中国特色哲学社会科学体系、推动中华文化的传播和发展等，这些都对应在大学的自然科学和人文社会科学的不同学科之中。大学服务国家重大发展战略是以自身的科学研究为基础的，以科学研究的学术成果来提供服务。要推动大学学术成果提质增效就需要推动大学的学科建设。学科建设要坚持问题导向，以解决现实存在且极难但亟待解决的问题为目标，以高质量的学科建设服务高质量的经济社会发展。

第五节　培引高端人才是大学的内涵支撑的核心

习近平总书记指出：“人才是第一资源。古往今来，人才都是富国之本、兴邦大计。”①在大学持续强化内涵支撑，追求内涵式发展的过程中，要注重对于人才的培育和引进，尤其是高端人才的培引。

一、培引高端人才的概念

高端人才的具体范围目前并未有明确定论，在不同的地域、学校或者行业领域对于高端人才都有各自的判定标准。在全社会范围内高端人才是一个综合性概念，具体指掌握某一专业领域的最新知识或核心技术，具有超强能力，在业内有一定影响力，能为社会和经济做出突出贡献的杰出人才，常见的称谓有科学家、顶尖人才、杰出人才等。②有研究指出，高等学校高端人才具有高学历或海外留学经历，在学科领域具备丰富的教学、科研经验，在高等学校科学研究、教育教学、学科建设、成果转化等方面发挥关键作用。③通常来说，对于高端人才的界定主要是从人才称号、头衔，标志性科研成果或荣誉，产出带来的社会效益或经济效益等方面进行判定。通常来说，“两院”院士、“万人计划”、“国家杰青”、“长江学者”领域人才学术头衔获得者以及承担国家重大重点科研项目的都属于高端人才。

高端人才的培引即培育和引进。培育高端人才是指大学本身要加强对于人才的培养力度，采取多种措施提升大学教师的科研实

---

① 《习近平主持召开网络安全和信息化工作座谈会强调　在践行新发展理念上先行一步　让互联网更好造福国家和人民》，《光明日报》2016年4月20日。

② 吴翠花、张雁敏：《高端人才创新行为影响路径系统研究》，《科学管理研究》2014年第1期。

③ 张弘、赵曙明：《人才流动探析》，《中国人力资源开发》2000年第8期。

力，鼓励申报科研项目和参加学术活动，提高大学现有人才的实力和水平。引进高端人才是指大学通过提供优渥科研环境、薪资待遇以及各类福利保障等，从其他大学或行业引进同大学发展目标发展趋势相匹配的高端人才，以此来提供自身科研能力，优化人才队伍结构的活动。

二、培引高端人才的原则

大学在培引高端人才时，应坚持党管人才的首要原则，将高端人才的专业素质和理想信念放在同一位置，同时还应围绕大学的发展目标来培引高端人才，服务学校发展大局。

（一）坚持党管人才的原则

坚持党管人才的原则是做好高等学校高端人才培引工作的首要保证。大学高端人才作为大学的内涵支撑的核心，事关大学的学科建设和标志性科研成果群的打造，事关大学人才培养质量的提升，坚持党对于高端人才培育引进工作的全面领导至关重要。高等学校党管人才的原则就是要引导高端人才必须坚持正确的政治方向，始终保持高端人才为党和人民的事业服务，为国家中心工作服务，始终保持高端人才遵守国家宪法法律，具备良好私德。[①] 大学的整体发展也是围绕学校党组织所制定的发展目标而实现的，坚持党管人才的原则能充分发挥高端人才在大学发展中的作用，为实现大学的内涵式发展提供力量。

---

① 祝捷：《高层次人才建设更要坚持“党管人才”原则》，《人民论坛》2018 年第 19 期。

（二）坚持以德才兼备为标准考核人才的原则

《中共中央关于党的百年奋斗重大成就和历史经验的决议》指出："新时代好干部标准，突出政治素质要求、树立正确用人导向，坚持德才兼备、以德为先。"[①]坚持德才兼备不仅是对于领导干部的标准，也适用于对大学高端人才考核。大学在培引高端人才的时候，不仅需要考察人才的学术成果、教学业绩，还需要注重人才的师德师风和个人理想信念，对于违反师德师风有关规定的要实行"一票否决制"。立德树人是教育的根本任务，在培育德智体美劳全面发展的社会主义建设者和接班人中，"德"是放在首位的。大学高端人才本身也是大学教师，大学教师肩负着立德树人的重要任务，高端人才自身要德才兼备，才能做到为党育人、为国育才。

（三）坚持按需发展，服务学校大局的原则

现代大学内部通常设置了多个学科专业，且不同学科专业之间会有较大差异，不同学科之间的发展状况也不尽相同。大学的内涵式发展是坚持两点论和重点论相结合的发展，既要实现大学的全面发展，又要抓住重点，培育优势学科，打造标志性的科研成果。大学在培引高端人才的时候，要注重高端人才所在学科领域同自身发展的优势学科、重点学科相匹配，采取"高端人才＋重点学科"的方式，实现人才和学科的强强联合，推动大学优势学科的提质升级。采取引进高端人才并带动自身人才实现高质量发展的模式，不断增强优势学科、重点学科在全国乃至全世界范围内的影响力和引领力，打造有学校特色的学科高峰、学科高端，构建高端人才团

① 《中共中央关于党的百年奋斗重大成就和历史经验的决议》，人民出版社2021年版，第32页。

队，为大学办学和内涵式发展提供支撑和动力。

（四）坚持灵活培引，提供优质人才服务的原则

在引进高端人才的时候要注重方式方法，采取柔性引进和全职引进相结合的方式，要最大限度地发挥高端人才在学校发展中的作用和能力。同时，高端人才往往拥有一支高素质、结构合理、协同高效的科研团队，大学在人才引进时要注重个人引进与团队建设的关系，尽可能地保证和发挥好高端人才的科学研究工作的持续性和连贯性。对于急需人才和紧缺人才采取“一事一议”“一人一策”的方式。同时，大学在培养自身人才的时候，针对潜在性、具有发展潜力的青年人才要注重培养的方式，采取个性化、差异化培养，以高质量的科研保障工作为本校人才特别是年轻人才的发展提供机遇。同时要正确处理好引进人才和本校人才之间的关系，处理好高端人才和普通人才之间的关系，共同营造“各美其美，美人之美，美美与共”的和谐氛围。

三、培引高端人才的重要性

各类人才是大学发展过程之中的主体力量，高端人才更是在大学发展过程之中起到了“顶梁柱”的作用。大学的内涵支撑必须重视高端人才的培引工作。

（一）高端人才是提高人才培养质量的保障

大学从产生开始最基本的职能便是人才培养，在新的发展阶段，国家对于大学人才培养不仅要求数量，更多转向了人才培养质量的提高。大学人才培养需要大批的优秀教师和基础设施建设等教学过程中的保障，在人才培养过程中，学生和教师是最为基本的一

对关系，大学不仅需要大楼，更需要大师这样的高端人才。高端人才以自身过硬的专业素质、敏锐的思维头脑以及高尚的育人情怀，能有效提高大学人才培养的质量。高端人才在教学的过程中，不仅传授给学生最为基础的科学理论知识，更重要的是帮助学生开阔视野、传授学习方法和思维方式，让学生真正从被动学习转换为主动学习。同时，高端人才本身就是科学家精神的载体，以其独特的人格魅力和高尚的爱国情怀，为正处在拔节孕穗的大学生树立正确的世界观、人生观和价值观。尤其是在硕博研究生的培养过程中，导师对于学生的发展起到了至关重要的作用，高端人才及其科研团队能更好地提高研究生的培养质量。

（二）培引高端人才事关大学内涵式支撑的速度和质量

高端人才的培引和大学的内涵式发展是相互促进的关系。加强高端人才的培引可以加快大学内涵式发展的速度，提高大学内涵式发展的质量，同时大学的内涵式发展又有助于更好地培引新的高端人才。人才尤其是高端人才同大学学科建设的关系密切，学科建设需要人才来进行推动，同时标志性科研成果的产出也主要依赖于高端人才的贡献。高端人才的贡献以及所属科研团队的贡献对于一个学科发展来说至关重要，高端人才在整个学科建设的过程中发挥着带头人的作用，只有在高端人才的带领下，科学的政策保障、优渥的实验环境、充足的实验资金才能发挥其作用。

（三）高端人才是社会发展进步的重要推动者

现代化大学具有服务社会发展的重要职能，这一职能的实现依赖于产出高水平可转换的科研成果，也依赖于高端人才的学术科研活动。高端人才具有创新精神、广阔的视野、出众的专业能力和领导才能，能够积极引领社会进步和促进经济发展。培育高端人才是实现大学内涵式发展的必要手段，也是推动国家发展的重要驱动力。高端人才具有更为广泛的学科背景和较强的综合能力，他们不仅能够在本领域内深耕细作，还具有跨学科融合的能力和创新精神。并且，通过高端人才的引进和培养，城市在技术创新、科研成果转化等方面将有更多突破和创新，提高城市在全球产业链中的地位和价值。同时，随着全球化趋势的加速，城市的国际竞争力也成为城市发展的重要标志之一。高端人才以其较高的知名度和影响力，以及其自身所拥有的国际视野和国际交流经历，能够在国际间更好地扩大城市的影响力和话语权，促进城市的开放，吸引更多的优质资源和创新动力，从而提高城市在全球竞争中的地位和影响力。

第六节　打造标志性科研成果群是大学的内涵支撑的关键

科研成果是大学科研能力与科研水平的直观体现，而科研成果群则是大学良好科研生态与系统性科研成果孵化、产出、应用全场景、全链条覆盖的重要呈现。打造标志性科研成果群是推动大学整体科研实力高质量发展的重要指标，更是大学核心竞争力之所在，是学校科研工作的重点。以高品质内涵支撑引领大学内涵式发展，需要积极打造标志性科研成果群。

一、打造标志性科研成果群的概念

标志性科研成果与标志性科研成果群仅“一字之差”，但其内涵却存在着较大差异，作为大学办学治校的重要目标，打造标志性科研成果群必须首先明确其“是什么”，进而在此基础上探究“如何打造”等问题。

（一）标志性科研成果群

标志性科研成果群是在标志性科研成果的基础上，进一步突出代表性科研成果的集群效应，持续凸显科研成果培育、孵化、产出、应用的全场景、全链条覆盖，更为注重科研成果的体系性、系统性。

标志性科研成果群体现在两个方面。一方面，是标志性科研成果量的积累，包含科研项目、学术论文、应用成果等大量标志性科研成果的产出，是形成标志性科研成果群的数量前提；另一方面，是标志性科研成果之间的相关性与系统性，聚焦于标志性成果在培育、孵化、产出、应用全过程、全场景中的关联与耦合，既强调科研成果的品质和影响力，更聚焦科研成果的应用和转化率。具体来看，标志性科研成果群不是强调单项科研成果的代表性、影响力，而是聚焦于标志性科研成果的集群效应，凸显的是大学高质量科研成果培育、产出、应用等过程的完整性，科研项目、学术论文、应用转化等类型的嵌合性、一体性。标志性科研成果群不仅展现了大学科研的整体实力，更契合了国家发展的战略需求。

（二）标志性科研成果群的特征

标志性科研成果群以高质量、系统性科研成果为支撑，在凸显科研成果创新性、前瞻性、引领性的同时，还具有突出的集群效应，既体现了个体的科研能力，更反映了大学整体的科学研究实力。要打造标志性科研成果群，需要得到研究组织和科研环境的全面支持和系统筹划，也是大学科研组织管理能力的综合体现。其基础包括丰富的研究资金和技术资源、开放的人际交流渠道和良好的科研环境等。

第一，具有重大的创造性和独创性。标志性科研成果群要具有重大的创造性和独创性，能够开创新领域，提出新的理论或解决该领域内关键性问题。这种系列成果是在深入研究、反复探索、敢于创新的基础上形成的，在科技领域里是极其珍贵且难以复制的。

第二，具有前瞻性和代表性。标志性科研成果群具有前瞻性和代表性的特点。前瞻性是指该成果在科学、技术或者产业发展中具有不可替代的地位，对于推动相关领域的发展进程起到决定性作用。代表性则体现在该成果具有信息量大、具有指导、借鉴意义等方面，对于推动一定范围内的学科思路和方法的革新，甚至对推动整个科技进步具有深远意义。

第三，具有现实意义和社会效益。标志性科研成果群的价值，一方面表现在理论层面的突破，另一方面则特别注重科学成果的应用和转化，具有重大的现实意义和社会影响。这种成果能够满足社会和市场需求，产生广泛的经济、政治、社会、文化、生态环境等方面的效益。

第四，具有内在的系统性。标志性科研成果群不是单一的标志性科研成果，而是系列的标志性科研成果。标志性科研成果群的建设要求，丰富的标志性科研成果集中于某一领域，并有其清晰的时间轴线，在内容上具有内在的结构性，在成果形式上具有多元性。

第五，多学科交叉和合作。标志性科研成果群的形成，不仅依赖于独立的学科研究，也需要多学科之间的协同和合作。在新的科学研究领域里，学科交叉的重要性日益凸显，不同学科之间的合作和交流能够促进知识的交融和创新成长，从而促进新型学科体系的形成和发展。

二、打造标志性科研成果群的要求

标志性科研成果群的打造是一个复杂工程。前期需要进行周密部署，从制定政策、明确研究方向、组建科研团队到提供科研场所和科研经费，再到进行项目评审，是一个复杂且长期的过程。大学在进行标志性科研成果群打造的时候要注意方向选择，同时遵循以下原则。

（一）选择正确的研究方向

在打造标志性科研成果群时，研究方向的选择至关重要，这是确保研究成果能够契合国家发展战略与地方发展需求，充分显现自身价值进而顺利实现科研成果向实际应用转化的逻辑前提。在选择研究方向时，可以采用多种方法。既可以通过科研论文、国际会议和专家学者的讲座等方式，深入了解当前热点领域及其未来发展方向；又可以借鉴其他行业的研究成果，结合自身研究特点，进行创新性探索；还可以通过与产业界的紧密联系，深入洞察需求和市场潜力，探索新的研究方向。除此以外，研究方向的选择还需要考虑研究团队的实力和研究经费的保障。只有在条件充足的情况下，才能保证研究方向的挖掘和切实可行性。大学在选择研究方向时，需要进行全面的论证和评估，以确保系列科研成果的高水平和创新性。

（二）打造综合性的科研团队

标志性科研成果群聚焦的是高质量科研成果的集聚效应，而全过程、全链条科研成果的汇集必然要求科研活动的组织性、体系性，进而更为凸显出打造高水平、综合性科研团队的重要性。当前，打造综合性的科研团队，需要注重三个方面的问题：第一，要注重年龄结构的综合性，确保科研团队老中青梯次配比，体现出接续传承、可持续发展的整体人员构成；第二，要注重学科背景的综合性，充分契合当前时代环境下科学研究的多学科、跨学科趋势，对重要战略课题展开多学科、跨学科视角的综合审视，实现联合攻关、协同创新；第三，要注重能力方向的综合性，确保科研团队的搭建不只是聚焦于科学研究方向，而是要将擅长科研项目、学术论文、成果转化等各方面的人员吸纳到科研团队中，进而为标志性科研成果群的打造奠定基础。

（三）加强科研成果的推广与转化

科研成果是科学研究的最终产物，而科研成果的推广与转化则是科学家们对社会的回馈和贡献，同时也是实现科学研究价值最后一环的重要步骤。科研成果的推广与转化需要不断创新和尝试，合理的推广转化路径可以让科研成果深入到社会生活中，让更多人受益。在推广转化过程中，必须根据科研成果的特点与社会需求紧密结合，寻找到最优的推广转化方案。这需要科研人员深入了解市场需求，分析研究成果所涉及的技术、市场、政策等因素，并制定出符合市场发展趋势的推广转化策略。同时还需要保护知识产权，避免知识产权的侵权和滥用，保证科研成果的价值得到充分发挥。同时，加强法规制度建设，加强知识产权保护与执法，为科研成果推广转化提供有力的保障。

（四）注重过程的经验总结，实现科研的可持续发展

现代化的大学科研是有组织的科研，更是站在前人科研成果基础之上的科研。过去的科研成果是当下进行科学研究的基础，当前的科研成果是在已有的科研成果的基础之上进行的突破创新。若是离开了前期科研成果而进行科学研究，则难以取得突破。在进行标志性科研成果群打造的过程之中，要注重对于科研模式、科研范式以及科研方式方法的总结，并在科研团队之中进行教授传承，高端人才在科研团队之中不仅需要明确科研方向、提供科研思路，更应注重对于后备人才尤其是青年人才的培养，打造一支结构合理、年龄合理的科研团队。在标志性科研成果群打造之后，要注重对于过程的总结，归纳总结优势做法、特色做法以及不足之处，为今后的科学研究提供经验。同时还可以与不同科研团队加强交流，相互借鉴、取长补短。

三、打造标志性科研成果群的价值

打造标志性科研成果群是大学获取高品质内涵支撑的必要条件，更是大学实现内涵式发展的关键。打造标志性科研成果群对于大学的学科建设、人才培引乃至整个社会的发展都具有重要价值。

（一）对于科研人员的个人价值

对于大学教师尤其是科研人员来说，科研成果的数量和质量以及社会影响力是检验其能力的重要标准，产出标志性科研成果群有

助于大学科研人员的个人成长成才以及社会地位的提高。同时，科研人员产出标志性科研成果，有助于丰富自身的科研知识储备，增强对于科学研究的信心和能力，为今后进一步提高科研成果的质量，产出更多的标志性科研成果打下基础。在学术领域的创新贡献方面，标志性科研成果群的价值同样不容忽视。标志性科研成果群推动了学科的新发展，激发了更多研究者的创新灵感。更重要的是，这些成果提供了新的思路和方向，引领学科的未来发展方向。

（二）促进大学发展的学校价值

大学的发展需要众多科研成果作为推动力量，尤其是标志性科研成果群更是大学发展的重要推动力。标志性科研成果群是大学众多人员、团队以及不同的专业学科共同努力的结果，标志性科研成果群的产出能极大鼓舞大学师生士气，为今后进行下一轮科研项目的申报和科研成果的打造激发动力。同时，大学标志性科研成果群也是社会对于大学科研能力最为直观的感受。大学拥有越多的标志性科研成果，标志性科研成果的转化利用率越高，大学在社会中的知名度、美誉度也就越高，在同类高等学校中也能有更高的影响力和引领力。

（三）推动社会进步的社会价值

标志性科研成果群可以增强国家科技领先和核心竞争力，推动经济社会的发展和进步。在学术界，标志性科研成果群可以为学者们提供新的课题和目标，进一步促进学术交流和研究活动的深入展开。同时，这种成果的价值不仅仅停留在学术领域，更是推动国家科技进步的重要动力之一。作为一种具有代表性、开拓性和引领性的科研成果，标志性科研成果群在科技创新中占有重要地位。在国家科技进步的推动作用方面，标志性科研成果群具有不可替代的作用。在国家的科技创新战略中，打造标志性科研成果群是重点任务之一。这些成果不仅提高了我国在国际上的竞争力和影响力，还推动了相关产业的快速发展。标志性科研成果群还能够促进国家科技水平的整体提升，这些成果汇集了国内外最前沿的科技成果，推动了国内科研人员的进步和创新。

第七节　大学校长引领大学实现内涵支撑

作为大学内涵支撑的方向引领者和主要推动者，大学校长要以自身过硬的专业水平和专业素质，按照学科、人才、科研三者联动的理念，对照学校发展规划和发展目标，激发大学发展的内生动力，引领大学实现内涵式发展。

一、大学校长在大学的内涵支撑中的角色

大学校长在大学发展的过程中角色多样、身份多重，大学校长作为大学内部运行的主要负责人，在大学实现内涵支撑的过程中，既是引领者，也是保障者，更是发展目标的实现者。

（一）大学校长是大学内涵支撑的引领者

大学要实现内涵支撑首先应明确正确的发展方向，树立发展理念，确立发展目标。思想是行为的先导，要想实现高质量的发展就需要有科学合理的规划。大学的内涵支撑要紧紧围绕“中国式现代化”这个主题进行，以内涵支撑供给内涵式发展，促进高等教育事业的现代化。这其中发展理念是发展先导，大学校长肩负着提出发

展理念、明确发展理念的职责。一所大学与另一所大学的差异也主要是因为理念的差异而不同。① 因此，树立合适正确的发展理念就尤为重要，大学校长作为办学治校的主体，就需要根据大学实际情况，提出科学的发展理念，以发展理念引领大学内涵式发展。

（二）大学校长是大学内涵支撑的保障者

大学的内涵支撑涉及多个方面，虽然重点是以学科、人才、科研三者联动实现发展，但大学发展并不只是这三个方面的发展，要以这三者联动实现大学人才培养、文化建设、治理保障等多个方面的发展，以重要环节的发展带动实现大学的全面发展。大学在实现内涵支撑的过程中，需要多个部门、多类人员提供保障。如学科建设涉及学位办、学科办、研究生院。培引人才涉及人事处、党委组织部。标志性科研成果群涉及科研处、各学院、科研人员等，同时实现发展又需要财务、后勤、资产等多个部门单位提供场所支持和资金支持。因此大学校长要发挥好总揽全局、协调各方的作用，充分整合利用校内外各种资源，为大学的内涵支撑提供坚强保障。

（三）大学校长是大学内涵支撑的实现者

大学发展远景目标的实现依赖于大学领导者，大学校长作为大学领导者中的核心，是大学政策的执行者和实施者。大学校长以提出发展理念并为大学发展提供保障来实现大学的内涵支撑。大学校长多具有高水平的科研能力，自身往往就是优势学科的带头人，拥有国家级、省部级人才称号和头衔，拥有着标志性科研成果。大学校长在担任这一职务前，往往具有多个岗位的历练经历，更是亲身

① 王飞、王运来：《大学教育的本义及其大学校长的理性治校——一个基于“理念性事业”的分析框架》，《高校教育管理》2016 年第 1 期。

经历过高等教育事业的发展，自然对于大学发展目标和过程中的问题、重难点具有更加明确清晰的把握。大学校长的职业愿景就是引领大学实现内涵支撑，推动大学办学水平提高。

二、大学校长要引领大学学科建设

学科建设作为大学内涵式发展的引领，大学校长要肩负推动学科建设的重任，推动大学打造世界一流学科。

（一）为学科建设提供基础和支撑

学科建设的基础与支撑包括学科建设理论、科学研究、师资队伍和专业体系等建设内容，是学科建设的重要组成部分，它们相互依存、相互促进，是学科建设的根本。大学校长应把它们有机地融合起来，才能够实现学科的健康有序发展。

第一，要有明确的学科建设理论基础。理论是指学科发展的思想原则、知识规律和方法论等方面。学科建设必须遵循正确的理论原则，注重学科的创新性和独特性，才能使学科更好地发展。

第二，学科建设的科学研究是重要支撑。科学研究是指学科的原创性研究成果，包括论文、专著、科研成果、奖励等。这些成果是推动学科发展的重要支撑，必须注重创新性和原创性。

第三，学科建设的师资队伍是学科发展的关键依托。高水平的师资队伍是学科建设的重要保障，必须注重引进、培养和选拔优秀的学科师资，并提供良好的教学和科研环境。

第四，学科建设的专业体系和课程教学体系是重要保障。专业体系是学科建设在人才培养领域的重要基础。同时，学科建设必须注重课程设计和教学方法的改革和创新，强调综合、系统性和实际性，全面提高学生的培养质量。

（二）为学科建设提供组织和管理

在学科建设中，组织与管理是至关重要的一环。大学校长要充分考虑学科内部和学科与外部环境之间的关系。

第一，需要注重学术繁荣和创新性。鼓励学者在学术研究中创新探索、思考和交流。同时，学科内部也需要制度化支持，以保障学术研究的质量和水平。

第二，需要考虑学科与外部环境之间的关系。学科团队需要与学校、政府、企业等不同组织之间建立良好的联结和互动，以获取更多的资源和支持。在学科建设中，组织与管理需要以现代化的理念和方法进行。可以借鉴企业管理的成功经验，建立科学的组织结构和人员管理制度，采用计划、控制、评价和调整的管理流程，提高学科建设的管理效率和效果。①

第三，需要注重人才培养和队伍建设。高端人才是学科发展的基石。学科建设需要引进国内外优秀的人才，同时关注本校人才的培养和激励。在学科建设的组织与管理中，需要注重团队建设和协作精神的培养，建立创新的工作机制和激励机制，吸引和留住优秀人才。

第四，需要坚持学术互动化、规范化和现代化。注重学科内部和学科与外部环境之间的互动关系，注重人才培养和队伍建设。

（三）为学科建设提供资源和投入

学科建设的资源与投入是学科建设的重要环节之一。资源包括

① 李振宇、宋新伟：《关于一流学科建设研究的可视化分析——基于CNKI2014—2021年数据》，《中国高校科技》2022年第6期。

人力、财力、物力等方面。投入则是指将各种资源用于学科建设的过程中所需要的经费、时间、精力等方面所实际产生的支出。大学校长需要根据不同的情况灵活运用资源，并将资源的投入做到精准、高效。

第一，人力资源的配置。应根据学科特点、学科发展的需要和资源的匹配度等进行评估和调整，以实现人才队伍建设的合理化和优化。这包括在引进和培养人才、构建科研团队等方面的投入，在保证人才队伍规模和质量的前提下，进行适当的投入，以提高学科建设的整体实力和水平。

第二，财力资源的投入。学科建设需要大量的科研、实验室设施、专业书籍等资源，这些资源的投入需要充分调配，以最大限度地发挥其效益。同时，教学计划、课程建设等方面的费用投入，也是学科建设必须要做到位的。

第三，物力资源的整合。学科建设需要大量的物资设备，如实验室仪器、课程教材、实习场地等，这些物资的投入同样需要协调各方面的资源，确保物资的供应量和质量，以及其在学科建设中的应用效果。

（四）为学科建设进行评价和改进

学科建设的评价与改进是学科建设中非常重要的一环，其关键在于搜集数据、进行评估、找出问题并进行反馈和改进。评价是学科建设的重要工作之一，可以揭示学科建设的水平和方向，为学科建设提供可依赖的数据和依据。在评价中，需要注意不同学科之间的差异和特征，赋予不同学科不同的评价指标和分类。评价的结果应及时反馈给学科负责人和建设团队，支持他们制订改进计划和措施。改进是学科建设中必不可少的一环，可以通过总结经验、整合资源、加强学科内部的协作来提高学科建设的水平和质量。

改进计划应当是定期的、可执行的，并且能够考虑到不同的阶段和需要。在学科建设的评价和改进中，大学校长要注意建立长效机制、贯彻落实改进措施、注重人才培养等各种因素。只有在这些因素的有机组合下，才能保证学科建设的有序发展和高质量达成目标。因此，高等学校应当努力构建完善的学科建设计划、培养有实战经验和创新能力的人才，不断提高学科建设的水平和质量。

三、大学校长要培引高端人才

培养、引进高端人才是大学实现内涵支撑的核心所在，大学校长要重视高端人才的培引工作，以科学合理的政策为引进人才、培养人才提供良好环境。

（一）持续筑牢正确的人才理念

理念是行动的先导，新时代新征程上人才的重大战略价值，决定了大学校长必须以正确的理念引领具体的高端人才培引实践，为大学的内涵支撑奠定深厚根基。具体而言，筑牢正确的人才理念。

第一，要坚定不移地树立“人才资源是第一资源”的观念。明确“所谓大学者，非谓有大楼之谓也，有大师之谓也”，将对人才的重视、尊重贯彻到大学办学治校的各方面、各层次工作之中，持续打造“名生、名师、名气”。

第二，要深刻认识到“高等学校竞争，说到底是人才竞争，谁拥有更多人才，谁就能赢得未来”。特别是在世界百年未有之大变局与中华民族伟大复兴战略全局相互交织的复杂形势之下，国家发展对于人才的需求愈发迫切，人才资源竞争已经成为国家、区域之间各大高等学校竞争的主要内容，人才工作已经成为学校深化教育教学改革、提升人才培养质量的必然要求。

第三，要牢固树立“抓好人才工作是本职、不抓人才工作是失职、抓不好人才工作是不称职”的理念。以高度的政治责任感和历史使命感，将人才工作放到办学兴校、强国复兴的事业全局中予以把握，切实将人才工作与高等学校各方面工作相衔接、相统一。

（二）不断完善人才培引政策体系

人才政策是高等学校人才工作意志和发展方向的集中体现，完善的人才政策体系既是大学人才工作科学发展的题中之义，更是不断适应人才工作新形势，解决新问题的必由之路。当前，大学对于人才培引政策体系的完善，需要从以下三个方面着力。

第一，要完善高端人才引进政策，坚持“德才兼备、以德为先，按需引进、质量至上，规范流程、强化服务，注重后劲、发挥作用”的原则，既要优化人才层次，提高人才待遇，还要以成果为导向，强化人才考核，更要创新人才机制，实施“一事一议”。

第二，要完善柔性引才政策，树立“不求所有，但求所用”的用才理念，以长短期聘任相结合的方式引进海内外杰出人才，为学校人才培养、科学研究和学科建设提供实质性服务。特别是在重点建设领域和急需发展学科，要持续完善名誉教授、特聘教授、客座教授等政策，解放思想，进一步探索各类柔性引才的举措。

第三，要完善人才培育政策，依托各类人才项目政策，强化人才资助、培育力度，并坚持以成果为导向，实施目标管理，严格考核。

（三）构建“近悦远来”人才生态

人才生态是人才工作科学化发展的必然要求，其核心要旨在于实现大学人才工作的制度化、体系化、系统化，构建起整体协同运转、氛围公正良好的大学人才工作可持续发展的合理环境。

构建大学人才生态包含两个方向的工作，一方面是对内挖潜，为内部人才的培养创造良好环境；另一方面是对外吸纳，为外部人才的引进构建良好环境，总体呈现出“近悦远来”的人才生态环境特征。

第一，要明确界定人才类型以及与之相匹配的选拔、培养、使用、资助、服务、考核的标准及要求，以系统完备的人才识别、选拔、任用等制度体系建设支撑人才工作。

第二，要建立领军人选、后备人选、青年人才等梯次培养管理范式，确保人才队伍的结构优化和建设的可持续性，探索“重才、爱才、育才、识才、用才、护才”的长效机制。

第三，要“开好人才会”“搞好人才疗养”“为人才办实事”“用好人才库”“制好人才计划”等服务，切实为人才的成长、发展提供全方位服务。

第四，要建立定期选拔、定期认证、定期考核、定期奖励以及领导干部定期联系专家制度等。

（四）提高自主培养高端人才能力

高等学校人才工作本质上是外部引进与内部挖潜的辩证统一，特别是在人才竞争形势愈发严峻的整体环境下，如何充分激发高等学校内部人才潜力，释放自身已有的人才存量优势，提高自主培养高端人才的能力，成为大学人才工作必须重视的重要现实课题。具体而言，大学提高高端人才的自主培养能力，需要做好以下三个方面的工作。

第一，建立稳定的高端人才培养体系。这需要高等学校在培养体系上进行不断的完善和提升，尤其是针对学科的或学位的培养标准，明确培养目标和考核方式，以培养适合社会发展和经济建设需要的高端人才。

第二，加强青年人才的导师队伍建设。青年人才的导师是他们学术成长的依靠和指导者，导师队伍建设是提高高端人才培养质量的关键。高等学校应该加强导师的培养和管理，鼓励现有的高端人才积极参与青年人才的课程设计、实践指导、交流活动等等。

第三，不断拓展其与产业界的合作，为青年人才提供更广泛的实践机会。青年人才的实践能力是考核其综合素质的重要指标，推动青年人才加强与企业、社会之间的交流合作，联合开展实践教学、科研合作等各类产学研项目，以帮助青年人才更好地融入到社会发展中。

四、大学校长要打造标志性科研成果群

标志性科研成果群作为大学实现内涵支撑的关键，是依托现有的优势学科和高端人才而实现的大学科研成果的产物。大学校长要以自身能力推动大学标志性科研成果群的打造。

（一）准确把握科研发展的基本原则

新时代新形势下大学校长打造标志性科研成果群，需要始终学习贯彻习近平新时代中国特色社会主义思想，特别是习近平总书记

关于科技创新的重要论述，自觉将其落细落小落实到日常的科研工作之中。

当前，大学校长引领打造标志性科研成果群，需要坚持以下四个方面的原则。

第一，坚持服务需求，围绕服务国家重大战略、区域经济社会发展、学校学科建设和人才培养需求，积极开展创新研究，不断产出高水平成果。

第二，坚持协调发展，有序推进基础研究、应用研究、决策研究、交叉研究、工程技术研究、学科教育研究等协调发展；积极支持和鼓励创新社会服务，发挥高等学校服务国家和地方发展的作用。

第三，坚持创新引领，深入新领域，找准新方向，运用新手段，培育新成果；通过不断拓展科研发展新增长点，不断产出标志性科研新成果，推进科研发展迈上新台阶。

第四，坚持管理引导，深化科研领域“放管服”改革，强化创新服务理念，优化资源配置方式，完善科技创新治理体系，推行分类资助和分类评价，引导形成全校科研发展良好生态。

（二）积极开展有组织的科研

教育部印发的《关于加强高校有组织科研推动高水平自立自强的若干意见》指出：“高校是国家战略科技力量的重要组成部分。高等学校有组织科研是高校科技创新实现建制化、成体系服务国家和区域战略需求的重要形式。”在科技竞争愈发激烈的现实环境下，有组织科研是形成高等学校科研整体合力，提升科研效率的重大战略举措，对于打造标志性科研成果群具有重要引领、支撑作用。

具体而言，积极开展有组织科研，需要从以下四个方面着力。

第一，有组织的创新方向，要改变过去“各自为战”的科研工作格局，坚持问题导向和需求导向，组织建立自上而下和自下而上、定向性和体系化相结合的创新方向决策机制，实现创新方向有组织的整合，主动服务国家重大需求和行业产业发展的需要。

第二，有组织的平台建设，坚持问题导向和需求导向，根据重大需求和攻关任务培育建立具有较强资源整合能力的平台，实现高端平台建设、体系化构建、顶层设计的系统谋划，为长期持续攻关重大任务提供保障，实现基础研究不断有重大原创突破。

第三，有组织的团队建设，通过科研团队组织方式的提升，产出国家急需的科技创新成果，通过转变传统观念和改变组织模式，打破传统的以学院、学科为单位的科研组织体系，以创新方向为指导，组建跨学科、跨院校的多学科领域交叉创新团队，从“戴帽子”向重实战转变，在实战中发现和造就战略科学家和科技领军人才。

第四，有组织的体制机制，建设开放多元的人才培养引进体系、统筹优化的资源配置体系、系统科学的科研评价体系、协同推进的管理服务体系，努力为科研人员提供潜心科研的良好条件和环境，强化服务职能，不断完善优质成果被精准、快速发现的体制机制。

（三）重视科研成果的转化能力

大学校长需要提高研究成果的转化能力。科研成果的转化是科研经费使用的最终目的，是检验科研成果质量和价值的重要标准。

第一，大学校长要为科研成果转化提供政策保障。科研成果的转化涉及校内外联动等多方面的因素，是多个部门、多方人员共同合力的结果。同时科研成果的专业还涉及科研人员本身的绩效考核、成果认定以及未来发展等多方面因素。大学校长要为科研成果的转化提供政策保障，以科学合理的政策为科研成果的转化过程以及科研人员自身的发展提供保障，让科研人员在推动自身成果转化的过程之中，实现畅通高效的转化，提高科研成果转化的便捷度以及后期所带来的认可度，激发科研人员投入转化的积极性。

第二，大学校长要营造科研成果转化的良好氛围。校园良好的科研环境能有效提高科研人员的科研积极性。大学校长为引领学科建设和带头培引高端人才打造标志性科研成果提供良好的科研环境，同时也要在全校范围内营造良好的科研成果转化的环境，通过走访调研、教代会、科研工作大会等形式，让全体科研人员明确“广大科技工作者要把论文写在祖国的大地上，把科技成果应用在实现现代化的伟大事业中”① 的要求，以科研成果推动社会建设。

第三，大学校长要推动实现校地、校企合作，为科研成果转化提供平台渠道。大学和大型企业、地方政府签订合作协议、构建合作模式，是推动大学科研成果转化的直接途径，尤其是同大型企业如制造、医疗卫生、生物技术等，不仅能帮助大学科研团队提供科研资金，同时还能为科研团队指明当下的科研方向和解决亟待解决的问题。同时，推动同社会单位合作，也是检验大学科研成果有效性的重要途径。发表学术论文并不是科学研究的最终目的，为人类文明发展作出贡献才是其最终目的，要以解决当今社会面临存在的问题为导向，进行科学研究并推动转换。

① 习近平：《为建设世界科技强国而奋斗》，《人民日报》2016 年 6 月 1 日。

（四）不断强化保障能力

标志性科研成果群的打造是一项复杂系统工程，需要从多个方面强化保障，这也成为大学校长相关工作的重要内容。在日趋复杂、严峻的科技竞争环境下，大学校长强化保障能力需要从以下四个方面着力。

第一，要强化组织保障能力，建设层级明确、联动迅速的组织体系，成立科研工作领导小组，党委书记、校长任组长，科研分管校长任常务副组长，其他校领导任领导小组成员。领导小组下设科研工作办公室，挂靠科研处，由科研处负责人任办公室主任，党政办、宣传部、学生处、人事处、研究生院、财务处、后勤与资产管理处为办公室成员，每年向领导小组汇报科研进展情况。

第二，要强化规划保障能力，制定学校、各学院科学研究与社会服务总体规划。全面落实科技领域“放管服”改革要求，出台具体项目实施细则、科技成果转化办法、配套经费实施办法等一系列规章制度。建立“学科、人才、科研”三者联动的工作推进机制，落实部门定期协商制度，形成系统合力。建立校、院两级科研重大事项决策机制。

第三，要强化考核保障能力，既要将科研工作成效纳入年终目标管理考核的重要内容，还要督促学院加强对教师科研基本工作量的考核，鼓励学院提高对教师科研优质工作量的激励力度，更要加大标志性科研成果、代表性成果在职称评审、科研考核等事项中的占比。同时，试行研究生招生指标与科研成果挂钩的动态调整制度。

第四，要强化投入保障能力，既要逐步提高纵向项目、科研平台配套经费标准，实行以质量和贡献为导向的动态划拨方式，逐步提高标志性科研成果在学校绩效分配方案中的占比份额，还要统筹规划逐步配备省部级及以上科研平台科研场地，逐步保障高层次学术团队科研用房，试点推行国家级项目在研期间办公场地有偿使用制度，更要建立学校公共测试平台，实现大型科研仪器设备的共享。

第十五章　大学的治理保障论

习近平总书记强调，“使高校发展做到治理有方”。① 治理现代化，是中国式教育现代化的题中之义，更是影响和制约大学发展的关键一环。在追求高质量发展，建设中国特色、世界一流大学的实践过程之中，实现由管理向治理的飞跃，完成由低水平治理向高水平治理的跨越，是以大学治理推动大学高质量发展的应有之义。同时，党的二十大擘画了“加快建设教育强国”② 的宏伟蓝图，教育强国的建设离不开高质量高等教育的有力支撑，而大学治理的有效保障，即大学内部治理的有效开展，以及大学内部治理与外部治理的协同联动，则成为支撑中国高等教育在新时代新征程上阔步前行的重要基础性工程。

大学的治理保障论，旨在聚焦中国式现代化宏阔背景下，中国大学的现代化治理，以及凭借高水平治理保障大学高质量办学的重要问题。大学的治理保障论以依法治校这一高等学校高质量

---

① 《习近平谈治国理政》第二卷，外文出版社 2017 年版，第 377 页。

② 习近平:《高举中国特色社会主义伟大旗帜　为全面建设社会主义现代化国家而团结奋斗——在中国共产党第二十次全国代表大会上的报告》，人民出版社 2022 年版，第 33 页。

发展基本遵循的阐释为逻辑起始，以现代化大学制度和治理体系推动治理保障工作为逻辑展开，并在对构建现代化大学治理保障工作机制链的探讨中，形成对于大学治理保障问题的分析阐释框架。

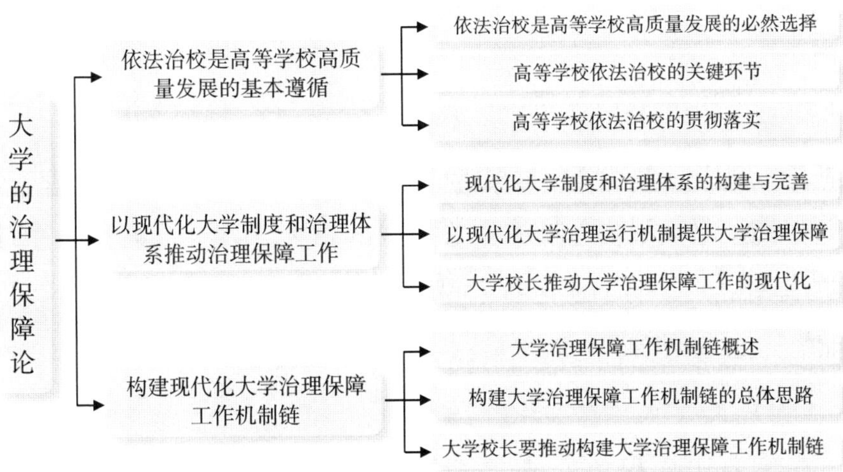

图 15-1　大学的治理保障论结构

第一节　研究的综述

大学的治理保障工作是大学建设发展以及人才培养的重要支撑，学术界对于相关议题有了一定研究。在实现高等教育现代化的进程中，也要注重大学治理保障工作的现代化发展。

一、研究的现状

在中国知网（CNKI）以“大学治理保障”为主题词进行检索，可以检索到相关学术论文600余篇，其中核心期刊约370篇，占比较大。对于“大学治理保障”这一话题，国内外学者研究角度较为广泛，从不同的角度、不同的主体以及不同的方法开展了相关研究，同时对于这一话题的研究著作也比较丰富：《高校治理能力现代化》（蒋明军等，2020）、《大学风险防控权力运行制约与监督》（张德祥、李成恩主编，2018）、《大学生工作学探索》（孟东方，1996）、《大学内部治理论》（胡建华等，2018）、《二级学院治理权力运行制约与监督》（张德祥、姜华主编，2017）、《现代大学治理的内部监督制约机制研究》（顾建亚，2017）、《大学工作学》（孟东方等，2016）。国内外学者对于这一话题有着较为丰富的研究，具体有以下四个方面。

（一）关于大学依法治校的研究

有学者从章程角度研究了其在大学治理中所具有的特殊价值。[①] 有学者提出大学依法治校要从形式法治迈向实质法治。[②] 有学者从依法治校的角度探讨了现代大学制度建设的问题。[③] 有学者研究了高校权力清单制度的实践问题。[④] 有学者从《高等教育法》修改的角度探讨了大学治理法治化问题。[⑤] 有学者探讨了具有中国

---

① 侯佳：《依章治校与大学治理的法治化》，《山西大学学报（哲学社会科学版）》2021 年第 3 期。

② 段斌斌：《从形式法治迈向实质法治：高等学校依法治校的战略选择》，《高等教育研究》2021 年第 6 期。

③ 周佑勇、曹萍、孙海等：《依法治校与现代大学制度建设》，《国家教育行政学院学报》2017 年第 10 期。

④ 祁壮：《依法治校进程中高校权力清单制度的实践探究》，《管理学刊》2023 年第 2 期。

⑤ 苏春景、张济洲：《〈高等教育法〉修改亮点和大学治理法治化》，《中国高等教育》2017 年第 21 期。

特色的依法治校问题。①

（二）关于大学治理与制度体系和治理保障的关系研究

有学者提出大学章程是现代大学法人治理的制度保障。②有学者提出要通过完善大学制度尤其是大学章程来促进大学学术治理。③有学者认为体制化的系统治理是中国高等教育保障的核心机制。④有学者针对大学治理结构与教育质量保障机制关系进行了研究。⑤

（三）关于大学治理保障相关主体的研究

有学者以教育部直属高校为例分析了学生参与大学内部治理保障工作中的问题与改进路径。⑥有学者提出大学内部治理主体要专业化。⑦有学者探讨了大学治理工作之中教授治学的问题。⑧有学者分析了大学治理工作之中社会参与的价值与限度。⑨

---

① 王秉琦、邱必震：《大学依法治校的中国特色》，《国家教育行政学院学报》2015 年第 9 期。

② 湛中乐、高俊杰：《大学章程：现代大学法人治理的制度保障》，《国家教育行政学院学报》2011 年第 11 期。

③ 王牧华、宋莉：《高校学术治理的生态逻辑：制度保障与环境建设》，《吉首大学学报（社会科学版）》2018 年第 2 期。

④ 苏永建：《体制化的技术治理与中国高等教育质量保障》，《高等教育研究》2017 年第 3 期。

⑤ 于杨：《大学治理结构与教育质量保障机制关系探析》，《江苏高教》2012 年第 1 期。

⑥ 向万平：《我国学生参与大学内部治理的保障研究——以教育部直属大学为例》，《华北电力大学学报（社会科学版）》2023 年第 1 期。

⑦ 吴璇：《论大学治理内部主体专业化取向》，《江苏高教》2022 年第 12 期。

⑧ 张炜：《教授治校与大学治理》，《高等教育研究》2018 年第 6 期。

⑨ 孙健：《社会参与大学治理：内涵、价值与限度》，《教育理论与实践》2022 年第 33 期。

（四）国外有关大学治理保障的研究

国外学者对于大学治理和治理保障有着较为丰富的研究，虽然直接研究大学治理保障工作的论著较少，但是在相关领域中对治理保障工作有所涉及。在由美国学者约翰·范德格拉夫等人编著的《学术权力——七国高等教育管理体制比较》一书中，对联邦德国、意大利、法国、瑞典、美国、英国和日本七个国家大学内部学术权力结构特征进行了分析。美国学者科尔森的大学“权力结构论”认为，大学内部权力结构主要由科层管理结构和专业权力结构组成。总体来说，国外学者对于这一领域的研究相对较少。

二、研究的总结

大学治理是当下高等教育领域的一个热门话题，在党的十九届四中全会正式对“推动国家治理体系和治理能力现代化”工作做出部署之后，实现中国高等教育的现代化，建设现代化大学成为高等教育领域的研究热点。第一，基于“依法治国”视域，学术界进行了对于大学依法治校的相关研究，梳理了大学依法治校的基本概念、演进历程、价值意蕴等内容，形成了较为丰富的研究成果，并且在实际中推动了依法治校工作的开展。第二，基于“国家治理体系和治理能力现代化”这一概念，对大学治理体系和治理能力的现代化开展了系列研究，针对大学治理的路径措施等内容开展了研究。第三，围绕大学的治理保障工作，学术界对治理保障工作的主体、内容等进行了一定的研究，有了一定的成果。同时，国内学者还对世界一流大学的治理保障工作实践开展了研究，拓宽了视野。

三、研究的启示

对于大学治理保障的研究还相对较少，鲜有学者单独针对大学治理保障工作进行研究，大多都是在研究大学治理工作的过程之中，对于治理保障有所涉及。基于现有研究基础，有必要聚焦大学治理保障，从大学治理体系和治理能力现代化的角度出发，来研究大学制度与治理体系同大学治理保障工作的关系，探索构建大学治理保障工作机制链，并思考大学校长在大学治理保障工作中应发挥什么样的作用、如何发挥好自身的作用。

第二节　依法治校是高等学校高质量发展的基本遵循

习近平总书记指出："全面推进依法治国是一个系统工程，是国家治理领域一场广泛而深刻的革命。"①在国家治理能力和水平的提升上，全面依法治国起着重要作用。要提升高等学校治理能力和水平，实现依法治校是其中起着关键性作用和基础性作用的一个方面。在新形势下，学校包括高等学校面临的复杂发展环境对大学治理能力提出了新要求。实现依法治校，需要重塑学校治理结构的方法，来达到提升学校整体治理能力和水平的目的。在我国加快建设教育强国的大背景下，推进依法治校，提升治理能力和水平是高等学校安稳运行、有序发展的必然要求。要明确依法治校必须在国家法律法规规定的范围内进行，在习近平法治思想的指导下进行，以

① 习近平：《论坚持全面依法治国》，中央文献出版社2020年版，第102页。

法治思维和法治方式实现依法治校，提升大学治理现代化能力和水平。要以完善大学章程为关键促进制度建设，推进治理改革。加快形成以大学章程为统领的完善、规范、统一的制度体系。要以“教师”“学生”为参与者提高高等学校法治保障能力。要使依法治校得到贯彻落实，就要从营造法治育人环境、推进治理能力和体系现代化与强化效果评价入手，构建全方位依法治校的工作模式，为新时代高等学校教育改革提供重要支持。

一、依法治校是高等学校高质量发展的必然选择

依法治校作为推动大学治理能力现代化的必经之路，也是大学实现高质量发展和现代化的必然选择。

（一）依法治校的含义

在现有研究成果中，对于依法治校的一系列理论探究和探讨开始于 1998 年，刘冬梅在《对“依法治校”的再探讨》一文中对“依法治校”的内涵、标准、途径等进行了初步研究。[①]2003 年，教育部发布《关于加强依法治校工作的若干意见》。与此同时，教育部在不断完善“依法治校”的相关内容，比如提出了“依法治校示范校”创建的八条标准，这也标志着依法治校工作在全国范围内正式开展启动。[②]2010 年，《国家中长期教育改革和发展规划纲要（2010—2020 年)》明确指出了推进依法治校对于实现高等学校管理现代化、建设现代学校制度和扩大高等学校自主办学权的重要性，因此高等学

① 刘冬梅:《对“依法治校”的再探讨》,《河南师范大学学报（哲学社会科学版)》1998 年第 3 期。

② 张丽:《教育法律问题研究》，法律出版社 2007 年版，第 166 页。

校要建立符合国家法律法规的学校章程和制度，做到依法贯彻落实学校的教学和管理职责。[①]2012年，教育部又发布了《全面推进依法治校实施纲要》，成为指导各高等学校全面推进依法治校的基本标准。党的十八大以来，以习近平同志为核心的党中央以实现党和国家长治久安为目标，对国家的法治建设进行重新审视，将全面依法治国提升到了“四个全面”战略布局的全新高度，以前所未有的决心和力度推进，取得了重大理论创新、实践创新、制度创新成果。[②]

依法治校的内涵与外延在实践过程中逐步得到完善和发展。依法治校指的是在大学治理中，将法治思维、法治方式贯穿于全过程，将法治作为治理准则，将国家的法律法规和大学的内部规章制度作为治理依据，将大学的治理结构进行重塑，以此对大学进行治理管理的管理方法和观念。依法治校是全面依法治国的基本方略在教育领域的具体体现和实践，也是完善中国特色现代大学制度体系的重要组成部分。

（二）依法治校的基本内容

依法治校是教育领域推进法治的必由之路，因此依法治校必须落实四个重要环节，即科学立法、严格执法、公正司法、全民守法。可以将依法治校的内容构成归纳于法律渊源、法律主体、法律权利义务、法律效力。[③]

---

① 王学春、张鑫：《高等学校依法治校理论研究》，《国家教育行政学院学报》2010年第5期。

② 陈宝生：《全面推进依法治教为加快教育现代化、建设教育强国提供坚实保障——在全国教育法治工作会议上的讲话》，《中国教育报》2018年12月25日。

③ 关保英：《依法治校：价值、内容与实现路径》，《华东师范大学学报（教育科学版）》2018年第2期。

第一，依法治校的法律渊源。法律渊源指的就是与教育有关的法律法规相关条文规定所构成的法典化文本内容，是高等学校实行依法治校的法的来源。从国家层面来看，关于教育的法律就有《中华人民共和国教育法》《中华人民共和国高等教育法》《中华人民共和国义务教育法》等相关法律，有关教育行政法规包括《中华人民共和国中外合作办学条例》《高等教育自学考试暂行条例》等，还有具体到规范教师、学生以及其他社会主体的法律法规等；从地方层面来看，地方性法规和地方政府规章中也存在着有关教育和学校的行政法规。

第二，依法治校的法律主体。在依法治校进程中的主体是多元的，参与到整个教育体系中的国家管理机构、高等学校管理层、教师、学生和其他社会主体都应该是依法治校的主体，共同构成了依法治校的法律主体。其中，高等学校的管理层起着重要作用。但依法治校的狭义法律主体仅限于具有公共管理权力的高等学校相关机构。

第三，依法治校的法律权利义务。权利义务是一个法律概念，目的是连接各个法律主体，使法律主体之间、法律主体与法律客体之间基于法律事实而发生关系连接。在依法治校的背景之下，高等学校管理主体、教师、学生等有权利和义务。通过梳理各个主体之间的权利义务关系，有利于高等学校治理结构关系的厘清与构建，从而促进依法治校的运行。

第四，依法治校的法律效力。设置法律的目的之一便是依靠它的效力作用规范、约束或者激励各个主体的行为，使其负有法律责任。如果有主体违反了这一法律，那么理应承担法律后果。在依法治校的背景下，主体也能够根据相关条文提起申诉、诉讼，维护合法权益。这就是依法治校的法律效力所起到的一系列正向作用。

（三）新时代依法治校的意义

要推动高等学校高质量发展，就要立足于新时代，以依法治校为契机，直面各种现实的问题和挑战，建立健全制度体系。我国高等学校的依法治校正在处于探索实践的过程，[①]因此需要通过依法治校来加强法治教育，提升法治素养，将法治理念内化于心，完善大学章程，优化大学治理结构。

第一，依法治校提供了规范行为的依据。作为公民，都应该遵守国家的法律法规，根据国家的法律法规来规范自己。同样，高等学校内部各主体也应该根据依法治校中的“法”来规范自身，不断增强自身的法治观念。

第二，依法治校保障了教师与学生的权利。通过推进依法治校，不仅有助于完善高等学校的治理结构，而且可以依法保障教师与学生的权利。

第三，依法治校维护了公平正义。依法治校规范高等学校内部结构之间的权利运行，推动高等学校内部进行合理管理，维护了公平正义。

第四，依法治校促进了高等学校发展。依法治校在促进高等学校发展方面起着较大的作用，具体表现在提高教育教学质量、推动科学技术创新以及促进高等学校管理水平的提高等方面。

---

① 闵辉、夏雅敏、邓叶芬：《高等学校依法治校的理论思考和路径选择》，《中国高等教育》2020 年第 9 期。

二、高等学校依法治校的关键环节

高等学校实施依法治校中的法律依据，包括宪法和各类现行法律法规，以及大学章程等在内的制度规范。

（一）坚持以国家法律法规为遵循

党的二十大报告对未来一段时期我国建设发展作出了总体规划和部署，在法治中国建设方面，对全面推进依法治国进行了系统规划，在法治轨道上全面建设社会主义法治国家。要实现全面依法治国，高等学校就要全面落实依法治校。当前高等学校要推进依法治校的工作，首先应该以国家的法律法规为遵循，主要从法律至上、自觉守法、严格执法等方面入手做好工作，[①]以国家法律法规为遵循，树立正确的关于依法治校的法治理念，破解依法治校过程中的法律法规方面的问题和难点，不断推进依法治校工作。

第一，要坚持宪法至上，尊重法律。高等学校管理层、教师和学生都要在自己的内心最深处树立起对宪法和法律绝对权威性的尊重，在法律面前人人平等，所有人都不能够违反法律，凌驾于法律之上。只有在内心尊重了法律，法律约束他人行为的效力才能生效。维护“法”的尊严，维护“法”的至高无上性。

第二，要坚持有法必依，遵守法律。高等学校的管理层、教师和学生必须遵守国家对于高等教育相关的部门法、行政法规、部门规章、条例、学校的校纪校规，提升法治理念，完善法治人格。

第三，要坚持严格执法，违法必究。法律之所以具有强大的生

---

① 袁颖：《全面推进依法治国背景下依法治校的方略与途径》，《理论视野》2015 年第 12 期。

命力，是因为要落到实处。高等学校在依法治校的过程中，对于“法”的设计与落实上要考虑学生和教师的权利和需要，学生是高等学校之本，教师是高等学校的主体，高等学校需要做到依法治校与人文关怀的统一，依靠法律、法规维护好他们的合法权益，给他们创造良好环境。[①]

（二）坚持以完善大学章程为核心促进高等学校制度体系建立完善

大学章程是大学内部的宪制性文件，是大学的权力机构依据国家和地方政府的法律法规，根据学校的实际情况和办学特色，按照一定的程序设立，并且具有一定效力的治理学校的总章程。可以说大学章程就是高等学校内部的“宪法”，是高等学校高效运行的指南针。在依法治校的背景下，大学章程的重要性也日益上升，逐渐在高等学校治理中凸显出了其关键性。同时国家根据我国大学的实际发展情况，形成了“党委领导、校长负责、教授治学、民主管理”的现代大学治理模式，因此要实现高等学校治理的现代化，就要以完善大学章程为核心，以推进依法治校为契机，以建立和优化高等学校制度体系为目标，提高高等学校治理能力和水平，推动高等学校高质量办学。高等学校在坚持党的全面领导、依法自主办学、实现全过程人民民主的原则指导之下，完善大学治理章程，构建高等学校决策权力的制度体系，形成利益相关群体及各决策主体之间相互作用的规则，建立一套科学合理的高等学校的现代大学

① 袁颖：《全面推进依法治国背景下依法治校的方略与途径》，《理论视野》2015 年第 12 期。

治理体制。[①]

第一，在完善大学章程中，要将权力下放，扩大高等学校办学自主权。在政府方面，政府要发挥好顶层设计角色的作用；在高等学校方面，要让高等学校拥有更多的办学自主权，发挥高等学校在教学活动、学术研究和社会服务上的作用，提高高等学校的积极性。

第二，在完善大学章程中要坚持去行政化，营造良好的学术氛围。过去高等学校对学术管理存在着一些问题，表现出明显的过于行政化的特征。[②] 大学章程在完善过程中要保障营造良好的学术环境，进行具体化、法律化的规定。

第三，在完善大学章程中要坚持民主，切实保障师生权利。教师和学生是高等学校的重要组成部分，而对师生的权利进行保障也是大学章程的重要职责之一。在完善大学章程的过程中，要强调师生权利和义务的统一。在师生权利保护方面，要确保师生参与高等学校重大决策和知情权，优化权益保障机制，保证有需要的师生能够及时、有效、有序得到法律援助；重点完善教职工代表大会和学生代表大会制度，确保师生有序的民主参与权利；在办学过程中要及时传达学校的办学情况和听取师生意见建议，定期召开教师代表座谈会和学生代表座谈会，拓宽师生参与学校发展进程的渠道。

---

① 宋瑞：《以新一轮高等学校章程修订为契机推进高等学校治理现代化》，《中国高等教育》2022 年第 20 期。

② 宋瑞：《以新一轮高等学校章程修订为契机推进高等学校治理现代化》，《中国高等教育》2022 年第 20 期。

（三）坚持以服务师生为中心提高高等学校法治治理保障能力

高等学校在依法治校的进程中要依靠法治来治理高等学校，依靠法治来保障师生权利。教学活动是高等学校活动的重要组成部分，教师和学生作为教学活动的主体，高等学校有义务和责任对师生进行保障。依法治校中的“法”是高等学校进行治理的重要依托，要实现高等学校的高质量办学，就要提高高等学校法治治理的保障能力。

高等学校在完善治理的过程中要以学术发展为重，以师生发展为本，以师生权利保障为重要任务。① 高等学校要完善权力监督体系。通过施加权力程序规范和监督制约体系，加强对权力的管理。同时要发挥好师生的监督作用。高等学校要把好选人用人的关口，任人唯贤，选举具有高素质、高法治意识以及高道德的人来进行治理，实现良治善治。

三、高等学校依法治校的贯彻落实

高等学校在依法治校的过程之中，要明确指导思想，坚持以习近平法治思想为指导，以法治推动治理体系和治理能力的现代化。

（一）贯彻习近平法治思想，营造公正平等的法治育人环境

习近平法治思想是全面依法治国的指导思想。党的十八大以来，以习近平同志为核心的党中央从中国发展战略全局的高度，定

① 徐显明:《大学理念与依法治校》,《中国大学教学》2005 年第 8 期。

位法治、布局法治、厉行法治，形成了内涵丰富的习近平法治思想。习近平总书记指出："全面依法治国是国家治理的一场深刻革命，关系党执政兴国，关系人民幸福安康，关系党和国家长治久安。必须更好发挥法治固根本、稳预期、利长远的保障作用，在法治轨道上全面建设社会主义现代化国家。"[①]全面推进依法治国是建设社会主义法治国家的必然选择。全面贯彻落实党的二十大精神，学习宣传习近平法治思想，就要推进国家各方面法治化，教育领域不能缺席。在推进依法治校工作的过程中，要以习近平法治思想为指导，营造高等学校内部公正平等的育人环境。高等学校要从把法治作为办学治校的基本理念、制度建设的基本遵循、实施管理的基本方式和教育教学的重要内容入手，推进依法治校工作的贯彻落实。[②]

第一，依法治校要以习近平法治思想为指导推进治理。依法治国是国家治理的基本方式，同样依法治校也是高等学校治理的基本方式。大学内部治理的法治化、制度化进程也要跟上，不能落后。高等学校要回应广大师生对于学校法治化进程的诉求，将法治理念融入治理工作的各方面全过程。

第二，依法治校要以习近平法治思想为指导落实制度建设。为了实现高等学校高质量发展，建设中国特色现代大学制度，高等学校治理的规章制度也要及时创新，就要贯彻习近平法治思想，不断

① 习近平：《高举中国特色社会主义伟大旗帜　为全面建设社会主义现代化国家而团结奋斗——在中国共产党第二十次全国代表大会上的报告》，人民出版社2022年版，第17页。

② 邓传淮：《深化依法治校　推动习近平法治思想进学校进课堂进头脑》，《人民教育》2022年第12期。

修订完善高等学校的规章制度，提高制度的针对性和有效性，构建系统、科学、规范的高等学校规章制度体系。

第三，依法治校要以习近平法治思想为指导优化管理。习近平法治思想指出要坚持以人民为中心，坚持法治为了人民、依靠人民。高等学校管理要树立以师生为本的理念，坚持科学化、民主化、法治化，营造良好的管理环境，推动依法治校进程顺利展开。

第四，依法治校要以习近平法治思想为指导深化法治教育。要推进各种形式的法治宣传教育，提升师生员工的法治理念、法治精神和法治思维，全面提升他们的法治观念和素养。[①]将他们培养成坚定的法治守护者、捍卫者和执行者，进而助力营造全民尊法、守法、学法、用法的良好氛围。

（二）全面坚持依法治校，推进治理体系和治理能力现代化

对于提升国家治理体系和治理能力现代化来说，全面依法治国起着至关重要的作用；同样，对于高等学校治理体系和治理能力现代化来说，依法治校也起着关键作用。全面推进依法治校，是推进高等学校高质量办学，建设中国特色社会主义现代大学制度的必然要求和根本保障。对高等学校而言，要通过推进依法治校，提高高等学校治理的能力和水平，为高等学校落实好立德树人根本任务、产出创新性科技成果、更好服务社会提供保障。高等学校坚持依法治校，优化高等学校治理，可以从内外两个方面具体展开。

一方面，要从内部入手，高等学校要完善管理运行机制。高等学校管理重在人才培养、知识创新和社会服务，高等学校要实现依

① 王菁菁：《试论高等学校治理现代化路径——以习近平法治思想为指导》，《江苏高教》2021 年第 6 期。

法治校就要从这三个方面入手完善管理和治理机制。具体就要建立科学的决策机制、高效的执行机制和完善的监督机制，将法治理念融入其中，为高等学校培养人才、进行知识创新和提供各式各样的社会服务强化保障。

另一方面，要从外部入手，助力高等学校提升治理水平。依法治校离不开社会参与，通过开展校地合作等形式，吸纳社会法治资源融入高校法治治理中，有效提升高校治理的法治化水平。同时，社会监督是依法治校的重要一环，要依法依规做到信息公开，敢于接受社会监督。

（三）优化内部治理结构，强化高等学校依法治校的效果评价

要贯彻落实依法治校，还应该对效果进行评价，从而为后续优化高等学校的内部治理结构提供参考的依据。对此，教育部制定《全面推进依法治校实施纲要》，对推进依法治校提出阶段性目标与制度设计，指出“健全依法治校考核评价机制”的目标，结合我国高等学校依法治校的现状和基础，在现有教育行政法律法规的指导下，提出了高等学校依法治校评价体系的主要指标构成。① 这些评价指标为高等学校依法治校工作的顺利开展提供了重要参考。

第一，高等学校需要具有完善的组织机制、领导机制和工作机制。完备的组织、领导和工作机制是顺利进行治理的首要保障。高等学校拥有一套科学、系统、规范的机构和运作模式，才能够保障依法治校工作高效、有序开展。

① 刘新军、许放：《试论高等学校依法治校考核评价体系的指标构成》，《国家教育行政学院学报》2014 年第 5 期。

第二，高等学校需要具有自己特色的大学章程。大学章程“上承国家教育法律法规、下启学校规章制度”。① 各高等学校应该以国家宪法和法律法规为依据，结合各自的实际情况，制定出具有自己高等学校特色的大学章程。同时大学章程的内容应该涵盖学校民主决策、民主监督、民主参与、民主管理等各个方面。② 大学章程是高等学校进行依法治校的基本遵循。

第三，高等学校需要具有合理的内部治理结构。高等学校在完善治理结构的过程中，要坚持对权力“制约架构”的原则，对决策机制、执行机制以及监督机制进行平衡和制约，并且要明确界定各自的主体、运行过程和执行规则，做到权力运行有效，提高决策与执行的规范，扩大民主监督范围。高等学校内部治理结构的合理运行，推动着高等学校依法治校工作的顺利开展。

第四，高等学校需要具有特色内部评价机制。各校的依法治校总体工作将经历“工作实施—评价实效—改进工作—再工作实施”的螺旋式上升过程。③ 这个否定之否定的过程便是依法治校工作自我评价机制的实施过程。高等学校在经历内部评价之后，形成报告，上至教育主管部门来检查高等学校工作的开展情况，下至让高等学校全体师生员工共同承担起监督学校依法治校进程的责任，并将结果纳入高等学校领导班子的目标考核。

① 牛维麟：《现代大学章程与大学管理》，《中国高等教育》2007 年第 1 期。

② 刘新军、许放：《试论高等学校依法治校考核评价体系的指标构成》，《国家教育行政学院学报》2014 年第 5 期。

③ 刘新军、许放：《试论高等学校依法治校考核评价体系的指标构成》，《国家教育行政学院学报》2014 年第 5 期。

第三节 以现代化大学制度和治理体系推动治理保障工作

构建现代化的大学制度和治理体系是推动大学发展的重要保障，也是建设世界一流大学、打造世界一流学科、实现大学内涵式发展的应有之义和必然要求。《中共中央关于坚持和完善中国特色社会主义制度、推进国家治理体系和治理能力现代化若干重大问题的决定》为构建现代化大学制度和治理体系指明了方向。大学要坚持以习近平总书记关于教育，尤其是高等教育发展的重要论述为指引，立足于新时代和中国大地，结合中华优秀传统的教育思想，面向世界、面向现代化、面向未来，充分以高等教育的现代化服务中国式现代化建设。

一、现代化大学制度和治理体系的构建与完善

大学内部运行离不开制度体系和治理体系，大学需要构建符合时代发展的现代化制度体系和治理体系。

（一）制度与治理的关系

在《中共中央关于坚持和完善中国特色社会主义制度、推进国家治理体系和治理能力现代化若干重大问题的决定》一文中，“治理”一词出现了83次，“制度”一词出现了222次。制度一般理解为在一定历史条件下形成的法令、礼俗等规范的集合。治理是指运用一定的手段和方式，对特定的事物加以管理、调整、改造，使其达到有序状态、符合一定要求的活动和过程。[①] 治理的依据就是现

① 李忠杰:《全面把握制度与治理的辩证关系》,《经济日报》2019年11月20日。

行的各项制度，制度的价值需要通过治理体现；同时，在治理过程中能发现制度的不完善之处并加以完善。

（二）构建符合大学发展需求的制度和治理体系

中国大学的制度体系和治理体系的目标指向了高等教育的现代化、指向了教育事业的兴旺繁荣和人才培养提质增效。

第一，制度和治理体系现代化建设要坚持党的领导。党的二十大报告中指出“中国式现代化是中国共产党领导下的现代化”，坚持中国共产党领导，是中国式现代化最鲜明的特征和最突出的优势，是推进中国式现代化必须坚持的首要原则。大学治理现代化的效果直接指向了中国式现代化的人才支撑和事业后继有人的重大问题，必然遵循中国共产党领导的现代化的价值逻辑。回望我国高等教育事业七十多年来的发展历程，可以看出高等教育的发展与党的领导密不可分。

第二，制度和治理体系需要以立德树人为价值标准。立德树人是教育的根本任务，我国的教育事业旨在培养德智体美劳全面发展的社会主义建设者和接班人。治理的主体是教师和学生，在这两者之中，教师是立德树人的教育者，应坚持“经师”和“人师”二者相统一的原则；学生是立德树人的受教育者，大学生正处在世界观、人生观和价值观形成塑造的关键时期，极易受到外界环境的影响。在制度设置和治理实施的过程中坚持立德树人，以更好地为党育人、为国育才。

第三，制度和治理体系要为世界一流大学、世界一流学科建设服务。进入新时代以来，以习近平同志为核心的党中央，站在实现中华民族伟大复兴中国梦的高度，提出建设世界一流大学和世界一流学科。“双一流”建设方案基于大学、学院、学科三重逻辑对构建我国一流大学建设高等学校的高质量教育体系作了宏观统筹。① 大学发展的现实目标也是成为一流大学和拥有一流学科，我们的制度和治理体系应该是为“双一流”的建设目标服务，以制度保障学校学科、人才、科研等工作治理水平的高质量发展。

（三）提高制度和治理的效率与实效

第一，要推动构建科学合理的制度体系和治理体系。制度的科学化是有效治理的保障，治理能力只有依据科学规范的制度才能实现。同时，在制度的基础上，应构建完善的治理机制，让大学的治理有法可依，师生的活动有规可循。

第二，要引导师生自觉遵守规则。制度体系和治理体系落脚于校园内部的教师和学生，教师和学生是制度的执行者和治理的承担者。因此，师生员工应自觉了解、学习并践行相关的制度和规则，不做出违法违规的事情，同时也要运用规则来维护自身的合法权益。在涉及学校发展重大战略、校园建设等与自身利益密切相关的活动时，通过教代会、学代会制度或师生代表座谈会等渠道合理反馈诉求。

第三，要不断推进制度和治理体系的完善发展。制度体系和治理体系不是一成不变的内容，而是一个动态发展、不断优化的过程，其遵循因事而化的规律。推行新制度时或进行制度修订时，先在小范围进行试点实施后再大范围地推广，并及时回过头看实施的效果，吸收总结反馈意见，以此来不断促进制度的完善。

---

① 朱旭东、黄蓝紫：《一流大学建设高等学校的教师教育体系构建：困境与路径》，《清华大学教育研究》2023 年第 2 期。

二、以现代化大学治理运行机制提供大学治理保障

机制是系统内各要素之间相互作用运动所遵循的规律。运行机制是指大学内部的各机构以及各部门之间如何协调有序地开展工作，大学需要以科学合理的运行机制提供优质的治理保障。

（一）现代化大学治理运行机制

中国的现代化大学治理运行机制是既彰显中国共产党领导这一鲜明特色，又具有世界一流大学治理运行机制普遍特征的机制体系。

1. 党委常委会、校长办公会等运行机制

党委常委会和校长办公会作为高等学校治理体系中关键的环节，是学校各类重大决策、决定以及规章制度的发布源头，在高等学校治理中扮演着统筹协调的角色。中共中央组织部、教育部党组印发《普通高等学校党委常务委员会会议和校长办公会议（校务会议）议事规则示范文本的通知》，针对常委会和办公会的议事模式、议事要求做出明确规定。在大学治理能力现代化的要求下，党委常委会和校长办公会应进一步突出抓大事、议大事、谋大事作用，同时还应规范议事议题的选择、上会机制、职责范围。根据议事规则要求，在校长办公会议题中增设是否需要提交党委常委会审定的核查程序，完善督促机制，防止漏报情况。

2. 重大事件或任务中的领导小组机制

遇见重大突发事件、处理重大问题或是要执行涉及多领域多部门的重要任务时，成立专项工作小组来负责是我们党在百年奋斗历程中总结出来的科学经验。成立领导小组是发挥社会主义集中力量

办大事优势的重要法宝，也是防范化解重大风险，提高决策科学化、合理性特别是及时性的重要机制。通过成立领导小组，能将分属于不同部门的资源、力量统筹起来，构建集中、统一、高效的领导模式。

3. 校内各职能部门的运行机制

校内的职能部门在整个大学治理体系中位于中间地带，负责整个大学的日常运转，不同的职能部门之间的运行机制也有所差异。一般来说，高等学校的校内职能部门机制包括了学术科研运行机制、教学管理运行机制、学生工作运行机制、财务工作运行机制、安全保卫运行机制、后勤保障运行机制等。

4. 基于大数据技术的信息化大学治理的运行机制

智慧治理和信息化治理是一种新兴治理手段，是大学治理乃至全球治理的发展方向，信息技术手段的快速发展也为大学治理能力的提高提供了技术保障，通过网络办公、智慧校园建设，一方面减少了日常管理、日常工作所需要耗费的时间成本和空间成本，提高办事效率；另一方面，拉近大学管理者和师生员工之间的距离，通过在线反馈平台、书记校长信箱等方式能将意见建议迅速上传快速处理。同时，还能运用算法将海量庞杂的数据、信息进行分类处理，从中找到关键的、有建设意义的信息，以此提高治理能力和改善治理效果。

（二）现代化大学治理工作机制运行的基本原则

在大学治理工作过程之中，要坚持民主、法治和公平正义这三个最为基本的原则，来推动大学的治理工作协调有序进行。

1. 民主原则

全过程人民民主是中国共产党立足于国家社会发展全局，系统总结党的百年奋斗历史经验而总结出来的新的民主方式，是真正的民主，是对西方民主制度的超越。全过程人民民主是实现中国式大学治理现代化的民主新形态。在大学治理中坚持民主原则就是要：以大学治理为教师发展服务、为学生发展服务；坚持切实保障教师、学生合法权益，以大学治理提升师生员工的幸福感、满足感、获得感最终增强归属感；坚持充分采纳吸收师生员工的反馈意见，凝聚共识、群策群力，提高治理的深度和广度，最终实现科学治理。

2. 法治原则

大学治理体系和治理能力中的法治维度是判断其是否现代化、是否科学合理的重要维度。“一个现代化的国家治理体系，本质上是一个法治体系，是一个政府、社会、个体都按照宪法及法律行为的‘规则体系’。”① 在大学治理体系中也是这样。通过高等学校的法治建设，实现大学内部的协调有序进行，正确处理好学校、教师、学生三者之间相互错综复杂的关系，增强其可持续发展办学的能力。

3. 公平正义原则

公平正义是高等学校师生对大学治理体系中最直观、最直接的感受，是师生在校园内学习、生活及发展的最底线保障。公平正义一方面需要有科学的制度体系和治理体系作为保障，并将公平正义

① 王江燕：《治理现代化核心是法治化》，《学习时报》2014 年 12 月 22 日。

原则贯穿全过程；另一方面，公平正义原则的发展又能促进治理体系和治理能力的现代化。同时，开展公平正义的治理是对民主原则和法治原则的最好价值体现。

三、大学校长推动大学治理保障工作的现代化

现代化的大学制度体系和治理体系是大学发展的保证，是大学治理保障过程的科学指针。实现大学治理体系和治理能力的现代化要求有现代化的大学治理保障工作体系，大学校长要充分发挥好作用，推动大学治理保障工作的现代化，提高大学治理保障工作的质量。

（一）治理保障工作要遵守党委领导下的校长负责制

在现代化治理中，高等学校党委以加强自身建设来保持与时俱进的学习力、判断力和决策能力。“要推进大学治理保障体系现代化，根本问题是要加强组织保障，要把党的领导落实到‘把方向、管大局、作决策、抓班子、带队伍、保落实’上来，着力提高理论素养和政策水平，增强总揽全局协调各方的能力、应对复杂局面的能力、依法治校理政的能力。”[①] 全面坚持党的领导不仅能推动新时代高等学校落实立德树人的根本任务，还是提升办学治校效能的本质要求。实现大学更加有效的治理，大学校长就要切实将党的领导、党的建设全方位全过程地贯穿在教书育人和办学治校中，进一步推进强化学校党委领导核心作用、强化院系基层党组织的整体功能，充分发挥基层党支部的战斗堡垒作用和广大党员的先锋示范作

① 李正军：《高等学校治理体系与治理能力现代化的三重维度》，《湖南日报》2020年1月11日。

用，切实增强大学治理的组织保障。

（二）大学校长提高治理保障工作法治化水平

高等学校治理保障必须树立法治意识，严格遵守法律法规，强化对违纪违法行为的处置，增强治理保障的合法性和公信力，让治理保障工作有法可依、有规可依，这就要求大学校长重视提高治理保障工作的法治化水平。

第一，要明确法治建设目标。2020 年，教育部印发《关于进一步加强高等学校法治工作的意见》，明确了高等学校法治工作的目标定位是推进高等学校依法治校，提高高等学校治理体系和治理能力现代化水平。持续推进法治高等学校建设，就是要以法治化、规范化、科学化的制度来保障高等学校规范运行。

第二，要树立法治思维。高等学校管理者要树立法治思维，具体说就是红线思维和底线思维，在管理工作中要明确自身的工作职责，用党规党纪、法律法规来严格要求自己的同时审慎行使公权力，并且要守住红线，让红线成为思想防线，用制度守住红线，用红线维护制度。高等学校师生要树立法治意识，要明确权利和义务的对等关系，在享有和行使权利的同时明确自身应履行的义务，同时正确运用法律手段维护合法权益。

第三，要厚植法治文化。高等学校法治文化是指高等学校主体（包括教育行政部门及其工作人员、高等学校管理者、高等学校师生员工）对于高等学校法律生活所持有的以价值观为核心的思维方式和行为方式。① 其既包括了显性的制度文化也蕴含着隐性的理念

① 吴艳：《高等学校法治文化建设问题与对策探析》，《云南农业大学学报（社会科学版）》2011 年第 5 期。

文化的内容。法治文化是大学文化的重要组成部分，其代表了大学文化中的公平与正义。要以法安天下、德润人心的方式去推动法治文化的建设。

（三）大学校长提高治理保障工作民主化水平

随着高等学校综合改革深入推进，师生参与高等学校的各项改革治理的积极性不断提升，尤其在事关切身利益的重大决策面前表现得更为积极主动。健全民主权利基本制度，应做到以下两个方面。

一方面，建立信息公开制度。教师、学生是学校教学和科研工作的主要对象，必须较为全面且充分地了解和把握相关信息才能高效参与学校决策。因此，学校应建立健全信息公开制度，推动党务公开、校务公开的贯彻落实。具体来说，学校门户网站应当设立为对外信息公开的主窗口，及时公开学校的办学治学状况以及教务、人事和财务信息等，切实保障广大师生在大学治理中的知情权、参与权、表达权，从而提高高等学校师生的责任感与参与度，进而推动学校治理水平的提升。

另一方面，建立健全重大决策意见征集制度。要发挥学校学术委员会、学位评定委员会、教学指导委员会等组织的作用，并对其功能和权限进行合理划分，推动决策参与主体多元化，日益提高学校决策的科学性和民主性，保障师生的合法权益。在教师方面，教职工代表大会要在学校民主管理和监督中发挥主渠道作用，落实好教职工代表大会对切身利益事务的审议权和通过权，保障他们的知情权和建议权，明确教职工对管理部门及干部的评议权和考核权。《中华人民共和国高等教育法》明确规定“高等学校通过教职工代表大会等组织形式，依法保障教职工参与民主管理和监督，维护教职工合法权益”[①]。在学生方面，要拓宽学生参与学校民主管理的渠道。学生代表大会是高等学校学生权利得以行使、权利得以保护的组织，在学校中以桥梁和纽带的形式将学校、学院和学生紧密联系起来，推动高等学校学生积极高效地参与民主管理并进行民主监督。

（四）大学校长提高治理保障工作信息化水平

智慧校园建设是大学校园建设的发展方向，建设智慧校园就是要利用好当前新型的信息技术手段，如 5G、大数据、AI 等新技术，提高大学治理保障工作的信息化水平。

一方面，要将治理保障工作同大学智慧校园建设工作结合起来。大学校长要想提高大学治理保障工作的科学性、合理性以及有效性，就需要及时、准确地掌握各类信息数据。要将全校发生的各类事情，遇到的突发情况汇总，围绕常见问题、常见情况进行大数据的处理，分析归纳发生的频率以及未来发生的可能性。智慧校园建设助力实现大学内部运行过程、全体人员、全部资源的互联互动，成为创新组织模式、优化治理机制的加速器。[②] 通过智慧校园提高大学内部运行的信息化水平，能够提高大学治理保障工作的效能。

另一方面，要在全校范围内营造良好的信息化环境。大学治理

---

① 《中华人民共和国教育法律法规全书（含相关政策）》，中国法制出版社 2017 年版，第 177 页。

② 王瑶琪、聂建峰、张芳：《加快智慧校园建设　推进大学治理现代化》，《中国高等教育》2021 年第 19 期。

保障工作的现代化要求高速、便捷的信息交流方式，这就需要大学校长注重智慧校园建设过程之中的基础设施建设，如信号基站、网络维护等问题，同时通过线上平台的开发与投入运营，将大学师生的学习、教学、科研及生活等方方面面都纳入信息平台之中，让治理保障工作团队在线上即可提供各类便捷、高效的服务。

第四节　构建现代化大学治理保障工作机制链

在大学治理过程之中，治理保障工作是达成大学治理的目标不可或缺的部分，构建大学治理保障工作机制链是内在需要。在实现高等教育现代化道路上，构建大学治理保障工作机制链符合社会发展的规律和需要，具有重要的现实价值和意义。大学治理保障工作机制链不仅为大学治理保障的工作有效、规范、平稳运行提供制度保障，提升大学治理保障工作的水平，还能促进大学治理保障工作趋于更加科学、规范、高效。在构建大学治理保障工作机制链的时候，其主要构建者是大学校长。

一、大学治理保障工作机制链概述

大学治理保障工作机制链是基于现代化大学治理过程中，为进一步提高大学治理体系和治理能力的现代化水平，而综合多个子系统、子要素之间的衔接机制所构建出来的一种机制体系，其本身是一个动态建构的过程。

（一）大学治理保障工作机制链的目标

大学的治理保障工作是为大学办学和大学发展服务，大学进行人才培养最为根本的任务就是立德树人。立德树人是我国教育事业的根本任务，中国大学人才培养的标准就是要培养德智体美劳全面发展的社会主义事业的建设者和接班人。大学的治理保障工作要做到为大学的立德树人工作服务、为培养德智体美劳全面发展的人才服务，这是大学治理保障工作机制链构建的最核心内容。因此，在治理保障工作机制链发挥作用的过程之中，机制链中的所有参与者要树立立德树人的职业思想和职业道德，提高能力素养。

构建大学治理保障工作机制链，就要运用系统科学的工作方法和原则，围绕难题，激发各要素、各环节以及各子系统的作用，并且实现内部之间的相互配合，进而使大学治理保障整体工作的功能能最大限度地发挥，实现大学治理保障工作高质量发展。要以系统化、科学化、体系化和现代化的机制链来全面提升大学治理保障工作能力。

（二）大学治理保障工作机制链的结构

在大学治理保障工作机制链之中，不同的工作机制处于不同的环节，通过科学的方式方法凝结起来，形成一个具有系统性、规范性、有序性的整体。

第一，理念弘扬机制。在整个工作机制链的构建或者运行过程之中，需要有科学的理念和完善的政策制度作为先导，让整个工作过程有法可依、有规可依，沿着正确的方向前进。一是需要坚持依法治校。二是要用好大学章程，大学章程作为学校内部的最高准则，处在学校制度体系的核心地位，是一个学校办学的准则，学校的发展要围绕大学章程来进行，同时还要注重对于大学章程的适时修订。三是落实立德树人的根本任务。

第二，工作运行机制。治理保障工作是一个持续性、长期性开展的过程，运行的前提是决策，就是在科学决策、民主决策的基础之上，做出符合大学发展的治理保障工作决策。之后执行这一决策，一批高素质、高质量的工作团队来执行。决策和执行是整个机制的过程性环节，也是主干环节。

第三，运行保障机制。运行保障机制是在整个工作机制运行的过程之中，长期发挥作用的一个机制。一是组织保障；二是队伍保障，加强对于治理保障工作队伍的专业化建设，打造一支年龄结构合理、学历结构合理、能力结构合理的专业化团队；三是资源保障；四是政策保障，要将治理保障工作规范化。

第四，过程反馈机制。过程反馈机制就是要在运行的过程之中，注重信息反馈，通过高效便捷的沟通方式来促进反馈的及时性和有效性。同时，过程反馈机制也是便于大学校长能够及时对工作进行优化的重要渠道。在过程反馈机制之中也蕴含着监督。

第五，评估奖惩机制。评估奖惩机制是整个机制链过程的内在性内容。评估是根据一定的目标，采用科学的方法和标准，对大学工作中的人员、活动等方面的状态和绩效，进行质和量的判断。在评估的过程之中，要采取科学的评估方法，如定性与定量结合的方法，普遍与特殊结合的方法等。奖惩分为奖和惩，对于达到标准、效果良好的进行奖励表彰，既可以是物质的也可以是精神的；对于未达到预定目标或者在运行过程之中出现纰漏的进行惩罚。奖惩结合是开展工作的一个重要方式方法，有助于提高工作运行效率。

第六，优化创新机制。优化创新机制指向了大学治理保障工作机制的未来发展，推动大学治理保障工作的完善。大学办学不是一成不变，而是不断发展的过程，实现大学治理保障工作的现代化，就需要依托优化创新机制来提高大学治理保障工作的能力，以此来适应现代化大学的发展。优化创新包括了理念创新和机制创新两个方面，优化创新需要依托过程的反馈和评估表彰，注重运行过程之中所反馈的各类信息，及时地跟进和调整，同时要运用好评估的结果，针对好的方面进行进一步弘扬和发展，不好的方面及时找准问题并加以改正。在优化的过程之中，要善于吸纳新技术、新方法。

（三）大学治理保障工作机制链的特点

机制链的构建是为了更好地推动大学治理保障工作的完善。大学治理保障工作机制链具有以下特点。

第一，发展目标的明确性。大学治理保障工作机制链的目标就是提高大学治理保障工作的能力，大学校长以构建大学治理保障工作机制链来提高治理保障水平，以治理保障工作的现代化来推动大学治理的现代化，并且推动高等教育的现代化和大学的特色办学，终极目标就在于推动一流大学的建设。因此，无论是什么类型、什么地域的大学，其治理保障工作机制链的目标都只有一个，就是指向大学的发展与建设。

第二，内部结构的系统性。大学治理保障工作机制链由六个机制所组成，六个机制处于不同的地位与环节，有着不同的作用形式，但六个机制的排列组合方式却是紧密联系在一起的，每个机制作为一个独立的子系统，六个子系统共同构成了整个治理保障工作系统，六个环节环环相扣、不断递进、排列有序。

第三，与时俱进的开拓性。开拓性是建立在治理保障工作机制链的过程反馈机制、评估奖惩机制以及优化创新机制基础之上的。

大学治理保障工作是一个实践的过程，实践必然带来事物的运动变化，在有效的引导和科学方法的指引下，这一运动必然是向上的、前进的运动，是一个螺旋式上升和波浪式前进的过程。大学治理保障工作正是在这一过程之中实现自身的发展。

二、构建大学治理保障工作机制链的总体思路

大学校长在构建大学治理保障工作机制链时需要遵循系统性、开放性以及个性化原则，坚持理论与实践、过去与未来、整体和部分的统一，同时还要有一定的价值导向。

（一）构建的遵循原则

大学治理保障工作机制链有其自身的构建要求，作为一种科学的工作模式和方式，它既具有大学工作机制链的一般特征，又具有治理保障工作的个别特征，需遵从以下基本原则。

1. 系统性原则

系统性原则是指在构建大学治理保障工作机制链之中，要运用好系统观念这一科学的思维方法。习近平总书记在党的二十大报告中指出："我们要善于通过历史看现实、透过现象看本质，把握好全局和局部、当前和长远、宏观和微观、主要矛盾和次要矛盾、特殊和一般的关系。"[①]既要看到大学治理保障工作机制链这个整体系统，又要看到构成这个工作链系统的各要素，充分发挥好各要素之间的作用、协调好各要素之间的关系，促进系统内部各要素的协调

① 习近平：《高举中国特色社会主义伟大旗帜为　全面建设社会主义现代化国家而团结奋斗——在中国共产党第二十次全国代表大会上的报告》，人民出版社2022年版，第11页。

有序运行。同时，还要注重不断地对整个系统和系统内部的排列组合进行更新，注重因时而动和因时而新。

2. 开放性原则

大学治理保障工作机制链并不是一成不变、故步自封的，而是在开放包容之中，吸收外界相关的经验，紧跟时代要求，确保工作机制链不过时。通过明确实现高等教育现代化和构建具有中国特色、世界一流大学的目标对于当下大学治理保障工作的新要求，来不断优化工作机制链。同时，大学本身就具有开放交流的特征，这种交流不仅仅是学术科研上的交流，也是管理模式和治理体系的交流，通过吸收借鉴国内外世界一流大学的治理保障工作的优秀经验，并将其与自身办学实际相结合，但大学治理工作机制链的开放特征并不是照搬照抄，而是以我为主、充分吸收借鉴其他优秀成果，博采众长。

3. 个性化原则

个性化原则就是大学在构建治理保障工作机制链的时候要充分考虑到学校办学自身的实际情况，突出特色。大学的治理保障工作机制链是一个普遍性概念，是对于建设具有中国特色、世界一流的大学过程之中必不可少的一个环节。构建大学治理保障工作机制链过程之中的六个主要机制是机制链的一般特点，不同的学校因为办学历史、办学规模、师生人数、办学层次、办学类型以及所在位置的区别而实际情况会有差距。所以，在构建大学治理保障工作机制链的时候，大学校长要注重把握大学自身的实际情况以及未来发展目标，将构建的基本思路和大学实际情况结合起来，构建符合大学发展的机制链，来使得机制链更好地发挥作用。

（二）构建的过程要求

构建大学工作机制链需要采取系统科学法、历史分析法以及结构分析法[①]，作为建立在其基础知识上的大学治理保障工作机制链也需要遵循上述三个方法，但在其构建过程中，应做到理论与实践、过去与未来以及整体和部分的统一。

第一，理论与实践统一。理论即大学治理保障工作以及其机制链所依托的指导方针、学术成果，如高等教育学、管理学、系统科学等相关学科知识，同时要注重学科最新理论成果的运用。同时，还要注重大学治理过程尤其是本校办学发展过程中的实践情况，将理论指导和实践反馈结合起来。实践观点作为马克思主义哲学的首要观点，在实践过程中坚持理论与实践的统一也是马克思主义的必然要求。通过坚持理论与实践的统一，不仅能对大学治理保障工作提供科学指导，同时还能丰富发展大学治理保障的理论体系。

第二，过去与未来统一。大学治理保障工作是一个长期性质的工作，从大学诞生一开始，就产生了大学的治理保障工作，小到教室设备的安装与维护，大到大学章程等大学制度的修订落实，大学的治理工作本身就具有发展性和前进性的特点，就是从低级到高级、从不完善到完善、从不合理到合理的一个过程。在发展历程之中，会产生诸多宝贵经验。在构建大学治理保障工作机制链的时候，要注重对于学校发展基础、历史经验、历史规律的总结。同时，大学也是面向未来的大学，要注重把握大学治理保障工作的现代化发展要求，要构建符合教育现代化发展要求的治理保障工作机

① 孟东方等：《大学工作学》，人民出版社 2016 年版，第 415—416 页。

制链。

第三，整体和部分统一。大学治理保障工作本身就是一个系统，其机制链也应是一个系统，要善于运用系统观念来构建，在整体和部分的统一之中，实现大学治理保障工作机制链的协调发展。将大学治理保障工作机制链看作一个整体时，其内部又可以分化为诸多子系统和部分，如校内各职能部门、学院、专项工作小组等，每个子系统有自身的工作职责和定位，只有当各子系统协调有序的时候才能实现整个治理保障工作系统的协调有序。若把整个大学工作看作一个系统，大学的治理保障工作又是整个整体系统中的一个子系统，要推动大学的治理保障系统同大学的教学系统、科研系统、文化建设系统之间匹配协调，才能更好地推动大学工作这个系统的发展。

（三）构建的价值导向

大学治理保障工作作为大学工作中至关重要的运行板块，构建对应的工作机制链对于促进大学合理有序运行，促进大学治理体系和治理能力的现代化具有重要作用。

第一，指导大学的有序运行。在构建大学治理保障的工作机制链中，一个重要价值就是完善了大学治理保障机制，从根本上为大学治理保障工作顺利运行提供强有力的保障。一是通过优化大学治理保障机制的内部工作结构，对内部的各个要素进行合理和科学的配置，提升大学治理保障的整体工作水平。二是畅通各种沟通交流工作渠道，为大学治理保障工作提供多渠道、多平台，实现其多方位的发展。三是改善大学治理保障工作的环境，通过管理创新和方法创新促进大学治理保障工作的顺利展开，并且提升相应工作的工作质量水平。

第二，为大学的事业发展提供机制保障。构建大学治理保障工作的机制链能够使大学治理保障工作有规可依，促使与大学治理保障相关工作能够规范运行。大学治理保障工作机制链是大学治理保障工作科学、有序、规范展开的“指挥棒”，引导着大学治理保障工作不断朝着科学化、良性化的方向发展；大学治理保障工作机制链是大学治理保障工作发展的“风向标”，旨在为大学治理保障工作提供参考的价值，提供正确的导向，让大学治理保障工作有章可循，提高大学治理保障工作管理的规范性。

第三，是大学治理体系和治理能力现代化的要求。大学治理体系和治理能力的现代化要求大学内部运行畅通、高效、便捷，需要大学的治理保障工作实现现代化。要以高质量的治理保障工作为大学的高质量、内涵式发展和协调有序运行提供支撑。作为大学治理体系中的一部分，只有实现了大学治理保障能力的现代化，大学才会实现现代化治理。构建工作机制链，就是以系统、科学、现代的思维来思考大学的治理保障工作，以机制链的形式促进大学的治理保障工作协调有序。

三、大学校长要推动构建大学治理保障工作机制链

大学校长作为大学治理保障工作的责任人和推动者，应主动推动构建大学治理保障工作机制链，为大学的治理保障工作提供指导和保障。

（一）大学校长为机制链的构建提供坚实保障

第一，为机制链的构建提供科学谋划。要优化大学治理保障工

作机制链的运行，需要一套系统的规章制度来保障机制链的有序运转，即要建设大学治理保障制度，加强制度建设是保障机制链科学规范运行和大学治理保障工作有序开展的重要保障。大学校长要从思路设计、规划布局、系统构建等方面入手，站在大学发展的宏观角度来思考大学治理保障工作机制链的构建问题，要以立足大学发展的全局来思考问题，要将大学治理保障工作同大学人才培养、科学研究等职能的履行结合起来，将机制链放在大学这一整体系统之中去构建。

第二，为机制链的构建广泛凝聚力量。大学治理保障工作机制链涉及多个职能部门和多个工作领域，覆盖大学师生日常教学、科研及生活的方方面面，具有涉及人员多、涉及范围广、涉及事务杂等特点，机制链的各环节之间既相互联系又相互独立，需要有强有力的力量来统筹协调。大学校长在“党委领导下的校长负责制”工作模式下，对于大学的各职能部门、各类资源有着进行调动与部署的权力和义务，大学校长要尽可能地凝结全校师生、各职能部门的力量，共同构建大学治理保障工作机制链。同时，大学校长对外代表大学参加社会活动，要努力争取各级政府、企事业单位为大学发展提供资源，在社会活动中提高大学的知名度和美誉度，引导社会力量为大学发展注入资源。

第三，为机制链的构建搭建便捷通道。大学治理保障工作自身作为一个动态过程，从大学的产生开始就一直处于运行状态，构建大学治理保障工作机制链的目的也是服务大学不断发展，要将大学治理保障工作机制链落实落细。大学校长要发挥好作为大学主要行政领导的作用，引导落实大学治理保障工作机制链，确保机制链上的每一个环节、每一个步骤都按照预先规划进行运行。同时，大学校长还要注重处理运行过程之中可能面临的突发事件和突发情况，对于运行过程之中的人员变更、经费保障、政策支持等要站在整个机制链宏观运行角度来思考调整。大学校长还要注重对于大学治理保障工作机制链运行落实后的检查审核，根据一定的指标体系对各环节进行科学评估，以此为后续机制链的更新调整工作提供依据。

（二）大学校长为机制链的构建培养人才队伍

大学治理保障工作机制链内部主要是由各职能部门以及大学的行政管理人员所构成，大学校长要充分发挥好他们的作用，提高管理人才的专业化、职业化水平。在大学治理保障工作机制链的主体队伍中，管理人才队伍发挥着骨干和主导作用，因此要着重抓管理人才队伍这个“关键少数”，加强管理人才队伍建设，建设一支高素质的管理人才队伍，为大学治理保障工作提供坚强支撑。一流的大学需要一流的高等学校管理队伍。①

第一，树立对管理人才的科学认识，加强管理人才队伍建设的首要条件则是要充分认识到管理工作在大学治理中的重要性，以及在大学治理的保障方面所起到的重要作用，大学校长要把管理人才队伍的建设当作一门科学来看待，高等学校的管理就是最大限度地分配学校的人力、物力和财力，以促进高等学校各方面的工作正常运转，获得最好的效益，管理人才队伍在其中发挥的作用功不可没。

第二，重视对管理人才的科学培训，加强管理人才队伍建设的

① 唐洪武：《“双一流”视角下高等学校管理人才队伍建设的思考》，《国家教育行政学院学报》2018 年第 9 期。

关键是提高队伍的素质，有了高素质的人才队伍，才能实现高效的管理，素质的提升包括了政治素质、理论水平、专业技能和实践本领等等，要跟上时代进步的步伐，不断拓宽知识面，提高业务素质和管理水平。

第三，建立对管理人才的评价考核机制，加强管理人才队伍建设的重点是激发他们的工作热情，提高他们工作的积极性，在建立科学评价机制的基础上，设立赏罚分明的考核机制，坚持严管与厚爱联合、激励与鞭策共用，激发管理人才的工作激情，让他们感受到自己的工作价值，提高他们的自豪感和成就感。

（三）大学校长为机制链的构建完善宏观设计

第一，注重机制链的合理性。在构建大学治理保障工作机制链之前，大学校长要充分了解大学治理保障工作的重点、难点以及关键问题等内容，同时还需要大学校长对于大学的整体发展工作有清晰明确的了解，充分认识到大学的治理保障工作对于大学的整体发展的重要意义和明确定位。同时，大学校长在构建大学治理保障工作机制链时，应充分考虑到中长期的发展以及未来工作需要，要有长远目标，要将短期目标和长远规划结合起来，妥善处理好短期利益和长远利益之间的关系。此外，在构建大学治理保障工作机制链的时候，要运用好教代会、学代会等制度，充分吸收师生员工的意见，推动治理保障工作的科学性、民主性、合理性，以及提高师生对于大学治理保障工作的认同度和支持度。

第二，注重机制链的可持续性。大学治理保障工作机制链应该坚持全面、协调以及可持续的原则，最后的落脚点应是推动大学治理保障工作的可持续发展。大学的建设和发展是一个长期性的过程，在达成一定目标之后，会朝着更高、更远的目标进行奋斗。因此，大学治理保障工作要在大学校长的领导下，采取新举措、新模式，不断调整系统结构、整体局部、功能要素之间的关系，推动机制链整体在规范有序、健康和谐的发展轨道上持续运行。可持续性要求大学校长对于治理保障工作进行持续性的重视，要推动治理保障工作的全方位、全过程落实和开展。

第三，注重机制链的全局性。大学治理保障工作作为大学治理工作的组成部分，在整个工作体系之中发挥着兜底的作用，在构建大学治理保障工作机制链的时候，应明确其本身的工作职责，聚焦主责主业，以高质量、现代化的治理保障工作为大学的整体事业发展服务。同时，学校的事业发展总体布局又是和整个国家的高等教育事业发展总体布局相一致的，因此，大学的治理保障工作还应为推动大学治理体系和治理能力现代化服务。大学校长在这一过程之中，要明确大学治理保障工作的主线，把握各个环节、过程中出现的新形势、新需要和新情况，不断进行优化，注重过程性和结果性的统一，推进机制链的高效有序运行。

第十六章　大学的校园条件论

大学的校园条件优化，是大学校长行使职权、履行职责的基本保障，也是大学校长推进形成更高水平的人才培养体系的工作内容。习近平总书记明确强调："要用好校园阵地"①，"广泛开展文明校园创建"②。2023 年 5 月 29 日，习近平总书记在中共中央政治局第五次集体学习时强调，教育数字化是我国开辟教育发展新赛道和塑造教育发展新优势的重要突破口。③大学校园建设是大学办学治校的重要环节，在校园建设中体现时代性、富有创造性，是新时代新征程上建设教育强国，支撑高等教育发展的应有之义。

对大学校园条件的研究，就是要从理论上系统探讨校园条件的范畴、重要性和作用，从实践经验中总结其建设的基本原则、主要内容，以及大学校长引领校园建设的方法途径，以期通过硬环境和软环境的一体化打造，"有形校园"和"无形校园"的有机融合，使大学校长领导下的大学成为能满足现代教育实践要求的高水平、

① 习近平：《同北京师范大学师生代表座谈时的讲话》，《人民日报》2014 年 9 月 10 日。

② 《习近平谈治国理政》第二卷，外文出版社 2017 年版，第 378 页。

③ 《习近平在中共中央政治局第五次集体学习时强调　加快建设教育强国为中华民族伟大复兴提供有力支撑》，《人民日报》2023 年 5 月 30 日。

多功能、智慧化的真实空间载体、虚拟网络载体和体验文化载体，这是大学校长的功能和价值体现，也是对“大学校长怎样发展大学”这一大学校长学基本问题的回答。

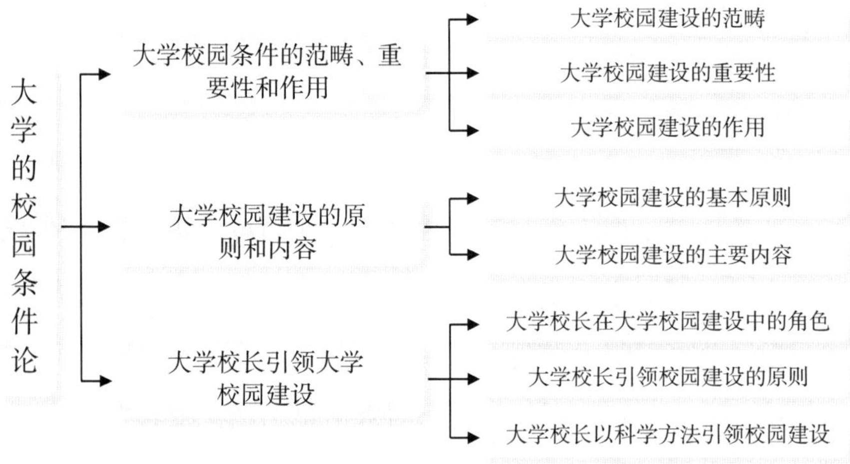

图 16-1　大学的校园条件论结构

第一节　研究的综述

大学的校园条件是大学发展的基础保障，也是大学师生生活学习的场域，与大学师生息息相关，同时大学校园条件也是大学办学能力的外显部分，现有的大学校园建设研究为本课题研究提供了丰富支持，课题研究将重视大学校园建设，打造现代化大学校园。

一、研究的现状

在中国知网（CNKI）以“大学校园条件”为主题词进行检索，可以检索到有关学术论文 800 余篇，其中和本研究内容相关研究约

500篇，若扩大搜索范围以“大学校园建设”为主题词进行检索，可以检索到有关学术论文4600余篇。聚焦本课题的研究内容，围绕“大学实体校园”相关论文仅有10余篇，“大学智慧校园”相关论文有500余篇，“大学魅力校园”相关学术论文仅有5篇左右。围绕大学校园建设，不同学者也出版了众多学术著作，如《大学校园建设规划论》（陈于仲，2008）、《大学校园建设创新与实践》（辛洪云等，2006）、《大学和谐校园建设与管理》（蔺光等，2008）等，大学的校园条件和校园建设这一主题学术界从不同方面进行了不同角度的研究，总体可以分为以下四个方面。

（一）关于大学实体校园建设的研究

张丽霞等人从高等学校校园植物景观配置的角度对于大学校园建设开展研究，提出要对大学绿化进行合理布局、科学选种和长远考虑加强维护。[①] 陶文彬提出要对大学校园内部的商业设施进行合理布局，满足大学师生的多样性需求。[②] 郑志强围绕大学景观雕塑开展研究，提出了四种不同的空间布局方式。[③] 唐怀彬等人提出对于大学校园的基础设施建设要彰显“文化育人”的功能和价值。[④] 有学者围绕大学内部的老旧小区改造进行了研究。[⑤]

① 张丽霞、彭尚先、齐磊等：《现代大学校园植物景观配置研究浅析——以河南省3所高校校园植物景观配置为例》，《高校后勤研究》2021年第4期。

② 陶文彬：《新形势下高校校园内商业空间研究——以东南大学九龙湖校区为例》，《现代城市研究》2022年第12期。

③ 郑志强：《论大学校园景观雕塑空间布局——以厦门大学为例》，《雕塑》2019年第6期。

④ 唐怀彬、刘莉：《以“文化育人”为中心的大学基础设施建设浅探》，《成都大学学报（社会科学版）》2017年第2期。

⑤ 张庆红：《浅谈大学校园内旧住宅小区环境改造的对策方法——武汉大学茶港小区为例》，《工程建设与设计》2017年第16期。

（二）关于大学智慧校园建设的研究

李璐等人围绕现有政策文件从6个一级指标、23个二级指标和56个三级指标提出了高校智慧校园评价指标体系。[①] 赵磊磊等人提出将人工智能技术融入大学智慧校园建设之中，来推动智慧校园发展进入新阶段。[②] 郭欣等人提出要通过校园一卡通的建设和改造升级来打造智慧校园。[③] 刘冬邻提出要建设安全、高效的智慧校园网络架构，各大高校要加大对校园网络建设的投入来支持智慧校园建设。[④] 王瑶琪等人提出要通过智慧校园建设来推动大学治理的现代化。[⑤]

（三）关于大学魅力校园建设的研究

夏广忠等人将大学魅力分为感性魅力和理性魅力，并提出了提升大学魅力的措施方法。[⑥] 林墨飞等人围绕“慢行”系统的打造和构建来建设魅力校园开展研究。[⑦] 李晓慧等人从大学的景观设计为切入口，提出通过古今结合的方式来提升大学校园魅力。[⑧]

---

① 李璐、王运武：《高校智慧校园评价指标体系研究》，《现代教育技术》2020年第5期。

② 赵磊磊、张黎、代蕊华：《智慧校园的智能升级：基于人工智能的智慧校园》，《现代教育技术》2020年第11期。

③ 郭欣、戴冶、李巍等：《校园一卡通升级改造工程实施案例——大连医科大学校园一卡通系统升级改造项目》，《中国教育信息化》2017年第9期。

④ 刘冬邻：《安全、高效的智慧校园网络架构设计》，《网络安全技术与应用》2016年第3期。

⑤ 王瑶琪、聂建峰、张芳：《加快智慧校园建设　推进大学治理现代化》，《中国高等教育》2021年第19期。

⑥ 夏广忠、李超：《大学魅力的解读与个案比较研究》，《现代教育管理》2011年第5期。

⑦ 林墨飞、翟钢军：《大连理工大学魅力校园慢行系统构建策略研究》，《城市建筑》2021年第1期。

⑧ 李晓慧、黄靖、刘慧民：《古今造园结合　提升校园魅力——以哈尔滨工程大学南校区景观规划为例》，《黑龙江生态工程职业学院学报》2011年第1期。

（四）国外关于大学校园条件的研究

美国哈佛大学教授理查德·道贝尔（Richard P. Dober）作为大学校园建设方面的资深学者，在他的四本著作《校园规划》（*Campus Planning*，1963）、《校园设计》（*Campus Design*，1992）、《校园建筑》（*Campus Architecture*，1996）、《校园景观》（*Campus Landscape*，2000）书中，在基于大量实证研究的基础之上，围绕大学的建设进行研究，针对大学建筑设计、规划布局等方面从多个角度对大学校园提出大量的对策建议。美国学者保罗·特纳《校园：一个美国设计的传统》，英国学者乔纳森·库尔森、保罗·罗伯茨、伊莎贝尔·泰勒《大学规划与校园建筑：对尽善尽美的探求》也对大学的校园建设提出了自己的观点。

二、研究的总结

国内外学者对于大学校园条件有关研究较为丰富，从不同角度、不同学科为大学的校园建设提供了丰厚的学理支撑。学术研究之中不乏基于某所或者某个地区高等学校的实际调研结果分析，具有可靠性和真实性，初步建立起了关于大学校园建设的研究体系。一方面是分类别对于校园建设进行了研究，学术界关于校园建设的研究主要集中在智慧校园、实体校园以及校园的生态建设等方面，聚焦大学校园对于大学师生学习生活的提升路径开展研究；另一方面是对于大学校园建设过程之中精神层面的内容进行了研究，将大学校园建设同大学文化建设结合起来研究。学术界关于校园条件的研究相对丰富，涉及的学科门类也多样化，不乏通过学科交叉的方式来研究校园条件以及校园建设问题。

三、研究的启示

从目前关于大学校园条件的研究可以看出，还存在以下不足：第一，对大学校园建设过程中，大学内部主体的定位和作用依然不清晰，如何发挥好大学内部各主体在校园建设之中的力量没有明确。第二，不同主题的校园建设有不同的目标，不同主题的校园建设之间的关系不明确。第三，大学校园建设同大学发展之间的关系作用不明确，对于现代化大学所需要的现代化大学校园建设研究偏少。因此，本章将在已有研究的基础之上，围绕大学的实体校园、智慧校园和魅力校园三个建设目标开展研究，探索大学校长在大学校园建设之中应该有何作为、发挥什么作用。

第二节　大学校园条件的范畴、重要性和作用

大学的校园条件是大学办学的基础，也是大学实现人才培养、科学研究、文化传承创新等重要功能的主要场域。随着高等教育的迅速发展，大学规模不断扩张，校园建设在规划定位、资金投入、资源投放、软硬件提升等诸多方面不同程度改善。厘清校园条件的范畴，明确校园条件的重要性和功能作用，以此指导开展校园建设，优化校园条件，才能真正做到物尽其用，最大限度地体现和发挥大学校园作用，实现校园建设适配大学发展。

一、大学校园建设的范畴

大学校园作为支撑大学发展的基本条件，应为实现办学功能和

内部治理提供充足适切的条件，同时也应通过阵地的改造与优化，让大学校园成为彰显价值理念、教育主张、大学文化等精神要素的主要场域。因此，校园建设的范畴理应包含“有形校园”与“无形校园”的有机融合，硬环境与软环境的一体打造，至少应涵盖“实体校园”、“智慧校园”与“魅力校园”建设三个方面内容。

（一）实体校园建设

打造实体校园是完善大学功能配套，创建校园条件的物质基础。实体校园是客观存在的，是看得见，摸得着的有形校园环境，对内是师生员工的活动场域和空间载体，对外是学校形象、文化、实力的综合展示窗口和平台，具有很强的外在性、直观性和可塑性。对实体校园的建设，是大学本身的职能职责所在，同时，打造高品质实体校园也是助推大学更好履职尽责、发挥功能的有效途径。随着高等教育的迅速发展，高等学校实体规模不断扩大，为进一步整合资源，突出优势，强化特色，高等学校不同程度地面临合并、搬迁、新建和完善等现实建设任务，高等学校应因地制宜做好空间规划，按需投入基础建设，不断提升后勤服务能力水平，让师生员工在可触摸、可感知、可体验、可欣赏的真实空间载体中，发挥大学主体力量，有效开展大学工作，促进环境育人。

（二）智慧校园建设

党的二十大报告首次提出“推进教育数字化，建设全民终身学习的学习型社会、学习型大国”[①]，将“教育数字化”写进党代会报

① 习近平：《高举中国特色社会主义伟大旗帜　为全面建设社会主义现代化国家而团结奋斗——在中国共产党第二十次全国代表大会上的报告》，人民出版社2022年版，第34页。

告，教育数字化转型势不可当。教育部部长怀进鹏在世界数字教育大会上的主旨演讲中谈道“数字化转型是世界范围内教育转型的重要载体和方向”①，建立数字化、信息化现代教育体系，成为推动高等教育高质量内涵发展的关键，其本身既是教育现代化的重要内容，也是实现教育现代化的重要保障。高等学校的信息化已迈入智慧教育的新阶段，智慧校园作为全球范围内新技术、新科技、新趋势、新方向的集合体，必将对教育的全面改革与发展产生深刻影响，发挥重要作用。智慧校园的建设过程，就是现代科技不断创新，不断引领教育理念，革新教育模式，创新教育手段的发展变革过程。大学作为人才培养的摇篮和科技创新的重要基地，理应主动迎接现代科技给教育带来的变革，以此提高人才培养质量和办学实力。建设智慧校园就是要让科技为教育赋能，为创造更好的办学条件提供强有力的技术支撑。

（三）魅力校园建设

完善大学功能配套，为大学发展创建优越条件，要系统抓好总体规划，注重“有形校园”和“无形校园”的有机融合与统一，让大学校园成为满足师生员工使用需求，激发创造活力，形成情感依赖的空间载体和精神家园，建设“近悦远来”的魅力校园。魅力校园建设，要通过对校园环境的综合改造提升，进而提升师生员工对校园建设的满意度，从而自觉形成和激发大学主体力量的积极性、主动性和创造性。魅力校园是大学“有形校园”和“无形校园”建设的综合体现，是大学硬实力和软实力的全面展示，对内具有价值

① 怀进鹏：《数字变革与教育未来——在世界数字教育大会上的主旨演讲》，《中国教育报》2023年2月14日。

引领，情感凝聚作用，对外具有价值显示，影响力提升功能，其建设成效辐射校外社会公众、在校师生员工和海内外校友等各类群体。

二、大学校园建设的重要性

实体校园、智慧校园、魅力校园通过丰盈物质条件、变革教育形态、构建情感链接、彰显文明内涵等方式，以不同层面、不同方式为大学建设发展创造条件，成为校园建设的必然。

（一）实体校园建设的重要性

第一，建设实体校园是推动大学发展的物质保障。大学校园是师生员工活动的主要场所，一方面，大学校园的空间规划、功能布局、楼宇修建、景观设计、设施提供、道路改善等实实在在的空间环境和基础建设，为师生员工实施教育、接受教育提供场地、工具、物料等保障，为教育教学全流程提供必要硬件环境，是大学主体力量开展大学工作的前提条件；另一方面，大学办学能力和水平也受到因一定经济、社会、历史条件制约的实体校园建设情况限制，实体校园功能越完善，建设成果越丰硕，大学办学的环境则越优越，物质基础越坚实，其办学能力和办学水平更有保障。

第二，建设实体校园是师生全面发展的重要促进力量。一流大学建设离不开一流校园环境建设，打造高品质的实体校园，就是要将校园空间范围内可具象化的物质存在与大学精神文化有机融合，通过对楼宇、道路、景观、设施设备等实体物化载体的充分设计与建造，使校园内的一楼一宇、一砖一瓦、一草一木都展示出其内涵，传递着独特的大学精神，彰显着学校的核心价值理念。实体校园具有非强制性教育功能，是师生员工陶冶情操、启迪心智、规范行为、完善人格的空间载体，是促进师生全面发展的重要力量。

第三，建设实体校园是建设和谐校园的必然要求。实体校园是实现教育目标的物质条件和基本保障，对大学主体力量的教职员工和学生来说，也是资源的共享、利用与分配，涉及师生员工的切身利益。加强实体校园建设，打造规划合理、功能完善、环境优美、资源充足、保障有力的高品质校园环境，为师生提供开展教育教学的坚实物质基础，能有效化解不稳定因素，促进和谐校园建设。同时，校园内典雅的建筑、优美的自然景观、整洁的道路、先进的教学实验设施设备等，其本身也是全校师生共建共享学校发展成果的体现，是对全体师生员工贡献智慧力量发展学校、建设学校的物质馈赠，能极大地增强师生员工的自豪感、荣誉感和归属感，促进和谐校园建设。

（二）智慧校园建设的重要性

第一，建设智慧校园是教育面向现代化的内在要求。我国已开启全面建设社会主义现代化国家的新征程，社会主义现代化是各领域、全方位的现代化，教育现代化是题中之义。教育的现代化，既强调教育要为社会主义现代化服务，又关注教育自身实现现代化。《中国教育现代化 2035》提出建设智能化校园，统筹建设一体化智能化教学、管理与服务平台，创新教育服务业态等内容，使智慧校园建设成为教育现代化的重要内容和重要举措。大力加强以智慧校园建设为代表的教育信息化建设，可以极大地促进教育理念更新、教育模式变革、教育方式创新，以及教育流程再造，这是教育自身现代化的重要内容，也是实现教育现代化的内在要求。

第二，建设智慧校园是教育面向世界的客观需要。教育要面向世界，是教育面向现代化在空间上的拓展，它强调要放眼全球，吸收利用一切有益的科学技术和先进经验；要培养具备走向世界的先进人才；要致力于为世界和人类的进步与发展做出更大贡献。涵盖“人工智能”“大数据”“互联网 + 教育”“区块链 + 教育”等诸多新理念、新技术、新模式为一体的智慧教育，其本身就是全球科技发展成果的代表。可以说智慧教育下的教育信息化是教育面向世界的客观需要。

第三，建设智慧校园是教育面向未来的必然选择。教育要面向未来，是教育面向现代化在时间上的拓展，它要求教育要着眼于我国社会主义现代化发展的远景目标与要求；要与世界范围内科学技术发展趋势相适应，建立适应未来需要的新学科、新课程；要为国家的未来培养和造就更多的社会主义事业接班人。党和国家确立了“两个一百年”奋斗目标，要建设富强民主文明和谐美丽的社会主义现代化强国，用教育信息化持续推动教育现代化，从而助力社会主义现代化是必然选择。另外，智慧教育的发展本身就是一个新兴信息技术与多学科交叉融合发展的过程，是以人工智能技术等为代表的第四次技术革命在教育领域的综合运用与体现。智慧教育的发展，不断催生出如云计算、物联网、移动互联、大数据、智能感知等新学科、新课程在全球范围内的兴起，为人才培养和科技创新提供不竭动力和技术支撑。

（三）魅力校园建设的重要性

第一，建设魅力校园是提升大学社会影响力的有效途径。大学不仅是人才培养的摇篮和科技创新的基地，同时也肩负为国家和区域发展服务的社会职能，具有内部治理和对外服务的双向功能与需求。一方面，大学通过打造功能完善、条件一流、环境优美，具有独特气质、特色人文底蕴的魅力校园，使学校具备一流的硬环境和出众的软实力，对外彰显出良好的办学实力、育人水平和治理能力，才能提升学校的满意度和知名度，助推学校成为学生、家长、社会普遍向往，具有广泛吸引力和深远影响力的高水平大学；另一方面，大学是内嵌于城市的社会组织，通过知识传播、人才培养、科学研究、文化创新等方式，对城市和区域发展进程产生广泛影响，也通过知识和人才的高流动性，将大学核心理念、价值主张、文化属性辐射至城市、区域乃至更大空间范围。因此，有魅力的校园，有吸引力和影响力的大学本身也是城市的文化名片，服务影响城市的同时，也展现自身价值，提升大学影响力。

第二，建设魅力校园是激发师生创造力的基本条件。校园环境是师生员工学习、工作、生活的重要空间，是大学建设主体力量深度融入与依赖的物化场域和文明阵地。建设魅力校园，就是要从硬件投入到软件打造，从实体建设到精神培育，从品牌创建到价值提升，全面系统开发建设校园综合环境，不断提升师生融入其中的满意度，增进对学校的归属感、安全感和荣誉感，从而激发建设发展学校的积极性、主动性和创造性，实现师生共建共享校园的良性发展模式。此外，魅力校园的打造和实现过程，也是师生员工凝心聚力，贡献智慧力量，发挥主观能动性和创造力的建设过程，魅力校园为激发师生创造力提供条件，师生创造力也为实现魅力校园注入力量。

第三，建设魅力校园是增强校友凝聚力的重要路径。校友资源是学校宝贵的人力资源，也是学校行走的名片。随着师生员工在校学习、工作、生活的告一阶段，校友与学校物理空间的依存关系逐渐消失，与学校直接联系的频次降低，但在校期间接受的精神滋养，思想塑造，文化沉淀会持续发挥作用，并内化为行为和习惯。魅力校园蕴含的优质精神文化，将以文化品牌、符号、元素等多种方式植入并形成校友的思想肌理，转化为校友对母校长久不可分割的情感依赖、身份认同和价值引领，将成为团结凝聚校友力量，热爱关心支持学校建设发展的强大精神动力。魅力校园，为校友在校期间提供品质环境，离校后形成情感的桥梁和纽带，是增强校友凝聚力的重要路径。

三、大学校园建设的作用

实体校园、智慧校园、魅力校园通过空间布局、功能完善、环境改造、技术革新、文化重塑等对校园实体空间、网络虚拟空间和师生员工精神家园的全面优化提升，将校园建设融入办学治校全领域、全流程，发挥物质基础保障、流程优化再造、精神内涵提升等多重功能作用。

（一）实体校园建设的作用

建设实体校园，就是要通过合理的空间布局，齐全的楼宇场馆，完善的设施设备，优美的校园环境，优质的保障服务，为师生提供高品质的教育教学空间载体、物质条件和基础保障，发挥校园环境的使用作用、教育作用和审美作用。

1. 实体校园的使用作用

实体校园是大学校园建筑、自然景观、设施设备等所有硬件条件的物化载体，为师生员工提供实实在在、看得见摸得着的场所、设施、器具、物料等物质条件，使用功能是其最基础也是最直接的功能，实体校园通过各种硬件物资的可使用性，保障正常教育教学和学校工作的顺利开展。

2. 实体校园的教育作用

校园环境是承载教育教学的空间载体和物质基础，校园环境的打造必须尊重大学精神、文化传承、价值理念等人文内涵，因此，校园环境发挥着专业教育和文化育人的双重教育作用。一方面，校园环境通过完善的教育教学设施、实验实习场所、科研仪器设备、场馆楼宇等为人才培养、科学研究提供硬件保障，提高知识传授、专业学习质量，发挥专业教育作用；另一方面，校园里的一草一木、一砖一瓦、一楼一栋都潜移默化、润物无声地熏陶濡染着师生员工，校园环境是育人环境的重要组成部分，具有浸润式教育功能，优良的校园环境，给予师生正面引导和积极暗示，无形中影响、规范和重塑个体行为与认知，对人的全面发展产生深远影响。

3. 实体校园的审美作用

审美教育就是要运用自然界、社会生活、物质产品与精神产品中一切美的形式给人们以耳濡目染、潜移默化的教育，以达到美化人们心灵、行为、语言、体态，提高人们道德与智慧的目的。[①]优美的校园环境具备天然的艺术性和审美价值，为个体提供审美场域和美育实践大课堂，让师生身临其境，自觉形成观察美、寻求美、爱护美、创造美的审美认知和习惯，怡情养性、提升审美境界和文

① 王文雅、秦奎伟：《刍议优良校园环境建设的育人功能》，《高校后勤研究》2017 年第 5 期。

化品位。

（二）智慧校园建设的作用

习近平总书记在全国教育大会上指出："教育是国之大计，党之大计。"[①]立德树人是教育的根本任务，人才培养是国家和民族发展大计，是教育尤其是高等教育的责任，高等学校要全面落实立德树人根本任务，为党育人、为国育才。智慧校园作为集新技术、新科技、新理念为一体的教育信息化高级形态，将在学科专业、课程、教材、技术、教师等教育教学"新基建"[②]中发挥重大作用，助力提升人才培养关键环节，实现高质量人才培养。

1. 助推专业结构优化调整

专业是人才培养的基本单元，专业建设直接关系高等学校人才培养质量。习近平总书记指出："坚持面向世界科技前沿、面向经济主战场、面向国家重大需求、面向人民生命健康"[③]，为高等学校专业设置和人才培养指明了方向。高等学校专业设置要主动服务国家战略和经济社会发展需求，深化专业供给侧结构性改革，以新工科、新医科、新农科、新文科建设引领带动高等学校专业结构调整优化和内涵提升，而以互联网、大数据、云计算等新技术为支撑的智慧教育，能更加便捷灵敏地捕捉发展需求，完善人才需求预测预警机制和专业动态调整机制。同时，新技术、新科技的引入，也将助力打造特色优势专业，升级改造传统专业，形成更加科学合理的

① 习近平：《坚持中国特色社会主义教育发展道路　培养德智体美劳全面发展的社会主义建设者和接班人》，《人民日报》2018 年 9 月 11 日。

② 吴岩：《深化"四新"建设　走好人才自主培养之路》，《重庆高教研究》2022 年第 3 期。

③ 《习近平在科学家座谈会上的讲话》，《人民日报》2020 年 9 月 12 日。

专业结构和专业管理体系。

2. 助推课程建设质量提升

课程是人才培养的核心要素，高等学校要勇于进行课程改革，建设一流课程，打磨精品课程。《教育部关于深化本科教育教学改革全面提高人才培养质量的意见》指出：要着力打造一大批具有高阶性、创新性和挑战度的线下、线上、线上线下混合、虚拟仿真和社会实践“金课”，积极发展“互联网 + 教育”、探索智能教育新形态，推动课堂教学革命。加强智慧校园建设，不断优化提升校园基础设施与技术，将极大地推进课程建设与革命，为建设“一流课程网”，实现优质课程资源互联互通提供强有力的技术支撑。

3. 助推教材建设启智增慧

习近平总书记强调，加强教材建设和管理，牢牢把握正确政治方向和价值导向，用心打造培根铸魂、启智增慧的精品教材。① 教材是教育教学的主要载体，是知识传播的基本依据，教材编写要具备正确的政治方向及价值理念，同时还应体现先进性，要将学科发展的前沿理论和实践成果融入教材，实现教材的不断迭代。智慧教育的发展，有利于推动建设全国普通高等教育教材网，推动优秀教材信息、教材出版信息、教材选用信息共享，促进对多介质、数字化、智能化新形态教材的开发建设。同时，智慧教育本身在一定程度上代表先进技术和未来发展趋势，在为教材编写提供信息搜集、数据分析等技术支撑的同时，也为其提供丰富的内容和素材，助推教材建设启智增慧。

① 《习近平在中共中央政治局第五次集体学习时强调　加快建设教育强国为中华民族伟大复兴提供有力支撑》，《人民日报》2023 年 5 月 30 日。

4. 助推技术水平不断革新

技术是高等教育学习革命的关键突破，离开技术支撑的教育教学将寸步难行。未来，以在线教育教学为代表的教育新形态将是势不可当的潮流和趋势。智慧校园建设将进一步凸显技术的价值和作用，以技术水平的不断革新和自我迭代，更好地推动技术与教育教学的深度融合，用技术提升创新创造力，提升人才培养质量。

5. 助推教师素质不断提升

教师是人才培养的关键所在，高素质教师才能培养高素质人才。智慧校园的大力发展，对传统教学方式和模式产生变革性影响，为“教、学、测、评、管”全流程提供全新理念、形态、工具和资源。智慧校园建设的发展趋势，促使教师不断审视和重塑自身角色，在学科知识和专业素养之外，不断更新教育教学新理念，不断认知教育教学新形态，不断树立信息化教学意识与态度，不断学习教育教学新知识、获取新技术，更新教学方式和手段，提升数字化素养和创新创造能力，为高质量人才培养奠定基础。

（三）魅力校园建设的作用

魅力校园是优越的校园环境、优质的发展条件、良好的发展态势、和谐的校园氛围、良好的社会声誉等学校综合情况的集中反映，魅力校园代表的是学校全方位的良性发展，这对一所大学未来的发展走势、发展模式、发展水平都将发挥重要作用，产生深远影响。

1. 魅力校园是大学实现高质量发展的基本保障

习近平总书记强调，要坚持把高质量发展作为各级各类教育的生命线。[①] 大学必须从强化特色、提高质量、重视满意度等维度思考如何实现高质量发展，而这恰恰是魅力校园建设的内容和遵循的原则。

2. 魅力校园是大学实现可持续发展的内生力量

一所大学的办学兴校要成为可持续发展的事业，需有可赓续传承并创新的大学文化，需有激励并鼓舞师生员工为之奋斗的理想信念、共同目标、发展愿景，更要有为所有人认可并遵循的核心价值理念。魅力校园所承载的文化沉淀和精神力量，将转化为引领师生员工前行的动力，并内化为推动学校建设发展的行动自觉和思想自觉，成为学校实现可持续发展的内生力量。

3. 魅力校园是大学实现跨越式发展的不竭动力

师生员工是大学工作的主体力量，也是大学宝贵的人力资源、人才资源。高等教育要实现跨越式发展，一所大学要实现基业长青，办成百年名校，离不开一代代大学人的接续奋斗，离不开师生员工的凝心聚力，全员参与，全情投入。魅力校园围绕师生需求，以师生满意度为评价标准，以提升满意度为着力点，从而增进师生幸福感、获得感、归属感，激发工作主动性、积极性和创造性，为学校建设发展持续不断地贡献智慧力量，为学校跨越式发展注入不竭动力。

第三节　大学校园建设的原则和内容

以实体校园、智慧校园、魅力校园为主的大学校园建设，是大

① 《习近平在中共中央政治局第五次集体学习时强调　加快建设教育强国　为中华民族伟大复兴提供有力支撑》，《人民日报》2023 年 5 月 30 日。

学内部治理的重要一环，校园建设要助推大学治理体系和治理能力现代化，同时也要体现大学治理水平的现代化。坚持系统思维，科学谋划，明确校园建设的原则，并在此基础上确立校园建设的内容，做到有的放矢，确保资源效用的最大化，使实体校园、智慧校园、魅力校园有机融合，一体推进，既解决当前问题，又促进长远发展，为大学形成更高水平的人才培养体系创造条件。

一、大学校园建设的原则

大学实体校园、智慧校园、魅力校园建设是结构多样、层次复杂、功能叠加、要素多维的系统工程，需做好顶层设计，系统规划，确立科学合理的建设原则，分步实施，形成推动高质量发展的倍增效应。

（一）实体校园建设原则

实体校园建设要始终围绕教育教学服务，承载一定的使用功能和条件保障，其投入与建设既要考虑时代发展的大背景与未来发展趋势，同时也要结合学校实际，因时因地制宜做好统筹规划与具体实施，在这个过程中，应坚持如下原则。

1. 顺应时代发展的前瞻性

实体校园建设受一定社会历史条件影响和制约，同时也体现时代发展方向和趋势。在实体校园的建设过程中，应把握新时代新要求，要用发展的眼光准确识变，超前应变，主动求变，要将“发展”的观念植入校园环境打造的总体规划与顶层设计之中，使指导实体校园建设的观念、建设打造的方向，以及最后呈现的效果，具备的功能都体现出一定的超前性和前瞻性，才不会在短期内因整体建设滞后于时代而被时代所淘汰。

2. 因时因需的功能完善性

高等教育的迅猛发展首先体现在招生规模和办学规模的不断扩容扩张，大学校园不同程度地面临合并、搬迁、改造的投入修建任务。大学校园的修建，不能一味贪多图大，各校区要科学规划功能定位，既要有引领发展的前置性投入，也要充分整合利用现有资源，最大限度地挖掘使用既有价值，做好修缮改造和功能完善，避免资源流失与浪费，形成新旧互融、相互支撑、物尽其用的高效能实体校园打造模式。

3. 物化环境的育人性

立德树人是大学的根本任务。大学肩负人才培养的重任，是先进文化建设的阵地。实体校园建设应充分考虑大学的使命，为广大师生提供物质保障的同时，也应打造优质的育人空间。校园的建筑、景观、设施应予人以教育、启迪、激励、规范，对人的行为和意识应具备隐形的引导和教育意义，让人在耳濡目染、潜移默化中接受熏陶，接受教育，并内化为习惯，通过物化环境实现育人功能。

4. 所属大学的鲜明特色性

一所大学有一所大学的文化，不同校园有不同校园的独特气质。实体校园既为师生员工提供活动场所和物质条件，也为大学文化、历史沉淀、价值理念提供物化载体，体现办学特色。实体校园的“特色化”应是多因素多维度的叠加，主要包括地域特色、时代特色、文脉特色、生态特色、人性化特色和校本特色[①]。实体校

① 李东徽、明珠、蔡晓琳:《高等院校校园景观特色化分析》,《安徽农业科学》2010 年第 13 期。

园建设要尊重大学所在地区区域的自然环境，地形地貌，因势而建；要在特色、材料、风格、理念等方面体现当下时代特征和未来发展趋势；要注重现存环境，在设计建造上延续大学的历史文脉，体现大学的文化沉淀；要突出校园生态特色，注重人工景观与自然景观的有机融合，体现校园生物的多样性与异质性；要彰显校本特色，使校园空间内的建筑、景观、道路等物化元素都流淌着所属大学的特有气质和文化基因，成为一所大学区别于另一所大学的外在表现。

（二）智慧校园建设原则

智慧校园建设旨在将新技术全方位运用于学校工作的全领域、全体系、全流程，实现各板块的互联互通，从而更智慧、更便捷、更高效地为广大师生服务，提升人才培养质量和办学实力水平。智慧校园的设计与建设，涉及理念的创新升级，数据的融合传输，技术的支撑改造以及队伍的专业沟通等①，是一个系统和庞大的体系，其建设实施应遵循一定的基本原则，才能保证建设的科学性、实用性，从而真正实现科技为教育赋能。

1. 顶层设计原则

智慧校园建设是一项涉及教学、科研、管理、后勤等教育教学全链条环节以及人的观念意识提升改造的综合复杂工程，要具备系统思维，从高处谋划，抓好顶层设计，协调处理如基础设施与应用系统建设，软硬件投入与维护，专业数据与大数据共享等各类建设与相关要素的关系，同时还要考虑投入产出效益，以及人在整个系

① 洪李甜、王俊杰：《数智化管理下的现代高校智慧校园设计与创新——评〈智慧校园建设研究〉》，《建筑结构》2022 年第 7 期。

统使用中的习惯与行为，信息化观念意识的植入与提升等当下与未来的平衡发展。大学应充分考虑学校自身的现实情况，做好统一规划，防止为追风迎合“风口”“潮流”而无序建设、重复建设。

2. 分步实施原则

智慧校园建设涉及面广，资金投入大，需要处理和协调的相关关系较多，因此其建设过程应是一个周期相对较长，分步实施，逐步推广并不断调整完善的过程。应充分尊重和考虑各自基础条件与现实需求，依照国家智慧校园技术标准和具体要求，探寻“起步、应用、融合、创新”等逐步递进的建设周期规律，实施规范化建设与管理，不能盲目追随，贪大求快，一步到位，导致人、财、物等资源的流失和浪费。

3. 互联互通原则

互联互通一方面是指学校现有设施资源与新技术建设下的智慧型硬软件资源之间的相互融合与互补，避免信息条块分割，形成“信息孤岛”，导致存量资源的闲置与浪费；另一方面则是指智慧校园各应用板块之间的链接联通，要有统一标准接口，实现教学、科研、管理、后勤等各应用模块之间的无缝衔接，相互兼容，做好数据维护，信息互通，资源共享，既保证智慧校园各功能模块的独立性，也确保整个体系的协调运行。

4. 安全高效原则

随着 IT 技术，互联网、物联网的迅速发展，网络安全问题越发突出，网络安全已上升为国家战略，智慧校园建设要把网络和信息安全放在首要位置，提前防范化解网络攻击、数据泄露等安全风险和隐患，确保系统物理环境、设施设备、师生个人及行为信息数据、系统日常运营的安全，全方位提高校园网络安全意识，进一步完善信息基础设施，建设安全、可靠、稳定的智慧校园安全防护体系。

（三）魅力校园建设原则

魅力校园建设是大学工作的内容，也是工作成果的体现。所谓“魅力”是学校硬实力和软实力综合状态的良好呈现，是否具备“魅力”需有一定的评价标准。魅力校园建设需围绕评价标准，遵循一定的建设原则，其建设成效才能满足要求，达到预期。

1. 彰显特色原则

一所大学之所以区别于其他大学，在于其独特的历史、个性、底蕴和实力，每一所大学都有自身的气质和特质，魅力校园建设首先要凸显这份“独特”性。学校要充分挖掘凝练包含办学理念、大学精神、学校校训，以及校风、教风、学风在内的核心价值理念，要在空间规划、建筑设计、生态绿化、人文景观等有形校园建设，以及校园氛围、人文环境、制度文化、政策环境、人际关系等无形校园建设中充分遵循体现文化沉淀、文化底蕴和精神内涵，让校园的硬环境和软环境成为一所大学内在精神气质和文化特质的个性名片，展现学校独特气质，具有所属学校特性的独有魅力。

2. 师生满意原则

师生员工是大学校园的建设主体，魅力校园建设要围绕为建设主体服务，坚持问题导向、结果导向，切实满足其在校园学习、工作、生活的多样化多层次需求，以优美的环境、完善的功能、高效的管理、优质的服务保障能力，全方位提升师生满意度，以“师生满意”作为衡量建设成效的重要标准，以满意度提升，增进师生员工的获得感、幸福感和归属感。

3. 因地制宜原则

魅力校园建设是对学校现有硬环境和软环境的整体提升，因此学校现有资源和条件是建设的基础。大学应基于学校办学层次、发展定位等现实情况，充分利用现有资源和自身优势，最大限度地挖掘既有价值，因地制宜，扬长避短，不盲目跟从，不过分“超前”，注重建设的质量效益，不能走形式，华而不实虚张声势，避免资源流失浪费，物尽其用，高效能打造魅力校园。

4. 社会公认原则

大学具有服务国家和区域经济社会发展的功能，具有对外联络、向外拓展的发展需求，魅力校园建设既要观照学校内部，也应注重对外形象的塑造和影响力提升，获得社会广泛认可。魅力校园建设应在树品牌、出成果、产效益上做实举措，形成学校特色，展现学校优势，充分整合资源，打造具有代表性的校园品牌，有高显示度的标志性成果，有口碑反响的社会效益，以良好的社会形象和突出的建设成果，提升学校知名度、影响力，获得社会普遍认可，展示学校魅力。

二、大学校园建设的内容

在明确建设原则的基础上，进一步明晰大学实体校园、智慧校园、魅力校园的建设内容，是形成清晰的建设思路、找准科学的建设方式、配置合理的建设资源等建设实施的基础和关键，由此确保校园建设的质量和效益。

（一）实体校园建设内容

广义上的校园环境应包括个体能触摸、感知、体验到的实体环境和制度、规范、观念、意识所体现的精神环境两部分。这里课题组将从建设流程上探讨实体校园的主要内容。从建设流程看，实体校园至少应包括前期基础工作“校园空间规划”、中期具体实施“校园基础建设”和后期拓展体验“后勤服务保障”等三个方面内容。

1. 校园空间规划

校园空间规划是打造实体校园的顶层设计和系统思考，是建设实体校园的基础性工作。空间规划、功能分区等概念源于近现代西方城市规划，其目的是为提高效率，保证每种活动对环境的特殊要求[①]。体现在校园环境打造中，就是要将性质内容相近或相同的活动相对集中到一个区域，对这一区域统一规划、设计修建、实施管理。校园空间规划涉及不同校区之间的规划和同一校区内的规划。不同校区规划，要根据学校现实发展基础，明确办学主体校区，科学规划各校区功能定位，既考虑学校的进一步扩容发展，也充分尊重人才培养要与社会紧密联系的现实需求，实现多校区相互支撑、协调发展的良好态势。同一校区功能布局，应重点考虑校园内功能区划与空间布局，紧跟校园规划设计发展趋势，综合运用混合分区、组团式分区、主分区与附属分区相结合等设计理念，同时根据自身发展规模、在校生人数、校区面积、办学定位以及师生使用习惯等多因素综合考量，设计分区合理、功能完备、互联互通的校园布局，最大限度地满足功能，提升效率。

---

① 于瑞强、谢艳娟、韦利宏：《地方高校校园功能分区探析》，《南方园艺》2012 年第 5 期。

2. 校园基础建设

校园功能布局一旦确立，就需要在各功能区修建和配套各种基础设施，改善使用条件，实现其功能定位。

第一，校园楼宇修建。各功能区要实现功能区划和完善支撑条件，离不开楼、堂、馆、所等场所修建或修缮，如办公楼、教学楼、科研中心、图书馆、体育馆、学生礼堂、田径运动场、食堂、宿舍、生活活动用房、一站式学生社区、教职工俱乐部、健身步道、教职工住房等楼宇场馆，是师生员工开展教育教学、生活、活动的空间载体和场所。

第二，校园基础设施设备。一定的设施设备是高等学校发展跃上新台阶必不可少的硬件资源，主要包含保障教学科研的教育教学设备，如多媒体教室、实验室设备、图书资料等；保障德智体美劳全面育人功能的场馆、礼堂、会堂、运动等设施设备，如大型灯光、舞台、博物馆陈列、体育设施等；保障正常行政管理和后勤服务类设施设备，如办公设备、宿舍家具、食堂餐饮、智能充电桩、生活服务类多功能自助机等，完善的设施设备是保障高质量教育教学和满足师生生活、休闲需求的重要手段和条件。

第三，校园绿化与美化。优美的校园环境离不开包含校园景观设计在内的校园绿化与美化，通过修建打造校园内的自然景观、人文景观和文化设施，形成“美”“雅”“趣”的高品质校园环境，让师生在欣赏校园景观的同时接受校园文化的熏陶，从而陶冶情操，提升审美。自然景观需以学校自身的生态环境和地貌特征为基础，充分考虑山体、水景、草坪和各种花草、树木、植被的交叉组合与搭配，形成绿色、生态、环保的“美丽”校园环境。人文景观属人工景观，需在满足师生学习、教学、科研、休闲等需求的基础上，充分展示学校乃至地域文化内涵、历史传承等人文气息，使校园内的亭、台、楼、榭、雕塑、广场等人工景观都烙上文化的基因，形成“雅致”的校园环境。文化设施则要从功能上考虑师生的使用习惯、实际需求，设计体现学校文化符号的户外设施设备，如户外休闲桌椅、健身步道、文化长廊等，增添校园环境的“趣味性”。

3. 后勤服务保障

广义上的后勤服务保障包含教学、科研、管理、后勤等全链条的服务保障，这里我们探讨的是实体校园建设中的后勤保障，它跟实体校园一样，是实实在在的客观存在，是师生员工可感知、可体验到的校园服务。后勤服务的涵盖范围广泛，涉及教学、科研、生活方方面面，分为自营和外包两种形式，随着大学治理的现代化发展，大学的后勤服务逐渐通过规范的招投标手续由第三方专业公司来运行。根据高等学校规模和性质的不同，服务项目和内容有所调整，但无论服务项目如何交叉叠加，高等学校应秉持“三全育人”理念，不断深化后勤社会化改革，以提供与学校发展匹配的高水平、高质量后勤保障体系，推进各项服务工作现代化、科学化、专业化、标准化、智能化，增强师生员工从校园环境与服务中的获得感和幸福感。

（二）智慧校园建设内容

智慧校园建设涉及学校基础设施建设、数据资源管理、应用软件开发等物的要素，同时又包含使用者及服务对象的观念意识、操作技能、行为习惯的培训与养成等人的要素，是一个庞大又复杂的系统。建设智慧校园我们需要用系统科学作为指导，确定智慧校园建设的主要内容，并不断升级优化系统内各要素。智慧校园主要是利用新技术、新科技面向教师、管理者、学生、家长提供教学、科研、管理、生活等为一体的多元化场景与服务。因此，以丰富的软件资源和平台服务为基础的智慧场景运用是最能直接感受、体验和评价的智慧校园内容。

1. 智能开放的教学教辅系统

教学系统主要面对的是高等学校教师及教辅人员，主要包含了智慧教室、虚拟实验室、标准化考场、远程实习实训、线上教学等应用系统的建设，通过多媒体、互联网、大数据、云计算等技术，进一步丰富课程资源，优化课程设计，共享优质师资，使优质内容资源和人力资源能突破时间、空间限制，真正实现数据共享，互联互通，为学生提供全时段、全领域随时随地的学习，从而最大限度地激发学习兴趣，确保学习效果。在新形势下，打破时空局限的线上教学方式越来越成为普遍关注和经常性选择的教学模式。智能开放的教学教辅系统不断革新人们对于教育形态和模式的认知，成为深度嵌入日常学习的必备系统。

2. 高效智慧的行政管理系统

校园管理系统主要面对的是学校行政管理人员，主要包括办公自动化、教务管理、学生管理、人事管理、招生就业管理、资产管理、财务管理、档案管理、后勤管理等保证学校行政工作正常运转的各业务板块，智慧校园建设就是要利用信息科技，在充分考虑用户需求的基础上，对行政管理涉及的业务工作进行流程再造，化繁为简，系统升级，从而降低内部损耗，实现多个功能模块的数据调用、共享及批量处理，提高办公效率。

3. 便捷人性化的校园服务系统

校园服务系统面向的是全校师生员工，涉及校园一卡通、数字图书、医疗救助、校园交通、住宿餐饮、娱乐休闲等方方面面的综合服务。智慧校园建设应着眼于师生员工学习、工作、生活的便捷性与舒适度，大力加强服务保障类设施设备及应用软件的投入开发，为其提供细致人性化的信息查询，智慧化生活场景运用与后勤保障服务，不断提升学校服务保障能力，让师生员工充分体验科技改变生活、科技引领未来，增强师生员工的获得感和满意度。

4. 多元人性化的校友服务系统

校友服务系统面向的主要是分布在国内外已离校的广大校友和校友组织，至少应包含可实现校友信息注册、管理与查询的校友数据信息管理系统；满足校友多层次、个性化需求的校友服务系统；可持续追踪分析校友信息，为精准服务提供基础的数据分析决策系统；以及致力于校友文化打造，校友品牌传播的校友活动系统等。建设多功能人性化的校友服务系统，旨在为校友和校友组织提供体验感强、交互式好、需求满足多样、追踪决策到位的高效能服务，珍视维系校友这一独特重要的社会资源，形成学校服务校友、校友反哺学校的良性循环，推动学校建设发展。

（三）魅力校园建设内容

魅力校园是校园建设的一种良好状态呈现，既强调建设过程，也追求建设结果。魅力校园的建设过程要注重将“有形校园”和“无形校园”有机融合，硬实力和软实力全面提升；其建设结果要突出大学主体力量的广泛参与和建设合力激发。魅力校园建设就是要围绕有形的实体校园、无形的文化校园以及师生员工主体力量激发等内容，遵循实事求是的思想路线，制定符合大学发展实际的建设标准，系统设计，深入实施，突出成效。

1.建设更有实力的实体校园

魅力校园其“魅力”首先体现在能满足广大师生员工的使用需求，为其学习、工作、生活提供优质的物质保障和便利条件，努力使师生员工在校园空间里的状态是舒适的、愉快的、安心的。大学要着力建设校园物质文化，完善校园基础设施，合理规划空间布局，优化硬件设施条件，丰富完善文化体育艺术场馆，加大教学科研设施设备投入，使学校硬环境与学校发展定位和发展水平相匹配，能充分承载大学教学、科研、管理等各项功能，使其成为能满足现代教育实践要求的高水平、多模块、智慧化的空间载体、网络载体和文化载体，使校园环境能有效发挥使用功能、育人功能、审美功能。

2.打造更有特色的文化校园

以文化建设为主体的“无形校园”是魅力校园建设的重要内容，魅力校园要立足打造更有特色，更有辨识度，更有认可度和传播力的文化校园，才能赋予校园更多魅力。

第一，要完善大学文化理念，以培养德智体美劳全面发展的社会主义建设者和接班人为追求，提升文化韵味，完善文化理念系统，以构筑大学精神家园、满足师生精神文化需求为出发点和落脚点，以繁荣大学学术文化为关键，以建设优良的校风、教风、学风为核心，打造独特人文环境。

第二，要健全大学文化体系，深化文明创建，不断提升师生的文明素养，树立远大理想，健全发展人格，提升道德与文化修养。

优化制度文化，促进学校制度体系的健全完善，使其符合新时代教育改革评价要求。打造环境文化，不断积累文化底蕴，让师生在浓厚文化环境中培育美好心灵。

第三，要构建自信和谐氛围，涵养“各美其美，美人之美，美美与共”的和谐校园文化氛围，增强师生的学校认同、身份认同和情感认同。

第四，要不断优化育人环境，提升校园文化环境的品位和底蕴，让师生在充满美感的环境中得到熏陶，增强欣赏美、发现美、创造美的美学素养，将校园作为加强师生美育的文化土壤，阐释和提炼校园人文景观的内涵，加强文化阵地建设，充分发挥文化设施的育人功能。①

3. 形成更有合力的大学主体力量

学校师生员工是大学的主人，是从事教学、科研、建设和管理的主体力量，魅力校园建设要围绕巩固大学发展要务，凝聚师生员工智慧力量，打造发展共同体，创造条件鼓励师生全员参与，营造共建、共治、共享良好氛围，形成群体合力。②

第一，构建学习共同体，通过掌握科学学习方法，提升学习能力，提高学习质量，促进师生乐学、会学、学会，营造良好的学习环境与氛围。

第二，构建教师共同体，提升教学有效性，创新教育教学方

① 孟东方：《大学校长学：新时代高等教育发展下的新学科》，《中国教育科学（中英文）》2022 年第 3 期。

② 孟东方：《大学校长学：新时代高等教育发展下的新学科》，《中国教育科学（中英文）》2022 年第 3 期。

法，加强对教育规律的认识和研究，让教师乐教、会教、教会，做到教育生动有效。

第三，构建学术共同体，围绕抓基础、抓重大、抓应用开展学术研究，提升科研有效性，让师生乐研、会研、研成，做到创新能力突出。

第四，构建发展共同体，围绕学科、教学、科研、专业、课程建设相关平台、团队，把握规律、瞄准一流、扬长补短、突出特色，落细落实学校改革发展任务，倡导教师爱岗敬业、爱生如子、爱校如家，引导学生爱校成才，实现师生愿干、能干、会干、干成，做到发展态势良好。

第四节　大学校长引领大学校园建设

揭示大学工作规律，以及大学校长和大学工作之间的互动规律是大学校长学的重要研究内容。[①]校园建设是大学工作的内容，也是大学校长建设发展大学的重要着力点，在宏观理论层面厘清校园建设的范畴、重要性、作用、建设原则、建设内容的基础上，需进一步从微观实践层面探讨大学校长在校园建设中的角色、大学校长引领校园建设需遵循的原则，以及大学校长科学引领校园建设的方法途径，从理论与实践两方面完整回答大学校长如何引领校园建设。

① 孟东方：《大学校长学：新时代高等教育发展下的新学科》，《中国教育科学（中英文）》2022年第3期。

一、大学校长在大学校园建设中的角色

大学校长是大学集体的组织者，是大学的法人代表，是大学的最高行政负责人，对一所大学的发展起着极为重要的作用，校园建设是大学发展的关键问题之一，是大学校长工作的重要内容，大学校长在党委领导下，在校园建设的全流程中扮演重要角色，发挥关键作用。

（一）大学校长是校园建设目标的提出者

校园建设是一个有明确建设要求和目标指向的动态发展过程，大学校长作为学校建设发展的掌舵人，应以学校办学理念、发展定位、现实条件、文化特色为基础，研判未来发展趋势，以战略发展的眼光，指明校园建设方向，提出校园建设目标。建设目标的提出，既要充分考虑学校远景发展规划，又要着眼满足近期发展需求，大学校长在构思大学校园的建设目标是要注重运用好系统思维，一体谋划，做好校园建设的顶层设计，将实体校园、智慧校园和魅力校园三个方面的建设纳入校园条件优化这一整体系统之中进行思考，明确建设目标的共同点和不同点。同时还要运用发展的眼光看问题，适时追踪内外部条件变化，对建设目标进行动态调整，使校园建设为学校当前和未来发展提供充足条件保障，匹配学校发展。

（二）大学校长是校园建设过程的推动者

中国特色的现代大学制度实行“党委领导下的校长负责制”，校长既是党委集体决策者之一，同时也是党委决策的执行者，对推动校园建设目标和发展规划的落实，具有义不容辞的职责。在推动

校园建设的过程中，对外，校长要善于建立有效的资源获取渠道，通过对学校长远发展目标、教育主张、价值理念的公开阐释，以及专项项目的申报，为实施校园建设争取有利的政策、经费和技术支持；对内，校长要着眼构建流程完整、运行流畅、运转高效的工作体制机制，跟踪督促落实项目运行，同时在执行过程中，充分考虑师生诉求，平衡多元利益主体需求，激励和调动师生参与校园建设的主动性、积极性，内外共同发力，确保校园建设有序推进。

（三）大学校长是校园建设成果的维护者

提出目标、系统规划、推动执行，其根本落脚点在于达成目标，获得预期建设成果。大学校长作为学校的法人代表，是校园建设成果的应然维护者。

一方面，大学是由不同利益相关体构成的社会组织，对校园建设有不同的诉求期待，对已有的建设成果有不同的需求，大学校长应充分评估校园条件的承载力与不同主体的多元需求，督促建立成果分配机制以及规范师生行为文件制度，如教学科研用房的分配机制、各类场馆申请制度、教学仪器设备使用制度等，既确保校园建设成果能最大化服务满足师生需求，也确保师生对各种资源的有序规范调用，从而维护校园建设成果。

另一方面，师生既是大学校园的建设者，也是建设成果的享有者，大学校长要推动营造师生共建共享校园建设成果的和谐氛围，激发广大师生主动投入校园建设，有力化解各方矛盾，积极维护环境设施等有形校园建设，同时也自觉维护学校声誉、提升学校影响力等无形校园建设。

二、大学校长引领校园建设的原则

大学校长引领校园建设可从主体和客体两个角度探讨建设原则。从主体角度出发的建设原则，关注校长在校园建设中的领导艺术、管理策略、决策的科学性等，以“人”为变量；从客体角度出发的建设原则，聚焦的是校园建设功能的实现、目标的达成，以“物”为变量。在这里，以“主体视角”来研究大学校长引领校园建设需遵循的原则，为大学校长开展校园建设实践奠定基础。

（一）坚持以人为本提出建设目标

大学校长在系统谋划校园建设目标时要充分考虑“人”的因素，坚持以人为本。学生是教育教学过程中的主体，也是大学校园之中最庞大、复杂的群体，大学从产生开始的最根本目的就是培养学生，大学校园建设打造实体校园、智慧校园以及魅力校园过程之中，最根本的价值取向就在于服务学生，满足学生在学校学习生活、成长成才的要求，为提高人才培养质量、培养现代化人才提供校园环境保障。师生是校园环境的使用者，校园建设目标的设立要充分尊重师生使用习惯和现实需求，切实为师生学习、工作和生活服务。坚持以人为本的建设目标，一方面是落实立德树人根本任务的需要。为此，要让校园环境为人才培养提供充足的物质条件和基础保障。在目标的设置和功能实现上，要充分考虑校园环境对德智体美劳全面发展的人才培养的支撑和教育功能，从硬件设施建设到文化培育涵养上为人才培养服务。另一方面，这是高等教育现代化的要求，是建设现代化大学的需要。高等教育的现代化内在要求实现大学生培养的现代化，要为学生的成长成才创造良好环境，提供坚实的基础。

（二）坚持民主参与推动建设进程

党的二十大报告指出“全过程人民民主是社会主义民主政治的本质属性，是最广泛、最真实、最管用的民主”①，坚持民主参与，汇聚广大师生的智慧和力量，是我国的民主制度在大学发展过程之中的鲜明体现，引导广大师生参与校园建设也是推动大学治理体系和治理能力现代化的必然要求。校园建设是长期而复杂的系统工程，凭校长一己之力难以实现，校园建设的过程，是集众智、聚人心的过程，从目标的提出、进程推进到成果维护，全过程坚持民主参与，民主管理，调动广大师生、海内外校友以及专业团队的力量。同时，引导大学师生参与到校园建设之中，也是实现大学校园师生共建的要求，大学校园建设过程之中融入大学师生的有关想法和思路，也是增强大学师生对于大学校园归属感的重要途径，让大学校园更好地成为共有精神家园。

（三）坚持共建共享实现成果共享

大学师生是校园环境的建设者，也是建设成果的使用者和享有者，大学校长要树立“共建共享”的和谐发展理念，一方面是在建设过程中要善于调动师生积极性，打造传播和谐的校园文化和氛围，引导师生参与到校园建设之中；另一方面是推动现代校园师生共享，通过实体校园建设为大学师生提供更为适宜的学习生活环境，以智慧校园建设为大学师生提供更加信息化、便捷化的体验，

① 习近平：《高举中国特色社会主义伟大旗帜　为全面建设社会主义现代化国家而团结奋斗——在中国共产党第二十次全国代表大会上的报告》，人民出版社2022年版，第37页。

提供更为便捷的生活方式，以魅力校园建设为大学师生提供更浓厚的文化氛围和精神归属。大学校长要以“和谐”推动校园建设，以“和谐”维护建设成果。

三、大学校长以科学方法引领校园建设

高等教育已进入高质量内涵式发展的新阶段，大学建设发展的时代背景、发展要求、评价标准都随之变化，进而影响到校园建设的基础条件、有效资源和建设方式，大学校长的专业化和职业化发展要求其在引导大学校园建设过程之中，要注重科学方式方法，将理论研究与实践经验结合起来，以此来推动大学校园的建设工作。

（一）坚持目标导向，做好顶层设计

确定发展目标，编制战略规划，做好顶层设计是校园建设的基础。校园建设规划应与学校中长期事业发展规划同步编制，在学校事业发展总体规划的战略目标、重点任务框架体系内，围绕校园建设各板块内容，参照编制校园基本建设、服务保障、智慧校园、文化建设等专项规划，形成“总规”与“专规”相结合的规划编制体系，共同指导学校建设发展。大学校长在校园建设的各专项规划中，要明确各项建设的总体目标、发展思路、主要目标与重点任务，提出保障措施，确保规划目标达成。实体校园、智慧校园和魅力校园建设有共同的目标和原则，同时也有不同的建设要求，大学校长要注重校园建设过程中的协调推进和重点任务。实体校园建设规划强调科学测算论证，并根据资金筹措情况，对学生公寓、活动用房、实验用房、教学用房、校园绿化美化景观打造改造项目等修建面积，施工批次等提出合理规划，量力而行，保障重点。智慧校园建设规

划要凸显物联网、大数据、人工智能、5G通信技术等现代信息技术引领下的校园信息化“新基建”投入与使用，持续开展网络基础设施建设，重点做好智慧教学环境、智慧教学资源和智慧教学应用的开发与使用，打造师生工作、学习、生活的智慧环境，以技术赋能，构建教育数字底座，形态重构，构建高质量培养体系。魅力校园建设规划要围绕精神文化、制度文化、行为文化、物质文化等主要内容，通过实施“大学精神”传承计划、行为文化典范计划、制度文化完善计划、物质文化提档升级计划、优美环境文化建造计划等特色计划，凸显学校文化特质，打造名生、名师、名气，提升学校知名度、美誉度和影响力，实现魅力校园。同时，大学校长要注重在专项规划的基础上，应牵头组织召开校级层面专项会议，如文化建设工作会、数字校园建设工作会等，并配套出台专项工作实施意见，分解目标任务，落实牵头单位和责任人，明确完成时限，对标对表推动目标达成，采取“倒计时”的建设方式，明确建设的周期和任务，定期检查和推动，确保确立的校园建设目标按时按量、对标对表完成。

（二）创新工作机制，把好过程管控

在科学规划的基础上，创新工作体制机制，把好过程管控，是校园建设的关键。在目标确立阶段，大学校长要充分发挥大学主体力量，完善创新“教职工代表座谈会”“校领导与学生面对面座谈会”“教职工代表巡视”等民主管理、民主参与制度形式，广泛收集意见建议，确保科学决策。在项目评审阶段，可建立项目出入库管理制度，设置项目储备库，根据资金筹集情况，项目内容的轻重缓急，项目培育建设周期等要素，对成熟项目出库实施建设，项目

库适时动态调整，确保资源的合理分配与利用。在实施执行阶段，要建立任务追踪落实及督促整改机制，层层传导压力，也为调整目标任务提供依据。同时，还要充分运用巡视、巡察等党内工作监督机制，对校园建设问题及时整改纠偏，确保建设方向正确，建设过程合规。

（三）整合多方资源，确保建设成效

校园建设的复杂性不仅体现在多目标、多任务、多系统的结构层次复杂，还体现在人、财、技术等资源投入的难度与限制。在“人力”投入上，要善于运用民主力量，吸引、激发和鼓励校内外师生建言献策，贡献智慧，投放资源，同时发挥好校友会的作用，引导广大校友为大学的校友建设提供宝贵经验和建议，或是为大学的校园建设提供各类支持；在“经费”投入上，要善于开展校校、校地、校企合作，创新性开展银校合作，部校共建等项目，充分利用地方专项债、中央财政支持地方建设、央财贴息贷款等政策红利，为校园建设提供资金保障；在“技术”投入上，招标企业院所，引入专业团队，为规划、设计、建设、施工、维护等全链条、全流程提供专业意见和技术支撑，确保建设成效。

（四）推动与时俱进，更新校园建设

大学发展是一个动态过程，大学校园条件优化也是一个久久为功的过程。大学建设只有进行时没有完成时，大学校园的建设不仅是建设也包含了对于现有校园条件的维护。大学校长要注重对于现有校园条件的维护，采取定期和不定期相结合的方式，针对现有的实体校园建筑和智慧校园网络系统进行检查，做到定期维护。同时在推动更新大学校园条件的时候，要注重对于现有基础的继承和发

展，现代化大学校园建设不是空中楼阁，而是在现有校园条件的基础之上建设起来的。但大学校长在推动大学校园建设更新迭代的时候，要选择合适的现代技术和方式方法来建设，要根据大学现有条件、大学师生接受程度以及大学自身的实际情况和水平来选择，不能一味选择最新、最好的建设模式和图景，而是要在合理评估大学现有人力、物力、财力以及大学发展规划的基础之上来优化。

第十七章　大学共同体构建论

共同体思想是马克思主义的重要内容，“‘共同体’是‘现实的人’形成的利益团体，是人类生存和发展的基本方式”①，共同体思想的核心要旨在于从现实的人的社会实践出发，基于社会运行的有机联系与系统关联，探讨“人与人之间形成共同利益和共同价值诉求的所有制基础以及社会关系”②。党的二十大报告提出“必须坚持系统观念”。③因此，立足共同体思想，坚持以系统观念认识大学工作组织，依托大学校长围绕巩固大学发展要务，推动大学共同体构建，成为大学办学治校的重要价值旨归。

大学工作组织是为了实现大学工作顺利、有序和高效运行而建立起来的内部、外部机构，主要包括学生组织、教师组织、学术组织、行政组织等。④从系统观念来看，高效的组织表现出共同体化

① 马一凡、陈智：《马克思主义如何理解“共同体”》，《学习时报》2022年12月26日。

② 马一凡、陈智：《马克思主义如何理解“共同体”》，《学习时报》2022年12月26日。

③ 习近平：《高举中国特色社会主义伟大旗帜　为全面建设社会主义现代化国家而团结奋斗——在中国共产党第二十次全国代表大会上的报告》，人民出版社2022年版，第18—20页。

④ 孟东方等：《大学工作学》，人民出版社2016年版，第218页。

的特征，其行为表现为以学生、教师、研究者以及学校发展相关人员所组成的各类共同体的行为。大学共同体作为一种系统化的组织，是一种有着共同愿景、共同价值理念和行为相互支持的组织，其着力强化大学师生全员参与。大学校长在打造学习共同体、教师共同体、学术共同体和大学发展共同体的过程中，着力形成共建、共治、共享的良好氛围。

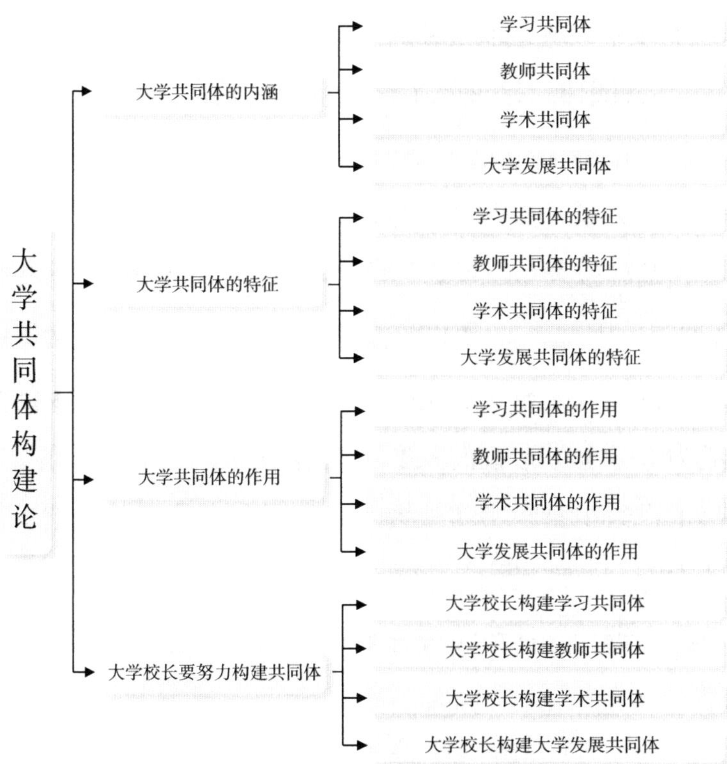

图 17-1　大学共同体构建论结构

第一节　研究的现状

大学共同体是大学内部组织行为所构成的集合，大学以组织行为所构成大学共同体对大学的发展和大学校长功能角色彰显有着重要作用。学术界对于大学共同体构建的研究对本课题研究有着重要的借鉴意义。

一、研究的现状

在中国知网（CNKI）以“大学的共同体”为主题进行检索，可以检索到相关学术论文1500余篇，进一步明确研究主题可以检索到论文800余篇，若围绕“大学共同体构建”进行文献检索，可以检索到学术论文150余篇。同时，国内学者围绕这一主题也有相关著作:《教师教育者共同体构建研究基于地方综合性大学的考察》(岳建军，2021)、《西方大学教师共同体的发展与启示》(张国强，2019)、《跨界协同育人共同体思与行的融合》(朱惠蓉、陶思亮，2018)、《和谐共生教师教育共同体的理论与实践》(孟繁华、张景斌等，2016)、《教师专业发展大学的责任——创设合作共同体，构建实践取向的教师教育模式》(刘新成等，2008)。学术界对于大学的共同体构建有着较为丰富的研究，大学共同体的研究会根据不同的共同体类型而有所不同，从共同体的构建类型来进行区别。

（一）关于构建大学学习共同体的研究

朱景梅以教师为主体进行研究教师的学习共同体。[①] 银辉等人

① 朱景梅:《大学教师学习共同体：内涵、价值及其构建》,《当代教师教育》2022年第1期。

从教师在学习共同体构建中的作用来开展研究。① 廖旭梅从通过构建学习共同体来促进大学生自主学习角度来进行研究。② 李洪修等人探索了学习共同体构建的几点困境。③ 齐雁飞基于生态学视角下来研究构建师生学习共同体④。

（二）关于构建大学教师共同体的研究

闫建璋等人从国家战略高度出发，探索“双一流”建设背景下的大学教师共同体建设。⑤ 张向华等人从教师类型出发，探索“双师型”教师共同体的构建。⑥ 岳欣云从地域范围出发，探索京津冀地区教师共同体的构建路径。⑦ 张增田等人从内部的意蕴继续划分，将教师共同体划分为精神共同体、合作共同体和实践共同体。⑧ 曾育松探讨了高校教师共同体构建中存在的矛盾问题。⑨

---

① 银辉、蒲德祥:《学习共同体视域下的高校教师角色研究》,《黑龙江教育（高教研究与评估)》2021 年第 9 期。

② 廖旭梅:《以学习共同体模式促进大学生自主学习——基于文华学院学习指导工作坊的探索》,《中国高教研究》2017 年第 1 期。

③ 李洪修、张晓娟:《大学“学习共同体”的实践困境》,《江苏高教》2015 年第 5 期。

④ 齐雁飞:《生态学视角下的大学英语课程师生学习共同体构建研究》,《湖北经济学院学报（人文社会科学版)》2022 年第 4 期。

⑤ 闫建璋、郑文龙:《“双一流”建设背景下大学教师共同体及其构建策略探析》,《现代教育管理》2019 年第 8 期。

⑥ 张向华、李江、粟梅:《地方本科院校“双师型”教师共同体建设研究》,《教师教育学报》2021 年第 6 期。

⑦ 岳欣云:《京津冀教师共同体的建构与发展阶段研究》,《首都师范大学学报（社会科学版)》2023 年第 2 期。

⑧ 张增田、彭寿清:《论教师教育共同体的三重意蕴》,《教育研究》2012 年第 11 期。

⑨ 曾育松:《高校教师共同体的现实矛盾与建构路向》,《洛阳师范学院学报》2022 年第 7 期。

（三）关于构建大学学术共同体的研究

陈亮提出要学术共同体参与学术问责的路径措施。① 丛琳等人从构建学术共同体推进学科生态建设这一角度开展研究。② 丁连信等人提出从构建学术共同体来促进大学教师发展。③ 王英杰提出当前要对大学的学术共同体进行重构。④ 陈正权围绕大学学术共同体构建的发展历程，提出了学术共同体的五种不同形态和不同特点，从应然到实然进行研究。⑤ 周湘林等人从科教融合的角度来探讨大学学术共同体的构建问题。⑥ 李力等人从对“学科建设”与“学科发展”的辨析来研究大学学术共同体的重构。⑦

（四）关于构建大学发展共同体的研究

张春梅等人从大学要构建命运共同体的视角下研究了民办高校的发展问题。⑧荣光宗从大学共同体构建来促进大学发展的角度进行了研究。⑨

---

① 陈亮：《反思与重塑学术共同体参与学术问责的治理逻辑》，《江苏高教》2022 年第 9 期。

② 丛琳、赵文华：《高校学术共同体推进学科生态建设的作用机制研究——以加州大学伯克利分校为例》，《复旦教育论坛》2023 年第 2 期。

③ 丁连信、车力轩、张丽萍：《学术共同体——大学教师专业发展的路径探寻》，《河南农业》2022 年第 9 期。

④ 王英杰：《重构学术共同体：建设世界一流大学的治理制度和组织文化》，《比较教育研究》2021 年第 5 期。

⑤ 陈正权：《从应然之思到实然之举：大学学术共同体发展逻辑与旨归》，《现代教育管理》2019 年第 9 期。

⑥ 周湘林、马海泉：《探索科教融合下的大学学术及学术共同体》，《中国高校科技》2017 年第 10 期。

⑦ 李力、杜芃蕊、于东红：《重塑大学学术共同体：基于大学学科发展的研究》，《国家教育行政学院学报》2012 年第 8 期。

⑧ 张春梅、梁忠环、李友仕：《命运共同体视域下中国一流民办大学建设路径研究》，《大学教育》2022 年第 9 期。

⑨ 荣光宗：《走向大学共同体：大学自我发展的逻辑》，《湖南师范大学教育科学学报》2017 年第 6 期。

李枭鹰从大学与城市的互动构建共同体角度来研究大学的发展问题。①

（五）关于其他类型的大学共同体构建的研究

基于道德这一主题，学术界有学者提出要构建起大学的德育共同体②与道德共同体③。张继明将大学共同体分为了专业、利益、价值和命运共同体四类。④谭婷从党建引领的角度研究了大学治理共同体的构建。⑤王凯等人从“双一流”高校主导的创新共同体开展了研究。⑥王郢等人从教育学角度提出了构建课程思政共同体。⑦

（六）大学共同体构建的国外研究现状

大学共同体这一概念在国外的学术界并不陌生，现代大学的发展起源于欧洲，历时较长，对于大学共同体的构建国外学术界也有着较为丰富的研究。20世纪80年代，博耶尔把共同体概念引入教育领域后众多学者如迈尔斯、斯贝克等都对专业学习共同体这一概念进行过多元阐释。美国学者库恩著作《科学革命的结构》一书中

① 李枭鹰:《大学与城市互动发展的共同体逻辑》,《北京教育(高教)》2021年第12期。

② 单珏慧:《教育现代化驱动下的大学德育共同体化》,《学校党建与思想教育》2023年第15期。

③ 万玛宁:《构建道德共同体:一流大学的必经之路》,《大学》2022年第4期。

④ 张继明:《大学共同体的涵义、分化与重塑》,《现代教育管理》2023年第4期。

⑤ 谭婷:《构建大学治理共同体:新时代党建引领大学治理能力现代化的实践路径》,《思想战线》2023年第2期。

⑥ 王凯、吕旭峰:《“双一流”大学主导的创新共同体:组织模式与治理机制》,《教育发展研究》2022年第23期。

⑦ 王郢、方癸椒、朱小君:《高校课程思政共同体构建的教育学逻辑——以武汉大学课程思政教学研究中心为例》,《河南工业大学学报(社会科学版)》2022年第2期。

阐释了科学共同体与大学的学术共同体之间的包含关系。钟贞山等人认为“学术共同体”这一概念最初是由英国哲学家布朗在《科学的自治》一书中提出并对其进行明确阐述。①

二、研究的结论

国内外学者对于大学共同体构建的研究是较为丰富的，初步建立起了对于大学共同体构建的研究体系，对于本章研究有较好的借鉴作用，国内外学者从不同的维度提出来不同类型的大学共同体，进一步明晰了大学共同体的基本概念。同时对于大学各类型共同体的构建原则与路径有了丰富研究，提出了可行的思路。一方面，是对于大学共同体的内涵以及类别进行了研究，从不同的角度提出了不同类型的共同体，扩大大学共同体研究的领域范围，对于大学共同体的深入研究奠定了基础；另一方面，是聚焦如何构建大学共同体这一话题学术界以类别进行区分，探讨了构建路径，大学主体力量的参与方式。

三、研究的启示

学术界对于大学共同体构建的研究较为丰富，但也存在以下四个方面的不足：第一，对于大学共同体构建的动因以及构建的方式方法还缺乏相应的研究。第二，对于大学共同体的共性特点和个性特点还缺乏归纳总结。第三，对于大学不同类型的共同体对大学内部主体的作用还未进一步明确。第四，对于大学领导者尤其是大学

① 钟贞山、孙梦遥：《创新能力培养视域下的研究生学术共同体建设》，《研究生教育研究》2013 年第 4 期。

校长如何推动大学共同体的构建缺少研究。因此，对于大学共同体构建这一领域的研究还有待完善。

基于上述分析，本研究将在以往研究的基础之上，围绕当前研究的不足，从以下三个方面开展研究：第一，明确大学共同体构建是一种组织行为，是区别于个人行为的行为活动，是探究大学以组织行为来构建的形式。第二，围绕大学的学习、教师、学术及发展这四个最为基本的大学共同体类型开展相应研究，要进一步研究大学共同体的概念、特点与作用，找到不同的共同体之间的相似与差异之处，以此为提出共同体的构建路径打下基础。第三，研究大学校长在大学共同体构建过程之中的作用和大学校长如何来推动大学上述四类共同体的构建。

第二节 大学共同体的内涵

“共同体”这一概念最早由德国社会学家滕尼斯在《共同体与社会》一书中提出，“共同体”是一种基于协作关系的“有机的组织形式”，一种具有共同归属感的社会团体，包括血缘共同体、地缘共同体和精神共同体。在高等教育领域，共同体演化为了大学共同体这一概念，学术界对大学共同体有不同的定义和众多的分类。但归根到底，大学的共同体就是大学内部的各类群体或是个人，由个人行为和个人依据其自身的个人能力按照一定的目的，采取一定的手段方法，所组织形成的一个相对稳定的集合体，大学的共同体让大学内部由个人行为向组织行为进行转化。大学的共同体可按照不同方式进行分类，这些共同体之间相互交叉，构成一个系统的大学组织体系。其最为基本也最为重要的共同体分别为学习共同体、教师共同体、学术共同体以及大学发展共同体。其余的共同体大多都依赖于这四个共同体而产生发展。

一、学习共同体

学习是大学师生的一项基本任务，也是成才的必然途径。“学”是中华文化讲的“诚意正心、格物致知”，“学”应该是一种姿态，一种修为，着力坚持广学、善学、悟学、博学；那么，“习”就应该是研磨消化、博学审问的一种习惯，是深入探究、学深悟透的一种方法，是独上高楼、慎思明辨的一种思维，是登高望远、勇毅笃行的一种视野。

1916 年教育家杜威提出“学校即社会”，阐述了学校作为一个共同体存在的重要观点，将共同体概念引入教育领域。1995 年，美国教育家博耶尔等人在《基础学校：学习的共同体》的演讲中第一次提出“学习共同体”的概念，认为“建立真正意义上的学习的共同体”必须具备的一个条件是“有共享的愿景”。① 因此他对“学习共同体”的定义是群体成员为实现共同的愿景，彼此分享学习资源、共同探索知识而开展的学习活动。②1996—1999 年，教育家佐藤学从课堂教学的角度认为学习共同体是“基于一致的目标，引入多方主体参与，在平等和谐的氛围中共同学习，实现推动学生的学习模式从习得、记忆、巩固转向重探究、反思、表达的学习，教学

① 刘光余等：《课堂学习共同体的构建》，《中国教育学刊》2009 年第 4 期。
② 吕珍等：《课堂学习共同体：概念、价值及建构路径》，《中国成人教育》2020 年第 5 期。

方式由传递、讲解、评价转向触发、交流、分享，构建和谐统一的课堂教学生态系统”①。

学习共同体概念引入我国以后，学者们从不同的视角对学习共同体的概念和内涵进行了探讨。如薛焕玉认为，所谓学习共同体主要是指一个由学习者与助学者(包括教师、专家、辅导者和家长等)共同构成的学习团体。②学习共同体指称任何一种以学习为主要活动形式的群体聚集。钟志贤认为学习共同体是为完成真实任务或问题，学习者与其他人相互依赖、探究、交流和协作的一种学习方式。③从生态学的角度来看，学习共同体“是一种包含周围成员及其实践活动、共同的话语、共同的资源的系统的学习环境”。④在这一环境中，学习者、教师、专家等相关参与者都围绕学习目标的实现贡献自己的力量。从系统论的角度看，学习共同体是一个层次复杂的系统，它既存在要素与要素之间的多样关系，又存在要素与学习共同体之间的多元联系，还存在学习共同体与周围环境之间的多种关联，结合学习共同体的核心特质和学习共同体的基本属性进行综合考量，可以将学习共同体初步理解为一种由学习者和助学者凝结而成的共同学习活动系统。⑤

---

① ［日］佐藤学:《教师的挑战》，钟启泉译，华东师范大学出版社2012年版，第2页。

② 薛焕玉:《对学习共同体理论与实践的初探》，《中国地质大学学报（社会科学版)》2007年第1期。

③ 钟志贤:《知识建构、学习共同体与互动概念的理解》，《电化教育研究》2005年第11期。

④ 郑葳:《学习共同体——文化生态学习环境的理想架构》，北京教育科学出版社2007年版，第54页。

⑤ 李人杰、王燕:《学习共同体概念：多元理解、批判反思与系统审视》，《教育理论与实践》2021年第22期。

综合已有研究观点，课题组认为学习共同体是大学学习者（教师和学生）为了实现共同学习目标，遵循相同的组织行为规则，形成的具有良好协同性的学习组织。共同学习目标是学习共同体存在的价值方向，共同的行为规则是共同体存在的基础，良好的协同性是共同体目标实现的保证。学习共同体成员主要包括教师、学生、学习内容和学习环境。学习共同体可分为课程学习共同体、专业学习共同体、跨学科学习共同体、班级学习共同体、社区学习共同体等。

二、教师共同体

教师共同体主要指向教师的发展问题，教师共同体由具有共同专业发展需要、共同专业价值理念、遵守共同专业规范的教师组织而成。教师共同体既可以是教师根据兴趣爱好凝聚在一起的自发性组织，也可以是学校为了能够促进教师专业发展组建的制度性组织。在教师共同体中，教师之间围绕科学研究、专业发展、教学实践等问题，分享实践经验、共享专业知识和教学资源。教师共同体是教师交流合作的平台，通过教师共同体，教师可以获得丰富的专业信息和情感的激励，提升自身的专业素养，在相互促进的过程中，形成良性的组织关系。

教师共同体是实践性的共同体，共同体的实践活动有助于教师积累实践知识，树立合作意识，增强合作能力，提高教师的实践反思能力和解决问题的能力。教师在与共同体成员交流、互动、合作、分享过程中获得专业提升。不论是自发组织还是单位引导建立的制度性共同体，都是建立在教师自愿参加基础上的，参加共同体应该是建立在教师需求基础上的真实意愿的表达，其目的是促进教师专业发展。在教师共同体中，共同体成员之间没有身份地位的差别，是一种平等对话的主体间关系。教师共同体活动形式主要以问题解决为主，共同体成员教学实践中发现的问题，是共同体成员关注讨论的焦点。总之，教师共同体的目标是实现专业发展，行为方式是资源共享、互助合作，旨在提升认同感和归属感。

三、学术共同体

学术共同体这一概念是对共同体、科学共同体概念的具体化。最早由20世纪英国哲学家布兰尼在《科学的自治》中提出，他认为科学家是一个具有共同信念、共同价值和共同规范的并区别于一般的社会群体。有学者认为学术共同体是按学术领域自然形成的学者群体。① 大学自诞生以来就是以行会性质的“学术共同体”的形态而存在和发展的。② 雅斯贝尔斯曾说“大学是一个由学者与学生组成的、致力于寻找真理之事业的共同体”③。学术共同体成员享有某种共同的价值和文化、态度和行为方式并形成大学的“学术部落”。④ 学术共同体有着共同体的基本内涵，但其不同于其他共同体之处在于其“学术性”，学术共同体的共同愿景是通过对学科、

① 张应强：《促进学术共同体的建立，营造良好的学术评价环境》，《华中科技大学学报（社会科学版）》2008年第4期。

② ［美］罗德斯：《创造未来：美国大学的作用》，王晓阳等译，清华大学出版社2007年版，第37页。

③ ［德］卡尔·雅斯贝尔斯：《大学之理念》，邱立波译，上海世纪出版社2007年版，第21页。

④ 边国英：《学术文化的影响因素分析——〈学术部落与学科领地〉述评》，《北京大学教育评论》2007年第4期。

专业的知识、方法等专门内容进行研究，探寻世界的真理。大学学术共同体成员有共同的学术旨趣和愿景，遵循共同的学术规则，在价值取向与学术行为方面具有内在的一致性。“学术共同体是一种特殊的学术组织，是大学组织工作中的重要组成部分，是以学科建设、科研学术为基础的组织，其职能是通过开展教学、科研活动来实现大学培养人才的目标，并且发挥学科优势、行使服务社会的职能。”①“它不仅包括各类学术委员会、以学科为基础划分的‘校—学部—院—系 / 所—专业教研室 / 研究室’等学术组织机构，还包括挂靠于大学或学院的研究院所、基地、中心、实验室等教学科研机构以及大学或学院下属的图书馆、档案室、网络中心等学术辅助机构。”②

四、大学发展共同体

发展是解决一切问题的总钥匙。大学发展共同体是基于共同发展愿景由大学发展利益相关成员组成的共同体。大学发展共同体是一种因为利益相关形成的一种协同关系体，发展共同体成员既包括组织，也包括个人；既包括校内的学习共同体、教师共同体、学术共同体和以行政组织为代表的服务保障共同体，也包括与校外的大学、企业、政府、社区建立发展共同体。与其他共同体相比，大学发展共同体内涵更丰富、涉及面更广阔，有其具体特征。

大学生存于社会环境中并服务于社会，构建大学发展共同体，协调内外各类关系，充分发挥各类资源的价值，既符合社会发展的

---

① 孟东方等：《大学工作学》，人民出版社 2016 年版，第 231 页。
② 孟东方等：《大学工作学》，人民出版社 2016 年版，第 231 页。

需求，也是大学生存发展的必然之道。大学发展共同体应建立在对共同发展的追求的基础之上，这样的共同体才是具有实质意义可持续的协同发展组织。在与其他高等学校的关系上，大学校长要推动合作，共同促进发展，构建起大学发展的共同体关系。在与政府的关系上，大学要根据国家、地方经济社会发展需要和自身发展实际确定学校的发展定位，积极服务国家、区域经济社会发展需要。在与企业的关系上，大学要根据企业对科研技术发展的需要，找准合作点，开展校企产教融合，聚集优势资源，实现双赢，促进大学的高质量发展。

第三节　大学共同体的特征

大学的学习、教师、学术以及大学发展共同体既有属于大学共同体的一般特点即共性特征，也因其组成人员、组成方式和所在领域的不同而各有其个性特征。

一、学习共同体的特征

学习共同体既具有一般共同体的共同属性，也具有其个性特征。学习是大学生的天职和使命。为了有重点地展开研究，这里的学习共同体，主要以大学生学习共同体为例，根据大学生的特点，从学习共同体的主体、环境、过程、目标、结果等方面进行分析。

（一）学习主体的异质性

从共同体的整体来讲，共同体成员有共同的愿景和共同遵循的行为规则，但分别来讲，各学习主体具有自身不同的特点。因此，共同体成员的异质性是学习共同体的首要特征。大学生学习共同体的主体是大学生，每个大学生的个性特点、认知特点、知识基础、文化背景、学习风格等都存在差异。正因为学习主体间存在异质性，才有学习共同体的必要；正因为学习主体间存在异质性，才有可能进行对话、分享、交流。学习主体间异质性的存在使得学习者取长补短、优势互补。其样态，可谓每一个人的特点得以彰显的共同体。正如交响乐团运用不同乐器音响的交响演奏成一曲交响乐那样，每一个人的知识和经验都在交流中发挥出应有的作用。[①] 因此，在大学学习共同体建构过程中，应对学习者的异质性进行系统分析，规避异质性带来的阻碍，充分发挥异质性对学习共同体建构的积极作用。

（二）学习环境的民主性

学习环境的民主性是学习共同体有效运行的重要特征之一。学习共同体存在的重要价值就在于激励各学习者发挥各自的主观能动性，相互学习、相互支持和相互促进，最终获得有价值的知识、科学的方法和优良的品质。民主和谐的共同体氛围，让学习主体有主体意识，激发学习者学习探索的自主性和主动性。学习共同体的民主主要体现在大学民主的学习环境，如和谐友好的同学关系。友好、温馨、和谐的学习环境让学习者不知不觉地自然融入到集体学习情境中，有利于学习共同体成员对交流、对话等学习活动实现真正有效参与。学习共同体是共同学习和成长的“家”，这一共同体

① ［日］佐藤学：《学校的挑战——创建学习共同体》，钟启泉译，华东师范大学出版社2012年版，第214页。

便需要家的温馨与舒适，需要共同体成员之间的支持与帮助。[①]

（三）学习过程的协同性

从学习过程来看，学习共同体开展学习的过程无处不需要各成员间开展有效的协同。学习过程的协同性是学习共同体最核心的特征。师生协同、生生协同是学习共同体开展有效学习的重要保证。学习共同体要求师生、生生之间在学习过程中进行倾听、对话与互动。学生在共同体中主动积极地倾听老师和同学的观点和想法，建构自己对学习内容的理解和认识，发现适合自身的方法和路径。另外，学生之间的合作、沟通与互动过程伴随着好奇心、集体的意识，共同体成员乐于分享彼此的思想观点、经验成果、情感体验等，在协作过程中还会碰撞出思想的火花，收获灵感的愉悦。因此，协同性是学习共同体最核心的特征。

（四）学习目标的卓越性

学校是促进学生成长成才的场所，追求学生的卓越发展是学校的价值所在。学校作为一个学习共同体，整个共同体的学习目标就是培养卓越人才。学习共同体的学习目标具有卓越性特征，“学习共同体的核心价值就在于保障每一个学生的学习权，保障挑战高水准学习的机会”。[②] 在追求卓越的目标导向下，在学习共同体中，教师转换角色，成为学生学习的助力者，学生自己成为学习的主人。学生在交流互动过程中主动式学习，追求卓越。对于大学校长而言，应该通过制度设计激励教师优化教学；同时，勉励同学们优

① 王鉴、王明娣：《高效课堂的建构及其策略》，《教育研究》2015 年第 3 期。

② 佐藤学、钟启泉：《学校再生的哲学——学习共同体与活动系统》，《全球教育展望》2011 年第 3 期。

化学习观，为基业长青扎好根柢。

（五）学习结果的互惠性

互惠性是学习共同体的显著特征。学习共同体成员学习的过程是一个资源共享、互帮互助的过程，在学习共同体中，每一位成员都可以学习到其他成员的经验和成果，可以相对减少探索过程中的弯路，提高学习的效率。共同体成员之间的学习就是一种互惠性学习。各个组成人员在这一共同体之中，形成了一种共生关系，各方在这个共同体之中都得到发展。

二、教师共同体的特征

教师共同体是教师开展专业交流、实现专业发展的时空，具有情境性、规范性、自组织性、发展环境的支持性等特点。

（一）教师发展的情境性

教师发展的情境性是指教师在共同体中的专业发展是在具体情境中动态生成的。具体表现在两个方面，一方面，在教师共同体中，教师需要共同解决的问题都是其工作实践中亲身经历的、想要解决而未能解决、比较棘手的真实问题，问题本身就具有情境性、复杂性和探究性；另一方面，教师专业发展方式的选择具有情境性。在共同体学习情境中，教师会面临很多种专业发展方式，选择哪一种是最合适的，这个问题具有情境性。教师专业发展是一个持续动态的过程，教师专业发展需要因人、因时、因地制宜。只有在具体情境中呈现有效的教师专业发展方式时，才能选出最现实的、最优化的发展方式。

（二）组织行为的规范性

从组织的角度看，教师共同体作为一种大学工作组织，其组织行为具有规范性特征。教师共同体行为的开展是经过科学计划和精心组织的，如发展目标的确定、发展内容的设计、发展方式的选择、发展效果的评价等都需要以教育科学理论为指导进行科学细致的设计安排。对共同体成员来讲，这种规范是所有成员都内在认同的规范，而不是外在机械的条款约束，这种规范性既尊重个体主体性，又保持共同体组织行为的科学性和有序性。比如，在共同体交流过程中，教学流程的安排、作业的设计、课堂的组织等方面都有一套共同体成员共同认同的行为规则。

（三）内部的自组织性

在教师共同体内，教师是按内在认同的规则，自主有序地开展专业实践的。教师共同体的运行具有较强的自组织性。第一，从教师共同体的形成来看，其是教师基于共同的旨趣、需要形成的关联性组织，具有资源共享、自治自为的自组织特征。第二，从共同体成员的特点来看，教师是高级知识分子，有着较强自我管理能力和专业独立性，教师共同体自组织性特点既是共同体成员特点的自然表现，也是教师共同体有效运行的需要。第三，从教师发展的路径来看，教师共同体的主体是具有主观能动性的教师，他们既有权利，也有机会选择自己的发展模式，可以自主选择发展的路径和方式。如通过反思、实践、写作、行动研究、成果展示等方式实现自我的发展。这也是教师共同体具有自组织性特点的表现。

（四）发展环境的支持性

其强调教师所在的共同体为其发展提供支持性的条件。第一，是来源于共同体的支持，这也是促进共同体发展的重要因素，它为教师的发展提供结构性的支持，激励教师分享经验，实现有效对话。结构性的支持条件包括：共同体所处的环境、共享的时间和空间、交流与学习的系统、各种硬件软件的支持等。[①]第二，是来源于发展共同体成员内部之间的合力，如教师共同体之间的相互帮助、支持和促进。第三，是来源于共同体外部人员，如家人、朋友等，他们的理解与帮助也起到不可忽略的作用。[②]

三、学术共同体的特征

学术共同体的共同愿景是通过对学科、专业的知识、方法等专门内容进行研究，探寻世界的真理。大学学术共同体成员有共同的学术旨趣和愿景，遵循共同的学术规则，在价值取向与学术行为方面具有内在的一致性。

（一）追求真理的学术精神

“大学是一个‘学术共同体’”[③]，聚集了大量以追求真理为旨趣和使命的学术组织和人员。追求真理、开展学术创新是各组织成员的主要奋斗目标。追求真理是学术共同体成员的共同愿景，追求真理的学术精神也是学术共同体的首要特征。学术共同体成员都怀着对真理的敬畏之情、有对真理执着追求的坚韧意志和对捍卫真理的那种不折不挠的意志。大学科研人员进行学术科研的最崇高、最根

---

① 宋萑：《教师专业共同体研究》，北京师范大学出版社2015年版，第57—62页。

② 宋萑：《教师专业共同体研究》，北京师范大学出版社2015年版，第57—62页。

③ 黄达人：《大学是一个“学术共同体”》，《中国教育报》2009年3月23日。

本的目的就是探索这个世界，无论是自然界、人类社会还是人的思维领域的真理，对于各类现象、问题进行科学回答和解释。同样，真理标准也并不是一成不变的，学术科研的目的就是不断地去追求真理、探索真理，找到科学答案。

（二）对话批判的学术氛围

学术共同体是学术研究者们交流学术观点、进行学术对话的平台，对话式的学术交流是学术共同体的重要特征。共同体成员之间开展的学术交流是建立在平等、共同学术规范基础上的对话。通过相互之间就研究问题进行深入探讨对话，可以相互支持帮助、启发灵感、拓展学术视野。对话过程中，相互之间难免有学术观点相互冲突的时候，因此，相互之间的批判和反思也是对话过程中经常存在的现象。但这种批判是为了探寻大家共同追求的真理。正是因为有了共同体成员间的相互对话、批判和反思，才会达成对学术问题的共同判断和形成共同的范式。这正体现了共同体存在的价值。

（三）自主活跃的学术环境

自主活跃的学术环境是指学术共同体在学术事务方面享有组织、判断、决策、行动的自主性。自主活跃既是发挥学术共同体职能应有的存在方式，又是学术共同体有效运行必备的环境条件。实现自主活跃是学术共同体探寻真理、学术创新的条件。学术路线的设计和结论由研究者客观、自主、理性地思考、交流和判断。在自主活跃的学术环境中大胆地进行怀疑、批判已有的研究成果、修正谬误。因此，自主活跃的学术环境是学术共同体的重要特征之一。

（四）学术自律的精神诉求

学术自律是学术共同体成员基于共同的学术目标和学术责任感

而形成的一种精神诉求。学术共同体成员注重自主活跃的同时，也强调自我约束和规制，这不仅仅是基于责任与义务，更是一种学术共同体精神深处的学术道德约束。共同体成员在学术自律的引导下，遵从自己内心的学术理性，开展学术活动。正是因为学术共同体根据的是自己内心的学术理性，从而表现为学术共同体的自主运行、自我立矩和自我约束。学术规范是学术自律的外在体现，贯穿于学术共同体学术实践的每一个环节。在学术自律精神的影响下，学术共同体成员由衷地产生一种对学术的敬畏感。

四、大学发展共同体的特征

因为大学发展共同体涉及主体多，涉及领域宽广，涉及的问题复杂，所以大学发展共同体表现出共同体成员的诉求更为多样化、共同体涉及的领域更为众多和共同体的组织领导挑战大的特征。

（一）共同体成员诉求多样化

大学发展共同体的成员主要包括大学、政府、科研院所、企业等机构，基本上可以覆盖社会中存在的各类组织机构，每一个社会组织都或间接或直接的与大学相关。大学既服务于社会，社会也影响着大学的发展。因为大学的一项重要职能就是服务社会，从广义上讲，全体社会机构都应该是大学发展共同体的成员。社会各类机构由于属于不同的行业、有着不同行业特点，其对大学发展的诉求也是千差万别。因此，与其他类型的大学共同体相比，大学发展共同体成员的利益诉求表现出更为突出的多样化特点。

（二）共同体涉及领域范围广

大学发展共同体涉及的机构众多、覆盖面广，共同体所涉及的行业众多，与共同体成员开展合作的机会也很多，合作项目种类也就众多。大学有多少专业学科、研究机构就涉及多少领域。如不同专业的学生在校期间需要到相应的校外见习实习基地进行实践，毕业以后还需要到相应的企业、政府机构等去工作；大学的科学研究需要根据国家和地方经济社会发展的需要确定研究项目，并与相应的企业、机构部门进行合作，实现成果转化。大学的学科设置对应了社会发展的方方面面，在现代化发展的今天，单个学科已经不能满足社会发展的需要，交叉学科应运而生，跨学科的研究方法逐步完善，同时大学服务社会发展的职能逐步完善，大学与社会的联系日渐加深、融入社会程度逐步提高，大学的发展也不仅局限于教师和学生个人的发展，也是全面的发展。

（三）共同体的组织领导挑战大

大学发展共同体与其他大学共同体相比，其组织领导的挑战更大。一方面，是因为凝练共同愿景的难度大，因为大学发展共同体成员利益多样化，要在诸多共同体成员的诸多利益需求之间寻求到所有成员认同的愿景，其难度可想而知；另一方面，是建立共同行为规则的难度大，因为发展共同体所涉及的领域众多，不同的领域、行业有着不同的运作规律，如何在众多的领域行业中发现其共同的规律，建构其大学发展共同体共同的行为规则，这是一个相当复杂的问题。鉴于以上两个方面，大学发展共同体的组织领导面临严峻的挑战。

第四节　大学共同体的作用

大学的共同体作为大学个人和个人行为集合起来的一种群体组织行为，其构建的初衷就是为了达成某一特定目的。因此，从总体来说大学共同体构建后，对于这一目的的达成起到了促进作用，又因为不同的共同体由不同的个人和个人行为所构成，其作用又具有特殊性。

一、学习共同体的作用

学习具有自主性，大学学习共同体是大学生为了实现共同学习目标，在遵循相同的组织行为规则的情况下，形成的具有良好协同性的学习组织。

（一）优化学习成员的学习观

要化被动式学习为主动式学习。智勇强与弱，才思浓与淡，都取决于学习的态度和学习技能的多少。在知识信息更迭加速的今天，要充分利用好最宝贵的青春时光，早日定下成长规划，立志笃学，心无旁骛，为成才打下坚实的基础。学习成员不仅要在精专上下功夫，学深学透，还要博观约取，厚积薄发；不仅丰富知识结构，融会贯通，还要勇于实践，知行合一，以厚实的知识储备和独到的实践体会，为基业长青扎好根、起好步。

（二）增强学习成员学习的主体性

学习共同体对大学生学习的主体性提出了更高的要求。在学习共同体中，学习环境不再是从早到晚的全天候课堂学习，课堂教学也不再是教师的“满堂灌”。这就需要大学生主动学习、积极探究问题的答案。教师更多的是方法引导和关键时候的解疑答惑。与传统学习方式相比，学习共同体除了注重知识学习以外，更注重在问题探索的过程中培养学生的核心素养。可组建适切性的学习小组，就学习内容进行讨论、交流。每个学生都可以畅所欲言、各抒己见。同时，每一个学生都可以从其他同学的观点中获得启发。其主体性都得到了彰显，从而实现高质量学习。

（三）提高学习成员学习的实效性

学习的实效性主要体现为学习由浅表学习向深度学习转化。"深度学习指教师指导学生积极参与具有挑战性的主题，体验成功并获得发展的学习过程。"①学习共同体的学习是共同体成员间就学习问题开展对话的过程。在对话过程中不断深入剖析问题的本质，引导学生由低阶思维向高阶思维过渡，由浅表学习向深度学习转化，从而提高大学生学习的实效性。因此，学习共同体对提高大学生学习的实效性有着重要意义。在大学生学习共同体中，教师是学生学习的组织者、助跑者。教师进行场景设计和知识组织，引导学生发挥想象、创新思维，实现对学习内容的深度理解。

二、教师共同体的作用

教师共同体是促进教师专业发展的大学内部组织，对增长教师专业知识、增强教师专业发展自觉、形成教师合作文化等方面有着重要的作用。

① 郭华：《深度学习及其意义》，《课程·教材·教法》2016年第11期。

（一）增长教师专业知识

教师专业知识的增长是专业发展的重要方面。教师专业知识尤其是实践性知识的积累是一个长期的过程。在此过程中，离不开教师共同体的支持，教师将自己教学中发现的问题与共同体中的其他老师进行分享、研讨，探讨问题解决策略，将发现的策略再运用到教学实践中，这既有利于教师提高教学实践水平、积累实践经验，也增长了教师的专业知识。另外，教师共同体除了探讨实践性问题以外，也应有理论问题的探讨和交流。

（二）增强教师专业发展自觉

教师共同体以教师专业发展为共同目标，以教师自觉、主动参加为前提，教师在共同体中本就处于主体地位。这种天然的主体地位对教师的职业主体意识的增强有着积极的影响。从共同体的实际运行过程来看，教师出于解决实际问题需要，会积极与共同体中其他老师进行讨论、交流，这是一个教师发挥自觉性、主动性和积极性的过程。在这个过程中，教师把自身真正地融入解决问题的学习中来，充分发挥主观能动性。

（三）有利于教师合作文化的形成

在教师共同体中，与其他共同体老师的合作是实现自身发展的重要保障。教师发展需要来自不同学科、不同年龄段教师和专家的帮助。成功的发展共同体一定是一个有着良好合作氛围的组织。教师在与共同体其他教师交流互动过程中，会逐渐强化合作意识，营造一种合作的氛围，形成一种良好的人际关系。教师共同体有效运行的过程也是酝酿教师合作文化的过程。教师合作文化的形成又对教师的发展有着积极的意义。

（四）有利于增强教师的组织归属

教师的组织归属体现在教师共同体对教师的发展具有支持作用，且共同体成员之间平等和谐的文化氛围可以让教师感受到组织的温暖，从而产生对大学的归属感。这有助于增强教师对学校的情结。在教师共同体中，共同体成员通过沟通与交流，积累知识经验，提升认知能力和思维能力，进而增强情感认同、组织认同。这有利于增强教师的凝聚力和向心力。

三、学术共同体的作用

学术共同体的主要职能是科学研究，因此，其作用主要是与知识生产以及知识生产规范相关的职能。

（一）促进知识的生产和学科建设

学术共同体为知识的生产发展提供了实践的广阔场域。一方面，学术共同体成员可以通过相互分享观点、经验，为知识的产生发展提供间接的实践经验和灵感启发。共同体成员集体经验为学术研究奠定了宽广的基础。另一方面，个人提出的研究结论在共同体中接受不同研究者的论证、质疑、检验后，才能更好地确认研究结果的科学性。知识生产是学科建设的基础，“学科建设是一项系统的工程，它是依托大学基层学术组织，通过大学中高层学术组织的合力推动而进行。不同的学术组织对学科建设的作用也各不相同。基础学术组织是学科建设的重要依托，中高层学术组织为学科建设提供规划与指导”①。

① 孟东方等：《大学工作学》，人民出版社2016年版，第234—235页。

（二）促进知识的交叉融合和学术发展

进入21世纪以来，“学科交叉融合加速，新兴学科不断涌现，前沿领域不断延伸”。[①] 随着知识经验的积累、科学水平的提高，认识能力也有很大程度的提高，技术条件有了巨大的改善，研究者们进一步探索世界的复杂性联系。学术共同体可以汇聚不同学科的研究者，为研究者们提供跨学科的对话平台，打破学科割据，促进知识的交叉融合。学术共同体作为一种特殊的学术组织，可以为“学术发展提供了必要的制度和平台；学术组织为其学者提供必要的服务和支持，使学者在其从事学术活动中有较好的学术环境”[②]。

（三）规范学术行为和评价学术成果

大学学术共同体成员有共同的学术旨趣和共同的学术规则。学术规则包括学术道德行为规则和学术行为规范。共同体成员通过遵循共同体的学术规则，来维护学术的科学性和独立性。另外，学术共同体作为一种特殊的学术组织，是“以学者为主体的组织，学者作为学术活动的实施者，其对学术活动具有权威性和专业性，在对其他学术活动作出价值判断时更具公信力，发挥着重要的学术评价作用。”[③] 因此，学术共同体既是学术规则的坚守者，也是用学术规则进行学术成果评价的评价者。

---

①　习近平：《在中国科学院第十七次院士大会、中国工程院第十二次院士大会上的讲话》，《人民日报》2014年6月10日。

②　孟东方等：《大学工作学》，人民出版社2016年版，第236页。

③　孟东方等：《大学工作学》，人民出版社2016年版，第235页。

四、大学发展共同体的作用

打造大学发展共同体的意义重大。大学发展共同体的建构对凝聚大学发展的力量、优化大学发展资源结构和促进各共同体成员的协调发展有着重要的作用。

（一）凝聚大学发展力量

大学发展是一项复杂的系统工程，涉及主体多，牵涉面广，需要校内校外主体的多方参与共同努力。但在实践中，各相关主体的诉求各异。没有有效的形式进行整合，不易发挥各相关主体在大学发展中的聚合作用。因此，共同愿景对发展共同体至关重要，没有愿景就没有共同体的精神内核。发展共同体的愿景既是各共同体成员的共同价值诉求，也是共同体成员的行为动力，对共同体成员有感召作用。大学发展共同体通过对大学发展共同愿景的建构，把大学发展的相关主体凝聚到一起形成合力。

（二）优化发展资源结构

从教育资源的投入使用来看，大学发展共同体可以整合各类相关资源，优化资源结构，使其得以有效利用。在没有大学发展共同体进行综合协调的情况下，各类发展资源与大学发展之间的关系处于一种随机无序的状态，缺乏规划性和稳定性。大学发展与资源的汇集没有呈现出应有的对应关系，甚至出现资源汇集与大学发展目标相冲突的情况。而大学发展共同体在大学发展愿景的统筹之下，可以根据大学发展的需要，对相关资源进行统筹协调，发挥“1+1 ＞ 2”的效应。如在大学城建设过程中，通过校际图书资源、实验室资源的共享，既可以降低重复建设造成的浪费，也可以提高资源利用率，发挥最大功效。

（三）促进成员协调发展

大学发展共同体还可以促进成员的协调发展。其成员之间本身就是休戚相关、利益与共的关系。共同愿景的实现对各成员的发展都有着积极的推动作用。从大学内部来看，大学的发展既是校内各共同体协同发展的成果，也是进一步促进各共同体发展的动力。学校整体发展了，各共同体的平台资源也会随之变得更丰实。对于内外联动共同体来讲，大学的发展既可以为企业、政府、社区等共同体成员提供更好的服务，也可以为其提供发展所需的高质量人才。

第五节　大学校长要努力构建共同体

大学的共同体是大学办学的重要组织，大学所有师生员工都处在一个或者多个共同体之中，在共同体之中生活、发展。他们的发展与大学共同体的发展息息相关。大学共同体的科学合理构建对于大学师生的发展具有重要作用。大学校长在办学过程之中，要遵循“党委领导下的校长负责制”，努力构建并运行好大学的共同体。

一、大学校长构建学习共同体

学习共同体是大学生的重要组织，也是大学人才培养的重要单元，学习共同体的有效建构对大学落实立德树人根本任务，推进大学“三全育人”工作有着重要意义；是大学履行人才培养基本职能的手段，大学校长应该根据学习共同体的特点，积极促进学习共同体的建构。

（一）激发大学生学习动机，增强主体性

大学校长在大学治理过程中应该加强观念引导，充分发挥学生的主观能动性，凸显大学生在学习共同体建设中的重要作用。大学生不仅应该是学习共同体的直接参与者，也是学习共同体学习成效的检验者。大学校长应从思想教育、制度保障等多途径激发学生的学习动机，特别是通过激发学生的内在学习动机，增强学生学习的主体性，为学习共同体的构建奠定坚实的思想基础。要教育引导学生，勤奋学习是他们首要的任务，要热爱专业，要在课堂中积累知识，在思考中深化认识，逐步形成系统的专业知识，为今后的人生奠定坚实的根基。

（二）制定学习目标体系，构建学习愿景

共同的学习愿景是共同体成员共同价值理念的集中体现，也是共同体得以存在的基础。学习愿景是共同体学习成员对学习的长远规划，对成员具有凝聚和方向引导作用。大学校长的大学治理应做好课程目标体系建设和学生职业生涯规划教育，让学生既有中短期的学习目标，也有长远的学习愿景。同时，要加强对课程目标体系和学生职业生涯规划的宣传教育，拓展宣传渠道，丰富教育形式，将目标体系深入到每一位师生的心灵，将学生的职业生涯规划提上学生的心头，教育引导学生，以“学”为本、以“习”立业。

（三）营造开放共享课堂，构建支持性环境

课堂是学习共同体开展学习的重要场所，课堂类型影响着学习共同体的有效性。课堂教学是师生间交往互动的过程，只有实现精神的交往和心灵的理解，才能创造出真正的教育。[①] 构建学习共同

① ［日］佐藤学：《教师的挑战》，钟启泉译，华东师范大学出版社 2012 年版，第 2 页。

体的初衷就是要提升学习实效、促进学生开展有深度、有意义的学习。大学校长要加强规划建设，打造智慧校园，营造开放共享、互动和谐的学习氛围。大学校长要有课堂建设意识，加强对教师课堂建设能力的培训，引导课堂走向和谐开放，在校园范围内弘扬“学气”，为学习共同体的有效学习提供支持性学习环境，营造良好的氛围。

（四）丰富学习资源，构建系统的保障体系

学习资源是学习共同体学习的内容和对象，是学习共同体开展学习的物资保障，没有学习资源就失去了开展共同体学习的基础条件。因此，学习共同体的构建应为其提供丰富的学习资源。学习资源涉及面宽、内容丰富，主要可分为硬件资源和软件资源。硬件资源如教室、图书馆、实验室、仪器设备等学校硬件设施，软件资源包括高水平的教师队伍、合理的课程设计和科学的教学制度安排等等。大学校长应用系统思维对学习资源进行体系化的设计，优化硬件资源的配置，加强教师队伍建设，提升课程教学质量，为大学生学习共同体的构建提供系统有效的资源保障。

二、大学校长构建教师共同体

教师是立教之本、兴教之源。大学校长应根据教师共同体的特点和作用机制，在发展愿景凝练、合作文化培养、拓展交流空间、优化评价方式等方面打造教师共同体。

（一）生成教师发展愿景

形成大学教师共同的愿景、信念和规范是构建教师共同体的首要任务。在共同愿景的引领下，教师的专业实践才有方向感和内在

动力。因此，大学校长应重点做好教师发展愿景系统的管理，要形成根植教师内心深处的发展愿景。

大学校长应形成科学的愿景生成思路。教师共同体的共同愿景是由每一位教师个人愿景汇聚而成的，有凝聚力的愿景必须根植于每一位共同体成员的个人愿景当中。教师共同体存在的基础就是每一位共同体成员有着个人追求的愿景。要加强愿景文化建设。这样的愿景文化能体现共同体中每位教师的精神追求，每位教师也都能在其中找到自己的发展方向和行动的动力。

大学校长应抓住发展愿景的生成渠道。建立教师发展基层组织，引导教师在交流中形成共同体愿景。教师在实践情境中发现问题，通过专业或学科教研室、课题组、研究中心等平台讨论交流，集思广益、凝心聚力。积极参与教师共同体愿景的凝练。大学校长既是凝练共同愿景的参与者，也是服务者。

（二）培育教师合作行为

教师的合作意识和能力是教师融入教师共同体必备的能力素养，教师共同体之中的各位成员就是相互合作的关系。大学校长应注重柔性化和人性化的管理，为教师营造一个和谐、温馨的工作学习环境。教师共同体是教师为了实现共同愿景而聚集起来的组织，合作协同是教师共同体的核心理念。教师要在共同体中实现自身发展，需要大学校长设计合适的考核评价机制，引导教师树立正确的利益观，正确处理竞争与合作的关系。大学校长要充分调动教师的参与积极性，为合作文化的形成奠定扎实的能力基础，最终构建教师共同体所需的合作文化。

（三）形成“和而不同”的共同体理念

“和而不同”的共同体理念，成为成员的共同信仰与共同体的灵魂。[①]“和”是共同体存在的前提，“不同”是共同体创新发展的动力源泉。“和而不同”共同体理念有两层含义：一方面是认可教师的个体特征在教师共同体中的价值和意义，鼓励教师在发展共同体中发挥作用、推陈出新，通过个体的创新促进共同体的发展；另一方面是强调共同文化对教师共同体存在与发展的价值和意义。共同体的价值理念、行为范式、情感氛围是共同体成员的心灵港湾和行为的加油站，是共同体存在的基础。大学校长营造形成“和而不同”的共同体理念就是要打造“各美其美，美人之美，美美与共”的和谐氛围。

（四）拓展交流空间

发展环境的支持性是教师共同体的特征。拓展交流空间，则有利于建构支持性的发展环境。在实践中，由于教师分属于不同的学科专业和教研室，在无外部因素影响下，教师的专业交流范围主要局限于教研室范围之内。对于同学科的教师共同体，可以充分拓展教研室、课题组或备课组的交流空间，通过集体备课、听课、评课进行积极的交流和研讨；对跨学科教师共同体可以采取不定期的研讨会、学术沙龙等形式整合不同的学科优势，发挥学科的交叉互补优势。另外，网络信息技术也为教师共同体提供了更灵活的交流空间，如可以通过各类现代社交软件采取音视频通话的方式进行互动。此外，大学的国际化发展为大学教师的发展提供了平台，通过

---

① 罗生全、周莹华：《跨学科共同体提升教师专业发展效能的价值、经验及策略体系》，《湖南师范大学教育科学学报》2020 年第 5 期。

交流访学等方式，扩大教师的开放视野。

（五）优化评价方式

大学校长要发挥教师评价的积极导向功能，发挥共同体促进教师专业发展的功能。从评价方式的选择来看，应注重对教师的过程性评价，充分发挥评价的诊断、激励和调节功能，着重关注教师发展的内在指标，可以采取档案袋记录等质性评价的方式记录教师参与过程中的行为表现，如教师的参与度、意见的新颖度、贡献度等等。以促进教师发展为评价价值取向，激励教师分享经验、知识和资源，鼓励教师自我发展和互帮互助，以便于构建良好的共同体文化。采取评价导向的方式可以为大学共同体的构建提供更为明确的价值目标，在这一正确价值目标的指导下，教师共同体才能更好地营造出和谐文化氛围。

三、大学校长构建学术共同体

繁荣学术，打造重点学科、产出高质量科研成果是大学实现可持续发展的重要基础，也是大学实力的重要体现。大学校长应该明确办学方向、加强制度建设、优化学术环境，为学术共同体的构建指明方向和提供保障。

（一）明确学术发展方向与价值追求

发展目标是发展的先导，有什么样的发展目标就决定了未来发展的形态。共同的学术价值追求是学术共同体存在的基础。聚焦学术方向与整合共同价值追求是相互促进的两个方面。在共同体成员间形成认可的价值体系的基础上，共同体成员共同恪守学术道德、遵守学术规范，在此过程中可以在共同体内形成一股强大的学术凝聚力。学术方向聚焦又进一步促进学术共同体内在价值体系的形成。学术共同体成员在共同的学术旨趣的引导下，可以最大限度地凝聚学术力量，发挥共同体的整体效应，从而才能产生出高质量、高水平的科学研究成果。学术方向往往与大学办学方向和特色密切相关。大学校长应该发挥积极的引导作用，明确学校发展的方向和特色定位，为大学学术发展指明方向，以促进学术共同体成员尽可能地聚焦学术方向，形成共同的价值追求。

（二）构建系统化的学术共同体

学术共同体的系统化主要体现在多样化和多层次性两个方面。构建多样化多层次的学术共同体是实践问题的复杂性和当代科学研究发展的需要。多样化是指建构多样的跨学科学术共同体。多层次是指在大学内部建构国家级、省部级、校级以及各专业的学术共同体，形成完整的学术共同体体系。随着现代科学技术的深入发展，许多复杂问题的解决都需要多学科多领域科学研究的相互协同，要求各学科领域的研究走向交叉融合，需要基于实际问题构建多样化的跨学科学术共同体。在建构跨学科学术共同体的基础上，建构多层次成体系的学术共同体更有利于发挥学术共同体的整体效应。通过对大学内部不同学术共同体进行系统的建构使不同共同体集中优势资源实现学校的目标定位。系统化的学术共同体打造，需要大学校长加强制度、组织设计为其提供激励、规范和保障。

（三）构建学术共同体运行制度体系

制度既可以为学术共同体提供行为导引，也可以为学术共同体的运行提供保障。学术共同体的建构应该加强学术共同体制度建设，为学术共同体提供行为规范和制度保障。学术共同体行为规范是将学术共同体成员认可的价值理念、学术道德和学术行为规范进行文本化，以便于所有共同体成员更为清晰地理解共同体的行为规则。学术共同体保障制度是关于确保学术共同体有效运行所需的人财物等条件得以保障的制度安排，如学术共同体的经费保障制度、物资保障制度、人员配备制度以及共同体成员的成果认定与奖励制度等等。因此，大学校长应在充分尊重学术共同体运行规律的前提下，做好学术共同体运行制度建设。

（四）构建良好的学术共同体生态环境

大学学术生态环境对学术活动的有效开展有着重要的影响。学术共同体的生态环境可以分为大学外部生态环境、大学内部生态环境和学术共同体内部生态环境。大学校长应该为学校的学术共同体营造良好的学术生态环境。在外部生态环境方面，大学校长可以走出去为学校学术共同体引进校外甚至是国外的学术资源，为学校学术共同体的发展提供丰富的学术资源。具体体现在通过校地、校企合作的方式为大学的教师提供更为丰富的科研经费和科研项目，吸引更多的高层次人才前往大学任教工作。在大学内部生态环境方面，校长可以加强文化建设，营造风清气正、自由和谐、开拓进取的学术生态环境，进行有组织的科研工作。在学术共同体内部生态环境建设方面，大学校长可以充分发挥制度的激励、保障功能，积极引导学术共同体朝着健康和谐的方向发展，发挥好科研团队的作用，引导团队之中的不同人员各司其职，共同来实现学术共同体的发展。

四、大学校长构建大学发展共同体

从大学治理的角度来讲，大学发展共同体的建构应从大学自身所肩负的职责出发，将共同体构建于大学主要职能基础之上，如此构建的发展共同体才具有可行性和持续性。大学可以围绕人才培养、科学研究、服务社会、文化传承创新、国际交流等方面与大学、企业和政府建立协同发展机制。

（一）建立校际协同发展机制

校际协同发展机制是指各个大学之间以各自的发展优势为基础，以合作完成科学研究或者人才培养项目为目标，而建立的协同发展长效机制。各大学具有相同社会职能，都肩负着人才培养和科学研究的职责。不同大学各有其办学特色和优势，大学之间可以通过构建协同发展机制，实现互通有无、优势互补，进而实现资源的高效利用。大学校长应积极探索建立校际资源共享机制，整合优质资源。特色课程共享平台是大学优质课程资源分享平台，通过平台向共同体大学的学生开放优质课程资源，实现课程资源的共享。通过大学间共享课程资源，可以提高课程资源的利用率，降低资源的重复开发成本，缓解大学发展过程中的课程资源紧缺的压力。注重大学国际之间的交流与合作。大学校长要提高全校师生的国际视野，制定相应的国际交流与合作的政策制度，加大对于国外人才的引进和培养，鼓励教师前往世界一流大学在职读博，加强中外合办专业建设，推动交换生项目进一步发展。

（二）建立校企协同发展机制

校企协同发展机制是指大学与企业间以各自的发展优势为基

础，以科学研究、科研成果转化、人才联合培养为桥梁，实现合作共赢为目的，而建立的协同发展长效机制。大学拥有前沿的理论、先进的实验室和高精尖的科研人才，企业拥有雄厚的资金和成熟的市场营销体系，通过建立校企协同机制，可以实现高等学校和企业优势资源的整合，使各自的优势资源得到更好的开发和利用。为保证校企协同长期有效的开展，需进一步建立相应的协同机制。大学校长要在建立校企协调发展机制的过程之中，注重顶层设计、合理规划，制定科学合理的合作方案，提高合作的深度、广度与质量。校企协同资源保障机制是对校企各自的责任与义务的明确。校企协同资源保障机制是约定校企各自在科学研究、科研成果转化、人才培养等项目合作过程中各自应承担的资源保障责任和义务，如合作项目资金保障、场地保障、人力保障等等。大学校长要注重大学在与企业的合作之中，应发挥什么样的作用、扮演什么样的角色，要发挥好大学自身的作用。此外，要建立健全实习就业基地体系，形成管理运行的长效保障机制。

（三）建立校政协同发展机制

校政协同发展机制是指大学与政府间以各自的发展优势为基础，以科学研究、科研成果转化、人才联合培养为桥梁，实现合作共赢为目的，而建立的协同发展长效机制。大学校长要重视政府在大学发展过程之中的作用。政府通过出台相应的支持政策，促进各方主体积极参与大学的发展建设。如出台相应的税收支持政策鼓励企业与大学协同，资助大学人才培养和科学研究，在实习实训基地建设、产品开发、贷款等方面提供优惠政策。大学校长要积极争取政府对于大学发展的资金支持、场地支持、政策支持、人员支持等多方面的支持。加强校政合作推动高端智库建设。校政协同共建智库是大学针对政府在行政实践中实际面临或将会面临的问题，开展科学研究，提出多样的有建设性的对策建议，以供政府决策参考，从而协助政府实现对社会问题的有效治理。此外，大学校长要鼓励引导大学师生参与到重大战略规划之中，通过制定相应奖惩政策、规章制度来为大学师生参与社会服务提供保障。同时，还要通过校地合作机制等方式，为大学师生参与社会服务提供渠道。这一过程既是大学履行社会服务职能的过程，也是推动大学教师进行科学研究，提高科研成果质量，打造标志性科研成果，提高人才培养质量，提升大学“名气”的过程。

第十八章　大学发展的成效论

习近平总书记强调："要真正做到一张好的蓝图一干到底，切实干出成效来。"[①]成效问题是开展社会实践的重要指向，发展成效则是推动党和人民事业向前迈进的核心表征。在教育强国建设的历史进程中，高等教育的发展成效如何，将直接影响和制约社会主义现代化国家建设，因此如何评价我国高等教育的发展成效问题，成为一项重要工作。

大学发展成效论的核心就是评价或衡量一所大学的办学成效，通俗来讲可以是一所大学的办学水平、社会声誉等。评价一所大学的办学成效有多重维度，一般来说主要有政府主导的官方评价和第三方机构主导的社会评价，大学校长办学治校的重要目标就在于彰显大学的发展成效。在新时代背景之下，大学整体建设评价，要在人才培养、教师队伍建设、科学研究、社会服务、文化传承创新和国际交流合作等多方面呈现结果。[②]落脚到大学校长，归结起来要围绕以"三名"为标志声誉性的综合评价，提高大学的发展成效。

---

① 《习近平谈治国理政》第一卷，外文出版社2018年版，第400页。

② 《"双一流"建设成效评价办法（试行）》，教育部，见http://www.moe.gov.cn/srcsite/A22/moe_843/202103/t20210323_521951.html。

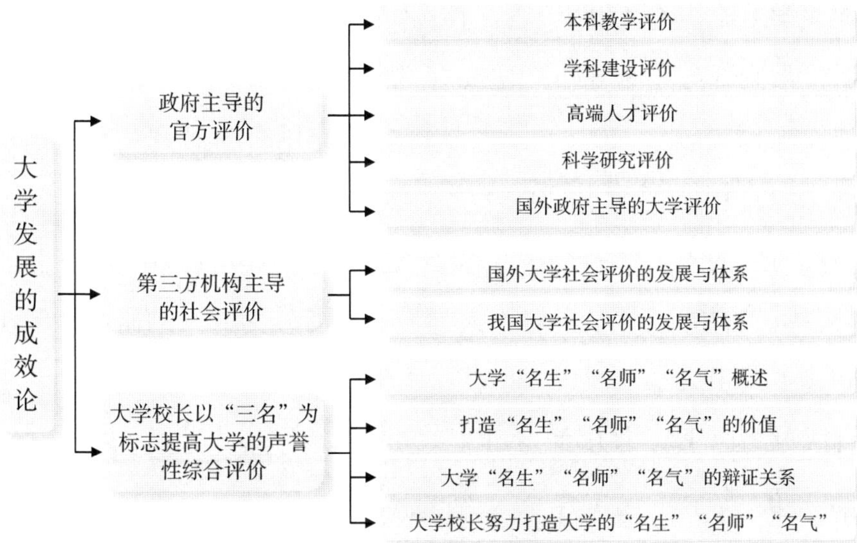

图 18-1　大学发展的成效论结构

第一节　研究的综述

大学发展成效的评估是对于大学发展的检验，对大学的后续发展具有导向作用，在总结现有研究的基础之上，要提出一条适合建设世界一流、具有中国特色的大学发展成效评估体系。

一、研究的现状

在中国知网（CNKI）以“大学发展成效”为主题进行搜索，可以检索到相关学术论文 40 余篇，且大多都是基于某个学校、学院或是学科发展的研究报告，缺乏关于整体性的大学发展成效研究。若将关键词调整为“大学评价”“大学排名”则有着众多研究，关于“大学评价”的相关学术论文有 6000 余篇，关于“大学排名”

的相关学术论文有1500余篇。在国家图书馆以相关主题进行检索，可以检索到部分学术著作，主要有《世界大学排名与中国高水平大学建设》（郭丛斌，2020）、《大学排名的应用行为研究及其价值取向反思》（苗耘、刘念才，2018）、《大学评价与大学发展》（赵晓东等，2013）、《国内外大学排名的比较研究兼论大学排名的合理性问题》（李文兵，2010）。学术界对于大学排名具有较为深入的研究，初步建立起了关于大学发展成效也就是大学评价与排名的研究体系，主要可以分为以下三个方面。

（一）关于不同类型的大学监测评价研究

胡弼成等人认为中国大学的排名是大学理论研究和教育实践发展的需要，呈现出与时俱进、指标互鉴以及各领风骚独特发展的态势。① 刘坤轮认为当前的四个主流排行榜既有各自的个性又具有共性，其具有差异的原因在于价值取向的不同。② 高耀围绕“双一流”建设过程之中的目标系统、过程系统和评价系统开展研究。③ 王战军等人提出要树立过程检测理念和构建动态监测体系，探索“监测—改进—评价”新模式。④

（二）关于大学评价功能作用的研究

有部分学者对于大学排名持肯定观点。彭荣础提出大学排名产

① 胡弼成、蔡莉：《中国大学排名的缘起、特色及发展态势》，《高教发展与评估》2021年第1期。

② 刘坤轮：《四个大学排行榜评价指标体系刍议》，《高教发展与评估》2021年第5期。

③ 高耀：《“双一流”建设中需要厘清的三个基本理论问题：目标、实施与评价》，《高等教育研究》2022年第12期。

④ 王战军、常琅、蔺跟荣：《“双一流”建设成效评价与动态监测》，《学位与研究生教育》2022年第11期。

生了三个潜功能并推动中国大学由传统向现代的转型。[①]张蕊等人肯定了大学排名的必要性，认为我国大学排名的价值体现在社会导向、政策导向、资金导向和竞争导向等六个方面，并发挥了积极作用。[②]

与此相反，有部分学者对于大学排名持怀疑或是否定态度。顾海兵认为当前大学排名存在前提虚假、指标片面以及权重失衡三个误区和自我拔高与商业目的两个禁区，进而持否定匹配态度。[③]李泽彧等人认为当前的大学排名评价基础不合理以及过程不科学。[④]戴跃侬提出要正确、客观对待大学排行榜并且充分利用大学排行榜来促进大学发展。[⑤]胡碧洋提出从大学排名中出现的六个问题进行审视，并提出大学应坚守自身大学发展理念，有策略地运用大学排名的方法。[⑥]黄梓根认为大学排名是破“五唯”破而未除的根源所在。[⑦]

（三）关于构建适合现代大学发展的评估体系研究

裴云认为指标体系的价值体现在完整性、精确性、流畅性三个

---

① 彭荣础：《试析中国大学排名的正向潜功能》，《江苏高教》2004年第5期。

② 张蕊、叶鹰：《我国大学排名的价值与问题探讨》，《高等工程教育研究》2007年第3期。

③ 顾海兵：《陷入误区且步入禁区的“中国大学排名”》，《中国高等教育》2003年第7期。

④ 李泽彧、朱景坤：《关于我国大学排行评价的几点质疑》，《厦门大学学报（哲学社会科学版）》2003年第2期。

⑤ 戴跃侬：《大学评价体系及其排行榜透视》，《扬州大学学报（高教研究版）》2003年第1期。

⑥ 胡碧洋：《大学排名批判热的冷思考——对大学排名六大问题的审思》，《高教论坛》2022年第7期。

⑦ 黄梓根：《排行追逐：大学“五唯”破而未除的根源所在》，《大学教育科学》2021年第4期。

方面。[1] 游成梅等人围绕大学排名指标体系的构建提出了科学的方法和应有的步骤。[2] 伍宸等人提出从人才培养、科学研究、社会服务三个方面来对大学排行榜进行价值取向的重构。[3] 林传舜等人认为除了继续改良现有榜单之外，还应当鼓励和引导传统排行榜的制作主体另外制作新的、更加科学合理的榜单。[4]

（四）国外学者关于大学评价与发展成效的研究

加拿大学者伊夫斯·金格拉斯所著的《大学的新衣对基于文献计量学的科研评价的反思》，由韩国学者郑俊新、美国学者罗伯特·K. 陶克新、德国学者乌尔里希·泰希勒三人主编的《大学排名理论、方法及其对全球高等教育的影响》对大学排名的内容、社会影响以及有效性等进行分析并对大学排名对于世界高等教育的影响提出了观点。爱尔兰学者埃伦·哈泽尔科恩所著的《全球大学排名简史世界一流的卓越竞赛与高等教育重塑》一书中通过全球化与声誉竞赛，排名评价的内容，排名的影响——来自高等教育内部的观点，排名、学生择校和招生，排名和政策选择，重塑高等教育等六个章节深刻解读了世界大学在争夺一流过程中的得与失。

① 裴云：《对大学排行指标体系的分析》，《中国地质大学学报（社会科学版）》2003 年第 5 期。

② 游成梅、李文中：《“中国大学排行”问题分析及评价指标体系构建》，《北京化工大学学报（社会科学版）》2003 年第 4 期。

③ 伍宸、洪成文：《大学排行榜价值取向研究——基于价值哲学的解释》，《中国高教研究》2012 年第 12 期。

④ 林传舜、夏美茹：《大学排行榜权威性问题再审视》，《重庆高教研究》2023 年第 4 期。

二、研究的总结

对于大学发展成效的研究是伴随着现代大学产生就不断深化着的一个领域，相关学术研究也较为丰富。第一，基于大学排行榜对大学发展成效进行研究，通过研究排行榜的指标体系、构成方式、计算方式等内容来研究大学发展成效的评判标准。第二，学术界对于大学排行榜的态度既有支持也有反对，并从大学排行榜对于大学发展的影响进行了相关学术研究。第三，对于现代化大学的评估体系进行了研究，围绕现代大学职能以及发展要求，按照不同的价值取向、考核重点设计了多套评估体系，为大学的发展评估提供了参考依据。第四，学术研究与实践操作相结合，有关于已有评估方式操作成效的研究，也有将学术理论付诸实践的过程。

三、研究的启示

总体来说，学术界对于大学发展成效的研究众多，从不同的方面对于大学发展的评价体系、指标、方式方法以及原则进行相关研究，基本形成了一套完备的学术研究体系，但是依然存在三个方面的不足：第一，重视对于大学硬性指标如学科建设能力、博士点数量的研究，但是对于大学发展的社会影响尤其是社会美誉度、声誉缺乏相关系统理论的研究。第二，对于大学发展过程之中，各个方面（如教师、学生、科研成果）的作用地位的研究不明确。第三，对于大学领导者尤其是大学校长如何提升大学的发展成效的研究较少。基于现有研究，本课题将系统树立国内外关于大学发展成效的评估体系，同时提出以“名生、名师、名气”为标志的大学声誉性综合评价，并从大学校长的角度出发探讨如何提升大学的“三名”评价。

第二节 政府主导的大学评价

政府主导的大学评价是依据官方标准或要求对大学办学质量、办学成效进行的系统性评价。作为官方主导的活动，这类评价具有内在的权威性、全面性和影响的广泛性，其内容主要包括有本科教学评价、学科建设评价、高端人才评价、科学研究评价等方面。

一、本科教学评价

本科教育是高等教育结构的主体部分，对国家和社会发展都有着重要意义。新时代全国高等学校本科教育工作会议强调“把本科教育放在人才培养的核心地位、教育教学的基础地位、新时代教育发展的前沿地位”①。对于本科教学质量的评价是检验新时代高等教育人才培养的需要，是检验大学发展成效的需要。

（一）本科教学评价的探索与发展

改革开放后，中国高等教育逐渐恢复正轨，大学与大学生的数量和质量都在逐步增加，评价考核大学的人才培养效果成为高等教育发展的需要，也是中国改革开放进程的需要。

---

① 《坚持以本为本 推进四个回归 建设中国特色、世界水平的一流本科教育新时代全国高等学校本科教育工作会议召开》，教育部，见 http://www.moe.gov.cn/jyb_xwfb/gzdt_gzdt/moe_1485/201806/t20180621_340586.html?eqid=9a59c66a0003f83c00000003642fbe68。

1.1985 年至 1999 年：高等学校本科教学评价（评估）的确立和发展

1985 年 5 月颁布的《中共中央关于教育体制改革的决定》文件中首次提出“高等教育评估”这一专业术语，标志着我国开始对高等教育评估方式方法的探索，此文件也成为我国高等学校教育评估的首份指导文件，后续多个高等学校在此文件的指导下开始了教育评估试点工作。1993 年颁发《中国教育改革和发展纲要》，1994 年国家教委开展新建本科院校的教学工作合格评估，1995 年的《中华人民共和国教育法》，1995 年国家教委印发《关于进行首批高等院校教学工作评价的通知》，强调本科教学评估对于本科教学的指导作用，至此我国高等学校本科教学的分类评估正式开启。同时，《中华人民共和国教育法》于 1995 年宣布实施，《中华人民共和国高等教育法》于 1998 年宣布实施，两部法律从法理逻辑上为高等学校本科教学与评价工作提供了坚实的法律保障。

十五年来，本科教学评估工作的试点与实验以及政策的论证工作为我国进入 21 世纪大学的本科教学评价改革和发展奠定了制度基础、实践基础和理论基础。但因本科教学评估工作涉及范围大、本科招生规模扩大、高等学校数量增多且水平层次差异大等因素，本科教学评价仍需不断调整完善。

2.2000 年至 2012 年：高等学校本科教学评价的成熟和完善

自 1999 年高等学校本科招生扩招以来，高等学校人才培养的数量逐步增多，但人才培养的质量能否与 21 世纪中国高速发展的经济相匹配问题随之而来。这也是高等学校本科教学评价以改革走向成熟完善的时代背景。2002 年，教育部高教司印发《普通高等学校本科教学工作水平评估方案（试行）》将“合格评估、优秀评估、随机性水平评估”合为“本科教学工作水平评估”。2004 年 2 月 10 日，教育部发布《2003—2007 年教育振兴行动计划》，提出要“实行以五年为一周期的全国高等学校教学质量评估制度”，计划在 2007 年底完成第一轮评估任务。2004 年 8 月，根据上一版评估方案的实际实施情况，在广泛征求社会各方意见基础上，教育部高教司印发新修订的《普通高等学校本科教学工作水平评估方案(试行)》，并成立了高等教育教学评估中心（2022 年更名为“教育部教育质量评估中心”），表明我国高等教学质量的评估工作逐步迈向有规可依、有制可寻的时代。2007 年初，教育部联合财政部颁布的《关于实施高等学校本科教学质量与教学改革工程的意见》指出“建立高等学校教学基本状态数据检测体系，定期采集各类高等学校本科教学基本状态信息和数据”，并将相关数据作为本科教学评估的支撑。后续，教育部根据《国家中长期教育改革与发展规划纲要（2010—2020)》要求，建立高等学校质量年度报告发布制度相关要求，教育部统一要求“985 工程”高等学校率先自行编写并公布本校 2010 年《本科教学质量报告》。

这一时期的高等学校本科教学评估工作在前期基础上不断地完善成熟，有着负责专项工作的行政管理单位、完善的指导意见和评价体系以及充足的数据样本和对照。总体上，这一时期的本科教学评价工作是改革发展的产物，并且有着众多国家部委进行支持，社会知名度与认可度不断提高，极大程度地服务了我国高等教育事业的发展、提高了高等学校本科人才培养效果。

（二）进入新时代的本科教学评价

党的十八大以来，我国高等教育事业迎来了新的发展局面。党的十九大上，习近平总书记阐述了我国社会主要矛盾的变化，为高等教育事业的发展指明了方向。党的二十大上，将科技、教育、人才三者统一论述，指出了教育在现代化建设中的突出地位，要建设教育强国、实施科教兴国战略。

1. 新时代本科教学评价有了新规划

2013 年 10 月，教育部办公厅印发关于普通高等学校编制发布 2012 年《本科教学质量报告》的通知，将报告的发布主体从“985”高等学校拓展到国内所有高等学校，这也表明高等学校质量年度报告发布制度的建立。2013 年，在综合以往经验总结和国际教育事业现代化发展经验的基础上，教育部印发《关于开展普通高等学校本科教学工作审核评估的通知》和《普通高等学校本科教学工作审核评估方案》，所有参加普通高等学校本科教学工作水平评估并获“合格”以上的高等学校均需参加。2018 年教育部发布的《关于加快建设高水平本科教育全面提高人才培养能力的意见》提出“对照要求建立本科教学自我评估制度”①。2019 年教育部发布的《关于深化本科教育教学改革全面提高人才培养质量的意见》提出“持续推进本科教学工作审核评估和合格评估”②。

---

① 《教育部关于加快建设高水平本科教育全面提高人才培养能力的意见》，教育部，见 http://www.moe.gov.cn/srcsite/A08/s7056/201810/t20181017_351887.html?eqid=c22356130001d84c000000036459f3ef。

② 《教育部关于深化本科教育教学改革全面提高人才培养质量的意见》，教育部，见 http://www.moe.gov.cn/srcsite/A08/s7056/201910/t20191011_402759.html?from=timeline&isappinstalled=0&tdsourcetag=s_pcqq_aiomsg&wd=&eqid=8ffe44bb003d131f000000056495ba61。

2. 一流本科专业建设成为评价基点

2019 年 9 月，教育部办公厅印发《关于实施一流本科专业建设“双万计划”》，文件指出“要推动新工科、新医科、新农科、新文科建设，做强一流本科、建设一流专业、培养一流人才，全面振兴本科教育，提高高校人才培养能力”[①]。一流本科专业建设工作是在我国面向 2035 年建成教育强国、促进高等教育事业现代化发展的背景下，在全面深化改革基础上的教育事业改革，意在通过对对应本科专业的专业定位、管理规范、改革成效、师资力量以及培养质量等方面的全面考核，不断提升一流本科专业点的选拔与建设质量，夯实本科教育，提高教育水平。这也是新时代推动我国高等教育转型发展的重要内容和关键环节，为提升新时代的本科人才培养质量提供政策支撑，充分体现了国家高等教育综合治理的整体思路[②]。

3. 一流本科课程建设成为评价重点

一流本科课程建设是“双万计划”即建设一万门左右的国家级一流本科课程和一万门左右的省级一流本科课程。在本科人才培养的过程中，课程是人才培养的核心要素，只有把课程建好建强，才能真正使提升人才培养质量得到最根本、最坚实的保障[③]。一流本科课程与一流本科专业，二者辩证统一、相辅相成，本科课程水平、质量的考核也是本科专业考核极为重要的部分。

---

① 《教育部办公厅关于实施一流本科专业建设“双万计划”的通知》，教育部，见 http://www.moe.gov.cn/srcsite/A08/s7056/201904/t20190409_377216.html。

② 梅雪：《一流本科专业建设：何去何从》，《江苏高教》2021 年第 8 期。

③ 张盖伦：《一流课程建设标准要从“金字塔”走向“五指山”》，《科技日报》2021 年 3 月 18 日。

（三）本科教学评价的经验与思考

在我国本科教学评价的发展历程中，积累了重要且丰富的建设经验，对于当前做好大学本科教学评价具有重要的启示意义，具体体现在坚持以社会需要为导向，切实以学生发展为中心，坚持以立德树人为要求，着力把好教育发展方向两个方面。

一方面，要坚持以立德树人为要求，着力把好教育发展方向。立德树人是教育的根本任务，习近平总书记多次提到高等学校立身之本在于立德树人。“立德树人”是中国特色社会主义大学的本质特征，体现了我国大学鲜明的意识形态特点[①]。在近年来的课程改革中，回答“培养什么人、怎样培养人、为谁培养人”这个问题总是处于高频讨论中。在本科教学评价的标准中，立德树人成效是评价的核心且有着一票否决制的地位。

另一方面，要坚持以社会需要为导向，切实以学生发展为中心。回顾自 1985 年开始的本科教学评估这近 40 年的发展历程，从最初的为社会主义现代化建设服务、为社会主义建设服务到提高人才培养质量、提高本科教学水平的发展，将外在的政治经济目的转化为内在的人才培养目的，在实质上深化了“以生为本”理念在本科教学评估工作中的影响[②]。在新时代，人才是中国式现代化道路中的第一资源，现代化建设人才的培养主要来自高等教育，因此，在本科教学评价的标准、体系设置中，应根据社会发展需要的变化

① 任少波、单珏慧：《构建基于“知识共同体”的“德育共同体”——高等学校立德树人的二维耦合》，《教育研究》2019 年第 7 期。

② 陈栋：《本科教学评估的“中国方案”：脉络、问题与走向》，《湖南师范大学教育科学学报》2020 年第 5 期。

而变化，体现时代主题、当代价值。《中国教育现代化2035》提出，要“构建教育质量评估监测机制，建立更加科学公正的考试评价制度，建立全过程、全方位人才培养质量反馈监控体系”①，这是教育现代化道路上的本科教学评价工作的导向性目标。

二、学科建设评价

1986年，国家教委开展了新中国首次国家重点学科评选，至此拉开了以政府主导的、国家教育管理部门实施的学科评估工作。在近四十年的学科评估工作中，我国的学科评估经历单位试点、确立实施、全面开展三个阶段。自党的十八大以来，我国的学科评估工作逐渐走向建设有中国特色的、面向世界的学科评估工作即“双一流”工作中的世界一流学科建设工作。

（一）1986年以来学科评估的发展历程

1986年以来，我国学科评估发展大致经历了三个阶段，即1986年至1999年的学科评估工作，2000年至党的十八大前的学科评估工作，新时代以来有中国特色的学科评估工作。

1.1986年至1999年的学科评估工作

1985年，中共中央印发《关于教育体制改革的决定》，高等学校评估开始正式列入政府的工作议程。1987年8月，国家教委发布《关于评选高等学校重点学科的暂行规定》以及《关于做好评选高等学校重点学科申报工作的通知》，决定开展高等学校重点学科

① 《中共中央、国务院印发〈中国教育现代化2035〉》，教育部，见http://www.moe.gov.cn/jyb_xwfb/s6052/moe_838/201902/t20190223_370857.html?eqid=ddbd9b88001e4ada00000003647c5a91。

评选工作，本次评估涉及108所高等院校，选出416个重点学科，这也标志着我国学科评估工作正式开始并进入试点阶段。①1990年，《普通高等学校教育评估暂行规定》颁布，标志着我国高等教育评估工作开始规范化发展②。1994年7月，根据国务院学位委员会《关于委托北京理工大学建立"学位与研究生教育评估咨询机构"的函》，北京理工大学成立"高等学校与科研院所学位与研究生教育评估所"，国务院学位委员会及原国家教委负责确定评估工作的方针、政策和任务以及对评估结果的认定，"评估所"负责评估工作的具体实施③。上述政策文件发布和实体评估机构的挂盘成立，也标志着我国的学科评估工作正式以官方文件的形式被确立下来，并制度化、规范化、常规化地开展。同时，根据结合学科评估结果，国务院学位委员会开展了数学、化工等五个一级学科的博士点授予权审核工作，将学科评估结果同博士点审核权工作结合起来。在1998年，国家将挂靠于北京理工大学评估所划归至新成立的"学位与研究生教育发展中心"，正式成为一个由教育部直属的事业单位，代表国家教育主管部门开展学科评估工作。

2.2000年至党的十八大前的学科评估工作

这一时期，教育部推出一系列新举措、新过程，以学科评估促进学科发展，共开展两次重点学科评选工作和三次学科评估工作，

---

① 包水梅：《我国学科评估制度的演变——基于制度变迁理论的分析》，《厦门大学学报（哲学社会科学版）》2019年第1期。

② 刘晖、李晶：《我国高等教育质量保障政策变迁研究——基于1985—2016年的政策文本》，《苏州大学学报（教育科学版）》2018年第2期。

③ 包水梅：《我国学科评估制度的演变——基于制度变迁理论的分析》，《厦门大学学报（哲学社会科学版）》2019年第1期。

极大程度地促进了我国的经济社会发展和现代化建设。2005年4月，国务院学位委员会审议通过了《关于开展对博士、硕士学位授权点定期评估工作的几点意见》，通过对硕士、博士学位授权点单位进行定期评估和考核来促进学科建设和评价。

3. 新时代以来有中国特色的学科评估工作

2013年3月，教育部、国家发展改革委员会、财政部联合发布《关于深化研究生教育改革的意见》，提出要完善外部质量监督体系，加强研究生教育质量评估，统筹学科评估。2013年11月，《中共中央关于全面深化改革若干重大问题的决定》对新时代的学科评估工作做出了新要求、提出了新目标。

2015年10月，国务院印发《关于统筹推进世界一流大学和一流学科建设总体方案的通知》，提出坚持以中国特色、世界一流为核心，加快建成一批世界一流大学和一流学科。世界一流学科建设工作的提出为新时代我国学科评估工作提出了新要求。结合“双一流”工作开展，2016年教育部启动了第四轮学科评估工作，并于2017年正式公布，这也标志着中国特色学科评估体系、评估办法的不断完善和日益成熟。

（二）我国学科评估工作的特色

1986年以来，我国大学学科评估积极融入时代、回应时代，其发展历程与工作内容具有显著的中国特色。

1. 深化改革，推进学科评估体系、办法适应时代需要

学科评估的标准应是合理且适合学科发展的才具有有用性，不能采用过时的方法来评价学科。学科评价作为学科发展的指挥棒，不仅需要对之前学科发展的情况做出科学总结，还需要通过学科评

价的标准对今后一段时间学科的发展做出指导，促进学科发展。学科评价指标体系的建立一方面需要适应社会发展需要和国家建设需要，同时针对以往体系实施过程中的不完善之处予以调整；另一方面还需要适应学科发展规律和教育发展规律，并能有利于实现学科评估制度的价值目标和理想功能①。

2. 面向世界，构建具有中国特色的学科评价体系

面向世界，具有国际化特点是学科评价体系的显著特点之一，"双一流"建设工作就是最好的体现。学科的国际化工作，应响应国家相关政策导向，紧跟国家国际发展形势，及时更新和推进现有国际化工作的改革和落实②。但面向国际的同时不能盲目跟随、盲目崇拜甚至全盘舍弃，学科评价体系构建工作应立足中国实际、服务中华民族伟大复兴以及中国式现代化的需要。

（三）新时代学科评估制度的新动向

2017 年 1 月，教育部、财政部、国家发展改革委员会印发《统筹推进世界一流大学和一流学科建设实施办法（暂行）》。2022 年 2 月，《第二轮"双一流"建设高校及建设学科名单》公布，其中建设高等学校 147 所，其中数学、物理等基础学科 59 个、工程类学科 180 个、哲学社会科学学科 92 个。③两轮的"双一流"名单以动态浮动的形式，为高等学校学科发展提供指导。同时，2020 年

---

① 包水梅：《学科评估制度有效性：内涵特征与理论框架》，《教育科学》2021 年第 6 期。

② 王幸君、龙武剑、侯雪瑶：《学科评估中的国际化工作导向释读——变迁与启发》，《中国高校科技》2022 年第 7 期。

③ 《教育部　财政部　国家发展改革委关于公布第二轮"双一流"建设高校及建设学科名单的通知》，教育部，见 http://www.moe.gov.cn/srcsite/A22/s7065/202202/t20220211_598710.html。

11 月，教育部印发了《第五轮学科评估工作方案》，方案中对原有学科评估的指标体系进行的修订，也成为最新的学科评估工作指导方案。第五轮学科评估方案相比于前四轮方案而言，实现了由量到质的变化，围绕立德树人工作开展，切实破除“五唯”，重视学科内涵式的发展。同时共设计了 99 套指标体系，基本做到了“一个学科，一套指标”，充分体现学科特色，尊重学科特点，实现了“具体学科，具体评价”[①]。总体来说，新方案实现了质与量的统一，使得评价更加客观、公正、全面。

三、高端人才评价

习近平总书记在党的二十大报告中指出，教育、科技、人才是全面建设社会主义现代化国家的基础性、战略性支撑，人才是第一资源。在大学的发展中，人才尤其是高端人才对于当代大学来说更是至关重要。

（一）改革开放至党的十八大前大学高端人才评价

1978 年改革开放以来，我国高等学校办学逐渐恢复正轨。1978 年 3 月，原国家教委向国务院递交的有关恢复高等学校职称评定等事宜的报告得到批准，至 1981 年，全国高等学校原有教师的职称得到恢复。1981 年 3 月，中科院选举学部委员 283 名。1993 年 10 月，国务院常务会议决定将中科院学部委员改称中科院院士。1994 年 1 月，中央政治局常务委员会议批准了这一决定。此外，中国工程科学技术方面的最高学术称号“中国工程院院士”

① 刘虹：《第五轮学科评估指标体系变化刍议》，《黑龙江高教研究》2022 年第 6 期。

于 1994 年设立。

在我国最高学术称号确立的同时，许多高等学校根据自身发展情况，建立起了属于自己的人才培养制度。清华大学和武汉大学是我国最早一批开始自主制定人才培养制度的高等学校，后续众多高等学校也颁布类似的文件。与此同时，在经历各项试点后，于 20 世纪 90 年代，“西部之光”人才培养计划、国家杰出青年科学基金、长江学者奖励计划、百千万人才工程人选、“万人计划”领军人才等一大批由国家及国家部委设置的高端人才称号、计划出炉，极大程度地繁荣了我国高等学校的人才培养和评价考核模式。

（二）进入新时代以来大学高端人才评价改革

历经四十余年的大学高端人才评价的改革发展，高等学校对于两院院士、学部委员、长江学者、万人计划领军人才、杰青等高端人才的界定、引进、培养模式基本成熟。但与此同时，“五唯”问题引起了社会广泛关切①。对此，党中央、国务院印发《关于深化项目评审、人才评价、机构评估改革的意见》等文件，规范高端人才评价等问题。另外，以人社部、教育部等国家部委出台系列文件，对高等学校关于高端人才的引进、管理做出新要求，同时进一步规范了对于人才称号的进一步使用和评价，这也表明了具有中国特色的高端人才管理制度体系的逐步完善。

（三）大学高端人才评价的经验与思考

我国大学高端人才评价的发展，保持了与时代环境的同频共振，并在发展历程中积累起丰富的实践经验，对于当前做好大学高

① 白强：《科技人才称号的本质、异化与回归》，《中国科学院院刊》2022 年第 37 期。

端人才评价工作具有重大启示价值。

1. 树立正确价值取向，不唯头衔、帽子论

各类国家级、省部级头衔的设置对弥补长期困扰高等学校发展的人才匮乏状况起到了积极的作用。人才称号是在人才计划或项目实施过程中给予人才的入选标识，是对人才阶段性学术成就、贡献和影响力的充分肯定，不是给人才贴上“永久牌”标签，也不是划分人才等级的标准，获得者不享有学术特权①，要将各类人才称号作为鼓励性、激励性的评价，而不是总结性评价。

2. 强化战略思维，适时调整高端人才引进政策

大学在制定高端人才引进政策时应充分考虑到学校长远发展而不是当前发展、学校整体学科布局优化而不是单个学科独自发展，高端人才引进政策应是服务于学校顶层设计、服务于大学办学质量提高。同时还要树立“人才储备”和“人才服务”的意识②，针对不同类型的高端人才和储备人才，分门别类制定政策，同时加强对于高端人才引进后的培养和服务工作，切实让高端人才服务学校发展。

3. 加强对高端人才评价考核

高等学校对于高端人才的评价考核是方方面面的，绩效考核是实现有效激励的先决条件，任何激励手段和方式的运用，均需与实际的绩效考评结果和分析相契合③，将考核结果与人才的绩效挂钩。

① 《教育部印发〈关于正确认识和规范使用高校人才称号的若干意见〉的通知》，教育部，见 http://www.moe.gov.cn/srcsite/A04/s8132/202012/t20201216_505893.html。

② 吴凡：《西部高校人才引进政策历史演变与发展路向研究》，《广西社会科学》2016 年第 1 期。

③ 徐晖：《一般地方高校高层次人才引进的评价和激励机制构建》，《大学》2021 年第 2 期。

第一，要坚持公平公正以及合理的考核原则，切实细化考核指标体系，做到以考核促进发展。第二，要坚持多维度的考核方式，高等学校高端人才的本质身份也是教师，要从教学效果、教学水平、科研能力、学生满意度等多个角度进行全面细致的考核，特别是围绕立德树人效果和课程思政效果进行评价。第三，针对不同层次、不同类型的高端人才采取不同类型的考核方式，做到考核适应人才发展需要，成为人才发展的动力而不是阻碍。

四、科学研究评价

2020 年 10 月 13 日，中共中央、国务院印发《深化新时代教育评价改革总体方案》，为新时代高等学校改革办学模式、促进学校发展、加强学科建设以及提高人才质量等方向提供指导。《方案》站在提高教育治理体系和能力现代化以及建设新时代教育强国角度为新时代的大学科学研究评价体系构建指明了方向。高等学校科学研究评价体系是高等学校科学研究发展的指挥棒，对于大学的科研发展起着导向作用。我国大学的科研项目总体来说是分别以国家自然科学基金和国家社会科学基金为代表的两大类型的科研项目，各自有其特点，在评价的时候也应有不同的指标体系。高等学校科研人员是申请各类科研项目的主力军，高等学校也是科学研究创新的主战场，科学研究的成果、产物设置合理准确的科学评价机制对于促进高等学校办学水平提高、科研人员能力增强以及国家科技进步有着重大意义。

（一）大学自然科学研究评价体系的构建

1986 年 2 月，经国务院批准成立了中华人民共和国国家自然科学基金委员会，标志着我国自然科学研究资源从计划分配到择优选拔的转变，近四十年来的项目审批对于我国自然科学领域研究的发展起到了重要推动作用。近年来，为适应现代化发展的需要，国务院及各部委相继发布有关意见、通知，规范国家自然科学研究评价体系："推动项目管理从重数量、重过程向重质量、重结果转变，实行科研项目分类评价"[①]，"探索建立科学的评价体系"[②]，"按照分类评价、注重实效的原则"[③]，逐步构建起了一套具有中国特色的、面向世界科技进步、符合国家发展的自然科学研究评价体系。

（二）大学哲学社会科学研究评价体系的构建

1986年国务院批准设置国家社会科学基金，全国哲学社会科学工作办公室作为主管机构。2016年5月，哲学社会科学工作座谈会在京召开，习近平总书记强调要坚持和发展中国特色社会主义必须高度重视哲学社会科学、要坚持马克思主义在我国哲学社会科学领域的指导地位、要加快构建中国特色哲学社会科学、要加强和改善党对哲学社会科学工作的领导[④]。2022年，教育部印发的《关于破除高校哲学社会科学研究评价中"唯论文"不良导向的若干

① 《国务院关于优化科研管理提升科研绩效若干措施的通知》，国务院，见https：//www.gov.cn/zhengce/zhengceku/2018—07/24/content_5308787.htm。

② 《教育部　科技部印发〈关于规范高等学校SCI论文相关指标使用树立正确评价导向的若干意见〉的通知》，教育部，见https：//www.gov.cn/zhengce/zhengceku/2020—03/03/content_5486229.htm。

③ 《科技部印发〈关于破除科技评价中"唯论文"不良导向的若干措施（试行）〉的通知》，科技部，见https：//www.most.gov.cn/xxgk/xinxifenlei/fdzdgknr/fgzc/gfxwj/gfxwj2020/202002/t20200223_151781.html。

④ 《习近平在哲学社会科学工作座谈会上的讲话》，《人民日报》2016年5月19日。

意见》指出："建立健全中国特色哲学社会科学学术规范和评价体系"①。

（三）面向新时代的大学科学研究评价体系建构

党的十八大以来，在习近平总书记关于发展繁荣我国哲学社会科学系列重要论述的引领下，新时代的大学科学研究评价体系构建逐渐走向深化。

1. 以研究质量为根本，发挥创新第一动力的作用

评判科学研究的质量是科学研究评价的根本，任何层次、类型的科学研究都需要坚持质量导向，严格抵制粗制滥造、剽窃抄袭等行为。在科学研究中创新往往与质量并行存在，创新至上是在坚持质量为本基础上强调取得新突破、新贡献、新发展，具体可以涉及理论创新、观点创新、内容创新和方法创新等②。无论是自然科学研究还是哲学社会科学研究都应坚持质量为本、创新优先的原则，切实以科学研究成果推进国家社会科学的发展。

2. 重视科研经费管理，提高科研经费利用率

从2016年开始，党中央、国务院大力推行"放管服"改革。针对高等院校科研经费管理，相继印发《关于进一步完善中央财政科研项目资金管理等政策的若干意见》《关于扩大高校和科研院所科研相关自主权的若干意见》《关于改革完善中央财政科研经费管理的若干意见》等，进一步扩大了科研工作者和科研单位对于科研

① 《教育部印发〈关于破除高校哲学社会科学研究评价中"唯论文"不良导向的若干意见〉的通知》，教育部，见 http://www.moe.gov.cn/srcsite/A13/moe_2557/s3103/202012/t20201215_505588.html。

② 孟小军、彭援援：《高校哲学社会科学研究评价的本质要求及其制度建设》，《重庆大学学报（社会科学版）》2021年第1期。

经费使用和管理的自主权，也促进了科研经费管理的科学化。通过设置专兼职财务助理、完善项目单位科研管理制度、优化报账流程、开展线上财务审批工作等方式，促进大学科学研究工作的发展。

3. 以社会发展为导向，服务于社会发展的需要

科学研究的目的是要将其运用于社会发展中，成为人类文明进步的推动力。对于应用研究和技术开发的评价，要注重衡量其社会价值和实际贡献，比如作为其重要成果形式的专利，只有经过转化产生经济价值和社会效益的专利才能作为评价依据[①]。对于人文社会科学研究，受其自身特点的影响，研究所产生的及时效应不明显，更多是潜移默化、深层次的影响。同时也要摆脱以往的重理论研究、轻实践调研的方式。

五、国外政府主导的大学评价

部分国家开展政府主导的大学评价，较多的评价方式是由社会第三方公司主导开展。

（一）国外政府主导大学评价的法国模式

欧美国家采取政府主导大学评价模式的代表是法国。自 19 世纪以来，法国大学模式逐渐形成，其显著特点之一就是集权，当时的法令确立了法国教育系统内部严格的等级制度和中央政府对教育的集权控制[②]。在后续的高等教育事业发展中，由政府主导的大学

① 宋敏、杜尚宇、解悦：《高校科技评价改革的主要问题与对策》，《中国高校科技》2021 年第 S1 期。

② 冯典：《大学、科学与政府：近代法国大学模式的形成、特征与评价》，《高等教育研究》2015 年第 10 期。

评价制度也因此而成熟完善。在 1985 年，法国设置了全国评价委员会（CNE），其评价的范围非常广泛，就大学提交的报告看，共分 12 个项目，其中既有情况介绍，又有统计数字，涉及了基础设施、教师评价、科研经费支出等，最终的评价结果需报送教育部长并通知大学校长①。在 2006 年，法国设置了“科学研究与高等教育评估局”（AERES），是一个国家行政机关，由国家全额拨款，由总统任命并对总统负责，体现国家意志，AERES 的成立推动法国高等教育质量保障走向了一个新阶段②。

同时，与法国政府主导的大学评价相似的还有印度的大学评价模式。印度开始由政府主导的大学排名时间较晚，2014 年才开始筹备，并于 2015 年 9 月正式出台有关框架。印度于 2016 年 4 月发布了第一个国家主导的大学排名，近年来有关评价方式在实施中不断调整，对于我国教育主管部门构建大学排名有一定的参考价值。目前的印度大学排名从学校类型看分为综合、大学、学院、研究所四类，从学科类型看分为工程、管理、药学、医学、法律、建筑、牙科七个专业领域，不同的指标体系有不同的评价标准。同时，在大学排名中，还加入了极具印度特色的指标构建，专门设置有关性别差异、种姓差异等内容。

（二）其他国家“政府 + 社会”的大学评价模式

“政府 + 社会”的大学评价模式是指大学评价的工作既有政府单位的参加又吸收了社会单位来共同完成，其代表有德国、英国、

---

① 李守福:《国外大学评价的几种模式》,《评价与管理》2015 年第 4 期。

② 胡森:《高等教育外部质量评估模式的发展趋势——来自法国的经验》,《比较教育研究》2012 年第 7 期。

韩国等。

德国高等教育发展中心（CHE）于1998年联合《明镜》杂志共同发布了“CHE”大学排名，此排名主要是针对学科进行排名，而不是对学校进行排名。中心认为若是进行综合性的排名会让社会模糊大学的特点和优势的认识，也不利于大学优势学科的发展。同时也认为若采取综合分数来进行排名，会使得大学的优势学科和劣势学科的得分进行互补，导致评价结果不具有科学性和针对性，也无法体现出学科之间的差异性。

英国除了有国际知名的泰晤士大学排名外，英国政府于2019年推出“知识交流框架”（KEF），以评价大学知识生产与转化的经济社会贡献度，完善对大学服务社会的问责制度，推动大学与产业建立更为广泛、紧密的联系。[①]“KEF”由英格兰高等教育研究会主导实施，同时引入了众多社会单位共同制定易被理解、认可度高的评价体系，对于高等人才培养、国家科研水平的提高产生了积极影响。

韩国推出一种具有半官方性质的大学评价即“韩国大学教育协议会”，对各个大学进行评价。其工作模式大概是：教育部由大学政策室负责大学综合评价认定制的领导工作、韩国大学教育协议会具体负责组织实施工作[②]。其创新点在于将大学教授的本科毕业院校以及大学人才的留校率纳入评价体系中，若本校培养比例过大则对分数进行调整，在一定程度上缓解了学术界近亲繁殖的现象。

---

① 徐小洲、王劼丹：《英国大学评价新动向：基于“知识交流框架”的分析》，《高等教育研究》2021年第6期。

② 杨金成：《韩国大学评价制度概述》，《中国高教研究》1997年第5期。

（三）国外大学评价的经验与启示

国外大学评价以其国情为基础，以时代环境为前提，逐渐形成了具有其自身特色的评价体系，积累起重要的发展经验，对于我国开展大学评价具有积极参考价值。

1. 大学评价的导向应是促进人才培养

大学的评价应是通过检验过去办学成果的方式来帮助大学找到自身问题，以此促进发展的。通过各类量化考核的方式找到工作中的问题，同时也为了方便国家教育管理部门对大学进行监督。不论是教育主管单位还是大学本身乃至于全社会，都应摒弃“唯排名论”，辩证看待大学排名的作用。同时大学排名指标体系的构建也应当摒弃“唯论文、唯项目论”，大学是教书育人的场所，不仅有着众多教师和科研人员，还有着数以万计的学生，人才培养的效果才是大学重点关注的对象。

2. 大学评价的指标体系应具有本土特色

立德树人是我国大学的根本任务，此“德”更是有着多重含义，既包含中华优秀传统美德也包括了社会主义道德观。大学评价标准不能照搬照抄，对于大学评价标准应取其精华，以“我”为主。近年来教育部等部门所实行的“双一流”高等学校建设方案、“双万计划”等都是将立德树人工作和思想政治教育工作放在首位的，这不仅是中国共产党百余年奋斗历程中人才培养的关键所在，也是中国大学立身之本。

3. 大学评价的标准应面向国际化

大学的发展不能只是闭门造车，应立足中国、走向国际。众多大学排名中都纳入了“国际化”这一重要指标，我国高水平大学在发展的过程中应充分考虑国际化水平，参加国际竞争和合作，国际化水平也是检验我国大学办学水平和办学质量的重要内容。大学评价需要看其办学水平、办学效果、科研能力在国内外同领域中处于什么地位，将大学的评价与国际接轨，大学自身也要树立国际竞争意识，将自身处在国际同水平大学中进行比较，取长补短，以此促进大学的高水平发展。

第三节　第三方机构主导的社会评价

评价是一种揭示主体与客体关系的认识活动，大学评价则是以大学作为评价对象，通过采用一定的数据或者指标，从而对大学进行定性或者定量的判断。由第三方机构主导的社会评价，是大学发展成效、质量评价的重要内容，较之于由政府所主导的大学评价，第三方机构能够融合更为多样的社会评价视角和评价标准，是充分、客观、全面认识和把握大学办学成效的重要一环。

一、国外大学社会评价的发展与体系

国外大学社会评价经过长时期的发展，已经形成了较为稳定的系统体系，并对世界大学评价产生了重要影响，通过对国外主流大学排行榜评价体系的梳理、认识，对于我们做好大学成效评价具有重要的借鉴意义。

（一）国外大学社会评价的发展历程

大学社会评价则指的是除了官方和大学的第三方机构来对大学所进行的评价，各式各样的大学排行榜是大学评价的一种表现形

式。大学排行榜的出现是高等教育发展、全球化和国际化的一个必然结果，高等学校之间资金、教师、学生的流动有时候会把大学的排名作为指南来参考。大学排名除了对这些要素产生影响之外，也会影响大学自身的发展，特别是世界大学排名对各国的高等教育系统都产生了十分深厚的影响，改变并且推动着世界高等教育的发展，不少学校都把大学排名视为学校改革发展的重要参考之一，普遍受到大学的重视。

世界上最早的大学排名可以追溯到 1900 年，那时候的排名没有如今大学排行榜的这种形式，只是简单地将各个大学所培养出来的精英人士作为指标，并且对简单的指标进行数量上的排序，比如亚历克·麦克莱恩在其 *Where We Get Our Best Men* 报告中就附上了一份榜单。美国最早的大学排行榜则可追溯到 1906 年宾夕法尼亚大学詹姆斯·卡特尔在其著作 *American Men of Science*: *A Biography Dictionary* 中的各大学师资力量排行榜。这类早期的排行榜大多数是以论文、专著和报告等形式在各大学的校长、教授以及管理者等之间传播，并且受到大家的重视。全球范围内第一次被群众所知晓的是《美国新闻与世界报道》推出的全美大学排名，这份排名开始推出的时候是以两年为一个发布周期，四年后改为了一年为一个发布周期。自此以后，随着群众对于大学排名的关注度逐步增加以及受教育群众基数不断扩展，全球掀起了一股大学排名的热潮。英国的《泰晤士高等教育增刊》于 1986 年开始每年一次向公众介绍优秀大学，当时主要针对的是英国国内大学的一些学科，后来慢慢从学科排名发展成了学校的综合排名，从介绍英国的学校发展到进行世界大学的排名，正因如此，QS 世界大学排名、US News 世界大学排名等知名度高、受众范围广、认可度高的大学排名开始产生并走向成熟。根据宣勇的研究，截至 2019 年，据不完全估计，目前全球有 58 个国内大学排行榜分布在 5 个洲 21 个国家，19 个世界大学排行榜分布在 4 个洲和 11 个国家，共计 77 个大学排行榜。① 科学的大学排名不仅仅是社会各界对于高等学校的监督，也为高等学校通过改革和采取措施获得发展而提供指导，提高了优秀大学在世界各地的知名度。正是由于大学排名对高等学校的发展产生了大量的积极作用才被运用至今，并且还在不断地完善和发展。

但从 2022 年起，包括耶鲁法学院、哈佛法学院、斯坦福大学法学院等多所顶尖高等学校宣布退出 US News 排名，并且不再向其提供排名数据。各个大学排行榜都有各自的排名指标以及权重，在不同的排行榜，最后的结果会存在不同的情况。同时对于外行人来说，判断一所学校好不好，大学排名作为一种量化的排名是一项极为重要的参考指标，某些大学在这场排名的名利场上竞争出位，使用造假的数据，众多顶尖大学正在以自己的方式反抗大学排行榜。

（二）国外大学社会评价的主流体系

国外主流大学排行榜主要包括 THE、QS、US News 世界大学排名体系，ESI 排名的学科分类和评价体系。

1.《泰晤士高等教育》大学排名

《泰晤士高等教育》（*Times Higer Education*，THE），原名叫《泰晤士高等教育增刊》，其发布的大学排名，在英国的影响力巨大，

① 宣勇：《从大学的立场看学科评价与排名中的缺陷》，《高等工程教育研究》2019 年第 3 期。

该排名先由权威专家确定评价指标内容和每个指标所占的权重比例，采用的是英国官方高等教育机构提供的原始数据，同时结合各个高等学校实际的统计数据来进行计算。①2004 年至 2009 年《泰晤士高等教育增刊》与 QS 一直在合作发布大学排名，从 2010 年开始，THE 与 QS 分开发布世界大学排名。THE 排名的评价指标体系几经变化，在最新的指标中共包含了 5 个一级指标。THE 排名具有三个特点：第一，注重全面系统、多方位反映高等学校的整体实力。THE 排名的指标体系涵盖有教学投入、教学环境、教学质量、学术声誉、师资状况、科研实力、毕业生质量及国际化等诸多方面，全方位多角度反映高等学校的综合实力和自身发展的质量。②第二，重视高等学校的科研水平。在 THE 排名的评价体系中，科研相关指标的权重占据主导地位，科研相关的指标所占的权重在 60%左右。第三，看重学校声誉情况。THE 排名从 2011 年开始在原有的"世界大学排行"之外新增了"世界大学声誉排行"，以问卷的形式，面向全球各界的学者，对各所大学在教学、科研和总体方面进行主观评价，THE 大学声誉排名涉及的相关指标比较综合，包括各大学科研成果和教学成果的数量和质量、大学的国际化程度及国际影响力等。③

① 李海涛：《国内外高校评价体系最新内容比较及其启示》，《高等教育研究》2010 年第 3 期。

② 赵蓉英、王嵩：《世界大学排名方法及其排行榜比较研究》，《中国地质大学学报（社会科学版）》2015 年第 3 期。

③ 郭丛斌、刘钊、孙启明：《THE 大学声誉排名分析与中国大学声誉提升策略探讨》，《教育研究》2017 年第 12 期。

2.QS 世界大学排名

QS 排名主要运用 6 个方面的一级指标来对世界大学进行排名，即学术领域的同行评价、全球雇主评价、单位教职的论文引用数、教师 / 学生比例、国际学生比例、国际教师比例。从整体来看 QS 排名可以发现它的两个特点，一方面，QS 排名的指标体系中主观指标和客观指标比例均衡。QS 排名的主观指标包括声誉评价，即学术和雇主评价。QS 排名设置的主观指标解决了许多不能量化的问题。[①]QS 排名的客观指标则包括师生比例、论文被引数量和师生国际化，进行这三个方面的定量评价。另一方面，注重高等学校的办学质量水平。QS 排名体系中的一个重要指标则是教师和学生的比例，通过师生比可以看出该校的教学投入水平，QS 排名认为合适的师生比有利于提高教学质量，因为把这个比重设置为 20%。虽然把师生比设置成一个重要指标来进行评价的方法还存在着较大争议，但这种做法的确最能反映出实际情况。[②] 教师的科研水平也是影响学校教学质量的一个重要因素。

3.US News 大学排名

《美国新闻与世界报道》（U.S. News & World Report，US News）所发布的大学排名是美国最具代表性的排名，有着极强的权威性，在全世界也有极高的知名度。在 2014 年以前，US News

① 刘强、丁瑞常:《QS 大学排名体系剖析》,《比较教育研究》2013 年第 3 期。

② 戚巍、缪亚军:《世界大学排名方法解构与比较研究——基于 THE 与 QS 的分析》,《研究生教育研究》2012 年第 3 期。

排名只针对美国国内的高等学校进行最佳大学的排名，从 2014 年开始对全球范围内的高等学校推出了全球大学排行榜。US News 排名体系主要借鉴的是美国卡内基教育促进基金会制定的高等学校分类法，即将所有大学分类后再进行评价和排名。US News 排名的指标体系几经变化，在最新的榜单中更新了指标，总共有 13 个一级项指标，包括了声誉、著作、论文被引情况以及国际合作等等。US News 排名具有两个特点，一方面，以定量指标为主，有利于做出客观公正的评价结果。US News 排名中的定量指标指的是著作、论文被引情况和国际合作等这类客观指标，在整个评分系统中占据 75%，而学术声誉这类主观指标只占了 25%，这样的指标体系设计，可以让最后的评分结果更加客观公平。另一方面，指标体系设计合理。US News 排名体系中的科研指标种类丰富，而且占比大，针对不同学科，拥有不同的评价标准，科研权重占据主导地位，评价的有效性和准确性大幅提高。

4.ESI 排名的学科分类和评价体系

学科分类是学科评价中的关键一环，将不同的学科进行分类之后再进行评估和评价。ESI 是基本科学指标数据库（Essential Science Indicators，ESI），就是最具代表性的学科评价，它是由科睿唯安（Clarivate Analytics，原汤森路透知识产权与科技事业部）基于 Web of Science 下面的 SCIE（Science Citation Index Expanded，科学引文索引）和 SSCI（Social Scicnccs Citation Index，社会科学引文索引）基础上建立起来的分析型数据库，其数据库内容每 2 个月更新一次并对外发布。ESI 数据库涵盖的学科总计有 22 个门类，根据这 22 门学科的论文被引频次，对不同研究者、机构（大学）、国家或地区和学术期刊进行绩效评价。①ESI 由于具有数据权威、客观、可量化、更新及时、可国际比较等特点，被广泛运用于大学排名、科技评价和学科评估中。② 我国教育部门和各省市在评价高等学校科研绩效时，越来越多地采用 ESI 学科分类和评价，将 ESI 作为一个重要参考指标。③

ESI 数据库由引文排位、高被引论文、引文分析和评论报道 4 个部分组成，ESI 将论文数和引文数作为指标。ESI 学科分类和评价体系具有一些特点和不足：第一，根据期刊将论文进行分类，并且学科分类更偏向于自然科学门类。国内的数据库是根据单篇文献进行分类，ESI 则以期刊作为基本单位，将 SCIE 和 SSCI 中的绝大多数期刊归类到 22 个学科中去，类似于 Science、Nature 等的多学科的综合期刊则根据单篇文献的引文属性来进行划分。④ 第二，学科分类的设置忽略了人文学科，导致了对以人文学科为主的高等学校的不公平。ESI 分类主要集中在自然科学领域，占据了 20 个分类，只有“社会科学总论”以及“经济学与商学”2 个人文学科领域，导致了 ESI 学科评价对于人文社会科学领域学科的有效性和权威度不足，也影响到了人文社会科学类型的高等学校在此排名中占据劣势。第三，学科分类以大学科为主。在 SCIE 和 SSCI 的庞大学科体系中，共有 171 个学科，而 ESI 分类中的 22 个学科领域则是基

① 刘雪立、周晶、盖双双：《C9 高校学科建设的绩效评价与预测——基于 ESI 和 InCites 数据库》，《中国科技论坛》2016 年第 5 期。

② 邱均平、舒非、卢坚、周子番：《面向评价需求的 ESI 学科分类与我国一流学科类目的匹配研究》，《重庆大学学报（社会科学版）》2021 年第 1 期。

③ 董琳、刘清：《ESI 文献分类研究》，《图书情报工作》2007 年第 6 期。

④ 邱均平、舒非、卢坚、周子番：《面向评价需求的 ESI 学科分类与我国一流学科类目的匹配研究》，《重庆大学学报（社会科学版）》2021 年第 1 期。

于整个学科系统的基础上所设置的缩略版，这样大学科的划分会使每个小学科的论文被错误归纳的可能性减小。

（三）国外大学社会评价体系的经验与启示

通过对以上国外主流大学评价体系进行分析，在分析这些排名体系产生的背景、评价的指标体系以及各个排名的特点之后，可以获得一些经验与启示。

1. 坚持定性与定量、主观与客观相结合的方式

定量的数据是比较真实客观的，但并不是全部评价的内容都可以量化，还存在着不能量化的方面，这时就需要与主观评价定性相结合的方法。定性分析与定量分析相结合的分析方法不仅可以提高评价结果的客观真实性，还可以规避全是定量数据的片面性，大大提高评价结果的说服力。在国外的主流排名中，基本上都认可这一点，在排名指标体系的设计上都顾及到了定性与定量、主观与客观相结合，使评价结果更能够真实地反映出高等学校的综合实力。

2. 设置考核内容全面、考核方式科学、考核结果公平的指标体系

一个真正高水平的大学不仅拥有雄厚的师资力量、充裕的学习资源、优良的学生质量和丰富的学术资源，还应该有良好的教学质量。因此在设置评价指标体系的时候，一方面，不仅要考虑到科研水平，还要考虑到教学质量。指标体系的内容还应该涵盖包括教学质量、科研能力、教育投入产出、学生质量等多方面的内容。另一方面，不仅要考虑到指标数量的多少，更应该想到质量的好坏。各个高等学校在发展中各有差异，在指标的设置上，应该多用质量指标而少用数量指标，质量指标才是反映一个高等学校水平的“硬”指标，以保证评价结果的科学性。需要注意的是，内容全面不等于

数量庞大，否则会大大增加评估的难度。

3. 要考虑到高等学校不同性质的问题，在设计评价指标时能够因地制宜

国外主流的大学排名的指标体系都比较侧重于自然学科，存在重科研评价、轻教学评价的现象，这就存在着对于理工科类型的高等学校来说有利，对以人文社会科学为主的高等学校来说不利的问题。出现这一情况的原因是自然学科类的科研结果都比较容易量化，并且在全世界范围内的认可度比较高，而人文社会科学的研究对象和结果千差万别，还存在语言不通以及翻译不同上的问题，难以有统一的量化指标，但是人文社会科学评价不应该因此而被大学排行榜边缘化。因此设计评价指标的过程中，应该考虑到高等学校本身性质差异的问题，应该做一个更加细致的分类排行榜，提高信服力和说服力。

二、我国大学社会评价的发展与体系

我国大学社会评价虽然起步晚于西方，但在充分借鉴其大学评价体系建设成果、经验的基础上，我国大学社会评价经历了快速的推进历程，逐步形成了具有中国特色的大学评价体系，在这三十余年的发展历程之中，逐渐积累起丰富的实践经验，为建设具有中国特色、世界一流的大学提供了一定的目标导引，同时也为全社会拓宽了解、关心中国大学办学水平、办学能力、办学特色的新渠道。

（一）我国大学社会评价的发展历程

我国的大学排名在国外正式开始进行大学排名不久之后便开始

了。我国大学排名缘起于大学的理论研究与高等教育实践的需要，科学计量学作为学科理论研究在中国的兴起，为大学排名奠定了理论基础；中国当代高等教育发展的实践需要，为大学排名提供了崭新课题和原生动力。总的来说，中国大学排名经历了起步期、停滞期、发展期和成熟期四个阶段。①

第一阶段：起步期（1987—1993 年）。自 1985 年《中共中央关于教育体制改革的决定》提出要"对高等学校的办学水平进行评估"，国内学者开始了对中国大学排名的探索。1987 年 9 月，中国管理科学研究院发表了中国第一个大学排名。

第二阶段：停滞期（1994—1998 年）。1992 年国务院发布的《国家教委关于加快改革和积极发展高等教育的意见》中，要求"社会各界要积极支持直接参与高等学校的建设、人才培养、办学水平和教育质量评估"。

第三阶段：发展期（1999—2009 年）。2002 年科学技术部和教育部联合印发的《关于充分发挥高等学校科技创新作用的若干意见》提出："改变科研评价工作中的急功近利倾向，逐步培育和依托社会中介组织开展评价活动，建立独立的社会化科研评价体系。"②第三方评价机构开始从不同角度进行大学排名。

第四阶段：成熟期（2010 年至今）。《国家中长期教育改革和发展规划纲要（2010—2020）》提出"推进专业评价。鼓励专门机构

① 胡弼成、蔡莉：《中国大学排名的缘起、特色及发展态势》，《高教发展与评估》2021 年第 1 期。

② 《关于充分发挥高等学校科技创新作用的若干意见》，教育部，见 http://www.moe.gov.cn/s78/A16/s8354/moe_790/tnull_1256.html。

和社会中介机构对高等学校学科、专业、课程等水平和质量进行评估”。各个第三方机构的大学排名开始进入了优胜劣汰时期，各种排行榜的质量参差不齐，但在经过发展走向成熟之后，我国的四家榜单独树一帜，分别是校友会榜、武书连榜、软科榜和中评榜。

（二）我国主流的大学排名榜

我国主流的大学排名榜主要包括校友会排名榜、武书连排名榜、软科排名榜、中评榜大学排名等。

1. 校友会排名榜

校友会排名榜起源于中南大学高等教育研究所蔡言厚教授领导创建的“中国管理科学研究院科学学所高等院校比较研究课题组”。自从1989年发布中国第一个综合大学排行榜以来，已有超过40年中国高等学校自我评估、社会评价和第三方评价的历史。2001年创建艾瑞深中国校友会网，于2003年正式发布校友会版中国大学排名（以下简称“校友会榜”）。校友会榜每年以“校友、质量、影响与贡献”为主题连续20年发布独家研制校友会排名，从院校角度来看分为了大学排名、高职院校排名；从专业角度来看分为了学科排名、一流专业排名以及教学质量排名，同时该榜单还针对高层次人才进行排名，设置了高贡献学者、杰出人文社会科学家等排名，报告内容涉猎广泛、面向不同层次、受众。同时从2017年起出版《中国大学评价研究报告——高考志愿填报指南（校友会版）》一书，以便于高考考生和家长在志愿填报时进行参考。校友会榜最新的指标体系是在国家“双一流”建设战略背景下，围绕着办学情况、思政教育、人才培养、杰出校友、师资队伍、科学研究、社会服务、学科实力、国际合作交流、社会影响力等10项一级指标对中国高等学校“双一流”建设核心指标展开的统计分析，旨在帮助中国的高等学校提升综合实力和社会影响力，实现发展。

校友会榜具有以下特点：第一，该榜单以考生和家长为主要服务对象，并对其提供指导。第二，该榜单将中国大学从不同角度进行分类，从办学性质来看分为公办和民办，又将公办院校从研究型、专业型、技术型、应用型四个角度进行分类。第三，该榜单利用全面、清晰、可靠的数据，形成对院校更为全面的评价。但校友会榜也存在一些不足，比如该排行榜指标体系较为全面，涉及大学的投入、产出等众多方面，但其中不少指标比较高端，如杰出校友中的某些指标对于一般本科院校难以达到。①

2. 武书连排名榜

该榜单是由中国管理科学研究院武书连领导的《中国大学评价》课题组所创立的大学评价体系。武书连榜的创始人武书连被称作中国第三方大学评价的开创者，是研究与发展评价的第一人。②武书连自 1991 年开始对该领域进行研究，是国内研究时间最长，发表相关学术论文最多以及论文被引用次数最多的学者之一。课题组在 1993 年发表我国第一个涵盖绝大多数学科的大学排行榜：《中国大学评价——1991 研究与发展》。在 1997 年，《中国大学研究与发展成果评价》的发表，第一次实现不同办学类型的大学之间的直接比较。通过提出“不同学科的科研人员平均具有相同创新能力”的科

① 田虎伟、王艳丽、王雪燕：《中国大学综合实力排行榜排名方法的比较分析——基于高等教育机构排名柏林原则的视角》，《复旦教育论坛》2019 年第 6 期。

② 胡弼成、蔡莉：《中国大学排名的缘起、特色及发展态势》，《高教发展与评估》2021 年第 1 期。

学假设，使用“学科归一”的方法，实现了不同学科之间的直接比较。在1997年之后，每年在学术期刊上发表年度《中国大学评价》论文，即每年更新一次武书连榜。

武书连榜具有以下特点：第一，为考生和家长服务。武书连榜推出的排名产品包括了中国大学新生质量与毕业生质量对照榜、择校顺序榜、中国大学教师教学科研效率榜、教师评价学术水平榜、本科生毕业升学率榜等，这些榜单更加明确了其目的，在中学和大学都产生较大的影响。第二，指标体系长期稳定。武书连榜的一级指标由人才培养和科学研究两个板块组成，其权重分配是根据大学人才培养投入人力和科学研究投入人力在总投入人力中所占的比重计算而来的，每项指标也有具体的权重和赋值。该榜单的具体指标体系长期相对稳固。第三，榜单数据来源清晰。武书连榜使用的数据来源于教育部、科技部等权威机构公开发布的数据。①

3. 软科排名榜

ARWU在2003年首次发布世界大学学术排名，开启了全球大学学术排名的时代，使中国拥有了世界大学排名的话语权。该榜单会评出全球前500名的高等学校，并对排名前100的大学提供具体位次，前20被评为世界顶尖大学，前100被认定为世界一流大学，后续直至500名按照每50为一组公布，但不公布具体排名位次。软科除上述针对全球高等学校的总体排名外，还有针对学科进行排名，同时，对于国内大学也提供大学排名、专业排名以及学科

① 田虎伟、王艳丽、王雪燕：《中国大学综合实力排行榜排名方法的比较分析——基于高等教育机构排名柏林原则的视角》，《复旦教育论坛》2019年第6期。

排名。

ARWU 具有以下特点：一方面，软科榜评价指标少而精。软科榜的评价指标不采用政府主导的任何评选结果，而是以市场需要为导向，体现了以市场评价作为大学排名手段的独特价值。另一方面，排名方法和数据的高透明度。软科榜在其官方网站公布了《排名方法——2022 世界大学学术排名》，在其中说明了每个排名指标的统计方法和数据来源，并且每年都公开了每项指标的原始数据，这是其他榜单所没有做到的，ARWU 的高透明度使其在许多国家都产生了较大的影响力。

4. 中评榜大学排名

“金平果排行榜”又称中评榜、邱均平大学排行榜、评价网大学排行榜，是由中国科教评价网与中国科教评价研究院、中国科学评价研究中心共同研发的大学排行榜，包括了国内和国际两个部分，国际部分为世界一流大学和一流学科排行榜，国内部分包括了中国大学及学科专业、研究生教育和学科专业以及学术期刊排行榜三类。中评榜始于 2004 年，当时在《中国青年报》上首次发布“中国高校科研竞争力排行榜”，引起了巨大的社会反响。该榜单采用分类排名与专业排名并举的方式，从高等学校自身水平角度分为重点大学和一般大学；按照高等学校科研竞争力角度区别了综合性大学、师范类、农林类等八种类型，并对这些院校进行排序。除上述常见的分类方式外，该榜单还依据所在地的不同，对大学分类对比，实现同类比较，分类评价。[①] 中评榜采用的是定

① 毕鹤霞：《中国大学排名四大知名榜单指标体系比较研究》，《高教探索》2018 年第 5 期。

量与定性相结合的方法，构建了以投入、产出、效益为主线的大学评价体系。

在中评榜最新的指标体系中，共包含了4项一级指标，分别是师资队伍、教学水平、科研水平和学科声誉。中评榜对高等学校进行分类和分专业排名。该排行榜将普通本科院校按照重点大学、一般大学和民办本科院校三类进行分类排行，还进行了科技和人文专业的分类，排行榜类型多样化。同时该榜单对重点大学和一般大学分层分类并衡量其综合竞争力，对高等学校的教育质量给出了更加精准的设计。中评榜也存在着一些缺点：一方面，排行榜的目标群体数量过多，包含了政府管理部门、各高等学校以及广大考生和家长；另一方面，排名信息不完整，大部分年度排名的指标权重、指标赋值、原始数据等在相关纸质文件和网站中查询不到相关信息。

（三）社会评价体系的经验启示

中国大学第三方机构排名已经经历了30年的发展，其影响不断扩大，对中国大学人才培养和科研教学等产生了巨大影响，激励着中国的高等教育不断向前发展。通过前面几十年的发展，可从中获得一些经验和思考。

第一，对高等学校进行分类后再展开排名。由于各个高等学校的性质上存在差异，高等学校的学科性质、办学定位、办学特色、办学类型等方面存在不同的情况，各高等学校的评价标准不一，不适合放在一起进行比较和排名。因此，应该先对高等学校进行分类后再展开评价。在对我国高等学校进行评价或排名时，可以在分类的基础上，针对不同类型采用不同的评价指标或评价标准，这样得到的结果会更具有科学性和说服力，更容易受到社会各界的认可。①

第二，提高数据收集与处理的透明度。数据是大学排名的基石，仅仅有一个科学的排名方法是不够的，还需要客观真实的数据和数据处理方法，以及保证所有数据的可视察。要提高整个处理流程的透明度，以此提高榜单的说服力。同时中国大学排名机构还可以聘请相关专家进行这方面的指导，或者加强监督，以此提高排名的可靠性。

第三，更好地坚守住和发挥好服务的功能。第三方机构以一种特殊的方法将各个利益者联系在了一起，形成了一种全新的利益圈。这时候各个第三方评价机构应该明确创立大学排名的初衷从微观层面来说，是给考生和家长提供一个了解各个高等学校的参考指南；从宏观层面来讲，则起着推动我国高等教育发展的作用。因此，应该坚守住和发挥好服务的初心。具体排名细则、排名方式以及数据的来源应坚持公开、公正原则。同时也应该加强和国家相关部门以及相关企业的沟通和交流，促进高等学校之间、高等学校与政府及企业之间的良性互动，推动我国高等学校的良性健康发展。

第四节 大学校长以“三名”为标志提高大学的声誉性综合评价

大学排行榜主要是通过量化指标作为排名依据，但教育问题很多情况下是无法被精准量化的。大学发展最核心的使命是教育和培

① 李海涛：《国内外高校评价体系最新内容比较及其启示》，《高等教育研究》2010 年第 3 期。

养人才，关键是优秀的师资队伍，愿景是享有较高知名度和美誉度。以“名生、名师、名气”，即“三名”为标志的大学发展成效评价方式从大学自身评价的维度反映了大学发展成效。大学校长要努力以提高大学的“三名”为目标来提升大学发展成效。

一、大学“名生”“名师”“名气”概述

大学的“三名”分别对应了学生、教师以及发展成效，而“三名”的重点在于“名”，既不是每一名学生都能成为“名生”，也不是每一位教师都能成为“名师”，不同学校因自己的实际情况不同有着不同的判定标准，但也具有众多的共性标准。

（一）大学的“名生”

“名生”即大学培养出的在某一领域具有一定造诣、做出一定成绩、具有一定社会影响力的优秀学生。“名生”既有在校学生，也有已经毕业的校友。“名生”数量和质量是衡量大学办学成效的重要指标，作为大学教育高质量发展的重要体现。一般来说，成为大学“名生”或判定是否为大学“名生”，应从道德品质标准、素质能力标准以及模范引领标准三个方面来进行考察。

第一，道德品质标准。道德品质也称“品德”“德性”，是指人们在道德行为中持续一致道德行为的相对长期、稳定的素质（quality）或性情(disposition)，是一个人道德德性(moral virtue）的指征，也是从道德上将人与人区分开来的特质（trait）的集合。[①] 道德品质的好坏，一直都是判断一名社会人的人格优劣的重要标准，也是

① 刘芷含:《中国公民道德品质测评指标体系的构建与实证研究》,《哲学动态》2018 年第 7 期。

一个人是否优秀的重要评价尺度。“名生”既是学生（含已经毕业的学生）中的先进分子，又是学生中的标杆和楷模，社会和学校对他们道德品质方面的要求更高，更加严格。“名生”的道德品质标准要以《公民道德建设实施纲要》、社会主义核心价值观和党的二十大报告为遵循，具有较高的政治素养和政治理论水平，在思想上、政治上、行动上同党中央始终保持高度一致，[①]志存高远，崇德立志，把个人理想追求融入党和国家事业之中。同时做到道德品质高尚，律己向善，明大德、守公德、严私德，明辨是非，恪守正道，坚持正确的道德认知、自觉的道德养成、积极的道德实践，感恩党和国家，感恩社会和人民。[②]

第二，素质能力标准。“名生”是综合平衡、全面发展的优秀学生，有优秀的思想道德素质和科学文化修养的同时，也有卓越的实践能力。学习是学生的第一要务，“名生”首先应做到学习勤奋努力，思想活跃、善于思考研究，专业知识过硬、融会贯通、学习成绩优秀；同时积极参加学生工作及校内外社会实践，开拓进取，时刻保持先进性，在各项实践中完成工作能力强且具有创新意识；注重理论学习与实践探索的统一，努力学习科学文化知识，用所学知识积极投身中国特色社会主义事业建设的伟大实践当中，学以致用，让理论真正为实践服务。[③]

① 符长喜:《中国梦视阈下的高校优秀学生党员考评标准探讨》，《湖南人文科技学院学报》2019 年第 5 期。

② 《新时代中国青年要锤炼品德修为——七论学习贯彻习近平总书记在纪念五四运动 100 周年大会上重要讲话》，《中国教育报》2019 年 5 月 8 日。

③ 李祥辉:《浅析新时代青年成才观及其启示》，《改革与开放》2018 年第 21 期。

第三，模范引领标准。“名生”在保持自身先进性的同时，具有榜样、带头作用，在学生中起到表率作用，以身作则、模范带头。“名生”就是一只“领头雁”，就能造就“阵雁效应”。“名生”们在各方面都应当起到很好的带头作用，如带头参加校内外的各项科技、学术、文体和社会实践等活动；带头遵守学校的各项纪律和规章制度；带头执行学校的各项决策与决议。“名生”应是学习上的标兵，工作中的典范，生活中的热心人，青年学生的主心骨。①这也要求“名生”具有良好的人际交往能力和团队意识，能有效地与人沟通、能清楚地表达自己的想法、能协调同学间的关系，拥有集体观念和集体荣誉感，无私的奉献精神与同学和其他学生团结协作等。②

（二）大学的“名师”

“名师”是大学发展的灵魂，集聚、培养一大批“名师”，对于提升大学办学质量具有决定性的作用，为此需要在明确何谓名师，“名师”标准的基础上，加大对于“名师”的培养力度。“名师”在《新编汉语辞海》中的解释为“有名的老师”③，也解释为“名望高的教师、师傅”，“名师”的意思更多是无形的。广义的“名师”是社会各界影响广泛并拥有追随者和知名度的杰出人才。狭义的“名师”特指教育人才的精英、教育工作者的杰出代表、教育理论的创立者和教育实践的带头人。④“名师”对大学的教师有着重大的引导、示范、

① 符长喜：《中国梦视阈下的高校优秀学生党员考评标准探讨》，《湖南人文科技学院学报》2019 年第 5 期。

② 李俊芝：《高校优秀学生干部标准的研究》，《高校辅导员学刊》2011 年第 1 期。

③ 《新编汉语辞海》，光明日报出版社 2015 年版，第 923 页。

④ 程大琥：《试论名师的基本特征》，《中国教育学刊》2000 年第 3 期。

激励和鞭策作用。[①]2023年9月9日，习近平总书记在致全国优秀教师代表的信中指出："教师群体中涌现出一批教育家和优秀教师，他们具有心有大我、至诚报国的理想信念，言为士则、行为世范的道德情操，启智润心、因材施教的育人智慧，勤学笃行、求是创新的躬耕态度，乐教爱生、甘于奉献的仁爱之心，胸怀天下、以文化人的弘道追求，展现了中国特有的教育家精神。"[②]"名师"是大学的核心竞争力，其数量是大学办学水平的直接体现。"名师"的主要标准可从以下三个方面衡量。

第一，职业道德标准。"职业道德"强调的是优秀教师师德师风方面的特质。倾心教育事业、积极的人生态度、关注学生成长、执着进取、敬业乐群是优秀教师的共同特征，即乐于奉献、积极的人生观、关怀尊重学生、富有激情、具有强烈的敬业精神、执着进取、宽容开放。[③] 同时还应具有坚定正确的政治方向，全面贯彻党的教育方针，落实立德树人根本任务，肩负起传播知识、思想、真理，塑造灵魂、生命、新人的重任。"名师"应具有高尚优秀的道德品行、深厚良好的人文素养，脚踏实地勤奋工作，严谨治学、匡正学风、以身作则、为人师表、教书育人、关爱每一个学生，以高尚的师德风范感召学生。[④]"名师"教学经验丰富、科研成绩凸显、师德师风优秀，是"四有"好老师的典范。

① 李健：《名师的标准　执教的范式》，《中国大学教学》2003年第9期。

② 《习近平致信全国优秀教师代表强调　大力弘扬教育家精神　为强国建设民族复兴伟业作出新的更大贡献》，《人民日报》2023年9月10日。

③ 周正：《优秀教师群体特征与发展机制探究》，《教师教育研究》2011年第5期。

④ 李健：《名师的标准　执教的范式》，《中国大学教学》2003年第9期。

第二，素质能力标准。如韩愈在《师说》中所说“师者，传道授业解惑也”。作为大学教师，专业素养是最基本的能力素质，主要包括教学能力、科研能力。“名师”应具有先进的教育教学理念，实现高水平的教学和高质量的教育。同时，“名师”应该具备“研究思维”，具备高度的问题意识、自觉的反思习惯以及持续的研究热情。[①]“名师”应对于自身所在专业领域有较为深入的研究和较高的学术影响。“名师”应该长期从事于学术性科研或课题研究，并有自己独到的研究成果，保持在科研方面的先进性。

第三，模范引领标准。“名师”在所在专业领域内具有较高的学术声誉和学术地位、声望和社会影响力，起着模范引领作用。“名师”应具备高度的“合作意识”，将个人的成长系于教师群体的合作。以开放的心态接纳新生事物，和蔼可亲、平易近人，具有强烈的互助合作精神，能够打破“专业个人主义”倾向，努力与同事、与专家进行广泛的合作。[②]“名师”不仅是一种称号，更是对于教师的一种规范，体现了教师在职业生涯上的不懈追求，更是拥有“名师”头衔后的一种责任。“名师”在行业内保持先进性，且应有一定的功绩和贡献，起到模范引领作用。

（三）大学的“名气”

“名气”在《新编汉语辞海》中解释为“名声；知名度”[③]。

---

① 袁锐锷、易轶：《试析 NBPTS 优秀教师认定的标准与程序》，《比较教育研究》2004 年第 12 期。

② 袁锐锷、易轶：《试析 NBPTS 优秀教师认定的标准与程序》，《比较教育研究》2004 年第 12 期。

③ 《新编汉语辞海》，光明日报出版社 2015 年版，第 923 页。

一般来说，大学的名气主要是通过竞争力、美誉度和软实力体现。

第一，大学竞争力。从经济学的角度来看，竞争力是指一国依据市场条件，建立最有利于保障竞争资源、互动发展的创新机制，使竞争主体不断增长的一种综合的可持续发展的能力。[①] 竞争力是在竞争中才能表现出来的相对性指标，在竞争中表现出来的能力大小即竞争力。竞争力立足当下而测定的是面向未来的能力。大学竞争力是指参与竞争的主体在高等学校内部以及与外部环境的互动过程中，高效运用各种技术，全面整合各种资源，不断学习和创新，从而创造优势并保持优势的力的总和，一般包括竞争外力（outside force）、竞争能力（competence）、竞争活力（activity）、竞争力量（strength）。[②]

第二，大学“美誉度”。美誉度是一个社会组织获得公众赞美、称誉的程度，是组织形象受公众给予美丑、好坏评价的舆论倾向性指标。[③] 大学的美誉度就是社会舆论对于大学的各种社会行为以及其所带来的结果带有倾向性质的评价，一般来说，大学的美誉度主要表现为对其的肯定性评价。大学的美誉度与大学形象息息相关。高等学校形象是指高等学校内外公众对于高等学校的内在特点和外在表现的总体印象和评价，是高等学校在办学过程中所体现出来的

---

① 林晓新：《基于大学竞争力的地方新建高校发展策略》，《中国高等教育》2007 年第 24 期。

② 朱敬：《大学竞争力研究溯源及内涵演析》，《现代大学教育》2008 年第 1 期。

③ 张东娇、李桂英：《知名度、美誉度、定位度：学校形象的评价指标》，《教育科学》2006 年第 1 期。

行为特征和精神面貌的总和。①高等学校形象是高等学校的无形资产，是高等学校参与竞争的利器。高等学校应以提升知名度和美誉度为目标，强化形象管理的意识。②良好的学校品牌形象对外容易获得社会的支持、家长的信任和师生的认同，为学校赢得更多的发展机遇；对内可以陶冶成员的心灵，使他们产生集体荣誉感和凝聚力，从而使品牌发挥更大的效应。③声誉就是社会公众判断大学的标尺，“大学美誉度”就是指公众对大学的综合实力、品质及其社会形象、社会影响的赞誉、肯定、褒奖程度。

第三，“大学软实力”。有学者认为，软实力是当代大学发展的核心力量，也是大学具有的一种潜在的隐性力量，同时还是大学的一种终极竞争力。大学作为学术的发源地与传承地，其软实力应包括学术精神、学术大师与学术组织三个维度。④大学软实力是大学综合实力的重要组成部分，是一种特殊的文化力量，主要由政治力、育人力、创新力、文化力、服务力、信息力等要素构成。⑤总之，“大学软实力”是大学的综合实力中非物化要素构成的，主要包括制度理念、精神文化、形象风格、学术实力、育人能力、创新能力等方面。

---

① 侯月娟:《高校形象传播:问题与出路——基于新媒体环境的研究视角》,《全球教育展望》2016 年第 3 期。

② 吴小英:《公共关系学视角中的高校形象管理研究》,《中国高教研究》2011 年第 6 期。

③ 田汉族:《论学校品牌经营策略》,《教育与经济》2005 年第 3 期。

④ 魏宏聚:《论大学软实力的内涵、特征及其生成》,《河南大学学报（社会科学版）》2010 年第 6 期。

⑤ 何二毛:《试论大学软实力的认知与提升》,《河南师范大学学报（哲学社会科学版）》2008 年第 5 期。

二、打造“名生”“名师”“名气”的价值

培养大量的“名生”和“名师”，弘扬大学的“名气”是大学办学的目的，“三名”反过来对于大学的发展也具有重要价值，大学的发展和大学“三名”的彰显是一种双向互动、相互促进的关系。

（一）有利于提高人才培养质量

人才培养是大学最基本的职责，培养符合现代化发展需要的人才是现代化大学的职责，中国的大学坚持社会主义办学方向就是要为中国式现代化和中华民族伟大复兴来培养人才。大学“名生”是大学人才培养过程之中的宝贵成果，是大学人才培养的最高目标，也是大学发展过程之中的重要里程碑。一方面，大学“名生”对于社会来说是宝贵财富，“名生”毕业之后，走向各行各业成为社会发展的中坚力量乃至领军力量，是社会发展的重要推动者，大学是人才培养的重要场所，也是学生成为人才的重要摇篮，大学打造“名生”是大学办学的根本所在，也是推动大学乃至整个社会可持续健康发展的必然要求；另一方面，大学“名生”对于大学的人才培养具有榜样示范和价值引领的作用，大学“名生”对于大学其他同学来说，是一种标杆、是一种模范，打造大学“名生”，对其先进事迹进行宣传报道，有助于其他同学学习榜样，发挥好引领作用，为大学提高人才培养的质量。

（二）有利于提高教学科研水平

大学教师是教育教学过程中的主导力量，是大学学术科研的推动者，大学的“名师”作为教师群体之中，是在某一方面能力突出的群体，大学教师在大学之中的主要职责就是进行教学和学术科

研，大学“名师”以自身的专业素养和崇高信念来更好地履行自身职责，服务大学发展。一方面，大学“名师”提升大学的教育教学效果，培养大批“名生”，提高人才培养质量，大学的“名师”有众多是获得过国家级、省部级教学成果奖或是赛课比赛奖励的群体，对于专业知识的理论把握程度深、紧跟学科专业发展前沿，课堂有活力、有深度，能够根据不同类型、不同层次的学生开展适合的教学，吸引学生的课堂注意力，提升课堂教学效果，提升人才培养质量；另一方面，大学的“名师”也是在自己学科专业领域有所建树的学者，大学的“名师”也就是大学的高端人才，是大学培引的重要目标，对于打造优势学科群、产出标志性科研成果都具有重要作用，大学“名师”以自身的学术能力、学术情怀和学术经验为大学的科学研究提供动力，带领大学的学术科研更上一层楼。

（三）有利于彰显大学办学成效

以竞争力、美誉度和软实力所组成的大学“名气”是大学办学成果的集中展示，“名气”作为大学的办学成效在社会群体之中的口碑和反馈，一所大学要想建设成为世界一流大学就必须在世界范围内有良好的口碑和认可度。所有世界一流大学不仅有着大量的“名生”与“名师”，更是在世界范围内享有“名气”，“名气”同时也是大学吸引学生前往就读、吸引学者前往工作、吸引社会进行资助的重要方式，大学的“名气”由“名生”与“名师”所带来，反过来又对大学的发展起到了重要的作用，作为一种非硬性的能力，“名气”融入进了大学师生和大学校园的方方面面，以大学“名气”来彰显大学的办学成效也是大学实现高质量发展的重要因素。

三、大学"名生""名师""名气"的辩证关系

以"名生""名师""名气"为标志的"三名"评价标准，是大学自身发展成效的外向体现，也是除政府和专业测评机构外，各种社会力量对大学办学成果的直观感受与价值期待，直接影响大学公众形象、社会地位和功能发挥。高等学校自身可控并努力打造的优势资源，是评价大学发展成效的独特的显性标准。

（一）"名生""名师"与"名气"的辩证统一

"学生"和"教师"是大学中的"人"，是大学办学的主体力量与核心要素，而高质量的办学成效是"人的行为结果"，是大学的主体目标与核心追求。"名生""名师"与"名气"正是基于对大学这一组织中的"人"和"行为结果"两组最重要变量的关注，而提出的成果导向型评价标准，是习近平总书记关于教育的重要论述中根本任务、根本依靠与根本追求的一体化呈现，是大学办学治校的方向要求、发展要求与目标要求的辩证统一，三者相生相成、共融共生，共同体现大学办学成果。

"名生"是核心、是使命，是落实立德树人根本任务的直接结果，是大学制定政策，谋划工作的立足点，明确了办学治校的逻辑起点。"名师"是关键、是保障，是培养名生的重要条件和资源，明确了办学治校的依靠力量。"名气"是目标、是归宿，是名生名师带来的影响，彰显的成果，明确了办学治校的逻辑终点。"名生"为"名师""名气"夯基，"名师"为"名生""名气"固本，"名气"为"名生""名师"培元，三者相互支撑，互为条件，是衡量大学发展成效三个不同剖面的重要元素。立足"名生"，打造"名师"，

形成“名气”，是大学建设发展的有效路径，也是大学办学成效的体现。

（二）“名生”是核心使命，体现教育根本任务

立足“名生”，培养“名生”是贯彻党的教育方针，落实立德树人根本任务，践行教育初心使命的直接呈现，是为党育人、为国育才的具体实践，是大学的核心功能与职责使命所在。培养“名生”，就是要培养一大批具有高尚品德、广博学识、出色能力和优秀素质的合格人才，为党和国家培养一大批栋梁之才，为实现“两个一百年”奋斗目标，实现中华民族伟大复兴，提供人力资源和智力支撑。

（三）“名师”是关键保障，体现教育根本依靠

教育大计，教师为本。优先发展教育，必须优先推进教师队伍建设，坚持把教师队伍建设作为基础工作。习近平总书记高度重视教师作用、重视教师队伍建设，提出新时代的“四有”好老师、“四个引路人”、“四个相统一”等要求，并对建设思想政治理论课提出“八个相统一”以及思政课教师“六要”的要求，强调要“大力弘扬教育家精神”①，为教师队伍建设指明了方向。习近平总书记指出：“教师是立教之本、兴教之源，承担着让每个孩子健康成长、办好人民满意教育的重任。”②习近平总书记强调：“教师是人类灵魂的工程师，是人类文明的传承者，承载着传播知识、传播思想、传播真理，塑造灵魂、塑造生命、塑造新人的时代重任。”③打造

① 《习近平致信全国优秀教师代表强调　大力弘扬教育家精神　为强国建设民族复兴伟业作出新的更大贡献》，《人民日报》2023 年 9 月 10 日。

② 《习近平向全国广大教师致慰问信》，《人民日报》2013 年 9 月 10 日。

③ 习近平：《坚持中国特色社会主义教育发展道路　培养德智体美劳全面发展的社会主义建设者和接班人》，《人民日报》2018 年 9 月 11 日。

“名师”，是深刻理解和把握“教师是人类灵魂的工程师，是人类文明的传承者”[①]这一重要论断后的正确选择。“名生”培养离不开“名师”打造，好的老师是人才培养的重要条件和关键保障。要把全面加强教师队伍建设作为一项重大政治任务和根本性民生工程，建设一支政治素质过硬、业务能力精湛、育人水平高超的高素质教师队伍，以“名师”储备为“名生”培养创造良好条件。

（四）“名气”是目标归宿，体现教育根本追求

我国的教育是坚持以人民为中心的教育，这也是我国教育事业发展的根本价值追求。坚持以人民为中心发展教育，就是要推进教育公平，就是要办人民满意的大学，就是要实现人的全面发展。只有办学水平高，办学成效好，高质量建设发展有“名气”、有“影响力”、有“美誉度”、有“认可度”的大学才能让人民满意，才能培养出全面发展的高素质人才。大学办学治校要形成“名气”，就是要不断增强核心竞争力，不断培育美誉度，不断提升软实力，以“名生”“名师”彰显大学办学的“名气”和成效，以“名生”“名师”服务社会发展，以“名生”“名师”传播价值文化，传递大学主张，以好“名气”、高“质量”、优“成效”的品牌大学服务人民，满足和保障人民享有优质教育的权利。

四、大学校长努力打造大学的“名生”“名师”“名气”

培养“名生”、培引“名师”、涵育“名气”是每一所大学发展的美好愿景，也是大学的奋斗目标，大学校长在这一过程之中，要

---

① 习近平：《坚持中国特色社会主义教育发展道路　培养德智体美劳全面发展的社会主义建设者和接班人》，《人民日报》2018 年 9 月 11 日。

在党委的坚强领导下，行使大学校长的职权，为这一目标的实现而奋斗。

（一）大学校长以培养“名生”彰显学校办学成效

要完成对于“名生”的培养，大学需要做好四个方面的工作，即人才培养工作是大学培养“名生”的重要基础，创新高水平的人才培养体系，推动“名生”养成，创新学生发展新机制，为培养“名生”助力，重视大学毕业生的就业工作，抓好就业质量提升。

1. 明确人才培养工作是大学培养“名生”的重要基础

大学的灵魂在于“育人”，人才培养应始终成为高等教育的核心工作[①]。不论什么类型的大学其办学宗旨就确定了人才培养工作是大学的中心工作。培养什么人、怎样培养人、为谁培养人是大学面临的根本问题。大学要落实立德树人根本任务，坚持德育为先、以人为本，培养政治素质过硬，担当民族复兴大任的时代新人。在人才培养的过程中，大学校长以及其余大学教师要以教育引导的方式引导学生、塑造学生。要牢固树立为党育人、为国育才思想，不断加强和改进大学生思想政治教育，建立“十大育人体系”，形成“三全育人”格局，教育引导学生“爱校、成才、跟党走”，着力培养堪当民族复兴大任的时代新人。

2. 创新高水平的人才培养体系，推动“名生”养成

大学校长要注重人才培养的顶层设计，重视人才培养的效果和成效，创新高水平的人才培养体系。高水平人才培养体系是一项系

---

① 陈时见、邵佰东：《中西部高校人才培养能力提升的理论内涵与实践面向》，《西南大学学报（社会科学版）》2021 年第 6 期。

统工程，要全面落实立德树人根本任务，追求学生卓越、发展个性，打造高水平教学团队、探索协同育人机制、培育一流专业、建设一流课程、推进课堂革命、强化全程实践、完善质量监控、优化资源保障、涌现出一批高质量教学成果。同时注重提高学生的创新精神，加强学生实践能力和强化面对社会发展变化的可持续发展能力训练，为推动今后成为“名师”筑牢坚实基础。第一，要突出专业特色。建立和完善专业动态调整机制，加大一流专业建设，满足人才培养需求。第二，要建设优质丰富的课程资源，形成具有各个大学特色的课程体系与课程动态更新体制。不断提升课程与教学信息化水平；打造校级通识类、专业核心类“金课”；建设校级精品教材。第三，要加大教学研究。改善教学研究氛围，优化教学研究成果认定机制。促进信息技术与教育教学深度融合。第四，要提高实践教学水平。优化全程性实践体系和实践教学条件。培育创新创业训练示范项目。第五，要突出学生发展成就。要建立协同育人机制形成，完善满足个性化学习需求的培养体系，树立全国有影响的“名生”典型，为学生高质量就业和升学创造条件。第六，要建设优质教学团队。不断优化教师队伍素质和结构。聘请行业优秀人才参与本科人才培养。完善优秀教师评价体系，选树教学名师和优秀典型。

3. 创新学生发展新机制，为培养“名生”助力

大学校长要采取通识教育与个性发展相结合的培养方法。通识教育的基础是多元培养，个性发展往往是大学生在社会立足的核心竞争力。大学必须为学生个性发展创造良好的条件和氛围，通过深化改革，实现人才培养模式的多样化，从而促进大学生创新精神和

创新能力的培养[①]。大学要培养学生在面对未来生命中所出现的关于个人、专业以及国家社会各类挑战而应具备的问题解决能力，要优化人才培养目标定位，把学会学习、独立思考、敢于实践、身体健康、人格完整等基本素质作为创新型人才培养重点。

第一，大学要构建学风建设长效机制。开展校长、院长、教授专家与学生面对面沟通交流制度。建立和完善院校两级党政领导联系班集体、学生寝室工作制度，充分发挥学校学风建设领导小组的功能。建立部门定期会商制度，构建全员育人体系。定期召开学风建设专题工作会。加强教师对课堂教学状态的管理，强化教师教书育人双项职责。加强教师队伍与学工队伍的协同协作。完善学生学风激励制度，突出常规管理，振奋课堂状态。保障学生生涯辅导与就业指导的全覆盖。

第二，大学要强化“第二课堂”育人实效。完善“第二课堂”育人体系，推进“第二课堂”学分认定与管理，将“第二课堂”学分纳入学生的人才培养方案之中，让“第二课堂”成为“第一课堂”的有效补充，推动“第二课堂”在培养“德智体美劳”全面发展的人才过程中发挥作用。

第三，大学要适当减少大学生的课程负担，加强学生的探索式学习模式，引导大学生在课余活动中找到自己的价值，培养自身的能力。

4. 重视大学毕业生的就业工作，抓好就业质量提升

大学毕业生就业质量是衡量大学办学水平高低、检验教育教学

---

① 钟秉林:《培养适应21世纪需要的高质量人才》,《中国高教研究》2000年第1期。

质量和人才培养成果的重要标准，也是影响“名生”数量的关键环节。

第一，要强化就业优先地位。就业是最大的民生，高等学校毕业生是最大的就业群体，是社会稳定、经济发展的重中之重，是学校发展的生命线，是人才培养质量的重要视角，是“双一流”建设的显性成效，是专业认证的关键指标。大学校长在面对复杂的就业形势时，更要树立就业导向意识，深刻认识我国进入新发展阶段的重大战略判断，坚持问题导向，将就业优先政策落实到各项工作的规划和执行过程中，形成就业工作合力，不断开创就业工作新局面，努力实现更加充分更高质量就业。

第二，要发挥就业育人功能。引导学生树立正确的就业观，通过前期培训拓宽学生的择业视野，同时加强校企合作拓展学生就业路径，凸显“就业育人”功能。专业教师也要不断颠覆对于就业的传统认知，认识到专业教师在学生职业发展与就业方面的积极作用。强化学生综合素质考核和形成性过程评价，加大学生素质能力训练和奖励的力度，提升学生在人才市场上的竞争力。同时也要教育引导学生升学深造、主动参与乡村振兴和基层治理，依托“西部计划”等专项工程引导学生到祖国需要的地方去就业，让学生在个人价值与社会价值的统一之中成为“名生”。

第三，要丰富就业岗位来源。要加大就业招聘组织力度，落实就业工作智慧平台建设，强化就业信息服务，以“书记校长访企拓岗促就业”专项行动为抓手，统筹推进实习—就业基地建设、“人才培养改革试验区”建设和校友资源开发，强化对外合作机制。积极开发与专业对应的行业、企业等资源，建立“就业直通”渠道。

第四，要优化就业指导服务。要推进学生职业生涯与就业指导全程化，持续探索分类分级职业生涯发展教育，引导学生唤醒规划意识、厘清择业观念、提升就业能力。加强职业生涯教育工作队伍建设，打造职业生涯教育师资队伍，凝练高层次职业生涯教学成果。

第五，要强化就业制度保障。要加大投入保障力度，确保就业机构、人员、经费、场地“四到位”。坚持就业工作“一把手工程”，压实学院党政主要负责人就业工作责任，完善就业工作督查制度。强化就业工作考核结果运用，激励“全员参与”。充分体现就业在专业建设中的调控作用，强化“招生—教育—管理—就业”联动。

5. 重视校友工作，关注校友的可持续发展

校友是一个学校办学成果的重要体现，校友反映出学校办学水平，对于学校建设和发展有着重要作用，是战略性资源。优秀的校友是“名生”的重要组成部分。大学校长要重视校友工作，把关心校友成才发展作为一项重点工作，树立关注关心校友发展的理念，搭建校友互动平台，创新工作机制，关心成长校友，重视成功校友，营造“热爱母校、心系母校、支持母校”的校友文化。同时发挥好优秀校友的榜样示范作用，以优秀校友助力培养更多“名生”。

（二）大学校长以培引“名师”彰显学校办学成效

大学“名师”的培引是一个系统工程，大学校长需要在落实立德树人根本任务，强化师德师风建设的基础上，完善大学“名师”培养机制，促进科研团队发展，同时深化人事制度改革创新，激发师资队伍活力。

1. 落实立德树人根本任务，强化师德师风建设

习近平总书记指出“高校立身之本在于立德树人”[①]，高等学校应坚持以立德树人为根本任务，以培养担当民族复兴大任的时代新人为使命，建立健全党委统一领导、部门协同推进、院系具体落实的师德师风建设长效机制。深入实施师德师风建设工程，建立健全师德师风典型宣传、专题调研、重大问题报告制度，严格师德师风考核与奖惩，不断提高人才思想政治素质。同时牢固树立“德才兼备，以德为先”的人才观，将政治素养评价、师德师风考核贯穿于人才引进、岗前培训、设岗聘任、职称晋升、人才项目举荐、评先评优等人才成长发展的各个环节。推行师德师风考核负面清单制度，严格实行师德师风失范“一票否决”。大学“名师”不仅是“经师”，更是“人师”，要做“经师”与“人师”的统一，大学校长要带头做好榜样示范作用，自身有着渊博学术与崇高信念，以此来带动大学“名师”不仅在本领域有扎实学识、深厚学问、成果显著，更要求教师肩负起教书育人使命，有崇高理想信念，以身作则、率先垂范，以自己的模范行动和人格力量影响学生。[②] 大学校长要引导教师“爱岗敬业、爱生如子、爱校如家”。大学“名师”作为教师队伍的关键一环，自身的道德水平、教师素养更应严格要求，有言为士则、行为世范的自觉，严格以《新时代教师职业行为十项准则》来要求自己，自觉成为大先生。

① 习近平：《把思想政治工作贯穿教育教学全过程　开创我国高等教育事业发展新局面》，《人民日报》2016 年 12 月 9 日。

② 翟小宁、刘红梅：《努力做“经师”和“人师”的统一者》，《中国教育报》2022 年 10 月 13 日。

2. 完善大学“名师”培养机制，促进科研团队发展

大学“名师”是大学学术科研、人才培养的重要战略资源，同时，大学“名师”自身还需要不断提升、进一步发展。因此，引导大学“名师”对于科学研究和学术探索的更为积极、主动的探索对大学来说具有重要价值。这也要求高等学校对引进培育的国家级人才，探索实施年薪制并稳步拓展。探索依托领军人才组建“人才特区”，打造“学术领军人物 + 团队 + 领域”的人才发展平台。在高端人才培养时，应遵循人才发展自身的规律、按规律办事。学科发展规律更有特色，不同学科人才的培养和发展规律更是因人而异。如哲学社会科学专业高端人才成长周期长是普遍规律，既要求学者长期构筑理论基础，又要求学者拥有广泛的社会阅历和深刻的人生顿悟，相比自然科学，哲学社会科学高端人才培养的周期更长。① 同理，自然科学领域高端人才也有自身发展规律。同时，每位“名师”都有自身独特的学术风格、学术特点，具有不可复制性，培养“名师”不能千篇一律，需要遵循人才本身特点，造就一批各具特色、风格各异的人才。大学“名师”的发展需要依托重大教学科研学科平台和重大人才项目，因此，大学校长需要在重点建设学科和特色学科领域引进培养一批年龄结构合理、内部关系团结、研究方向稳定、发展潜力巨大、有一定社会影响力的教学科研团队，并着力提高教学科研团队的特色和竞争力。

3. 重视对于大学“名师”的引进力度，扩充“名师”队伍

大学“名师”作为重要的战略资源，在自主培养的基础上，还

① 黄洁：《哲学社会科学高端人才培养体制机制研究》，《中国高等教育》2020 年第 Z2 期。

需要做好外部引进工作，大学在制定人才引进政策的时候，应树立“不求所有，但求所用”的用才理念，以长短期聘任方式引进海内外杰出人才，实质性为学校人才培养、科学研究和学科建设服务。鼓励和支持整体团队引进，或引进后以其为核心组建团队。在大学重点建设领域和急需发展的学科，继续设立校特聘教授岗位。同时解放人才引进思想，采取柔性引进高端人才的方式，进一步探索各类柔性引才的举措，以年薪制、项目制、协议工资柔性引进人才。大学应根据自身的办学性质、学校建设目标和地方发展需要等因素，在建设人才强国、教育强国的相关背景指引下，以加强学校学科建设和师资队伍建设，推动高等学校内涵发展和“双一流”建设，以提升高等学校办学水平和核心竞争力为目的而制定符合学校发展的人才引进政策文件。

4.深化人事制度改革创新，激发人才队伍活力

以改革增强人才活力是中国改革开放四十多年来的基本经验，具体来说需要深化高端人才发掘遴选制度改革、深化人才管理制度改革、深化职称评审制度改革以及深化人才薪酬激励机制改革等四类体系改革。大学“名师”作为大学的高端人才，大学校长要构建符合大学“名师”发展需要的人事制度。在人才管理上，针对不同学科特点和岗位分类要求，建立以岗位职责为基础，以绩效目标为核心，以能力业绩为导向的人事管理制度。改革高层次人才考核方式，关键在于由过程导向向目标管理导向进行转变，由以自然年为周期的考核向以聘期为周期的考核转变。同时针对不同学科类型的人才，设置不同类型的评审制度，针对不同类型教师设置科学合理的分类评价标准，进一步修改完善专业技术职务任职资格申报条件

和申报评审办法。在人才薪酬方面，建立以贡献和业绩为主要依据的人才工作激励机制，积极推进薪酬分配制度改革，坚持以人为本、贡献优先，构建科学合理、多元多样的薪酬分配体系。完善绩效工资制度，优化酬金分配结构，加大学校在奖励性绩效中的承担份额，提高奖励性绩效中业绩绩效的分配比例，充分调动学院和各类人才的积极性和创造力。完善业绩津贴奖励办法，同时对于在聘期内取得了重大学术成果和产生重要学术影响的人才进行额外奖励。

5. 建立健全人才工作保障体系，保证好“名师”发展的基础性工作

学校的发展不仅要求“名师”来得了，还要求“名师”留得住，需要在顶层设计、政策支持、经费保障等方面下功夫。一方面，要加强组织领导和人才服务保障，学校层面成立人才工作领导小组，统筹领导人才队伍建设。学院和部门层面要成立相应的人才工作机构，构建起人才引进、培养、使用、服务、评价、激励、稳定的工作机制。把引进政策和培养政策相结合，注重对于政策文件所提供的各类福利待遇的落实。同时要引导高端人才同本校科研人才、科研团队相适应、相匹配，促进高端人才融入学院生态。另一方面，要保证人才专项经费投入和政策支持。坚持人才资源优先投入的原则，优先保证人才队伍建设经费投入，优先用于国家级人才的培养和引进，增强人才资源开发的力度，加强对人才培育、引进、发展等所需经费的管理。加强人才经费的预算执行和绩效考核，发挥绩效杠杆作用，在办公条件保障、实验室配备、仪器设备购置、公共实验平台建设、研究生招生指标分配等方面给予政策倾斜。

（三）大学校长以涵育“名气”彰显办学成效

大学的“名气”是建立在大量的“名生”和“名师”基础之上的，大学校长要从提高大学竞争力、提升大学美誉度、培育大学软实力三个方面入手来涵育大学“名气”，彰显大学办学成效。

1. 提高大学竞争力

第一，与时俱进制定大学发展战略。把握国家具体相关方针政策，根据大学自身情况，实事求是地进行精准定位，制定发展目标，科学系统地制定五年规划。同时还要系统优化组织建设，合理整合、组织管理；创新管理模式，加强科学管理，形成廉洁高效的大学工作团队，实现良性循环，获得紧跟时代“大方向”步伐和管理层面的优势。

第二，切实提升大学发展内力，着重提升教育综合能力。大学校长要加强大学教育资源的吸引开发，加强学科建设、科学研究，不断积极促进知识成果迸发。同时还要加强大学人力资源的培养建设，提高师资力量、加强人才培养。此外，更应注重大学文化资源的建设，加强大学精神文化建设、思想道德建设、发扬优秀校风学风，切实提升大学可持续发展的内生动力。

第三，合理利用大学发展外力。大学校长要注重大学的开放合作，加强与国内、国际其他学校和组织的交流与合作，有效利用发展平台、政策等资源，互相借鉴，共同成长。营造良好的社会口碑，承担社会责任，力所能及地做出实际的社会贡献。此外还要注重加大宣传力度，合理利用宣传媒体，提高大学声誉和社会知名度。

2. 提升大学美誉度

第一，强化形象管理，打造精美大学品牌。大学校长要以提升美誉度为重要的发展目标之一，强化形象管理的意识，对学校品牌形象进行精心设计和策划。具体而言，一是要明确品牌定位，进行有效的品牌设计，设立专项资金，支持品牌建设。二是大学应创新发展核心教育理念，学校除了开展正常的学校教学和管理活动外，还要抓住校庆、艺术展、运动会、开放日等有效结合学校实际，打造独具特色的大学品牌，主动引导舆论，赢得美誉度。三是大学要有合作、共学、共创、共享意识，将学校看作一个协作生产组织，整合学校所有要素和结构功能，实现精美品牌的打造。

第二，提升服务意识，赢得优秀大学口碑。大学的服务意识是现代大学履行服务经济社会发展这一职能的体现，大学作为一个社会组织，要服务社会发展、服务教师学生发展，将服务育人的理念体现在人才培养的全过程。同时，加强大学与其他社会组织的交流和合作，从美化校园环境、增加志愿服务、培育有社会责任感的学生等方面，增加社会服务数量，且不断提升服务社会的质量，形成优秀的口碑，赢得社会大众对大学的赞誉。

第三，充分利用传播媒介，塑造良好大学形象。形象传播是高等学校提高管理能力、提升竞争力的重要手段。[①] 大学要坚持不断优化校园媒体配置，同时挖掘社会媒体资源，创新和丰富传播手段，传播优秀的教育理念和文化精神，塑造良好的形象。通过教师、学生、家长、校友等各种传播中介，面向社会宣传办学理念、

① 李长波:《新媒体语境下高校形象传播及其策略研究——基于分众理论的视角》,《高教探索》2016 年第 5 期。

治校成效等，同时还要注重网络舆情监测，提升管理能力。

3. 培育大学软实力

第一，优化大学制度，创新教育理念。坚持以“立德树人”为根本目标，切合学校办学目标、学校专业特色以及学生基础水平，形成具有大学特色的文化软实力；加强学科建设，培养一批年龄层次合理、专业方向突出的学术骨干队伍，打造一批竞争力强、有重要影响力且方向多样的学科群，从根本上反映和体现大学的办学水平、办学特色、学术地位和核心竞争力，增强学校的知名度和育人成果，并增强大学软实力的内生力；优化大学制度，应完善科学民主的决策制度、建立高效的人事制度、健全学术保障制度，深化改革，实现高效管理，促进大学各方面良性运转，增强大学软实力的生命力。

第二，塑造大学精神，培育大学文化。通过校园精神文化建设、主题教育等形式，构建浓厚校风和学风，塑造大学精神，要大力推进教育创新，培养创新精神，在科研活动中培养和提升大学精神，发挥教师在培育大学精神中的作用，增强大学软实力的凝聚力；同时创造一个民主、和谐、开放的环境，结合大学自身发展历史和中国特色社会主义先进文化，在充分吸纳世界优秀文明成果、中华优秀传统文化以及其他高等学校优秀文化的基础上，培育自身文化，要重视和培养大学文化培育的骨干力量、加强大学的风气建设和加强大学校训校歌等管理，提高大学软实力的感召力。①

第三，树立创新意识，培育特色品牌。要解放思想，防止同质化现象的产生；开发自身历史文化、展现自己的文化特质，建设展

① 《提升大学软实力的关键是改善内部环境》，《中国高等教育》2009 年第 20 期。

现个性的、有创意的、有特点的、体现美感的校园环境，通过鼓励教师的科研与研究性教学结合、学生的研究型学习和探索型学习相结合，实现以科研为先导，为品牌培育提供智慧和动力。构建独特的大学形象和风格，传播学校良好品牌形象，铸就特色大学品牌，增强大学软实力。

附录一　在开学典礼上的讲话

成才：在走进重师与走出重师之间

——在 2019 级新生开学典礼上的讲话

（2019 年 9 月 9 日）

亲爱的 2019 级新同学，各位老师、家长朋友们：

大家上午好！

秋雨送爽，秋色迎新。今天，6000 余名 2019 级新同学成为重师人。我代表党委曾礼书记、代表全校师生员工，祝贺你们通过努力拼搏，成为重师大家庭的一员，欢迎你们带着亲人的嘱托和青春的梦想，来到美丽的重师，开启大学时代新的征程。

记得我在 1985 年给新生上的第一课，就是“成才：在走进大学与走出大学之间”。今天，作为校长，我要对你们新的重师人说，“成才：在走进重师与走出重师之间”，在重师，你们唯有立志，才能肩负使命；唯有努力，才能健康成才。希望同学们在重师定好位、加满油、充足电，为赢得出彩人生做好充分准备。作为师长和朋友，今天，我想和大家分享三句话。

第一句话，与伟大时代同奋进。

同学们，大学时代，你们将亲历国家的重要历史时刻。21天后，我们将迎来新中国70华诞；2020年，我们将见证第一个百年奋斗目标——小康社会的全面建成；2021年，我们将迎来中国共产党建党100周年。到2035年，我国将基本实现社会主义现代化；到2050年，我国将建成社会主义现代化强国。你们注定是这个伟大时代的建设者和见证者，同学们的人生价值只有在建设国家、贡献社会的过程中才得以实现。希望你们与伟大时代同行，把激昂的青春梦融入伟大的中国梦，将个人理想与国家前途、民族命运和人民幸福紧紧联系在一起。

第二句话，携重师情结共拼搏。

重庆师范大学是一所有着光荣办学传统的高等学府，成立于1954年，办学历史源于1906年官立川东师范学堂。经过几代重师人的奋斗，展现在你们面前的重师，是厚植“绿化美化文化”的美丽校园，是涵养“名生名师名气”的智慧校园，是彰显“各美其美，美美与共”的和谐校园。

65年来，学校为社会培养输送了20余万名各类优秀人才。中国科学院院士、华罗庚数学奖获得者马志明先生，国家自然科学奖二等奖获得者杨新民教授，全国优秀教师曹瑾等一大批出类拔萃、德才兼备的校友，不断向我们诠释着重师的辉煌。

在录取通知书上，我向新同学推荐了重师，希望大家了解重师历史，追随前辈足迹，弘扬“自强不息、躬行师道”的重师精神，做有追求和有担当的重师人。

你们很幸运，赶上了重师发展的新阶段。近几年，学校历经了跨越式发展：从本科教学审核评估优秀等级，到获得硕士研究生推免权，再到晋升博士学位授予单位，办学层次不断提升。今年，学校召开了第三次党代会和本科教育大会，制定实施“四个五年行动计划”，深入落实立德树人根本任务，不断为同学们成才创造良好条件。

同学们，在你们拿到重师录取通知书的那一刻，就意味着和重师有了不解之缘，以今天的开学典礼为标志，我们有了共同的名字——“重师人”，我们有共同的情结——“重师情结”。今后“重师人”“重师情结”将伴随你们的一生。

希望同学们养成重师人特有的文化气质。要弘扬“学气”，向往诗和远方，在追求中不断拓宽人生的厚度；要保持“静气”，坚信金石可镂，在雕琢中不断刻就人生的深度；要锤炼“勇气”，彰显亮剑精神，在奋斗中不断磨砺人生的硬度；要涵养“大气”，永葆家国情怀，在奉献中不断提升人生的高度。

第三句话，与更好的自己相遇。

相遇，是心有向往、未来可期的一番砥砺；更好的自己，是自我砥砺所结出的丰硕果实。大学四年，同学们首先要立志，坚守初心，坚持不懈，一件件完成“任务清单”，一步步完成学业“小目标”，最终实现成才“大目标”。

要把勤奋学习作为第一要务。勤奋学习是你们首要的任务，要热爱专业，要科学规划学业生涯，要在课堂中积累知识，在思考中深化认识，逐步形成系统的专业知识，为今后的人生奠定坚实的根基。

要积极参加实践历练。既要读万卷书，更要行万里路，要充分利用校内外的各类平台，积极参与实践锻炼，注重在实践中认识社会、增长才干、提高素质。

要努力磨砺意志品质。同学们人生阅历尚浅，艰苦磨砺有限。希望同学们注重意志品质磨炼，勇于面对挫折困难，正确看待荣辱得失，不断提升心理素质，以坚韧的意志品质、理性平和的心态去追逐青春，激扬梦想。

同学们，习近平总书记说："青少年阶段是人生的拔节孕穗期，最需要引导和栽培。"崭新的大学篇章已经开启，"成才：在走进重师与走出重师之间"！我将和广大教职员工一道，引领你们、关注你们、陪伴你们。重师将成就你们美好的青春回忆，重师人将为你们的成才点赞，重师情结将为你们实现梦想烙上厚重的人生底色！

最后，希望同学们在军训中发扬艰苦奋斗、团结拼搏的精神，认真上好大学第一课。预祝 2019 级新生军训取得丰硕成果！祝愿同学们在重师顺利成才！让我们共同期待 1460 余天后——你们毕业的样子！

长成参天大树　成就美好人生

——在重庆师范大学2020级新生开学典礼大会上的讲话

（2020年9月16日）

亲爱的2020级新同学，各位老师：

大家上午好！

三春湖畔拂新风，菁菁校园展精神。今天，2020级6100余名本科生，2100余名硕士、博士研究生，踏入重师开启了人生新的征程。在此，我代表党委曾礼书记、代表全校师生员工，向你们表示衷心的祝贺与诚挚的欢迎！

同学们，你们克服了突如其来的新冠疫情带来的种种困难与不便，带着家人的期望，满怀着成长的希冀，来到重师，实现了人生的第一次“破土发芽”；你们带着家人的不舍，满怀着美好的憧憬，竞相追逐人生梦想。重师作为你们人生化茧成蝶的重要阶段，已经为你们成长成才做好了准备。

同学们，你们是伟大抗疫精神的见证人，是在实现中国梦的历史进程中放飞青春梦想的奋斗者，是重师精神的传承者、重师故事的续写者，你们将融入重师，与重师朝夕相处、文脉相连！

重庆师范大学具有近70年悠久的办学历史和深厚的文化底蕴，我相信，在这里，你们将踏上攀登之梯、畅行跨越之桥，将乘坐泛海之船、掌握探秘之钥，将追随育人之师、交接同窗之友，你们将在这里尽情汲取养分，茁壮成长，励志成才。

作为师长和朋友，我想以大树为例，和大家分享关于“成才”

的四句话。

第一句话，成才就要坚持“立德树人”，像大树一样守正刚毅、笔直向上，以昂扬的正能量成就美好人生。

国无德不兴，人无德不立。德是成才之本，就像所有成才的大树一定是先长主干再长枝丫，一定是树干笔直向上、“胸怀在蓝天”，一定是朝着太阳、朝着光明生长。

对于人的成才而言，要像大树一样“长得正”。这就意味着要做一个有理想信念、有道德情操的人，要做一个崇德向善、正向成长的人，要做一个拥有阳光心态、积极健康的人。

心有所信，方能行远。面对“世界百年未有之大变局”，要明辨是非，恪守正道。希望同学们把人生的扣子从一开始就扣好，传承和弘扬重师精神，积攒和激发正能量，铸就守正刚毅的主心骨，在人生道路上走得更加端正。

第二句话，成才就要坚持“实践育人”，像大树一样扎根大地、枝繁叶茂，以务实的行动力成就美好人生。

根深方能叶茂。一棵刚刚破土萌芽的小树苗，成长为一棵大树，一定是深深扎根、顽强生长、吐故纳新，最终成为枝繁叶茂的参天大树。

对于人的成才而言，要像大树一样“长得好”。这就意味着要长粗根、生细根、发微根，深植“土壤”，吸收营养。要“深情藏沃土”，在实践中汲取经验和智慧，锲而不舍地充实自己、筑牢根基。

实践出真知，实践出智慧。同学们要志存高远、扎根大地、敏于实践，不断学深、学实、学广，体现求真务实的实践品格，在人生道路上走得更加稳当。

第三句话，成才就要坚持“环境塑人”，像大树一样成林成荫、成峰成脉，以强大的凝聚力成就美好人生。

“单丝不成线，独木不成林。”一棵树成不了森林，而一个人的力量也是有限的，离开集体单打独斗是不行的，脱离社会环境、封闭于世界之外难以茁壮成长。

对于人的成才而言，要像大树一样“长得茂”。这就意味着要将自己融入团队之中，在广阔的实践里不断提高凝聚力，博采百家之长。

一枝独秀不是林，万树绵延绿成脉。成才离不开和谐共生、协同共赢、相得益彰的环境，要形成以自身努力为主体、外部激励相结合的成长成才氛围，在人生道路上走得更加优雅。

第四句话，成才就要坚持“功业成人”，像大树一样郁郁葱葱、造福人间，以丰沛的创造力成就美好人生。

绿荫重重意，造福浓浓情。大树在吸收丰富营养物质的基础上，通过能量交换不仅满足了自己生存的需要，还释放氧气、结出丰硕的果实，满足了人们生存的需要。

对于人的成才而言，要像大树一样“长得优”。这意味着要珍惜青春时光、担负时代使命，要在只争朝夕中历练，在不负韶华中成长，致力成为担当民族复兴大任的时代新人，不负我校桃山、李山寓意，努力竞展“芳华”、结出“硕果”，成为重师的“桃”和“李”，“名生”满天下。

“成才：在走进重师与走出重师之间”。2010 年 12 月 7 日，习近平同志视察我校时勉励同学们，要“端正择业观念”，“定位要准确，立定脚跟”，要“到基层去，到边远的地区去，到社区去，到农村去，到军营去，去大显身手”。同学们，从你们踏入重师第一天起，请一定要重视发展规划和就业，从一开始就培养自己的综合素质和实践能力，逐步树立正确的就业观，相信你们，四年之后必将才华过人、宏图大展，在人生道路上走得更加豪迈。

同学们，在你们拿到录取通知书的那一刻，就意味着和重师有了不解之缘，以今天的开学典礼为标志，我们有了共同的精神家园——“重师”，有了共同的名字——“重师人”，有了共同的情结——“重师情结”。今后，“重师”“重师人”“重师情结”将伴随你们一生。希望同学们在美丽重师、智慧重师、文化重师的环境中，秉持“自强不息、躬行师道”的重师精神，“爱校、成才、跟党走”，把爱国情、强国志、报国行自觉融入全面建成小康社会、实现中华民族伟大复兴的奋斗之中，激扬青春梦，奋进新时代，让青春在为祖国、为人民、为民族、为人类的奉献中绽放出更加绚丽的光彩！

让我们共同见证，同学们在重师长成参天大树的精彩历程！

最后，希望同学们在军训中努力发扬吃苦耐劳、团结奋进的精神，并取得丰硕成果！

以“学”为本 以“习”立业

——在重庆师范大学2021级新生开学典礼上的讲话

（2021年9月13日）

亲爱的2021级同学们，各位老师：

大家上午好！

最是每年开学季，恰如梦想也韶华。2021年，是中国共产党百年华诞；在我们认真学习贯彻习近平总书记“七一”重要讲话之时，如期迎来了2021级新重师人，你们的到来，意义特殊。今天，2021级6134名本科生，2315名硕士、博士研究生，以重师人的身份开启了人生新的征程。在此，我代表党委曾礼书记、代表全校师生员工，向你们表示衷心的祝贺和诚挚的欢迎！你们历经磨砺，以优异成绩，开启了筑梦圆梦的新的大学生活；此时此刻，我们为你们点赞！同时，我提议，让我们向精心抚养、温暖呵护我们的家人，向悉心教诲、无私奉献的老师们，报以感恩的掌声！

大学，承载了太多的内涵，其根本是塑造信仰坚定的追求者，心灵美好的奋斗者，人格健全的创造者，富有情怀的建设者。在重师，我们秉承“自强不息，躬行师道”的重师精神，持续打造“名生、名师、名气”，不断激励师生弘扬“学气”、保持“静气”、锤炼“勇气”、涵养“大气”，不断积淀“勤学善思、求是致用”的浓厚学风，不断营造“各美其美，美美与共”自信和谐的文化氛围。重师，让追求者成才，让创造者圆梦，为奋斗者铺路。重师，助力万千学子圆梦，为新时代的奋斗者导航。

同学们，美好不仅是过往的幸福，憧憬中的希望，更是奋进的状态。2010 年 12 月 7 日，时任政治局常委、国家副主席的习近平同志在来我校视察时，对大学生和重师学子寄予殷切期望：要志存高远、珍惜时间、认真学习、文理交融、知行合一、重视就业、环境育人、身体健康；在谈到就业时，习近平同志勉励大学生，要端正择业观念，定位要准确，立定脚跟，在社会的广阔天地大显身手，到基层去，到边远的地区去，到社区去，到农村去，到军营去；在谈到志向时，习近平同志强调：立志要高，但起步要低，一定要脚踏实地，在最基层摸爬滚打，你是人才，终究会脱颖而出。

建校近七十年来，我校坚守教育报国初心使命，坚持立德树人、实践育人、环境塑人、功业成人，积极引导学子“爱校、成才、跟党走”，培养了 25 万名优秀学子。今年 6 月 1 日，我校体育与健康科学学院 2004 级体育教育专业校友、重庆大渡口区育才小学王红旭老师，为勇救两名落水儿童，献出了自己年仅 35 岁的宝贵生命。他的英雄壮举感动无数群众，引起社会强烈反响。王红旭老师在危难时刻舍己救人、舍生忘死，用生命托举生命，用生命谱写了人间大爱，被中宣部誉为新时代“四有”好老师的典范，被教育部追授为“全国优秀教师”称号。他是重师的杰出校友、优秀重师学子的代表，我们要从其青春担当中汲取能量，砥砺前行。

当前，站在新时代，我和你们有着共同的思考，就是如何把握珍贵的青春时光，坚定理想、充实思想、实现梦想。在前两年的开学典礼中，我分别以“成才：在走进重师与走出重师之间”“长成

参天大树　成就美好人生”为题，给新生上了第一堂课，分享了我的时间观、人生观。

学习是同学们来到重师的根本任务，也是成才的必然途径。“学”是古人讲的“诚意正心、格物致知”，“学”应该是一种姿态，一种修为，着力坚持广学、善学、悟学、博学；那么，“习”就应该是研磨消化、博学审问的一种习惯；是深入探究、学深悟透的一种方法，是独上高楼、慎思明辨的一种思维；是登高望远、勇毅笃行的一种视野。今天，作为你们的师长和朋友，我想和同学们分享我体悟的四句话。

第一句话，坚持广学，习得知识，筑牢成才之基，增长本领技能，以“习”立德立言。

“立人先立品，树人先树德”。修德是立身之本。《左传》有“太上有立德，其次有立功，其次有立言，虽久不废，此之谓不朽”的经典论断，阐述的就是先立德，再立功立言。人之特性，修德为首，人之为学，立德为要。立学要先立德，当代大学生应把修身养德作为人生续航的“压舱石”，让人生行稳致远，走向高端。

“读书患不多，既学患不行。”学习是大学生的天职和使命，智勇强与弱，才思浓与淡，都取决于学习的态度和学习技能的多少。在知识信息更迭加速的今天，要充分利用好最宝贵的青春时光，早日定下成长规划，立志笃学，心无旁骛，为成才打下坚实的基础。你们不仅要在精专上下功夫，学深学透，还要博观约取，厚积薄发；不仅丰富知识结构，融会贯通，还要勇于实践，知行合一，以厚实的知识储备和独到的实践体会，为基业常青扎好根、起好步。

第二句话，坚持善学，习会方法，掌握学习之道，提升效能优势，以“习”立身立业。

“工欲善其事，必先利其器。”进入新的成长阶段，学习的目标、内容、方式、要求的不同，决定了学习的方法也会不同。同学们既要综合运用研讨式、对照式、交叉式等共性方法，也要创新结构学习、补缺学习、案例学习、创造性学习、新技术学习等独特的学习方法，熟练掌握独具优势的多维立体式方法，以事半功倍的成效，早日达成理想目标。

“最有价值的知识是关于方法的知识。”大学是人成才的新起点，同学们要学会观察、分析、解决问题的方法，以专注的精神，反复探寻、研究，直至豁然贯通。要克服“学”多“习”少的现象，素质是先天天赋和后天习得的“合金”，要重视“学”，更要重视“习”，养成习惯、形成素养，让人生这块宝玉，在精湛工艺的磨砺中，更加晶莹剔透。

第三句话，坚持悟学，习深思维，丰实思想之翼，彰显思维张力，以“习”立事立功。

“学而不思则罔，思而不学则殆。”思维是人类文明的特性，思维力是学习力的核心，决定了一个人的特质禀赋、成长速度和社会贡献度。养成思维力的关键，是把思维当作一种专业技能反复训练。希望同学们塑造优秀的思维品质，彰显思维张力，精思致远，审问笃学，善思明辨。

要形成与时俱进的“辩证、务实、适应”科学的思维方式。思维方式是看待事物的角度、方式和方法，它对人们的认知和行为起着决定性作用。是否有创新思维的勇气，往往决定一个人的功业大小。这就需要同学们勇于突破常规和思维惯式，善思谋，悟本质，以深邃的思考力和强大的创造力，独辟蹊径，提升竞争力。

第四句话，坚持博学，习宽视野，涵养浩然之气，博怀天地胸襟，以“习”立心立命。

站得高才能看得远。我校有很多蕴意深刻的景观，比如矗立在桃山和李山上的博望亭，其对联“博怀广远襟抱若虚当能嘘气生云包容宇宙，望眼当前脊梁如柱便可顶天立地撑起乾坤”，就很好地阐释了丰富的内涵，就是勉励师生博览春秋，望尽天涯，胸怀天下，担起道义责任，撑起桃李乾坤。作为新时代的大学生，应具备宽广的视野、超凡的胆识、非凡的气度，历练成长为有格局、敢担当、矢志追求的人。

要涵养化成天下的胸襟抱负。社会文明的进程，历来需要先知先觉的启蒙者、探索未知的开拓者、潜心真理的追求者、博施济众的上善者，他们犹如黑暗中绚丽的光芒，汇聚磅礴力量，点燃精神的希望，引领着历史前进的方向。事事有代谢，往来成古今。物质的追求终将幻灭，只有精神才能永续流传。作为新时代的大学生，应该有超然物外的境界，由小我升华为大我，涵养“先天下之忧而忧”的深厚情怀，唤醒与生俱来的“为天地立心，为生民立命”的强烈责任，让人生更崇高，让世界更美好。

同学们，一切梦想的开始都正当其时，正如我们从不同的方向走来，在重师这个共同的精神家园，将重师文化融入重师人的血脉，又以同心筑梦的重师情结，开启了逐梦、圆梦的新的旅程。

体会，是置身其中的交流，领略，是赞美式的欣赏，这里的辛勤，这里的感动，这里的精彩，无以替代。2021 级全体新重师人，责无旁贷！让我们以优良作风、团结协作的精神、坚强意志投入军训，开启重师学习道路。我衷心期待，毕业时大家都能给自己、给学校、给时代、给社会交出一份满意的答卷。

我们憧憬未来！我们静等花开！

掌握好开启成才的钥匙

——在重庆师范大学2022级新生开学典礼上的讲话

（2022年9月9日）

亲爱的2022级同学们，各位老师：

大家下午好！

今天，我们在这里隆重举行2022级新生开学典礼。首先，我代表党委曾礼书记、代表全校师生员工，对今年入学的6179名本科生，2540名硕士、博士研究生，致以衷心的祝贺和热烈的欢迎！向精心培养、关心支持你们的父母、老师和亲友致以崇高的敬意！

同学们，我在《重师校长荐重师》中，向你们详细介绍了重师的历史、文化、人物、环境等方方面面。学校创办于1954年，是新中国最早创办的高等师范院校之一，办学历史源于1906年官立川东师范学堂。学校始终秉承“立教无类，以文化人”的办学理念，恪守“厚德、笃学、砺志、创新”的校训，持续打造“名生、名师、名气”，不断弘扬“学气”、保持“静气”、锤炼“勇气”、涵养“大气”，积极营造“各美其美，美人之美，美美与共”的文化氛围。长期以来，我校为国家培养输送了大批优质师资和优秀人才。从现在开始，你们将成为重师大新的成员，一起书写人生最美的篇章，留下人生最美的回忆！

同学们，你们恰逢盛世。最美的年华，赶上最好的时代：国庆七十年，建党一百年，“神舟”飞天、“嫦娥”揽月、“天问”奔火、“北斗”组网、“蛟龙”探海，十四亿多中国人齐心协力，全面建成小康社会；众志成城，共同实现中华民族伟大复兴；放眼世界，积极面对世界百年未有之大变局。

同学们，你们是时代的幸运儿，更是新时代的开拓者。一代人有一代人的使命，一代人有一代人的担当。你们是中华民族的“强国一代”，肩负着重大的历史使命，必将开创新的辉煌。每一个重师人都必须尽最大的努力埋头苦干，立志成才，勇毅前行。

三年以来，我分别以“成才：在走进重师与走出重师之间”“长成参天大树　成就美好人生”“以‘学’为本　以‘习’立业”为题，分享我的时间观、人生观、学习观，给新同学上了第一课。今天，我想以“掌握好开启成才的钥匙”为主题，和大家分享我的成才观，也是我体悟的四句话。

第一句话，激情是成才的源泉。

成功总是属于那些充满激情的人。即使在逆境中，真正优秀的人也总是充满激情，迸发出令人惊叹的意志、才能和潜力，把事情做得更好。

用激情的眼光看世界。当你这样做的时候，你会发现每一天都充满惊喜、每一天都有好心情、每一天都过得特别有意义——世界是如此的丰富多彩，身边处处是温暖。一个饱含激情的人，浑身充满正能量，足以感染身边所有的人。你用激情的眼光看世界，世界也会因你而精彩，成才的通道也将为你打开。

把梦想转变为奋斗的激情。激情是一种性格、一种习惯，更是一种态度、一种修养。人生有梦，更要有奋斗的激情，才会有不竭的动力，不断创造人生的奇迹。我校校友“时代楷模”王红旭、“最美乡村女教师”曹瑾、“感动中国十大人物”胡忠，正是对教育事业、对人生充满激情，才在平凡岗位上成就了不凡人生。

让激情成为干事创业的原动力。激情源于对美好生活的不懈追求。爱默生说过：“有史以来，没有一件伟大的事业不是因为激情而成功的。”居里夫人正是以激情成就伟业，两次获得诺贝尔奖。永葆干事创业的激情，是重师学子须臾不可或缺的精神力量。唯有不断为干事创业注入激情与活力的因子，才能在成才之路上谱写出灿烂的华章。

第二句话，勤奋是成才的基石。

“宝剑锋从磨砺出，梅花香自苦寒来。”从古至今，从悬梁刺股到凿壁借光，无数个“勤奋成才”的故事延续着中华民族的生生不息。

青春年华，时光正好，唯有勤奋，方可成才。2010 年 12 月 7 日，习近平同志视察我校。他对同学们语重心长地说：“人生一年之春、一日之晨就是我们的大学时代，这是一个黄金的时期。”在这一寸光阴一寸金的大学时代，勤奋就是实现理想最美的姿态。

勤耕不辍，只争朝夕，不负韶华，伟业可期。机会总是留给有准备的人，成功总是留给勤奋的人。勤奋是一切事业的基础。鲁迅把别人喝咖啡的时间都用在了工作上。马克思在大英博物馆阅读了 1500 种书籍，完成了 100 多本笔记，才写出了伟大的《资本论》。同学们，希望你们靠勤奋做到学一行、知一行、研一行、爱一行！

人生在勤，日日勤，事事勤，成功必达。门捷列夫说：“终生努力，便成天才。”生而知之者是不存在的，天才在于勤奋，勤奋当从小事做起。革命导师列宁曾说:“人要成就一件大事，就得从小事做起。”同学们，脚踏实地，专注于小事，做到眼勤、口勤、手勤、脑勤，便能通向成功的大门。

第三句话，创新是成才的关键。

创新是一个民族进步的不竭动力，是一个国家兴旺发达的不二法门。从微博时代的兴起到GPS的普及，从智能手机到智慧城市建设，创新正在深刻地影响着整个世界。鲁班、爱迪生、袁隆平、屠呦呦、任正非是我们耳熟能详的人物，“创新”是他们的共同特征，他们的成功都赢在创新。

创新不等于创造。创新并不以年龄论、不以学历论、不以职业论，人人都具备创新潜能。我校美术学院校友刘圣召团队在中国空间站上留下了“重师参与的元素”。事实证明，揭示一条规律、提出一种学说、阐明一个道理、形成一个创意、完善一种解决问题的方法方式都是创新。创新不问“出身”，平凡岗位亦是创新舞台，人人都能成为创新的主角。

创新时时常在。创新素质好的人，敢于说别人没有说过的话，敢于做别人没有做过的事，敢于思考别人没有思考过的问题。创新不是凭空而来的，需要具备强烈的“问题”意识。常怀好奇之心与质疑精神，方可常存创新之心，常思创新之法，才能成为大才。

创新永伴成长。只有主动树立创新精神、锤炼创新品格、丰富创新知识、提高创新能力、拓展创新方法，强化创新素质，才能取得创新成果。希望同学们立创新之志，行创新之实，于主动创新中成长为栋梁之才。

第四句话，兼容是成才的路径。

心有多大，世界就有多大。中华民族海纳百川，同学们也要与社会兼容、同学问兼容、向学科兼容，才能不断开阔格局，增长才干，自我“赋”能，成就事业。

与社会兼容：大度兼容，则万物兼济。与社会兼容，是我们成长的智慧，成才的窍门。要以“世界大同、兼济天下”的博大情怀，在丰富且发展着的世界中吸收源头活水，求同存异，取长补短，善于与他人合作，努力兼容这个世界的丰富多彩，这是一种胸怀，更是一种格局。

同学问兼容：兼善而从，则必成大器。习近平同志视察我校时专门强调：“学工的人、学理的人，还要学习文史、经济和法律知识；那么学文的人，也要掌握一些自然科学知识，这样才能做到触类旁通。”要向老师学、向学生学、向网络实践学，不断拓宽知识面，提升眼界与思维，兼容并包、博采众长，定能成为有用之才。

向学科兼容：俱收并蓄，则以微知著。在学科综合的时代，越尖端、前沿的研究越需要打破学科壁垒，产生创造性成果。在开放的学术环境中，要秉承兼容并蓄、勇于创新的科学精神，用青春、智慧和汗水，探索真理、寻求突破，在兼收并蓄中不断创新成长。

十年树木，百年树人。成才是一个长期过程，希望同学们为学为事为人始终保持激情的样态、勤奋的状态、创新的姿态、兼容的常态，掌握好开启成长的钥匙，去开启成才的宝库。

同学们，“青春须早为，岂能长少年”。你们怀着远大理想，在美丽的金秋时节相聚在山城重庆，你们的生命中从此将永久地烙下重庆师范大学的印记。我衷心祝福大家在重师大历练成长，学以成人，以主人翁的姿态参与到学校的高质量建设和发展中，扛起担当，做新时代的脊梁！

爱校　成才　跟党走

——在重庆师范大学2023级新生开学典礼上的讲话

（2023年9月15日）

亲爱的2023级同学们，老师们：

大家上午好！

夏色渐淡，秋意正浓。今天，我们隆重举行2023级新生开学典礼，在此，我代表党委曾礼书记、代表全校师生员工，向6183名本科生、2631名硕士研究生和40名博士研究生表示最热烈的欢迎和最诚挚的祝贺！欢迎你们来到重师，来到我们共同的家园，携手前行，并肩成长！祝贺你们站在新的起点，再次扬帆，序启新章！

每个人的成长都要经历磨炼，一切收获都来自坚持不懈的奋斗。经过雪天萤席苦读的你们，步入了湖光山色、清静疏朗的重师校园，希望你们沉浸其中，融入重师、爱上重师，恪守“厚德笃学，砺志创新”的校训，弘扬“学高为师，身正为范”的校风，践行“勤学善思，求是致用”的学风，既仰望星空，更脚踏实地，在这片热土挥洒青春，放飞梦想，早日成长为信念执着、品德优良、知识丰富、本领过硬的专业人才，成长为富有社会责任感、创新精神、实践能力，德智体美劳全面发展的时代新人。

四年来，我在开学典礼上为同学们系统讲述了关于成长成才的话题。以“成才：在走进重师与走出重师之间”为题，鼓励同学们重组时间观，与伟大时代同奋进；以“长成参天大树　成就美好人生”为题，劝励同学们树立正确人生观，度过美好一生；以“以‘学’为本　以‘习’立业”为题，勉励同学们优化学习观，为基业常青扎好根柢；以“掌握好开启成才的钥匙”为题，激励同学们鼎新成才观，担起道义责任，撑起朗朗乾坤。

今天，我想以“爱校　成才　跟党走”为主题，赠予同学们三句话。

第一句话，爱校于心，荣校于行，青春不负母校情。

悠悠校史，星火传承。学校主体创办于 1954 年 1 月，是新中国最早建立的高等师范院校之一，办学历史可追溯到 1906 年官立川东师范学堂。从重庆师范专科学校到重庆师范学院，再到重庆师范大学，学校秉承“立教无类、以文化人”的办学理念，营造“各美其美，美人之美，美美与共”自信和谐的氛围，弘扬“学气”、保持“静气”、锤炼“勇气”、涵养“大气”，打造“名生、名师、名气”，近七十载，立德树人，团结奋进，披荆斩棘，共铸辉煌，办学实力愈加雄厚，育人环境愈加秀美，文化底蕴愈加深厚，我们应愈加爱校、建校、护校，以重师为傲，以融入发展为荣。

一草一木皆风华，一枝一叶总关情。骋目校园，移步换景，处处活力，处处诗意。明净灵动的三春湖，惠风和畅的博望亭，闪亮热切的马鞭草，流光溢彩的银杏叶，书香四溢的图书馆，共叙温情的校史馆，馆藏丰富的博物馆，种类繁多的生物馆，奇石争艳的地质馆，将伴你们度过难忘的大学时光。

在教学楼、实验室、报告厅，有启智润心的教师，在图书馆、宿舍楼、食堂，有管理服务者忙碌的身影，朝气蓬勃的校园里，始终是你追我赶、逐梦前行的阳光青年。置身重师，怎能不油然而生爱校之情。

同学们，爱校荣校就是热爱重师、心系重师、支持重师，就是要身体力行地去维护同学、老师、学校的荣誉和利益，将重师人的优良风尚发扬光大，让大家身处重师如登春台。同学们，重师为你们提供了团结向上的学习生活环境，提供了优质健康的成长平台，你们应知校爱校、荣校兴校，志存高远德才兼修，勇立潮头担负使命，用青春书写奋斗新篇章。

第二句话，时间为轴，学业为面，成才不负凌云志。

云程发轫，干霄凌云。以时间为轴，就是要珍惜宝贵的校园时光。朱自清在他的散文作品《匆匆》中写道："洗手的时候，日子从水盆里过去；吃饭的时候，日子从饭碗里过去。"你们正处在体力、精力最旺盛的黄金期，正值科技变革数字化时代，你们要善于在信息膨胀、知识迭代的环境中，提高思维认知，更新学习方式，加强探索式学习，提升时间的效度，拓展眼界的宽度，增加生命的厚度，不负青春，不负时光。

以学业为面，就是要广泛摄取知识和技能，以"学"为本，以"习"立业，广学、善学、悟学、博学，在综合实践中反思、完善、提升、净化，达成真正意义上的学习。同学们，青年逢盛世，学习正当时，大学是苦练本领、增长才干的黄金时期，唯有用好青春"洪荒力"，方能当好时代"答卷人"。

山积而高，泽积而长。人的成长成才同样不是一蹴而就的。要坚持立德树人、实践育人、环境塑人、功业成人，长成参天大树，成就美好人生。同时，还要掌握好开启成才的钥匙，始终保持激情的样态、勤奋的状态、创新的姿态、兼容的常态。保持激情的样态，则追求不至于懈怠；坚持勤奋的状态，则精神不至于慵懒；勇持创新的姿态，则思想不至于守旧；秉持兼容的常态，则眼界不至于狭隘。同学们，开启成长的钥匙掌握在你们自己手中，希望你们能够怀揣激情，勤耕不辍，创新兼容，赢得未来。

第三句话，知党之情，感党之恩，不负韶华跟党走。

百年风华，征程万里。中国共产党从诞生那一天起，就同中国人民和中华民族的前途命运紧密联系在一起。在百年接续奋斗中，中国共产党团结带领人民开辟了伟大道路，建立了伟大功业，铸就了伟大精神，积累了宝贵经验，创造了中华民族发展史、人类社会进步史上伟大的奇迹。你们现在正处于中华民族发展最好时期，理应从伟大奋斗征程中汲取力量，从历史变革的辉煌成就中增强自信，从推进中华民族从站起来、富起来到强起来的伟大飞跃中坚守初心使命，立强国之志，扬报国之情,肩负起民族复兴的历史重任。

艰难困苦，玉汝以成。习近平总书记在纪念五四运动100周年大会上指出：“中国共产党立志于中华民族千秋伟业，必须始终代表广大青年、赢得广大青年、依靠广大青年，用极大力量做好青年工作，确保党的事业薪火相传，确保中华民族永续发展。”

同学们，你们生逢其时，重托在肩，你们是复兴的栋梁，强国的先锋，只有把个人的理想追求融入党和国家事业之中，才能不负芳华不负己，不负时代不负党，践行好“请党放心，强国有我”的青春誓言。

同学们，“中国梦”的核心是实现中华民族的伟大复兴。在这事关国家富强、民族振兴、人民幸福的接力赛道上，希望你们保持高洁品质，铸牢精神基石，接好接力棒，当好接班人，奋勇争先，劈波斩浪，再创辉煌。同学们，你们今后要走的路还很长，无论遇到什么样的困难挫折、艰难坎坷，要始终坚定对马克思主义的信仰、对共产主义和社会主义的信念，始终保持跟党走的决心和定力绝不动摇，始终坚定不移沿着习近平总书记指引的方向勇毅前行，以昂扬的姿态赓续奋斗，以青春之我铸造时代荣光。

同学们，有一种追求叫青春无悔，有一种奋斗叫风雨兼程，有一种遇见叫相互成就，有一种守望叫梦想成真。

如果生活是一首诗，那么在重师的奋斗经历一定是你青春最美的诗句。在美丽的重师里爱校成才跟党走，每一个人、每一件事、每一段时光都值得珍惜。

最后，愿你们心怀星辰大海，愿美好如期而来。

附录二　在毕业典礼上的讲话

坚守初心，涵养“四气”，赢取人生马拉松

——在 2019 届本科毕业典礼暨授位仪式上的讲话

（2019 年 6 月 27 日）

亲爱的毕业生们，各位老师、各位校友、各位家长：

大家下午好！

毕业当然是个动词，意味着离别的转身；毕业也可以是个名词，象征着转变的身份；而此时此刻在我的心中，毕业是个形容词，代表着别离感伤的心绪。

四年前，同学们入校时的场景仿佛还在昨天，而今天就要说声“再见”。在这重要的时刻，我代表党委曾礼书记、代表全校师生员工，对 2019 届 6598 名毕业生表示由衷的祝贺，祝贺你们在大学四年中坚定了信念、磨砺了意志、增加了知识、锤炼了技能、收获了成长；祝贺你们从此可以展翅高飞，去开拓新的天地，而重庆师范大学的烙印将会伴着你走遍千山万水。

“三春湖畔三春晖，子行千里子珍重”。我们从四面八方走来，又走向远方，一路上，是各种亲情和关爱支撑呵护着我们走到今天，在踌躇满志、百感交集的此时此刻，我提议：让我们用真诚的掌声，感恩无私付出、辛勤操劳的父母！感恩给予我们理想、视野和才识的老师！感恩真心陪伴、真诚相助的同窗和他人！

刚才，我们一起分享了同学们的大学收获和感动，你们在重师学习生活的精彩画面：在梦厅，你们潜心学习、物我两忘，为实现理想而积蓄力量；在实验室，你们大胆设想、小心求证，努力探索科学的真理；在大草坪，你们仰望星空、沉思静想，思悟人生的意义和方向；在演出厅，你们走上舞台、展示自我、抒发情怀；在央视，你们绽放在“五月的鲜花”，诠释了重师学子的文化自觉；在运动场，你们活力无限、奋力拼搏，挥洒放飞自我的激情；在专业竞赛，你们不负众望，斩获大量奖项，展现了重师学子的优良素质；在“三下乡”，你们把实践锻炼融入社会需求，把知识技能运用于广阔的天地，体现了重师学子的责任和担当……

难忘那诗意浓浓的泛月桥，象征正义的马鞭草，高尚清雅的睡莲花，登高望远的博望亭，灯火通明的自习室，能量满满的教室，留下真诚友谊的宿舍……四年春夏秋冬，如今你们学有所成，即将乘风远航！留下的是缘与爱，带走的是情与义，回响的将是诗与歌！

经过不懈努力，你们中间产生了重庆市“自立自强先进个人”；涌现了市级创新创业先进个人和就业创业优秀人物；孕育了市级优秀班级和先进班集体标兵；参加了全国建模大赛、师范生技能大赛、挑战杯等重要比赛并获得优秀成绩……你们用青春最亮丽的底色诠释了奋斗不息的主旋律，播种的是五彩缤纷的梦想，收获的是笑泪盈眶的感动。

学生和学校是休戚相关的共同体，在这短暂的四年时光里，同学们见证了学校的跨越发展，学校从绿化、美化到文化；从本科教学审核评估，到获得硕士推免权，再到获得博士学位授予单位；从召开第三次党代会，到制定出台“1+4”内涵式发展五年行动计划。不久前，学校召开了本科教育大会，深入落实“以本为本”“四个回归”，我们更加注重办学的顶层设计，更加注重将办学资源向人才培养这个根本任务聚集，更加注重强化教师的育人职责。

同学们，“世事有代谢，往来成古今”。当今社会一日千里，人类社会正以前所未有之势奔赴科技文明。我国已全面开启社会主义现代化建设的新征程，作为青年一代，要主动融入国家发展大势，和时代同频共振，要站稳爱国爱党的根本点，找准奉献社会的切入点，追求职业理想的实现点，把个人的理想与国家的前途命运紧密联系在一起，把个人价值与社会价值统一起来，在更大的人生格局中实现价值追求。

同学们，无论今后走到何方，一定不要忘记，你们是新时代的优秀儿女，是重庆师范大学的骄傲，要时刻铭记“自强不息，躬行师道”的重师精神，努力涵养“学气、静气、勇气、大气”的重师文化特质。我作为你们的师长和朋友，提出四句话与同学们共勉。

一是要弘扬“学气”，向往诗和远方，在追求中不断提升人生的厚度。

“学气”是一个人的内在素质和习惯，有独特的个性特征，弘扬学气是适应现代社会的必然要求。弘扬学气，就要把学习作为一生的习惯，形成人生的常态；弘扬学气，就要养成时常学习、终身学习、善于学习的风气；弘扬学气，就要构建扎实博学精专的学识；弘扬学气，就要摈弃官气十足、商气熏天等社会不良习气；弘扬学气，就要从学子到终身学习者，到追寻诗和远方的学人、学者。

“衣带渐宽终不悔，为伊消得人憔悴”。我校 1975 级校友、华罗庚数学奖获得者马志明院士，1979 级校友、国家自然科学二等奖获得者杨新民教授，1973 级校友、华东师范大学脑功能基因组学教育部重点实验室胡应和教授等，就是这方面的代表。

二是要保持“静气”，坚信金石可镂，在雕琢中不断刻就人生的深度。

“静气”就是保持静的心境，坐得住冷板凳，远离浮躁，不被功利所左右。人生要平心静气，心态平和，静悟深思；宠辱不惊，不计得失，不为物累。不要“跟着感觉走”，不要“拉住梦中的手”，不被喧嚣和浮躁所裹挟。保持静气，才能审视自己，彰显特色；才能淡定从容，宁静致远，举重若轻；才能心无旁骛，养浩然之气，追求卓越。

“灯火阑珊处，初心安然时”。我校 1987 级校友、“感动中国年度人物”胡忠老师，1979 级校友、重庆巴蜀幼儿园园长罗虹，1989 级校友、重庆七中校长邓宏等，就是这方面的代表。

三是要锤炼“勇气”，彰显亮剑精神，在奋斗中不断磨砺人生的硬度。

勇气是一种意志力，是一种接受各种挑战、永不服输的精神。锤炼勇气，就是要敢为天下先，就是要爱拼才会赢，就是要有胆识、胆略和胆魄。生命需要严格的淬炼，才能展现它耀眼的光华和纯美的质地。平静的湖面，永远是一幅单调的风景，而滔天的大海，才会有动人心魄的浪花！要以义无反顾的勇气，去领略独特的人生风景。愿你们有敢为人先的勇气，勇于面对各种挫折和挑战，感受人生的厚重和豪迈；愿你们锤炼重师学子的勇气，见多识广有胆略，狭路相逢勇者胜；愿你们勇于把握时代的脉搏，书写不愧于时代的人生。

“雄关漫道真如铁，而今迈步从头越”。我校1989级校友、谢家湾小学校长刘希娅，1986级校友、巴蜀中学校长王国华，1979级校友、成都国嘉生物投资控股股份有限公司董事长江云等，就是这方面的代表。

四是要涵养“大气”，永葆家国情怀，在奉献中不断提升人生的高度。

“大气”是一种心态，是一种气场，是一种境界。人生有了大气，就有了发展的永恒动能。涵养大气，就要有扎实广博的“大学识”，既要向书本学习、更要向社会实践学习；涵养大气，要有为人处世的“大修养”，学会做人，提升道德品行；涵养大气，就要有各美其美的“大智慧”，尊重他人之所长，好成人之美；涵养大气，就要有团结宽容的“大胸怀”，善于与他人协作，时刻审视自己，去小我，求大我；涵养大气，就要有家国“大情怀”，要把自己的理想同祖国的前途、民族的命运紧密联系在一起，扎根人民，奉献国家。只有这样，才能树立人生大视野，拥抱新的时代，走向新的未来。

“长风破浪会有时，直挂云帆济沧海”。我校1979级校友、港珠澳大桥行政总监韦东庆，川东师范学堂18班校友、著名书法家、诗人、学者许伯建等，就是这方面的代表。

一所大学因为有大批名师，才能培养大批名生，一所学校才能成为有名气的学校。重师因湖藏龙，因山卧虎，因伯乐而现千里马，从建校至今，为国家培养输送20多万校友，不少同学成为行业的骨干和中坚力量，重庆市大批中小学校长、骨干教师、幼儿园园长均出自重师，重师学子在不同领域、不同岗位建功立业，凭借特有的文化气质和拼搏进取精神赢得了社会的广泛认同。重师未来的荣光，要靠2019届全体毕业同学继续去书写。

习近平总书记说：“幸福是奋斗出来的”“奋斗是青春最亮丽的底色”，时代的列车滚滚向前，人生新的征途已徐徐展开。希望同学们坚守初心，认真踏好迈入社会的第一步。人生是一场漫长的“马拉松”，在长跑中，还有数不尽的坎要翻越，有过不完的险滩要遇到，有这样那样的挫折要经历。

人生着实不易，但无论身处何境，同学们，请充分准备，要不断锤炼负重前行、百折不挠的毅力，战胜困难、勇往直前的耐力，不断创新、探索进取的活力，不达目的、永不罢休的定力，去践行人生价值，感悟人生真谛，升华人生境界，赢得各自人生的“马拉松”。

同学们，新的航向已扬帆，但无论何时，“青春不散场”，母校欢迎你们“常回家看看”，重师将是你们永远的后盾和精神港湾，将时刻关注你们的发展，关切你们的忧愁，分享你们的成功。

最后，我为你们送行，祝大家鹏程万里、锦绣前程；祝大家平安幸福，万事如意！

再见了，同学们！

弘扬“学气”，勤耕不辍，在新征途饱览人生美丽风景

——在2020届毕业生毕业典礼暨授位仪式上的讲话

（2020年6月29日）

亲爱的同学们、老师们、亲友们：

大家上午好！

今天，我们举行2020届毕业生毕业典礼暨学位授予仪式。今年的毕业典礼，是在全面建成小康社会收官之年、全国各族人民抗击新冠疫情的特殊背景下，举行的具有特殊意义的一届毕业典礼。在这庄严神圣的时刻，难舍的离别之情感染着每一位即将毕业的同学和你们的老师。在此，我代表党委曾礼书记、代表全校师生员工，对2020届1177名毕业研究生、6333名本科毕业生表示衷心的祝贺。祝贺大家在重师丰富了知识、锤炼了技能、收获了成熟。点滴进步，无不凝结着你们拼搏的汗水；一路走来，饱含着父母的希冀，倾注着老师的教诲。我提议，让我们把热烈掌声送给倾情付出的父母、启迪心智的老师、共同成长的同窗和我们自己！

青春的纪念册里总是镶嵌着美好的回忆，朝阳晨钟书声朗朗、疏影春晖播种希望、星河垂幕放飞思想、风竹秋韵收获成长……初入重师，你们青涩懵懂、稚气未脱；学在重师，你们积累知识、拼搏耕耘；即将离开重师，你们意气风发、踌躇满志。2020届毕业生，有900名本科毕业学子继续深造；你们中，有学霸廖红、刘理斯、王丹州、宋东升同学；有立志做一名优秀教师的黄宇翔、张新夷同

学；有抗击疫情的最美志愿者钟美琪、江楠同学；有勇于创业的李志力、龙永翱同学……这是一所大学最美的丰收景象，更是重师又一次迎来播撒希望的最美好季节。

光阴荏苒，催人奋进。为创造更好的育人环境，不断提升人才培养水平，学校更加注重办学顶层设计，更加注重办学资源向人才培养聚集，更加注重激发教师的育人使命感，更加注重倾听同学们的心声。同学们参与并见证了学校的发展进步，学校从绿化、美化到文化；从实体校园、文化校园到智慧校园；从本科教学审核评估，到获得博士学位授予单位；从召开第三次党代会，到制定实施“四个五年行动计划”……全校师生员工，一直为实现重师梦而努力！

今年，全球暴发了突如其来的新冠疫情，在党中央的坚强领导下，中国人民众志成城、共克时艰，取得了疫情防控的重大成果。疫情发生以来，学校坚持停课不停学，老师们坚持线上教学，同学们坚持线上学习，师生线上心灵对话；学校努力创造条件按照校历正常运转，强化全方位条件保障，老师们为健康管理的同学送餐，克服困难推进就业工作，同学们、校友们积极参与抗疫，涌现了很多感人的“重师抗疫故事”。我们经历了抗疫的磨难，领悟了坚守的含义，懂得了科学的价值，感悟了生命的真谛，感受了人性的伟大，更从不同角度诠释了我校“立教无类，以文化人”的办学理念、“自强不息，躬行师道”重师精神的深刻内涵。

同学们，你们从天南海北来到重师、又即将从此走向四面八方，以什么样的方式去开启新的未来，是大家必须面对的重要课程。去年，我在2019届毕业典礼时谈道，“坚守初心，涵养‘四气’，赢取人生马拉松”，勉励毕业生涵养“学气、静气、勇气、大气”，彰显“名生、名师、名气”的学校文化显示度。今天，你们即将离校之际，作为你们的师长和朋友，我想送四句话与同学们共勉，祝愿同学们弘扬“学气”，以重师人的独特文化气质，去开启新的美好未来。

第一句话：把学习作为一种人生志趣，期望同学们喜学乐学，弘扬“一学一辈子”的气魄，养成终身学习的生活方式——就是要以学气“立人间”。

有无学习能力是人与动物的根本区别，作为受过高等教育的人，应当珍惜学习的特质禀赋。毕业后，希望同学们保持良好习惯，把勤于学习作为一种生活方式，把乐于学习作为一种人生志趣。不是“因为要，所以要”，而是“因为爱，所以爱”；不是“要我学”的外在压力所迫，而是“我要学”的内生动力所向；不是仅有“学一阵子”的冲动，而是富有“学一辈子”的气魄。

“学高为师扬气魄，身正为范见精神。”我校校友、重庆人和街小学校长肖方明和重庆市沙坪坝区南开小学校长钱小波，长期沉醉并耕耘在小教领域，探索基础教育理论，带领万千学子喜学乐学，树立了全市小学教育的旗帜。他们是爱学乐学、因材施教、立德树人的典范。

同学们要通过不断自我学习，不断积累知识，不断丰富阅历，努力获取源头活水。通过“越学越爱学，越爱学越有气魄”，始终保持积极向上、开拓进取的“学气”，始终不忘追寻诗和远方。

第二句话：把学习作为一种人生素质，期望同学们博学精学，弘扬“一学一行家”的气质，积淀扎实学识和专业技能——就是要以学气“行天下”。

人与人的差异是在漫长的学习过程中逐渐形成的，基础是知识、核心是文化、关键是教育，学习具有很大的决定作用。在知识迭代不断加速的信息时代，大学阶段只能获得人一生所需的一部分知识。希望同学们要善于以学扬长，以学补短，以学增益其所不能，坚持干什么学什么、缺什么学什么、学什么精通什么。同时还要广泛涉猎，多领域兼容，深入钻研，做到学有所长。同学们依靠学习走过昨天、走到今天，也必然要依靠学习走向未来、开创未来。

博学至精显气质，为人师表攀高峰。我校数学科学学院张文萌教授，持之以恒钻研数学领域未解难题，在微分方程与动力系统领域取得瞩目成绩，主持多项国家自然科学基金，并获得国家“优青”。文学院杨姿博士在评上教授后，仍持之以恒刻苦钻研，在《中国社会科学》等期刊发表论文 30 多篇。她说，学习好比垒金字塔，没有大基座的支撑，只想造金字塔尖，那只能是空想。他们是以学兴术、学高为师、教书育人的楷模。

同学们要适应时代快速发展的要求，咬定青山不放松，保持学习定力，在社会这所大学里掌握真才实学，做到精深钻研，触类旁通，逐步完善知识体系、博文达理、丰富文化涵养。

第三句话：把学习作为一种人生修为，期望同学们悟学践学，弘扬“一学一天地”的气度，践行笃学躬行致远的抱负——就是要以学气“创未来”。

古人云：“非知之难，行之惟难。”知行合一，贵在行动。“学”

是思考、“习”是实践，做到学思践行。同学们要坚持“学”和“习”的辩证统一，把学习作为一种人生修为，把正确的学习习得、自觉的学养养成、积极的实践践行结合起来，彰显坚定不移开辟新天地的气度，在人生道路上走得更正、走得更远。

“纸上得来终觉浅，绝知此事要躬行。”我校校友、重庆第五批支援湖北医疗队队长黄为，运用在读研期间所学，援助湖北荆门新冠肺炎病例实验室检测工作，带领团队累计检测新冠肺炎标本16000余份，占当地疾控机构检测量的70%以上，扛起沉甸甸的责任。我校校友、金夫人儿童天堂总经理王述科，长期钻研儿童摄影艺术，打造了国内儿童摄影知名品牌之一，员工人数从最初的7人发展到7000多人。他们是以学维新、学以致用、追求卓越的实干家。

同学们要重视在“学”中融会贯通，在“习”中实践创造，学以常习、习以促学、学习相长。只有在学以致用上下功夫，才能干出一番事业，提升其贡献度和显示度。

第四句话：把学习作为一种人生追求，期望同学们学会学成，弘扬“一学一初心”的气节，学出坚定信仰和使命担当——就是要以学气“写华章”。

不忘初心，方得始终。“学”具有发展属性，学能立业、逐梦圆梦，是秉持初心、担当使命、实现人生价值的必然途径。2010年12月7日，习近平同志在视察我校时指出：“志存高远的青年一代，立志要高，但起步要低，要端正择业观念，定位要准确，立定脚跟；要到基层去，到边远的地区去，到社区去，到农村去，到军营去。一定要脚踏实地，你是人才，终会脱颖而出。”就是教导我们要树立正确的择业观和成才观。要坚定信仰跟党走，把自己“学而有成”的人生追求同国家发展进步、人民伟大实践紧密结合起来，为国家作贡献，为人民谋幸福。

不忘初心支教系真情，牢记使命扶贫出实招。生命科学学院毕业生况丹同学，成为中国青年志愿者扶贫接力计划第22届研究生支教团成员，踏遍重庆多个贫困区县的田间地头，写成十几万字的支教教学日志，将教育情怀传遍贫困区县。历史与社会学院毕业生彭玉琴同学，主动签约新疆阿克苏地区沙雅县教科局，成为一名光荣服务边疆的人民教师，用实际行动报答社会。他们是扎根基层、为民服务、奉献社会的追梦人。

同学们要坚持个人价值和社会价值的统一，在“学”中把握时代的脉搏、磨砺心智、吐故纳新、增长才干，以无悔的选择、无畏的勇气、无止境的探索和无私的奉献，在价值追求中增加人生的厚度，在责任奉献中提升人生的高度，做有情怀、有品格、有本领的重师人。

同学们，重庆师范大学历来是自觉倡导弘扬“学气”的大学，重师校训（厚德笃学、砺志创新）、重师校风（学高为师、身正为范）、重师教风（博学敬业、为人师表）、重师学风（勤学善思、求是致用），都以一个“学”字贯穿其中，“学气”堪称重师的第一气场。不论何时何地，同学们要努力秉持重师人的文化特质，时刻坚持和弘扬“学气”，始终坚定初心和梦想。把学习作为一种人生志趣，不断好学乐学，才能形成“一学一辈子”的气魄；把学习作为一种人生素养，不断博学精学，才能养成“一学一行家”的气质；

把学习作为一种人生修为，不断悟学践学，才能生成“一学一天地”的气度；把学习作为一种人生追求，不断学会学成，才能达成“一学一初心”的气节。

“工欲善其事，必先利其器。”人类社会正以前所未有之势奔赴科技文明。同学们要积极融入现代化强国建设的伟大实践，勇做社会主义建设的参与者、见证者、实践者和开拓者，在更大的人生格局中实现更高的价值追求，以学气“立人间”、以学气“行天下”、以学气“创未来”、以学气“写华章”，在新的征途上饱览人生美丽风景。

同学们，不管是过去、现在还是将来，“重师”“重师人”“重师情结”都注定与我们永远焊接在一起，荣辱与共，休戚相关。此去经年，渐行渐远渐辉煌，只要时刻坚持和弘扬“学气”，重师众学子，定能以独特气质，从容试天下。

最后，祝大家鹏程万里、前程似锦、平安幸福、万事如意！

同学们，再见了！再见，是为了未来的再见！

保持“静气”，执着追求，从容拥抱人生的挑战与未知

——在2021届毕业生毕业典礼暨授位仪式上的讲话

（2021年6月25日）

亲爱的同学们、老师们、朋友们：

大家上午好！

长亭外，古道边，芳草碧连天。耳畔是熟悉的旋律，心中是别绪的离愁。六月的重师校园，理想与梦想齐飞，欣喜与离别交融。在喜迎中国共产党建党100周年之际，我们庄严聚会，举行2021届毕业生毕业典礼暨学位授予仪式，共迎伟大历史时刻，一同见证你们人生的高光节点。此时，我和你们一样激动，我代表党委曾礼书记、代表全校师生员工，向2021届1387名研究生、5821名本科生毕业表示衷心的祝贺，祝贺你们磨砺了意志、锤炼了品格、丰富了知识、开阔了视野、结下了情谊、收获了成长。转身，你们即将搏击长空，展翅翱翔；回望父母的奉献付出，师长的传道解惑，同伴的守望相助，自己的勤耕不辍。我提议，让我们用最热烈的掌声，感谢那些站在背后，为我们默默付出的亲朋，给予我们无私帮助的良师，真心陪伴我们的同窗和努力向上的自己。

岁月不居，时节如流。初入重师，你们身穿迷彩，军歌嘹亮，英姿飒爽，对逐梦大学充满期待；毕业之际，你们身披学位服，踌躇满志，意气风发，对逐梦未来充满期待。

“立教无类、以文化人”的办学理念，厚植了你们独立自信的

文化基因，孕育了你们的家国情怀；“厚德笃学、砺志创新”的重师校训，涵养了你们高尚豁达的品格情操，激励你们向上向善；“自强不息、躬行师道”的重师精神，塑造了你们朝气蓬勃的青年模样，让你们光彩闪亮。你们这一届，产生了开展社工积极服务全市广大妇女儿童的“全国三八红旗手”，涌现了市级创新创业先进个人和就业创业优秀人物，荣获市级优秀班级和先进班集体标兵，在全国各类赛事屡获大奖……你们用学识和才干成就了自己，用汗水和泪水收获了成长，感谢你们用奋斗续写“重师”和“重师人”的故事，用实力唱响“重师”和“重师人”的旋律，扎牢“重师情结”，永远携手同行。

从你们成为“重师人”的那刻起，我们一同见证了重师的发展，开放的重师主动顺应新形势，奋进的重师不断呈现新气象，变革的重师持续展现新作为。近年来，学校不断加强内涵建设，特别是第三次党代会以来，围绕本科教育振兴、学科引领联动、文化建设、全员参与等内涵式发展五年行动计划，全面提升学校办学水平和综合实力，突出核心竞争力，营造“各美其美，美美与共”自信和谐的文化氛围，不断提升知名度、美誉度和社会影响力。据中国校友会网最新发布的2021中国大学排名，我校列第177位，6年来排名提升81位，特别是近两年提升了38位，我校高水平综合性示范性师范大学建设之路越走越坚定，越走越开阔。

同学们，过去的一年，我们国家众志成城，共克时艰，取得了疫情防控重大战略成果，脱贫攻坚全面胜利，决胜全面建成小康社会取得决定性成就，开启全面建设社会主义现代化国家新征程。我们即将迎来建党100周年，中国共产党在百年历程中，始终不忘为人民谋幸福、为民族谋复兴的初心和使命，咬定青山不放松，在苦难中铸造辉煌，在转折中开创新局，带领中华儿女，“开天辟地”建党、“改天换地”建国、“翻天覆地”富民、“惊天动地”强国，不断将革命、建设、改革和复兴事业推向前进，取得了举世瞩目的伟大成就。贯穿百年沧桑的是中国共产党的沉心静气、坚定不移和接续奋斗，这是伟大的战略视野和政治定力，是一种“静”的品格和力量，这是国运兴衰带给我们的启示。我们生逢其时，有幸参与并见证了众多载入史册的伟大时刻，我们身处最好的时代，也面临更多的挑战。习近平总书记在清华大学考察时寄语广大青年：要肩负历史使命，坚定前进信心，立大志、明大德、成大才、担大任，努力成为堪当民族复兴重任的时代新人。面对历史大势和时代要求，我们以什么样的心境面对未来，这是人生的必修课，也是修行的基本功。在2020届毕业典礼上，我曾勉励毕业生要弘扬“学气”，在新征途上饱览人生美丽风景。今天，我想勉励学子保持“静气”，内化于心、外化于行，拥抱未来，挑战未知，在身、心、情、行等方面加强“静”的修为。如果说“学气”是引领你们探索新世界的钥匙，那“静气”则是助力你们行稳致远的锦囊，关于保持“静气”，我有四句话想与重师学子共勉。

第一句话：“静以修身”——修炼“身静”的人生基本功，要有“坐观守静”的定力，勤学善学，以静广博。

诸葛亮《诫子书》有言：“夫君子之行，静以修身，俭以养德，非淡泊无以明志，非宁静无以致远。”要求他的儿子恬静以修善自身，俭朴以淳养品德，每临大事有静气。要修炼“静气”，我们首先要做到“身静”，就是要有坐得住、静得下的功夫，只有安静下来，才能更好地学习，实现海纳百川、博采众长；只有安静下来，才能更好地思考，实现沉淀、反思和升华。司马迁受宫刑之辱，依然坚持在牢狱里安静著作，创作了中国第一部纪传体通史《史记》；马克思几十年如一日，在大英图书馆静心学习研究，以坚强的恒心和毅力，促成了《资本论》的问世。我校中文系退休老教师，如今已 92 岁高龄的董味甘教授，克服失聪、心衰、视力模糊等身体障碍，用近于严苛的要求，专注诗赋研究，其创作的博望亭楹联激励着每一位重师学子逐梦前行，也成为写下《中国路赋》《重庆赋》《重师赋》等多篇经典名赋的高产作家。

“运动”和“静止”看似对立，又相辅相成。如果说延长生命的长度在于运动，那拓展生命的宽度则在于静止。静能生慧，静能开悟，面对纷扰复杂的万千世界，我们一定要为自己腾出时间来学习思考，培养静下来勤学善学的能力，不断拓展知识边界，不断提升眼界思维，以静广博。

第二句话：“静以养心”——习养“心静”的人生大智慧，要有“心无旁骛”的稳力，深耕细作，以静专一。

心静乾坤大，心安理数明。成大事者，往往都耐得住寂寞，受得住孤独，心无旁骛，专一地朝着自己的目标前行。未来世界，由无数变量组成，我们须用开放包容的态度，主动拥抱并适应变化与未知，就算被动地“干一行”，也要主动地“知一行”“研一行”“爱一行”；应保有内心的安静，远离浮躁，学会独立思考和学习，沉心静气，雕刻时光。年轻时的毛泽东，刻意要求在长沙最繁华的闹市读书，培养自己的定力和不为外界干扰的能力；现代作家路遥将自己关在煤洞数年，在寂寞中耕耘着精神家园，创作出不朽经典《平凡的世界》。我校2013级特教专业校友谭婷，克服巨大障碍，大学毕业后从零开始，潜心备战司法考试，两次挫折后依然咬牙坚持不放弃，终于通过司法考试，踏入聋人世界遥不可及的法律领地，成为中国首位聋人律师。

心静则清，心清则明。唯有静下心来，才可以沉淀思想，倾听内心，在冷静的观察中审时度势，做出理性的判断。人生的高级状态，不是在喧闹中随波逐流，而是保持众人皆醉我独醒的头脑，以心无旁骛的稳力，深耕细作，以静专一。

第三句话："静以怡情"——追求"情静"的人生好修为，要有"淡泊明志"的魄力，开阔胸襟，以静立志。

不以物喜，不以己悲。淡然地看待身边的一切，静静体会人生的酸甜苦辣，思索人性的真谛与奥秘，这是我们东方文化中重要的人生智慧，也是"情静"的境界。情绪稳定，平和豁达，精神自然通透明亮，意念亦可辽阔久远。

情静，不是远离红尘凡世，而是于灵魂深处修篱种菊，淡泊名利，做到得意时淡然，失意时坦然，这样，我们才能集中精力，将自己极大的热忱和关注，持续投放到真正热爱的事情上，关注值得关注的，热爱值得热爱的，这也是一种选择的智慧。我校已逝著名学者张文京教授，一生淡泊名利，潜心研究，带着对教育特别的领悟和使命，开创我校特殊教育专业，成为重师特教灵魂人物，其学术成果和为人风范也对中国特教界产生持续影响。近日，我校校友王红旭老师，以倔强的正义感，英勇救起两名落水儿童，自己却不幸遇难，他以高尚的道德品质践行了见义勇为的大爱精神，他的英勇壮举彰显了人民教师的光辉形象，感动了一座城市，感染了整个教育界。

泰山崩于前而色不变，麋鹿兴于左而目不瞬。我们要追求“情静”的人生修为，在浮躁和喧嚣面前，保持平和与淡然，悄然蓄积力量，寻得人生的热爱，不为一时挫折而沮丧，不为一点成绩而傲慢，面若平湖，胸有惊雷，无惧风雨，无畏前行，以静立志。

第四句话：“静以笃行”——锤炼“行静”的人生高境界，要有“水滴石穿”的毅力，静笃善行，以静致远。

非淡泊无以明志，非宁静无以致远。“行静”是内心安定后在行动上的定力、毅力和执行力，所有的成功都是持之以恒、坚持不懈努力的结果。不积跬步，无以至千里，不积小流，无以成江河，不经一番寒彻骨，怎得梅花扑鼻香。面对工作，我们想清楚，说明白，就坚决干；面对人生，我们选择好方向，就不要顾盼迟疑，抱怨焦虑，用坚定的行动力，不遗余力地做下去，专注而极致，这就是“行静”的力量。

一代伟人邓小平，一生三落三起，但从未动摇过坚持实事求是的思想路线，确定了改革开放的总方针，带领中国迈开了关键的一步，成为改革开放总设计师。习近平从少年接触群众，牢固树立以人民为中心的思想，并毫不动摇地一路践行，将其贯穿治国理政始终，为国家治理指明了目标与方向，习近平新时代中国特色社会主义思想为实现中华民族伟大复兴提供了行动指南。再回望我们重师的发展历程，办学 67 年来，始终坚守教育报国初心，恪守为党育人为国育才使命，持续深耕教育事业，才取得今天的办学成绩和长足进步。

锲而不舍，金石可镂。我们必须锤炼“行静”的人生高境界，要有水滴石穿的毅力，排除一切干扰，克服万难，静笃善行，以静致远。

同学们，当今世界正经历百年未有之大变局，新的国际格局正在演变形成，新工业革命正在加速推进，新的全球问题不断涌现，世界唯一不变的就是“变化”，唯一确定的就是“未知”，我们唯有保持“静气”，执着追求，才能从容拥抱人生的挑战与未知。同学们，我们正处在“两个一百年”奋斗目标的历史进程中，你们青年一代的理想、才能和担当，将成为国家、民族的希望和力量。行而不辍，未来可期，望未来的你们，秉持重师精神，饱含重师气质，以静广博，以静专一，以静立志，以静致远，在广阔的人生新天地中，努力作为，成就自我。

人生本是一段路，有缘才能同迈步。同学们，望未来的你们，无论身处何处，境遇如何，都不要忘了与“重师”和“重师人”结下的这份良缘，这里曾经是你们心灵的港湾、精神的乐土，未来它将永远是敞开怀抱等你回来的家园，常回家看看！

山一程，水一程，母校为你送一程。祝鹏程万里，平安幸福！同学们，再见，咱们换个赛道再相见！

锤炼“勇气”，矢志前行，做搏击人生的强者

——在2022届毕业典礼暨学位授予仪式上的讲话

（2022年6月24日）

亲爱的同学们、老师们、朋友们：

大家上午好！

仲夏时节，万物茁壮，花果丰盈。毕业时分，娓娓忆往昔，依依满别情。我们还沉浸于水清木秀的菁菁校园，转眼即将各奔东西。今天，我们在这里隆重举行2022届毕业典礼暨学位授予仪式，共同领略学校发展史上的精彩时刻，为你们韶华逐梦赋能前行。在此，我代表党委曾礼书记、代表全校师生员工，向2022届1617名研究生毕业、5958名本科生毕业表示由衷的祝贺：祝贺你们在人生最美好的年华，与重师结下不解之缘；祝贺你们丰富了学识、磨砺了意志、增强了才干、收获了成长；祝贺你们踏上新的征程，开启人生新的篇章。

每一次穿上这身导师服，我都和你们有着同样的激动和感动：为你们每一份成绩、每一次成长而激动，更为每一次成长背后默默的耕耘和艰辛的付出而感动。在你们人生成长的背后，有父母的无私奉献、师长的辛勤培育、教工的热心服务、同窗的真诚帮助，一顾一盼都是爱的叮咛，一点一滴都是心的浇灌，伴随我们行走天涯，值得我们铭记终生！我提议，让我们用最热烈的掌声，为台前收获的我们喝彩，也为幕后付出的他们致谢！

同学们，我们相聚于夏天，又惜别在夏天，回望来时路，郁郁满芳华。在重师求学的几年间，我们共同迎来新中国 70 周年庆典，一起融入全面建成小康社会，亲历脱贫攻坚取得全面胜利，一同见证实现第一个百年奋斗目标，共襄建党百年华诞盛举，共迎党的二十大胜利召开，携手奔赴社会主义现代化强国新征程。可以说，你们跟这个时代、社会和国家共同进步、共同发展。你们中有的在全国数学建模大赛、师范生技能大赛、大运会等各类赛事中屡获大奖，有的成长为全国大学生就业创业优秀人物，争创了全国高校活力团支部、市级优秀班级和先进班集体标兵，你们用辛勤和汗水践行着重师校训，用实力和魅力诠释着重师精神。

同学们，你们有缘来到重师，重师有幸拥有你们，重师与你们呼吸与共，彼此成就。近年来，学校不断加强内涵建设，特别是学校第三次党代会以来，围绕推进高质量发展，实施了本科教育振兴、学科引领联动、文化建设、全员参与等五年行动计划，全面提升学校办学水平和综合实力，高层次人才培引成效显著，人才培养硕果累累，博士点实现“由一变多”，标志性科研成果群打造实现新突破，学校知名度、美誉度和影响力持续提升。如今的重师，是厚植“绿化美化文化”的美丽校园，是涵育“名生名师名气”的活力校园，是彰显“各美其美，美美与共”的和谐校园，正以昂扬姿态全面推进高水平综合性师范大学建设。

同学们，你们生逢其时，喜逢盛世，幸甚至哉！今天，我们亲历了党的十八大以来的历史性变革和历史性成就，明天，你们将成为民族和国家的建设者、创造者，挑起重担，踏上征程，和我们一起推进乡村全面振兴、社会主义现代化强国的全面建成以及践行中华民族伟大复兴的中国梦。今天，你们是闪亮的重师青年，明天，你们将成为令母校骄傲的重师校友，更将成为民族的新星和共和国的脊梁！

习近平总书记在2022年新年贺词中谈到，有很多难忘的中国声音、中国瞬间、中国故事，“祝融”探火、“羲和”逐日、“天和”遨游星辰、运动健儿奋勇争先、疫情防控坚决有力……是无数平凡大众敢于追求、不断探索的英勇点滴，汇聚成新时代中国昂扬奋进的洪流，是无数平凡英雄的大胆尝试、敢于争先，铸就了今日辉煌的成绩，这是中国智慧、中国底气，也是中国勇气。

在2020届毕业典礼上，我曾勉励毕业生要“弘扬学气”，在新征途上饱览人生美丽风景；在2021届毕业典礼上，我鼓励广大学子要“保持静气”，从容拥抱人生的挑战与未知；今天，我想就“锤炼勇气”这一话题分享我的看法，希望你们有“狭路相逢勇者胜”的斗志，不断锤炼“胆识、胆略、胆魄”，以“担当、进取、创新、开拓”的勇者姿态，努力练就“勇”的能力和底气，做搏击人生的强者。

关于“勇气”，我有四句话想与同学们共勉。

第一句话，直面人生，狭路相逢勇者胜，勇于担当，敢于不凡。

“不经历风雨，怎么见彩虹”。人生路远，道阻且长，直面人生，铸就辉煌。除了鲜花和掌声，更多的是泥泞和坎坷，雨雪和风霜。面对前路的艰难险阻，面对不进则退的人生赛场，是绕道而行，还是逢山开路、遇水架桥，是畏惧退缩，还是以勇者的姿态搏击风雨，在困难坎坷中高歌猛进？你们的学长们斗志昂扬，已经走出了重师人的风采。面对世纪疫情，我校校友、2005 级动物学专业硕士研究生黄为，作为重庆支援湖北医疗队的队长，义无反顾，勇敢冲在抗击疫情的最前线，为当地留下一支“带不走的疾控队”。我校校友、2004 级体育与健康科学学院毕业生王红旭，舍弃个人安危，为救起两名落水儿童而献出了年轻的生命，他用生命托举起生命，也托举起师魂，被中宣部追授为“时代楷模”称号，生动诠释了人民教师的责任、使命和大爱。

勇者不是无所畏惧，而是危难面前，义无反顾，不畏艰难。身处伟大时代的我们，理应奋勇向前，勇挑重担，敢于肩负使命，敢于为社会、为时代、为人类贡献力量。我们虽为平凡之人，但要有敢于不凡之心，崇尚英雄，争做英雄。

第二句话，博采众长，养成过人的胆识，勇于进取，敢于争先。

“真的猛士，敢于直面惨淡的人生，敢于正视淋漓的鲜血。”读万卷书，行万里路，不仅有过人的胆识，更要有过人的学识，才会有“勇”的实力、底气和自信。40 岁的哥白尼，不惧教会权威和千年成见，凭着天文学的精深造诣勇敢提出“日心说”，凭着长年的观察和精密的计算完成伟大著作《天体运行论》。我校 2012 级教育科学学院特殊教育专业校友吴涣苇，面对严苛的要求，克服失聪的障碍，用最无畏的勇气，用最严格的标准，40 天里完成 23 个节目排练，为 2022 年北京冬残奥会颁奖仪式献上精美演出，将“不可能”变为“最精彩”，用智勇胆识诠释了新一代重师人真我的姿态。

学业有尽时，学习无穷期。只有对这个世界终身保持强烈的好奇心和求知欲，终身学习，日新又新，才能不断增进学识、提升认识、增长见识，练就过人的胆识，敢干事、能干事、干成事。

第三句话，栉风沐雨，练就超常的胆略，勇于创新，敢于突破。

循道而行，方能致远。面对前行路上的千难万阻，仅凭一腔孤勇的莽干蛮干，只会耗费有限的精力，折损可贵的信心。我们需要遵循科学的方法，保持创新的思维，不断将胆量、眼界、学识升华为思考问题、行事处世的谋略和方法，以超常的胆略，破解前进道路上的障碍。我校 1999 级数学系校友周强，在教书育人的道路上，潜心钻研，大胆创新，凭借坚实的专业基础和勇毅的学术胆略，走出一条独具特色的数学教学之路，获中宣部第七批“全国岗位学雷锋标兵”称号。

胆略不是嘴尖皮厚腹中空的纸上谈兵，而是挽起袖子躬身实干练就的能力和意志。它是处置的分寸，是选择的智慧，是决断的勇气。面对瞬息万变的世界，我们既要沿着来时的路，总结经验，吸取教训，更要面向未来的路，拆掉思维的藩篱，打破思维定式，以思想的破冰，促进行动的突围，以超常的胆略，赢得制胜先机，勇立发展潮头。

第四句话，持志养气，锻造恢宏的胆魄，勇于开拓，敢于挑战。

孟子曰：“夫志，气之帅也；气，体之充也。”练就了至大至刚的浩然之气，纵然千难万险亦要勇往直前。毛泽东在少年时，就练就了“埋骨何须桑梓地，人生无处不青山”的豪气和“中流击水，浪遏飞舟”的志气，在红旗能够打多久的疑问下，展现出“星星之火，可以燎原”的革命胆魄。我校中文系1987级校友肖梦萍，不断挑战自我，凭着超于常人的胆魄和毅力，完成台湾澎湖大铁，登顶非洲最高峰乞力马扎罗山，完成全球23个城市的全程马拉松跑，让重师精神闪耀在每一条赛道的终点，辉映在每一座高峰的顶巅。

与其说胆魄是一种品格，不如说是一种气度、智慧和格局。知识可以学习，胆魄则须锻造。每一次逆境，都更能激发勇气，每一次失败，都更能淬炼胆魄。追风少年，更能在逆风中成长；壮阔人生，更须凭万丈豪情拉开大幕。

不念既往，不畏将来。站在第二个百年奋斗目标的起点上，你们的前方，是更为浩阔的星辰大海，是更为绚丽的人生画卷。同学们，望你们坚守重师精神，不断修炼“胆识、胆略、胆魄”，以“狭路相逢勇者胜”的斗志，以“担当、进取、创新、开拓”的勇者姿态，破解“内卷焦虑”，拒绝“消极躺平”，做搏击人生的强者，在人生的赛场上，以大智大勇去闯关夺隘，奋勇争先，努力作为，成就自我，光耀重师，壮我中华。

骊歌渐响，征帆待发。关山遥远，云程浩荡，让我们心手相牵，契阔相望！母校是你们人生的新的始发站，也是你们永远的避风港！北海苍梧，万里可期。未来，祝你们一路风景、一生芳华！

同学们，再见！再见啦！！

涵养“大气”，海纳百川，以包容平和修身立世

——在2023届学生毕业典礼暨授位仪式上的讲话

（2023年6月14日）

亲爱的同学们、老师们、朋友们：

大家上午好！

蝉歌嘹亮，夏日正浓，旋律涌起，青春永驻。又是一年毕业季，依旧浓浓惜别情。今天，我们满怀喜悦，举办盛大的2023届学生毕业典礼暨学位授予仪式。在这绽放荣光、成就梦想的时刻，我代表党委曾礼书记、代表全校师生员工，向即将告别母校、奔赴未来的5997名本科毕业生、1775名硕士毕业生表示最诚挚的祝贺！向辛勤养育你们的父母致以最崇高的敬意！向悉心指导你们的师长表示最衷心的感谢！

时光不负奋斗者，岁月垂青追梦人。2019年9月9日，我给在座的本科同学上了大学第一课，就是“成才：在走进重师与走出重师之间”，从你们成为“重师人”的那一刻起，你们就用“重师人”自己的方式与学校荣辱与共，一同成长，绽放青春的活力与智慧。你们以校为家，以主人翁的情感、姿态关心学校长足发展，积极为学校建设贡献力量；你们用青春告白祖国，发出“请党放心、强国有我”的铮铮誓言，庆祝中国共产党百年华诞；你们坚守疫情防控一线，用奋斗淬炼青春底色，用赤诚诠释青春担当；你们勤学修德，惟实励新，在前沿科学研究上崭露头角；你们珍惜因缘结下

的每一份情谊，你们守护日夜陪伴的山水草木，这份善良和爱心让人动容。在此，我感谢你们在最美好的年华选择了重庆师范大学，为重师印记增添灿烂光华。我提议，让我们一起用最热烈的掌声，为自己喝彩！为自己点赞！

今年是重师建校69周年，69年为党育人、为国育才的接力征程与建功中国式现代化教育强国的实践，倾注了一代代重师人的心血智慧，换来了今天的自信自强。近五年来，在学校高质量发展的新征程上，我们正按照第三次党代会提出的发展目标，深入推进"学科人才科研"三者联动发展，学科龙头支撑日渐凸显，高层次人才培引成效显著，标志性科研成果群实现突破，学校核心竞争力不断增强。我们用心用情，以身践行，重点推进一批民生项目落地落实，建设实体校园、智慧校园和文化校园，打造高品质校园生活圈，立德树人的软硬件环境正变得越来越好。我们勠力同心，积极推进校地、校校、校企合作，深入实施"访企拓岗促就业"专项行动，扎实开展"能量汇聚·薪火相传"校友行动计划，稳步推进中外合作。学校的每一点进步、每一个荣誉，都有你们的积极参与、默默奉献，我代表学校对你们表示感谢！

今天，你们毕业了，毕业不是终点，而是勇攀高峰的新起点。作为你们的师长和朋友，我既高兴于你们的成长成才，又不舍你们别离。

步入社会，美好的梦想也许会有挫折和考验，你们既要坚决地与"佛系""躺平"说"不"，也要避免陷入"内卷"、迷失方向。过去，我曾勉励毕业生要"弘扬学气""保持静气""锤炼勇气"；今天，我想就"涵养大气"同你们谈谈心。

党的二十大报告全面回顾过去五年和新时代十年伟大变革，面对百年未有之大变局，面对前所未有的机遇风险挑战，我们迎来中国共产党成立一百周年，中国特色社会主义进入新时代，全面建成小康社会实现第一个百年奋斗目标，成功创立新时代中国特色社会主义思想，实现一系列突破性进展，取得一系列标志性成果，成功推进和拓展了中国式现代化这一实现中华民族伟大复兴的光明大道，是中国共产党带领全国各族人民为解决诸多人类和世界共同问题提供的中国智慧、中国方案，展现的是中国共产党的大气魄、大视野、大格局，是中国人民的大智慧、大胸怀和大气度，彰显的是党和人民的伟大光荣，这就是“大气”。

“大气”，是一种心态，一种气场，一种品格，更是一种境界。人有大气，方有价值的人生，人生有大气，便有了永恒不竭、生生不息的发展动能。“大气”是一个人做事的气概、气度、气量、气能，是一个人综合素质向外散发的一种无形的力量。人的大气是一种心存岁月、海纳百川、有容乃大的气概；人的大气是一种从容应对、发自肺腑、胸有成竹的气度；人的大气是一种宽厚大量、宁静致远、争千秋功的气量；人的大气是一种智慧结晶、历练结合、勃勃向上的气能。

关于“涵养大气”，我有四句话想与同学们共勉。

第一句话，立大气之志，不断塑造立德树人的“大修养”，行稳致远，追求卓越，尽展时代风范。

有志者，事竟成。成就一番事业的前提是先要有远大的志向，有了远大的理想抱负，坚持胸怀“国之大者”，坚持陶冶道德情操，坚持创先争优，便有了前进的方向，便能远观未来、把握大势，便可施展抱负、迸发能量，便会不断向着目标奋斗前行。

立志言为本，修身行乃先。立德树人是新时代教育的根本任务，要将自我志向与立德树人相结合。对于人的成才而言，要像大树一样“长得正”，要做一个有理想信念、有道德情操的人，要做一个崇德向善、正向成长的人，要做一个拥有阳光心态、积极健康的人。办学的目的是教育，教育的本质是使人成为人的过程，“涵养大气”就是要立大志、明大德，习得为人处世的“大修养”。天行健，君子以自强不息；地势坤，君子以厚德载物。怀大志、行天下，就是要以光大优良传统涵养“大修养”，期待我们在走出大学校门之后尽情展现“自强不息、躬行师道”的风范，无论摸爬滚打要永不气馁，无论艰难险阻要永不懈怠，无论诱惑挑战要永守底线，向卓越的目标前行，方能成就卓越的自我，从从容容建功新时代。

第二句话，修大气之学，不断积累扎实广博的“大学识”，学思结合，知行合一，尽展时代风尚。

博学之，审问之，慎思之，明辨之，笃行之。这是传承大学问，获取“大学识”的实现路径。“大学识”体现在三个方面：一是领域广大，要多学科涉猎了解，获得渊博的学识；二是定位高大，要追求高雅志趣和对人类社会有利、有助于推动社会进步的学问；三是立意远大，大学识面向的是更广大的人类在社会中长远的历史进程，是一种更大更宏观的格局。修大气之学，坚持脚踏实地，坚持久久为功，坚定理想信念，涵养扎实学识，便能累积内生的强大力量，便会绽放最美的青春芳华。

学而不思则罔，思而不学则殆。博学广进、扎实学问的同时要注重学思结合，这是促进人昂扬向上、追寻真知、探求真理的不二选择。同时，在获取“大学识”的过程中应当注意学行并重，注重理论与实践相统一。纸上得来终觉浅，绝知此事要躬行。修大学、行天下，就是要以博古通今涵养“大学识”，期许我们在走出大学校门之后尽情展现“勤学善思、求是致用”之风尚，充分利用各类平台载体，持续做到人人皆学、处处能学、时时可学，注重在实践中增长才干、增强素质、增进自觉，将论文写在实际生活里，写在祖国大地上，将学识用在教育优先发展、科技自立自强、人才引领驱动的新征程中，用在建设中华民族现代文明的新图景中。

第三句话，担大气之任，不断涵养各美其美的“大智慧”，修己达人，完善自我，尽展时代风采。

行大气之事，体现的是对人对事的宽容与豁达，体现的是不负时代、不负韶华的大担当、大责任，体现的是仁爱之心，体现的是与人为善、美人之美、成人之美的“大智慧”。

待人以宽，豁然大度，心胸开阔，才能做到与智者为伍，与善者同行，这是良好修养的表现，也是处世立于不败之道。习近平总书记用“我将无我，不负人民”作为自我要求和准绳，代表最广大人民根本利益，诠释共产党人的大气情怀。人的一生，经历万千，悲喜无常，只有当你有了“荣辱不惊，闲看庭前花开花落；去留无意，漫随天外云卷云舒”的气度与胸襟，才能做到真正内心强大，修己达人。担大任、行天下，就是要以做大事业情怀涵养“大智慧”，期盼我们在走出大学校门之后尽情展现“各美其美，美人之美，美美与共”之风采，无论天南地北、五湖四海而各自绽放异彩，无论舞台变换、岁月轮转而接续增添华彩，自信始终在我心、和谐始终为我情。

第四句话，做大气之人，不断熏陶豁达宽容的“大胸怀”，海纳百川，奉献社会，尽展时代风华。

海纳百川，有容乃大，壁立千仞，无欲则刚。大气正是一种纳百川、怀日月的气概，一种从容大方、胸有成竹的气质。养成豁达、宽容的胸怀，是做大气之人的前提。做人要大气，大气之人才能成就大气之事。大气之人，语言大气，不惊不惧；性格大气，不骄不躁；气势大气，不张不扬。

当然，大气的人，并不是一种与世无争的安然，也有其追求，也有其执着，但绝不是偏执，绝不是偏激，也绝不是偏见，他会追求应当追求的正确的东西，探索应当探索的未知领域。期盼我们在走出大学校门之后尽情展现“名生、名师、名气”之风华，服务以中国式现代化全面推进中华民族伟大复兴的时代大业，服务以胸怀天下创造人类文明新形态的历史大业，顶天立地、兼纳百川、守正创新地书写“重师人”的人生华章。

真正有大胸怀的人，坚守自我的志向，蕴含大气魄，养成大胸怀。大胸怀才能打开大格局，大格局才能有大作为。同学们要做大气之人，不断豁达宽容的“大胸怀”，在社会待人处世之中去“小我”，求“大我”，践行价值标准，保持“大气”的追求。“大胸怀”更是体现了一种博大的奉献，大胸怀之人，思考的是国之大利，民族之大利，为人类谋福之大利。我辈青年，当有大格局，养大胸怀，把握浩荡向前的历史大潮、时代大势与人生大节，不负韶华，以青春之我、奋斗之我奉献青春之国家。

亲爱的同学们，回想你们在重师所走过的路，思味园的渔粉带不走，图书馆的灯光带不走，芳华坪的欢笑带不走，博望亭的花香带不走……就让这些带不走的“重师味道”“重师声音”“重师印迹”永远镌刻在你们心里，成为你们对母校历久弥新的美好回忆。

临别之际和你们聊了“大气”这个话题，希望同学们把“大气”作为母校赠予你们的最后一份礼物装入行囊，做大气之人，坦然踏上漫漫征途！你们是学校精心播撒的种子、无限延伸的根脉，你们在哪里，重庆师范大学就在哪里，母校的光与热、心与力、情与缘就在哪里！母校将永远关注你们、支持你们、祝福你们！

同学们，再见了，让我们各自努力，顶峰相遇！

参考文献

1.《马克思恩格斯选集》第1至第4卷，人民出版社2012年版。

2.《列宁选集》第1至第4卷，人民出版社1995年版。

3.《毛泽东选集》第一至第四卷，人民出版社1991年版。

4.《邓小平文选》第一至第三卷，人民出版社1994、1993年版。

5.《江泽民文选》第一至第三卷，人民出版社2006年版。

6.《胡锦涛文选》第一至第三卷，人民出版社2016年版。

7.《习近平谈治国理政》第一至第四卷，外文出版社2018、2017、2020、2022年版。

8.《习近平著作选读》第一、二卷，人民出版社2023年版。

9.《习近平总书记教育重要论述讲义》，高等教育出版社2020年版。

10.《深入学习习近平关于教育的重要论述》，人民出版社2019年版。

11. 孟东方：《高等学校共青团工作概览表》，四川人民出版社1990年版。

12. 孟东方：《大学生工作学探索》，西南师范大学出版社1996年版。

13. 孟东方等：《高校德育新论》，中国文史出版社2004年版。

14. 孟东方等：《科学发展运行系统构建研究》，中国社会科学出版社2016年版。

15. 孟东方等：《大学工作学》，人民出版社2016年版。

16. 孟东方:《中国文化竞争研究》，中国社会科学出版社 2017 年版。

17. 孟东方等:《高校辅导员学》，人民出版社 2019 年版。

18. 孟东方等:《构建学科的理论与实践》，科学出版社 2019 年版。

19. 孟东方等:《重庆学》，经济科学出版社 2019 年版。

20. 孟东方等:《中国发展学》，人民出版社 2021 年版。

21. 孟东方:《龙种·折光·走出篱笆——校园沉思录》，《中国青年研究》1989 年第 3 期。

22. 孟东方、周顺文、李志、胡自力:《社会主义市场经济条件下研究生政治价值观的调查研究》，《重庆大学学报（社会科学版）》1997 年第 3 期。

23. 孟东方、胡波、罗文东:《积极探索永葆党员先进性的长效机制》，《红旗文稿》2005 年第 15 期。

24. 孟东方、黄意武:《科学发展长效机制的构建及其保障》，《重庆社会科学》2010 年第 2 期。

25. 孟东方、李天凤:《大学工作学的创建与学科建设》，《重庆社会科学》2012 年第 12 期。

26. 孟东方、李天凤:《创建大学工作学的现实背景、理论内涵与实践意义》，《重庆高教研究》2023 年第 1 期。

27. 孟东方、王资博:《中国共产党代表、赢得、依靠青年的历史经验与启示》，《探索》2013 年第 2 期。

28. 孟东方:《构建“立体式大社科”管理体系研究》，《重庆大学学报（社会科学版）》2013 年第 3 期。

29. 孟东方、李天凤:《创建大学工作学，拓展高等教育研究的新视域》，《西南大学学报（社会科学版）》2013 年第 5 期。

30. 孟东方、王资博:《我国文化竞争指数的理论框架与现实应用》,《探索》2013 年第 11 期。

31. 孟东方、王资博:《中国文化竞争系统研究论纲》,《重庆大学学报(社会科学版)》2014 年第 5 期。

32. 孟东方:《经济新常态背景下文化产业竞争力的评估研究——兼论提升文化产业竞争力的路径》,《探索》2015 年第 4 期。

33. 孟东方、王资博:《文化学科群创建研究》,《重庆大学学报(社会科学版)》2016 年第 1 期。

34. 孟东方:《新时代中国人才强国战略论纲》,《改革》2018 年第 9 期。

35. 孟东方:《现代文化产业体系的政策效应、问题及发展对策》,《中国行政管理》2018 年第 12 期。

36. 孟东方:《大学校长学:新时代高等教育发展下的新学科》,《中国教育科学(中英文)》2022 年第 3 期。

37. 李广稷、孟东方:《把高水平人才高地建设落到实处》,《中国人才》2023 年第 9 期。

38. 白强:《科技人才称号的本质、异化与回归》,《中国科学院院刊》2022 年第 37 期。

39. 包水梅:《我国学科评估制度的演变——基于制度变迁理论的分析》,《厦门大学学报(哲学社会科学版)》2019 年第 1 期。

40. 别敦荣:《习近平建设中国特色世界一流大学思想研究》,《中国高等教育》2018 年第 7 期。

41. 蔡红生、胡中月:《中国特色大学文化建设的三个维度》,《学校党建与思想教育》2019 年第 20 期。

42. 常亮:《大学文化育人功能的实现机理：基于隐性知识传递的分析》,《国家教育行政学院学报》2017 年第 9 期。

43. 陈斌:《自我革新的大学与人类命运共同体的构建》,《中国高等教育》2022 年第 Z3 期。

44. 陈栋:《本科教学评估的"中国方案"：脉络、问题与走向》,《湖南师范大学教育科学学报》2020 年第 5 期。

45. 陈时见、邵佰东:《中西部高校人才培养能力提升的理论内涵与实践面向》,《西南大学学报（社会科学版)》2021 年第 6 期。

46. 陈文申:《发挥思想政治工作优势　建设中国特色世界一流大学》,《中国高等教育》2018 年第 19 期。

47. 程斯辉、刘立德:《新中国著名大学校长的治校办学之道管窥》,《教育史研究》2021 年第 2 期。

48. 丛琳、赵文华:《高校学术共同体推进学科生态建设的作用机制研究——以加州大学伯克利分校为例》,《复旦教育论坛》2023 年第 2 期。

49. 邓全意、孟东方、周顺文:《高校思想品德修养课教学改革探索》,《渝州大学学报（哲学·社会科学版)》1997 年第 4 期。

50. 董彪:《中国式现代化的传统文化根基》,《东北师大学报（哲学社会科学版)》2023 年第 3 期。

51. 段斌斌:《从形式法治迈向实质法治：高等学校依法治校的战略选择》,《高等教育研究》2021 年第 6 期。

52. 樊丽娜、柳海民:《高等教育内涵式发展的生成逻辑、价值与行动路向》,《高教发展与评估》2021 年第 5 期。

53. 冯刚、陈飞:《新时代高校立德树人的治理架构与实施路径》,《思想教育研究》2020 年第 7 期。

54. 高耀：《“双一流”建设中需要厘清的三个基本理论问题：目标、实施与评价》，《高等教育研究》2022 年第 12 期。

55. 顾海兵：《陷入误区且步入禁区的“中国大学排名”》，《中国高等教育》2003 年第 7 期。

56. 顾胜贤：《领导干部更应注重增强学习本领》，《人民论坛》2018 年第 23 期。

57. 关保英：《依法治校：价值、内容与实现路径》，《华东师范大学学报（教育科学版）》2018 年第 2 期。

58. 管春英、龚方红、戴晔等：《论高校师资队伍的国际化建设》，《中国高等教育》2011 年第 18 期。

59. 郭丛斌、刘钊、孙启明：《THE 大学声誉排名分析与中国大学声誉提升策略探讨》，《教育研究》2017 年第 12 期。

60. 郭华：《深度学习及其意义》，《课程 · 教材 · 教法》2016 年第 11 期。

61. 贺国庆：《大学校长与大学发展》，《教育研究》2013 年第 3 期。

62. 侯月娟：《高校形象传播：问题与出路——基于新媒体环境的研究视角》，《全球教育展望》2016 年第 3 期。

63. 胡森：《高等教育外部质量评估模式的发展趋势——来自法国的经验》，《比较教育研究》2012 年第 7 期。

64. 黄洁：《哲学社会科学高端人才培养体制机制研究》，《中国高等教育》2020 年第 Z2 期。

65. 黄梓根：《排行追逐：大学“五唯”破而未除的根源所在》，《大学教育科学》2021 年第 4 期。

66. 姜恩来、李勇、覃红霞：《从领导权到党的全面领导：中国共产党领导高等教育发展历程的三重逻辑》，《中国高教研究》2021 年第 8 期。

67. 姜锋:《培养具有全球视野和世界眼光的高层次国际化人才》,《中国高等教育》2020 年第 21 期。

68. 竞辉:《新时代弘扬改革创新精神的价值意蕴》,《思想理论教育导刊》2020 年第 4 期。

69. 康翠萍:《高校学科建设的三种形态及其政策建构》,《高等教育研究》2015 年第 11 期。

70. 来茂德:《“中国特色和世界一流”大学的内涵探究》,《中国高等教育》2017 年第 7 期。

71. 李海涛:《国内外高校评价体系最新内容比较及其启示》,《高等教育研究》2010 年第 3 期。

72. 李建华:《文化传承:当代中国高等教育的功能创新》,《现代大学教育》2012 年第 6 期。

73. 李景平:《党政干部健康素质、幸福感对工作绩效的影响》,《西安交通大学学报(社会科学版)》2017 年第 37 期。

74. 李力、杜芃蕊、于东红:《重塑大学学术共同体:基于大学学科发展的研究》,《国家教育行政学院学报》2012 年第 8 期。

75. 李敏、郝人缘、韩双淼:《国际比较视阈下的研究型大学国际化战略研究》,《浙江社会科学》2021 年第 4 期。

76. 李泽彧、朱景坤:《关于我国大学排行评价的几点质疑》,《厦门大学学报(哲学社会科学版)》2003 年第 2 期。

77. 李振宇、宋新伟:《关于一流学科建设研究的可视化分析——基于 CNKI2014—2021 年数据》,《中国高校科技》2022 年第 6 期。

78. 林传舜、夏美茹:《大学排行榜权威性问题再审视》,《重庆高教研究》2023 年第 4 期。

79. 刘承功:《坚持和完善党委领导下的校长负责制》,《思想理论教育》2017 年第 6 期。

80. 刘光余等:《课堂学习共同体的构建》,《中国教育学刊》2009 年第 4 期。

81. 刘晖、李晶:《我国高等教育质量保障政策变迁研究——基于 1985—2016 年的政策文本》,《苏州大学学报(教育科学版)》2018 年第 2 期。

82. 刘利:《建设世界一流大学必须坚持中国特色》,《中国高等教育》2022 年第 8 期。

83. 刘强、丁瑞常:《QS 大学排名体系剖析》,《比较教育研究》2013 年第 3 期。

84. 刘伟:《不断提高人才培养质量加快建设中国特色世界一流大学》,《中国高等教育》2022 年第 1 期。

85. 刘新军、许放:《试论高等学校依法治校考核评价体系的指标构成》,《国家教育行政学院学报》2014 年第 5 期。

86. 刘芷含:《中国公民道德品质测评指标体系的构建与实证研究》,《哲学动态》2018 年第 7 期。

87. 卢建有:《改革开放后高校法治意识教育的发展取向探析》,《思想政治教育研究》2017 年第 33 期。

88. 罗建平:《世界一流学科成长的逻辑与路径》,《中国高教研究》2021 年第 7 期。

89. 罗生全、周莹华:《跨学科共同体提升教师专业发展效能的价值、经验及策略体系》,《湖南师范大学教育科学学报》2020 年第 5 期。

90. 孟小军、彭援援:《高校哲学社会科学研究评价的本质要求及其制度建设》,《重庆大学学报(社会科学版)》2021 年第 1 期。

91. 彭贤杰:《我国大学社会服务的时代使命与行动路径》,《国家教育行政学院学报》2022 年第 6 期。

92. 齐琳琳:《论大学校园标识系统建设与文化育人的有机融合》,《学校党建与思想教育》2016 年第 12 期。

93. 乔万敏、邢亮:《论大学内涵式发展》,《教育研究》2009 年第 11 期。

94. 邱均平、舒非、卢坚、周子番:《面向评价需求的 ESI 学科分类与我国一流学科类目的匹配研究》,《重庆大学学报(社会科学版)》2021 年第 1 期。

95. 任少波、单珏慧:《构建基于"知识共同体"的"德育共同体"——高等学校立德树人的二维耦合》,《教育研究》2019 年第 7 期。

96. 荣光宗:《走向大学共同体:大学自我发展的逻辑》,《湖南师范大学教育科学学报》2017 年第 6 期。

97. 阮博:《落实高校意识形态工作责任制的制约因素及其破解》,《思想理论教育》2019 年第 6 期。

98. 锐锷、易铁:《试析 NBPTS 优秀教师认定的标准与程序》,《比较教育研究》2004 年第 12 期。

99. 史静寰:《"形"与"神":兼谈中国特色世界一流大学建设之路》,《中国高教研究》2018 年第 3 期。

100. 宋瑞:《以新一轮高等学校章程修订为契机推进高等学校治理现代化》,《中国高等教育》2022 年第 20 期。

101. 苏国辉:《大学精神与文化特质的凝练、创新与培育》,《中国高等教育》2019 年第 22 期。

102. 眭依凡:《一流大学校长必须是教育家》,《求是》2001 年第 20 期。

103. 眭依凡:《引领高等教育内涵式发展:高等教育研究适逢其时的责任》,《中国高教研究》2018 年第 8 期。

104. 孙雷:《试析中国大学校训的精神向度》,《东北大学学报(社会科学版)》2022 年第 1 期。

105. 孙霄兵:《章程是建设中国特色现代大学制度的基础和关键》,《中国高等教育》2014 年第 Z1 期。

106. 唐洪武:《"双一流"视角下高等学校管理人才队伍建设的思考》,《国家教育行政学院学报》2018 年第 9 期。

107. 田浩:《以政治建设为统领加强高校党的建设》,《红旗文稿》2019 年第 11 期。

108. 田虎伟、王艳丽、王雪燕:《中国大学综合实力排行榜排名方法的比较分析——基于高等教育机构排名柏林原则的视角》,《复旦教育论坛》2019 年第 6 期。

109. 汪明义:《论大学党委书记和校长的社会主义政治家责任和教育家使命》,《中国高等教育》2020 年第 21 期。

110. 汪明义:《论大学文化的内涵与本质属性》,《中国高教研究》2014 年第 2 期。

111. 王秉琦、邱必震:《大学依法治校的中国特色》,《国家教育行政学院学报》2015 年第 9 期。

112. 王传毅、辜刘建:《加强高校教师队伍建设为现代化建设提供坚实的人才支撑》,《中国高教研究》2023 年第 2 期。

113. 王定华、王名扬:《中国共产党领导高等教育百年的发展脉络、历史经验与未来走向》,《中国高教研究》2021 年第 6 期。

114. 王飞、王运来:《大学教育的本义及其大学校长的理性治校——一个基于"理念性事业"的分析框架》,《高校教育管理》2016 年第 1 期。

115. 王洪才:《大学治理的内在逻辑与模式选择》,《高等教育研究》2012 年第 9 期。

116. 王辉:《论大学文化建设中的思想政治教育》,《思想教育研究》2017 年第 3 期。

117. 王冀生:《大学文化是大学人的精神家园》,《中国高等教育》2014 年第 9 期。

118. 王鉴、王明娣:《高效课堂的建构及其策略》,《教育研究》2015 年第 3 期。

119. 王金云:《高等教育场域变化与大学校长成长路径》,《华南师范大学学报（社会科学版)》2020 年第 2 期。

120. 王瑶琪、聂建峰、张芳:《加快智慧校园建设 推进大学治理现代化》,《中国高等教育》2021 年第 19 期。

121. 文静:《高等教育国际化发展的议题与要素》,《中国高等教育》2022 年第 23 期。

122. 吴朝晖:《新时代中国一流大学精神建构研究》,《中国高教研究》2019 年第 10 期。

123. 吴凡:《西部高校人才引进政策历史演变与发展路向研究》,《广西社会科学》2016 年第 1 期。

124. 吴小英:《公共关系学视角中的高校形象管理研究》,《中国高教研究》2011 年第 6 期。

125. 吴咏梅:《校史研究：提升高校文化软实力的重要举措》,《湖北社会科学》2013 年第 1 期。

126. 伍宸、洪成文:《大学排行榜价值取向研究——基于价值哲学的解释》,《中国高教研究》2012 年第 12 期。

127. 夏祥伟等:《新时代大学文化建设研究》,《中国高等教育》2022 年第 23 期。

128. 徐军:《坚持和完善党对高校全面领导的体制机制》,《思想理论教育》2021 年第 4 期。

129. 颜晓红、刘颖:《以一流大学精神推进现代大学治理》,《中国高等教育》2019 年第 20 期。

130. 俞兆达、苟斐斐:《泛在大学:高等教育推动构建人类命运共同体的新图景》,《国家教育行政学院学报》2022 年第 9 期。

131. 虞花荣:《论立德树人的内涵》,《伦理学研究》2020 年第 6 期。

132. 袁颖:《全面推进依法治国背景下依法治校的方略与途径》,《理论视野》2015 年第 12 期。

133. 岳欣云:《京津冀教师共同体的建构与发展阶段研究》,《首都师范大学学报(社会科学版)》2023 年第 2 期。

134. 湛中乐、高俊杰:《大学章程:现代大学法人治理的制度保障》,《国家教育行政学院学报》2011 年第 11 期。

135. 张春梅、梁忠环、李友仕:《命运共同体视域下中国一流民办大学建设路径研究》,《大学教育》2022 年第 9 期。

136. 张东刚:《传承红色基因,赓续红色血脉走好建设中国特色、世界一流大学新路》,《教学与研究》2022 年第 6 期。

137. 张东刚:《深刻理解党对高校全面领导的科学内涵与实践要求》,《中国人民大学学报》2022 年第 3 期。

138. 张东娇、李桂英:《知名度、美誉度、定位度:学校形象的评价指标》,《教育科学》2006 年第 1 期。

139. 张向华、李江、粟梅:《地方本科院校“双师型”教师共同体建设研究》,《教师教育学报》2021 年第 6 期。

140. 张应强:《促进学术共同体的建立,营造良好的学术评价环境》,《华中科技大学学报(社会科学版)》2008 年第 4 期。

141. 张应强:《论现代大学制度建设的文化取向》,《高等教育研究》2002 年第 11 期。

142. 赵新亮:《校长跨界领导力:内涵、功能与提升策略》,《教育理论与实践》2018 年第 38 期。

143. 赵野田:《社会主义核心价值体系引领大学文化研究》,《东北师大学报(哲学社会科学版)》2013 年第 5 期。

144. 赵渊:《世界一流学科建设的“中国范式”:价值建构及实践路径》,《浙江社会科学》2019 年第 4 期。

145. 郑永扣:《把“讲政治”作为办好中国特色社会主义新型大学的重要保障》,《思想理论教育导刊》2015 年第 4 期。

146. 钟秉林、赵应生、洪煜:《中国特色现代大学制度建设——目标、特征、内容及推进策略》,《北京师范大学学报(社会科学版)》2011 年第 4 期。

147. 钟志贤:《知识建构、学习共同体与互动概念的理解》,《电化教育研究》2005 年第 11 期。

148. 周守红:《中国传统书院的办学理念及其对现代大学的启示》,《科学社会主义》2009 年第 3 期。

149. 周佑勇、曹萍、孙海等:《依法治校与现代大学制度建设》,《国家教育行政学院学报》2017 年第 10 期。

150. 周正:《优秀教师群体特征与发展机制探究》,《教师教育研究》2011 年第 5 期。

151. 朱敬:《大学竞争力研究溯源及内涵演析》,《现代大学教育》2008年第1期。

152. 朱旭东、黄蓝紫:《一流大学建设高等学校的教师教育体系构建:困境与路径》,《清华大学教育研究》2023年第2期。

Introduction

Chapter 2 The Scientific Nature of University President Studies

Chapter 14 The Connotation Support Theory of Universities

Appendix 1. Speech at the Opening Ceremony

后　记

在中国式现代化道路上，从大学发展可以观察大学校长，中国特有的教育家精神于其身心愈彰愈显；在中国式现代化道路上，从大学校长亦可读懂大学发展，教育强国梦伴其愿景越走越近；在中国式现代化道路上，从大学校长学更可以看见大学发展和大学校长双向奔赴、相互成就。

思无涯，学无尽，四十载躬身耕耘，历经“独上高楼、望断天涯路”的求索，怀揣“衣带渐宽终不悔，为伊消得人憔悴”的执着，我终获“蓦然回首，那人却在灯火阑珊处”的欣喜。孜孜以求、心心念念地，这本构建大学校长学探索终于与大家见面了。

我认为，一个真正的科研工作者往往是无畏世俗的，他们将功名利禄抛诸脑后，具有强烈的科研情怀，缜密的科研思维，科学的科研方法，丰硕的科研成果。所以，真正的科研工作者：乃视科研为生命，朝研到夕死足；乃罕有功利因子，执着专一深研；乃形成科研思维，务实辩证适应；乃具有科研方法，创新交叉拓展；乃拥有丰硕成果，独创率先标志。

创立以大学校长及其相关问题为研究对象的专门学问，构建大学校长学，这一想法源自于2018年12月我担任重庆师范大学校长后，在工作岗位上持续谋划、思考、总结，认识到在宏观层面，大学校长及其相关问题经过长期发展，对于高等教育的战略价值愈发重要，对于现代大学治理的现实影响愈发凸显，构建大学校长学学科体系的时机已经成熟。同时，在个人学术与职业生涯发展的微观层面，我自 1985 年 7 月大学毕业后一直在大学工作，教学、科研、管理始终围绕高等教育和大学治理展开，立足对于科学真理的探索，对于教育的深厚情怀，我和团队先后推动、形成了对于大学生工作学、大学工作学和大学校长学的系统探讨，我们秉持将课题研究工作每一步走好、走稳、走扎实，责有攸归、全始全终的学术初心，力求将“大学三学”打造成经得起实践检验的系列学术精品。

随着课题研究的启动，课题组相继取得多项研究成果。自 2018 年以来，课题组以大学校长及其相关问题为研究主题的科研项目陆续立项，如 2018 年 11 月立项中央宣传部文化名家暨“四个一批”理论人才项目、2021 年 8 月立项重庆市社会科学规划特别委托重大项目《大学治理体系创新理论与实践》等。课题组的成果《大学校长学：新时代高等教育发展下的新学科》，在《中国教育科学》2022 年第 3 期上发表，该成果立足时代背景、理论体系、基本问题等方面，对大学校长学的创建进行了整体构思，在论证大学校学创建的紧迫性、科学性问题的基础上，提出了“什么样的人能成为大学校长，大学校长应该致力于发展什么样的大学，怎样发展大学”这一总体建构思路，为构建大学校长学探索逻辑体系的架构与研究工作的推进明确了方向。

日滋月益，春华秋实。总体说来，构建大学校长学探索既是目标聚焦的成果，也是过程稳中求进的成果，更是来之不易的成果。本书既是有底蕴的理论成果，也是有积淀的实践成果，还是有创新的制度机制探索成果。本书既是筑基于本人四十年长期潜心研究的学术成果，也是得益于新时代新征程有组织科研的团队课题组攻关成果，还是面向未来的开放发展的学科体系建构成果。

课题组由孟东方任组长；本书由孟东方提出思路、各章的框架和确定写作大纲，确定写作要求。由于大学校长学是一门综合性、应用性学科，同时参与书稿写作的学者们有着多样的学科背景，对全书体例作出统一要求，即在对学术界研究现状进行梳理的基础上，明确结论、凝练启示，进而铺设每一章的研究内容，主要包括概念界定、内涵阐释、价值分析、功能剖解、实践策略等方面的内容。

本书初稿写作的作者分别为：前言孟东方，第一章孟东方、陈沉；第二章孟东方、李广稷，第三章吴舒婷，第四章贺佳、朱勋春，第五章杨涛、王资博，第六章王资博、杨涛，第七章匡渝渝、龙冠雨，第八章王军、刘波，第九章龙冠雨、张守新，第十章马玉姣、陈灿，第十一章张艺、孟翔，第十二章孟东方、陈沉，第十三章陈沉、翟长淼；第十四章何瑶、王资博，第十五章李科、陈沉，第十六章贺佳、李广稷，第十七章孙友林、王资博，第十八章李广稷、李科，目录翻译李思雨，封面和图表设计李赓，后记孟东方。在初稿完成后，由孟东方、王资博、陈沉、李广稷、龙冠雨等经过多轮的修改、调整，对相关章节进行重写、完善和统稿，最后由孟东方进行统稿、定稿。

本书的完成，查阅了相关电子书、纸质书、期刊以及人大复印报刊资料，参考和借鉴了一些专家、学者的论著和观点。对参考和借鉴的有关论著，有的在书中已注明，或作为主要参考文献列出，有的材料、观点和思路为课题组成员的研究提供了直接和间接的素材，难以一一注明，谨对本书形成所参考和借鉴的论著作者们表示真挚的谢意！

本书是我干一行、知一行、研一行、爱一行的心血结晶，是对于大学校长学这一全新学科体系的创造性构建，因而其具有鲜明的“论纲”特性，是大框架的搭建与整体性的描摹，其中还存在着丰富的问题有待进一步挖掘、认识、整理、分析、论证，希望这本书作为“马前卒”和“引玉砖”，能够为“后起之秀”在这一领域的持续深耕提供助益。同时，目标与现实总有出入，即便全情投入也难免纰漏，诚恳地希望有关专家、学者和同仁提出宝贵意见并赐教指正，以利我们今后在深入研究中有新的突破和贡献。

本书是一本立足大学校长岗位写的理论与实践的著作，在我任重庆师范大学校长的五年半，经历了三年抗疫，全体重师人形成“奋进共同体”，经过大家的努力，五年来实现了重庆师范大学在校友会排名从2018年的224名到2024年4月的175名，上升49名；重庆师范大学在软科排名从2018年的270名到2024年4月的214名，上升56名。重庆“市委组织部代表市委对他担任校长期间的工作评价是：‘孟东方同志为重庆师范大学高质量发展作出了卓越贡献。’‘对孟东方同志多年的辛勤耕耘、无私奉献和卓有成效的工作表示衷心的感谢。’”①

① 编写组：《重师人风采录·教师篇》，重庆出版社2024年版，第15页。

该书面世得到了人民出版社的大力支持，陈鹏鸣副总编辑、责任编辑吴继平编审花费大量精力，得到了重庆师范大学、重庆大学、西南大学、重庆工商大学等同仁的关心、支持，在此一并致谢！

回首来时路，我已经不记得自己曾在多少个深夜思绪不停、笔耕不辍，已经记不清自己曾经历了多少次辗转思索而不得的苦恼，以及灵光乍现而领悟的兴奋。在我的脑海里始终清晰的是 1985 年 6 月我在大学毕业纪念簿上写下的话语：

“我塑造我自己，”

“我承认我无知，无知的本性就在于重新认识、思考和评价人类社会真正有价值的一切……”

“我忠实我自己，好成人之美，具备成为人所应具备的一切；追求纯真至善尽美崇力尚爱利民的优雅的生活方式！”

我庆幸于自己始终保持着与大学的亲密关系，执着而坚定地选择在大学的怀抱中认识自己、追求真理，无怨且无悔地坚守在大学的阵地上为党育人、为国育才。近四十年弹指一挥间，我与大学的双向奔赴，沉浸在一部部学术著作的产出、一篇篇科研论文发表、一项项科研成果获得政府奖，一位位学科人才培养、一段段工作岗位的历练之中。我“无知”但始终坚持求知，我选择以博大、深沉、真切的情怀，“投入地爱一次，忘了自己”，所以“无我”之我，让我始终信仰不灭、激情不减。

此时此刻，本书缘牵您、我、他们，以荧荧之光，照见未来——开启的是大学发展之门，开启的也是大学校长的心扉，开启的更是以大学和大学校长叙事、以大学校长学为中国话语和自主知识体系建构争光添彩之窗……

在敲下最后一段文字之际，忽觉时光荏苒，在花甲之年回望，对于党和人民教育事业的忠诚始终未变，对于学术探索的渴求仍然强烈，对于大学的热爱依然坚定，“千磨万击还坚劲、任尔东西南北风”，信仰科学、追求真理，使我一往无前、无所畏惧，以新的奋斗续写青衿之志，静待葳蕤生香。

孟东方

2024 年 4 月 28 日

责任编辑：吴继平
封面设计：汪　莹

图书在版编目（CIP）数据

大学校长工作理论与实践 · 构建大学校长学探索 / 孟东方等著 . -- 北京 : 人民出版社 , 2024. 12. -- ISBN 978－7－01－027063－0

I. G647.12

中国国家版本馆 CIP 数据核字第 2024GW6905 号

大学校长工作理论与实践
GOUJIAN DAXUE XIAOZHANG XUE TANSUO
构建大学校长学探索
孟东方　等著

人民出版社 出版发行
（100706　北京市东城区隆福寺街 99 号）

中煤（北京）印务有限公司印刷　新华书店经销

2024 年 12 月第 1 版　2024 年 12 月北京第 1 次印刷
开本：710 毫米 ×1000 毫米 1/16　印张：61.25
字数：688 千字

ISBN 978－7－01－027063－0　定价：198.00 元（上、下）

邮购地址 100706　北京市东城区隆福寺街 99 号
人民东方图书销售中心　电话（010）65250042　65289539